Joachim Hoffmann

Die Tragödie der
»Russischen Befreiungsarmee«
1944/45

Inhalt

Vorbemerkung zur Neuauflage 2003

Neben meinem Werk »Stalins Vernichtungskrieg 1941–1945« ist auch das vorliegende Werk »Die Geschichte der Wlassow-Armee« einem Schlüsselproblem des deutsch-sowjetischen Krieges gewidmet. Ja, es hat dieses Buch die Gemüter in Rußland bis in die Gegenwart hinein vielleicht noch tiefer bewegt als die Darstellung der Angriffsvorbereitungen Stalins und der Methoden des von ihm schließlich geführten Vernichtungskrieges. Die von Alexander Solschenizyn aufgeworfene Frage, wie es möglich war, daß Hunderttausende, vielleicht sogar eine Million, sowjetischer Soldaten und sowjetischer Bürger in einem als »groß« und »vaterländisch« glorifizierten Krieg auf seiten des Todfeindes, des verruchten Faschismus, am Kampf gegen eben ihr »sozialistisches Vaterland« teilnahmen, verlangte gebieterisch nach einer Antwort. Der Versuch, das Thema totzuschweigen, war ebenso mißlungen, wie das 1973 noch einmal wiederholte Unterfangen von 1946, es als Kriminalfall, als bloße Angelegenheit der sowjetischen Justiz, erscheinen zu lassen. Die Dimensionen erwiesen sich als zu groß. Veröffentlichungen im Ausland, die ihren Weg in die Sowjetunion hinein fanden, sorgten dafür, daß Gerüchte immer neuen Auftrieb erhielten. Es sei nur hingewiesen auf die Publikationen von Steenberg (1968), Strik-Strikfeldt (1970) und Kazancev (1973) in Deutschland, von Pozdnjakov (1972 und 1973) und Kromiadi (1980) in den USA und auf viele andere. Alarmierend wirkte die gründliche Untersuchung des in die USA emigrierten ehemaligen tschechischen Offiziers Stanislav Auský (1980) über die Befreiung der Stadt Prag durch Truppen der Wlassow-Armee.

Im Jahre 1984 hatte das Militärgeschichtliche Forschungsamt (MGFA) der Bundeswehr die erste, 1986 die zweite Auflage meiner »Geschichte der Wlassow-Armee« erscheinen lassen, eine Publikation, die auf Archivarbeiten und einmaligen authentischen Unterlagen beruhte und sofort das allgemeine Interesse auf sich zog. Wohlwollende Besprechungen erschienen bald in vielen Zeitschriften des Inlandes und Auslandes, von denen einige hervorgehoben seien: Catherine Andreyev, die 1987 in Cambridge über »Vlasov and the Russian Liberation Movement« promovieren sollte, in »Soviet Studies« (Großbritannien, 3/1985); Earl F. Ziemke in »The American Historical Review« (4/1985); Lawrence D. Stokes, der das Werk trotz ideologischer Vorbehalte als ein »well researched monograph« bezeichnete, in »German Studies Review« (USA, Mai 1985); Ralf Georg Reuth in »Frankfurter Allgemeine Zeitung« (25. 5. 1985); Roman Dneprov in der führenden russischen Zeitung in den USA »Novoye Russkoye Slovo (New York, 21. 11. 1985); Andreas Hillgruber in »Historische Zeitschrift« (240/1985); F. L. Carsten in »The Slavonic and East European Review« (Großbritannien, 1/1986); Gordon A. Craig, der das Buch »the most comprehensive account to date of the Vlasov movement« nannte, in »The New York Review« (24. 11. 1988) und weitere Rezensionen in anderen Blättern bis hin zu H. Freiherr von Vogelsang in »Liechtensteiner Vaterland« (11. 10. 1984).

Militärzeitschriften machten keine Ausnahme, wie sich den Besprechungen entnehmen läßt von Peter Broucek in »Truppendienst« (Wien, 1/1985); Heinz Magenheimer in »Österreichische Militärische Zeitschrift« (2/1985); Peter Gosztony, der das Buch als »ausgezeichnete Arbeit« einstufte, in »Allgemeine Schweizerische Militärzeitschrift« (6/1985); Otto Münter in »Europäische Wehrkunde/Wehrwissenschaftliche Rundschau« (6/1985) und anderen, etwa in »Truppenpraxis« (Bonn, 4/1985), »Bundeswehrverwaltung« (Bonn, 4/1985), »Information für die Truppe« (Bonn, 1, 1986). Professor Dr. Dr. h.c. Joseph Rovan von der Sorbonne in Paris, einst der französischen Résistance angehörend und in dem Konzentrationslager Dachau inhaftiert, richtete am 2. 8. 1985 ein anerkennendes Handschreiben an mich.

Im Frühjahr 1987 nahm Dr. Jacob W. Kipp, Senior Analyst im Soviet Army Studies Office (SASO), H.Q. U.S. Army Combined Arms Center and Fort Leavenworth, Verbindung mit mir auf. Er wie Michael Briggs, University of Kansas, bekundeten ihr »starkes Interesse« an einer Übersetzung meines Buches ins Englische mit einem Vorwort von Alexander Solschenizyn. Zugleich sollte in den USA auch eine russische Übersetzung vorgenommen werden. Denn nach Auffassung dieser Behörde des Department of the Army behandelte mein Buch eines der »kritischsten Probleme des modernen Krieges«, und es lieferte, wie es heißt, einen »wichtigen Beitrag zur Geschichte des Zweiten Weltkrieges und besonders des Kampfes an der Ostfront«.

Kurz zuvor hatte der vom Russischen Nationalverein (Rossijskoe Nacional'noe Ob'edinenie) in München herausgegebene Almanach »Veče. Nezavisimyj Russkij al'manach« (Veče. Unabhängiger Russischer Almanach), Bd. 22/1986, einen auch illustrierten Beitrag von über 70 Seiten veröffentlicht. Unter der Überschrift: »Schreckliche Wahrheit« (Strašnaja Pravda) und nach einer Einführung: »Ewiger Ruhm« (Večnaja Slava) machte der Chefredakteur Oleg Krasovskij die russische Leserschaft mit dem Inhalt meines Buches in ausführlicher Weise bekannt. Dieser in »Veče« (33/1990) noch einmal wiederabgedruckte Beitrag in einer Zeitschrift, die nicht nur von der russischen Emigration in aller Welt gelesen wurde, sondern auf inoffiziellen Wegen auch in die Sowjetunion gelangte, mußte auf den KGB geradezu herausfordernd wirken.

Zum ersten Male wurde einem breiteren Publikum aus einem auf Akten beruhenden Buch Aufschluß über Entstehen, Verlauf und Untergang der Russischen Befreiungsbewegung gegeben. Für Krasovskij war es dabei nicht unwichtig gewesen, darauf hinweisen zu können, daß es sich hierbei um eine amtliche, um eine Publikation des Militärgeschichtlichen Forschungsamtes der Bundeswehr handelte, nicht wie Bücher bisher meist der Erlebnissphäre entstammend, sondern von einem unbefangenen Historiker verfaßt, der sich aus den überkommenen Zeugnissen selber ein Urteil bilden mußte. Das auf diese Weise vermittelte Bild fand die besondere Aufmerksamkeit des russischen Lesepublikums. Und Krasovskij hatte sich für verpflichtet gehalten, dem Autor zum Schluß seinen Dank auszusprechen, indem er die Worte hinzusetzte: »Ein deutscher Geschichtswissenschaftler hat der Russischen Befreiungsbewegung mit seinem Werk ein großartiges Denkmal gesetzt. Er hat die Gestalt des Führers dieser Bewegung Andrej Andrejewitsch Wlassow in strahlendes Licht gehoben und dem Gedenken seiner nächsten Mitstreiter und dem Opfer unzähliger heldenhafter russischer Märtyrer, die in einem verzweifelten und selbstlosen Kampf für die Freiheit ihres Vaterlandes gefallen sind, die Ehre erwiesen. Großer russischer Dank ihm!« So viel wird deutlich aus solchen Worten, daß nicht nur eine geschichtliche Begebenheit abgehandelt wurde, sondern daß hier ein Thema vorliegt, das auch die Gefühle des russischen Lesers zutiefst berühren mußte.

Die Würdigung durch Oleg Krasovskij in »Veče« sollte das Interesse des in Cavendish/Vt. USA lebenden Alexander Solschenizyn auf sich ziehen, der in seinem monumentalen Werk »Archipel GULAG« ja auf Wlassow zu sprechen gekommen war, und zwar in einer Weise, die in der Sowjetunion haßerfüllte Ausbrüche hervorrief. So hatte sich der Chef des Instituts für Militärgeschichte des Verteidigungsministeriums der UdSSR Generalleutnant P.A. Žilin, gedrängt gesehen, in dem Regierungsorgan »Izvestija« am 29. 1. 1974 einen schmähenden Aufsatz gegen den Nobelpreisträger zu veröffentlichen, dem er die Überschrift gab: »Wie A. Solschenizyn den Verrat der Wlassow-Leute besang.« »Verrat« – über diesen Begriff sind die Sowjetkommunisten bis heute niemals hinausgekommen.

Alexander Solschenizyn sprach mir am 12. 4. 1987 in einem Brief im Namen der russischen Leser seinen Dank dafür aus, »durch Einführung eines inhaltsschweren Materials Licht in diese wenig erforschte Periode der russischen Geschichte« geworfen zu haben. Er machte mir zugleich das Angebot, meine »Geschichte der Wlassow-Armee« in seine ihm am Herzen liegende historische Reihe INRI (Issledovanija Novejšej Russkoj Istorii, Forschungen zur neuesten Geschichte Rußlands) aufzunehmen, als die bisher einzige Arbeit eines Nichtrussen. Diese russische Ausgabe »Istorija Vlasovskoj Armii«, die in den USA von E. Gessen übersetzt worden war, erschien 1990 in dem Hausverlag Solschenizyns, dem Pariser YMCA-Verlag, als Bd. 8 der genannten Reihe. In der zerfallenden Sowjetunion fand sie eine ungewöhnliche Aufnahme.

Schon ein Jahr zuvor war der ehemalige Chef der Politischen Hauptverwaltung der Sowjetarmee, Generaloberst Professor D. Volkogonov, in seinem bekannten Werk »Triumf i tragedija« über Stalin auf meine »Geschichte der Wlassow-Armee« eingegangen, wenngleich noch durchaus in kritischer Distanz. Volkogonov war abweichender Meinung, mußte es vielleicht auch sein aufgrund noch ungenauer Kenntnis. Aber in mehreren Unterredungen im Juni 1990 in Freiburg sprach er mir doch seine Befriedigung darüber aus, dieses Thema aus meiner Sicht abgehandelt zu haben, denn es müsse, wie er hervorhob, unterschiedliche Meinungen geben.

In der Sowjetunion drohte das Wlassow-Problem einigermaßen aus der Kontrolle zu geraten. Bald nach Erscheinen meines Buches trat ein entsprechender Spezialist, der als Professor ausgegebene L. Bezymenskij, auf, der als politischer Einflußagent des KGB in der Bundesrepublik ein gewisses Ansehen erworben hatte, das er aber durch grobe Beleidigungen und nachweisbare Falschbehauptungen, die er sich hatte zuschulden kommen lassen, weitgehend wieder einbüßte. Da das Thema »Wlassow« anfangs noch nicht zum Gegenstand der Erörterung gemacht werden durfte, unternahm es Bezymenskij, mich als Autor des mißliebigen Buches persönlich zu verunglimpfen. Er veröffentlichte in der damals noch mit dem KGB und dem Moskauer Außenministerium in Verbindung stehenden Wochenschrift »Novoe Vremja«, die in neun Sprachen erschien, in den Heften 2/1985 und 11/1986 zwei Artikel, die an Infamie alles bisher Dagewesene übertrafen und in denen er mir meiner dienstlichen Beiträge über den sowjetischen Kriegsgegner in Bd. 4 des vom MGFA herausgegebenen Weltkriegswerkes »Der Angriff auf die Sowjetunion« wegen geradezu ein neues »Nürnberg« androhte. Bezymenskij hatte sich nicht einmal gescheut, mich in Verbindung zu bringen mit einer erbarmenswürdigen Abbildung der sterblichen Überreste der jungen Partisanin Zoja Kosmodem'janskaja. Ich solle auf dem Leningrader Piskarevskij-Friedhof meine »schändlichen Lügen« öffentlich noch einmal wiederholen, wie er schrieb. Jede Hemmung war gefallen.

Im Jahre 1989 hatte Oberstleutnant Dr. N. Kolesnik die »Wlassow-Armee« in der mehrsprachigen Akademiezeitschrift »Problemy Dal'nego Vostoka« (6/1989) »eine der schwärzesten Seiten in der Geschichte des Krieges« und eine Anhäufung »faschistischer Speichellecker« genannt. Der in offiziellem Auftrag des Institutes für Militärgeschichte des Verteidigungsministeriums der UdSSR schreibende Kolesnik fühlte sich durch meine »oft zitierte Geschichte der Wlassow-Armee« besonders herausgefordert, um so mehr, als er glaubte, mich als »Leitenden Historiker des Zentrums für Militärgeschichte der Bundeswehr« ansprechen zu können.

Seine auch in abgelegenen Zeitschriften wie »Sel'skaja Nov'« (8/1990) unternommenen Versuche, die Wlassow-Armee auf jede nur mögliche Weise herabzusetzen, hatten, wie er einräumte, Hunderte von Leserbriefen zur Folge gehabt, die Zweifel an seinen Darlegungen und überhaupt an der offiziellen Version anmeldeten. Um alle Zweifler zum Schweigen zu bringen und auch in Anpassung an die in der Sowjetunion einsetzende Phase der Enthüllungen erhielt Kolesnik jetzt einen offiziellen Auftrag. Diesmal sollte er »dokumentarisch«, sozusagen unanfechtbar, nachweisen, daß es sich bei »General Wlassow und der Wlassow-Armee« nicht um eine ideelle, also gleichsam berechtigte Opposition gegen das »Stalinregime«, sondern um einen aus niedrigen persönlichen Beweggründen heraus begangenen Verrat am »Vaterland«, also eben an der stalinistischen Sowjetunion, gehandelt habe.

Zu diesem Zweck wurde im Jahre 1990 in einer auch für sowjetische Verhältnisse ungewöhnlichen Auflagenhöhe von 300 000 Exemplaren eine Massenbroschüre mit dem vielsagenden Titel: »ROA – Die Wlassow-Armee. Der Kriminalfall des A.A. Wlassow« unter die Leute geworfen. Welche Dokumente aber standen Kolesnik zur Verfügung für diese »Dokumentation«, die als Gegenschrift ausdrücklich gegen mein Buch gerichtet war? Der Titel schon deutet es an. Es waren dies einmal Protokollauszüge des Geheimverfahrens 1946 gegen Wlassow und andere hohe Offiziere der Befreiungsarmee vor dem Militärkollegium des Obersten Gerichts der UdSSR unter dem blutbefleckten Generaloberst der Justiz V.V. Ul'rich. Zum anderen waren es die bekannten Ausführungen Hitlers vor den Oberbefehlshabern des Ostheeres vom 3. 6. 1943, mit denen er dem fast einmütigen Bestreben seiner Generale nach einer militärischen Kooperation mit den Russen eine schroffe Absage erteilte. Diese Ausführungen waren zwar aufschlußreich für die Denkungsart Hitlers und zeigen an, warum er in Rußland unterliegen mußte. Sie hatten aber mit der Wlassow-Armee nichts zu tun, die überhaupt erst im zweiten Halbjahr 1944 ins Leben trat, und sie betrafen nicht den Inhalt meines Werkes. Kolesnik bediente sich für seine Ausführungen sinnentstellend und ohne Nachweis meiner Sachangaben, die er verdrehte, auch entnahm er dem Buch unbefugt zwölf meiner Abbildungen.

Der Versuch einer Gleichschaltung des öffentlichen Denkens mit Hilfe der Broschüre Kolesniks verfehlte seinen Zweck. Um meiner unter den Auspizien Solschenizyns jetzt auch in russischer Sprache zugänglichen »Geschichte der Wlassow-Armee« die gefährliche Wirkung zu nehmen, wurden zwei namhafte Autoritäten der Stalinapologetik aufgeboten, der Hauptmilitärstaatsanwalt der Sowjetarmee, Generalleutnant der Justiz A.F. Katusev, und das Mitglied des Redaktionskollegiums der offiziellen sowjetischen Militärzeitschrift, Kapitän 1. Ranges V.G. Oppokov. Ihre Aufgabe war es, eindringlicher noch als A.V. Tiškov 1973, den »verbrecherischen Charakter« der Wlassow-Armee nachzuweisen. Unter dem Vorwand, den Leserbrief eines »Veteranen des Großen Vaterländischen Krieges« zu beantworten, der da gefragt hatte, »ob die Wlassowleute vielleicht doch die Wahrheit über Stalin kannten und uns davon überzeugen wollten, wir das damals aber nicht begriffen haben«, veröffentlichten sie in dem amtlichen »Voenno-istoričeskij žurnal« (Viž, 6/1990) einen Beitrag im Umfange von nicht weniger als 15 Seiten unter der ebenso unwahrhaftigen wie gehässigen Überschrift: »Judasse. Wlassowleute im Dienst des Faschismus«.

Eine so gewichtige Beschäftigung mit dem mißliebigen Thema in dem offiziellen Organ des Ministeriums der Verteidigung der UdSSR (»Für unser sowjetisches Vaterland«) hatte guten Grund. Denn dieser Beitrag sollte eine Antwort sein auf mein Buch »Istorija Vlasovskoj Armii«. Gerade in jenen Tagen, am 29.6.1990, hatte der Stalinbiograph Generaloberst Professor Volkogonov mich vor dem ausgesprochen stalinistischen Charakter dieser führenden Militärzeitschrift in der Sowjetunion ausdrücklich gewarnt.

Den beiden Autoren kam es darauf an, General Wlassow und die anderen am 26.8.1946 im Moskauer Taganka-Gefängnis hingerichteten Führer der Befreiungsarmee als Freiheitskämpfer für ihr russisches Vaterland zu disqualifizieren, indem sie, nachdrücklicher noch als bisher, aus den Gerichtsunterlagen als reine Kriminelle geschildert wurden. Welche Mittel herhalten mußten, zeigen gleich eingangs die Fotos der zwölf Angeklagten des Moskauer Inquisitionsverfahrens, nach ihrer Behandlung in den Folterkellern der Organisation »SMERŠ« (»Tod den Spionen!«, Glavnoe Upravlenie kontrrazvedka) aufgenommen wie Verbrecher im Profil und en face – seltsames Argument in einer immerhin geschichtswissenschaftlichen Zeitschrift. Ähnlicher Methoden hatte sich einst auch das SS-Hauptamt in seiner berüchtigten Broschüre »Der Untermensch« bedient – man sollte aber hinzufügen, es war der »bolschewistische« und nicht etwa der »russische« Untermensch gemeint, wie fälschlich immer behauptet wird.

Diesen juristischen Beitrag in »Viž«, der allgemein ja als Sprachregelung dienen sollte, beantwortete ich meinerseits in dem nun auch in Rußland zugänglichen Almanach »Veče« (39/1990) mit dem in der Beilage abgedruckten »Offenen Brief« an Generalleutnant der Justiz Katusev und Kapitän 1. Ranges Oppokov, dem der Herausgeber Oleg Krasovskij noch eine Einleitung voranstellte, die er mit einem vollständigen Wiederabdruck seiner Abhandlung »Strasnaja Pravda« unter der Überschrift »Russische Befreiungsbewegung« (Russkoe Osvoboditel'noe Dvizenie) verband. Die stalin-

orientierte Redaktion des »Voenno-istoriceskij žurnal« unter V.I. Filatov war
außer sich.

Abermals erhielten Katusev und Oppokov das Wort, um, wie es hieß, »diesem Gospodin Doktor Joachim Hoffmann aus Freiburg (Deutschland)« die
gebührende Abfuhr zu erteilen. Das geschah in der Weise, daß sie in »Viž«
(1/1991) auf ganzen elf Seiten (mit angekündigter Fortsetzung) eine letztlich aber doch gequälte Stellungnahme veröffentlichten, in Abwandlung
meines Buchtitels »Geschichte der Wlassow-Armee« unter der programmatischen Überschrift »Geschichte des Wlassow-Verrates« – immerhin ein Zeichen dafür, wie mein Buch in Rußland wirken mußte und sie zu beschäftigen schien.

Die beiden Autoren machten sich sofort unglaubwürdig, indem sie zur
Widerlegung jenes »Gospodin Hoffmann« wahrheitswidrig behaupteten,
Vorsitzender des Moskauer Geheimverfahrens 1946 sei gar nicht der berüchtigte Generaloberst V.V. Ul'rich, sondern ein Generalmajor der Justiz F.F. Karavajkov gewesen, der dem Militärkollegium wohl angehört haben mag, nur
eben nicht in der Funktion eines Vorsitzenden. Dies aber, wie auch Kolesnik,
S. 37, offen mitteilt, war eben jener Ul'rich, der, wie er selber prahlerisch behauptete, während der Großen Säuberung Zehntausende von Offizieren und
Politarbeitern der Roten Armee hatte erschießen lassen. Natürlich durfte der
Name dieser blutbesudelten Figur nicht in Verbindung mit einem Verfahren
gebracht werden, in dem man sich moralisch aufs hohe Roß gesetzt hatte.
Die beiden Autoren versicherten in gespielter Ironie, sie wollten »Gospodin
Joachim Hoffmann« nicht reizen, möchten aber doch bescheiden anmerken,
daß die Voruntersuchung in dem Wlassow-Prozeß gar nicht vom NKVD,
sondern von der militärischen Spionageabwehr SMERŠ unter V.S. Abakumov geführt worden war, was auch zutreffen mag. Aber die Methoden waren doch dieselben, und Generaloberst der Staatssicherheit Abakumov war
ein enger Vertrauter des Volkskommissars Berija. Man muß auch wissen, daß
etwa die geheimnisvollen Besonderen Abteilungen in der Roten Armee seit
Juli 1941 gar nicht mehr dem Verteidigungsressort, sondern dem Volkskommissariat des Inneren, also Berija, unterstanden.

Auch die sonstige Beweisführung mußte mißglücken, weil Katusev und
Oppokov aus fehlender Sachkenntnis unrichtige Schlüsse zogen. So betraf
die herangezogene Verfügung 5000 des Oberkommandos des Heeres vom
29. 4. 1943 überhaupt nicht die Wlassow-Armee (Streitkräfte des Komitees
zur Befreiung der Völker Rußlands), die erst 1944 ins Leben trat, sondern
nur die bis dahin bestehenden sogenannten »Osttruppen« (Freiwilligenverbände) unter deutschem Kommando (aber mit russischen und einheimischen Offizieren) sowie die Hilfswilligen in deutschen Einheiten. Nur als
Sammelbezeichnung für alle Freiwilligen russischer Nationalität auf deut-

scher Seite war 1943 der Begriff »ROA« eingeführt worden. Dementsprechend unterschied sich auch die zitierte Eidesformel der Verfügung 5000 von der in den Streitkräften dann tatsächlich eingeführten Eidesformel, lautend auf die Person des Oberbefehlshabers General Wlassow, wenngleich in einem Passus auf die Bündnistreue mit Deutschland Bezug genommen wurde.

Und was die Aussagen Wlassows nach seiner Gefangennahme am 15. 7. 1942 (18. Armee) und 8. 8. 1942 (Botschaftsrat Hilger) angeht, so entsprachen sie in ihrer Offenheit den Aussagen auch anderer kriegsgefangener sowjetischer Generale, insbesondere denen des in der Sowjetunion so hoch angesehenen Oberbefehlshabers des Abschnitts der 16., 19., 20., 24., 32. Armee, Generalleutnant M.F. Lukin, der sich als besonders aufgeschlossen gezeigt hatte.

Denn wie Generalleutnant Wlassow und andere Generale, so hatte sich auch Generalleutnant Lukin für die Schaffung politischer Grundlagen, für die Gründung eines »entsprechenden russischen Zentrums«, eines Nationalkomitees oder einer Exilregierung, als Voraussetzung für die Aufnahme des Kampfes gegen Stalin ausgesprochen. Beide Generale hatten sich gleicherweise gegen deutsche Pläne gewandt, aus Rußland eine Kolonie oder ein Protektorat zu machen, forderten vielmehr die Erneuerung und Anerkennung eines russischen Staates auf den Trümmern der Sowjetunion.

Was soll im übrigen der Vorwurf, Wlassow habe »ein sensationelles Geheimnis Moskaus« enthüllt, »die Vorbereitung eines Überfalls der Sowjetunion auf Deutschland«? Katusev und Oppokov scheinen sich nicht darüber im klaren zu sein, daß sie damit unfreiwillig einräumen, was heute längst ein gesichertes, wenn aus ideologischen Gründen auch immer wieder geleugnetes Forschungsergebnis ist, daß nämlich Stalin einen Angriffskrieg gegen Deutschland vorbereitete, dem Hitler mit seinem eigenen Angriffskrieg nur kurz zuvorgekommen ist. Es entspricht zudem nicht nur der Logik des »Gospodin Hoffmann«, wie sie meinen, läßt sich bei genauerem Hinsehen vielmehr selbst ihren eigenen Ausführungen entnehmen, daß es sich bei Wlassow um einen russischen Patrioten und nicht um einen Vaterlandsverräter gehandelt haben muß.

Wie tief der Stachel saß, zeigte auch die publizistische Betriebsamkeit von L. Rešin, einem wissenschaftlichen Mitarbeiter des »Erinnerungskomplexes Helden der Festung Brest«, dem meine »Geschichte der Wlassow-Armee« keine Ruhe ließ. Bereits am 27. 5. 1990 hatte er in dem Regierungsorgan »Izvestija« meine auf sicheren Unterlagen beruhenden Angaben über die Freiwilligkeit und den Umfang der Wlassow-Armee und überhaupt der Freiwilligenverbände in der Wehrmacht in Abrede stellen wollen. Und wenn Armeegeneral Dr. M.A. Gareev die Polemiken von Katusev und Oppokov in »Viž« (4/1991) noch mit einer gewissen Zurückhaltung unterstützt hatte, so machte Rešin jetzt in dem offiziellen Organ der sowjetischen Streitkräfte »Krasnaja Zvezda« gegen mein Buch unverblümt mobil.

Am 23. 10. 1991 und 27. 11. 1991 richtete er im Auftrage des Verteidigungsministeriums der UdSSR gegen den »Leitenden Forscher des Zentrums für Militärgeschichte der Bundeswehr J. Hoffmann« zwei längere Aufsätze, in denen er meine »›Geschichte der Wlassow-Armee‹, (BRD Freiburg, 1986, 2. Auflage)« sozusagen aus den Angeln zu heben versuchte. Seine Unterlagen aber waren dürftig, und nur mit dialektischen Kunstgriffen ließen sich beweisbare Arbeitsergebnisse nicht einfach abtun. Die Existenz einer gegen das Stalinregime organisierten Russischen Befreiungsarmee auf deutscher Seite ließ sich ebensowenig hinwegdisputieren wie auch die das sowjetische Prestige berührende Tatsache, daß die Stadt Prag eben von Truppen der Wlassow-Armee und nicht von denen der Roten Armee befreit worden war.

Zur selben Zeit wie Rešin polemisierten der Leiter eines Kollektivs von Militärhistorikern V. Cernuchinym in der Zeitung »Sovetskaja Rossija« (5. 10. 1991) und K. Grekov in der vom KGB herausgegebenen Auslandszeitung »Golos Rodiny« (27/1991) gegen die Forschungsergebnisse des »deutschen Historikers ... Professor Hoffmann«, ohne jedoch die Kernfrage eines angeblichen »Verrates des Generals Wlassow« beantworten zu können. Die von Solschenizyn aufgeworfene und auch von A. Frenkin in der »Literaturnaja Gazeta« (13. 9. 1989) wiederholte Frage, wie es möglich war, daß anders als in allen früheren Kriegen Rußlands es plötzlich Hunderttausend von Verrätern gegeben hatte, blieb unbeantwortet.

Das Wlassow-Problem ließ sich, wie schon 1973 klargeworden war, mit Hilfe juristischer Winkelzüge und durch Beschimpfung Wlassows als eines »Judas« nicht mehr bewältigen. Auch in Rußland hatten sich dem Suchenden inzwischen Wege aufgetan, die es ihm ermöglichten, sich selber ein Bild zu machen. Und, wie Leser Karpov in der Zeitschrift »Znamja« (11/1989) schrieb: »Die Vlasovščina ist kein so einfaches Problem ... wir werden uns damit ausführlicher und eingehender beschäftigen müssen.« Alle großen Zeitungen in Rußland hatten zu Anfang der neunziger Jahre begonnen, das Thema »General Wlassow und die Russische Befreiungsarmee« in der einen oder anderen Weise aufzugreifen. So veröffentlichte Dr. Nikolaj Korenjuk, der sich meiner Sichtweise angeschlossen hatte und sich auf meine Forschungsergebnisse bezog, in der verbreiteten Zeitschrift »Ogonek« (40/1990) unter der Überschrift: »Es ist schwer, mit Legenden zu leben« über dieses Thema einen aufsehenerregenden Aufsatz, sollte sich damit aber, wie ich selber, den Unwillen von Generalleutnant der Justiz Katusev und Kapitän 1. Ranges Oppokov, aber auch von Armeegeneral Dr. Gareev, zuziehen.

Um dieselbe Zeit wie Dr. Korenjuk gab Dr. Leonid Mlečin der Leserschaft der inzwischen anscheinend einen neuen Kurs steuernden internationalen

Zeitschrift »Novoe Vremja« (43/1990) einen ebenso ausführlichen wie ob-
jektiven Überblick über den Inhalt meines Buches. Die Wirkung dieses auch
mit Abbildungen versehenen Beitrages wurde noch erhöht durch den Hinweis, daß das Buch »des Direktors des Wissenschaftlichen Zentrums für
Militärgeschichte (BRD)« in dem Pariser YMCA-Verlag Solschenizyns
auch in russischer Übersetzung herausgekommen sei. Mlečin stellte abschließend die Frage, ob nicht an die Stelle des »Verräters Wlassow« nun
der »Patriot Wlassow« treten werde, ein Kämpfer gegen das Stalinregime.
Man werde erkennen, daß Stalin keineswegs besser gewesen sei als Hitler, daß
das von ihm geschaffene Regime ebenso abscheulich war wie das »faschistische«.

Die Redaktion von »Novoe Vremja«, die eine Fülle von Leserbriefen und
auch Nachfragen nach der Pariser Ausgabe erhalten hatte, sah sich gezwungen, zu erklären, daß der Streit um die Russische »Befreiungsarmee« keineswegs beendet, meine in Frankreich erschienene Übersetzung »Istorija Vlasovskoj Armii« in der Sowjetunion aber nicht erhältlich sei (15/1991). Dr.
Pospelovskij, Professor für Russische Geschichte an der Universität Weston-
tario/Kanada, faßte die Auseinandersetzung in einer Zuschrift an die Redaktion von »Novoe Vremja« (37/1991) dann unter der Überschrift zusammen: »Wlassow hat nicht gegen das Volk gekämpft, sondern gegen das
Stalinregime.« Er sei ebensowenig ein Verräter gewesen wie General de
Gaulle. Und die Zeitung »Nevskoe Vremja« (19. 6. 1991) brachte unter der
Überschrift: »Wlassowanhänger – kommt die Stunde der Rechtfertigung?«
ein gedankenreiches Interview mit dem Chefredakteur des Almanach »Russkoe prosloe« und Historiker Viktor Bortievskij, der, wie ich selber in meinem »Offenen Brief« an Generalleutnant Katusev/Kapitän 1. Ranges Oppokov, eine Parallele zwischen General Wlassow und Oberst Graf von
Stauffenberg gezogen hatte.

Am 18. 1. 1991 wandte sich die Redaktion der Zeitung »Večernij Novosi-
birsk« an ihre Leser, indem sie ihnen vor Augen hielt, wie vielgestaltig die
Presse in Rußland doch inzwischen geworden sei. Natürlich sei es nicht möglich, alle Wünsche zu erfüllen, aber die Nachricht, die sie heute mitzuteilen
habe, sei eine »wahrhaft herausragende Sensation«. In der Sowjetunion, gab
sie bekannt, sei eine »Union der Wlassowanhänger« (Sojuz Vlasovcev) ge-
gründet worden, eine Organisation, deren Ziel in der Erforschung und Verbreitung der Wahrheit über die Befreiungsbewegung der Völker Rußlands
unter General Wlassow bestehe, keine politische Partei, sondern eine gesellschaftliche Vereinigung, in der jeder willkommen sei, der in Andrej Andrejewitsch Wlassow einen Patrioten erblicke und ihn als Repräsentanten einer
ebenso antibolschewistischen wie antifaschistischen »Dritten Kraft« aner-
kenne.

Diese Union hatte sich in der ersten Nummer ihres Informationsbulletins zur Rechtfertigung ausdrücklich auch auf meine im Jahr zuvor in Paris erschienene »Istorija Vlasovskoj Armii« berufen, das Werk, wie es hieß, eines »angesehenen deutschen Historikers«, das nun zahlreichen Veröffentlichungen über das Thema der Russischen Befreiungsarmee in Rußland zugrunde lag und nicht mehr einfach hinwegdisputiert werden konnte.

So entnahmen Imanuil Levin, Mitglied des Verbandes der Schriftsteller der UdSSR, mit dem ich in freundlicher Verbindung gestanden hatte, in seinem durchaus nicht unkritischen Beitrag über Wlassow in »Moskovskij Komsomolec« (18. 12. 1991) sowie Vladimir Abarimov in »Iz dvuch sol« (1993) diesem Buch so manches Argument. Ebenso fand Dr. Boris Sokolov in ihm einen sicheren Rückhalt, als er in der weitverbreiteten »Nezavisimaja Gazeta« (20. 2. 1992) die Wlassowsoldaten als Kinder des russischen Volkes beschrieb.

Das Interesse, das die von Solschenizyn empfohlene »Geschichte der Wlassow-Armee« in Rußland gefunden hatte, sollte auch mir verschiedene Publikationsmöglichkeiten verschaffen. Der Redakteur der von der Akademie der Wissenschaften der Sowjetunion herausgegebenen, bald in »Otečestvennaja Istorija (Vaterländische Geschichte) umbenannten Zeitschrift »Istorija SSSR« (Geschichte der UdSSR), Dr. A.V. Jurasovskij, war mit der in Paris erschienenen russischen Ausgabe meines Buches bekannt geworden, die er aus den USA erhalten hatte. Seiner Auffassung nach handelte es sich hier um die »bisher einzige wirklich wissenschaftliche Untersuchung« des Problems der Russischen Befreiungsarmee. Und er unterbreitete mir im Juli 1991 den Vorschlag, in den Spalten der von ihm vertretenen Akademiezeitschrift einen umfassenden Überblick über alle »antibolschewistischen Streitkräfte« aus Angehörigen der Völker der Sowjetunion auf deutscher Seite, also die sogenannten Freiwilligenverbände und die eigentliche Wlassow-Armee (Streitkräfte des Komitees zur Befreiung der Völker Rußlands), zu geben. Auch wollte er mir die Spalten von »Otečestvennaja Istorija« für weitere Beiträge bereitwillig öffnen, seien es nun Aufsätze, Dokumentationen oder Rezensionen.

Jurasovskij war überdies interessiert an meiner Meinung über die Art und Weise, wie die großen Geschichtszeitschriften in Rußland, außer dem eigenen Blatt auch die »Voprosy Istorii« und vor allem das »Voenno-istoriceskij žurnal«, die Probleme des Zweiten Weltkrieges behandelten. Gerade das letztgenannte Organ des Verteidigungsministeriums der UdSSR rief in Rußland inzwischen ja vielfach Widerspruch hervor. Und Jurasovskij ließ mich im Juli 1991 denn auch wissen: Über den Herausgeber Filatov und Genossen »können Sie schreiben, was immer Sie wollen, wir werden es drucken«.

Ein großzügiges und mehrfach noch wiederholtes Angebot also, das ich leider aber aus persönlichen Gründen nicht annehmen konnte. Die Redaktion von »Otečestvennaja Istorija« übernahm in Heft 4/1993 jedoch meinen Aufsatz: »Die Vorbereitungen der Sowjetunion zu einem Angriffskrieg 1941«(Podgotovka Sovetskogo Sojuza k nastupatel'noj vojne 1941 g.), der im Rahmen einer Amtsveröffentlichung 1997 unter dem Titel: »The Soviet Union's Offensive Preparations in 1941« auch in Großbritannien erschien. Gerade diese Arbeit scheint in der Redaktion indessen einiges Widerstreben ausgelöst zu haben, ja, das zuständige Redaktionsmitglied schrieb von einem »Lot of scandal«, den das Manuskript zu seiner Befriedigung ausgelöst hätte. Denn in Rußland ist das Thema der Angriffsvorbereitungen Stalins ja kaum weniger umstritten als das der Befreiungsarmee des Generals Wlassow. Eine kritische junge Historikergeneration jedoch war erfreut, konnte sie diesem Aufsatz doch so manches Argument entnehmen, das ihr in der großen Auseinandersetzung in Rußland den Rücken stärkte.

Das in Rußland erwachte Bedürfnis nach einer Aufhellung des Wlassow-Problems veranlaßte einen Schritt auch der Russischen Nachrichtenagentur RIA Novosti. Der Leiter der Deutschlandabteilung, Dr. Vladimir Miljutenko, bat mich am 1. 2. 1995 um die Beantwortung einer Reihe sorgfältig von ihm formulierter Fragen, die das Thema der Vorbereitung eines Angriffskrieges durch Stalin und das Thema des Entstehens einer Russischen Befreiungsarmee durch Wlassow betrafen. Er schrieb mir, wie sehr ihm daran gelegen sei, daß auch meine »Stimme zu einigen Phänomenen des Zweiten Weltkrieges, die für unsere Wissenschaftler tabu waren oder es bis heute sind, erklingt«. Meine Antworten wurden im Mai 1995 in Form eines Interviews in der populären russischen Wochenzeitung »Golos. Svobodnaja Tribuna« (Auflage 100 000) unter der freundlichen Überschrift »ROA – ›Dritte Kraft‹ des Zweiten Weltkrieges« veröffentlicht.

Somit hatte ich selber Gelegenheit erhalten, ein breites Publikum in Rußland mit meinen Forschungsergebnissen bekannt zu machen. Ich verwies darauf, daß Hitler und Stalin in Verabredung gleicherweise über Polen hergefallen waren, daß Stalin einen Angriffskrieg gegen Hitler vorbereitete, dem dieser nur kurzfristig zuvorgekommen war, daß Stalin durch die Massenmorde in Lemberg im Juni 1941 einen Vernichtungskrieg begonnen hatte, daß Alexander Solschenizyn mein Buch zu schätzen wußte, weil es wie sein »Archipel GULag« die Frage aufwirft, wie es kam, daß Hunderttausende sowjetischer Soldaten auf deutscher Seite zum Kampf gegen Stalin organisiert worden waren und daß in Wlassow schließlich kein Verräter, sondern ein Patriot zu erblicken sei.

Für russische Leser war es vielleicht nicht so wichtig, abermals zu erfahren, daß ich der »Wissenschaftliche Direktor des Zentrums für Militärgeschichte in Freiburg« sei, als vielmehr, daß gleich eingangs betont wurde, ich »sei es nicht gewohnt, in meiner Arbeit von Erwägungen politischer Konjunktur auszugehen und unangenehme Tatsachen vor irgend jemand zu verbergen«. Meine »Ansichten über viele Phänomene des letzten Krieges« seien »ständig Gegenstand überaus hitziger Auseinandersetzungen unter russischen Kollegen« gewesen. Eine offene Sprache wird in Rußland bekanntlich immer noch am ehesten verstanden und gewürdigt. Und wie schon Dr. Jurasovskij von »Otečestvennaja Istorija«, so erklärte auch Dr. Miljutenko von RIA Novosti am 15. 5. 1995 seine Bereitschaft zu einer weiteren Zusammenarbeit mit mir.

Bereits am 21. 10. 1991 hatte die in St. Petersburg neugegründete »Unabhängige Geisteswissenschaftliche Akademie« (Nezavisimaja Gumanitarnaja Akademija) dem Militärgeschichtlichen Forschungsamt ein von dem Direktor Dr. S.I. Bogdanov und anderen Mitgliedern unterzeichnetes, formelles und zumindest erwägenswertes Angebot unterbreitet. Im Hinblick auf den in Rußland entstandenen großen Geisteskampf erbot sich diese Institution, vorrangig und in kurzer Zeit, eine Übersetzung und qualifizierte Neuausgabe meiner Bücher »Die Ostlegionen«, »Kaukasien 1942/43«, »Deutsche und Kalmyken«, »Die Geschichte der Wlassow-Armee« zu besorgen. Einer Herausgabe vor allem des letztgenannten Werkes würde nach Einschätzung von Dr. Bogdanov in Rußland »eine ungeheure Bedeutung zukommen – nicht nur historisch, sondern auch politisch«. Einzige Bedingung für eine solche Kooperation, und dies auch verständlich, sollte eine, wenngleich maßvolle Beteiligung an den Druckkosten sein. Eine nicht zu übersehende Chance also, dem Verlangen der Öffentlichkeit in Rußland nach historischer Aufklärung entgegenzukommen.

Und das Militärgeschichtliche Forschungsamt? Nicht eine seiner Veröffentlichungen hatte bisher eine solche Auswirkung erfahren wie dieses Buch. Das Militärgeschichtliche Forschungsamt der Bundeswehr aber, dem ich 35 Jahre lang angehört hatte, sonst für jeden Zweck großzügig engagiert, zeigte kein Interesse. Ja, es hielt sich nicht einmal für verpflichtet, das offizielle vertrauensvolle Angebot aus Rußland auch nur zu beantworten. Ich selber mußte in St. Petersburg hierfür um Entschuldigung bitten. Im Wege eines Interviews mit Dr. Kirill Aleksandrov, dem Redakteur der von dem russischen Historischen Forschungszentrum der Akademie unter Dr. A.V. Tereščuk neu herausgegebenen Militärzeitschrift »Novyj Časovoj« (New Sentry. Russian Military Historical Journal, 1/1994), vermochte ich deren Lesern wenigstens einige Aspekte meiner »Geschichte der Wlassow-Armee« aufzuzeigen, die als »kompetenteste Forschungsarbeit« über dieses wichtige Thema eingeführt worden war.

Diese private Forschungsarbeit ist auf ausdrücklichen Wunsch des damaligen Amtschefs, des späteren Brigadegenerals, Dr. Hackl, hin 1984 von Amts wegen in der »kleinen Reihe« der »Einzelschriften« publiziert worden und erfuhr der großen Nachfrage wegen 1986 eine Neuauflage.

Die negative Haltung des MGFA dem Petersburger Angebot gegenüber ist aus der in mancher Hinsicht wenig glücklichen Entwicklung heraus zu verstehen, die dieses Amt seit seiner Gründung als einer wissenschaftlichen Traditionen verpflichteten Institution unter Oberst i.G. Dr. Meier-Welcker genommen hatte.

Daß General Wlassow und die auf deutschem Boden organisierte Russische Befreiungsbewegung gegen Stalin inzwischen weniger denn je zu den Themen gehörte, mit denen das MGFA in Verbindung gebracht zu werden wünschte, ist nur zu verständlich.

Die bestimmenden Kräfte im MGFA, die auch zu den Fürsprechern der von Fehlern und Fälschungen nur so wimmelnden Hetzausstellung gegen die Wehrmacht gehörten, hatten an einer Verbreitung der historischen Wahrheit über General Wlassow und die Russische Befreiungsarmee kein Interesse. Und als ich dauernder Nachfragen aus dem Inland und Ausland wegen 1997 eine Neuauflage meines Buches in Vorschlag brachte, wurden finanzielle Gründe für eine Ablehnung ins Feld geführt. Unter diesen Umständen, und da eine Neuausgabe meines Buches über Wlassow nicht zu erwarten stand, sah ich mich 1998 veranlaßt, dem Militärgeschichtlichen Forschungsamt die ihm 1984 überlassene »Geschichte der Wlassow-Armee« zu entziehen.

Am 1. September 2001 jährt sich der 100. Geburtstag des charismatischen russischen Freiheitskämpfers General Andrej Andrejewitsch Wlassow. Entgegen den eigentlichen Intentionen Hitlers war es ihm mit Hilfe deutscher Freunde gelungen, sich an der Spitze einer de facto und de jure unabhängigen Russischen Nationalarmee gegen die Despotie Stalins zu erheben. Er ist in Rußland heute nicht vergessen, ja, wie der mit den russischen Verhältnissen bestens vertraute schweizerische Militärhistoriker Vincenz Oertle mir am 7. 7. 1999 schrieb, scheint Wlassow in Rußland »eine wahre Renaissance« zu erleben. Es sei auch hingewiesen auf das im selben Jahr in der verbreiteten »Militärgeschichtlichen Reihe ›Soldat‹« (Voenno-istoričeskaja serija« ›Soldat‹«) des Verlages AST von S.I. Drobjazko im Moskau herausgebrachte, von A.V. Korascuk künstlerisch illustrierte und für weitere Leserkreise bestimmte, kenntnisreiche Buch »Russkaja Osvoboditel'naja Armija (Die Russische Befreiungsarmee), dem auch meine »Geschichte der Wlassow-Armee« zugrunde gelegen hatte.

Der Verlag Langen Müller Herbig, der eine gediegene Neuausgabe meines Buches »Stalins Vernichtungskrieg« besorgt hatte, wußte es zu würdigen, welch einen historischen und politischen Stoff die Geschichte der Wlassow-

Armee enthält und welch einen zutiefst tragischen Ausgang diese Befreiungsarmee genommen hat. Blaues Andreaskreuz stand gegen Roten Sowjetstern! Und wenn der Verlag dem Rotbuch »Stalin« jetzt ein Blaubuch »Wlassow« folgen läßt, so bin ich dem Verleger, Herrn Dr. Herbert Fleissner, und Herrn Rochus von Zabuesnig hierfür in großer Dankbarkeit verbunden.

Im Herbst 2001   Joachim Hoffmann

1
Grundlagen der ROA

Der Angriff Deutschlands und seiner Verbündeten am 22. Juni 1941 hat die Sowjetunion nicht nur militärisch, sondern auch politisch sofort in schwere Bedrängnis gestürzt, insofern als die bisher nur verdeckten inneren Widersprüche des Sowjetstaates mit einem Male unverhüllt zutage traten. Unter den Bedingungen eines gnadenlosen Überwachungs- und Terrorsystems hatten sich diese Widersprüche natürlich nicht in der Form offener Opposition auswirken können. Dort aber, wo der Apparat des NKVD (Narodnyj Komissariat Vnutrennich Del, Volkskommissariat des Innern) an Wirksamkeit verlor, zeigte sich auch sehr bald die Brüchigkeit der ideologischen Grundlagen der Sowjetmacht. Die Sowjetmenschen selbst waren es, die durch ihre Haltung demonstrierten, daß die mit Pathos gerühmten Kernsätze der bolschewistischen Doktrin – die monolithische Einheit der Sowjetgesellschaft, die unverbrüchliche Treue zur Kommunistischen Partei und der opferbereite »Sowjetpatriotismus«[1] – schon der ersten Belastungsprobe nicht standhielten. Denn nicht nur hatten die Bewohner der feindbedrohten Gebiete den Evakuierungs- und Zerstörungsbefehlen der Partei- und Sowjetorgane, wo es nur ging, Widerstand geleistet[2], die überwiegende Mehrheit der Bevölkerung ist den fremden Truppen sogar mit ausgesprochenem Wohlwollen, zumindest aber, was dem Dogma genauso widersprochen haben würde, in abwartender Neugier und jedenfalls ohne Haß gegenübergetreten. Die Defektion auf sowjetischer Seite springt noch deutlicher in dem Fehlverhalten der Soldaten der Roten Armee in die Augen. Seit jeher war ihnen ein Geist anerzogen worden, der ihnen im Kampf nur die eine Wahl ließ, zu siegen oder zu sterben. Einen Mittelweg gab es nicht, hatte doch die Rote Armee als einzige Streitmacht schon eine bloße Gefangengabe der Soldaten als Desertion und Verrat unter schwerste Strafen gestellt[3]. Indessen waren es aller Politschulung und allen Strafandrohungen zum Trotz bis Jahresende 1941 nicht weniger als 3,8 Millionen, insgesamt während des Krieges rund 5,24 Millionen Rotarmisten, Offiziere, Politarbeiter und Generale, die sich in deutsche Kriegsgefangenschaft begaben. Eine Bewohnerschaft, die den Invasoren freundlich und aufgeschlossen anstatt mit Haß und Feindschaft begegnete, Millionen von Rotarmisten, die lieber in die Kriegsgefangenschaft gingen, als »für Partei und Regierung, für die Sowjetheimat, für den Genossen Stalin« bis zum letzten Blutstropfen zu kämpfen und zu sterben – hier lag ein nahezu unerschöpfliches Menschenreservoir, das den Zwecken einer politischen Kriegführung gegen das Sowjetregime hätte nutzbar gemacht werden können.

Es mag der Phantasie überlassen sein, sich auszumalen, was geworden wäre, wenn Hitler den Krieg gegen die Sowjetunion entsprechend den Propagandabehauptungen als echten Befreiungs- und nicht als kolonialen Eroberungs- und Ausbeutungskrieg geführt hätte. Ein russischer Emigrant, Vertrauensmann des Admirals Canaris und der deutschen Abwehr in russischen Fragen, der in die Verschwörung des 20. Juli 1944 verstrickte Baron Kaulbars, ist denn auch nur einer von denen, die aufgrund ihrer Kenntnisse und Erfahrungen die Meinung vertraten, daß die Grundlagen der Sowjetmacht bei »Gründung einer russischen nationalen Regierung« wahrscheinlich ins Wanken geraten wären[4]. »Vlasov«, so urteilte auch Generalmajor Chol'mston-Smyslovskij[5] bald nach dem Kriege, »war der Fortsetzer der Weißen Idee im Kampf für ein nationales Rußland! Dies war eine furchtbare Erscheinung und darin lag eine tödliche Gefahr. Unter anderen politischen Umständen und wenn die Deutschen Vlasov verstanden hätten, würde die ROA allein durch ihr Erscheinen, allein durch Propaganda, ohne Kampf, das ganze komplizierte System des sowjetischen Staatsapparates bis in seine Grundfesten hinein erschüttert haben.« Wie Baron Kaulbars seinen Vernehmern 1944 erklärte, wären »80 Prozent« der sowjetischen Kriegsgefangenen »für eine nationale russische freiwillige Armee in russischer Uniform für den Kampf gegen den Bolschewismus« zu haben gewesen. Und damit stand er nicht allein. »Es hat eine Zeit gegeben«, so schrieben zum Beispiel Ternovskij und Bezdetnyj, »ganz am Anfang des Krieges, da wären fast alle Gefangenen bereit gewesen, sogar in den Reihen der deutschen Armee gegen den Bolschewismus zu kämpfen[6].« General Vlasov und seine engsten Mitarbeiter, die die Verhältnisse in der Sowjetunion genau kannten, waren sogar noch im Jahre 1943 davon überzeugt, daß ein radikaler Kurswechsel der deutschen Ostpolitik selbst zu diesem Zeitpunkt noch den Sturz des Stalinregimes herbeigeführt hätte[7]. Verbürgt ist auf jeden Fall, daß Stalin nichts so gefürchtet hat wie die Schaffung einer Gegenregierung auf deutscher Seite. Erst das Ausbleiben einer Handreichung der Deutschen an das russische Volk und vielfach eine bewußte Kränkung seines Nationalstolzes gaben Stalin die Möglichkeit, den nationalen Gedanken nun seinerseits in den Dienst des Kampfes gegen die auswärtige Bedrohung seiner Herrschaft zu stellen. Durch rigorose Maßnahmen – hingewiesen sei nur auf die Erschießung des Oberbefehlshabers der Westfront, Armeegeneral Pavlov, und der Generale des Frontstabes –, verbunden mit einer geschickt inszenierten Propagandakampagne, vermochte die sowjetische Führung die angeschlagene Moral der Truppen der Roten

Armee einigermaßen wiederherzustellen und die Krise vorerst wenigstens zu überwinden.

Wenn die Eroberungspläne Hitlers eine Mobilisierung des antisowjetischen Kräftepotentials auch nicht zuließen, so bedeutete dies andererseits doch nicht, daß dasselbe nun vollends brachgelegen hätte. Die russische Widerstandsbewegung gegen Stalin, die namentlich in der deutschen Wehrmacht einflußreiche Gönner und Förderer besaß, sollte sich auch unter den ungünstigen Bedingungen eines von Hitler regierten Deutschland langsam aber sicher Bahn brechen. Es ist geradezu als ein Zeichen ihrer elementaren Kraft anzusehen, daß sie sich trotz der fast übergroßen Widerstände als »Dritte Kraft« (Tret'ja Sila)[8] zwischen Stalin und Hitler zu entfalten vermochte und nach Überwindung schwerer Rückschläge in der Befreiungsbewegung des Generals Vlasov schließlich auch nach außen hin einen organisatorischen Ausdruck fand. Da die Deutschen die Bildung einer russischen Nationalregierung verhinderten und damit auch die Voraussetzung zur Schaffung einer russischen Nationalarmee entfiel, blieb für kampfwillige Sowjetbürger – und zunächst allein für die bevorzugten Angehörigen der Minderheitenvölker und für Kosaken, erst nach Lockerung der Bestimmungen auch für Ukrainer, Weißrussen und Großrussen – nur der Weg, in die von der deutschen Heeresführung von unten her organisierten »landeseigenen Verbände« oder als »Hilfswillige« in deutsche Einheiten einzutreten. Das Entstehen der Ostlegionen und Osttruppen ist bereits Gegenstand einer ausführlichen Darstellung gewesen, und ihre Geschichte wird auch weiterhin untersucht werden. An dieser Stelle sei nur vorweggenommen, daß die späteren Freiwilligenverbände im Rahmen der deutschen Wehrmacht am 5. Mai 1943 insgesamt schon 90 russische Bataillone, dazu 140 Einheiten in Kompaniestärke, 90 Feldbataillone der Ostlegionen und eine im einzelnen kaum zu übersehende Anzahl kleiner Einheiten umfaßten, daß es 400 000, wahrscheinlicher aber sogar 600 000 Hilfswillige auf Planstellen in deutschen Einheiten gab, darüber hinaus einige größere Verbände unter deutschem Kommando (1. Kosakendivision, mehrere selbständige Kosakenregimenter, Kalmykisches Kavalleriekorps) und vor allem bereits auch Vorformen national-russischer Streitkräfte unter russischem Kommando und teilweise mit russischen Uniformen (RNNA [Russkaja Nacional'naja Narodnaja Armija, Russische Nationale Volksarmee], RONA [Russkaja Osvoboditel'naja Narodnaja Armija, Russische Volksbefreiungsarmee], Brigade Družina, Donkosakenregiment 120, Ost-Ersatz-Regiment Mitte), auf die noch weiter unten eingegangen werden soll.

Die Entwicklung schien mit einer gewissen Folgerichtigkeit geradezu auf das hinauszulaufen, was Hitler doch mit allen Mitteln hatte verhindern wollen, auf die Etablierung einer russischen Regierung (oder eines russischen politischen Zentrums) und auf die Formierung einer ihr unterstehenden russischen Armee. Dies wurde noch unterstrichen durch das öffentliche Auftreten des Generals Vlasov auf deutscher Seite seit September 1942, durch den Aufruf eines angeblich von ihm geleiteten »Russischen Komitees« in Smolensk im Januar 1943, durch die ebenfalls weitverbreitete »Resolution« der »1. antibolschewistischen Konferenz ehemaliger Kommandeure und Kämpfer der Roten Armee«[9] vom April 1943 und nicht zuletzt durch die offizielle Verwendung des Begriffes »Russische Befreiungsarmee« (Russkaja Osvoboditel'naja Armija, ROA) um dieselbe Zeit als Sammelbezeichnung für alle auf deutscher Seite in irgendeiner Form organisierten Soldaten russischer Volkszugehörigkeit im Unterschied zu denen der nationalen Legionen der Minderheitenvölker. Außenstehende vermochten nicht sogleich zu durchschauen, daß die schleichende Ausprägung eines russischen Zentrums und einer russischen Armee von Hitler für gefährlich genug gehalten wurde, um diesen noch im Frühjahr 1943 einen Riegel vorzuschieben. General Vlasov war nach seinem öffentlichen Auftreten im Operationsgebiet des deutschen Ostheeres politisch wieder kaltgestellt worden, das »Russische Komitee« und die »Russische Befreiungsarmee« blieben inhaltlose Begriffe, und selbst die Osttruppen sollten nach dem Verdikt Hitlers nur im unumgänglich notwendigen Umfange beibehalten, keinesfalls aber weiter ausgebaut werden. Allein den Parteigängern Vlasovs in den zentralen Ämtern des OKH (Abteilung Fremde Heere Ost, Organisationsabteilung, Generalquartiermeister, General der Osttruppen) sowie des OKW (Wehrmachtpropaganda, Abwehr) war es zu verdanken, daß das Schlimmste verhütet wurde.

Unter ihrer Protektion blieb in Gestalt der »Ost-Propaganda-Abteilung z.b.V.« in Dabendorf bei Berlin eine Institution erhalten, die sich in der nun eintretenden Zwangspause in relativer Ungestörtheit der Ausarbeitung wenigstens der theoretischen Grundlagen der Befreiungsbewegung widmen konnte und die auch die Kader einer künftigen Befreiungsarmee heranbildete. Bei der im Februar 1943 aufgestellten, in einem komplizierten Verhältnis der Amtsgruppe für Wehrmachtpropaganda (Abt. IV) des OKW, dem General der Osttruppen (Freiwilligenverbände) sowie der Abteilung Fremde Heere Ost im Generalstab des Heeres unterstehenden, am 17. Mai 1944 in »Freiwilligen-Propaganda-Abteilung z.b.V.«[10] umbenannten »Ost-Propaganda-Abteilung z.b.V.« handelte es sich zwar nach außen hin um eine Einrichtung des deutschen Heeres. In Wirklichkeit aber verbarg sich hinter dieser Bezeichnung das geistige und organisatorische Entstehungszentrum der ROA, »Herz und Seele der Befreiungsbewegung der Völker Rußlands«, deren Stellung unter einer deutschen Formalkontrolle so gut wie autonom war[11]. Zwischen dem deutschen Abteilungsstab und der russischen Schulungsleitung bildeten sich Beziehungen heraus, die selbst nach dem kritischen Urteil der Russen den Beziehungen zwischen einem Garnisonschef und dem Truppenführer einer quartiernehmenden Einheit entsprachen, das heißt auf dem Grundsatz einer Interessenabgrenzung beruhten. Diese günstige Entwicklung war vor allem darauf zurückzuführen, daß der deutsche Kommandeur, Hauptmann Strik-Strikfeldt, in einem engen persönlichen Vertrauensverhältnis zu General Vlasov stand und auch die Offiziere seines Stabes – sein Vertreter Rittmeister Freiherr v. Dellingshausen, der deutsche Schulungsleiter Oberleutnant Baron v. d. Ropp, der Abwehroffizier Baron v. Kleist und andere – sich als überzeugte Anhänger einer deutsch-russischen Zusammenarbeit und als verständnisvolle Förderer der Befreiungsbewegung erwiesen[12]. Als in diesem Militärlager Ende 1943 neben der deutschen Reichskriegsflagge die russische Kriegsflagge mit dem blauen Andreaskreuz auf weißem Felde feierlich gehißt wurde[13], konnte jedermann erkennen, daß an dieser Stelle zumindest eine befriedigende Form des Zusammenstehens Tatsache geworden war.

Nach der Kriegsstärkenachweisung standen den 21 mit »hochqualifiziertem« Personal besetzten deutschen Offizierplanstellen entsprechende Stellen für nicht weniger als acht russische Generale, 60 Stabsoffiziere und mehrere hundert Subalternoffiziere gegenüber. Rund 4000–5000 Kursanten haben das Schulungszentrum bis November 1944 in 10 Lehrgängen durchlaufen[14]. Außer in Dabendorf wurden unter der Leitung des »Höheren russischen Propagandaoffiziers« beim Stabe der Heeresgruppe Nord und Bevollmächtigten des Generals Vlasov in den baltischen Staaten und in dem für die ROA wichtigen Gebiet um Pskov, Oberst Pozdnjakov (Vertreter Hauptmann Zalevskij), Anfang Juni 1944 aber auch in Riga (Propagandaabteilung Ostland), gewissermaßen im frontnahen Bereich, noch zwei ROA-Propagandakurse organisiert[15]. Was die Teilnehmer der Dabendorfer Lehrgänge angeht, so handelte es sich bei ihnen zu einem hohen Prozentsatz um ehemalige Offiziere der Roten Armee, die entweder bereits den unter deutschem Kommando stehenden Osttruppen angehört hatten oder aber auf eigenen Wunsch hin direkt aus den Kriegsgefangenenlagern nach Dabendorf gelangt waren – in diesem Falle aber einen bei dem Stalag (Stammlager) 3a in Luckenwalde eingerichteten Vorbereitungskurs zu durchlaufen hatten und hier von Oberst Pozdnjakov (Nachfolger Oberstleutnant Vlasov) auf ihre Eignung hin überprüft wurden[16]. Alle Kursanten waren formell aus der Kriegsgefangenschaft entlassen worden[17]. Eingekleidet in feldgraue Uniformen mit gedeckten Rangabzeichen (pogony) im Stil der vorrevolutionären Armee, geschmückt mit der weiß-blau-roten russischen Nationalkokarde und mit dem Emblem der ROA auf dem linken Ärmel, war ihr Status jetzt der von regulären Soldaten der Befreiungsarmee. Als Schulungsleiter[18] (načal'nik kursov) war von Vlasov zunächst Generalmajor Blagoveščenskij eingesetzt worden, ein älterer ehemaliger Brigadekommandeur der sowjetischen Küstenverteidigung, und ab Juli 1943 Generalmajor Truchin, in der Roten Armee Chef der Operationsabteilung des Stabes des Baltischen Besonderen Militärbezirkes (Nordwestfront), eine hervorragende Führerpersönlichkeit, die der im Entstehen begriffenen ROA ihren ganz besonderen Stempel aufdrücken sollte. Als Truchin im November 1944 zum Chef des Stabes der Streitkräfte des Komitees zur Befreiung der Völker Rußlands (ROA) ernannt wurde, trat an die Spitze der jetzt natürlich an Bedeutung verlierenden Dabendorfer Kurse Oberstleutnant Pšeničnyj.

Das russische Kommando in Dabendorf wurde nach den ersten Erfahrungen so organisiert, daß dem Chef der Kurse ein Chef des Lehrbereiches (načal'nik učebnoj časti), Oberst Spiridonov, und ein Chef des militärischen Bereiches (načal'nik stroevoj časti) zur Seite stand, der seinerseits, zunächst Major Strel'nikov, alsdann Oberst Pozdnjakov, zugleich als Bataillonskommandeur der in fünf Kompanien gegliederten Kursanten fungierte[19]. Prominente Mitglieder des zivilen Lehrstabes waren Štifanov und Zajcev, die beide hauptsächlich auch die geistige Auseinandersetzung mit dem Stalinismus führten. Ebenso wie Truchin und mancher andere gehörte auch Zajcev der exilrussischen Organisation NTS (Nacional'no – Trudovoj Sojuz, Nationaler Arbeitsbund) an, einer politischen Vereinigung, die von den russischen Philosophen Berdjaev, Losskij, Frank, aber auch von der katholischen Soziallehre (Solidarismus) beeinflußt, den Liberalismus westlicher Prägung mit einem gemäßigten Staatsdirigismus zu verbinden trachtete. Den Anhängern des NTS stand die Gruppe um Zykov in der »russkaja redakcija« (russischen Redaktion) gegenüber[20], die die Zeitung für die Freiwilligen »Dobrovolec« (Der Freiwillige) und für die Kriegsgefangenen »Zarja« (Die Morgenröte) herausgab, die ersten 33 Nummern in völliger Selbständigkeit, die folgenden unter deutscher Zensur. Der Unterschied zwischen beiden Richtungen dürfte vor allem darin bestanden haben, daß erstere mehr idealistische, letztere mehr materialistische Ziele verfolgte. Zykov soll nach wie vor marxistischen Gedanken verhaftet gewesen sein, wenngleich selbstredend auch er einen betont nationalen und antistalinistischen Standpunkt vertrat.

Obwohl die Deutschen theoretisch eine Kontrolle auch über die Schulungsprogramme ausübten, war es in der Praxis doch so, daß von den in Dabendorf behandelten drei großen Themenkreisen a) Deutschland, b) Rußland und Bolschewismus, c) Russische Befreiungsbewegung nur der erste einer gewissen Beeinflussung unterlag. Eine Einführung in die geschichtlichen und politischen Verhältnisse Deutschlands wurde grundsätzlich aber auch von russischer Seite aus für notwendig gehalten, weil allein das Reich aktiv gegen den Bolschewismus kämpfte und die Befreiungsbewegung die Möglichkeit erhalten hatte, sich in diesem Lande politisch und militärisch

zu organisieren. Das Deutschlandproblem spielte indessen nur eine unter-
geordnete Rolle, das Schwergewicht lag eindeutig auf den Themen, die sich
mit russischen Fragen beschäftigten. Der gesamte Lehrstoff war von dem
Personal der Dabendorfer Schule ausgearbeitet und von einer Kommission
führender Mitarbeiter der Befreiungsbewegung sanktioniert worden. Un-
terrichtsgegenstand waren die Geschichte des russischen Volkes und die Entwicklung der russischen Staatlichkeit; die ideologische Unterdrückung in
der UdSSR; die Agrarpolitik der Sowjetmacht; die Arbeiterfrage und »Stach-
anovbewegung«; die sowjetische Intelligenz und Kultur; Familie, Jugend, Erziehung und Bildung in der UdSSR; der Kampf der Sowjetmacht gegen das
Volk; die Wirtschaftspolitik der Sowjetmacht; die Außenpolitik der UdSSR;
die deutsch-russischen Beziehungen in Vergangenheit und Gegenwart und
schließlich in der dritten Abteilung (razdel) insbesondere die Ideen der Russischen Befreiungsbewegung im Sinne der 13 Punkte des Smolensker Aufrufes vom Jahre 1943[21]. Die einzelnen Themen, in Form von Vorlesungen,
Seminarübungen und Vorträgen eingehend behandelt, wurden den Teilnehmern auch als Druckschrift in der »Biblioteka Propagandista« (herausgegeben vom »Verlag der Propagandistenkurse der ROA«) zugänglich gemacht.

Hand in Hand mit dem Bemühen um die Heranbildung qualifizierter
Künder der Ideen der Befreiungsbewegung in den Freiwilligenverbänden
und Kriegsgefangenenlagern ging die Sorge um die Formierung eines neuen
Offizierkorps. Bereits Generalmajor Blagoveščenskij hatte die Ausarbeitung
einer militärischen Dienstvorschrift (vojnskij ustav) der ROA in Auftrag gegeben. Nach dem Amtsantritt von Generalmajor Truchin erhielten die Propagandakurse dann einen streng militärischen Charakter. Es wurde eine besondere Qualifikationskommission zur Festsetzung der militärischen
Dienstränge eingesetzt, Beförderungsbestimmungen wurden ausgearbeitet.
Die Lehrgangsteilnehmer selbst waren einem strengen Reglement unterworfen. Ihre militärischen Kenntnisse wurden wieder aufgefrischt und die
Exerzierausbildung nahm eine festen Platz ein[22]. Generalmajor Truchin ließ
sich insbesondere die Wiederbelebung russischer Offizierssitten angelegen
sein. Er persönlich hielt Vorlesungen über Themen wie »Was ist ein Offizier?«, »Offizierethik«, »Das Vermächtnis Suvorovs«. Was ein offiziermäßi-
ges Verhalten betrifft, so ging er selbst in der Tat mit bestem Beispiel voran.
Frühzeitig trafen die Generale Vlasov, Malyškin und Truchin auch eine Auswahl geeigneter Kommandeure und Stabsoffiziere für die von ihnen projek-
tierte Russische Befreiungsarmee. Kriegsgefangene Angehörige des Kom-
mandobestandes der Roten Armee, die sich zum Dienst in der ROA bereit
erklärt hatten, wurden in Dabendorf zusammengezogen und begannen hier,
sich auf ihre künftige Aufgabe vorzubereiten.

Die im Verborgenen getroffenen Vorbereitungen sollten ihre Früchte tragen, als es nach dem Treffen des Generals Vlasov mit dem Reichsführer SS Himmler am 16. September 1944 und der von deutscher Seite ausgesprochenen Sanktionierung der Russischen Befreiungsbewegung darauf ankam, die ROA rasch und in größtmöglichem Umfange ins Leben treten zu lassen. General Vlasov und die Führer der Befreiungsbewegung hatten anscheinend anfangs noch damit gerechnet, bis zum Sommer 1945 über 10 Infanteriedivisionen, über mindestens 1 Panzerregiment, einige Reservebrigaden oder - regimenter, eine Offizierschule, Unterstützungstruppen und über angemessene Luftstreitkräfte verfügen zu können[23]. Zeitlich gesehen sollte im Januar 1945 die Aufstellung der 3. Division anlaufen. Mit den Divisionen erster Welle betrachteten sie ihre Möglichkeit aber keineswegs als erschöpft, da es innerhalb der Wehrmacht ja Hunderttausende und – nimmt man die Soldaten nichtrussischer Volkszugehörigkeit hinzu – vielleicht 800 000 militärisch organisierte Freiwillige gab, deren Herauslösung und Unterstellung unter seinen Oberbefehl Vlasov in seiner Aussprache mit Himmler am 16. September 1944 bereits gefordert hatte. Auf welchem Wege man aus vorhandenen oder im Entstehen begriffenen Truppenkörpern in kurzer Zeit eine in drei Armeekorps gegliederte Armee zu bilden gedachte, zeigt auch eine grundlegende Unterredung Vlasovs mit dem Befehlshaber der »1. Russischen Nationalarmee« (1. Russkaja Nacional'naja Armija, RNA), Generalmajor Chol'mston-Smyslovskij. Wie dieser berichtet, hatte Vlasov eine Verschmelzung der RNA mit der ROA in Vorschlag gebracht[24]. Für diesen Fall soll Vlasov bereit gewesen sein, Generalmajor Chol'mston-Smyslovskij zum Chef des Stabes der ROA und Generalmajor Truchin zum Kommandeur der in das 1. Korps der ROA umgeformten RNA zu ernennen. Das II. Korps sollte sich dann aus der 1. und 2. Division der ROA, das III. Korps aus dem Russischen Schutzkorps und der 3. Division der ROA zusammensetzen. Dieser Plan zerschlug sich indessen, weil Chol'mston-Smyslovskij abweichenden militärischen Vorstellungen huldigte, und vor allem, weil er damals auch meinte, der Befreiungskampf müsse als eine ausschließlich militärische Aktion geführt und dürfe nicht mit den politischen Forderungen des Prager Manifestes (siehe S. 321 ff.) verquickt werden. Vlasov glaubte in jedem Falle aber auch mit einem Personalreservoir von 1,5 Millionen sowjetischer Kriegsgefangener und mit den Millionen sogenannter »Ostarbeiter« in Deutschland rechnen zu können[25]. Die personellen Voraussetzungen schienen also insgesamt gesehen durchaus günstig und theoretisch ausreichend für rund 30 Divisionen zu sein. Allerdings, wie Vlasov und Truchin richtig erkannten, hing der Umfang der Aufstellungen von der Verfügbarkeit einer entsprechenden Anzahl von Offizieren, Unteroffizieren und sonstigen Spezialisten ab sowie vor allem davon, ob es gelingen werde, die Verbände aus-

reichend mit Waffen, Gerät und Fahrzeugen auszustatten. Vlasov war am 2.
Februar 1945 auf eine diesbezügliche Frage des Reichsmarschalls Göring hin
gezwungen gewesen zuzugeben, daß das vorhandene Führerpersonal
zunächst doch nur zur Aufstellung von fünf Divisionen ausreiche[26], aus welchem Grunde für eine beschleunigte Heranbildung von Offizieren in verschiedenen Schuleinrichtungen und verkürzten Kursen Sorge getragen werden sollte.

Es erscheint einigermaßen verwunderlich, wenn die Führer der Befreiungsbewegung diesen Schwierigkeiten zum Trotz bereits für Sommer 1945
mit dem Vorhandensein von zehn Divisionen rechneten, zumal da Vlasov
selbst noch vor Jahresfrist – 1943 – sich gegen eine überstürzte Aufstellung
gewandt hatte, da seiner Meinung nach »gesund nur ist, was sich organisch
entwickelt«. In einem Schreiben an einen namentlich nicht genannten deutschen Wirtschaftspräsidenten vom 16. August 1943, das anscheinend auch
Himmler vorgelegt worden ist, war er für die sorgfältige Vorbereitung von
zunächst zwei Divisionen eingetreten, die dann überraschend und geschlossen zum Einsatz gelangen sollten[27]. »Erst wenn diese Versuchsdivisionen sich
bewährt haben«, so hatte er sich vernehmen lassen, »kann man zur Aufstellung weiterer Divisionen schreiten.« Dies hatte auch Himmler vorge-
schwebt, als er in seiner Aussprache mit Vlasov am 16. September 1944 die
sofortige Aufstellung von zunächst drei Infanteriedivisionen zusagte[28]. Seinem Vertreter bei Vlasov, SS-Oberführer Dr. Kroeger, gegenüber bekräftigte
Himmler am 8. Januar 1945 noch einmal die Notwendigkeit eines nur
»schrittweisen« Aufbaues der Befreiungsarmee[29]. So sollten seiner Meinung
nach die »beiden ersten Divisionen wirklich solide ins Feld kommen« und
ihnen dort unter dem Befehl Vlasovs in einer »gut durchdachten Aktion«
Gelegenheit gegeben werden, sich zu bewähren und vor allem auch propagandistisch tief in den Gegner hineinzuwirken. Schon die Formulierung die
»beiden ersten Divisionen« läßt freilich erkennen, wie grundsätzlich auch
Himmler an einem weiteren Ausbau gelegen war. Dr. Kroeger ließ in seinem
Auftrage im März 1945 denn auch durchblicken, daß beabsichtigt sei, die Befreiungsarmee in naher Zukunft auf den gewünschten Umfang von zehn Divisionen zu vergrößern[30]. Die Aufstellung der 3. Division war zu dieser Zeit
in der Tat bereits angelaufen.

Die Zuversicht Vlasovs und seiner Mitarbeiter im Hinblick auf eine Organisierung ihrer Streitkräfte fand verschiedentlich auch in öffentlichen Erklärungen Ausdruck. In seiner programmatischen Rede auf der Kundgebung
im Berliner Europahaus am 18. November 1944 sprach Vlasov davon, daß
»wir alle Möglichkeiten dafür haben, um in kürzester Zeit aus ihnen (d. h.
den Streitkräften der Völker Rußlands) die besten Truppen nach ihrer militärischen Ausbildung, nach ihrer Bestimmung und nach ihrem unbeugsa-

men Kampfgeist zu machen«[31]. Ähnlich optimistisch hatte sich der Chef der Hauptpropagandaverwaltung des KONR (Komitet Osvoboždenija Narodov Rossii, Komitee zur Befreiung der Völker Rußlands), Generalleutnant Žilenkov, auf einer Konferenz mit Vertretern der in- und ausländischen Presse am 15. November 1944 vernehmen lassen[32]. Generalmajor Truchin schrieb in einem vielbeachteten Aufsatz im Organ des KONR »Volja Naroda« (Der Wille des Volkes) am 18. November 1944, daß es gelingen werde, Streitkräfte zu schaffen, die befähigt seien, »die Kriegsmaschine des Bolschewismus« zu zerschlagen[33]. »Heute schon läßt sich sagen«, so führte er aus, »daß der Roten Armee Streitkräfte gegenüberstehen werden, die weder in technischer Hinsicht, noch in ihrer militärischen Ausbildung vor ihr zurückstehen werden, die sie aber moralisch unzweifelhaft übertreffen werden, weil die Kämpfer und Offiziere der Befreiungsstreitkräfte in den Kampf ziehen im Namen der großen Idee der Befreiung des Vaterlandes vom Bolschewismus, im Namen des Glückes ihrer Völker. Heute schon läßt sich mitteilen, daß die dem Oberkommandierenden, Generalleutnant A. A. Vlasov, unterstehenden Streitkräfte zur Befreiung der Völker Rußlands vollständig selbständig sein und in ihrem Bestand alle Truppengattungen haben werden, die zur Führung eines modernen Krieges unumgänglich und die nach dem letzten Stand der Technik bewaffnet sind.«

Es ist für den historischen Betrachter von Interesse, der Frage nachzugehen, welche Erfolgsaussichten die Führer der Befreiungsbewegung ihren Streitkräften in dieser Kriegsphase noch einräumten. Die Zuversicht, die sie erfüllte, rührte, wie schon die Worte Truchins zeigen, primär nicht so sehr aus der realen Stärke der Verbände als vielmehr aus der politisch-propagandistischen Ausstrahlungskraft her, die sie den Divisionen der ROA zuschrieben. Als Vlasov im Jahre 1943 erste Überlegungen über den Aufbau der ROA anstellte, ging er aufgrund seiner Kenntnisse der Verhältnisse der Sowjetarmee davon aus, ein schon »verhältnismäßig geringer Kräfteeinsatz« werde eine »wirkungsvolle Zersetzungsarbeit der Roten Armee und des nahen Hinterlandes« einleiten. Damals hatte er sich bereit erklärt, einen »ausführlichen Plan« zu unterbreiten, um den Gegner an der für sein Prestige so empfindlichen Front vor Leningrad, im Abschnitt von Oranienbaum, Petergof, Kronštadt etwa, in »verhältnismäßig kurzer Zeit empfindlich zu treffen, wenn nicht zu Fall zu bringen«[34]. Was hier Ausdruck fand, war nicht zuletzt auch das Wissen um geheime Sympathien für den Befreiungsgedanken selbst im höheren Offizierkorps der Roten Armee, von denen auch der kriegsgefangene Oberbefehlshaber der 19. Armee und der gesamten bei Vjaz'ma eingeschlossenen Kräftegruppierung, Generalleutnant Lukin, im Dezember 1941 einst gesprochen hatte. Vlasov hatte sich 1943 erboten, Verbindung zu gleichgesinnten »höheren Führern der Roten Armee und Funktionären der

Sowjetregierung aufzunehmen«. Wiederholt deutete er das Bestehen eines geheimen »Bundes Russischer Offiziere« (Sojuz Russkich Oficerov) an. »Mit den meisten kommandierenen Generälen war ich befreundet«, diese Worte Vlasovs überliefert sein Vertrauter Sergej Fröhlich, »ich weiß ganz genau, wie sie zur Sowjetmacht stehen. Und die Generäle wissen auch, daß ich dies weiß. Wir werden uns nichts vorzumachen brauchen.« Auch nach dem damaligen Eindruck Dr. Kroegers waren »Wlassow und seine Leute sich darüber im klaren gewesen, daß rebellische Stimmung in der Luft lag [...] möglich, daß sie mehr wußten und schwiegen«[35]. Anscheinend hat man sich aber selbst im Jahre 1944 in dieser Hinsicht noch gewissen Erwartungen hingegeben. So soll Vlasov einige Hoffnungen auf den ihm von seiner früheren Dienstzeit her wohlbekannten jetzigen Oberbefehlshaber der 2. Weißrussischen Front, Marschall der Sowjetunion Rokossovskij, gesetzt haben. Ein maßgeblicher Mitarbeiter der Hauptpropagandaverwaltung des KONR erläuterte dies folgendermaßen: »Als ich im Moskauer Zentralgefängnis war, hat man Rokossovskij das Gebiß ausgeschlagen, glauben Sie, daß er Stalin das vergessen hat[36]?« Es ist in diesem Zusammenhang jedenfalls auffallend, daß Rokossovskij in seinen Erinnerungen »Soldatskij dolg« (Soldatenpflicht) im Unterschied zu anderen sowjetischen Heerführern sich einer, selbst abwertenden, Bezugnahme auf die Vlasovfrage völlig enthält. In der 1. Division der ROA wurde es denn auch nicht als Zufall angesehen, daß der Adjutant des Divisionskommandeurs, Generalmajor Bunjačenko, ein Leutnant Semenev war, der Sohn eines Generals angeblich aus dem Stabe der 2. Weißrussischen Front[37]. Verbürgt ist eine mysteriöse Geschichte, nach der ein General der Sowjetischen Militäradministration in Deutschland nach dem Kriege Nachforschungen nach dem im Mai 1945 in Böhmen einem Zwischenfall mit der SS zum Opfer gefallenen und in Kozojed beigesetzten Leutnant Semenev angestellt haben soll[38].

Der von den Führern der Befreiungsbewegung zur Schau getragene Optimismus würde gleichwohl wenig verständlich erscheinen, wenn er durch gewisse Vorfälle nicht immer wieder neue Nahrung erhalten hätte. So etwa hatte sich schon 1943 gezeigt, daß die Gegenseite jedesmal, wenn russische Einheiten in Gefechtsberührung mit der Roten Armee traten, eine auffällige Nervosität an den Tag legte. Ein Beispiel hierfür aus dem Jahre 1943 war ein Angriffsunternehmen von Soldaten der Brigade »Družina« im Mittelabschnitt der Ostfront: »Mit Hurrah griffen sie an«, so der Bericht, »und sofort als die Rotarmisten merkten, daß Russen, also Wlassowleute, angriffen, ergaben sie sich[39].« Bemerkenswerte Vorgänge sind aus dem Bereich der 1. Kosakendivision (XV. Kosakenkavalleriekorps) überliefert, die seit 1944 in Jugoslawien mit sowjetischen Kräften zusammenstieß. In der kosakischen Überlieferung nimmt einen gewichtigen Platz der angebliche Überflug von sechs sowjetischen Flugzeugen unter Führung eines Majors ein, die, nachdem sie sich von der Identität der Kosaken überzeugt und zuvor sogar noch einen Verband Titos angegriffen hatten, im Divisionsabschnitt bei Belovar in Kroatien gelandet sein sollen. Es wird von nicht weniger als 803 Rotarmisten gesprochen, die bis Oktober 1944 auf die Seite der Kosaken übergetreten seien. Die Kosaken nehmen für sich auch die vollständige Vernichtung der sowjetischen 133. Gardeschützendivision bei Pitomač (Pitomaca) westlich von Virovitica am 25. Dezember 1944 mit entsprechenden Überläufer-, Gefangenen- und Beutezahlen in Anspruch[40]. Es entspricht auf jeden Fall den Tatsachen, daß die Reiterregimenter Don 5 (Plastunbrigade) unter Oberst Kononov und Terek 6 unter Oberstleutnant Prinz zu Salm an diesem Tage bei Pitomač, das auch gestürmt wurde, unter den über die Drau vorgedrungenen sowjetischen Einheiten eine »starke Verwirrung«, eine »kopflose« Flucht, hervorriefen und erhebliche Mengen an Kriegsmaterial, darunter fünf Geschütze, einbrachten[41]. Vielversprechend war auch das weiter unten abgehandelte Angriffsunternehmen einer Stoßgruppe der ROA unter Oberst Sacharov am 9. Februar 1945 an der Oderfront verlaufen. Dieses erste überraschende Auftreten einer Einheit der Vlasov-Armee hatte unter den Rotarmisten, wie ein deutsches Dokument vermerkt, »größte Verwirrung und größtes Erstaunen« hervorgerufen. Sowjetsoldaten aus drei verschiedenen Regimentern waren gefangengenommen worden oder zu den Vlasovsoldaten übergelaufen. Wie sich den Verhören entnehmen ließ, wäre die Gefangenenzahl sicherlich noch höher gewesen, wenn die Rotarmisten die Verwendung von Landsleuten auf der Gegenseite nicht als eine Kriegslist der Deutschen angesehen hätten.

Gewiß, es hatte sich nur um ein begrenztes Unternehmen gehandelt, um »unsere Probesteine«, wie Vlasov sich ausdrückte, aber deutete die gegnerische Reaktion nicht darauf hin, daß nichts verloren und nichts zu spät sei? Auf Vlasov und die Führer der Befreiungsbewegung haben derartige Vorfälle immer einen nachhaltigen Eindruck gemacht. Vlasov wollte in Karlsbad am 27. Februar 1945 soweit gehen zu behaupten, »daß unsere Ideen unsterblich sind und daß die Offiziere und Soldaten der Roten Armee an den Frontabschnitten, wo ihnen unsere Truppenteile gegenüberliegen, die Offiziere und Soldaten der ROA als Blutsbrüder empfangen und sich mit ihnen zum Kampf gegen den Bolschewismus vereinen«[42]. Ob seine Erwartung in dieser Verallgemeinerung noch zutraf, mag freilich dahingestellt bleiben. Immerhin aber gab es doch Anzeichen dafür, daß es nach und nach gelingen könne, wenigstens einen Teil der Sowjetsoldaten, »unsere in Uniformen der Roten Armee gekleideten Brüder«, auf die Seite der Befreiungsbewegung hinüberzuziehen[43]. Generalmajor Truchin faßte diese Erwartung in folgende Worte: »Die Kämpfer und Offiziere der Roten Armee, die Arbeiter, Bauern und Intelligenz des sowjetischen Hinterlandes – das sind unsere Freunde. Häufig sind sie heute schon unsere Gesinnungsgenossen, morgen werden sie unsere Waffenbrüder sein. Wir werden tapfer, nicht auf Leben, sondern auf Tod gegen die Rote Armee kämpfen, soweit sie als Werkzeug in den Händen der bolschewistischen Tyrannen erscheint, aber in jedem Rotarmisten und Offizier sehen wir unseren Mitkämpfer von morgen.«

Es gab noch weitere Gründe, die Vlasov und die Führer der Befreiungsbewegung zu Ende 1944 dazu bewogen, die Aufstellung eigener Streitkräfte mit Energie in Angriff zu nehmen, sich, wie es heißt, »militärisch noch so stark wie möglich zu machen«[44]. Je weiter die Rote Armee nach Westen vordringe, desto eher würden ihrer Meinung nach die inneren Gegensätze der Sowjetgesellschaft aufbrechen[45]. War von daher trotz aller Kontroll- und Überwachungsmaßnahmen nicht eine Entwicklung denkbar, wie sie nach den Befreiungskriegen in der Armee Kaiser Alexander I. zum Dekabristenaufstand geführt hatte? Nach Vertreibung der Deutschen und Überschreiten der Grenzen des Sowjetstaates mußte das sowjetpatriotische Motiv in der Roten Armee viel an Gewicht verlieren. Die Rotarmisten konnten sich nämlich jetzt mit eigenen Augen von den Lebensbedingungen in anderen Ländern überzeugen und damit selbst beurteilen, inwieweit das von der Sowjetpropaganda entworfene Bild der dortigen Verhältnisse der Wirklichkeit entsprach. Und in dieser Situation sollten den Truppen der Roten Armee russische Nationaldivisionen gegenübertreten, die sich vorbereiteten, alle nur denkbaren Propagandamittel einzusetzen. Es war geplant, Flugblätter mit dem Prager Manifest »zu Millionen« über den Sowjettruppen abzuwerfen[46]. Vlasov zeigte sich durch verschiedene Kanäle auch bestens unterrichtet über die Widerstandsbewegung in den von der Sowjetarmee wieder eingenommenen Ländern des Baltikums, in Weißrußland und vor allem in der Ukraine. Er nahm am 9. Dezember 1944 ausführlich Stellung zum Kampf der Ukrainischen Aufstandsarmee (Ukraïns'ka Povstans'ka Armija, UPA), bei dem es sich, auch nach sowjetischem Urteil, nicht etwa nur um den Zusammenstoß einzelner Gruppen mit der Sowjetmacht, sondern um eine von der Bevölkerung weitgehend unterstützte Auseinandersetzung »zweier Weltanschauungen« handelte[47], die erst in den fünfziger Jahren zum Abschluß gebracht werden konnte. Tatsächlich beherrschten die Sowjettruppen in der Ukraine damals nur die »Haupteisenbahnlinien, die Durchgangsstraßen und die größeren Städte am Tage«[48], das übrige Land befand sich in den Händen der UPA, deren Aktionen im Jahre 1944 bekanntlich auch der Oberbefehlshaber der 1. Ukrainischen Front, Armeegeneral Vatutin, zum Opfer gefallen ist[49]. Auf eine entsprechende Frage hin erklärte Vlasov, daß der Nationalaufstand in der Ukraine nicht ohne Rückwirkung auf die Stimmung der Sowjetsoldaten bleiben werde und daß zugleich »das Manifest des Befreiungskomitees der Völker Rußlands [...] unter den Rotarmisten immer bekannter werde und dieses dazu beitragen werde, die Ziele des Befreiungskampfes und damit auch die Ziele des nationalen Kampfes aller auf dem Gebiet der Sowjetunion lebenden Völker zu verstehen«.

Der in solchen Worten immer wieder anklingende Optimismus wird vollends verständlich, wenn man weiß, daß die Überlegungen Vlasovs und seiner politischen und militärischen Mitarbeiter und einiger eingeweihter deutscher Freunde längst über den von ihnen erwarteten Zusammenbruch Deutschlands hinausgingen und sie eine Niederlage Deutschlands nicht auch als das Ende der Russischen Befreiungsbewegung ansahen[50]. Nach einer Aufzeichnung des georgischen Exilpolitikers Vačnadze vom 21. August 1945 hatte Vlasov diesem am 10. März 1945 auseinandergesetzt, er werde alle Maßnahmen ergreifen und alle seine Bemühungen darauf richten, von den Deutschen so viel Mittel wie möglich zur Vergrößerung seiner Streitkräfte zu erlangen, »die ich für *morgen* brauche«[51]. Da den Russen ein Bündnis der Westmächte mit der Sowjetunion immer nur als ein während des Krieges geschlossenes Zweckbündnis erschien, war es ihr Bestreben, eine möglichst schlagkräftige Armee zu schaffen, die im Augenblick der Niederlage Deutschlands als »Dritte Kraft« auftreten könne, die sie als eine Art Unterpfand in die Nachkriegszeit hinüberretten wollten[52] und von der sie meinten, sie werde zwangsläufig auch die Anerkennung der Anglo-Amerikaner finden[53]. Sicherlich liegt hierin der politische Grundirrtum der Führer der Befreiungsbewegung. Ihr Vertrauen in die demokratischen Westmächte mag heute naiv erscheinen. Aber man wird fragen dürfen, ob ihre Naivität wirklich größer war als die der Staatsmänner der USA und Großbritanniens, die nach der Niederschlagung Deutschlands auf den Anbruch einer Ära friedlicher Zusammenarbeit mit der Sowjetunion Stalins gehofft hatten.

Die unter solchen Voraussetzungen zu Ende 1944 ins Leben tretenden Streitkräfte des KONR haben sich denn auch von Anfang an ganz bewußt nur als eine »Russische Armee« (Armija Russkaja) und damit als einen »neuen militärischen Faktor« empfunden[54]. »Sie (das heißt die ROA) ist national in der Form, in ihrem Wesen, in ihren Zielen und in ihrem Geist«, heißt es in einer im Januar 1945 herausgegebenen Schrift über die »Ethik, das äußere Bild und das Verhalten der Soldaten der ROA«[55]. Als »gesetzlicher Erbe der besten Traditionen der russischen Armee«, wollte sie, wie verlautet, »die Prinzipien ihres Aufbaues aus den Traditionen des russischen Heeres ziehen, das sich vielhundertjährigen Ruhm erworben hat«. Generalmajor Truchin forderte am 18. November 1944, »jenen gesunden Patriotismus, auf den die Bolschewiken so sehr spekulieren, zur wirklichen Kraft« dieser Streitkräfte zu machen. »Nur ehrliche Patrioten«, so führte er aus, »können sich als Erben der großen Taten und des kriegerischen Ruhmes der großen

Heerführer Rußlands betrachten – Peters I., Suvorovs, Kutuzovs, Bagrations, Skobelevs und Brusilovs.« Als Ziel ihres Kampfes wurde die Wiederaufrichtung des »nationalen Russischen Staates« proklamiert, »nicht die einfache Wiederherstellung des Vergangenen, sondern der Aufbau des neuen Rußland, die Wiedergeburt Rußlands auf neuen Grundlagen«.

Anmerkungen

1 Žilin, Problemy voennoj istorii, S. 291, 289, 325.
2 Herwarth, Russian Volunteers, S. 1 ff.
3 Hoffmann, Die Kriegführung aus der Sicht der Sowjetunion, S. 496, Anm. 29.
4 Auszug aus der Vernehmung von Kaulbars, in: Spiegelbild einer Verschwörung, S. 425–429. Über die Bedeutung von Baron Kaulbars für die Abwehr: Generalmajor a.D. Chol'mston-Smyslovskij in einer Aussprache mit dem Verfasser in Vaduz am 24. 11. 1981.
5 General Chol'mston-Smyslovskij, Ličnye vospominanija, S. 38; vgl. Souvarine, Stalin, S. 621.
6 Ternovskij/Bezdetnyj, Lager' nadežd, S. 28; Nikolaev, Tak èto bylo, S. 267 f.
7 Steenberg, Wlassow, S. 102; Gehlen, Der Dienst, S. 101.
8 Kazancev, Tret'ja sila.
9 Rezoljucija prinjataja 12 aprelja 1943 goda na 1-oj antibol'ševistskoj konferencii byvšich komandirov i bojcov Krasnoj armii, in: Zarja, Nr. 30, 18. 4. 1943.
10 Mitteilungen für die Kommandeure der Osttruppen z.b.V. und Stabsoffiziere für landeseigene Hilfskräfte Nr. 15, OKH/GenStdH/GendFreiwVerb, Nr. 82 80/44 geh., 23. 6. 1944, Archiv des Vf.
11 Osvoboditel'noe Dviženie Narodov Rossii, S. 13 f., BA-MA MSg 149/26; Schema raspoloženija lagerja v marte 1943 goda, BA-MA MSg 149/34; Pozdnjakov, Kursy propagandistov, S. 100.
12 Kazancev, V Dabendorfe, BA-MA MSg 149/52; Kitaev, Russkoe Osvoboditel'noe Dviženie, S. 56, BA-MA MSg 149/8; Strik-Strikfeldt, Gegen Stalin und Hitler, S. 104. Aussprache des Verfassers mit Herrn Strik-Strikfeldt am 30. 5. 1972 in Freiburg.
13 Siehe Bild, in: Pozdnjakov, Roždenie ROA, S. 81.
14 Tätigkeitsbericht für Monat November, Leutnant von der Ropp, 20. 11. 1944, BA-MA MSg 149/34.
15 Pozdnjakov, Rižskie kursy, S. 192 ff. Über die in Riga von den Hauptleuten der ROA Boženko und Budnyj sowie von dem Propagandisten Poljanskij betreute und alsbald nach Dabendorf verlegte Kompanie weiblicher Propagandisten der ROA unter M. de Smet, vgl. Weibliche Propaganda-Kompanie der ROA, 1946, 37 S., BA-MA MSg 149/40. Verstärkung der Freiwilligen-Propaganda-Abteilung z.b.V. um 1 Propaganda-Einsatz-Kompanie (weiblich), OKH/GenStdH/OrgAbt, Nr. 11/85401/45, 5. 2. 1945, BA-MA RH 2/v. 921.
16 Pozdnjakov, Podgotovitel'nye kursy ROA, S. 31 ff.
17 P.M., Ja byl propagandistom ROA, S. 166.
18 Romaškin, Dabendorf, S. 88 ff.
19 Pšeničnyj, Dabendorf, S. 61, 60, 86.
20 Kitaev, Russkoe Osvoboditel'noe Dviženie, S. 57, BA-MA MSg 149/8.
21 Biblioteka Propagandista H. 5, H. 15, H. 16, H. 17, H. 18, BA-MA MSg 149/34. Ebd. eine 1944 veröffentlichte Kurzfassung aller 28 Themen des 1-yj razdel Germanija, II razdel Rossija i Bol'ševizm, III razdel Russkoe Osvoboditel'noe Dviženie.
22 Pozdnjakov, Generalmajor Fedor Ivanovič Truchin, S. 250.
23 Nerjanin-Aldan, Russkoe Osvoboditel'noe Dviženie i Russkaja Osvoboditel'naja Armija, S. 15, BA-MA MSg 149/60; Keiling (d.i. Maximilian Preuss), Die Wlassow-Armee, S. 6, Archiv des Vf.

24 General Chol'mston-Smyslovskij, Ličnye vospominanija, S. 30 f.
25 Nerjanin-Aldan, Russkoe Osvoboditel'noe Dviženie i Russkaja Osvoboditel'naja Armija, S. 14, BA-MA MSg 149/60.
26 Vermerk über die Besprechung des Generals Vlasov mit Reichsmarschall Göring, SS-Oberführer Dr. Kroeger, 4. 2. 1945, Archiv des Vf.
27 Vlasov an einen ungenannten deutschen Wirtschaftspräsidenten, 16. 8. 1943, Gehlen-Akte 6, Besetzte Gebiete und Ostpolitik, H. 5, Juli 1943 – August 1943, Archiv des Vf. Zu der Gruppe bekannter Wirtschaftsführer und Industrieller, die sich frühzeitig für Vlasov interessierten, gehörten nach Fröhlich (Manuskript, S. 22, Archiv des Vf.) Hans Kehrl, Paul Pleiger und Dr. Karl Rasche (Dresdner Bank).
28 Strik-Strikfeldt, Gegen Stalin und Hitler, S. 211, 214; Steenberg, Wlassow, S. 158.
29 Vermerk über die Besprechung beim Reichsführer SS am 8. 1. 1945, SS-Oberführer Dr. Kroeger, BA NS 31/33.
30 Pljuščev-Vlasenko, Kryl'ja svobody, S. 94 ff., Archiv des Vf.
31 Osvoboditel'noe Dviženie-Volja Narodov Rossii, Rede des Vorsitzenden des Komitees zur Befreiung der Völker Rußlands A. A. Vlasov auf der feierlichen Kundgebung der Vertreter der Völker Rußlands am 18. November 1944, in: Volja Naroda, Nr. 3/4, 22. 11. 1944.
32 Interview, das General Žilenkov ausländischen Korrespondenten gab, ebd., Nr. 1, 15. 11. 1944.
33 Vooruzennye Sily Osvoboditel'nogo Dviženija, Generalmajor Truchin, ebd., Nr. 2, 18. 11. 1944.
34 Siehe Anm. 27; Kromiadi, Za zemlju, za volju, S. 140.
35 Kroeger an Steenberg, 7. 12. 1966, BA-MA Sammlung Steenberg; siehe S. 352.
36 Schwenninger, Ergänzungen, S. 3, IfZ.
37 Tajnoe namerenie ROA, BA-MA MSg 149/25.
38 Auský, Vojska generála Vlasova, S. 81.
39 Buchardt, 27. 2. 1966, S. 3, BA-MA Sammlung Steenberg.
40 Kazačij korpus v Osvoboditel'nom Dviženii (1941–45g.), BA-MA MSg 149/7; Schema razgroma 133 gvardejskoj imeni Stalina strelkovoj divizii v rajone pitomaca 25 go dekabrja 1944 goda, ebd.
41 Kalben, Zur Geschichte des XV. Kosaken-Kavallerie-Korps, S. 106 f.
42 Pljuščev-Vlasenko, Kryl'ja svobody, S. 90, 100, Archiv des Vf.
43 Bestužev, Neprimirimost', in: Volja Naroda, Nr. 1, 15. 11. 1944.
44 Buchardt, 27. 2. 1966, S. 15, BA-MA Sammlung Steenberg.
45 Siehe auch Vortragsnotiz über eine Rede des Generals Wlassow vom Februar 1944, LwFüSt, Ic, BA-MA RL 2/v. 3058a.
46 Einsatz-Überläuferaktion, Besprechung beim General der Freiwilligenverbände am 7. Januar 1945, OKH/GenStdH/OrgAbt, Nr. II/70 404/45 geh, 8. 1. 1945, BA-MA RH 2/v. 911.
47 Pograničnye vojska, S. 638, 595, 19 f.
48 Herwarth, Deutschland und die ukrainische Frage, S. 12, Archiv des Vf.
49 50 let, S. 399.
50 Nerjanin-Aldan, Russkoe Osvoboditel'noe Dviženie i Russkaja Osvoboditel'naja Armija, S. 5 f., BA-MA MSg 149/60; Fröhlich, Manuskript, S. 24, Archiv des Vf.
51 Beseda A.A. Vlasova s D.V. Vačnadze. Po vospominanijam posledego, 21. 6. 1945, BA-MA MSg 149/48; Pozdnjakov, Andrej Andreevič kak čelovek, ebd.
52 Strik-Strikfeldt, Gegen Stalin und Hitler, S. 220, 223; Schtemenko, Im Generalstab, Bd 2, S. 500.
53 Nerjanin-Aldan, Russkoe Osvoboditel'noe Dviženie i Russkaja Osvoboditel'naja Armija, S. 12, BA-MA MSg 149/60; Kroeger an Steenberg, 28. 12. 1966, BA-MA Sammlung Steenberg.
54 Nastupajuščij god – god našej pobedy, Interview, das General Vlasov einem Korrespondenten der Agentur »Transozean-Europa-Press« gewährte, in: Volja Naroda, Nr. 1 (14), 1. 1. 1945.
55 Voin ROA, S. 3.

———— 2 ————
Oberkommando und Offizierkorps.
Die Abgrenzung von den Deutschen

Nachdem die Vorarbeiten seit September 1944 auf vollen Touren angelaufen waren, trat die jetzt offiziell Streitkräfte des Komitees zur Befreiung der Völker Rußlands (VS KONR, Vooružennye Sily KONR) oder kurz
Streitkräfte der Völker Rußlands genannte ROA am 28. Januar 1945 wirklich
ins Leben. An diesem Tage wurde Vlasov von Hitler zum »Oberbefehlshaber
der russischen Streitkräfte ernannt und ihm gleichzeitig der Oberbefehl über
alle neu aufzustellenden und durch Umgruppierung zu erstellenden russischen Verbände übertragen«[56]. Vom 28. Januar 1945 an galt die ROA als die
Streitmacht eines Deutschland verbündeten Staates, deren Verbände nur
operativ zeitweilig der deutschen Wehrmacht unterstellt werden konnten[57].
Durch Befehl Nr. 1 vom selben Tage wurde Generalmajor Truchin zum Chef
des Stabes und zum ständigen Vertreter des Oberkommandierenden berufen[58]. General Vlasov, der in Personalunion ja gleichzeitig den Posten eines
Vorsitzenden des KONR versah, hätte eine bessere Wahl kaum treffen können. Dem Landadel entstammend, Student an der Petersburger Universität
und Offizier bereits in der Armee des Zaren, war Truchin in den dreißiger
Jahren Professor für die »Taktik großer Truppenverbände« an der Akademie
des Generalstabes der Roten Armee gewesen, wie Generalmajor Grigorenko
sich erinnert, neben dem Militärtheoretiker Isserson damals der einzige
»Mann von Format an der Akademie«[59]. Den Beginn des deutsch-sowjetischen Krieges hatte Truchin, wie erwähnt, als Chef der Operationsabteilung
des Stabes des Baltischen Besonderen Militärbezirkes (Nordwestfront) erlebt. Talentiert, mit profunden militärischen Kenntnissen, dazu charakter-
voll und von imponierendem Äußeren, gehörte er zu den markantesten Persönlichkeiten der Befreiungsbewegung und wurde der eigentliche Führer der
Befreiungsarmee. Kaum weniger trat sein Vertreter, Oberst, alsdann Generalmajor, Bojarskij hervor, ein Nachkomme der ukrainischen Fürsten Ga-
malij, einst Adjutant des Marschalls der Sowjetunion Tuchačevskij, Absolvent der Frunze-Militärakademie und als Kommandeur der sowjetischen 41.
Schützendivision in deutsche Kriegsgefangenschaft geraten[60]. Ein deutscher
Offizier aus dem Bereich der Freiwilligenverbände, Oberst v. Henning, beschrieb ihn 1943 als einen »außerordentlich klugen, gewandten, belesenen
und viel in der Welt herumgekommenen Soldaten und Politiker«. Den Deut-

schen war Bojarskij von Anfang an als Gleichrangiger und Fordernder mit einer solchen Offenheit gegenübergetreten, daß Generalfeldmarschall Busch ihn im Juli 1943 von seinem Posten als »Stabsoffizier für Ausbildung und Betreuung der Osttruppen« bei der 16. Armee entfernen ließ. Als Adjutant der sogenannten Führungsgruppe des Armeestabes fungierte Leutnant Romaškin, Chef der Kanzlei war Major Šejko, Dolmetscher der Leutnant Kubekov. De facto hatte das »Oberkommando der Streitkräfte des Komitees zur Befreiung der Völker Rußlands«, im russischen Schriftverkehr »Štab VS KONR« genannt[61], die Funktion eines Kriegsministeriums.

Eine Vorstellung vom Umfang seiner Aufgaben vermittelt die Kriegsgliederung nach dem Stand von Ende Februar 1945, die an dieser Stelle erstmals wiedergegeben wird:

1. *Operationsabteilung (operativnyj otdel)*
Abteilungschef: Oberst Nerjanin[62] (N. entstammte einer Arbeiterfamilie, geboren 1904, hatte die Frunze-Militärakademie und die Akademie des Generalstabes mit Auszeichnung absolviert. Von dem Chef des Generalstabes der Roten Armee, Marschall der Sowjetunion Šapošnikov, bei dieser Gelegenheit als »einer unserer brillantesten Armeeoffiziere« tituliert, war Nerjanin im Verlauf seiner Dienstzeit in der RKKA [Raboče-Krestjanskaja Krasnaja Armija, Rote Arbeiter- und Bauernarmee] Chef der Operationsabteilung des Stabes der Truppen des Militärbezirkes Ural gewesen und als Chef der Operationsabteilung des Stabes der 20. Armee bei Ržev-Vjaz'ma im November 1941 in deutsche Kriegsgefangenschaft geraten.)
Stellvertretender Abteilungschef: Oberstleutnant Korovin,
Gruppenleiter 1: Oberstleutnant Ril',
Gruppenleiter 2: Oberstleutnant Michel'son.
2. *Aufklärungsabteilung (razvedyvatel'nyj otdel)*
Abteilungschef: Major Gračev,
Gruppenleiter Abwehr (kontrrazvedka): Major Čikalov.
3. *Nachrichtentechnische Abteilung (otdel svjazi)*
Abteilungschef: Oberstleutnant Korbukov.
4. *Presseabteilung (otdel voen. soobščenij)*
Abteilungschef: Major Kremeneckij.
5. *Topographische Abteilung (topografičeskij otdel)*
Abteilungschef: Oberstleutnant Vasil'ev.
6. *Chiffrierabteilung (šifroval'nyj otdel)*
Abteilungschef: Major Poljakov,
Stellvertretender Abteilungschef: Oberstleutnant Pavlov.
7. *Aufstellungsabteilung (otdel formirovanij)*
Abteilungschef: Oberst Denisov,
Stellvertretender Abteilungschef: Major Nikiforov,

Gruppenleiter 1: Hauptmann Fedoseev,
Gruppenleiter 2: Hauptmann Demidov,
Gruppenleiter 3: Hauptmann Kozlov,
Gruppenleiter 4: Major Sviridenko.

8. *Ausbildungsabteilung (otdel boevoj podgotovki)*

Abteilungschef: Generalmajor Assberg[63] (Arcezov, auch Asbjargas) (A., armenischer Abkunft, aus Baku gebürtig, hatte die Militärschule in Astrachan' absolviert und war im Jahre 1942 Oberst und Befehlshaber der Panzertruppen einer Armee gewesen. Obwohl es ihm gelang, die ihm unterstellten Verbände aus der Einkreisung bei Taganrog herauszuführen, wurde er zum Tode verurteilt, daraufhin aber erneut in den Kampf geworfen, wobei er in Kriegsgefangenschaft geriet.)

Stellvertretender Abteilungschef: Oberst Tavancev,
Gruppenleiter 1 (Ausbildung): Oberst Černyj,
Gruppenleiter 2 (Militärschulen): Oberst Denisenko,
Gruppenleiter 3 (Vorschriften): Oberstleutnant Moskvičev.

9. *Personalabteilung (komandnyj otdel)*

Abteilungschef: Oberst Pozdnjakov[64] (P., 1901 in St. Petersburg geboren, trat 1919 in die Rote Armee ein und war nach einer entsprechenden Fachausbildung Chef des chemischen Dienstes [načchim] verschiedener Militärschulen, Regimenter und Divisionen. Er wurde 1937 verhaftet und gefoltert und geriet als Chef des chemischen Dienstes des 67. Schützenkorps 1941 bei Vjaz'ma in Kriegsgefangenschaft.)

Stellvertretender Abteilungschef: Major Strel'nikov,
Gruppenleiter 1 (Generalstabsoffiziere): Hauptmann Kalinin,
Gruppenleiter 2 (Infanterie): Major Demskij,
Gruppenleiter 3 (Kavallerie): Oberleutnant Vaščenko,
Gruppenleiter 4 (Artillerie): Oberstleutnant Pankevič,
Gruppenleiter 5 (Panzertruppen, Pioniere): Hauptmann Kornilov,
Gruppenleiter 6 (Verwaltungsdienste, Sanitätswesen) Major Panajot.

10. *Propagandaabteilung (otdel propagandy)*

Abteilungschef: Oberst (später Generalmajor) Meandrov[65] (M., 1894 in Moskau geboren, entstammte einer Familie von Geistlichen. Sein Vater, Priester an der Kirche des heiligen Chariton in Moskau, war 1932 deportiert worden und ist in der Zwangsverschickung zugrunde gegangen. Meandrov hatte im Jahre 1913 die Alekseevskoer Infanterieschule in Moskau absolviert. Vor dem Kriege war er Taktiklehrer an der Infanterieschule des Kreml, bis zum 25. Juli 1941 Chef des Stabes des XXXVII. Schützenkorps und danach stellvertretender Chef des Stabes und Chef der Operationsabteilung der 6. Armee. Er ist bei Uman' in deutsche Kriegsgefangenschaft geraten.)

Stellvertretender Abteilungschef: Major Egorov; Inspekteur für Propaganda in den Truppen: Hauptmann Pochvalenskij,
Inspekteur für Propaganda unter den Freiwilligen in Einheiten der Wehrmacht: Hauptmann Sopčenko.
Der Propagandaabteilung unterstand ein Gesangs- und Tanzensemble sowie ein Musikkorps.

11. *Rechtswesenabteilung (voenno-juridičeskij otdel)*
Abteilungschef: Major Arbenin.

12. *Haushaltsabteilung (finansovyj otdel)*
Abteilungschef: Hauptmann Petrov.

13. *Panzertruppenabteilung (otdel avtobronetankovych vojsk)*
Abteilungschef: Oberst Antonov[66] (A., 1898 geboren, entstammte einer Kleinbauernfamilie im Gouvernement Tula. Er geriet als Oberst und Befehlshaber der Panzertruppen einer Armee in die Kriegsgefangenschaft.)
Stellvertretender Abteilungschef: Oberst Popov.

14. *Artillerieabteilung (artillerijskij otdel)*
Abteilungschef: Generalmajor Bogdanov (B. war in der Roten Armee Generalmajor und Divisionskommandeur gewesen.)
Stellvertretender Abteilungschef: Oberst Sergeev; Inspekteur für Ausbildung: Oberst Kardakov; Inspekteur für Artilleriebewaffnung (Insp. po art. vooruž): Oberst Perchurov,
Inspekteur für Infanteriebewaffnung (Insp. po str. vooruž): Oberstleutnant Šatov.

15. *Versorgungsabteilung (otdel material'no-techničeskogo snabženij)*
Abteilungschef: Generalmajor Sevast'janov (S. war in der Roten Armee Brigadekommandeur [Kombrig] gewesen.)
Gruppenleiter rückwärtige Dienste: Oberst Saks; Inspekteur für Verpflegungsnachschub: Major Zelepugin; Inspekteur für Quartierwesen: Hauptmann Putilin.

16. *Pionierabteilung (inženernyj otdel)*
Abteilungschef: Oberst …,
Stellvertretender Abteilungschef: Oberst Golikov.

17. *Sanitätsabteilung (sanitarnyj otdel)*
Abteilungschef: Oberst Professor Novikov,
Stellvertretender Abteilungschef: Hauptmann Trušnovič.

18. *Veterinärabteilung (veterinarnyj otdel)*
Abteilungschef: Oberstleutnant Saraev,
Stellvertretender Abteilungschef: Hauptmann Žukov.

19. *Armeegeistlicher (protopresviter)*
Protoierej D. Konstantinov,
Duchovnik Štaba Armii: Protoierej A. Kiselev.

Der Armeestab war zu Anfang März 1945 teilweise noch nicht voll aufgefüllt, doch, um einen Vergleich zu bieten, kam die Anzahl der in ihm diensttuenden Offiziere der des Reichswehrministeriums im Aufbaujahr 1920 gleich. Dem Kommandanten des Stabsquartiers, Major Chitrov, unterstand eine Wirtschaftsabteilung (administrativno-chozjajstvennyj otdel) unter Hauptmann Šiškevič sowie eine Wirtschaftskompanie unter Oberleutnant Šarko. Die Bewachung des Oberkommandierenden, des KONR und des Armeestabes oblag einem Wachbataillon (batal'on ochrany) unter Major Beglecov. Für die persönliche Sicherheit Vlasovs war der Chef der Leibwache (ochrana), Hauptmann Kaštanov, verantwortlich. Dem Armeestab angegliedert war ferner ein Offizierreservelager (oficerskij rezervnyij lager') unter Oberstleutnant Meleškevič mit einem Offizierbataillon unter Oberstleutnant Golenko. An sonstigen Truppen zur unmittelbaren Verfügung des Armeestabes sind fernerhin nachweisbar ein selbständiges Baubataillon (stroitel'nyj batal'on) unter Hauptmann Ingenieur Budnyj, ein Bataillon zur besonderen Verfügung des Stabes (batal'on osobogo naznačenija štaba glavnokomandujuščego) sowie die sogenannten Hilfstruppen (vspomogatel'nye vojska)[67]. Diese aus technischen Einheiten unter Oberst Jaroput hervorgegangenen, sich aus Spezialpersonal und Arbeitern zusammensetzenden Hilfsdienste hatten auf besonderen Wunsch Vlasovs hin einen militärischen Status erhalten, obwohl es Bestrebungen gab, sie als eine Art technische Nothilfe unmittelbar dem KONR anzugliedern. Chef des Stabes der Vspomogatel'nye Vojska war zunächst Oberstleutnant Ingenieur Popov und unmittelbar vor Kriegsende Oberst Antonov.

Bei fast allen der hier genannten Offiziere des Armeestabes handelte es sich um ehemalige Generale, Oberste und sonstige Stabsoffiziere der Roten Armee. Allein schon von daher zeigt sich die Haltlosigkeit der späteren sowjetischen Behauptung, wegen der Weigerung von Inhabern solcher Offizierränge, in die ROA einzutreten, seien irgendwelche anonymen Verräter zu Offizieren ernannt worden. Die Tatsache, daß ehemalige sowjetische Generale und Oberste, Männer, die einst der »Stalin-Garde« angehört, »Beförderungen und Auszeichnungen erhalten [...] und alle Bequemlichkeiten des Lebens genossen« hatten, die Führungsstellen in der Befreiungsarmee einnahmen, war 1944 geradezu ein Vorwurf, den vlasovfeindliche Kreise der Minderheitenvölker dem Ostministerium gegenüber erhoben[68]. Neben den aus der Roten Armee hervorgegangenen Offizieren gab es in der ROA freilich auch eine Reihe von Altemigranten in führenden Positionen. Vlasov, der sich der politischen und militärischen Erfahrungen dieser Emigranten zu bedienen wünschte, hat sich wiederholt für sie eingesetzt und einige von ihnen auch in seine engste Umgebung gezogen. In diesem Zusammenhang wäre einer seiner Adjutanten zu nennen, Oberst Sacharov, Sohn des Generalleutnants der kaiserlichen Armee K.V. Sacharov, der einst Chef des Stabes von Admiral Kolčak gewesen war[69]. Oberst Sacharov hatte auf seiten General Francos am Spanischen Bürgerkrieg teilgenommen und war zusammen mit einem anderen alten Offizier, Oberstleutnant Archipov, bei Kriegsende Regimentskommandeur in der 1. Division der ROA. Zum Chef seiner persönlichen Kanzlei hatte Vlasov den einstigen Regimentskommandeur in der Zarenarmee, Oberst Kromiadi, ausgewählt. Offizier für besonders wichtige Aufträge des Armeestabes war der Oberleutnant Tomaševskij, ein Jurist, Absolvent der Universität Char'kov, der den Dienstrang eines Majors der ROA ausgeschlagen hatte, um Karrierevorwürfen zu entgehen[70]. Auch sonst begegnet man auf verschiedenen Stellen der Befreiungsarmee Vertretern der alten Emigration. Der Befreiungsbewegung hatten sich die Generale Archangel'skij und fon Lampe angeschlossen ebenso wie General Dragomirov und der in Paris lebende, international angesehene Militärschriftsteller General Professor Golovin, der noch vor seinem Tode eine Vorschrift für den inneren Dienst (ustav vnutrennej služby) der ROA ausarbeitete[71]. Chef der Kaderabteilung des Stabes der Vspomogatel'nye Vojska war der Oberst der Zaren- und Weißen Armee Šokoli. An die Spitze der 1945 beim KONR errichteten Verwaltung der Kosakenheere trat der Ataman des Donheeres, Generalleutnant Tatarkin. Auch der Ataman des Kuban'heeres, Generalmajor Naumenko sowie die Kosakengenerale Abramov, Balabin, Škuro, Krejter und andere hatten sich für die Vlasovbewegung erklärt[72]. General Krejter, später Hauptbevollmächtigter des KONR in der Ostmark, übergab Vlasov auch einen Juwelenschatz, den die Armee des Generals Vrangel' einst zur Unterhaltung ihrer Truppen aus Rußland mitgeführt hatte.

Dennoch stellten diese und andere Offiziere in der ROA nur eine verschwindende Minderheit dar, so daß man schon 1945 von einer bewußten Zurücksetzung der alten Emigranten glaubte sprechen zu können. So wird besonders dem Chef des Stabes der ROA, Generalmajor Truchin, eine ablehnende Haltung den Emigranten gegenüber nachgesagt. Beispielsweise habe er es zunächst abgelehnt, der Bitte des Generalmajors Turkul' um Einstellung nachzukommen, weil er befürchtete, die ROA mit dem Namen dieses im Bürgerkrieg als Kommandeur der Drozdovskij-Division der Vrangel'-Armee bekanntgewordenen Generals in Verbindung zu bringen[73]. Man darf in diesem Zusammenhang freilich nicht vergessen, daß manche der zum Eintritt in die Befreiungsarmee bereiten ehemaligen höheren Offiziere unerfüllbare Ansprüche stellten und erwarteten, führende Posten zu erhalten, wie denn in der Tat in dem von Generalmajor Turkul' noch 1945 aufgestellten Kosakenkorps ebenso wie in der »1. Russischen Nationalarmee« des Generalmajors Chol'mston-Smyslovskij die Führung in den Händen der Altemigranten lag und die ehemaligen Sowjetoffiziere nur niedere Offizierränge bekleideten. Auch muß bedacht werden, daß die bisweilen schon älteren, nicht mehr auf der Höhe der taktischen Entwicklung stehenden Offiziere nur schwer unterzubringen waren. Allerdings ließ sich der auch sonst in den Freiwilligenverbänden zu beobachtende Gegensatz zwischen den Alt- und Neuemigranten in der ROA nicht ganz verdecken, wie besonders der Fall des Generalmajors Permikin zeigt. Permikin, Stabsrittmeister der Zarenarmee, Gründer und Kommandeur des in den Kämpfen bei Gatčina und Carskoe Selo 1919 bewährten Talabskij-Regimentes der Nordwestarmee des Generals Judenič, 1920 Befehlshaber der 3. Armee des Generals Vrangel' in Polen, der sich der Befreiungsarmee zur Verfügung gestellt hatte[74], war von Vlasov zum höheren Taktiklehrer an der Offizierschule ausersehen worden. Im Lager der 1. Division der ROA in Münsingen, wohin er sich begeben hatte, war er als »weißgardistischer Offizier« jedoch persönlichen Anrempelungen in einem Maße ausgesetzt, daß er es im Februar 1945 vorzog, sich dem in Österreich gerade entstehenden Kosakenkorps der ROA unter Generalmajor Turkul' anzuschließen.

Wenn die Ernennung eines Oberkommandierenden und die Bildung eines Oberkommandos zumindest nach außen hin den Abschluß des Verselbständigungsprozesses der ROA bezeichnen, so zeigte sich in zwei so wichtigen Einrichtungen wie der Militärgerichtsbarkeit und dem militärischen Nachrichtendienst, daß die Befreiungsarmee in der Tat bald an Eigenleben gewann. Über die Militärjustiz liegen zwar nur bruchstückhafte Unterlagen vor[75]. Doch geht aus ihnen immerhin so viel hervor, daß beim Armeestab ein leitender Militärstaatsanwalt (glavnyj voennyj prokuror) eingesetzt worden war und zugleich Anstrengungen unternommen wurden, einen gerichtlichen Instanzenzug »von oben nach unten« (sverchu do nizu) zu schaffen und in Zusammenarbeit mit der Juristischen Abteilung des KONR Instruktionen und Vorschriften für das staatsanwaltliche Vorgehen und die Durchführung von Gerichtsverfahren auszuarbeiten. Daß Vlasov in seiner Eigenschaft als Oberkommandierender auch Oberster Gerichtsherr der ROA war, wird ihm ungewollt von sowjetischer Seite attestiert, indem man ihm im Moskauer Prozeß 1946 die Erschießung mehrerer »Kriegsgefangener« zum Vorwurf machte. Es handelte sich um folgendes[76]: Sechs vom Kriegsgericht wegen Spionage zugunsten der Sowjetunion zum Tode verurteilte Angehörige der Befreiungsarmee befanden sich im April 1945 im Bereich des Stabes der Luftwaffe der ROA in Marienbad, da es nur hier ausbruchsichere Räumlichkeiten gab. Die Urteile wurden Vlasov während eines Aufenthaltes in Marienbad vorgelegt, und er hat sie auch bestätigt – wie Augenzeugen berichten, jedoch nur zögernd und schweren Herzens und auch erst dann, als man ihm vorstellte, daß man den Deutschen gegenüber nicht gut die Autonomie der ROA hervorkehren könne, wenn man gleichzeitig auf die Ausübung fundamentaler, nämlich der jurisdiktionellen Funktionen verzichte. Die Eigenständigkeit der ROA fand nicht zuletzt auch darin Ausdruck, daß sich das Kriegsgericht der 1. Division in den letzten Kriegstagen sogar das Recht herausnahm, einen deutschen Wehrmachtoffizier, Katterfeld-Curonus, wegen angeblicher Spionage zugunsten der Sowjetunion zum Tode zu verurteilen[77].

Was die Entwicklung des militärischen Nachrichtendienstes angeht, so war in der Anfangszeit sowohl die militärische als auch die zivile Aufklärung in der beim KONR auf Drängen der Russen errichteten Sicherheitsverwaltung (upravlenie bezopasnosti) konzentriert[78], die Oberstleutnant Tenzorov leitete, ein charaktervoller, wenn auch mit einschlägigen Fragen bisher nicht befaßter Offizier, im Zivilberuf Physiker an einem Forschungsinstitut in Char'kov. Seine beiden Vertreter waren Major Kalugin, angeblich einst Chef der Besonderen Abteilung des Stabes des Nordkaukasischen Militärbezirkes, sowie Major Čikalov. Die Abwehrabteilung leitete Major Krajnov, die Untersuchungsabteilung Major Galanin, die geheime Korrespondenzabteilung Hauptmann Bakšanskij, die Personalabteilung Hauptmann Zverev. Ein Teil der Nachrichtenoffiziere, so außer Čikalov, Kalugin, Krajnov, Galanin, die Majore Egorov und Ivanov, Hauptmann Bekker-Chrenov und andere hatte dem NKVD angehört und dürfte mit den Praktiken geheimdienstlichen Arbeitens einigermaßen vertraut gewesen sein. Andere waren Reservisten, die etwa den Beruf eines Arbeiters, Architekten, Regisseurs, Schuldirektors, Erdöltechnikers, Ingenieurs oder Juristen ausgeübt hatten, was aber nicht ausschloß, daß es sich auch bei ihnen teilweise um gute Kundschafter (razvedčiki) handelte. Einige der Mitarbeiter entstammten auch den Kreisen der Altemigranten, so der Offizier zur besonderen Verwendung Hauptmann Skaržinskij, Oberleutnant Golub' und Leutnant Mel'nikov.

Mit der Übersiedlung des Armeestabes von Berlin auf den Truppenübungsplatz Heuberg in Württemberg im Februar 1945 wurde die militärische von der zivilen Aufklärung organisatorisch getrennt, und es begann unter der Aufsicht von Generalmajor Truchin der Aufbau eines eigenen Nachrichtendienstes der Befreiungsarmee. Die im Armeestab eingerichtete Aufklärungsabteilung wurde, wie erwähnt, dem Major, dann Oberstleutnant Gračev, einem Absolventen der Frunze-Militärakademie, anvertraut. Sie war am 22. Februar 1945 gegliedert in die Gruppe Feindnachrichten, die Leutnant Vronskij kommissarisch leitete, in die Gruppe Aufklärung (razvedka), der zunächst Hauptmann Lapin, alsdann Oberleutnant Gaj vorstand, und in die Gruppe Gegenaufklärung (kontrrazvedka, Abwehr), an deren Spitze Major Čikalov berufen wurde. Durch den Befehl des Generalmajors Truchin vom 8. März 1945[79] erfuhr das Personal eine weitere Auffüllung, so daß nunmehr außer dem Abteilungschef 22 Offiziere in ihr tätig waren: 1 Major

(Čikalov), 4 Hauptleute (Dumbadze, Bakšanskij, Nikol'skij, Turčaninov), 7 Oberleutnante (Chmyrov, Gaj, Gorškov, Kabitleev, Lapin, Skačkov, Tvardievič), 9 Leutnante (Andreev, A., Andreev, L., Vronskij, Glavaj, Karenin, Lovanov, Marčenko, Prončenko, Sitnik). Hauptmann Denisov und weitere Offiziere traten später hinzu.

Man hat in einigen Mitarbeitern des Nachrichtendienstes nach dem Kriege Agenten der Sowjets sehen wollen. Zu denen, die man verdächtigte, gehören Hauptmann Bekker-Chrenov, in der Roten Armee einst Chef der Besonderen Abteilung einer Panzerbrigade, ein qualifizierter Abwehrmann, sowie Oberleutnant Chmyrov (Dolgorukij), die beide, letztgenannter fälschlich als Adjutant Vlasovs, im Moskauer Prozeß 1946 als Belastungszeugen auftraten. Rätselhaft bleibt auch die Rolle des Chefs der Gegenaufklärung der ROA, Major Čikalov, der, aus den Grenztruppen des NKVD hervorgegangen, als Politarbeiter einer in der Dnepr-Plavnja operierenden großen Partisanengruppe Ende 1943 in deutsche Kriegsgefangenschaft geraten war und sich, wie der ebenfalls gefangengenommene Anführer dieser Gruppe, Major Kirpa (Kravčenko), 1944 der Befreiungsbewegung angeschlossen hatte[80]. Obwohl man an der Echtheit seines Gesinnungswandels eigentlich nicht zweifelte, liegt doch eine Aussage vor, derzufolge Vlasov noch 1944 vor Čikalov gewarnt worden sein soll, da man sich auf diesen nicht verlassen könne. Tatsächlich soll Čikalov sich nach dem Kriege als Sowjetagent in Westdeutschland betätigt haben und im Jahre 1952 kurz vor seiner Entlarvung in die Sowjetunion zurückgekehrt sein. Merkwürdig in diesem Zusammenhang ist ein Artikel des ehemaligen Oberleutnants Chmyrov, der in dem Sowjetorgan »Golos Rodiny« (Stimme der Heimat) behauptet hatte, Čikalov sei 1946 in München erschlagen worden, womit er in verleumderischer Absicht den Oberst Pozdnjakov in Verbindung bringen wollte[81]. Dieser aber, der als Chef der Personalabteilung die Offiziere des Armeestabes wie kein zweiter kannte und einige Personalunterlagen in die Nachkriegszeit hinüberrettete, hatte Čikalov als ehemaligen Čekisten zwar einst persönlich abgelehnt, aber er betonte jetzt zugleich, daß seine Arbeit politisch nicht zu beanstanden gewesen sei und man überhaupt die Nachkriegshaltung von der im Kriege angenommenen unterscheiden müsse[82]. Mit Entschiedenheit stellte Pozdnjakov jedenfalls in Abrede, daß es sowjetischen Agenten gelungen sei, in die Aufklärungsabteilung und damit in einen empfindlichen Dienstzweig des Armeestabes einzudringen.

Die Schwierigkeiten waren tatsächlich anderer Natur. Zu ihnen gehörte beispielsweise die Arbeitsmethode des Abwehroffiziers der 1. Division der ROA, Hauptmann Ol'chovnik (Olčovik), der es gewohnt war, selbständig vorzugehen und seine Ergebnisse allein dem Divisionskommandeur, Generalmajor Bunjačenko, vorzulegen, ohne gleichzeitige Benachrichtigung der

Aufklärungsabteilung des Armeestabes. Die von der Abwehr gesammelten Erkenntnisse waren oft wenig erheblich, betrafen unqualifizierte Äußerungen dieses oder jenes Offiziers oder Soldaten, disziplinare Verstöße, Trunkenheit im Dienst, Benzinverschwendung für private Fahrten und dergleichen mehr[83]. Truchin, dem es in erster Linie um die Aufdeckung sowjetischer Verbindungen zu tun war, erwog ernsthaft, Major Čikalov durch Hauptmann Bekker-Chrenov abzulösen, den er schon 1944 als Oberstleutnant hatte einstellen wollen. Während die Abwehrgruppe sich mit unterschiedlichem Erfolg der Bekämpfung sowjetischer Spionageversuche widmete, wurde die Aufklärungsgruppe schließlich auch mit Aufgaben befaßt, die nicht für die Augen der Deutschen bestimmt waren, wie der in der Endphase des Krieges auf Veranlassung von Generalmajor Truchin versuchten Verbindungsaufnahme zu den amerikanischen Truppen. Die Arbeit der Nachrichtenorgane des Armeestabes der ROA litt insgesamt einmal unter dem Mißtrauen deutscher Abwehrstellen, dann teilweise auch unter organisatorischen Unzulänglichkeiten sowie bisweilen unter Eifersüchteleien von seiten der Vlasov nicht unterstehenden Freiwilligenverbände. Dennoch waren deutliche Fortschritte zu verzeichnen.

Daß der Nachrichtendienst der Befreiungsarmee eine zunehmende Bedeutung erlangte, zeigt auch das Beispiel der in »Jagdhaus« unweit von Marienbad zu Anfang 1945 eingerichteten Aufklärungsschule (škola razvedki) der ROA[84]. Diese zur Ausbildung von Aufklärern und Agenten vorzugsweise, wenn auch nicht ausschließlich, im taktischen Bereich geschaffene Institution erscheint in sowjetischer Beleuchtung als ein gefährliches Zentrum, von dem aus Spionage, Diversion, Terror, ja, womit man Vlasov persönlich in besonderem Maß belastete, Aufstand in das Hinterland der Sowjetarmee getragen werden sollten. Das Militärkollegium des Obersten Gerichtes der UdSSR hat denn auch gerade die Existenz dieser Aufklärungsschule als einen schwerwiegenden Anklagepunkt gewertet[85], obwohl ja militärische Kundschaftertätigkeit in der Sowjetarmee als ein legitimes und ehrenhaftes Kriegsmittel gilt und die Ausbildungspraxis in »Jagdhaus« sich kaum von der in vergleichbaren sowjetischen Einrichtungen unterschieden haben dürfte. In der Tat erinnerte die von Oberleutnant Elenev, einem der fähigsten Nachrichtenoffiziere, geleitete Institution, an der neben anderen Instrukteuren auch Bekker-Chrenov eine Gastrolle gab, in ihrer ganzen Aufmachung an eine sowjetische Ausbildungstätte: Abgesehen von dem herrschenden Geist war hier wirklich alles sowjetisch. Die Lehrgangsteilnehmer waren in sowjetische Offizierumformen gekleidet, trugen sowjetische Orden und Medaillen, redeten sich untereinander mit dem sowjetischen »tovarišč« (Genosse) anstatt mit dem in der ROA üblichen »gospodin« (Herr) an, lasen sowjetische Bücher und Zeitungen, hörten sowjetische Radiosendungen,

und selbst die Zusammensetzung der Mahlzeiten entsprach den in der Roten Armee üblichen Gewohnheiten. Zu den geheimdienstlichen Fächern, in
denen sie ausgebildet wurden, gehörten Karten- und Orientierungskunde,
Methoden der Nachrichtenbeschaffung und Nachrichtenübermittlung, sowjetische Dienstvorschriften, aber auch die Bedienung von automatischen
Waffen, von Funkgeräten und Kraftfahrzeugen sowjetischer Herkunft, die
Handhabung von Sprengmitteln und dergleichen mehr. Anläßlich der Beendigung des 20 Offiziere umfassenden 1. Lehrganges weilte auch Vlasov zusammen mit Generalmajor Mal'cev am 11. März 1945 in der zu diesem
Zweck vom Fallschirmjägerbataillon der ROA streng bewachten Agentenschule. Vlasov verabschiedete die Absolventen mit einer Rede, in der er ihnen noch einmal die große Bedeutung der militärischen Aufklärung vor
Augen hielt. »Nur wenige«, so führte er aus, »die den Ideen der Befreiungsbewegung grenzenlos ergeben und fähig sind, alle Schwierigkeiten dieser unter den Bedingungen des Krieges äußerst wichtigen Arbeit auf sich zu nehmen, sind des ehrenhaften Namens eines Aufklärers der ROA würdig. Das
vom Bolschewismus befreite Rußland wird ihre Heldentaten niemals vergessen.« Die Gruppe wurde auf dem Luftwege hinter der Front abgesetzt, um
mit der antisowjetischen Widerstandsbewegung einen einheitlichen Kampf
gegen die Sowjetarmee zu organisieren[86]. Das erforderliche Benzin für die
Aktion – 20 000 Liter – hatte nur unter den größten Schwierigkeiten beschafft werden können. Es wird bezeugt, daß auch der Aufklärer Oberleutnant Tulinov wiederholt Agentengruppen durch die Front schleuste, die
hierbei jedoch empfindliche Verluste erlitten.

Wie bei der Einrichtung des Militärjustizwesens und des militärischen
Nachrichtendienstes folgten die Russen auch bei der Schaffung ihres Offizierkorps eigenen Vorstellungen. Ein Offizier der Befreiungsarmee wurde
definiert als der Repräsentant eines neuen Rußland innerhalb der »europäischen Gesellschaft« und war als solcher auch von seinen Kameraden in den
unter deutschem Kommando stehenden Freiwilligenverbänden abgehoben.
Er war nicht nur als ein Militärspezialist gedacht, der sein Handwerk beherrscht, sondern als ein von den Idealen des Befreiungskampfes erfüllter,
einzig seinem Volk und seinem Staat gegenüber zur Treue verpflichteter russischer Patriot. Die im Jahre 1945 erschienene Schrift über die »Ethik, das
Erscheinungsbild und das Verhalten der Soldaten der ROA«[87] nennt als erste der Eigenschaften eines Offiziers die von Suvorov erhobene Forderung
nach absoluter Ehrenhaftigkeit im dienstlichen und privaten Leben. Im Verhältnis zu den Untergebenen war Vorbild der in der alten russischen Armee
verbreitete Typ des »otec-komandir«, des väterlichen Führers, der durch das
Beispiel der Pflichterfüllung die Achtung und durch Gerechtigkeit, Fürsorge
und Brüderlichkeit zugleich die Liebe der Soldaten gewinnt. Keinem Offi

zier der ROA war es erlaubt, die Würde seiner Untergebenen oder die anderer Menschen anzutasten. Und auch dieser Grundsatz verdient Hervorhebung: Er war verpflichtet, die friedliche Bevölkerung zu schonen, ihre nationalen und religiösen Gefühle zu achten und auch dem besiegten Gegner gegenüber großmütig zu sein. Über die äußere Stellung und die Laufbahn der Offiziere und Militärbeamten der Befreiungsarmee waren unter der Redaktion von Generalmajor Truchin bis Dezember 1944 Grundsätze[88] ausgearbeitet worden, die sich in den Stellungnahmen der damaligen Obersten Bojarskij und Meandrov widerspiegeln. Demnach sollte in der militärischen Rangordnung vom Fähnrich bis zu dem von Bojarskij vorgeschlagenen Dienstgrad eines Armeegenerals unter den Bedingungen des Krieges allein das Prinzip der Beförderung nach Leistung, nicht nach Anciennität gelten, Verdienste an der Front sollten stärker wiegen als solche im Hinterland, zwischen Dienstgrad und Dienststellung sollte unterschieden und die in der Roten Armee erworbenen Ränge sollten im allgemeinen anerkannt werden. Auch die Modalitäten bei der Einstellung und Beförderung der Offiziere lassen die Eigenständigkeit der Befreiungsarmee erkennen.

Bis 1944 war es der deutsche General der Freiwilligenverbände gewesen, der die »landeseigenen«, das heißt aus dem Gebiet der Sowjetunion ausschließlich der baltischen Staaten stammenden Offiziere in eigener Verantwortung einstellte und beförderte[89]. Handelte es sich um Luftwaffenangehörige, so hatte der Inspizient für ausländisches Personal der Luftwaffe Ost entsprechende Funktionen wahrgenommen. Aufgrund der »charakterlichen Haltung, militärischen Leistung und politischen Zuverlässigkeit« des betreffenden Bewerbers setzten diese Stellen einen bestimmten Offizierrang (meist den in der Roten Armee erreichten) innerhalb des jeweiligen Freiwilligenverbandes fest, woraufhin das Heeres- oder Luftwaffenpersonalamt dem Anwärter das Recht zum Anlegen der deutschen Uniform mit den dazugehörigen Rangabzeichen verlieh. Nach der Anerkennung der Russischen Befreiungsbewegung durch das Reich im September 1944 wurde der Modus für eine Übergangzeit dann so gehandhabt, daß die Russen dem General der Freiwilligenverbände nunmehr eigene Beförderungsvorschläge für die Offiziere der im Entstehen begriffenen ROA unterbreiteten. Und nach dem 28. Januar 1945 schließlich war es dann General Vlasov selbst, der in seiner Eigenschaft als Oberbefehlshaber der Streitkräfte des Komitees zur Befreiung der Völker Rußlands auch das Recht erhielt, Offiziere in die ihm unterstehenden Verbände nach eigenem Gutdünken einzustellen, ihren Rang festzusetzen oder sie zu befördern[90]. Er war bei der Ausübung dieser Befugnisse jedoch einigen Einschränkungen unterworfen, die erkennen lassen, daß es den Deutschen immer noch um eine letzte Kontrollmöglichkeit zu tun war. So bestand die Bestimmung, bei Beförderungen von und zu Generalen über die Oberkommandos der Wehrmachtteile zuvor die Zustimmung des Chefs des SS-Hauptamtes einzuholen. Überdies wurde nach wie vor unterschieden zwischen dem Recht auf Rangfestsetzung, das jetzt Vlasov zustand, und der Genehmigung zum Anlegen der deutschen Rangabzeichen, die das Heeres-personalamt auf Antrag des Generals der Freiwilligenverbände und das Luft-waffenpersonalamt auf Antrag des jetzigen Inspekteurs des ostvölkischen Personals der Luftwaffe erteilte[91]. Diese mit der Notwendigkeit der Beach-tung gewisser Gleichheitsregeln begründete Klausel konnte natürlich nur gelten, solange die Soldaten der ROA deutsche Rangabzeichen trugen. Es wurden russischerseits daher Anstalten getroffen, die bereits 1943 in den da-maligen Osttruppen eingeführten[92], zwischenzeitlich dann durch deutsche Schulterstücke verdrängten russischen Pogony in der Befreiungsarmee er-neut anzulegen, um die Trennung der russischen von den deutschen Offi-zieren damit auch äußerlich sichtbar zu vollziehen. In diesem einen Punkt zumindest standen die Bestrebungen der Russen im Einklang auch mit den Wünschen Hitlers, der sich ja ebenfalls am 27. Januar 1945 gegen die Ein-kleidung der Vlasovleute in deutsche Uniformen ausgesprochen hatte.

In der Praxis wurden Offizierbeförderungen allerdings schon jetzt allein den Vorstellungen der Russen entsprechend vorgenommen. Eine beim Ar-meestab unter Major Demskij eingesetzte Qualifikationskommission be-stimmte den Rang der neu eintretenden Offiziere. Beförderungen von Sub-alternoffizieren wurden von Generalmajor Truchin im Einvernehmen mit dem Chef der Personalabteilung des Armeestabes, Oberst Pozdnjakov, sol-che von Stabsoffizieren von General Vlasov in Zusammenarbeit mit Truchin und Pozdnjakov entschieden. Einsprüche von deutscher Seite sind nicht be-kannt geworden. So hat beispielsweise der Chef des SS-Hauptamtes, SS-Obergruppenführer Berger, der ebenso wie sein Vertreter bei Vlasov, SS-Oberführer Dr. Kroeger, die Befreiungsbewegung zu unterstützen suchte, den Anträgen auf Beförderung der Obersten Bojarskij, Bunjačenko, Ko-nonov, Mal'cev, Meandrov, Šapovalov und Zverev zu Generalmajoren im Februar und März 1945 anstandslos entsprochen. Und was die übrigen Offiziere angeht, so garantierte schon das geradezu freundschaftliche Ein-vernehmen zwischen Oberst Pozdnjakov und dem für Personalfragen zu-ständigen Gruppenleiter 3 im Stabe des Generals der Freiwilligenverbände, Hauptmann Ungermann, eine wohlwollende Aufnahme der russischen An-träge.

Vlasov hat zur Wahrung seiner Stellung den Deutschen gegenüber gleich-wohl Wert darauf gelegt, die Beförderungslisten nicht selber auszufertigen, sondern sie durch den Chef der Personalabteilung des Armeestabes unter-zeichnen und einreichen zu lassen. Man hat dies nach dem Kriege in dem

Sinne gedeutet, daß nicht sein, des Oberkommandierenden Wort bei den Deutschen gegolten habe, sondern das eines Mannes, den man jetzt als den eigentlichen Agenten der Deutschen im Armeestabe hinstellte[93]. Insbesondere die Sowjetpropaganda griff das Argument auf und suchte den durch seine publizistische und politische Wirksamkeit mißliebigen Pozdnjakov als ein Werkzeug des SD (Sicherheitsdienst), der Gestapo und der SS (Schutzstaffel) zu diskreditieren und ihm alle möglichen Untaten anzudichten. Wie unsinnig jedoch Kombinationen sind, die Vlasov und die führenden Offiziere der Befreiungsarmee gleichsam als Gefangene eines Gestapoagenten erscheinen lassen, zeigt allein schon ein Blick auf die dienstliche Stellung Pozdnjakovs, die ihn wohl in Berührung zum Stab des Generals der Freiwilligenverbände, nicht aber zu irgendwelchen Dienststellen der Gestapo oder des SD brachte. Daß eine solche Zusammenarbeit schon aus organisatorischen Gründen ganz unmöglich gewesen wäre, darauf hat der General der Freiwilligenverbände im OKH, General der Kavallerie Köstring, ebenso hingewiesen wie – mit besonderem Nachdruck – der ehemalige Abteilungschef im Amt Wehrmachtpropaganda des OKW, Oberst Martin, der, wie er schreibt, Pozdnjakov während seiner früheren Tätigkeit sehr genau kennengelernt hatte. Sowohl Oberst Martin als auch General Köstring und dessen ehemaliger Adjutant, Rittmeister d.R. Herwarth v. Bittenfeld, nach dem Kriege Staatssekretär und Chef des Bundespräsidialamtes, stellten der persönlichen Ehrenhaftigkeit, der patriotischen Gesinnung und den organisatorischen Fähigkeiten Pozdnjakovs im übrigen das beste Zeugnis aus[94]. Anders wäre derselbe wohl auch kaum zum operativen Adjutanten Vlasovs bestellt und schließlich in die Vertrauensstellung eines Chefs der Offizierpersonalien der ROA berufen worden.

Nach der Ernennung des Generals Vlasov zum Oberkommandierenden wurden die Soldaten der Russischen Befreiungsarmee auf seine Person nach folgender Eidesformel[95] eingeschworen: »Als treuer Sohn meiner Heimat trete ich freiwillig in die Reihen der Streitkräfte des Komitees zur Befreiung der Völker Rußlands. Im Angesicht meiner Volksgenossen schwöre ich feierlich, daß ich ehrlich bis zum letzten Blutstropfen unter dem Oberbefehl des Generals Vlasov für das Wohl meines Volkes gegen den Bolschewismus kämpfen werde.« Da sich auf deutscher Seite und anscheinend gerade auch von seiten des OKW gegen eine bloße Vereidigung auf die Person des Generals Vlasov starke Widerstände erhoben, hatte dieser sich veranlaßt gesehen, einen Zusatz gutzuheißen, in dem zumindest auf das Bündnis mit Deutschland Bezug genommen wurde. Es hieß daher weiter: »Dieser Kampf wird von allen freiheitsliebenden Völkern im Bündnis mit Deutschland unter dem obersten Befehl Adolf Hitlers geführt. Ich schwöre, daß ich diesem Bündnis die Treue halten werde.« Auf diese Weise konnte eine Vereidigung auf die

Person Hitlers in einer Form umgangen werden, die sogar die Genehmigung des Reichsführers SS fand.

Die Soldaten der ROA trugen noch bei Kriegsende deutsche Rangabzeichen an ihren feldgrauen Uniformen, was insofern zu einem verhängnisvollen Mißverständnis führte, als die Amerikaner hierin einen Beweis für deren Zugehörigkeit zur deutschen Wehrmacht erblicken wollten. Indessen, abgesehen davon, daß schließlich auch die französischen Soldaten des Generals de Gaulle und die polnischen Soldaten des Generals Anders 1944/45 nicht ohne weiteres von amerikanischen beziehungsweise von britischen Soldaten zu unterscheiden waren, fehlte den Vlasovsoldaten auch äußerlich das eigentliche Kennzeichen einer Wehrmachtzugehörigkeit: der Hoheitsadler mit dem Hakenkreuz. Denn am 2. März 1945 hatte das OKH die beschleunigte Herausgabe des folgenden verspäteten Befehls[96] veranlaßt: »Die Angehörigen der dem Oberbefehlshaber der Streitkräfte des Komitees zur Befreiung der Völker Rußlands unterstellten russischen Verbände legen mit sofortiger Wirkung das deutsche Hoheitsabzeichen an Rock und Mütze ab. An Stelle des deutschen Hoheitsabzeichens tritt das am rechten Oberarm zu tragende nationale Ärmelabzeichen und die Mützenkokarde der Russischen Befreiungsarmee (ROA). Das deutsche Verbindungspersonal zu den Verbänden der Russischen Befreiungsarmee (ROA) legt gleichzeitig die nationalen Ärmelabzeichen der ROA ab.« Über der Befreiungsarmee wehte anstelle der deutschen Reichskriegsflagge fortan die weiß-blau-rote Nationalfahne beziehungsweise die petrinische Kriegsflagge mit dem Andreaskreuz[97]. Die Standarte des Oberkommandierenden zeigte das Bildnis des heiligen Georg (Georgij Pobedonoscev) auf blauem Felde mit dreifarbigen Quasten. Und die Dienstsiegel der ROA trugen die Aufschrift »Vooružennye Sily Narodov Rossii – Streitkräfte der Völker Rußlands«[98]. Wenn es für den autonomen Status der Befreiungsarmee noch eines weiteren Beweises bedarf, so ist er auch darin zu sehen, daß die Wehrmacht ähnlich wie bei den verbündeten Armeen Rumäniens, Ungarns und anderer Länder bei ihr nur noch durch Verbindungsoffiziere ohne eigene Befehlsgewalt vertreten war: durch den Bevollmächtigten General der deutschen Wehrmacht beim Oberbefehlshaber der Streitkräfte des Komitees zur Befreiung der Völker Rußlands und durch Deutsche Verbindungskommandos (DVKs) bei den russischen Divisionen. Bis auf einige Bindungen rein formeller Art war die Russische Befreiungsarmee »juristisch und faktisch« von der deutschen Wehrmacht damit vollständig gelöst[99].

Wenn die Wehrmacht und die ROA jetzt offiziell als miteinander verbündet galten und damit ein Zustand eingetreten war, den nicht zuletzt viele Befehlshaber des deutschen Ostheeres seit Jahren herbeigewünscht hatten[100], so bedeutete dies doch nicht, daß das gegenseitige Verhältnis damit frei von

Spannungen gewesen wäre. Besonders auf der unteren Ebene blieb auch jetzt noch ein Rest der aus Unkenntnis und Verblendung resultierenden Mißachtung der Russen erhalten. Welche Schwierigkeiten manche Deutschen hatten, in den Russen nunmehr gleichberechtigte Verbündete zu sehen, dafür gibt es nicht wenige Beispiele. Wie leicht sich hieraus aber Konflikte mit weitreichenden Folgen ergeben konnten, mag ein Vorfall aus dem Februar 1945 verdeutlichen. Auf dem Bahnhof in Nürnberg war ein Offizier aus der Leibwache Vlasovs, Hauptmann Gavrinskij, bei Erfüllung eines Auftrages des Oberkommandierenden in einen Streit mit deutschen Luftwaffenoffizieren über den ihm zustehenden Platz in einem Eisenbahnabteil der 2. Wagenklasse geraten[101]. Ein hinzukommender Feldwebel der Bahnhofsstreife hielt sich, auch im Jahre 1945 noch, für berechtigt, den Konflikt zu lösen, indem er den russischen Offizier kurzerhand niederschoß. Die Nachricht von der Ermordung dieses besonders bewährten, für Tapferkeit bei Aktionen im Hinterland der Roten Armee mehrfach dekorierten Offiziers der ROA erreichte das KONR auf einer gerade stattfindenden Vollsitzung in Karlsbad. Sie rief unter den versammelten Russen helle Empörung und unter den anwesenden Deutschen tiefe Betroffenheit hervor und führte zu einer Trübung des russisch-deutschen Verhältnisses. Vlasov legte bei dem Reichsführer SS telegraphisch Protest ein, und die Deutschen bemühten sich denn auch, die Wogen zu glätten. Hauptmann Gavrinskij wurde mit allen militärischen Ehren unter Vorantragen des Ordenskissens zu Grabe geleitet. Der Stadtkommandant von Nürnberg und hohe deutsche Offiziere wohnten dem Trauerakt bei. Doch der Täter kam nicht etwa, wie Vlasov dies gefordert hatte, vor ein Kriegsgericht, sondern er wurde nur stillschweigend in eine andere Einheit versetzt.

Beabsichtigte oder unbeabsichtigte Zurücksetzung, auf die die Russen stets empfindlich reagierten, dazu die Erinnerung vieler von ihnen an frühere Demütigungen, trugen auch auf ihrer Seite dazu bei, alte Ressentiments wachzuhalten. So vermerkt beispielsweise ein geheimer Stimmungsbericht der Abwehrabteilung des Armeestabes vom Jahre 1945, daß sich die Gefühle der Abneigung gegen die Deutschen in der 1. Division der ROA verstärkten. Man hat hierin auch ein Ergebnis der Wirksamkeit des Majors Zykov sehen wollen, jener hervorragenden und doch zugleich umstrittenen und rätselhaften Persönlichkeit, die Vlasov bereits 1943 zum Leiter des Pressewesens der im Entstehen begriffenen Befreiungsbewegung bestellt hatte. Zykov war im Sommer 1944 anscheinend von der Gestapo in Berlin entführt worden[102], doch seine Ideen hatten die Dabendorfer Propagandakurse, deren Absolventen jetzt viele Offizierstellen in den Verbänden der ROA besetzten, wesentlich beeinflußt. So gibt es Stimmen, die politischen Offizieren von der Art des ehemaligen Vertrauten Bucharins und späteren

Korpskommissars der Roten Armee, Zykov, den Vorwurf machen, bewußt Unzufriedenheit in das Offizierkorps getragen und einen Keil zwischen ROA und Wehrmacht getrieben zu haben[103]. Auf die Wirksamkeit des »genialen Juden Zykov« spielen unverkennbar die Vorwürfe eines zum georgischen Verbindungsstab übergewechselten ehemaligen Mitarbeiters Vlasovs vom 23. Dezember 1944 an[104]. Derselbe hinterbrachte damals dem Vlasov nicht gerade freundlich gesinnten Ostministerium, in der Umgebung des Generals befänden sich »gegen alles Deutsche negativ eingestellte« Leute, die »in der Propaganda schon im voraus alles entfernt« hätten, was »kraß gegen die Anglo-Amerikaner« gerichtet sei und die, was als bezeichnend hingestellt wurde, ein »völliges Schweigen über die Judenfrage« wahrten. Für diese Denkungsart mag auch die damals registrierte und in den Ohren der Nationalsozialisten provozierend klingende Äußerung des Hauptmannes Voskobojnikov stehen, »daß die Juden sympathische, intelligente Leute seien«[105].

Derselben Quelle zufolge ist in der ROA nicht nur gegen die Deutschen selbst, sondern auch gegen die ihrem Kommando noch immer unterstehenden Freiwilligenverbände insgeheim agitiert worden. Beauftragte oder Agenten der ROA, so wird behauptet, hätten versucht, Mißtrauen unter den Osttruppen zu säen und die Soldaten zu veranlassen, sich Vlasov anzuschließen, »der die russische Frage ohne die Deutschen lösen werde«. So seien die Offiziere der zum Teil bereits seit Jahren im Kampf stehenden Osttruppen, »weil sie mit den Deutschen gehen«, im Stil der Sowjetpropaganda als »Gestapoisten«, »Verräter« und »Mietlinge« bezeichnet und gegenüber solchen Führern zurückgesetzt worden, die »sich den Deutschen nicht verkauft haben«[106], das heißt, die direkt aus der Kriegsgefangenschaft zu Vlasov gestoßen seien. Es handelte sich um in dieser Form wenig glaubwürdige Vorwürfe, da eine solche Unterscheidung den Grundsätzen des KONR widersprochen haben würde, nach denen alle russischen Freiwilligen, wo sie auch stehen mochten, als Angehörige der Befreiungsbewegung galten[107]. Man darf schließlich ja nicht vergessen, daß die jetzt führenden Persönlichkeiten der ROA, so Generalmajor Bunjačenko, der noch an der Invasionsfront als Oberst ein russisches Regiment geführt hatte, größtenteils selbst aus den Osttruppen hervorgegangen waren. Es scheint mitunter aber versucht worden zu sein, Offiziere der zur Eingliederung in die Vlasov-Armee bestimmten »Ostbataillone« gegen solche auszuwechseln, die das Schulungslager Dabendorf durchlaufen und damit den Geist der Vlasovbewegung unmittelbar in sich aufgenommen hatten. Allen solchen, mehr im Untergrund als an der Oberfläche wirkenden antideutschen Strömungen ist die Führung der ROA stets mit Entschiedenheit entgegengetreten. Der Chef der Hauptpropagandaverwaltung des KONR, Generalleutnant Žilenkov, wollte dieselben als bewußte Provokationen des Gegners gewertet wissen, und er forderte im Militärorgan des KONR »Za Rodinu« (Für das Vaterland) am 7. Januar 1945, daß »ein Soldat der Befreiungsarmee in Beziehung zu seinen Verbündeten sich eines Maximums an Aufmerksamkeit befleißigt und sich jeden Tag um eine Festigung der Waffenbrüderschaft von Russen und Deutschen bemüht«[108]. »Die Soldaten und Offiziere der Befreiungsarmee«, so führte er aus, »sollen ein Höchstmaß an Korrektheit und volle Achtung der nationalen Ordnung und den Gewohnheiten jenes Landes gegenüber an den Tag legen, auf dessen Territorium sie gezwungen sein werden, gegen den Bolschewismus zu kämpfen.« Vlasov selbst, einst Zeuge, als Stalin nach der Schlacht bei Kiev von Berija im Kreml forderte, kein Mittel auszulassen, um »Haß, Haß und nochmals Haß« gegen alles Deutsche zu entfesseln[109] sah gerade in der Überwindung des Hasses zwischen den beiden großen Völkern einen Grundzug seiner Politik, so selbstbewußt und kritisch er auch sonst den Deutschen begegnete. Welche Haltung er den deutschen Verbündeten gegenüber einnahm, fand Ausdruck in der Ansprache, die er am 10. Februar 1945 auf dem Truppenübungsplatz Münsingen anläßlich der Befehlsübernahme über die 1. (und 2.) Division der ROA hielt. »In den Jahren des gemeinsamen Kampfes«, so rief er in Gegenwart namhafter deutscher Ehrengäste seinen angetretenen Truppen zu, »entstand eine Freundschaft des russischen und deutschen Volkes. Die Fehler, die von beiden Seiten gemacht wurden und ihre Verbesserung beweisen die Gemeinschaft der Interessen. Die Hauptsache ist das Vertrauen, das gegenseitige Vertrauen in die Arbeit auf beiden Seiten. Ich danke den deutschen und russischen Offizieren, die an der Aufstellung dieses Verbandes teilnahmen. Ich bin überzeugt davon, daß wir mit solchen Soldaten und Offizieren, wie ich sie heute sehe, bald in unsere Heimat zurückkehren werden. Es lebe die Freundschaft des deutschen und russischen Volkes! Es leben die Soldaten und Offiziere der russischen Armee[110]!« Von Hitler und dem Nationalsozialismus war bei ihm nicht mit einem Wort die Rede. Der amtliche deutsche Bericht über die Zeremonie in Münsingen unterstreicht denn auch, wie unumgänglich es sei, die von Vlasov geforderte Gleichberechtigung strikt zu respektieren, da allein unter dieser Voraussetzung auf eine militärische Zusammenarbeit mit ihm und mit der ROA zu rechnen sei.

Anmerkungen

56 OKL, InspdostvölkPersdLw, Nr. 651/45geh, 28. 1. 1945, BA-MA RL 2 III/ 460.
57 Sinngemäß nach Sammelverfügung über Verwendung und Rechtsstellung fremdvölkischer Freiwilliger in der deutschen Wehrmacht, Entwurfsausfertigung (März 1945), BA-MA RH 2/v. 2728.
58 Fischer, Soviet Opposition to Stalin, S. 94.

59 Grigorenko, Erinnerungen, S. 170. Truchin ist erkennbar auf dem Bild bei Žukov, Vospominanija, nach S. 160 (Kavalerijskie kursy).

60 Bericht über die Besichtigungsreise des Kommandeurs der Osttruppen z.b.V. 710 in Begleitung des russischen Oberst Bojarski vom 25. 5. bis 16. 6. 1943, Nr. 17/43gKdos, 24. 6.
1943, BA-MA RH 58/67; Notiz über Äußerungen und entwickelte Ideen des russischen
Oberst Bojarski, 22. 5. 1943, ebd.; Ansprache des russischen Oberst Bojarski an die Freiwilligen der Ost-Bataillone während der Besichtigungsreise vom 26. Mai bis 16. Juni 1943,
ebd.

61 Kriegsstärkennachweisung Oberkommando der Streitkräfte der Völker Rußlands, BA-MA
RH 2/v. 921; Imennoj spisok ličnogo sostava Štaba VS KONR po sostojaniju na 22. 2.
1945g., Archiv des Vf.; Dopolnitel'nyj spisok ličnogo sostava Štaba VS KONR – na 23. 2.
1945g., ebd.

62 Vernehmung des Oberst i.G. Nerjanin, Andrej Georgiewitsch, Ia der 20. russischen Armee,
BA R 6/77; Andrej Georgievič Aldan (Nachruf des SBONR und SVOD), in: Golos Naroda
1957, Nr. 1 (164); Kuznecov, Polkovnik Andrej Georgievič Aldan (Nerjanin), BA-MA MSg
149/2; Grigorenko, Erinnerungen, S. 173 f.

63 Vypiski iz dnevnika general-majora Borodina, 2. 7. 1945, BA-MA MSg 149/46; Nina Po-
lovinskas an Pozdnjakov, 1. 12. 1969, BA-MA MSg 149/52.

64 Pozdnjakov, Perečen' obščich tem, 14. 10. 1958, BA-MA MSg 149/56; vgl. auch Posdnjakow, Die chemische Waffe.

65 Vernehmung des Oberst Meandrov, Michail Alexejowitsch, Stellvertretender Stabschef,
zugleich Chef der Operativen Abteilung der 6. Armee, AOK 17, Gruppe Ic/AO, 14. 8. 1941,
PA AA Bonn, Pol. XIII, Bd 12, Teil II. Oberst i.G. Herre, der Meandrov bereits nach dessen Gefangennahme im August 1941 kennengelernt und mit ihm später »eine enge persönliche Freundschaft geschlossen« hatte, nennt ihn »eine der allerwertvollsten Persönlichkeiten des Wlassow-Führerkorps«, Herre, Aufstellung der Wlassow-Divisionen,
S. 17 f., IfZ.

66 G(eorgij) I(l'ič) Antonov, Nachruf 1963, BA-MA MSg 149/2.

67 Objavlenie štaba Vspomogatel'nych Vojsk KONR, BA-MA MSg 149/6; Unbekannt an
Pozdnjakov, 5. 3. 1971, BA-MA MSg 149/56; Auský, Vojska generála Vlasova, S. 58.

68 Kurzer Vermerk über das Komitee zur Befreiung der Völker Rußlands, 23. 12. 1944, BA NS
31/28.

69 Vgl. Sakharow, Die verratene Armee.

70 Tomaševskij an Pozdnjakov, 15. 2. 1958, BA-MA MSg 149/29.

71 Žerebkov, »Russkie dni« v Pariže, BA-MA MSg 149/52; Kromiadi, Za zemlju, za volju,
S. 175. Die sowjetische Meinung über General Golovin in: Bol'saja Sovetskaja Énciklope-
dija, Bd 7, Sp. 54 f.

72 Vypiski iz dnevnika general-majora Borodina, 12. 3. 1945, BA-MA MSg 149/46; Pozdnjakov, Andrej Andreevič Vlasov, S. 214; Kromiadi, Za zemlju, za volju, S. 179.

73 Gordeev-Archipov, General Turkul' – vlasovec, 20. 9. 1957, BA-MA MSg 149/2; Pozdnjakov, Manuskript, fol. 8 f., BA-MA MSg 149/29.

74 Srečinskij, Pamjati geroja, in: Novoe Russkoe Slovo, 1. 4. 1971; Salomonovskij, O sud'be
gen. B.S. Permikina, in: Rossija, 26. 11. 1971.

75 Polkovnik Bojarskij-General-majoru F. I. Truchinu, sekretno, lično, BA-MA MSg 149/5;
»O Juridičeskom otdele«, BA-MA MSg 149/8.

76 Pljuščev-Vlasenko an Verfasser, 24. 4. 1977.

77 Der Vorfall ereignete sich bei der 1. Division der ROA in den Tagen von Prag. Daß der
fließend russisch sprechende und eine deutsche Offizieruniform tragende Ludwig Katterfeld-Curonus einen russischen Freiwilligenverband suchte, der unbekannt war und
auch nicht der Vlasov-Armee angehörte, hatte ihn der Spionage für die Bolschewisten ver-
dächtig gemacht und zu seiner Verhaftung geführt, Blanckenhagen, Verspätete Chancen,
S. 154 f.

78 Gaj, Organizacija organov razvedki i kontrrazvedki v ROA, Archiv des Vf.; E. Ivanova
(Tochter des Mitglieds des KONR Professor Ivanov), Bericht, BA-MA MSg 149/25.

79 Po ličnomu sostavu Štaba VS KONR, zam. glavnokomandujuščego, general-major Tru-

chin, načal'nik komandnogo otdela, polkovnik Pozdnjakov, Prikaz No. 032-K, sekretno, 8. 3. 1945, Archiv des Vf.

80 Charakteristiki byv. rabotnikov kontrrazvedki ROA, BA-MA MSg 149/25; Svodka No. 135 po agenturnym materialam s 23-go ijulja po 29-e ijulja 1948g., BA-MA MSg 149/29; Major Čkalov, 29. 9. 1954, ebd.; Tomaševskij an Pozdnjakov, 16. 3. 1958, ebd.

81 Chmyrov (Dolgorukij), Strašnoe zlodejanie, in: Golos Rodiny, BA-MA MSg 149/56.

82 Pozdnjakov, Sovetskaja agentura v KONR.

83 Tajnoe namerenie ROA, BA-MA MSg 149/25.

84 Pljuščev-Vlasenko, Kryl'ja svobody, S. 98 ff.; Gaj, Organizacija organov razvedki i kontrrazvedki v ROA, Archiv des Vf.

85 Tiškov, Predatel', S. 89 ff.; Titov, Kljatvoprestupniki, S. 225.

86 Buchardt, 27. 2. 1966, S. 15, BA-MA Sammlung Steenberg.

87 Voin ROA, S. 3; Dolja, Oficer Armii Osvoboždenija, in: Za Rodinu, Nr. 6 (20), 21. 1. 1945.

88 Polkovnik Bojarskij – General-majoru F. I. Truchinu, sekretno, lično, Zamečanija k položeniju o prochoždenii služby oficerami i voennymi činovnikami VSNR, BA-MA MSg 149/5; Polkovnik Meandrov – Generalu Truchinu, 28. 12. 1944, ebd.

89 Regelung der Ernennung von Offizieren, Der InspizfausländPersdLw Ost, Nr. 7/44geh, 22. 7. 1944, BA-MA RL 5/1234; Landeseigene Offiziere aus dem Osten, Der Inspiz., Nr. 66/44geh, 12. 9. 1944, ebd.; Landeseigene Offiziere der Ostvölker, OKL, LwPersA, Nr. 123/44 offen, 10. 12. 1944, ebd.

90 Dienstgradbeleihungen der ostvölkischen Freiwilligen, OKL, Inspdostvölk-PersdLw, 13. 2. 1945, ebd.; Einstellung und Beförderung von Offizieren, Unteroffizieren und Mannschaften russischen Volkstums durch Oberbefehlshaber der Streitkräfte der Völker Rußlands, OKH/GenStdH/OrgAbt, Nr. II/71 161/45geh, 26. 2. 1945, ebd.; Dienstgradbeleihungen der ostvölkischen Freiwilligen, OKL, LwPersA, Nr. 73/45 o, 17. 3. 1945, ebd.

91 LwPersA, Nr. 47/45, 25. 2. 1945, ebd.

92 Znaki različija Russkoj Osvoboditel'noj Armii, BA-MA MSg 149/28.

93 Diese Vermutung wurde in Unkenntnis der wahren Zusammenhänge erstmals in einem an Oberstleutnant Vasil'ev im Gefangenenlager gerichteten Schreiben des Oberst Nerjanin vom 18. 7. 1945 geäußert, das eine Reihe höherer ROA-Offiziere unterzeichnet hatte (Oberst Korbukov, Oberstleutnant Korovin, Oberst Denisov, Major Šejko, Major Čikalov, Oberstleutnant Gračev, Oberstleutnant Saraev, Oberstleutnant Michel'son, Oberst Kobzev, Oberstleutnant Pankevič, Oberst Kojda und Major Legostaev). Oberst Nerjanin hat jedoch in einer Sitzung des Zentralkollegiums der Organisation »Antikommunističeskij Centr Osvoboditel'nogo Dviženija Narodov Rossii« am 24. 7. 1948 die Grundlosigkeit einer solchen Behauptung öffentlich zugestanden. Auch andere Offiziere rückten von ihrer Unterschrift wieder ab. Pozdnjakov, der die Sowjetpropaganda in einem offenen Brief vom Januar 1956 einer gegen ihn gerichteten Verleumdungskampagne bezichtigte, spricht in diesem Zusammenhang die Vermutung aus, daß Oberst Nerjanin auf Fehlinformationen des Majors Čikalov hereingefallen sei. Auf die weitere Kontroverse Pozdnjakovs mit Nerjanin braucht hier nicht eingegangen zu werden. Vgl. Vypiska iz dnevnika polkovnika Nerjanina, 18. 7. 1945, BA-MA MSg 149/56; Pozdnjakov, Otkrytoe pis'mo členam SBONR v Rossijskoj ėmigracii, Januar 1956, ebd.

94 Oberst a.D. Hans Martin, 5. 4. 1948, ebd.; General der Kavallerie a.D. Ernst Köstring, 7. 1. 1952, BA-MA MSg 149/11; Gesandter v. Herwarth, 30. 11. 1953, ebd.

95 Eidesformel für die Angehörigen der dem Oberbefehlshaber der Streitkräfte des Komitees zur Befreiung der Völker Rußlands unterstehenden Verbände, OKH/GenStdH/OrgAbt, Nr. II/71905/45geh, 16. 4. 1945, BA-MA RH 2/v. 921.

96 Fernschreiben, OKH/GenStdH/OrgAbt, Nr. II/1041/45geh, 2. 3. 1945, BA-MA RH 2/v. 921.

97 Vetlugin (Tenzorov), Pravda o ROA. Voiny Rossijskoj ėmigracii, in: Naše Vremja, Nr. 15, BA-MA MSg 149/25.

98 Siehe Udostoverenie, Štab Vooružennych Sil KONR, nacal'nik Štaba VS KONR, polkovnik Nerjanin, No. 18/02, 6. 5. 1945, ebd.

99 Auský, Vojska generála Vlasova, S. 29, 171; Auski, Predatel'stvo, S. 217.

100 So etwa das Schreiben des Generals Stemmermann, später Vertreter des Oberbefehlshabers der 8. Armee, an den Chefadjutanten Hitlers, General Schmundt, Februar 1942, nach BA-MA MSg 149/41; Besprechung des Führers mit Feldmarschall Keitel und General Zeitzler am 8. Juni 1943, in: Hitlers Lagebesprechungen, S. 256, 268; Strik-Strikfeldt, Gegen Stalin und Hitler, S. 66. Auch die Aufgeschlossenheit des Feldmarschalls Kesselring und des Generalobersten von Mackensen gegenüber Generalmajor Truchin in Italien zu Anfang 1944, Poezdka generala F.I. Truchina v Italiju, BA-MA MSg 149/2.

101 Ryndin, Pamjati Vladimira Gavrinskogo, BA-MA MSg 149/2.

102 Kitaev, Russkoe Osvoboditel'noe Dviženie, S. 25 f., 56, BA-MA MSg 149/8; Strik-Strikfeldt, Gegen Stalin und Hitler, S. 88, 112.

103 Alymov, Tajna majora Zykova, in: Časovoj; Volžanin (Pozdnjakov), »Delo Zykova«, BA-MA MSg 149/2; Salomonovskij, »My ne dopustim«, in: Rossija, 27. 1. 1973.

104 Kurze Information über die wichtigsten Prinzipien der Ideologie des Komitees zur Befreiung der Völker Rußlands, 23. 12. 1944, BA NS 31/33; Kurzer Vermerk über das Komitee zur Befreiung der Völker Rußlands, 23. 12. 1944, BA NS 31/28.

105 Tajnoe namerenie ROA, BA-MA MSg 149/25.

106 Otkrytoe pis'mo, General Krasnov an Generalleutnant Vlasov, in: Kazač'ja Zemlja, Nr. 12, 16. 3. 1945.

107 My pobedim!, Generalleutnant Žilenkov, in: Volja Naroda, Nr. 1, 15. 11. 1944.

108 Voin armii osvoboždenija, Generalleutnant Žilenkov, in: Za Rodinu, Nr. 2 (16), 7. 1. 1945.

109 Pozdnjakov, Andrej Andreevič Vlasov, S. 293.

110 Ansprache des Oberbefehlshabers der Streitkräfte zur Befreiung der Völker Rußlands, General Wlassow, am 10. 2. 1945, BA-MA RH 2/v. 921.

3
Die Landtruppen der ROA

Wenige Tage nach der Verkündung des Prager Manifestes, am 23. November 1944, erteilte die Organisationsabteilung im Generalstab des Heeres den Befehl zur Aufstellung der russischen 1. Division[111] – in deutscher Benennung 600.I.D. (russ.)[112] – als Grundstock der Streitkräfte des Komitees zur Befreiung der Völker Rußlands. Die Vorbereitungen auf dem Truppenübungsplatz Münsingen in Württemberg (Wehrkreis V) waren allerdings schon vorher angelaufen. Zum Divisionskommandeur wurde, nachdem Vlasov zunächst an Oberst Bojarskij gedacht hatte, der Oberst (ab Februar 1945 Generalmajor) Bunjačenko ernannt[113]. Bunjačenko, ein gebürtiger Ukrainer, entstammte einfachen Verhältnissen und war bereits im Jahre 1939 im Fernen Osten Divisionskommandeur gewesen. Als Kommandeur der 389. Schützendivision war er aufgrund des Stalinbefehles Nr. 227 am 5. September 1942 zum Tode verurteilt worden, weil er den Befehl zur Zerstörung der Eisenbahnlinie Ižerskaja-Ossetinskaja[114] verfrüht gegeben und dadurch den Einsatz eines Panzerzuges verhindert hatte. Es gelang ihm, nach seiner Begnadigung auf die deutsche Seite überzutreten, wo er sich zu Anfang 1943 der Befreiungsbewegung anschloß. Als Ost-Stabs-Offizier des Kommandeurs der Osttruppen z.b.V. 721 beim Befehlshaber des Heeresgebietes Süd, Generalmajor Graf zu Stolberg, hatte Bunjačenko im September 1943 die Verlegung russischer Verbände nach Westeuropa befürwortet, weil er meinte, es werde auf diese Weise möglich sein, eine Befreiungsarmee in Stärke von »mehreren Armee-Korps« unbeeinflußt von den Rückschlägen an der deutschen Ostfront zu organisieren[115]. Im folgenden Jahr, Juli 1944, bewährte er sich besonders als Kommandeur eines russischen Regimentes an der Invasionsfront. Die hierdurch noch gewachsene Autorität setzte er rückhaltlos ein, um den Aufbau größerer russischer Verbände voranzutreiben. Denn wie auch in einer Besprechung zwischen Oberst Bunjačenko, Generalmajor Malyškin und dem Kommandeur der Osttruppen beim Oberbefehlshaber West, Generalmajor Professor Dr. Ritter v. Niedermayer, am 21. Juli 1944 in Paris zutage trat, hielten die Russen unverrückbar an der Schaffung einer unabhängigen Befreiungsarmee unter russischer Führung fest[116].

Für seine Stellung als Divisionskommandeur brachte Bunjačenko die besten Voraussetzungen mit: militärisch gründlich durchgebildet, mit ausgesprochener Begabung für taktische Fragen, war er ein energischer, wenn auch bisweilen grobschlächtiger Truppenführer. Seine Eigenwilligkeit und innere Unabhängigkeit machte den deutschen Führungsstellen in Münsingen und erst recht während des späteren Einsatzes der 1. Division der ROA an der Oder und in Böhmen schwer zu schaffen. Bunjačenko war der einzige der Generale der ROA, der sich auch Vlasov gegenüber Eigenmächtigkeiten herausnahm. So kam es während der Verladung seiner Division in Herzogenaurach bei Erlangen zu einem unangenehmen Zwischenfall, der zur Folge hatte, daß Bunjačenko einen förmlichen Verweis der Oberkommandierenden erhielt[117]. Zum Chef des Stabes der 1. Division der ROA wurde Oberstleutnant Nikolaev bestellt, ein erfahrener Stabsoffizier, der die Frunze-Militärakademie absolviert und 1941 der Operationsabteilung des Stabes des von Generalmajor Vlasov bei Lemberg befehligten 4. mechanisierten Korps angehört hatte[118]. Der Divisionsstab war nach russischem Vorbild gegliedert und hatte, soweit feststellbar, folgende Zusammensetzung:

1. Ordonnanzoffizier: Oberstleutnant Rudenko,

Adjutant des Divisionskommandeurs: Leutnant Semenev,

Divisionsadjutant: Oberleutnant Mašerov,

Dolmetscheroffizier: Leutnant Rjabovičev,

Chef der Operationsabteilung: Major Frolov, später Oberstleutnant Sinickij,

Chef der Versorgungsabteilung/Kommandeur des Versorgungsregimentes: Oberstleutnant Gerasimčuk,

Chef der Abwehrabteilung: Hauptmann Ol'chovnik (Olčovik),

Chef der Propagandaabteilung: Hauptmann Narejkis, später Major Boženko,

Divisionsintendant: Hauptmann Palamarčuk,

Divisionsgeistlicher: Jgumen Jov.

Die Aufstellung der 1. Division der ROA vollzog sich, während das SS-Hauptamt die politischen Fragen regelte, unter der Regie des Heeres (Chef-HRüstuBdE/AHA) in Münsingen durch den General der Freiwilligenverbände im OKH, General der Kavallerie Köstring[119]. Dieser bestimmte zum »Kommandeur der Aufstellungsstäbe (russ.)« den Oberst i.G. Herre[120], einen noch jungen Generalstabsoffizier, der von Mai 1943 bis Juli 1944 Chef des Stabes des Generals der Osttruppen gewesen, mit der russischen Problematik also vertraut, im Umgang mit Russen erfahren war und von diesen als Freund betrachtet wurde. Aufgabe Herres war es, in Zusammenarbeit mit zentralen und lokalen Heeresdienststellen die organisatorischen und materiellen Voraussetzungen zu schaffen und den russischen Divisionsstab bei der Gliederung und Ausbildung der Verbände zu beraten. Zu diesem Zweck gliederte er seinen eigenen Stab in der Weise, daß jeder der Offiziere einen

entsprechenden Gesprächspartner im russischen Divisionsstab fand[121].
Während also Herre sich direkt an den Divisionskommandeur wandte,
pflegte sein Ia und Vertreter, Major Keiling, mit dem Chef des Stabes, Oberstleutnant Nikolaev, zu verhandeln, der Ic mit dem russischen Abwehroffizier,
Hauptmann Ol'chovnik und so fort. Vielleicht weil die gegenseitigen
Beziehungen von vornherein auf der Grundlage von Unterhandlungen und
nicht etwa auf der von Befehlen beruhten, bildete sich ein im allgemeinen
ersprießliches Verhältnis heraus[122]. Dies bedeutete jedoch nicht, daß Herre
nicht ständig auch mit dem Mißtrauen Bunjačenkos zu kämpfen hatte, der
allzuleicht geneigt war, ein objektives Unvermögen für eine bewußte
Zurücksetzung zu nehmen, und glaubte, die zugesicherte Autonomie der
ihm anvertrauten Division gegen echte oder vermeintliche Übergriffe der
Deutschen verteidigen zu müssen[123]. Bunjačenko wandte sich beispielsweise
gegen das Gliederungsschema einer deutschen Volksgrenadierdivision, weil
er alles vermeiden wollte, was an deutsche Vorbilder gemahnte. Er übersah
hierbei, daß sich nur auf diesem Wege eine reibungslose Materialzuführung
sicherstellen ließ, wie es sich denn bei den Volksgrenadierdivisionen – schon
hinsichtlich der Bewaffnung – um den modernsten deutschen Divisionstyp
handelte. In diesem Zusammenhang sollte nicht unerwähnt bleiben, daß
zum Beispiel auch die auf sowjetischer Seite seit 4. Oktober 1943 aufgestellte
rumänische Freiwilligendivision Tudor Vladimirescu der Struktur einer
sowjetischen Gardedivision entsprach, nach dem Muster der Sowjetarmee
gekleidet und nach sowjetischen Vorschriften ausgebildet wurde[124]. Im
Unterschied jedoch zu nur einzelnen deutschen Unteroffizierlehrgruppen in
der russischen 1. Division waren es in der zahlenmäßig schwachen rumänischen Freiwilligendivision nicht weniger als 158 erfahrene sowjetische
Instruktionsoffiziere, die für eine Anpassung an sowjetische Normen sorgten.

Bei der Ausstattung der Divisionen der ROA hatte Oberst i. G. Herre unter den Bedingungen des letzten Kriegswinters ungeahnte Schwierigkeiten
zu überwinden. Nicht nur der Mangel an Waffen, Gerät und sonstigen Aus-
rüstungsgegenständen sowie die katastrophalen Transportverhältnisse
machten sich in zunehmendem Maße bemerkbar. Verschiedentlich zeigte
sich auch ein Widerstand lokaler Militärbehörden, wie denn zum Beispiel
Zahlmeister der Standortverwaltung die Herausgabe von Einrichtungsgerät,
darunter dringend benötigter Kochkessel, verweigerten, »weil sie für die
Russen zu schade seien«. Nur insofern ist der russische Vorwurf berechtigt,
daß die Deutschen die Aufstellung absichtlich behinderten. Als Oberst i.G.
Herre sich der Hilfe des Wehrkreisbefehlshabers, General der Panzertruppe
Veiel, versicherte[125], gelang es jedoch, solche Widerstände zu überwinden
und eine angemessene Einstellung den neuen Verbündeten gegenüber zu er-

reichen. Auch jetzt noch kostete es freilich unendliche Mühe, die veralteten Baracken in Münsingen instand zu setzen, die Ernährung sicherzustellen und vor allem die russischen Soldaten mit der notwendigen Kleidung und mit Schuhzeug zu versorgen. Zu einer Prestigefrage geradezu den Russen gegenüber wurde die Beschaffung von Kohle zur Beheizung der Unterkünfte. Es bedurfte energischer Vorstellungen Herres und einer Intervention des Generals der Freiwilligenverbände beim Chef des Heeresverwaltungsamtes, bis der längst avisierte Kohlenzug im Divisionslager eintraf[126]. Dank der nicht erlahmenden Mühe Herres, der seine Wünsche allabendlich dem General Köstring in einem Direktgespräch vortrug, begannen bis Februar, wenn auch mit Verspätung, Handfeuerwaffen, Geschütze, Granatwerfer, Panzerabwehrkanonen, Jagdpanzer anstelle von Sturmgeschützen, Kraftfahrzeuge und sonst notwendige Ausrüstungsgegenstände von den verschiedenen Heereszeugämtern einzutreffen, so daß die Division schließlich doch noch über ihr volles Ausrüstungssoll verfügte[127].

Gemessen an den Schwierigkeiten der Materialbeschaffung lief die Auffüllung des Personalbestandes der Division beinahe reibungslos. »Viele Zehntausende von Freiwilligen«, Ostarbeiter und Kriegsgefangene hatten sich zum Dienst in der Befreiungsarmee bereit erklärt. Man entschied sich jedoch dafür, bereits unter deutschem Kommando stehende russische Formationen, sofern irgend entbehrlich, in den Bestand der Division zu überführen. An erster Stelle wäre hier die Brigade Kaminskij zu nennen, eine seit 1941 bestehende, zum Teil aus ungedienten Zivilpersonen zusammengesetzte Volkswehr, die ein größeres Gebiet bei Lokot' zwischen Kursk und Orel im Hinterland der deutschen 2. Panzerarmee von Partisanen vollständig gesäubert und hier eine autonome Verwaltung eingerichtet hatte. Die unter der Bezeichnung RONA bekanntgewordene Volkswehr gliederte sich schon Ende Dezember 1942 in 13 Bataillone zu rund 10 000 Mann und war mit Geschützen, Granatwerfern und Maschinengewehren bestens ausgerüstet[128]. Schließlich soll sie auf 20 000 Mann angewachsen sein und fünf Regimenter, eine Panzerabteilung, ein Pionierbataillon, ein Gardebataillon und eine Flakabteilung umfaßt haben. Die RONA hatte sich bei den Rückzugskämpfen im Herbst 1943 vorzüglich bewährt und 1944 mit einem Regiment unter Oberstleutnant Florov an der Niederwerfung des Warschauer Aufstandes teilgenommen. Doch unter den veränderten Bedingungen begannen sich bald Demoralisationserscheinungen zu zeigen. Die in Warschau eingesetzten Teile der RONA waren den neuen Anforderungen nicht mehr gewachsen und hatten sich Plünderungen und sonstige Exzesse zuschulden kommen lassen. Wegen dieser Vorgänge, für die er die Verantwortung trug, war »Brigadegeneral« Kaminskij, ein Ingenieur polnischer Herkunft, standrechtlich erschossen worden.

Die SS nahm daher jetzt Abstand von dem Vorhaben, die Brigade in eine 29. Waffen-Grenadier-Division der SS (russ. Nr. 1) umzuformen, und stellte den Personalbestand der Befreiungsarmee zur Verfügung[129]. Es war nach dem Vorhergegangenen kein Wunder, daß die zu Anfang November 1944 in Münsingen eintreffenden und von Oberstleutnant Beljaj, einem ehemaligen Leutnant der Roten Armee, übergebenen Kaminskijleute äußerlich einen heruntergekommenen Eindruck machten und von ihren bisherigen Führern sofort getrennt werden mußten. Bunjačenko hatte sich anfangs strikt gegen eine Weiterverwendung dieser Offiziere gewandt, machte schließlich aber das Zugeständnis, etwa jeden Zehnten von ihnen in die Division zu übernehmen, wenn der Betreffende zuvor einen Lehrgang an der neugegründeten Offizierschule der ROA absolviert hatte. Die Kaminskijleute, 3000 bis 4000 Mann, nach dem Urteil von Oberst i. G. Herre »an sich wertvolles Menschenmaterial«, machten etwa nur ein Viertel des Personalbestandes der Division aus, befanden sich in ihrer Mehrheit im 2. Regiment und erwiesen sich in der Hand neuer Offiziere als zuverlässige Soldaten[130]. Außer der Brigade Kaminskij gingen Teile der aus vier Regimentern der Schutzmannschafts-Brigade Siegling zusammengesetzten 30. Waffen-Grenadier-Division der SS (russ. Nr. 2) in den Bestand der 1. Division über[131], ferner aus dem Bereich des Oberbefehlshabers West eine ganze Reihe russischer Bataillone von unterschiedlicher Stärke und Verfassung, so die Bataillone 308, 601, 605, 618, 621, 628, 630, 654, 663, 666, 675, 681, die Ost-Artillerie-Abteilungen 582, 752 und andere Einheiten[132]. Nur eine Minderheit der Divisionsangehörigen sollte unmittelbar aus der Kriegsgefangenschaft übernommen werden. Wie sich die Verhältnisse jetzt gewandelt hatten, zeigte die Übergabe des russischen Bataillons 628 in Münsingen am 13. Dezember 1944. Der bisherige deutsche Bataillonskommandeur hatte jetzt dem russischen Obersten Meldung zu erstatten. Und dieser untersagte es dem Major, sich von seinen Leuten zu verabschieden, da er »keine Zeit zu verlieren habe«[133].

Obwohl die Division schon im Dezember 1944 mit nahezu 13 000 Mann strukturmäßig aufgefüllt war, nahm die Mannschaftsstärke noch weiter zu. Denn während ihres Marsches zur Oderfront Anfang März 1945 erwies sie sich als Anziehungspunkt erster Ordnung für eine große Anzahl sogenannter »Ostarbeiter«, die eingereiht und eingekleidet wurden und aus denen man mehrere Ersatzbataillone formierte. Am 16. April 1945 wurde ihr zudem das am 24. Februar 1945 aus Dänemark mit zwei Bataillonen an die Ostfront verlegte russische Grenadierregiment 1604 unter Oberst Sacharov eingegliedert[134]. Das I. Bataillon dieses Regimentes befehligte Hauptmann Čistjakov, das II. Bataillon Hauptmann Gurlevskij. Chef des Stabes war Major Gersdorf.

Bei der Besetzung der Offizierstellen in der bald 18 000 bis 20 000 Mann starken 1. Division der ROA konnte man in erster Linie auf das Reservoir jener Offiziere zurückgreifen, die die Propagandaschule in Dabendorf durchlaufen hatten. Eine Reihe von Offizieren wurde aus den aufgelösten Feldbataillonen in die Division übernommen. Und alsbald standen auch die Absolventen der Offizierschule der ROA in Münsingen zur Verfügung. Regiments- und selbständige Kommandeure der Division waren denn auch durchweg von guter Qualität. Manche der Bataillonskommandeure werden als weniger gut geschildert, wohingegen die Kompanie-, Batterie- und Schwadronschefs und überhaupt viele der jüngeren Offiziere nach deutschem Urteil vielfach wiederum einen ausgezeichneten Eindruck machten[135]. Nachteilig war der Mangel an Unteroffizieren, so daß man dazu überging, geeignete Soldaten in einem divisionseigenen Lehrbataillon zu Unterführern heranzubilden. Im April 1945 hatte die Stellenbesetzung, soweit feststellbar, folgendes Aussehen:

Aufklärungsabteilung: Major Kostenko, 1. Regiment: Oberstleutnant Archjpov, 2. Regiment: Oberstleutnant Artem'ev (Chef des Stabes: Major Kozlov, I. Bataillon: Major Zolotavin'), 3. Regiment: Oberstleutnant Aleksandrov-Rybcov, 4. Regiment: Oberst Sacharov, Artillerieregiment: Oberstleutnant Žukovskij, Versorgungsregiment: Oberstleutnant Gerasimčuk, Reserveregiment: Oberstleutnant Maksakov.

Es bedarf eines Blickes auf die Kriegsgliederung, um eine Vorstellung von der Kampfkraft der 1. Division der ROA zu gewinnen. Strukturmäßig setzte sich dieser, wie erwähnt, nach dem Organisationsschema einer Volksgrenadierdivision[136] (ID 44, 32. Welle, beziehungsweise ab 10. Dezember 1944 ID 45) aufgestellte Großverband folgendermaßen zusammen: Divisionskommando mit Stabskompanie, Feldgendarmerie und Kartenstelle, 3 Grenadierregimenter, 1 Aufklärungsabteilung, 1 Panzerjägerabteilung, 1 Artillerieregiment, 1 Pionierbataillon, 1 Nachrichtenabteilung, 1 Feldersatzbataillon und 1 Versorgungsregiment. Jedes der drei Grenadierregimenter mit den Nummern 1601 bis 1603 umfaßte Stab mit Stabskompanie, 2 Grenadierbataillone sowie 1 (schwere) Infanteriegeschützkompanie und 1 Panzerzerstörungskompanie. Die Grenadierbataillone bestanden aus Stab und Versorgungszug, 3 Grenadierkompanien sowie 1 Kompanie mit schweren Waffen. Die Aufklärungsabteilung 1600 gliederte sich in Stab und 4 Reiterschwadronen, die Panzerjägerabteilung 1600 in Stab und Stabskompanie, 1 schwere Panzerjägerkompanie, 1 Sturmgeschützkompanie mit Grenadierbegleitzug auf Schützenpanzerwagen, 1 Fliegerabwehrkompanie. Das Artillerieregiment 1600 umfaßte Stab und Stabsbatterie, 1 schwere Artillerieabteilung und 3 leichte Artillerieabteilungen. Die schwere Artillerieabteilung setzte sich zusammen aus Stab und Stabsbatterie sowie 2 Batterien schwerer

1 Generalleutnant Andrej
Andreevič Vlasov

2 Osintorf, 1942:
Vertreter der sowjetischen
und der alten Emigration bei
der Vereidigung.
Generalleutnant Žilenkov
und Oberst Sacharov (v. r.)

3 Prag, 14. 11. 1944:
Vlasov betritt die Prager Burg. Hinter ihm (halb verdeckt) Generalmajor Truchin, Generalleutnant Žilenkov, Hauptmann Antonov und der Chef der Ehrenkompanie der Waffen-SS.

4 u. 5
Prag, 14. 11. 1944:
Vlasov beim Betreten der
Prager Burg

Feldhaubitzen (insgesamt 12 Geschütze), die leichten Artillerieabteilungen aus Stab und Stabsbatterie sowie 3 Batterien leichter Feldhaubitzen beziehungsweise Feldkanonen (insgesamt 42 Geschütze). Das Pionierbataillon 1600 bestand aus Stab und 3 Pionierkompanien, die Nachrichtenabteilung 1600 aus Stab und Versorgungszug, 1 Funk- und 1 Fernsprechkompanie, das Feldersatzbataillon, das als Divisionskampfschule diente, aus Stab und Versorgungszug sowie 5 mit Mustern aller Waffen ausgerüsteten Kompanien. Und das Versorgungsregiment 1600 schließlich hatte folgende Zusammensetzung: Stab, an Nachschubtruppen 1 Kraftfahrkompanie (120 t), 2 Fahrschwadronen (60 t), 1 Nachschubzug, ferner 1 Feldzeugkompanie, 1 Instandsetzungszug, 1 Kompanie Verwaltungstruppe, 1 Sanitätskompanie, 1 Krankenwagenzug, 1 Veterinärkompanie, 1 Feldpostamt.

Aufgrund der besonderen politischen Eigenart der russischen Division waren von der Organisationsabteilung im Generalstab des Heeres Änderungen der Kriegsgliederung von vornherein konzediert worden. So etwa bedeutete schon die Eingliederung eines 4. Grenadierregimentes (1604) eine beträchtliche Erweiterung des ursprünglichen Organisationsschemas. An Waffen verfügte die Division ihrem Soll nach über 12 schwere Feldhaubitzen vom Kaliber 15 cm, 42 leichte Feldhaubitzen vom Kaliber 10,5 cm (beziehungsweise leichte Feldkanonen vom Kaliber 7,5 cm), 6 schwere und 29 leichte Infanteriegeschütze, insgesamt also über 89 Rohre Artillerie, ferner über 14 Sturmgeschütze sowie 31 Panzerabwehrkanonen vom Kaliber 7,5 cm, 10 Fliegerabwehrkanonen vom Kaliber 3,7 cm, 79 schwere oder mittlere Granatwerfer, 536 schwere oder leichte Maschinengewehre, 222 Raketenbüchsen vom Kaliber 8,8 cm, 20 Flammenwerfer sowie automatische und sonstige Handfeuerwaffen. In Wirklichkeit zeigte jedoch auch die Bewaffnung ein anderes Bild. So verfügte die Division anstelle der planmäßigen 14 Sturmgeschütze schließlich über 10 Jagdpanzer 38 sowie über 10 Panzer vom Typ T 34, also insgesamt über 20 Panzerfahrzeuge[137]. Wie Oberstleutnant Archipov schreibt, »war die Division gesättigt mit einer großen Menge Divisions- und Regimentsartillerie, Panzerabwehrmitteln und auch schweren und leichten Maschinengewehren«[138]. Generalmajor Bunjačenko gebot also über eine ernst zu nehmende Streitmacht, die nach Mannschaftsstärke und Feuerkraft eine sowjetische Schützendivision weit übertraf und an die eines sowjetischen Schützenkorps heranreichte.

Wie aber stand es um Kampfbereitschaft und Moral dieses in einer kritischen Zeit und unter schwierigsten Bedingungen aufgestellten Truppenkörpers? Alle Augenzeugen und auch die Tatsachen widerlegen die Behauptungen der sowjetischen und sowjethörigen Publizistik, es habe sich um »Gesindel«, um eine »Bande«, »bestehend zu wesentlichen Teilen aus Kriegsverbrechern, berüchtigten Halsabschneidern«, um »eine ganze Division zu allem fähiger Verbrecher« gehandelt, die im übrigen »moralisch in völliger Zersetzung befindlich und daher kampfunfähig« gewesen sei[139]. Das genaue Gegenteil war der Fall. Allgemein wird der Diensteifer der russischen Soldaten hervorgehoben[140], die in Münsingen trotz anfänglich abgerissener Kleidung darauf bestanden, an der Ausbildung teilzunehmen. In kürzester Zeit hatten sie sich die Handhabung der Waffen und die Grundregeln ihrer taktischen Verwendung angeeignet.

Schon die ersten kombinierten Übungen mit scharfem Schuß lieferten bemerkenswert gute Ergebnisse. Als dann die modernsten Waffen an die Vlasovsoldaten ausgegeben wurden, freuten sich diese, wie Oberst i. G. Herre schreibt, »wie die Kinder [...]. Den ganzen Tag über fuhren sie mit ihren Sturmgeschützen (Jagdpanzern) und Panzern auf den Übungsplätzen herum, so daß man Mühe hatte, den notwendigen Treibstoff herbeizuschaffen.« Nicht ohne Probleme verlief demgegenüber das Leben der Soldaten in der Freizeit. Teilweise hatten diese begonnen, sich Obstschnaps von den Bauern einzuhandeln, wobei es zu Wortwechseln und Tätlichkeiten kam. Ein besonderes Problem bildeten auch die Beziehungen zu russischen und anderen nichtdeutschen Frauen, die in der Umgebung von Münsingen als Arbeiterinnen in Lagern untergebracht waren. Die Soldaten hatten berechtigten Anlaß, sich bei ihrem Divisionskommandeur über die schlechte Behandlung ihrer Landsleute und selbst der Frauen durch die deutschen Lagerleitungen zu beschweren[141]. Derartige Klagen wurden auf seiten des deutschen Aufstellungsstabes so ernstgenommen, daß man bei den Parteidienststellen vorsprach und hier versuchte, aufklärend zu wirken. Persönliche Interventionen von Oberst i.G. Herre und Major Keiling bei den Gauleitern Murr und Holz führten denn in der Tat dazu, daß sich die Behandlungsmethoden den Russen gegenüber wenigstens im Einzugsbereich der 1. Division bald merkbar veränderten[142]. Einer etwa aufkeimenden Mißstimmung der russischen Soldaten suchte Herre auch dadurch entgegenzuwirken, daß er »alle nur erreichbaren Betreuungstrupps der Abteilung ›Vineta‹ des Propagandaministeriums heranholte«, die aus russischen Künstlerinnen und Künstlern zusammengestellt waren und deren Darbietungen großen Anklang fanden. Auch Filmvorführungen wurden geboten und von den Soldaten gern besucht.

Insgesamt gesehen wird der Division von russischer wie auch von deutscher Seite »eine wirklich gute Disziplin« bescheinigt und zwar eine Disziplin, wie Major i. G. Schwenninger, der Chef des Deutschen Verbindungskommandos später hervorhob, die nicht auf Furcht vor Strafe, sondern auf Einsicht beruhte[143]. Die Mannschaften hörten auf das Wort ihrer Offiziere, wie diese sich ihrer Mannschaften sicher sein konnten, hatten doch letztlich alle, vom General bis zum letzten Soldaten, nur »ein Ziel, ein Streben, einen Feind und ein Schicksal«. In der Überzeugung, daß von der inneren Geschlossenheit und Kampfbereitschaft auch die Fähigkeit zur Verteidigung der eigenen Interessen in einer »beliebigen Situation« abhängen könne, fühlten sich alle Divisionsangehörigen miteinander verbunden. Und obwohl nur eine Minderheit zu den politisch aktiven Kräften zählte, konnte die Division doch selbst unter den Bedingungen des Jahres 1945 als zuverlässig gelten. Die überwiegende Mehrheit der Soldaten war nach den Worten Schwenningers bereit, »gegen Stalin und sein System zu kämpfen [...] solange irgendeine noch so schwache Hoffnung auf einen endlichen Erfolg bestand«. Das allerdings brauchte nicht auszuschließen, daß es auch eine Minderheit labiler und wankelmütiger Elemente gab, die in Krisenmomenten leicht unter den Einfluß gegnerischer Agenten geraten konnte. Tatsächlich wurden schon in Münsingen mehrfach »Aktionen gegen erwiesene sowjetische Spitzel ergriffen«. Es zeugt jedoch ebenso von der loyalen Grundhaltung der Soldaten wie von dem gut funktionierenden Überwachungssystem in der Division, daß der einzige wirkliche Fall einer Verschwörung von dem Abwehroffizier, Hauptmann Ol'chovnik, in Zusammenarbeit mit anderen russischen Offizieren frühzeitig aufgedeckt wurde[144]. In der IV. Abteilung des Artillerieregimentes hatte Ende März 1945 an der Oderfront eine geheime Versammlung bei Anwesenheit des Abteilungskommandeurs den Plan erörtert, die Division nach Ermordung mißliebiger Offiziere der Roten Armee in die Hände zu spielen – eine in den Osttruppen schon 1943 hin und wieder praktizierte Methode. Auf Befehl des Divisionskommandeurs wurde eine Reihe von Verschwörern verhaftet, verhört und, wie es scheint, teilweise auch verprügelt, jedoch nicht vor das Kriegsgericht gestellt. Zum Erstaunen des Deutschen Verbindungskommandos und mancher Russen setzte Bunjačenko die Verhafteten nach Abmarsch von der Oderfront wieder in Freiheit. Diese dankten ihm diese Nachsicht dann damit, daß sie in Prag bei der ersten sich bietenden Gelegenheit auf die Seite der Roten übergingen.

Wenn die 1. Division der ROA trotz einiger Vorfälle insgesamt als diszipliniert, kampfbereit und zuverlässig zu bezeichnen ist, so galt letzteres doch mit einer wesentlichen Einschränkung: Zuverlässig war sie allein im Sinne der Ideen der Russischen Befreiungsbewegung des Generals Vlasov, nicht aber als Werkzeug der deutschen Führung. »Jeder der Russen«, so formulierte es Major i. G. Schwenninger aufgrund seiner Erfahrungen, »hatte irgendeinen Grund, das sowjetische System zu hassen (Verschleppung oder Verurteilung von Angehörigen, persönliche Krisen durch Denunziationen, mehr oder minder schwere Eingriffe des Systems und seiner Handlanger in das Leben des einzelnen usw.). Allen erschien die Schaffung eines neuen Staatswesens auf anderen Grundlagen als erstrebenswert[145].« Aber fast alle hatten in irgendeiner Form auch unter der Behandlung durch die Deutschen zu leiden gehabt. Persönliche oder politische Ressentiments waren tiefverwurzelt und führten, wie auch der bereits zitierte Geheimbericht erkennen läßt, zu einer antideutschen Grundhaltung, aus der leicht Verwicklungen resultieren konnten. Die Divisionsführung, die sich dieser Stimmung sehr wohl bewußt war, tat alles, um mögliche Übergriffe zu verhindern. Dies traf besonders für die Zeit zu, da die Division auf dem Marsch an die Ostfront notwendigerweise in einen engeren Kontakt mit der Zivilbevölkerung trat. Generalmajor Bunjačenko hatte seine Soldaten in strengen Befehlen vor jedem Konflikt mit der deutschen Bevölkerung gewarnt[146]. Und in der Tat hielten sich die Übergriffe bei dem Zug quer durch Süddeutschland, dem das Deutsche Verbindungskommando mit Sorge entgegengesehen hatte, im Rahmen des auch bei deutschen Truppen üblichen und bestanden meist nur in der Beschlagnahme von Getreide zu Futterzwecken für die Pferde und ähnlichem. Das Verhältnis der russischen Soldaten zur deutschen Bevölkerung gestaltete sich mitunter freundlich und trug zu einem besseren gegenseitigen Verstehen bei.

Auch an der Oderfront und bei dem Marsch von der Oder nach Böhmen im April gab es ungeachtet zunehmender Spannungen zu den deutschen Kommandostellen nur wenige Verwicklungen mit der Bevölkerung und den örtlichen Autoritäten. Die Einheitsführer pflegten andernfalls auch mit Strenge durchzugreifen. Einmal vor dem Abzug aus Schneeberg trat sogar das Kriegsgericht zusammen und verurteilte einen Soldaten des Artillerieregimentes wegen systematischer Gewaltakte zum Tode durch Erschießen. Die den Vlasovsoldaten insgesamt nachgesagte hohe Moral und Disziplin hielt buchstäblich bis zum letzten Tage an[147]. Dies zeigte sich in der unveränderten Geschlossenheit selbst noch zu dem Zeitpunkt, als die Division bei Schlüsselberg von sowjetischen Panzerkräften fast schon erdrückt wurde. Erst auf ausdrücklichen Befehl der Offiziere hin begannen sich die Einheiten am 12. Mai 1945 aufzulösen. Erst in dieser Stunde auch wurden die Soldaten von Panik und Verzweiflung gepackt.

Die Aufstellung der 1. Division der ROA, die um den 10. November 1944 begonnen hatte, war in den ersten Tagen des März 1945 abgeschlossen. In der Zwischenzeit erfolgte die förmliche Übergabe dieser und der in Aufstellung begriffenen 2. Division der ROA an General Vlasov. Die feierliche Zeremonie in Münsingen brachte noch einmal symbolisch zum Ausdruck[148], daß es sich bei der ROA von nun an um eine verbündete Streitmacht handelte. Schon die Unterbringung der anreisenden deutschen und russischen Gäste, unter ihnen die Generalmajore Truchin und Assberg, im Lager selbst und in dem Hotel »Hardt« erfolgte in Gleichberechtigung und nach Dienstgrad gestaffelt. Am 10. Februar 1945, dem Tage der Übergabe, meldete der

Divisionskommandeur die angetretenen Verbände auf dem Paradefeld an den General der Freiwilligenverbände im OKH, General der Kavallerie Köstring. Dieser, General Vlasov, der Kommandeur der Aufstellungsstäbe Oberst i. G. Herre und Generalmajor Bunjačenko schritten daraufhin die Front ab. Alsdann übergab Köstring die »600. und 650. Inf.Div.(russ.)« an Vlasov mit einer Ansprache, endend mit einem »Hurra« auf den »Oberbefehlshaber der Streitkräfte des Komitees zur Befreiung der Völker Rußlands«. In diesem Moment wurde am zweiten Fahnenmast neben der Reichskriegsflagge die russische Nationalflagge aufgezogen, die gleichzeitig auch in allen Unterkünften hochging. Es ertönte die russische Hymne »Kol' Slaven« in der Melodie »Ich bete an die Macht der Liebe«[149]. Anschließend übernahm Vlasov offiziell die Division mit einer Ansprache, in der er noch einmal kurz die Ziele »unseres heiligen Kampfes« umriß. Nach dem Abspielen der Nationalhymnen folgten Ordensverleihungen und ein Feldgottesdienst. Und endlich marschierten die Kolonnen der 1. Division nach russischem Reglement, annähernd zwei Stunden lang an der mit Tannengrün ausgeschlagenen und von zwei Feldhaubitzen flankierten Ehrentribüne vorbei, von ihrem Oberkommandierenden nach russischer Sitte mit anfeuernden Rufen bedacht, wie »Vorwärts, Ihr Jungens«, »Brav meine Söhne«. Vlasov hat es programmwidrig unterlassen, ein »Hurra« auf Hitler als Obersten Befehlshaber der Wehrmacht auszubringen und stattdessen, wie erwähnt, nur die »Freundschaft des deutschen und russischen Volkes« und die »Soldaten und Offiziere der russischen Armee« hochleben lassen. Während der Tag für die Gäste mit einem großen Bankett in dem mit russischen Farben geschmückten Saal des Offizierkasinos ausklang, begannen die Einheiten teilweise bereits von sich aus, den deutschen Hoheitsadler von den Uniformen abzunehmen.

Welchen Eindruck die ab März 1945 kampfbereite, gut bewaffnete, ausgebildete und disziplinierte 1. Division der ROA hervorrief, das schildert Vetlugin (Tenzorov) in folgenden Worten[150]: »Ende April 1945. Über Felder und Wege der Tschechei marschiert eine lange, sich über mehrere Kilometer erstreckende Kolonneninfanterie. Bajonette blitzen in der Sonne, schwarz schimmern die Mündungen und Trommeln der Maschinenpistolen [...] ohrenbetäubend mahlen die Ketten schwerer Panzer. Schwere Geschütze, die von Traktoren gezogen werden, rollen mit Getöse. Sturmgeschütze fahren. Pferde [...] ziehen Feldgeschütze und Haubitzen mit Munitionskisten. Abermals Schützen [...] hinter ihnen eine Panzerabwehreinheit mit ›Panzerfaust‹ [...] Pioniere [...] Funkstationen [...] Sanitätswagen [...] Minenwerferschützen [...] Kraftwagen [...] Motorradfahrer. Staubbedeckt auf Seitenwegen entlang der Kolonne in der einen oder anderen Richtung jagen, hier auf Pferden [...] dort auf Motorrädern Stabsoffiziere, Adjutanten, Ordonnanzen, Melder vorbei. Über dem endlosen Strom menschlicher Leiber schwimmen entfaltete und im Winde wehende Fahnen – dreifarbige, weiße mit Andreaskreuz und wiederum dreifarbige [...] Langsam die Kolonne überholend, fahre ich im Kraftwagen, als der danebensitzende Ingenieur D.V.B., ein Mann, der hier mehr als 25 Jahre gelebt, sich aber eine heiße Liebe zu Rußland und allem Russischen bewahrt hat, seine Bewegung nicht verbergen kann. Er ergreift meinen Arm und sagt mit ungewöhnlichem Ausdruck seines immer ernsten Gesichtes mit veränderter Stimme: ›Ja, aber das sind doch russische Soldaten! Die russische Armee ist wiedererstanden! Sollten nicht unsere Träume über einen bevorstehenden Kampf mit den Bolschewiken Wirklichkeit werden? Ich weiß, daß jetzt die wahre, alte, allgemeinrussische Sache verwirklicht wird. Daß meine guten Freunde dies nicht mehr erleben können‹!«

Am 17. Januar 1945 ordnete ein von General der Panzertruppe Wenck unterzeichneter Befehl der Organisationsabteilung im Generalstab des Heeres die Aufstellung der 2. Division der ROA[151] – in deutscher Benennung 650. I.D. (russ.) – auf dem Truppenübungsplatz Heuberg in Württemberg an, ebenfalls unter der Regie des Generals der Freiwilligenverbände im OKH. Divisionskommandeur wurde der im Februar 1945 von Vlasov zum Generalmajor beförderte Oberst Zverev[152], Chef des Stabes Oberst Bogdanov. Regimentskommandeure waren Oberst Baryšev (1. Regiment, Grenadierregiment 1651), Major Kossovskij (2. Regiment, Grenadierregiment 1652), Oberstleutnant Golovinkin (3. Regiment, Grenadierregiment 1653), Oberstleutnant N. (Artillerieregiment 1650), Oberstleutnant Vlasov (Versorgungsregiment 1650). Zverev, ein »Offizier von Art«, ein Soldat »beinahe preußischer Prägung«, mit der »Höflichkeit eines Weltmannes«, war doch zugleich von einer »undurchsichtigen Eigenwilligkeit«, die der Wehrkreisbefehlshaber, General der Panzertruppe Veiel, und der Kommandant des Truppenübungsplatzes, Generalmajor B., durch gelegentliche Tee-Einladungen zu mildern suchten[153]. Zverev, der einer Arbeiterfamilie entstammte, hatte in der Roten Armee eine schnelle Karriere gemacht. Bereits im sowjetisch-finnischen Winterkriege war er Divisionskommandeur; zu Beginn des deutsch-sowjetischen Krieges wurde er verwundet und bald darauf mit seiner Division eingekreist. Es gelang ihm, sich mit einigen Offizieren zu den sowjetischen Linien durchzuschlagen. Als angeblicher Spion wurde er verhaftet und für 6 Monate ins Gefängnis geworfen, dann aber in minderer Dienststellung in Mittelasien verwendet. Doch schon 1942 war er erneut Divisionskommandeur an der sowjetisch-deutschen Front. Er geriet als Militärkommandant der Stadt Char'kov im März 1943 in Kriegsgefangenschaft, wo er sich mit 780 anderen sowjetischen Offizieren des Lagers Dnepropetrovsk der Befreiungsbewegung anschloß.

Die Aufstellungsbedingungen in Heuberg entsprachen denen in Münsingen, nur daß sich hemmende Schwierigkeiten jetzt in noch stärkerem Maße bemerkbar machten. Relativ reibungslos ging allein die Personalauffüllung vonstatten. Der Division stand eine ganze Reihe von Freiwilligenformationen zur Verfügung[154], so die russischen Bataillone 427, 600, 642, 667, 851, das III. Bataillon des russischen Grenadierregimentes 714, das Baupionierbataillon 851 und andere. Die von dem Leiter des Aufstellungsstabes, Ritterkreuzträger Major Keiling[155], an der Westfront befehligte russische Artillerie-Abteilung 621 übernahm die personelle und materielle Aufstellung des Artillerieregimentes. In den Personalbestand der Division wurden zudem ungezählte Freiwillige direkt aus den Kriegsgefangenenlagern eingestellt. Das Offizierkorps ergänzte sich großenteils aus den Teilnehmern des 1. Lehrganges der neugegründeten Offizierschule der ROA. Ungeachtet aller Bemühungen ist es dem deutschen Aufstellungsstab jedoch nicht mehr gelungen, der Division das Ausstattungssoll, insbesondere an schweren Waffen, Spezialgerät und Fahrzeugen, zuzuführen. In Heuberg waren zwar bereits moderne sowjetische Kanonenhaubitzen vom Kaliber 12,2 cm zur Bewaffnung des Artillerieregimentes eingetroffen, doch mußte ein Teil von ihnen auf eine entsprechende Anforderung der Heeresgruppe G hin wieder abgetreten werden[156]. Als daher die 2. Division der ROA den Truppenübungsplatz am 19. April 1945 verließ, war sie zwar kriegsmäßig gegliedert, aber nur unvollständig mit Waffen versehen[157]. Bevorzugt bewaffnet worden war auf Veranlassung von Generalmajor Zverev das Feldersatzbataillon als Gardebataillon, die Panzerjägerabteilung verfügte über Panzerabwehrraketen vom Typ »Panzerschreck«, doch besaßen die Grenadierregimenter nur Handfeuerwaffen und zum Teil Maschinengewehre. Noch Ende April wollte der Oberbefehlshaber der Heeresgruppe Süd, Generaloberst Dr. Rendulic, ihr die fehlende Ausrüstung in den Einsatzraum nördlich von Budweis zuführen lassen, was sich indessen nicht mehr bewerkstelligen ließ.

Sind die 1. und 2. Division der ROA tatsächlich noch ins Leben getreten, so sollte die 3. Division – in deutscher Benennung 700. I.D. (russ.) – Kommandeur Generalmajor Šapovalov, Chef des Stabes Oberst Vysockij-Kobzev, über das Stadium der Vorbereitung nicht hinausgelangen[158]. Praktisch existierte nur der Divisionsstab. Immerhin standen am 12. Februar 1945 aber 10 000 Freiwillige bereit[159]. Auch bemühte man sich bereits um die Beschaffung von Übungswaffen. Daß diese Division unter günstigeren Umständen in kurzer Zeit Gestalt angenommen hätte, dafür bürgte der Divisionskommandeur, eine bedeutende und doch zugleich wenig bekannte Persönlichkeit der Befreiungsarmee. Šapovalov, 1901 in Novostrovenka bei Kursk als Sohn eines armen Bauern geboren, gehörte zu den höheren Kommandeuren, die ihren Aufstieg allein der Roten Armee verdankten[160]. Im Jahre 1937, damals Chef des Stabes eines befestigten Rayons bei Vladivostok, verhaftet, wurde ihm »unter beispiellosen Folterqualen ein Geständnis erpreßt«. Nach achtmonatiger Einkerkerung in den Gefängnissen des NKVD und immer neuen Folterungen fand er sich jedoch plötzlich in der Stellung eines Kommandeurs der Artillerieschule in Sevastopol' wieder. Šapovalov absolvierte von 1939 bis 1941 die Frunze-Militärakademie, war im August 1941 Kommandeur der von ihm bei Feodosija aufgestellten 320. Schützendivision, dann vorübergehend Kommandeur einer motorisierten Gruppe bei Kerč und schließlich seit 30. Juni 1942 Kommandeur des 1. Selbständigen Schützenkorps, einer Elitetruppe der Nordkaukasusfront, die zunächst die Küstenverteidigung von Blagoveščenskaja bis Lazarevskaja am Schwarzen Meer führte, am 30. Juli 1942 aber zur Verteidigung des Kuban' herangezogen und bei Armavir bald darauf zerschlagen wurde. Schon aufgrund persönlicher Erfahrungen ein kompromißloser Gegner des Stalinregimes, hatte Šapovalov sich am 14. August 1942 bei Jaroslavskaja in die Gefangenschaft der deutschen 16. motorisierten Infanteriedivision begeben, um »aktiv am Kampfe gegen die ihm verhaßte Stalin-Regierung und das in der Sowjetunion bestehende System teilzunehmen«. Anscheinend hatte er nicht mehr erfahren, daß das Präsidium des Obersten Sowjet/Rat der Volkskommissare der UdSSR ihm noch am 1. Oktober 1942 den Rang eines Generalmajors zuerkannte[161]. Diese Beförderung geschah in offenkundiger Unkenntnis der Tatsache, daß Šapovalov längst auf die Seite der Deutschen übergetreten war und seit Anfang September 1942 unter den sowjetischen Truppen im Kaukasus Flugblätter mit einem Aufruf von ihm zirkulierten, die, wie übergelaufene Offiziere berichteten, »sehr wirksam gewesen« sind und »selbst in höchsten Offizierskreisen« diskutiert wurden[162].

Dem Oberkommando der ROA waren an Landtruppen außer einigen Armeetruppen und den drei Divisionskommandos eine Reservebrigade und eine Offizierschule sowie, wenn auch nicht taktisch, eine Panzerjagdbrigade unterstellt. Diese Panzerjagdbrigade[163] spielte innerhalb der Befreiungsarmee die Rolle einer besonderen Stoßgruppe. Sie war mit Zustimmung Vlasovs auf Befehl der Organisationsabteilung im Generalstab des Heeres durch den General der Freiwilligenverbände in Gestalt vier einzelner Panzerjagdverbände gebildet worden, um den Beweis für die Kampffähigkeit der Befreiungsarmee zu erbringen und deren Ausbau auf diese Weise zu beschleunigen. Jeder der vier Panzerjagdverbände mit den Nummern 10, 11, 13 und 14 (12 bestand aus Kaukasiern) gliederte sich in drei Jagdgruppen und 30 Jagdkommandos[164]. Die Personalstärke eines Verbandes betrug 35 Offiziere und 275 Mannschaften, so daß die Panzerjagdbrigade als solche aus 140 Offizieren, 1100 Unteroffizieren und Soldaten bestand und sie strukturmäßig über 1200 Sturmgewehre und 2400 Panzerfäuste verfügte, eine Waffe, die in ihrer einfachen Handhabung den russischen Soldaten besonders lag. Der in Münsingen seit dem 1. Februar 1945 formierte Panzerjagdverband 10 konnte bereits bald nach Monatsmitte der 9. Armee (Heeresgruppe Weichsel) an der Ostfront zugeführt werden, der Panzerjagdverband 11 folgte Ende März nach, die auf dem Truppenübungsplatz Döberitz (Wehrkreis III) seit dem 8. März 1945 aufgestellten Panzerjagdverbände 13 und 14 waren Anfang April einsatzbereit[165]. Welcher Geist die aus ausgesuchten Freiwilligen zusammengesetzte und von »schneidigen jungen Wlassow-Offizieren«[166] geführte Brigade beseelte, zeigte sich, als deutsche Truppen den Jagdverbänden 13 und 14 am 8. April 1945 einen Großteil ihrer Sturmgewehre abnahmen. Der russische Kommandeur, Major Vtorov, zögerte nicht, sich einen Teil der Waffen mit seinen Leuten zurückzuholen. Es kam zu einem Handgemenge mit deutschen Offizieren, und der Major wurde von der Geheimen Feldpolizei 729 festgenommen und erst nach einer Intervention des Chefs der Inspektion 15 im OKH, Oberstleutnant Hansen, aus der Haftanstalt Neuruppin wieder entlassen[167].

Unter schwierigen Bedingungen vollzog sich in Münsingen die Aufstellung der Reservebrigade (zapasnaja brigada) der ROA, in deutscher Benennung Ausbildungs- und Ersatzbrigade[168], deren Aufgabe darin bestand, überzählige Freiwillige aus den Kriegsgefangenenlagern auf ihre künftige Verwendung in den Verbänden der ROA hin vorzubereiten. Als Ersatztruppe für die mobilen Verbände der Befreiungsarmee hatte die Brigade eine ihrer vielfältigen Bestimmung entsprechende Zusammensetzung erhalten. Dem Kommandeur, Oberst Kojda, stand je ein Gehilfe für Fragen der Ausbildung und materiellen Ausstattung zur Seite. Chef des Stabes war Oberstleutnant Sadovnikov. An höheren Offizieren gehörten der Brigade überdies die Obersten Trofimov und Skucharevskij an. Kommandeur des Pionierbataillons war der im April mit anderen Offizieren und Soldaten einem amerikanischen Fliegerangriff zum Opfer gefallene Major Polnickij. Dem Organisationsschema nach war die Reservebrigade in folgender Weise gegliedert: Stab, 1 Zug Feldgendarmerie und Musikkorps, 1. Regiment (Stab, 3 Bataillone, 1 Batterie mit Geschützen vom Kaliber 7,5 cm, 1 Panzerkompanie, 1 Reiterzug), ferner 1 Artillerieabteilung, 1 motorisiertes Bataillon, 1 mit »Panzerfäusten« ausgerüstetes Bataillon, 1 Reiterschwadron, 1 Nachrichtenabteilung, 1 Pionierbataillon, 1 Feldzeugbataillon, 1 Unterführerschule, 1 Genesungsbataillon. Waffen und technisches Gerät dürften allerdings nur in geringem Umfang vorhanden gewesen sein, kostete es doch schon große Mühe, die Soldaten auch nur mit der notwendigsten Kleidung und mit Stiefeln zu versehen. Immerhin war die Brigade in kürzester Zeit auf die Stärke von 7000 Mann gebracht, und mit der Ausbildung konnte begonnen werden. Mochte der materielle Zustand der Reservebrigade der ROA insgesamt auch beklagenswert bleiben, was ihre moralische Verfassung angeht, so ließ dieselbe nichts zu wünschen übrig. Dies sollte sich nach dem Abmarsch aus Münsingen zeigen, als die Soldaten trotz großer Entbehrungen und Beschwernisse ein Maß an Disziplin und Organisiertheit an den Tag legten, das dem Chef des Stabes der Streitkräfte, Generalmajor Truchin, das höchste Lob abnötigte. Oberst Kojda hob nach dem Kriege hervor, die Soldaten und Offiziere hätten »selbst unter den schwierigsten Bedingungen nicht ihren Glauben an die Idee der ROA verloren«.

Die Offizierschule (oficerskaja škola) der ROA[169] ist hervorgegangen aus einer im November 1944 bei der 1. Division der ROA geschaffenen Einrichtung zur Heranbildung junger Offiziere. Da Vlasov und General Truchin mit einem wachsenden Offizierbedarf für ihre im Entstehen begriffenen Streitkräfte rechneten, formten sie dieselbe zu einer eigenständigen Institution für die gesamte Befreiungsarmee um. Anscheinend dachten sie daran, so jedenfalls berichtet es General der Kavallerie Köstring, »eine Offizierschule von einigen Tausend russischen Offizieren aufzuziehen«[170]. Mit der Offizierschule der ROA, an deren Spitze anfangs Oberst Kojda, alsdann Generalmajor Assberg und schließlich Generalmajor Meandrov standen – Chef des Stabes war Oberst Klimov – wurde im Januar 1945 auch die dem General der Freiwilligenverbände im OKH unterstehende »Ostvölkische Führerschule« unter Oberst Kisilev verschmolzen[171]. Durch Überführung des zu deren Bestand gehörenden Lehrmaterials, der Waffen und Kraftfahrzeuge, gestalteten sich die Unterrichtsmöglichkeiten überaus günstig. Der Stab der Offizierschule[172] gliederte sich in eine Lehrabteilung, in eine Wirtschaftsabteilung mit einer Wirtschaftskompanie und in eine Sanitätsabteilung. Zur Verfügung standen eine Batterie mit Geschützen vom Kaliber 7,5 cm, Granatwerfer sowie andere Waffen und technisches Gerät. Zum Stammpersonal gehörten außer dem Kommandeur schließlich 18 Stabs- und 42 sonstige Offiziere sowie 120 Unteroffiziere und Mannschaften. Der eigentliche Lehrkörper setzte sich aus 6 Obersten, 5 Oberstleutnanten, 4 Majoren und einem Hauptmann zusammen. Es wurden zwei Lehrgänge abgehalten, der erste dauerte vom 3. November 1944 bis Februar 1945, umfaßte 244 Hörer – unter ihnen in einer eigenen Gruppe auch ehemalige Bataillonskommandeure, Chefs der Stäbe von Regimentern und sonstige Stabsoffiziere der Roten Armee – die alle jetzt in die Führerstellen der 1. und 2. Division einrückten. Der aus 605 Teilnehmern bestehende 2. Lehrgang konnte im April nicht mehr beendet werden.

Die Landstreitkräfte der ROA in der hier gegebenen Reihenfolge – Divisionen, Panzerjagdbrigade, Reservebrigade, Offizierschule – umfaßten 40 000, mit dem Oberkommando und den Armeetruppen 45 000 Mann. Rechnet man den Personalbestand der Luftwaffe der ROA in Stärke von

5000 Mann hinzu, so waren es 50 000 Mann, die dem unmittelbaren Oberbefehl Vlasovs unterstanden. Dem Umfang nach kam die Befreiungsarmee
damit jener Streitmacht nahe, die in manchen Zügen eine vergleichbare Entwicklung durchgemacht hatte, der Tschechoslowakischen Legion[173] des Ersten Weltkrieges, die nach dem Ausscheiden aus dem Verband der russischen
Armee 1918 den Status eines selbständigen »Tschechoslowakischen Heeres
in Rußland« annahm. Auch in den tschechischen Legionen hatten sich
Kriegsgefangene mit Hilfe und unter Aufsicht des Landesfeindes organisiert,
um gegen die eigene Regierung für die Befreiung ihrer Heimat und die Schaffung einer eigenen Staatlichkeit zu kämpfen. Zwischen der Russischen Befreiungsarmee des Jahres 1945 und dem Tschechoslowakischen Heer in dem
Rußland des Jahres 1918, die beide einem nationalen Auslandskomitee unterstanden, gab es jedoch einen bemerkenswerten Qualitätsunterschied. Das
Tschechoslowakische Heer wurde von subalternen Offizieren geführt, denen
jede Truppenerfahrung abging[174]. Der Oberbefehlshaber, Generalmajor Sy-
rový, etwa hatte im Jahr zuvor noch den Rang eines Unterleutnants innege-
habt, von den Divisionskommandeuren waren Generalmajor Čeček und
Oberst Švec vor ihrer Ernennung Leutnante, Generalmajor Gajda (Geidl)
war 1915 noch einfacher Sanitätssoldat der K.u.K.-Armee gewesen. Auch
sonstige führende Offiziere wie Klecanda und Husák waren in kürzester Zeit
aus niederen Rängen emporgestiegen. Demgegenüber befanden sich alle
Führerstellen der ROA in den Händen bewährter Generalstabsoffiziere und
Truppenkommandeure, Generale und Oberste, die bereits in der Roten Armee entsprechende Funktionen ausgefüllt hatten. So handelte es sich beispielsweise bei den Führern der Großverbände um erfahrene Divisions-
kommandeure und im Falle Šapovalovs sogar um einen sowjetischen
Korpskommandeur und nicht etwa um »einen gewissen Bunjačenko« und
irgendeinen anonymen »Verräter Zverev«, wie dies die Sowjetliteratur glauben machen will[175]. Sowohl Generalmajor Bunjačenko als auch Generalmajor Zverev und Generalmajor Šapovalov waren in der Roten Armee vom einfachen Soldaten zum höheren Truppenführer aufgestiegen, bevor sie sich der
Befreiungsbewegung angeschlossen hatten.
    Die Landstreitkräfte der ROA erfuhren gegen Ende des Krieges annähernd
noch eine Verdoppelung, als sich die Kosakengruppe des Generalmajors Turkul', die Kazačij stan des Generalmajors Domanov und das XV. Kosakenkavalleriekorps unter dem deutschen Generalleutnant v. Pannwitz der Befreiungsarmee anschlossen und dem Oberbefehl Vlasovs unterstellten. Die
Sympathien der breiten Masse der Kosaken für eine Vereinigung mit der allgemeinrussischen Befreiungsbewegung, deren Symbol Vlasov seit 1943 geworden war, ist vielfältig bezeugt und hatte bereits vor der Gründung des
KONR und der Veröffentlichung des Prager Manifestes einen deutlichen

Ausdruck gefunden. So hatte Oberst Kromiadi es im Jahre 1943 unternommen, über Generalmajor S. N. Krasnov in Paris eine Verbindung zwischen Vlasov und General der Kavallerie P. N. Krasnov herzustellen, dem legendären Heerführer des Bürgerkrieges, der nach der Eroberung des Dongebietes 1918 Caricyn blockiert und damit eine ernste Gefahr für die Sowjetmacht heraufbeschworen hatte, später weltweit bekannt geworden als Schriftsteller, seit 1944 in der Stellung eines Chefs der in Deutschland errichteten Hauptverwaltung der Kosakenheere[176]. Der Verständigungsversuch war jedoch fehlgeschlagen, weil Krasnov, strikter Verfechter einer sozialen Sonderstellung des Kosakentums, sich Vlasov gegenüber ablehnend verhielt und er sich im übrigen auf eine Deklaration berufen konnte, in der die Reichsregierung die Kosaken am 10. November 1943 als Verbündete anerkannt und ihre Rechte und Privilegien sowie die Unantastbarkeit ihrer Gebiete garantiert hatte[177].

Diese negative Haltung Vlasov gegenüber wurde von einer ganzen Reihe einflußreicher Kosakenvertreter aus der alten Emigration nicht geteilt, insbesondere da das Prager Manifest und Vlasov selbst bei verschiedenen Gelegenheiten das Recht auf Selbstbestimmung aller Völker und sozialen Gruppen Rußlands und damit auch der Kosaken ausdrücklich anerkannt hatten[178]. Es stand im Einklang mit der Grundstimmung der Kosaken, die entgegen den Behauptungen sogenannter »kosakischer Nationalisten« sich »fast ohne Ausnahme« stets als Russen empfanden[179], daß im November 1944 nach der Verkündung des Prager Manifestes die beiden Generale des Donheeres Abramov und Balabin in das KONR eintraten[180]. Bald sprachen sich, wie erwähnt, auch der Ataman des Donheeres, Generalleutnant Tatarkin, der für seine Verdienste um die Bekämpfung des Bolschewismus 1918 mit dem britischen »Order of the Bath« dekorierte Generalleutnant Škuro, die Generale Borodin, Golubincev, Morozov, Poljakov, Polozov und andere sowie schließlich auch der Ataman des Kuban'kosakenheeres, Generalmajor Naumenko, für Vlasov und die von ihm geführte Befreiungsbewegung aus. Auch General Krasnov selbst hatte sich genötigt gesehen, dieser Entwicklung Rechnung zu tragen.

Es kam zu Weihnachten 1944 und am 7. und 8. Januar 1945 zu einer Aussprache zwischen ihm und General Vlasov über die Koordinierung der Handlungen der Befreiungsarmee und der Kosakentruppen[181], die jedoch ergebnislos blieb. Daß sich hier ungeachtet einer durchaus vorhandenen gegenseitigen Wertschätzung Vlasovs und Krasnovs zwei im Grunde unvereinbare »Weltanschauungen und Psychologien« gegenüberstanden, zeigte der Briefwechsel, mit dem beide Generale in den Zeitungen »Kazač'ja Zemlja« (Kosakenland) und »Put' na Rodinu« (Weg in die Heimat) im März und April 1945 an die Öffentlichkeit traten[182]. Krasnov hatte in einem »Offenen

Brief« an Vlasov am 16. März 1945 den Gedanken einer engen Anlehnung an Deutschland unter Anerkennung von dessen Führerrolle vertreten[183]. Demnach wollte er die von ihm politisch betreuten und im XV. Kosakenkavalleriekorps militärisch organisierten und zusammengeschlossenen Kosakenverbände streng als Bestandteil der deutschen Wehrmacht gewertet wissen. Krasnov war gegen eine Verschmelzung mit der ROA Vlasovs, und er war dafür, die Kosaken, wenn auch mit eigenen Offizieren, unter deutschem Befehl zu belassen. Für die Zeit nach dem Kriege erstrebte er politisch eine Art Protektorat Deutschlands über das wiedererstandene Kosakentum. Für Vlasov, der, wie SS-Oberführer Dr. Kroeger überliefert, auf den Gedanken eines »einheitlichen, unteilbaren, heiligen Rußland« (edinnaja, nedelimaja, svjataja Rus') »geradezu eingeschworen war«[184], konnte es eine Verständigung auf dieser Basis nicht geben. Vlasov war bereit, den besonderen Status der Kosaken innerhalb eines nationalrussischen Staates anzuerkennen. Als General Krasnov unter anderem aber das Ansinnen stellte, Vlasov möge erklären, daß die Streitkräfte des Komitees zur Befreiung der Völker Rußlands ähnlich wie etwa die »1. Russische Nationalarmee« des Generalmajors Chol'mston-Smyslovskij »als Teil der deutschen Armee erscheinen«, berief dieser sich auf die im Prager Manifest niedergelegten Grundsätze und auf den Status der ROA als einer selbständigen Armee. »Wir haben niemals verhehlt«, so ließ die beim KONR geschaffene Kosakenverwaltung Krasnov in einem »Offenen Brief« am 3. April 1945 wissen, »daß wir uns im Bündnis mit Deutschland befinden, aber wir werden nicht müde zu betonen, daß wir gleichberechtigte Verbündete sind, daß wir für unser unabhängiges Vaterland kämpfen, welches nicht unter wessen Schutz und Protektorat auch immer leben kann, sondern frei und völlig selbständig sein wird.«

Die in bewußter Konkurrenz zur Hauptverwaltung Krasnovs im Februar 1945 beim KONR errichtete Verwaltung der Kosakenheere[185] verdankte ihr Entstehen der Einsicht, daß sich eine Vereinbarung mit Krasnov nicht erzielen lasse und es andererseits doch notwendig sei, die im deutschen Machtbereich befindlichen Kosaken unter der politischen und militärischen Führung Vlasovs zu sammeln. Als Führungsorgan des vereinigten Kosakentums wurde der Rat der Kosakenheere geschaffen, der sich aus den Feldatamanen des Donheeres, des Kuban'heeres, des Terekheeres, einem gemeinsamen Vertreter der Orenburger-, Ural-, Astrachan'-, Sibir-, Semirečensk-, Transbajkal-, Amur- und Ussuri-Kosaken sowie dem Chef des Stabes der Kosakenheere zusammensetzte. Der Vorsitzende ebenso wie die übrigen Mitglieder des Rates waren zugleich Mitglieder des KONR und dem General Vlasov in seiner Eigenschaft als Oberkommandierendem der Streitkräfte und Vorsitzendem des KONR in jeder Hinsicht unterstellt. Aufgabe dieses Rates war es, alle inneren Angelegenheiten der Kosaken sowie die Aufstel-

lung und Ausbildung der Kosakentruppen und die Propaganda in Übereinstimmung mit den »Befehlen, Instruktionen und Vorschriften der Streitkräfte des KONR« zu leiten. Obwohl die Kosakenverbände als integrierender
Bestandteil der Befreiungsarmee galten, wurde doch dem Wunsch nach einer gewissen Sonderstellung innerhalb der ROA Rechnung getragen. So
sollte sich der Kommandobestand ausschließlich aus Angehörigen des jeweiligen Heeres ergänzen, auch durften die Offiziere bis zum Dienstgrad eines Vojskovoj staršina (Oberstleutnant) ihre herkömmlichen Rangbezeich-
nungen führen. Überdies erhielten die Kosaken das Recht, ein Abzeichen in
den Farben ihres Heeres an der Uniform zu tragen und je nach der Zugehörigkeit zu den Steppenheeren Furažki (flache Mützen) und Lampasy
(Hosenstreifen) oder aber die in den Kaukasischen Heeren üblichen Papa-
chi (Pelzmützen) anzulegen. Vorsitzender des Rates der Kosakenheere war
am 23. März 1945 der Feldataman des Donheeres, Generalleutnant Tatarkin.
Mitglieder waren der Feldataman des Kuban'heeres, Generalmajor Naumenko, und der Chef des Stabes des Rates der Kosakenheere, Oberst Karpov.
Als Vertreter des abwesenden Feldataman des Terekheeres wurde Oberst Ver-
tepov in Aussicht genomen. Dem Exekutivorgan des Stabes gehörten an[186]:
der Inspekteur für militärische Ausbildung und Erziehung der Truppen, Generalmajor Polozov, der Chef der Organisationsabteilung, Oberstleutnant
Dmitriev, der Chef der Ergänzungsabteilung, Oberstleutnant Potechin, der
Chef der Personalabteilung, Oberstleutnant Čerkessov, die alle ihre Tätigkeit
mit den entsprechenden Abteilungen des Oberkommandos der ROA abzu-
stimmen hatten, ferner der Kanzleichef, Hauptmann Agafonov.

Nicht besetzt waren vorerst die Abteilungen für Propaganda, Sanitätsdienst und Finanzen sowie die Stelle des geistlichen Hauptes (vozglavitel'
duchovenstva).

Mit der Einrichtung einer Verwaltung der Kosakenheere beim KONR waren die organisatorischen Voraussetzungen geschaffen, um die Kosakenverbände in die Befreiungsarmee aufzunehmen und sie mit ihr zu verschmelzen. Keine Schwierigkeiten in dieser Hinsicht bereitete die im März 1945 in
eine – wenngleich schlecht bewaffnete – Kosakenreiterbrigade umgeformte
Gruppe des Generalmajors Turkul'[187]. Sie hatte sich ohnehin ja von Anfang
an als Teil der ROA betrachtet, obwohl die Altemigranten in ihr eine bevorzugte Rolle spielten und sie auch alle Regiments- und Abteilungskomman-
deure stellten. Bei der Kazačij stan des Generalmajors Domanov in Tolmez-
zo[188], einer Miliz, bei der sich auch Tausende von Zivilpersonen befanden,
lagen die Verhältnisse komplizierter. Domanov, ehemaliger Kosakenrittmei-
ster und im Kriege sowjetischer Major, führte ein Vlasov gegenüber wenig
freundliches und im ganzen wohl auch willkürliches Regiment, das aber die
Unterstützung des seit Anfang 1945 bei der Stan weilenden Generals Kras-

nov besaß. Seit März 1945 befand sich hier jedoch auch ein Vertreter Vlasovs, Oberst Bočarov, der allein schon durch seine Gegenwart den Anhängern des KONR bis hinauf zu Vojskovoj staršina Ovsjannikov im Stabe Domanovs einen Rückhalt gab. Der Gedanke eines Anschlusses an die Befreiungsarmee sollte einen mächtigen Aufschwung erfahren, als Generalmajor Naumenko[189] am 22. März 1945 über Rundfunk die Unterstellung der Kuban'kosaken unter Vlasov verkündete. Obwohl Krasnov durch seinen Befehl Nr. 12 vom 28. März 1945 diesem Beschluß entgegenarbeitete und er die Autorität Naumenkos als Ataman des Kuban'heeres in Zweifel zog[190], hat sich doch Domanov der in der Stan herrschenden Stimmung jetzt nicht mehr verschlossen. In der zweiten Aprilhälfte einigte er sich mit Bočarov und gab zugleich Zustimmung zu einer Unterstellung unter Vlasov[191], eine Nachricht, die in der letzten Nummer der Zeitung »Kazač'ja Žizn« (Kosakenleben) verkündet und mit großer Begeisterung aufgenommen wurde. Tatsächlich ist Domanov hiermit nur einer offenen Meuterei zuvorgekommen, die in seinen Regimentern aus Unwillen über seine vlasovfeindliche Politik bereits im Entstehen begriffen war.

Was für die Gruppen Turkul' und Domanov galt, das traf auch auf das XV. Kosakenkavalleriekorps, die größte der Kosakengruppen zu, die voll in die deutsche Wehrmacht integriert war, aus Gründen besserer Versorgung und Ausrüstung jetzt formell aber der Waffen-SS unterstand. Auch hier wurde der Wunsch, sich der allgemeinrussischen Befreiungsbewegung anzuschließen, seit Ende 1944 übermächtig, betrachteten doch nach sehr vorsichtigen Schätzungen, wie es in einem deutschen Erfahrungsbericht heißt, »95 Prozent der Kosaken Wlassow als ihren politischen Führer«[192]. Der Korpskommandeur, Generalleutnant v. Pannwitz, ohnehin davon überzeugt, »daß als Endziel die Bildung rein russischer Verbände angestrebt werden müsse«, verhielt sich diesem Anliegen gegenüber positiv. Eine Aussprache, die er im Februar 1945 in Berlin mit Oberführer Dr. Kroeger, dem Vertreter des Obergruppenführers Berger und damit Himmlers bei Vlasov hatte, ergab denn auch Einigkeit darüber, wie wünschenswert es sei, die Kosaken mit der Befreiungsarmee zu verschmelzen[193], obwohl es hierzu natürlich tiefgreifender Wandlungen im Korps und insbesondere der Ablösung der deutschen Offiziere bedurfte. Eine rein russische Führung besaß zu diesem Zeitpunkt ja allein die 3. Plastunbrigade (dann 3. Plastundivision) unter Oberst Kononov, einer überaus eigenwilligen russischen Persönlichkeit. Geboren 1900 in der Stanica Novo-Nikolaevskaja als Sohn eines Kosakenesaul, der, wie zwei seiner Brüder, von den Bolschewiki ermordet worden war, hatte Kononov, der 1920 in die Rote Armee eintrat, von 1935 bis 1938 die Frunze-Militärakademie absolviert und im Finnischen Winterkrieg als Regimentskommandeur den Orden des »Roten Stern« erworben[194]. Im September 1941 war er als

Kommandeur des Schützenregimentes 436 der 155. Schützendivision auf die Seite der Deutschen übergetreten, »um gegen die Bol'ševiki zu kämpfen«. Auf das ihn vernehmende deutsche Armeeoberkommando 4 machte er von Anfang an »einen ausgezeichneten Eindruck«[195]. Kononov, seit 1. April 1945 Generalmajor der ROA, hatte als Kommandeur der Donkosakenabteilung 600, des 5. Donkosakenreiterregimentes, der 3. Plastunbrigade und der 3. Plastundivision bisher rein russische Verbände unterschiedlicher Größe befehligt[196].

Im Gegensatz zu den Verhältnissen in der 3. Plastundivision waren die Führerstellen in der 1. und 2. Division des XV. Kosakenkavalleriekorps – abgesehen von einigen überzähligen Stabsoffizieren, einer Reihe von Schwadronschefs und den Zugführern – allein von deutschen Offizieren besetzt. Dem schon von daher verständlichen Vereinigungsgedanken trat jedoch General Krasnov, wie es seiner politischen Haltung entsprach, sofort mit Vehemenz entgegen. Er vermochte allerdings nicht, einen am 25. März 1945 in Virovitica (Kroatien) stattfindenden Kongreß der Frontkämpfer (frontovikov)[197] des XV. Kosakenkavalleriekorps unter Vorsitz des Obersten Kulakov zu verhindern. Kulakov war ein allerseits respektierter, an beiden Unterschenkeln amputierter Kosakenveteran, der, wie ein Augenzeuge berichtete, 1946 in sowjetischem Gewahrsam in Österreich zu Tode gefoltert wurde[198]. Auf diesem Kongreß formulierte Oberst Kononov ein Programm, das von den anwesenden Kosaken – darunter ein kürzlich abgeschossener sowjetischer Fliegerhauptmann in voller Uniform – durch Akklamation gebilligt wurde und folgende Forderungen erhob: Sofortige Unterstellung aller Kosakentruppen unter den Oberkommandierenden der ROA, Generalleutnant Vlasov, Entfernung aller den Zielen der Kosaken gegenüber verständnislosen deutschen Offiziere, Aufhebung der Hauptverwaltung der Kosakenheere und Beurlaubung des Generals Krasnov, da dieser die Interessen der Kosaken nicht mehr vertreten könne, Verbindungsaufnahme mit General Draža Michajlovič, einst Kriegsminister der jugoslawischen Exilregierung und Führer der Četnik-Verbände, Konzentrierung des Kavalleriekorps und aller Kosakenverbände im Raum Salzburg-Klagenfurt, um aus ihnen hier eine kosakische Stoßarmee zu formieren, Veröffentlichung einer Deklaration mit den Kriegszielen der Kosaken in allen Sprachen. Generalleutnant v. Pannwitz, von den Kosaken am 13. März 1945 zum Feldataman (pochodnyj ataman) aller Kosakenheere gewählt, eine Ausländern bisher noch nie zuteil gewordene Ehre, wurde in seiner Stellung bestätigt, doch sollte ihm ein Stab zur Seite gestellt werden, zu dessen Chef der Kongreß Oberst Kononov bestimmte. General Vlasov hatte sich mit dem Vorschlag einer vorläufigen Beibehaltung des Generals v. Pannwitz als Korpskommandeur einverstanden erklärt[199], obwohl einige höhere Offiziere der ROA eine solche Regelung ungern gesehen haben. Die in Virovitica beschlossene Unterstellung des XV. Kosakenkavalleriekorps unter den Oberbefehl Vlasovs wurde vom Reichsführer SS, dem das Korps seit kurzem pro forma unterstand, nach einigem Zögern am 28. April 1945 genehmigt und in der Zeitung »Kazač'ja Zemlja« auch verkündet[200]. Welchen Kräftezuwachs sollte die Russische Befreiungsarmee somit kurz vor Kriegsende formal noch erfahren? Hierüber gibt mit einiger Genauigkeit die »Vedomost' boevogo sostava ROA« (Kriegsstärkenachweisung der ROA)[201] Auskunft, die der Chef der Operationsabteilung des Armeestabes, Oberst Nerjanin, als Unterlage für die Übergabeverhandlungen mit der amerikanischen 3. Armee zu Anfang Mai 1945 zusammengestellt hat. Demnach handelte es sich bei der Gruppe des Generalmajors Turkul' um ein selbständiges Regiment unter Oberst Kržižanovskij bei Linz, um das selbständige Regiment »Varjag« unter Oberst Semenev bei Ljubljana sowie um ein Kosakenregiment bei Villach, insgesamt etwa 5200 Mann[202]. Die Kazač'yj stan des Generalmajors Domanov setzte sich zusammen aus vier im Küstenschutz bei Udine stationierten Regimentern in Stärke von 8000 Mann, einer Reserve von 400 Offizieren sowie der 1. Kosakenjunkerschule (Kazač'e junkerskoe učilišče) unter Oberst Medynskij in Stärke von 300 Mann[203]. Das ungeachtet aller militärischen Rückschläge unerschüttert gebliebene XV. Kosakenkavalleriekorps schließlich hatte am 1. April 1945 folgende Kriegsgliederung[204]: Korpsstab mit Leibschwadron (konvojnaja sotnja), Aufklärungsabteilung, motorisierte Nachrichtenabteilung, je eine in Aufstellung begriffene Sturmgeschütz- und Panzerabteilung, 1. und 2. Kavalleriedivision (jede bestehend aus Divisionsstab mit Wachkompanie, Feldgendarmerie, Trompeterkorps, Propagandazug, 3 Reiterregimentern, 1 Artillerieabteilung, 1 Nachrichtenabteilung, 1 Pionierbataillon sowie Versorgungs-, Nachschub- und Instandsetzungstruppen), 3. Plastundivision (bestehend aus Divisionsstab, 3 Plastunregimentern, 1 Aufklärungsabteilung, 1 Nachrichtenabteilung, die Artillerieabteilung, das Pionierbataillon sowie die Versorgungs- und Nachschubdienste noch in der Aufstellung begriffen). Genaue Angaben über die Kriegsstärke und das Zahlenverhältnis von Deutschen und Kosaken zueinander liegen nur für die 1. Kosakendivision vor, die in der Zusammensetzung von 2 Don-, 2 Kuban', 1 Terek- und 1 Sibir-Kosakenreiterregimentern am 4. November 1943 18 555 Mann umfaßte, und zwar 222 deutsche Offiziere, 3827 deutsche Unteroffiziere und Mannschaften sowie 191 Kosakenoffiziere und 14 315 kosakische Unteroffiziere und Mannschaften[205]. Die Anzahl der Kosaken in dem aus 3 Divisionen bestehenden XV. Kosakenkavalleriekorps wird, so auch von Nerjanin, mit über 40 000 angegeben, sie dürfte im Minimum auf jeden Fall 30 000 Mann betragen haben[206]. Hinzu kam aber noch die nominell dem General Škuro, tatsächlich einem deutschen Kommandeur unterstehende Kosakenreserve (Kosaken-Lehr- und Ersatzregiment), deren Personalbestand schwankend war, sich zeitweise aber auf 10 000 Mann bezifferte[207]. Noch im März 1945 suchte Škuro in Erinnerung an die Zeiten des Bürgerkrieges eine besondere Kampfgruppe »volčij otrjad« unter Oberst Kravčenko in Stärke von 2000 Mann aufzustellen, was sich offenbar jedoch nicht mehr verwirklichen ließ.

Den Anschluß an die Befreiungsarmee vollzog zu Anfang 1945 auch das Russische Korps (Russkij Korpus, bis 1944 Russisches Schutzkorps) unter Generalleutnant Štejfon[208]. Dieser Truppenkörper war mit Genehmigung des Militärbefehlshabers Serbien am 12. September 1941 aus russischen Emigranten, meist ehemaligen Angehörigen der Armee des Generals Vrangel', in Serbien aufgestellt worden. Überaus zahlreich hatten sich die Auslandsrussen gemeldet, Offiziere der Zaren- und Weißen Armee wie die Generale Angeleev und Belogorcev waren bereit gewesen, selbst in untergeordneten Stellungen zu dienen. Aber auch jüngere Berufstätige, Studenten und Gymnasiasten waren erfüllt gewesen von nationalen Idealen und beseelt von dem Wunsch, in eine russische Armee einzutreten. Da es der deutschen Politik widersprach, russische Emigranten, abgesehen von einzelnen Ausnahmen, am Kampf gegen die Sowjetunion teilnehmen zu lassen[209], wurde das Korps allein zum Objektschutz in Serbien bestimmt. Es kam zu einem Konflikt mit den Deutschen, die den ersten Kommandeur, Generalmajor Skorodumov, entfernten und ihn durch Generalleutnant Štejfon, den bisherigen Chef des Stabes, ersetzten. Der Verband, im September 1943 vom Rahmenpersonal abgesehen 4769 Mann stark[210] und nach dem Urteil des Militärbefehlshabers Serbien hervorragend bewährt, wurde auf Wunsch des Oberkommandos des Heeres und mit Unterstützung des Auswärtigen Amtes durch Hinzunahme russischer Freiwilliger aus Deutschland, Frankreich, Ungarn, Kroatien, Bulgarien, Griechenland sowie auch aus Rumänien und den altsowjetischen Gebieten Transnistriens und schließlich durch sowjetische Kriegsgefangene binnen kurzem auf 5 Regimenter, 16 000 Mann, gebracht[211]. Der Offiziernachwuchs erhielt seine Ausbildung in einem eigenen Kadettenkorps (I. Russkij imeni Velikogo Knjaza Konstantina Konstantinoviča Kadetskij Korpus) unter General Voskresenskij und in mehreren Junkerkompanien.

Seit 1943 in zunehmenden Maße auch an der Front gegen die Partisanen Titos und 1944 gegen die eindringenden Sowjettruppen eingesetzt, schlugen sich die Regimenter mit Bravour, wenn auch unter hohen Verlusten: »Die Blüte der Emigrationsoffiziere ging hierbei zugrunde[212].« Die Überreste des Korps – 3 schwache Regimenter, etwa 4000 Mann –, die sich im Herbst 1944 von Serbien nach Kroatien durchgeschlagen hatten, vernahmen hier mit Freude die Nachricht von der Gründung des KONR und dem Aufbau nationalrussischer Streitkräfte. General Štejfon, der sich zu Vlasov begeben hatte, erklärte im Namen seiner Soldaten die Bereitschaft, sich dem Oberkommandierenden der Befreiungsarmee zu unterstellen[213]. Es wurde beschlossen, Generalmajor Bojarskij mit der Führung des Korps zu betrauen und Štejfon zum Inspekteur für die familiären Angelegenheiten der Soldaten zu ernennen. Auch die Deutschen, mit denen Oberst Pozdnjakov vom Armeestab im Januar/Februar 1945 in dieser Sache verhandelt hatte, stimmten grundsätzlich zu, sprachen sich jedoch dagegen aus, die bewährten Regimenter zum Zwecke der Reorganisation aus der Front zu ziehen. Dies war der Stand, als das Russische Korps unter dem Nachfolger des verstorbenen Generalleutnants Štejfon, Oberst Rogožin, vor den Engländern bei Klagenfurt am 12. Mai 1945 die Waffen streckte.

Außer den Gruppen, die von sich aus den Anschluß an General Vlasov gesucht hatten, gab es einen russischen Verband, der bewußt eigene Wege ging und »durch nichts mit General Wlassow verbunden war, weder in politischer noch in operativer Hinsicht«: die bereits erwähnte »1. Russische Nationalarmee« des Generalmajors Chol'mston-Smyslovskij[214]. Dieser seltsamste aller Freiwilligenverbände war ganz von der Eigenart seines Kommandeurs geprägt, eines ehemaligen kaiserlich-russischen Gardehauptmanns, der zwischen den Kriegen polnischer Staatsbürger gewesen war und die geheime Führerausbildung des Truppenamtes der Reichswehr absolviert hatte. Bereits im Juli 1941 hatte Chol'mston-Smyslovskij als Major der Wehrmacht unter dem Pseudonym von Regenau am Nordabschnitt der Ostfront ein russisches Lehrbataillon (die Schule des Stabes Walli) aufgestellt, aus dem sich nach und nach ein Abwehrverband unter russischer Flagge in Stärke von 12 Bataillonen entwickelte, die sich als Keimzelle nationalrussischer Streitkräfte betrachteten. Dieser bald »Sonderdivision R« genannte Truppenkörper wurde im Dezember 1943 wieder aufgelöst, Chol'mston-Smyslovskij, inzwischen Oberst, vorübergehend inhaftiert, doch schon im April 1944 von der Abteilung Fremde Heere Ost des Generalstabes des Heeres mit der Wiederaufstellung seiner zur Organisierung des Partisanenkrieges hinter der sowjetischen Front bestimmten Division beauftragt. Der ab 22. Februar 1945 in »Grüne Armee z.b.V.« (Einheit z.b.V., Frontaufklärungstrupp 1, Ost) und ab 10. März 1945 in »1. Russische Nationalarmee« umbenannte, über die ganze Ostfront verstreute Verband erhielt formal den Status einer verbündeten Streitmacht, blieb aber der Wehrmacht taktisch und organisatorisch unterstellt. Er umfaßte 6000 Mann, zu 80 Prozent ehemalige sowjetische Kriegsgefangene und Überläufer, die jedoch nur verhältnismäßig wenige Offiziere stellten[215]. Alle maßgeblichen Führerstellen befanden sich in den Händen von Altemigranten: Chef des Stabes war Oberst Rjaznjanskij, 1. Generalstabsoffizier Oberstleutnant Mossner, 2. Generalstabsoffizier Major

Klimentev, 3. Generalstabsoffizier Oberstleutnant Istomin, Abwehroffizier
Major Kaširin, Nachschubführer Oberstleutnant Kondyrev, Kommandeur
des Stabsquartiers Oberstleutnant Kolubakin, Kommandeur des 1. Regimentes Oberst Tarassov-Sobolev, Kommandeur des 2. Regimentes Oberst
Bobrikov. Ähnlich wie General Krasnov vertrat auch Generalmajor Chol'm-
ston-Smyslovskij die Meinung, das russische Volk werde sich nicht ohne auswärtige, das heißt vor allem nicht ohne deutsche Hilfe vom Bolschewismus
befreien können. Es wurden daher, trotz äußerlich guter Beziehungen zur
ROA, keine Anstalten getroffen, diese »Armee« mit der des Generals Vlasov
zu verschmelzen. Generalmajor Chol'mston-Smyslovskij lehnte in einer te-
lefonischen Aussprache mit Vlasov und Generalmajor Truchin im April 1945
so auch den Vorschlag ab, sich mit den Verbänden der ROA in Böhmen zu
vereinen, zumal da eine mögliche Verbindung mit den Tschechen ihn an das
Schicksal des Admirals Kolčak erinnerte. Aufgrund anscheinend geheimer
Absprachen wandte er sich statt dessen nach Südwesten, um seinen Verband
– Stab und die Kader der beiden Regimenter, insgesamt 73 Offiziere und
rund 400 Mann, die meisten von ihnen ehemalige Rotarmisten – in die Internierung des Fürstentums Liechtenstein zu führen. Abgesehen von dem
Sonderfall der »1. Russischen Nationalarmee« und den zahlreichen, aus Angehörigen nichtrussischer Minderheiten zusammengesetzten Regimentern
und Feldbataillonen der Ostlegionen, die sich jetzt ebenfalls als Nationalar-
meen ihrer Völker betrachteten, blieben bis Kriegsende auch viele russische
Verbände in die deutsche Wehrmacht integriert. Der größte dieser allge-
meindienstlich dem General der Freiwilligenverbände im OKH, taktisch den
Kommandobehörden des Feld- oder Heimatheeres unterstellten Verbände
war die am 10. Januar 1945 im Bereich des Wehrmachtbefehlshabers Dänemark aufgestellte, rund 13 000 Mann starke bodenständige Russische Brigade 599 unter dem Befehl von Generalmajor v. Henning[216]. Sie gliederte
sich in Stab mit Kampfschule, 2 Infanterieregimenter (jedes bestehend aus
Stab mit Stabskompanie, 3 Bataillonen, 13. und 14. schwerer Kompanie), 1
Artillerieregiment (Stab mit Stabsbatterie, 2 Abteilungen), 1 Aufklärungsabteilung, 1 Panzerjägerkompanie, 1 Nachrichtenkompanie, 1 Pionierkom-
panie, Versorgungstruppen, entsprach also praktisch einer schwachen Division. Fernerhin gehörten hierzu das ukrainische Freiwilligenstammregiment
3, das russische Freiwilligenstammregiment 4, 1 russisches Baupionier- und
Nachschubregiment zu 6 Bataillonen, 25 selbständige russische, ukrainische
oder kosakische Kampfbataillone beziehungsweise -abteilungen, 14 selbständige Baupionier- und Nachschubbataillone und eine nicht zu übersehende Anzahl einzelner Kompanien oder vergleichbarer Einheiten[217]. In diesem Zusammenhang zu nennen wäre auch die je zur Hälfte aus Ukrainern
der sowjetischen Unionsrepublik und der Republik Polen zusammenge-

setzte 14. Waffen-Grenadier-Division der SS (ukrain. Nr. l), die als 1. Division des Ukrainischen Befreiungsheeres (Ukraïns'ke Vizvol'ne Vijs'ko = UVV)[218] nominell dem Vorsitzenden des am 12. März 1945 gegründeten Ukrainischen Nationalkomitees, General Šandruk, unterstand, in Wirklichkeit aber von dem deutschen Generalmajor der Waffen-SS Freitag geführt wurde. Vlasov hätte alle diese Verbände selbstredend gern in die ROA, das heißt in die Streitkräfte des Komitees zur Befreiung der Völker Rußlands überführt, was sich jedoch wegen unüberwindlicher Schwierigkeiten nicht realisieren ließ. So wurde eine Aussprache zwischen ihm und General Šandruk am 30. Januar 1945 wegen unterschiedlicher Auffassungen vor allem in der Nationalitätenfrage ergebnislos abgebrochen. Auch die Deutschen zeigten sich außerstande, die in Frage kommenden Verbände zum Zwecke der Reorganisation durch deutsche Verbände zu ersetzen. Dies mag bis zu einem gewissen Grade auch erklären, warum der General der Freiwilligenverbände im OKH, General der Kavallerie Köstring, die »Vlasovaktion« nur halbherzig unterstützte und bei aller äußeren Korrektheit zwischen ihm und General Vlasov stets nur ein kühles Verhältnis bestanden hat[219].

Anmerkungen

111 Aufstellung von russischen Divisionen, OKH/GenStdH/OrgAbt, Nr. II/ 39004/44geh, 23. 11. 1944, BA-MA RH 2/v. 903.
112 Keiling, Die Wlassow-Armee, S. 8, Archiv des Vf.; Tessin, Verbände und Truppen, Bd 11, S. 260.
113 Archipov, Vospominanija, S. 10, Archiv des Vf.; Artem'ev, Istorija, S. 33.
114 Befehl des Volkskommissariats der Verteidigung der UdSSR, Nr. 227, Stadt Moskau, 28. Juli 1942, nicht zu veröffentlichen, BA-MA 27 759/14; Komandiry korpusov i divizij, in: Grečko, Bitva za Kavkaz, S. 482; Gesuch des russ. Oberst Bunjatschenko (auf Einstellung in die Russische Befreiungsarmee), OKH/GenStdH/GendOsttr, Gr. III, Nr. 1313/43, an OKHGr A, 7. 5. 1943, BA-MA 65993/3. Dem Gesuch wurde stattgegeben.
115 Notiz über eine von Oberst Bunjatschenko erbetene und mit diesem am 18. 9. 1943 geführte Besprechung, KdrdOsttr zbV 721, Generalmajor Graf zu Stolberg, Ia, 19. 9. 1943, BA-MA RH 22/135.
116 Hansen, Dienstliche Notizen, 19. 7. 1944, S. 128–131, 21. 7. 1944, S. 131–134, Archiv des Vf.
117 Kroeger an Steenberg, o.D., BA-MA Sammlung Steenberg.
118 RNNA – Russkaja narodnaja nacional'naja armija, BA-MA MSg 149/3.
119 Siehe Anm. 111; Fischer, Soviet Opposition to Stalin, S. 95.
120 Auf dem Kdo-Wege aufgestellter Kdr der Aufstellungsstäbe (russ.) wird etatisiert (II/70830g vom 10. 2. 45), in: Schematische Gliederung der landeseigenen Verbände, GendFreiwVerbiOKH, Nr. 701/45gKdos, Stand 8. 1. 1945, BA-MA RH 2/v. 1435.
121 Herre, Aufstellung der Wlassow-Divisionen, S. 5, 8, IfZ.
122 Ebd., S. 8, 11, 24; Herre, Ergänzungen, S. 9, 11, IfZ.
123 Artem'ev, Istorija Pervoj Russkoj Divizii, S. 3; Bitenbinder, »Armija obrečennych«, in: Novoe Russkoe Slovo, 9. 2. 1970.
124 Antosjak/Saratovskij, Slavnaja stranica, S. 125 f.
125 Herre, Aufstellung der Wlassow-Divisionen, S. 3, IfZ.

126 Ebd., S. 10; Herre, Ergänzungen, S. 12, IfZ.
127 Herre an Köstring, 21. 2. 1945, BA-MA RH 19 XV/6; Hansen, Dienstliche Notizen, 20. 1. 1945, S. 180, 30. 1. 1945, S. 183, 14. 2. 1945, S. 189 f., Archiv des Vf.; Schwenninger, Bericht, S. 3, IfZ.
128 Stärke und Waffenbestand der Volkswehr-Bataillone im rückwärtigen Armeegebiet im Selbstverwaltungsbezirk Lokot, 31. 12. 1942, BA-MA RH 21-2/v. 508; Bericht über die Kaminsky-Bewegung, 16. 8. 1943, BA-MA 41 181/99.
129 Tessin, Verbände und Truppen, Bd 4, S. 29, Bd 11, S. 260.
130 Archipov, Vospominanija, S. 12, 15, Archiv des Vf.; Artem'ev, Istorija Pervoj Russkoj Divizii, S. 2, Archiv des Vf.; Herre, Aufstellung der Wlassow-Divisionen, S. 4, IfZ; Schwenninger, Bericht, S. 1, IfZ.
131 Tessin, Verbände und Truppen, Bd 4, S. 29, Bd 11, S. 260.
132 Schematische Gliederung der landeseigenen Verbände, OKH/GendFreiwVerb, Nr. 604/44gKdos, Stand 8. 10. 1944, BA-MA RH 2/v. 1435.
133 BA-MA RH 58/47; Die Eingliederung des Bataillons in die erste Division der Wlassow-Armee (R.O.A.), BA-MA Sammlung Steenberg.
134 Herauslösung ehem. Gren.Rgt. 714 (russ.) jetzt Gren. Rgt. 1604 (russ.), OKH/GenStdH/OrgAbt, Nr. II/80274/45gKdos, 24. 2. 1945, BA-MA RH 2/v. 921.
135 Herre, Ergänzungen, S. 13, IfZ.
136 600.Inf.Division (russ.), Anlage 1 zu OKH/GenStdH/OrgAbt, Nr. II/39004/44geh, hier 15. 11. 1944, BA-MA RH 2/v. 903; Keilig, Das Deutsche Heer, S. 101/VI/51; Tessin, Verbände und Truppen, Bd 13, S. 402 f.
137 Stand der Panzer und Sturmgeschütze am 2. April 1945, OKHGr Weichsel, OQu V, Nr. 65/45gKdos, 3. 4. 1945, BA-MA RH 19 XV/9.
138 Archipov, Vospominanija, S. 12, Archiv des Vf.
139 Müller, Wehrmacht und Okkupation, S. 222; Schtemenko, Im Generalstab, Bd 2, S. 500 f.; Tiškov, Predatel', S. 89 ff.
140 Herre, Aufstellung der Wlassow-Divisionen, S. 14, IfZ; Artem'ev, lstorija, S. 35.
141 Svincov an Pozdnjakov, 3. 6. 1973, BA-MA MSg 149/58.
142 Herre, Aufstellung der Wlassow-Divisionen, S. 10, IfZ; Keiling, Die Wlassow-Armee, S. 9, Archiv des Vf.; ders., Besprechung beim Wehrkreis XIII in Nürnberg, 15. 12. 1944, ebd.; ders., Besprechung bei Gauleiter Holz, 16. 12. 1944, ebd.
143 Schwenninger, Bericht, S. 3, IfZ; ders., Ergänzungen, S. 2, IfZ; Schwenninger an Steenberg, 18. 5. 1966, BA-MA Sammlung Steenberg. »Die Division zeigt gute Haltung und offensichtliche Einsatzbereitschaft zum Kampf gegen den Bolschewismus«, schrieb auch General der Kavallerie Köstring, GendFreiwVerbiOKH an ChefGenStdH, Nr. 103/45gKdos, 10. 2. 1945, BA-MA vorläufig 6832/23 (29. 11. 1983).
144 Archipov, Vospominanija, S. 15, Archiv des Vf.; Schwenninger, Ergänzungen, S. 17, IfZ.
145 Schwenninger, Bericht, S. 2, IfZ.
146 Artem'ev, Istorija, S. 92 f.
147 Kitaev, Russkoe Osvoboditel'noe Dviženie, S. 62, BA-MA MSg 149/8; Kromiadi, Za zemlju, za volju, S. 182 f.
148 Verlauf der Feier anläßlich der Übergabe der russischen Divisionen an Generalleutnant Vlasov, 10. 2. 1945, BA-MA RH 2/v. 921; Notiz betr. Reise nach Münsingen, OrgAbt, Nr. II/71104/45geh, 20. 2. 1945, BA-MA RH 2/ v. 2728; Der Oberkommandierende übernimmt die Freiwilligendivisionen, in: Za Rodinu, Nr. 12 (26), 21. 2. 1945.
149 »Kol'slaven naš Gospod' v Sione«. Aussprache mit Herrn H. Luig, ehemaliger Ordonnanzoffizier des Oberkommandierenden der nationalrussischen Nordwestarmee am 18. 10. 1978.
150 Siehe Anm. 97.
151 Aufstellungsbefehl OKH/GenStdH/OrgAbt, Nr. II/70074/45geh, 17. 1. 1945, BA-MA H 1/356, H 1/598; Tessin, Verbände und Truppen, Bd 12, S. 404 f.
152 Keiling, Oberst Swerew wird Generalmajor, Archiv des Vf.
153 Keiling, Die Generale Swerew und Veiel, ebd.; General Zverev, BA-MA MSg 149/2; Oficer ROA Ch., Vlasovskie listovki i sovetskie oficery, BA-MA MSg 149/3.

154 Siehe Anm. 120.
155 Kommandeur der Aufstellungsstäbe (russ.) an Chef des Heerespersonalamtes, 23. 1. 1945, Archiv des Vf.
156 Keiling, Die Wlassow-Armee, S. 13 f., ebd.
157 Herre, Aufstellung der Wlassow-Divisionen, S. 25 f., IfZ.
158 Siehe Anm. 25.
159 Hansen, Dienstliche Notizen, 12. 2. 1945, S. 188, 31. 3. 1945, S. 200, Archiv des Vf.
160 Gefangenenaussagen, 16. InfDiv (mot), Ic, 14. 8. 1942, Archiv des Vf.; Zusätzliche Vernehmung des Oberst Michael Schapowalow, Kdr des I. Kauk.Sch.Korps, PzAOK 1, Ic, 18. 8. 1942, ebd.; Antibolschewistische Tendenzen unter kriegsgefangenen Sowjetoffizieren, VAA beim OKH v. Etzdorf an AA, Nr. 2074/42, 2. 9. 1942, PA AA Bonn, Handakten Etzdorf, Bd 24; Komandiry korpusov i divizij, in: Grečko, Bitva za Kavkaz, S. 479.
161 O prisvoenii voinskich zvanij vyššemu načal'stvujuščemu sostavu Krasnoj Armii. Postanovlenie Soveta Narodnych Komissarov Sojuza SSR, Moskva, Kreml', 10. 10. 1942, BA-MA H 3/152.
162 Überläufer Leutnant Redko, Verbindungsoffizier beim operativen Stab des Verteidigungsbezirks Tuapse, 1. 12. 1942, BA-MA 25354/36; Überläufer Leutnant Alexander Kornikoff, Pionierbataillon 34, 32. Schützendivision, BA-MA 24232/6.
163 Hansen, Dienstliche Notizen, 2. 4. 1945, S. 202, 9. 4. 1945, S. 207, Archiv des Vf.
164 Panzerjagdverbände 10 (russ.), aufgestellt gemäß OrgAbt, Nr. II/70745/ 45g, 19. 2. 1945, BA-MA H 1/356; 11 (russ.), aufgestellt gemäß OrgAbt, Nr. II/70745/45g, 19. 2. 1945, ebd.; 13 (russ.), aufgestellt gemäß OrgAbt, Nr. II/71333/45g, 8. 3. 1945, ebd.; 14 (russ.), aufgestellt gemäß OrgAbt, Nr. II/71333/45g, 8. 3. 1945, ebd.; Einheitsgliederung der Panzerjagdverbände, ebd.
165 Siehe Anm. 120; Schematische Gliederung der landeseigenen Verbände, GendFreiwVerbiOKH, Nr. 702/45gKdos, Stand 27. 3. 1945, BA-MA RH 2/v. 1435.
166 Herre, Aufstellung der Wlassow-Divisionen, S. 15, IfZ; ders., Ergänzungen, S. 13, IfZ.
167 Hansen, Dienstliche Notizen, 8. 4. 1945, S. 205 f., 9. 4. 1945, S. 207, Archiv des Vf.
168 Ausbildungs- und Ersatzbrigade (russ.), BA-MA H 1/356; Kojda, Zapasnaja brigada, Archiv des Vf.
169 Ungermann, Offz.Schulen der Wlassow-Armee auf dem Truppenübungsplatz Münsingen, IfZ; Kojda, Oficerskaja škola ROA, Archiv des Vf.
170 General der Kavallerie a.D. Köstring, Wlassow, 31. 1. 1946, BA-MA MSg 149/8.
171 Siehe Anm. 120 und 165; Führerschule (russ.), BA-MA MSg H 1/356.
172 Schema organizacii of.škol. ROA; Schema Vtorogo nabora, BA-MA MSg 149/5; Makarov an Pozdnjakov, 27. 1. 1973, BA-MA MSg 149/56.
173 Thunig-Nittner, Die Tschechoslowakische Legion, S. 58, 83, 90.
174 Ebd., S. 41, 24, 11, 77 f., 53.
175 Titov, Kljatvoprestupniki, S. 220; Schtemenko, Im Generalstab, Bd 2, S. 500.
176 Nikonov, O Kazač'ich Delach, in: Časovoj, BA-MA MSg 149/7.
177 Aufruf der deutschen Regierung (Generalfeldmarschall Keitel, Reichsminister Rosenberg) an die Kosaken vom 10. November 1943 (in deutscher Rückübersetzung), Archiv des Vf.; Chef der Haupt-Kosaken-Kolonne in Bayern, Oberst Choruschenko, an (General der Flieger a.D.) Koller, 20. 10. 1950, ebd.; Memorandum der Kosakischen Nationalisten an die deutsche Regierung anläßlich ihres Aufrufes an die Kosaken, BA R 6/158.
178 Hoffmann, Deutsche und Kalmyken, S. 154 ff.
179 Vypiski iz dnevnika general-majora Borodina, 25. 3. 1945, 30. 3. 1945, 2. 4. 1945, 3. 4. 1945, BA-MA MSg 149/46.
180 Nikonov, O Kazač'ich Delach, in: Časovoj, BA-MA MSg 149/7; 20 let so dnja pozora svobodnogo mira, ebd.; Pozdnjakov, Otvet na »faktičeskie popravki«, 16. 3. 1959, ebd.
181 Esli by generaly sgovorilis' …, in: Naša Strana, ebd.; Kromiadi, Za zemlju, za volju, S. 179.
182 General der Kavallerie P. N. Krasnov an Generalleutnant A. A. Vlasov, in: Kazač'ja Zemlja, Nr. 12, 16. 3. 1945; Generalleutnant A. A. Vlasov an General der Kavallerie P. N. Krasnov. Otvet Kazač'ego Upravlenija pri KONR, in: Put' na Rodinu, Nr. 2, 3. 4. 1945; siehe auch BA-MA MSg 149/7.

183 Befragung des Generals Krasnov, in: Kazačij korpus v Osvoboditel'nom Dvizenii (1941/45g.), BA-MA MSg 149/7; »Kazačij stan« generala Domanova, ebd.; Persijanov, ROA i Kazačestvo, ebd.

184 Kroeger an Steenberg, 7. 12. 1966, BA-MA Sammlung Steenberg.

185 Položenie ob Upravlenii Kazač'imi vojskami pri KONR (Ataman des Donheeres, Generalleutnant Tatarkin, Ataman des Kuban'heeres, Generalleutnant Naumenko, Chef des Stabes des Rates der Kosakenheere, Oberst Karpov), »Utverždaju« (genehmigt), Der Oberkommandierende der VS KONR, Generalleutnant Vlasov, 25. 3. 1945, Archiv des Vf.; Kromiadi, Za zemlju, za volju, S. 179 f.

186 Spisok sotrudnikov Upravlenija kazač'ich vojsk, 22. 2. 1945, BA-MA MSg 149/5.

187 Vypiski iz dnevnika general-majora Borodina, 12. 3. 1945, BA-MA MSg 149/46; Unbekannt an Pozdnjakov, 5. 3. 1971; Ariadna Delianich an Pozdnjakov, 13. 4. 1971, BA-MA MSg 149/56.

188 Vypiski iz dnevnika general-majora Borodina, 31. 3. 1945, BA-MA MSg 149/46; »Kazačij stan« generala Domanova, BA-MA MSg 149/7.

189 Vypiski iz dnevnika general-majora Borodina, 8. 4. 1945, BA-MA MSg 149/46; Kazaki i Vlasovskoe dviženie, in: Kazačij korpus v Osvoboditel'nom Dviženii (1941-45g.), BA-MA MSg 149/7.

190 Prikaz No. 12 Kazač'im vojskam, Kazačij stan (General der Kavallerie P. N. Krasnov), 28. 3. 1945, BA-MA MSg 149/7.

191 »Kazačij stan« generala Domanova, ebd.

192 Erfahrungsbericht über den Einsatz der 1. Kosaken-Division gegen bolschewistische Banden, l. KosDiv, Ic (Generalleutnant v. Pannwitz), Nr. 2247/44gKdos, 23. 11. 1944, BA R 6/158; »Kazačij korpus gen. fon Panvic«, in: Kazačij korpus v Osvoboditel'nom Dviženii (1941-45g.), BA-MA MSg 149/7.

193 Kroeger an Steenberg, 30. 1. 1967, 8. 6. 1967, BA-MA Sammlung Steenberg.

194 General-major Ivan Nikitovič Kononov, 29. 4. 1949, Archiv des Vf.; Kratkaja biografičeskaja spravka o general-majore Kononove, Ivan Nikitiče, ebd.; Bericht betr. Kononow, Iwan Nikitjitsch, ehem. Generalmajor, 23. 10. 1958, ebd.; Kozlov an Pozdnjakov, 4. 10. 1963, BA-MA MSg 149/7. Hier auch ein Bild von K. in der Uniform der Roten Armee.

195 Verhör der Offiziere (Überläufer) Iwan Nikitowitsch Kononow, Major und Kommandeur des 436. Schützenregimentes …, AOK 4, Ic/AO, Ic, 449/41geh, 6. 9. 1941, BA-MA RH 22/271.

196 Zahlenmäßige Übersicht zur Offizierstellenbesetzung, Stand 15. 12. 1943, 1. KosDiv, IIa, Tätigkeitsbericht Nr. 1 vom 1. 9. 1943 bis 31. 12. 1943, BA-MA RH 58/7.

197 Kazaki i Vlasovskoe dviženie [1945], Archiv des Vf.

198 Polkovnik Kulakov, BA-MA MSg 149/7.

199 Kroeger an Steenberg, 8. 6. 1967, BA-MA Sammlung Steenberg.

200 Buchardt, 27. 2. 1966, S. 4, BA-MA Sammlung Steenberg; Kroeger an Steenberg, 30. 1. 1967, 8. 2. 1967, ebd.; Buss, The Non-Germans in the German Armed Forces, S. 157; Samojlov, Ot beloj gvardii, S. 143.

201 Polkovnik Nerjanin, Vedomost' boevogo sostava ROA, 1945, BA-MA MSg 149/5.

202 Vypiski iz dnevnika general-majora Borodina, 28. 4. 1945, BA-MA MSg 149/46; Ariadna Delianich an Pozdnjakov, 13. 4. 1971, BA-MA MSg 149/56.

203 »Kazačij stan« generala Domanova, BA-MA MSg 149/7; Gantimurov, 1-e Kazač'e Junkerskoe Učilišče, ebd.

204 Kriegsgliederung vom 14. 12. 1943, 1. KosDiv, Ia, Nr. 340/43gKdos, BA-MA RH 58/v. 3; Bosse, Das Kosaken-Korps, MGFA MS, P-064.

205 Stärkenmeldung, 15. 10. 1943; Meldung 4. 11. 1943, 1. KosDiv, IIa, BA-MA RH 58/v. 3.

206 Ganusovskij, Kazaki i »kazakijcy«, 8. 3. 1960, BA-MA MSg 149/7: 42000; Wagner, Zur Geschichte des XV. Kosaken-Kavallerie-Korps, S. 126: 40 000; Tolstoy, Victims of Yalta, S. 248: 50 000, S. 274: 45 000.

207 Kosaken-Lehr- und Ersatz-Regiment 1. Kosakendivision, Zahlenmäßige Übersicht zur Offizierstellenbesetzung, 15. 11. 1943, BA-MA RH 58/7; Samojlov, Ot beloj gvardii, S. 103, 143.

208 Kr. svedenija o Russkom Korpuse, Archiv des Vf.; Načalo formirovanija Russkogo Korpusa sostojalos' v Jugoslavii v gorode Belgrad 12 sentjabrja 1941 goda, ebd.

209 Niederschrift über die Sitzung im Auswärtigen Amt vom 30. Juni 1941 über die Freiwilligen-Meldungen in fremden Ländern für den Kampf gegen die Sowjetunion, Pol I M, 47969geh, 2. 7. 1941, PA AA Bonn, Handakten Ritter betr. Dienststelle Ges.Altenburg und Freiwillige (Bd 55).

210 KTB/OKW, Bd III/2, 10. 9. 1943, S. 1090.

211 OKH/GenStdH/OrgAbt, Nr. II/12652/43gKdos, 9. 9. 1943, BA-MA RH 2/v. 831; Abschrift des Schreibens des AA über die Verhältnisse des Russischen Schutzkorps in Serbien, 26. 8. 1943, ebd.; Benzler an AA betr. Verstärkung des Russischen Schutzkorps, 30. 7. 1943, ebd.

212 Vypiski iz dnevnika general-majora Borodina, 25. 12. 1945, BA-MA MSg 149/46.

213 Russkij Korpus, in: Pozdnjakov, Andrej Andreevič Vlasov, S. 358 ff.

214 General Chol'mston-Smyslovskij, Ličnye vospominanija, S. 18 f.; Grimm, Internierte Russen in Liechtenstein; Vogelsang, Nach Liechtenstein – in die Freiheit.

215 Istoričeskij očerk. Zaroždenija i razvitija rossijskogo voenno-nacional'nogo osvoboditel'nogo dviženija imeni generalissimusa A. V. Suvorova, in: Suvorovec, BA-MA MSg 143/3.

216 Aufstellung einer Russischen Brigade, OKH/GenStdH/OrgAbt, Nr. II/ 40019/45geh, 10. 1. 1945, BA-MA H 1/421; Russische Brigade 599, OKH/ GenStdH/OrgAbt, BA-MA H 1/423; Buss, The Non-Germans in the German Armed Forces, S. 156.

217 Schematische Gliederung der landeseigenen Verbände, GendFreiwVerbiOKH, Nr. 702/45gKdos, Stand 27. 3. 1945, BA-MA RH 2/v. 1435.

218 Tessin, Verbände und Truppen, Bd 3, S. 313 f.; Tolstoy, Victims of Yalta, S. 256 ff.; Auský, Vojska generála Vlasova, S. 222 f.

219 Auch nach Buchardt, Manuskript 1946, S. 13, BA-MA Sammlung Steenberg; Herwarth, Zwischen Hitler und Stalin, S. 332 ff.

4
Die Luftwaffe der ROA

Abgehoben von den Landstreitkräften des Komitees zur Befreiung der Völker Rußlands vollzog sich der Aufbau einer eigenen Luftwaffe unter dem Befehl des späteren Generalmajors Mal'cev. Entstehen und Entwicklung der Luftstreitkräfte (Voenno-Vozdušnye Sily, VVS) des KONR, über deren Existenz selbst unter Eingeweihten nur bruchstückhafte Vorstellungen bestehen, sollen an dieser Stelle erstmals zusammenhängend dargestellt werden. Die Anfänge eines organisatorischen Zusammenschlusses russischen Fliegerpersonals auf deutscher Seite gehen zurück bis in den August 1942. Eine Gruppe ehemaliger sowjetischer Fliegeroffiziere – Major Filatov, Hauptmann Ripušinskij, Leutnant Pljuščev – machte damals den Vorschlag, im Rahmen der in Osintorf (Osinovka) unweit von Orša konzentrierten »Russischen Nationalen Volksarmee« auch eine selbständige Fliegereinheit zu schaffen. Dieser Gedanke war durchaus naheliegend, da es sich bei der RNNA um einen weitgehend eigenständigen, in russische Uniformen eingekleideten Truppenverband in Stärke von 10 000 Mann handelte, der über 1 Divisionsstab, 4 Infanteriebataillone, 1 Artillerieabteilung und 1 Pionierbataillon verfügte und sich als Keimzelle einer russischen Befreiungsarmee bezeichnete. Ohne daß eine ausdrückliche Genehmigung von seiten der deutschen Heeresgruppe Mitte vorgelegen hätte, wurde dann im Spätsommer 1942 aus ehemaligen sowjetischen Flugzeugführern, Navigatoren, Bordschützen und Bordfunkern eine Fliegereinheit gebildet, deren Führung Major Filatov übernahm[220]. Diese Fliegereinheit bestand fast bis zum Zeitpunkt der Umformung der RNNA im Februar 1943, obwohl die Verbandsführung, insbesondere der Chef des Stabes, Oberst Ril', und später Oberst Bojarskij, der zwischenzeitlich den Befehl übernahm, sich aus Sorge vor Schwierigkeiten mit den Deutschen ihr gegenüber ablehnend verhielt. Unter der Leitung älterer Fliegeroffiziere konnten immerhin Wiederholungskurse veranstaltet werden, ohne daß die Einheit jedoch über einen theoretischen Schulbetrieb hinausgekommen wäre.

Von größerer Bedeutung waren demgegenüber jene Einheiten, die ihr Entstehen dem unmittelbaren Interesse deutscher Luftwaffenstellen verdankten. Wie das Heer, so hatte auch die Luftwaffe im Jahre 1942 damit begonnen, kriegsgefangene Angehörige der sowjetischen Streitkräfte in ihre Dienste zu nehmen. Außer einer großen Anzahl russischer Freiwilliger auf den Planstellen deutscher Soldaten gab es bald auch in der Luftwaffe einige ausschließlich aus ehemaligen Angehörigen der Sowjetluftwaffe bestehende Einheiten, so etwa bei der Luftflotte 4 ein kaukasisches Feldbataillon, bei der Luftflotte 6 eine Ostpropagandakompanie, dazu Hilfswilligen-Propaganda-kompanien, ferner auf dem Flugplatz Zadneprov'e bei Smolensk eine aus russischen Flugzeugmechanikern zusammengestellte technische Kompanie, die ihre Aufgabe zur vollsten Zufriedenheit der deutschen Auftraggeber er-füllte[221].

Die relativ große Anzahl sowjetischer Flugzeuge, die freiwillig auf die deutsche Seite überflogen wurden – 1943 insgesamt 66, im ersten Jahres-viertel 1944 weitere 20 Maschinen[222] –, brachte den Leiter der Auswertestelle Ost des Luftwaffenführungsstabes, Oberstleutnant i. G. Holters, der sich mit der Befragung sowjetischer Fliegeroffiziere beschäftigte, im Herbst 1943 auf den Gedanken, aus dem zum Kampf an Deutschlands Seite bereiten Perso-nal auch eine fliegende Einheit zu bilden. Wenn dieser Gedanke in kürzester Zeit verwirklicht werden konnte, so war dies vor allem darauf zurückzu-führen, daß Holters die Zusammenarbeit des ehemaligen sowjetischen Flie-geroberersten Mal'cev, eines Mannes von seltener Ausstrahlungskraft, gewann. Viktor Ivanovič Mal'cev[223], der jetzt immer mehr in den Vordergrund trat und in der Befreiungsarmee bald eine führende Rolle spielte, hatte im Luft-fahrtwesen der Sowjetunion eine glänzende Karriere absolviert. Einer armen Bauernfamilie im Gouvernement Vladimir entstammend, 1895 geboren, war er 1918 in die Rote Armee und in die Kommunistische Partei eingetre-ten und hatte nach Beendigung des Bürgerkrieges mit Erfolg die Militärflie-gerschule durchlaufen. Er bekleidete in den dreißiger Jahren den Posten ei-nes Befehlshabers der Luftstreitkräfte des Sibirischen Militärbezirkes und war im Jahre 1937 Chef der Zivilluftflotte in Mittelasien und Transkauka-sien, bis auch er 1937 der Großen Säuberung zum Opfer fiel. Obwohl 1939 rehabilitiert und zum Chef des Sanatoriums der Aeroflot in Jalta ernannt, hatten ihn die Erlebnisse in den Kerkern des NKVD, wo er fürchterliche Fol-terqualen erleiden mußte, zu einem unversöhnlichen Gegner des Stalinregi-mes werden lassen[224]. Mal'cev, der auf der Krim 1941 auf die Seite der Deut-schen übergegangen und vorübergehend zum Bürgermeister von Jalta ernannt worden war, hatte frühzeitig die Verbindung zu General Vlasov ge-sucht, um seinen Teil zu dem Aufbau einer russischen Befreiungsarmee bei-zutragen. Für ihn bedeutete es eine nicht geringe Enttäuschung, daß der da-malige General der Osttruppen im Generalstab des Heeres, Generalleutnant Hellmich, noch im Oktober 1943 zu seinem Bedauern nur in der Lage war, ihm eine Aufgabe im Rahmen der Tätigkeit der Auswertestelle Ost, also un-ter der Regie der deutschen Luftwaffe, anzubieten. Dennoch ließ er alle Be-denken fallen, nachdem Oberstleutnant Holters ihm in einer grundlegenden

Aussprache in Lötzen die Dienststellung eines »russischen« Kommandeurs der neu aufzustellenden Fliegergruppe zugesichert und ihm zugleich die Befugnis eingeräumt hatte, in allen der Luftwaffe unterstehenden Kriegsgefangenenlagern Freiwillige anzuwerben und die Einheit nach eigenen Grundsätzen zu organisieren. Mal'cev war der Überzeugung, daß die Schaffung einer eigenständigen Befreiungsarmee ohnehin nur eine Frage der Zeit sein werde, und gedachte, auf diesem Wege bereits unumgängliche Vorarbeiten für den Aufbau der künftigen russischen Luftwaffe zu leisten.

Ab Oktober 1943 wurden die in verschiedenen Kriegsgefangenenlagern angeworbenen Freiwilligen, die laufend weiteren Zuwachs erhielten, in einem Lager bei Suwałki zusammengezogen und hier nach medizinischen, charakterlichen und fachlichen Gesichtspunkten eingehend überprüft[225]. Für geeignet Befundene traten nach zweimonatiger Vorbereitung, nachdem ihre militärischen Ränge bestätigt und sie auch vereidigt worden waren, zu der in Moritzfelde bei Insterburg befindlichen »Gruppe Holters« (aviacionnaja gruppa, Fliegergruppe) über, wo sie entsprechend ihrer Spezialausbildung verwendet wurden. Das fliegertechnische Personal war meist mit der Wiederherstellung sowjetischer Beuteflugzeuge befaßt. Eine Gruppe qualifizierter Ingenieure und Techniker unterzog gemeinsam mit deutschen Fliegeringenieuren die neuesten sowjetischen Baumuster an der Technischen Schule der Luftwaffe in Berlin-Tempelhof einer eingehenden Untersuchung. Das fliegende Personal wiederum wurde auf deutsche Maschinen umgeschult, hatte im Verbande eines deutschen Überführungsgeschwaders mit der Basis in Hildesheim teilweise aber auch den Auftrag erhalten, frontreife Flugzeuge aus den Fabrikationsstätten auf die Flugplätze des östlichen Kriegsschauplatzes zu überführen. Russisches Personal erhielt bald auch Gelegenheit, sich unmittelbar an den Kämpfen im Osten zu beteiligen. So war bei der Luftflotte 1 im Baltikum die Ergänzungsnachtschlachtgruppe Ostland geschaffen worden, aus der sich außer der estnischen Nachtschlachtgruppe 11 (3 Staffeln) und der lettischen Nachtschlachtgruppe 12 (2 Staffeln) auch eine russische Fliegereinheit, die 1. Ostfliegerstaffel, ergänzte[226]. Diese Staffel hatte bis zur ihrer Auflösung im Juni 1944 nicht weniger als 500 Feindflüge zu verzeichnen. Auch innerhalb deutscher Jagd-, Kampf- und Aufklärungsstaffeln gab es Flugzeuge mit russischen Besatzungen, die sich in Luftkämpfen, bei Bombenangriffen und auf Aufklärungsflügen sehr bewährten[227]. Russische Piloten nahmen verschiedentlich an sogenannten Flugplatzaktionen im sowjetischen Hinterland teil und setzten dort Kundschafter ab, bei welcher Gelegenheit es einigen von ihnen gelang, ihre Familien über die Frontlinie herüberzuholen. Überdies soll in Weißrußland eine mit 9 Beuteflugzeugen vom Typ U2 ausgerüstete leichte Staffel an der Partisanenbekämpfung mitgewirkt haben. Insgesamt gesehen wurden mit den russischen Fliegern »gute Erfahrungen« gemacht. Nicht wenige von ihnen erhielten Tapferkeitsauszeichnungen. Die Besatzungen hatten Verluste an Gefallenen und Verwundeten zu beklagen, und eine Reihe der von ihnen geflogenen Flugzeuge ging verloren.

Daß der Personalbestand der Fliegergruppe Holters-Mal'cev, wie deutsche und russische Beobachter gleicherweise überliefern, eine hohe kämpferische und politische Moral besaß, war auf einige günstige Voraussetzungen zurückzuführen[228]. Es gehörte dazu, daß abgeschossene und gefangengenommene sowjetische Flugzeugbesatzungen von seiten deutscher Luftwaffenangehöriger eine auch dem besiegten Gegner im Osten gegenüber im allgemeinen übliche Anteilnahme erfahren hatten. Sowjetische Kriegsgefangene im Gewahrsam der Luftwaffe waren in der Regel wesentlich besser aufgehoben als unter der Regie des Heeres, einfach schon deshalb, weil die Luftwaffe günstigere Versorgungsmöglichkeiten besaß und sie es auch nur mit einer beschränkten Anzahl von ihnen zu tun hatte. Es blieben ihnen damit die Schrecken und Leiden einer Kriegsgefangenschaft erspart, die viele ihrer Kameraden, zumindest wenn in der ersten Kriegszeit gefangengenommen, niemals vergessen sollten. Die ihnen zuteil gewordene Behandlung rief unter den sowjetischen Fliegern, von denen nicht wenige aus Überzeugung auch bis zuletzt gekämpft und unter dem Einfluß der gegnerischen Kriegspropaganda in den Händen der Deutschen mit dem Schlimmsten gerechnet hatten, oft einen tiefgreifenden Stimmungsumschwung hervor. »Wir erfuhren von seiten der deutschen Offiziere und Soldaten eine überaus warme und kameradschaftliche Haltung und Achtung vor unseren Schulterstücken, Orden und kämpferischen Leistungen«, schrieben die beiden Helden der Sowjetunion Antilevskij und Byčkov, die »nach ehrenhaftem Kampf« abgeschossen und gefangengenommen worden waren[229]. Hauptmann Artem'ev gar gab seinen Empfindungen auch in Versform Ausdruck »An die deutschen Flieger-Waffengefährten«:

»Ihr habt uns wie Brüder empfangen,
Ihr habt es vermocht, unsere Herzen zu entflammen,
und heute fliegen wir in geschlossener Reihe der
Morgenröte entgegen.
Wenn auch unser Vaterland unter dem Joche stöhnt,
so können die Wolken doch die Sonne nicht verdecken:
Gemeinsam steuern wir die Flugzeuge,
um Tod und Terror zu besiegen.«

Nicht wenige Angehörige der sowjetischen Luftstreitkräfte waren aufgrund ihrer Erlebnisse in der Kriegsgefangenschaft von vornherein empfänglich für

die Ideen der Befreiungsbewegung. Und eine ganze Reihe von ihnen, Ober-
ste, Majore, Hauptleute, Leutnante, stellte sich der Aviacionnaja gruppa zur
Verfügung. Unter ihnen befanden sich Oberst Vanjušin, Chef des Stabes der
Luftstreitkräfte des Orlovsker Militärbezirkes, der sich als Befehlshaber der
Fliegerkräfte der 20. Armee in den Kämpfen gegen die Deutschen bei Lepel
und Smolensk im Sommer 1941 besonders ausgezeichnet hatte[230], Oberst P.,
Kommandeur eines Bombenfliegerregimentes, Major Suchanov, Hauptmann Artem'ev, Held der Sowjetunion Hauptmann Byčkov, Hauptmann
Mettl', der den Fliegerkräften der Schwarzmeerflotte angehört hatte, Hauptmann Pobedonoscev, Held der Sowjetunion Oberleutnant Antilevskij und
andere mehr[231]. Auch ein weiblicher Offizier, Major Serafima Zacharovna
Sitnik, Chef des Nachrichtenwesens der 205. Jagdfliegerdivision und mehrfach dekoriert, die abgeschossen und verwundet in deutsche Kriegsgefangenschaft geraten war, hatte den Weg zu ihren Landsleuten um Oberst Mal'-
cev gefunden. Daß ein Flugzeug der Auswertestelle Ost sich umgehend auf
den Weg in das besetzte Gebiet machte, um ihre alte Mutter und ihr Kind
nach Moritzfelde zu holen, die, wie sie behauptete, von den Deutschen doch
ermordet worden waren, hatte auch ihren Sinn gewandelt. Positiv wirkte sich
in der Fliegergruppe vor allem das gute Einvernehmen zwischen Oberstleutnant i. G. Holters und Oberst Mal'cev aus, die beide gleicherweise von
der Notwendigkeit einer deutsch-russischen Aussöhnung und Zusammenarbeit durchdrungen waren. Als General Vlasov Anfang März 1944 erstmals
in Moritzfelde weilte, erklärte ihm Holters, er sei überaus glücklich (»čto on
očen' i očen' sčastliv«), vom Schicksal gerade mit russischen Fliegern zu-
sammengeführt worden zu sein, und werde seinen Teil dazu beitragen, um
die Fliegergruppe mit Oberst Mal'cev an der Spitze einst geschlossen in den
Bestand einer selbständigen Befreiungsarmee zu überführen. Vorerst war
ihm die äußere Gleichstellung der russischen Freiwilligen mit den deutschen
Soldaten in einer Weise gelungen, daß, wie Hauptmann Strik-Strikfeldt, der
deutsche Begleiter Vlasovs, vermerkte, selbst der Reichsmarschall, käme er
nach Moritzfelde, die russischen Flieger von deutschen »Assen« nicht würde
unterscheiden können[232].

Mal'cev seinerseits, der neben seiner Führungstätigkeit in der Fliegergruppe unter den Landsleuten diesseits und jenseits der Front eine erfolgreiche politische Überzeugungsarbeit leistete, der Zeitungsaufrufe veröffentlichte und diese auch über den Rundfunk verbreitete, verstand es
zugleich, den Freiwilligen den tieferen Sinn ihres Kampfes nahezubringen.
Welche Haltung er selbst und die Angehörigen der Fliegergruppe einnahmen, geht aus verschiedenen Verlautbarungen der Jahre 1943/44 hervor. So
erfüllte es die russischen Flieger, wie Major Suchanov dies ausdrückte, mit
Genugtuung, in einer Front »Flügel an Flügel« (krylo v krylo), mit den »wür-

digen Erben und Bewahrern der ruhmvollen Traditionen Richthofens« gegen den gemeinsamen Feind zu stehen. Sie fühlten sich als Kameraden und Waffenbrüder der deutschen Flieger. Nichts deutete indessen darauf hin, daß sie sich anders denn als absolut gleichwertig und gleichrangig betrachtet hätten[233]. Bewußt knüpften sie an die Überlieferung der russischen Luftfahrt an, die hochzuhalten ihnen ein besonderes Anliegen war. Vorbilder, zu denen sie sich bekannten und denen sie nacheiferten, waren der verdiente Flieger der Zarenzeit Utočkin und der Fliegerheld des Ersten Weltkrieges, Stabskapitän Nesterov, ebenso wie der von Stalin während der Säuberungen liquidierte Befehlshaber der Luftstreitkräfte der Roten Armee, Armeekommandeur 2. Ranges Alksnis, oder Brigadekommandeur Čkalov, der bekannte Überflieger des Nordpoles.

Was sie von vornherein von den Deutschen unterschied, war das klare Bewußtsein, nicht nur gegen, sondern auch für etwas zu kämpfen: »Für ein freies, glückliches großes Rußland« und »für das Glück unseres Volkes«, wie es in immer wiederkehrenden Versionen heißt. »Wir führen einen Ideenkampf«, zitierte die Zeitung »Dobrovolec« (Der Freiwillige) einen der Flieger in einem Fotobericht über die Fliegergruppe am 23. Januar 1944, »wir kämpfen für das große und freie, nationale Rußland«. Einer der Fliegeroffiziere verhehlte nicht, daß es schwer sei, Waffen aus der Hand eines anderen Volkes zu nehmen und in den Kampf mit blutsverwandten Menschen zu treten, »aber zu unserem tiefen Kummer bleibt einem ehrenhaften und tapferen russischen Bürger kein anderer Weg«. Diese Männer, die die Verhältnisse unter dem Regime Stalins genau kannten, handelten aus vaterländischen Motiven, sie wollten »Fliegerpatrioten« (letčiki-patrioty), »geflügelte Kämpfer für ein neues Rußland« (krylatye bojcy za novuju Rossiju) sein, und sie waren von der Gerechtigkeit ihrer Sache überzeugt. Wer ihnen den Vorwurf macht, »Mietlinge« der Deutschen gewesen zu sein, übersieht, daß sie nichts anderes erhielten als einen kärglichen Wehrsold und die übliche Frontverpflegung. Nicht solche Mittel oder gar äußerer Zwang konnten sie dazu veranlaßt haben, den Kampf an der Seite der Deutschen aufzunehmen und ihr Leben einzusetzen. »Wir – kapitan Semen Timofeevič Byčkov und staršij lejtenant Bronislav Romanovič Antilevskij – ehemalige Flieger der Roten Armee, zweifache Ordensträger und Helden der Sowjetunion«, so begründeten zwei von ihnen am 29. März 1944 ihren Anschluß an die Befreiungsbewegung, »erfuhren, daß heute Hunderttausende russischer Freiwilliger, die gestern noch in den Reihen der Roten Armee waren, Schulter an Schulter mit deutschen Soldaten gegen die Stalinherrschaft kämpften. Und wir traten ebenfalls in diese Reihen ein.«

Niemand hätte sie schließlich davon abhalten können, mit ihren Flugzeu-

gen in den sowjetischen Machtbereich zurückzukehren. Es wird jedoch verbürgt, daß die Gruppe Holters-Mal'cev nicht einen solchen Fall der Desertion zu verzeichnen hatte. Einige Piloten der in Weißrußland eingesetzten
leichten Staffel sollen freilich in den Wäldern verschwunden und offensichtlich zu den Partisanen übergegangen sein[234].

Ungeachtet der positiven Entwicklung konnte es sich bei der Fliegergruppe, die ja zum Bereich der Auswertestelle Ost gehörte, immer nur um
ein Provisorium handeln. Freie Bahn für die Verwirklichung seiner eigenen
Pläne sollte Mal'cev erst erhalten, als die Russische Befreiungsarmee tatsächlich ins Leben trat. Nach der Anerkennung Vlasovs am 16. September 1944
war endlich der Zeitpunkt gekommen, um mit den inzwischen ausgearbeiteten Vorschlägen für den Aufbau eigener Luftstreitkräfte hervorzutreten.
Den Plänen zufolge, die der in Aussicht genommene Befehlshaber, Oberst
Mal'cev, unterbreitete, sollte sich die Luftwaffe der ROA für das erste zusammensetzen[235]: aus dem Stab, an fliegenden Verbänden aus 1 Jagdstaffel
und 1 Schlachtstaffel sowie 1 Schwarm Kampfflugzeugen dazu 1 Verbin-
dungs- und 1 Ergänzungsstaffel, an Verbänden der Flakwaffe aus 1 Flakregiment zu 9 Batterien sowie 1 Flakersatzregiment zu 15 Batterien, ferner aus
4 Propagandakompanien zur Durchführung der Propaganda über die Front-
linien hinweg und zur Beeinflussung der in der deutschen Luftwaffe verbleibenden überaus zahlreichen russischen Freiwilligen. Die Gesamtstärke
war zunächst veranschlagt auf 2594 Offiziere, Unteroffiziere und Mannschaften als Stamm- und mindestens 1880 Mann als Ausbildungs- oder
Durchgangspersonal, auf 25 Front- und 21 Schul- oder Verbindungsflug-
zeuge sowie auf 96 Fliegerabwehrgeschütze. Im Einvernehmen mit Vlasov
wünschte Mal'cev, die Luftwaffe der ROA in einem geschlossenen Raum,
möglichst im Sudetenland, unterzubringen, die fliegenden Verbände auf einem Zentralflugplatz zusammenzuziehen und auch das Stabsquartier in örtlicher Nähe hierzu aufzuschlagen. Die Russen machten sich zugleich anhei-
schig, mit eigenen Kräften die Aufgaben der Anwerbung, politischen
Schulung, abwehrmäßigen Überwachung und sanitätsmäßigen Betreuung
zu übernehmen. Sie blieben bei der Umschulung beziehungsweise bei der
Ausbildung des russischen Personals, bei der Einrichtung eines geordneten
Nachrichten-, Verwaltungs- und sozialen Versorgungswesens sowie selbstredend bei der materiellen Ausstattung mit Flugzeugen, Waffen, Fahrzeugen,
Gerät und so weiter aber auf die Mithilfe der Deutschen angewiesen. Als
Oberst Mal'cev die Anträge im Spätsommer 1944 vorlegte, konnte er bei den
höheren Kommandobehörden der Luftwaffe auf ein weitgehendes Ver-
ständnis rechnen. Dies galt nicht nur für den sachlich zuständigen »Inspizi-
enten für ausländisches Personal der Luftwaffe Ost«, Generalleutnant
Aschenbrenner, ehemals Luftwaffenattaché an der deutschen Boschaft in

Moskau, der sie in geschickter Weise dem Oberkommando der Luftwaffe gegenüber vertrat. Auch andere hohe Offiziere der Luftwaffe traten schon des längeren – und zwar aus Überzeugung, nicht nur aus Opportunismus – für ein Kriegsbündnis mit den Kräften eines »neuen Rußland« auf der Grundlage der absoluten Gleichberechtigung ein. In diesem Zusammenhang ist vor allem der Chef der 8. (kriegsgeschichtlichen) Abteilung des Generalstabes der Luftwaffe, Generalmajor Herhudt v. Rohden, zu nennen, der bereits in seiner Eigenschaft als Chef des Generalstabes der Luftflotte 1 in einem Schreiben an den damaligen Chef des Generalstabes, Generaloberst Jeschonnek, am 13. Mai 1943 – wenn auch damals noch ohne Widerhall – auf die »entscheidende Bedeutung« der nationalrussischen Widerstandsbewegung hingewiesen hatte[236]. Der Fürsprache, die Herhudt v. Rohden in einer Denkschrift vom 5. Oktober 1944 an den Chef des Generalstabes der Luftwaffe, General der Flieger Koller, für einen großzügigen Aufbau einer russischen Luftwaffe einlegte, war es mitzuverdanken, wenn die Anträge Mal'cevs jetzt eine schnelle und wohlwollende Berücksichtigung erfuhren. So erklärte sich die Führung der deutschen Luftwaffe anstandslos bereit, unter ihrer Obhut stehendes russisches Personal – es handelte sich um Freiwillige, nicht um Kriegsgefangene, wie sowjetischerseits behauptet – im gewünschten Umfange freizugeben, Flugzeuge, Waffen, Fahrzeuge und so weiter abzugeben, geeignete Flugplätze einzuräumen und den Aufbau der Luftwaffe der ROA in jeder Weise zu unterstützen. Was sie vorerst nicht entbehren konnte, war der zur Durchführung des Schulungs-, Übungs- und Einsatzflugbetriebes unumgängliche Treibstoff. Auch die Abgabe von Waffen und Gerät zur Ausrüstung der Flakverbände stieß auf Schwierigkeiten, aus welchem Grunde angeregt wurde, deutsche Batterien im Einsatzraum, ohne sie von ihren Verteidigungsaufgaben abzuziehen, allmählich mit russischem Personal zu besetzen und sie der Luftwaffe der ROA anschließend zu unterstellen. Als Aufstellungsorte wurden festgelegt und dem Generalquartiermeister von Generalleutnant Aschenbrenner am 23. November 1944 vorgeschlagen: der Flugplatz Eger für die Jagdstaffel und sonstige fliegende Verbände mit Ausnahme einer Verbindungsstaffel sowie für eine Luftnachrichtenbetriebskompanie, der Flugplatz Karlsbad für die Ergänzungsstaffel sowie für eine Sammel- und Überprüfungsstelle des fliegenden und fliegertechnischen Personals, die Stadt Brüx für die Verbände der Flakartillerie[237].

Nachdem die Vorfragen geklärt waren, erging »auf Grund der Proklamation vom 14. 11. 44 in Prag« am 19. Dezember 1944 der von dem »Reichsmarschall des Großdeutschen Reiches und Oberbefehlshaber der Luftwaffe«, Göring, unterzeichnete Befehl zur Aufstellung der »Luftwaffe der ROA im Rahmen der Russischen Befreiungsarmee«[238]. Außer fliegenden Verbänden und der Flakartillerie sollte diese jetzt auch Verbände der Fallschirmtruppe und der Luftnachrichtentruppe umfassen. Im Rahmen der Fliegertruppe war vorrangig die Aufstellung 1 Jagdstaffel mit 15 Jagdflugzeugen Me 109 G 10 vorgesehen. Außerdem sollten antragsgemäß und so schnell wie möglich gebildet werden:

1 Schlachtstaffel mit 12 Sturzkampfflugzeugen Ju 87,

1 Kampfstaffel mit 5 mittleren Kampfflugzeugen He 111,

1 Kurierstaffel mit 2 Verbindungsflugzeugen Fi 156 und 2 sowjetischen Beuteflugzeugen U 2,

1 Ergänzungsstaffel mit 2 Kampfflugzeugen He 111, 2 Sturzkampfflugzeugen Ju 87, 2 Jagdflugzeugen Bf 109, 2 Übungsjagdflugzeugen Me 108, 3 Übungsflugzeugen U 2.

Das Personal der Ergänzungsstaffel, bei der es sich praktisch um die Fliegerschule handelte, sollte sich aus 6 Kampf-, 12 Schlacht- und 12 Jagdbesatzungen zusammensetzen. Dagegen wurde vorerst die Aufstellung nur eines aus Stab und motorisiertem Nachrichtenzug, 2 schweren und 1 leichten Abteilung zusammengesetzten, verlegungsfähigen Flakregimentes genehmigt, das jedoch eine erhöhte Feuerkraft besaß. Eine schwere Flakabteilung gliederte sich jeweils in Stab mit motorisiertem Nachrichtenzug sowie 4 Batterien zu je 6 Fliegerabwehrgeschützen vom Kaliber 8,8 cm, die leichte Flakabteilung in Stab mit motorisiertem Nachrichtenzug sowie 1 Batterie zu 15 Fliegerabwehrgeschützen vom Kaliber 3,7 cm und 2 Batterien zu je 15 Fliegerabwehrgeschützen vom Kaliber 2 cm. Zusätzlich aufgestellt werden sollte zudem 1 Fallschirmjägerbataillon in der üblichen Gliederung: Stab mit Nachrichtenzug, 3 Fallschirmjägerkompanien, 1 Fallschirmjäger-Maschinengewehrkompanie, insgesamt mit 15 leichten Infanteriegeschützen oder mittleren Granatwerfern. Auch war nach dem Gründungsbefehl die gleichzeitige Aufstellung 1 Luftnachrichtenbetriebskompanie vorgesehen. Die Kriegsstärke der Luftwaffe der ROA sollte sich zunächst auf rund 4 500 Offiziere, Unteroffiziere und Mannschaften belaufen, ging in Wirklichkeit dann jedoch bald über diese Sollstärke hinaus, da sowohl das Flakregiment als auch das Fallschirmjägerbataillon überplanmäßig aufgefüllt wurden, überdies zahlreiches russisches Personal sich zur Spezialausbildung an Schulen und sonstigen Einrichtungen der deutschen Luftwaffe befand[239] und noch einige an sich nicht geplante Einheiten – wie Propagandaeinheiten und 1 Luftnachrichten-Ausbildungs- und Ersatzkompanie – zusätzlich aufgestellt wurden.

Bereits in dem Gründungsbefehl Görings vom 19. Dezember 1944 war bestimmt worden, daß die »Leitung der Aufstellung in den Händen der ROA« liegen solle. Endgültig wurden die Befehlsverhältnisse dann geregelt, nachdem Vlasov am 28. Januar 1945 zum Oberkommandierenden der Streitkräfte der Völker Rußlands ernannt und zugleich entschieden worden war, ihm auch die Luftwaffe der ROA unmittelbar und »in jeder Hinsicht« zu unterstellen[240]. Eine Besprechung Vlasovs und Mal'cevs auf Einladung des Reichsmarschalls in Karinhall (Schorfheide) am 2. Februar 1945[241] erbrachte die gewünschte Klarheit und verlief zur vollen Zufriedenheit der russischen Gesprächspartner, nicht zuletzt deshalb, weil Göring weitere Zusagen auch für eine grundlegende Änderung der Lebensbedingungen der sogenannten »Ostarbeiter« machte. In Übereinstimmung hiermit wurde aufgrund einer vom Chef des Generalstabes der Luftwaffe, General der Flieger Koller, unterzeichneten Verfügung des Oberkommandos der Luftwaffe vom 4. März 1945 die russische von der deutschen Luftwaffe organisatorisch endgültig getrennt. Mal'cev, auf Antrag Vlasovs hin noch im Februar zum Generalmajor befördert, erhielt jetzt die Befugnisse eines Befehlshabers der Luftwaffe der ROA, in offizieller Benennung »Befehlshaber der Luftstreitkräfte des KONR« oder »Chef der Luftwaffe der Streitkräfte der Völker Rußlands (SVR)«, und es wurden ihm in dieser Eigenschaft die Fliegertruppe, die Flakartillerie, die Fallschirmtruppe und die Luftnachrichtentruppe der ROA unterstellt[242].

Zu seinem persönlichen Adjutanten berief Mal'cev den Leutnant Pljuščev, zum Chef der Kanzlei den Hauptmann Petrov. Der Stab der Luftwaffe der ROA setzte sich nach der vom Oberkommandierenden am 13. Februar 1945 bestätigten Kriegsgliederung in folgender Weise zusammen[243]:

Befehlshaber: Generalmajor Mal'cev,

Chef des Stabes: Oberst Vanjušin,

Adjutant des Stabes: Hauptmann Baškov,

Offizier zur besonderen Verwendung: Major Klimovič.

Operationsabteilung (operativnjy otdel)

Abteilungschef: Major Mettl'.

Sicherheitsabteilung (otdel bezopasnosti)

Abteilungschef: Major Tuchol'nikov.

Personalabteilung (otdel kadrov)

Abteilungschef: Hauptmann Naumenko.

Propagandaabteilung (otdel propagandy)

Abteilungschef: Major Al'bov,

Redakteur der Zeitung »Naši Kryl'ja« (Unsere Flügel):

Usov, Kriegsberichterstatter: Leutnant Žjuno.

Rechtsabteilung (juridičeskij otdel)

Abteilungschef: Hauptmann Kryžanovskij.

Verwaltungsdienst (intendantskaja služba)

Chef: Leutnant Goleevskij.

Sanitätsdienst (sanitarnaja služba)

Chef: Oberstleutnant Dr. Levickij,

Hauptmann Dr. Dobasevič,
Hauptmann Dr. Mandrusov.
Wachzug (vzovod ochrany)
Zugführer: Oberleutnant Vasjuchno.

Außerdem befand sich beim Stabe der Generalmajor der Zarenarmee Popov mit einer Gruppe aus Jugoslawien evakuierter Kadetten der jüngeren Klassen des »Ersten Russischen Kadettenkorps Großfürst Konstantin Konstantinovič«, aus denen Oberleutnant Fat'janov einen Zug zur besonderen Verwendung zusammenstellte.

Die Besetzung der Führerstellen in der Luftwaffe der ROA wurde von Generalmajor Mal'cev allein nach sachlichen Gesichtspunkten vorgenommen, wobei er keinen Unterschied zwischen ehemaligen Offizieren der Sowjetarmee und solchen der Zarenarmee oder der Freiwilligenarmee des Bürgerkrieges machte, die sich gleichfalls zahlreich zur Verfügung gestellt hatten. Die Notwendigkeit, den Stab möglichst ungesäumt arbeitsfähig zu machen, hatte dazu geführt, die Mehrzahl seiner Vakanzen mit Altemigranten zu besetzen, während in den Truppenteilen nur eine Minderheit der Offiziere denselben Kreisen entstammte. Unter den Auslandsrussen trat besonders eine Gruppe ehemaliger Zarenoffiziere hervor, die in der Zwischenkriegszeit der Luftwaffe der königlich-jugoslawischen Armee und später dem Russischen Schutzkorps angehört hatten: die Obersten Bajdak und Antonov, Oberstleutnant Vasil'ev, Major Šebalin, Kommandeur eines Fliegerregimentes der jugoslawischen Armee, sowie auch eine Anzahl Subalternoffiziere wie die Oberleutnante Filat'ev, Griškov, Ljagin, Potockij und andere[244]. Major Al'bov war Korrespondent der Londoner Zeitung »Daily Mail« und der amerikanischen Presseagentur »Associated Press« in Belgrad gewesen. Major Tarnovskij hatte in der Tschechoslowakei gelebt. Neben den Altemigranten bekleideten jedoch auch die ehemaligen Sowjetoffiziere, so außer dem Chef des Stabes, Oberst Vanjušin, der Chef der Operationsabteilung, Major Mettl', der Chef der Sicherheitsabteilung, Major Tuchol'nikov, und andere im Stabe wichtige Posten. Die meisten der ehemaligen Angehörigen der sowjetischen Luftstreitkräfte hatten sich schon vor längerer Zeit der Befreiungsbewegung angeschlossen. Als Vlasov den im Entstehen begriffenen Fliegerverbänden am 4. Februar 1945 seinen ersten Inspektionsbesuch abstattete, zeichnete er eine ganze Reihe von ihnen mit Orden und Medaillen aus[245]. Zu den für ihre bisherigen Verdienste Dekorierten gehörten die Majore Byčkov, Il'juchin, Mettl', die Hauptleute Antilevskij, Artem'ev, Arzamascov, Naumenko, Sokolov, die Oberleutnante Kuznecov, Pescgolovec, Šijan, die Leutnante Alekseev, Grigor'ev, Jaroslavec, Ljachov, Lušpaev, Piskunov, Sašin, Ščerbina, Serdjuk, Škol'nyj, Skobčenko, Sokolov, Strokun, Voronin. Es gab überdies eine ansehnliche Gruppe junger Fliegeroffiziere, die noch unlängst auf sowjetischer

Seite gegen die Deutschen gefochten hatte und erst vor wenigen Monaten unter das »Banner des Komitees zur Befreiung der Völker Rußlands« getreten war, unter ihnen die Hauptleute Ivanov, Mikišev, Oberleutnant Stežar, die Leutnante Bačurin, Belikin, Čebykin, Chamitov, Curgin, Grilev, Jula, Novosel'cev, Petrov, Poponin, Rvačev, Sininych, Tabulja und andere. Die ungebrochene Moral gerade dieser Gruppe zeigt der »Offene Brief«, den 12 von ihnen am 11. März 1945 in der Zeitung »Naši Kryl'ja« an Generalleutnant Vlasov und Generalmajor Mal'cev richteten[246]. »Im Angesicht der freiheitsliebenden russischen Menschen und der ganzen Welt erklären wir offen: Wir, die unterzeichneten russischen Flieger, treten in die Reihen der Russischen Befreiungsarmee und leisten den feierlichen Schwur, alle unsere Kräfte und, wenn nötig, auch das Leben für die Befreiung unseres Vaterlandes vom Bolschewismus herzugeben. Wir warten nur auf den Befehl, um die Steuerknüppel der Flugzeuge in die Hand zu nehmen und unsere Maschinen in den Kampf für eine lichte Zukunft unseres geliebten Vaterlandes zu lenken.«

Insgesamt gesehen ist die Verschmelzung der verschiedenartigen Elemente durchaus gelungen, da alle diese Freiwilligen von der Überzeugung erfüllt waren, durch ihre Arbeit einen Beitrag zu der »großen Sache der Schaffung der Luftwaffe der ROA« zu leisten. Ganz ließ sich freilich der in den Freiwilligenverbänden vielfach zu beobachtende Gegensatz zwischen Alt- und Neuemigranten nicht überdecken, wie denn beispielsweise die ehemaligen Angehörigen des Russischen Schutzkorps (korpusniki) innerhalb des Flakregimentes einen besonderen, vom übrigen Offizierkorps abgehobenen Kreis bildeten. Auch fand die Integrationspolitik Mal'cevs offenbar nicht die Billigung maßgebender Persönlichkeiten des Oberkommandos, die politisch bisweilen den Ideen des NTS anhingen, eine Richtung, die Mal'cev nicht billigen konnte. Es wird berichtet, daß Mal'cev, abgesehen von Vlasov, mit dem ihn ein persönliches Vertrauensverhältnis verband, unter den führenden Offizieren der Befreiungsarmee seiner liberalen und überparteilichen Anschauungen wegen nur wenige Freunde besaß. Das soll auch der Grund dafür gewesen sein, warum etwa der Stadtkommandant der ROA von Marienbad, Generalmajor Blagoveščenskij, dem Befehlshaber der Luftwaffe der ROA mit betonter Reserve gegenübertrat und selbst die gebotenen dienstlichen Kontakte zu ihm auf ein Minimum beschränkte[247].

Im Gegensatz hierzu bildete sich nicht nur eine reibungslose, sondern eine geradezu freundschaftliche Zusammenarbeit Mal'cevs mit dem deutschen Generalleutnant Aschenbrenner heraus. Denn obwohl die Luftwaffe der ROA offiziell seit dem 5. März 1945 und de facto bereits seit dem 4. Februar 1945 ausschließlich und »in jeder Hinsicht« dem Oberbefehl Vlasovs unterstand, blieb sie in der Aufbauphase – etwa bei der materiellen Ausstattung der Verbände oder bei der Spezialausbildung ihres Personals an deutschen

Schulen und Lehreinrichtungen – doch auf die Hilfe der Deutschen angewiesen. Unbeschadet der Befehlsbefugnisse Mal'cevs war zur Beschleuni-
gung der Aufstellung etwa vorgesehen, das Fallschirmjägerbataillon der ROA
durch den Kommandierenden General der Ausbildungs- und Ersatztruppen
der Fallschirmarmee und das Flakregiment der ROA durch das Luftflottenkommando Reich aufstellen zu lassen. Die Regelung der sich im Zusammenhang hiermit ergebenden Fragen war Generalleutnant Aschenbrenner
übertragen worden, der sich damit gleichsam in einer Doppelstellung befand. In seiner Eigenschaft als Inspekteur des ostvölkischen Personals der
Luftwaffe war er einmal der Betreuer der in der deutschen Luftwaffe in
großer Anzahl verbleibenden russischen Freiwilligen und sowjetischen
Kriegsgefangenen. So unterstanden ihm weiterhin unmittelbar das Luftwaf-
fen-Sonderlager Ost, die Ostpropagandakompanien der Luftwaffe sowie
eine Ost-Flieger-Ergänzungsstaffel. Zum anderen aber galt er von nun an als
Vertreter des Oberkommandos der Luftwaffe beim Bevollmächtigten General der deutschen Wehrmacht beim KONR und umgekehrt als Berater des
Chefs des Generalstabes der Luftwaffe in allen Angelegenheiten der Russischen Befreiungsarmee. Entsprechend der von ihm selbst entworfenen und
am 1. Februar 1945 in Kraft getretenen Dienstanweisung gehörte es zu den
Aufgaben des Inspekteurs, die Luftwaffe der ROA in allen Fragen der Organisation, Ausrüstung und Ausbildung zu beraten und zu unterstützen, zugleich aber deren Anregungen und Wünsche entgegenzunehmen und diese
gegenüber den zuständigen Stellen der deutschen Wehrmacht zu vertreten[248]. Aschenbrenner, der wenig später in Personalunion auch die Stelle des
Bevollmächtigten Generals der deutschen Wehrmacht beim KONR wahr-
nahm, bediente sich zur Erfüllung seiner Aufgaben des Verbindungsstabes
beim Stabe der Luftwaffe der ROA, an dessen Spitze als sein ständiger Vertreter zunächst Oberst i.G. Sorge und ab 1. März 1945 Oberstleutnant i.G.
Hoffmann stand. In alle im Entstehen begriffenen Einheiten wurden zugleich deutsche Verbindungs- und Ausbildungskommandos entsandt, die im
einzelnen für die materielle Ausstattung der Flugplätze, für die Zuführung
von Flugzeugen, Waffen und Gerät, die Einweisung des russischen Personals
und dergleichen mehr zu sorgen und die hierzu unerläßlichen Kontakte zu
deutschen Dienststellen wahrzunehmen hatten. Weder Generalleutnant
Aschenbrenner oder sein Stab noch die verschiedenen Verbindungs- und
Ausbildungskommandos, die seiner Dienstaufsicht unterstanden, hatten gegenüber den Organen der Luftwaffe der ROA oder ihren Angehörigen irgendwelche Befehlsbefugnisse, sondern ausschließlich nur beratende Funktionen. So wird die sowjetische Behauptung, Aschenbrenner sei der
Vorgesetzte Mal'cevs, die Russen seien Untergebene der Deutschen gewesen[249], sowohl durch den Wortlaut der Dienstanweisung für den Inspekteur

des ostvölkischen Personals der Luftwaffe als auch durch die dem Chef der Luftwaffe der Streitkräfte der Völker Rußlands eingeräumten Befugnisse eindeutig widerlegt. Aschenbrenner selbst hat auf die strikte Beachtung des Grundsatzes der Autonomie und Selbständigkeit der Luftwaffe der ROA größtes Gewicht gelegt und auch auf die Verbindungs- und Ausbildungskommandos in dem Sinne eingewirkt, in den Russen Angehörige einer verbündeten Streitmacht zu sehen. Daß die »Dienstgrade (činy) des Stabes des Generals Aschenbrenner, die Verbindungsoffiziere und Instrukteure sich niemals in die Angelegenheiten der Kommandeure der russischen Truppenteile einmischten«, wird heute denn auch durch den früheren Adjutanten des Generals Mal'cev, Pljuščev-Vlasenko, bestätigt[250]. »Überall«, so schreibt er, »herrschte eine Atmosphäre gegenseitigen Verstehens, der Achtung und des vollständigen Vertrauens.« Ergaben sich in der Aufstellungsphase irgendwelche Schwierigkeiten, so wurden sie in freundschaftlicher Aussprache Mal'cevs mit Aschenbrenner jedesmal behoben. Unmittelbar nachdem Reichsmarschall Göring seine Zusage gemacht hatte, fand der veränderte Status der Luftwaffe der ROA auch einen äußerlichen Ausdruck. Am 6. Februar 1945 wurden auf Befehl von Generalmajor Mal'cev in den Einheiten die deutschen durch russische Kokarden ersetzt und anstelle der deutschen Hoheitszeichen an den Uniformen die Ärmelabzeichen mit dem Signum der ROA angelegt. Im gegenseitigen Umgang der Angehörigen der Luftwaffe der ROA waren von nun an nur noch die vom Oberkommandierenden der Befreiungsarmee erlassenen Vorschriften maßgebend. Generalmajor Mal'cev einigte sich zu Anfang Februar 1945 mit dem Metropoliten Anastasij in Karlsbad auch über die Einsetzung von Feldgeistlichen in seinen Verbänden, die es in der deutschen Luftwaffe bekanntlich nicht gab. Größter Wert wurde zugleich darauf gelegt, an Rumpf und Tragflächen der Flugzeuge der ROA das blaue Andreaskreuz auf weißem Grund als Kennzeichen anzubringen. Man traf auf russischer Seite Vorbereitungen für Flugblattaktionen in großem Stil hinter den sowjetischen Linien und versprach sich verständlicherweise eine besondere Wirkung von solchen Einsätzen, wenn sie von Flugzeugen mit den nationalrussischen Kennzeichen durchgeführt wurden. Der Organisationsstab im Oberkommando der Luftwaffe sah sich nach einigem Zögern jedoch gezwungen, seine Genehmigung zu versagen, da eine Kennzeichnung der Flugzeuge in dieser Form eine internationale Notifizierung zur Voraussetzung hatte. Allein gegen eine zusätzliche Anbringung des Andreaskreuzes in Anlehnung an die Zusatzkennzeichnung der Flugzeuge der italienisch-republikanischen Luftwaffe wurden keine Einwände erhoben[251]. Eine entsprechende Regelung gab es auch auf sowjetischer Seite. Denn die Flugzeuge des hier aufgrund einer Vereinbarung des Generals de Gaulle mit der Sowjetregierung eingesetzten selbständigen Jagdfliegerregimentes »Normandie-Niémen« waren bei Kriegsende ausschließlich mit dem Sowjetstern gekennzeichnet, obwohl sich die Angehörigen dieses Verbandes als »Repräsentanten des kämpfenden Frankreich« fühlten und ihre Einsätze in französischen Fliegeruniformen flogen[252].

Wie im einzelnen vollzog sich nun der Aufbau der russischen Luftstreitkräfte? Nachdem der Gründungsbefehl am 19. Dezember 1944 erlassen worden war, hatte der zunächst in Karlsbad und ab 10. Februar 1945 in Marienbad befindliche Stab der Luftwaffe der ROA sich mit Nachdruck einer Verwirklichung der bereits ausgearbeiteten Pläne zugewandt. Das 1. Fliegerregiment (pervyj aviacionnyj polk) einschließlich der dazugehörigen fliegertechnischen- und Flugplatzdienste wurde in Eger aufgestellt[253].

Regimentskommandeur war Oberst Bajdak, Chef des Stabes Major Šebalin, Adjutant Leutnant Škol'nyj. Der Flugplatz, die Hangars, Lager und Kasernen konnten dank der reibungslosen Zusammenarbeit einer Gruppe russischer Fliegeroffiziere mit dem deutschen Verbindungskommando in kürzester Zeit hergerichtet werden, Flugzeuge, Betriebsstoff, Waffen und Gerät begannen einzutreffen, auch stand bereits im Dezember 1944 das erforderliche Personal bereit. Wie Generalleutnant Aschenbrenner dem Chef des Generalstabes der Luftwaffe am 14. Januar 1945 meldete, waren die Piloten der Jagdstaffel »von guter Qualität«, die anderen Besatzungen und das Bodenpersonal bedurften jedoch weiterer Schulung[254]. Unter diesen Umständen machte die Aufstellung der Jagdstaffel 5 »Oberst Kazakov« (1. istrebitel'naja ėskadril'ja imeni polkovnika Kazakova), die als Staffelkapitän (komandir) Held der Sowjetunion Major Byčkov führte, die raschesten Fortschritte. Die Ende Februar wegen Überlastung des Rollfeldes Eger nach Deutsch-Brod (Německý Brod) verlegte Jagdstaffel bestand aus 16 Jagdflugzeugen Me 109 G 10 und sollte, wie Aschenbrenner erwartete, für den »Ostkampf« noch im März einsatzbereit sein. Eine Überprüfung durch Eichenlaubträger Major Grasser ergab indessen, daß dies erst im April der Fall sein werde[255]. Auch die von Held der Sowjetunion Hauptmann Antilevskij geführte Schlachtstaffel 8 (2. ėskadril'ja bombardirovščikov) kam im ganzen zufriedenstellend voran. Da Generalmajor Mal'cev infolge der Luftüberlegenheit des Gegners einen Einsatz bei Tage für wenig aussichtsreich hielt, die russischen Besatzungen aber besondere Erfahrungen im Nachteinsatz hatten, wurde die Einheit auf seinen Antrag hin am 28. März 1945 in eine Nachtschlachtstaffel (ėskadrjl'ja nočnych bombardirovščikov) umgewandelt. Die Staffel verfügte über 12 leichte Kampfflugzeuge Ju 88[256]. Es wurden Vorbereitungen getroffen, die Jagdstaffel 5 und die Nachtschlachtstaffel 8 im Rahmen der Divisionen der ROA »taktisch und propagandistisch« geschlossen zum Einsatz zu bringen. So erteilte der Organisationsstab im Oberkommando der Luftwaffe am 5. April 1945 antragsgemäß die Genehmigung, sie

für die »Dauer des Einsatzes im Rahmen der Div. 600 und 650 der S.V.R.«
von der Bodenorganisation unabhängig zu machen und ihnen die zu diesem
Zweck erforderlichen Spezialkraftfahrzeuge zuzuführen[257]. Beide Staffeln,
als die »eigentlichen Kampfeinheiten der Luftwaffe der ROA«, waren um die
Mitte des April 1945 fronteinsatzfähig.

Die übrigen fliegenden Verbände – die Kampfstaffel 11, die Verbindungsstaffel 14 und die Ausbildungs- und Ergänzungsstaffel – waren bereits im
Entstehen begriffen, als der Chef des Generalstabes der Luftwaffe, General
der Flieger Koller, ihre Weiterbildung am 15. Februar 1945 zurückstellen
ließ[258]. Diese Maßnahme war von der Notwendigkeit diktiert, Treibstoff in
größtmöglichem Umfange einzusparen. Es zeugt indessen von der Energie,
mit der Aschenbrenner den Aufbau der Luftwaffe der ROA vorantrieb, und
auch davon, daß er die Unterstützung verschiedener deutscher Luftwaffenstellen besaß, wenn die Aufstellung auch hinter dem Rücken des Chefs des
Generalstabes ihren Fortgang nahm[259]. Abgebrochen wurde nur der Aufbau
der Kampfstaffel, weil man sich ohnehin nicht darüber hatte einigen können, ob Flugzeuge He 111 oder, wie Aschenbrenner es wünschte, solche vom
Typ Hs 123 oder Hs 129 für die Zwecke der Befreiungsarmee geeigneter
seien. Der Stamm der Aufklärungsstaffel (3. razvedyvatel'naja èskadril'ja)
unter Hauptmann Artem'ev, die über drei auch als Kurierflugzeuge dienende
Nahaufklärer Fi 158 verfügte, für Zwecke der Flächenfotographie aber sogar
ein Düsenflugzeug Me 262 erhielt, blieb bestehen. Gegen Ende März 1945
wurden überdies mit zunächst zwei Transportflugzeugen Ju 52 unter Major
Tarnovskij die Anfänge einer Transportstaffel (4. transportnaja èskadril'ja)
geschaffen, deren Einsatzaufgaben darin bestehen sollte, die Fallschirmjäger
im Rücken des Gegners abzusetzen. Vollständig komplettiert mit zwei Flugzeugen Me 109, zwei Ju 88, zwei Fi 156, zwei U 2, einer He 111 und einer Do
17 war überdies die Ausbildungsstaffel (5. učebno-trenirovačnaja èskadril'ja), auch Fliegerschule (škola letčikov), die unter der tatkräftigen Leitung
des Chefs des Lehrstabes, Major Tarnovskij, eine rege Ausbildungstätigkeit
entfaltete.

Im Gegensatz zu den fliegenden Verbänden gelang es nicht, das Flakregiment 9 (polk zenitnoj artillerii) unter Oberstleutnant Vasil'ev (Adjutant
Leutnant Griškov) im vorgesehenen Umfang mit Waffen und Gerät auszustatten. An sich war vorgesehen, deutsche Gerätebatterien im Aufstellungs-
raum mit russischem Personal zu besetzen und die entstandenen Einheiten
alsdann Zug um Zug dem Befehlshaber der Luftwaffe der ROA zu unterstellen. Da sich jedoch in den Aufstellungsorten Plan (Planá) und Mies keine
deutschen Flakkräfte befanden und die Zuführung von Waffen und Gerät
unterblieb, sah Aschenbrenner sich am 12. März 1945 gezwungen, dem Chef
des Generalstabes der Luftwaffe vorzuschlagen, die Ausbildung des mittler-

weile auf 2 800 Mann angewachsenen russischen Flakregimentes notfalls auch an Beutewaffen vorzunehmen[260]. Der für die Luftwaffe der ROA anfangs gesteckte Rahmen erfuhr insofern bald noch eine Erweiterung, als neben der Luftnachrichtenbetriebskompanie 6 (rota svjazi) unter Major Lantuch in Neuern (Nýrsko) am 16. Februar 1945 in der König-Georg-Kaserne in Dresden auch mit der Bildung zunächst der motorisierten I. Abteilung/Luftnachrichten-Telegraphen-Bauregiment 12 »ROA« unter rein russischer Führung begonnen wurde[261]. Vlasov hatte sich mit einer einstweiligen Fachverwendung derselben im Bereich des Generalnachrichtenführers der Luftwaffe einverstanden erklärt und dafür die Zusicherung erhalten, daß dieses Regiment im Falle eines Fronteinsatzes der Befreiungsarmee und besonders bei einem etwaigen »Vormarsch in russisches Gebiet« auch einsatzmäßig ausschließlich seinem Befehl unterstellt werde.

Angesichts der sich immer mehr verschlechternden militärischen Gesamtlage und der Schwierigkeiten einer Spezialausbildung besonders des Flakregimentes, waren Mal'cev und Aschenbrenner Ende März 1945 übereingekommen, die nichtfliegenden Luftwaffeneinheiten zunächst infanteristisch auszubilden. Es sollte damit zugleich die Möglichkeit geschaffen werden, die Bodenteile notfalls zu einem Kampfverband in Brigade- oder Divisionsstärke zusammenzufassen und ihn zur Verstärkung der Landstreitkräfte der ROA im Osten einzusetzen. Eine wichtige Stellung in dieser Kombination nahm das Fallschirmjägerbataillon 9 (parašjutno-desantnyj batal'on) in Kuttenplan (Planá Chodová) unter Oberstleutnant Kocar' als Kommandeur und Major Bezrodnjy als Chef des Stabes ein (eine der Kompanien wurde von Oberleutnant Speranskij geführt). Bereits einige Monate zuvor aus ehemaligen Angehörigen der sowjetischen Luftlandetruppen zusammengestellt, von erfahrenen russischen und deutschen Fallschirmjägeroffizieren taktisch gründlich durchgebildet, mit automatischen Waffen und sonstigem Gerät reichlich ausgestattet, stand dieses Bataillon, dem Mal'cev und Aschenbrenner ihre besondere Aufmerksamkeit widmeten und das mit vollem Recht den Rang einer Gardetruppe für sich in Anspruch nehmen konnte, im April 1945 bereit, einen beliebigen Kampfauftrag im Rücken des Gegners zu erfüllen[262].

Die Frage eines Fronteinsatzes war zu diesem Zeitpunkt jedoch bereits von dem Problem überlagert, ob und wie es möglich sein werde, die Verbände der Befreiungsarmee über den in naher Zukunft erwarteten Zusammenbruch Deutschlands hinüberzuretten. Immerhin ist es noch zu einer Gefechtsberührung von Teilen der Luftwaffe der ROA mit den Truppen der Roten Armee gekommen, denn Flugzeuge der Nachtschlachtstaffel haben am 13. April 1945 den Angriff der 1. Division der ROA auf den sowjetischen Brückenkopf Erlenhof südlich von Fürstenberg durch Bombenangriff un-

terstützt[263]. Am 15. April 1945 unterrichtete Vlasov den Generalmajor Mal'-
cev in Marienbad von den Erwägungen des Oberkommandos, die gesamten
Streitkräfte des KONR, einschließlich des XV. Kosakenkavalleriekorps sowie
des Russischen Korps, östlich von Salzburg oder in Böhmen zusammenzuziehen. Nur indem man »alle unsere Einheiten in einer Faust zusammen-
faßte« (sobrav v kulak vse naši časti), wie Vlasov sich ausdrückte, konnte
man das tatsächliche Ausmaß der Befreiungsarmee demonstrieren und damit vielleicht hoffen, die Aufmerksamkeit und das Interesse der Anglo-Amerikaner zu gewinnen. Es stand dahinter der Wunsch, daß es ähnlich wie einst
dem General Vrangel' gelingen möge, die Armee vor dem Untergang zu bewahren. Vlasov kündigte an, er werde sich anschließend nach Prag begeben,
um dort den Versuch einer Vereinbarung mit der tschechischen Nationalbewegung zu unternehmen[264]. Zu diesem Zweck verabredete er mit Mal'cev,
daß dieser seine Fliegerkräfte bis zum Abend des 18. April bereithalten und
sie gegebenenfalls auf Reserveflugplätze überführen solle, wo bereits einige
Treibstoff- und Munitionsvorräte angelegt worden waren. Für den Fall, daß
sich ein vorübergehendes Bündnis mit den Tschechen bis zu dem erwarteten Eintreffen der Amerikaner nicht erzielen lasse, sollten die Flugzeuge offiziell an Generalleutnant Aschenbrenner zurückgegeben werden und alle
Einheiten der Luftwaffe der ROA sich am 20. April 1945 auf dem Landweg
nach Süden begeben. Als Vereinigungsraum mit den übrigen Teilen der Befreiungsarmee hatte Mal'cev den Raum Budweis-Linz in Vorschlag gebracht.
Ein entsprechender Befehl wurde von Oberst Vanjušin gemeinsam mit
Oberleutnant Pljuščev unverzüglich aufgesetzt und von dem Oberkommandierenden noch vor seiner Abfahrt unterzeichnet.

Es bedarf keiner Erörterung, daß das Vorhaben Vlasovs schon deshalb von
vornherein zum Scheitern verurteilt war, weil die Amerikaner nicht im ent-
ferntesten daran dachten, sich in Böhmen in irgendwelche Machenschaften
gegen ihre sowjetischen Verbündeten einzulassen oder auch nur über Pilsen
hinaus vorzurücken. Eine Unterredung mit dem tschechischen General Klecanda eröffnete denn auch keine Hoffnungen. Da, wie Vlasov noch am 17.
April 1945 telefonisch aus Prag durchgab, sich die nationalen Tschechen ablehnend verhielten, wurden, mit Wissen und Unterstützung von Generalleutnant Aschenbrenner, ungesäumt die Vorbereitungen für den Abzug der
Verbände aus Marienbad getroffen. Der Aufbruch am 20. April 1945 legte
noch einmal Zeugnis ab von der inneren Geschlossenheit und jenem Optimismus, der nach der Erinnerung des erst kurz zuvor aus Potsdam hinzuge-
stoßenen volgatatarischen Fliegerleutnants Hakimoglu in der Luftwaffe der
ROA bis zum Schluß vorherrschend gewesen ist[265]. In den Nachmittagsstunden des 20. April 1945 hatten der Stab, Teile des Fliegerregimentes, die
technischen Hilfsdienste und der Wachzug, die entrollten Fahnen auf dem

rechten Flügel, vor dem bisherigen Stabsquartier, dem Hotel Lucker, Aufstellung genommen[266]. Oberst Vanjušin meldete die angetretenen Formationen, woraufhin Generalmajor Mal'cev die Luftwaffensoldaten in einer
kurzen Rede ermahnte, auch in dieser schwierigen Lage die militärische Disziplin unter allen Umständen zu wahren, weil hierin die einzige Gewähr für
eine Rettung des Personalbestandes und der Einheiten liegen könne. Mal'-
cev gab sich in diesen Tagen offensichtlich noch der Hoffnung hin, daß »unter neuen Bedingungen und einer neuen politischen Konstellation« sich eine
Fortsetzung des Freiheitskampfes vielleicht noch ermöglichen lasse. Nur so
ist der Sinn seiner Schlußworte zu verstehen: »Ich glaube unerschütterlich
an den schließlichen Sieg der Idee der russischen Befreiungsbewegung und
an die Befreiung unseres Vaterlandes von dem fluchwürdigen kommunistischen Regime. Die Armee und das Volk helfen uns. Und nun, meine braven
Adler, vorwärts zum Sieg! Es lebe das freie Rußland!« Um 14.30 Uhr setzten
sich die Einheiten in Bewegung, um sich noch am selben Abend in Kuttenplan mit dem Fallschirmjägerbataillon zu vereinigen. In Gefechtsordnung,
mit Sicherungen nach vorne und an den Flanken, doch mit dem strikten
Befehl, Zusammenstöße mit deutschen oder amerikanischen Truppen zu
vermeiden, erreichte der Marschblock am 21. April Plan, wo das Flakregiment, und am 23. April 1945 Neuern, wo die Luftnachrichteneinheiten
sich anschlossen. Unterwegs waren auf Bitten einer Offizierdelegation
unter Hauptmann Jakitovič auch die Reste des 1. Regimentes der weißrussischen Division »Belarus'«, etwa 800 Mann, aufgenommen worden. Längst
bestand keine Verbindung mehr zu Vlasov und zum Armeestab und erst
recht nicht zur 1. und 2. Division der ROA, als zur großen Erleichterung
Mal'cevs am 24. April 1945 Generalleutnant Aschenbrenner in Neuern erschien.

Auf einem sofort abgehaltenen Kriegsrat, an dem außer Mal'cev und
Aschenbrenner und ihren Adjutanten Pljuščev und Buschmann die Obersten Vanjušin und Bajdak sowie die Majore Al'bov und Mettl' teilnahmen,
entwarf Aschenbrenner ein düsteres Bild der militärischen und allgemeinen
Lage. Angesichts der nun bereits in Tagen zu erwartenden endgültigen Niederlage der Wehrmacht und des überall herrschenden Chaos war es seiner
Meinung nach ausgeschlossen, Linz oder den von Vlasov in Aussicht
genommenen Konzentrierungsraum Budweis zu erreichen. Es sei auch
völlig aussichtslos zu versuchen, sich mit der in unbekannter Absicht im
Operationsgebiet der Heeresgruppe des Generalfeldmarschalls Schörner
»manövrierenden« 1. Division der ROA zu vereinigen. Da die Amerikaner
angeblich bereits die Linie Furth–Cham–Viechtach erreicht hätten und jederzeit in die gegenwärtige Aufstellung hineinstoßen könnten, hielt
Aschenbrenner es für unumgänglich, mit dem Gegner umgehend Verhand-

lungen aufzunehmen, um die Luftwaffenverbände auch unabhängig von den anderen Teilen der Befreiungsarmee in Gefangenschaft zu überführen und diesen damit vielleicht eine »Tür zu öffnen«. Generalleutnant Aschenbrenner hatte bereits von sich aus die ersten Schritte hierzu eingeleitet und am 23. April 1945 den Hauptmann d.R. Professor Dr. Dr. Oberländer, einen guten Kenner der ostpolitischen Problematik, zu den Amerikanern entsandt. Dieser habe bei dem Chef des Stabes des XII. Korps der amerikanischen 3. Armee, Brigadegeneral Canine[267], ein gewisses Entgegenkommen gefunden, doch wünschte Canine, Verhandlungen über eine Waffenstreckung auf höherer Ebene zu führen. Das sei die Lage, die ihn, Aschenbrenner, veranlaßt habe, hierherzukommen, um vorzuschlagen, daß Mal'cev als Befehlshaber der Luftwaffe der ROA und enger Vertrauter Vlasovs sich gemeinsam mit ihm als dem Bevollmächtigten General der deutschen Wehrmacht unverzüglich zu den Amerikanern begebe, um die Übergabe im einzelnen auszuhandeln. Mit diesem wohlgemeinten Ratschlag hatte Generalleutnant Aschenbrenner sich als ein wahrhaft uneigennütziger Freund und Berater der Führung der Befreiungsarmee erwiesen. Seine ganze Handlungsweise war so offenkundig von der Sorge um die Erhaltung zumindest des Personalbestandes der Luftwaffe der ROA bestimmt, daß Generalmajor Mal'cev nur mit Dank zustimmen konnte[268]. Nach kurzer Beratung wurde entschieden, die Verhandlungen mit dem Ziel aufnehmen, den Angehörigen der Luftwaffe den Status politischer Flüchtlinge zu erwirken. Die vertretungsweise dem Chef des Stabes, Oberst Vanjušin, unterstellten Einheiten erhielten Befehl, während der Abwesenheit Mal'cevs in Gefechtsbereitschaft nach Zwiesel zu marschieren und für den Fall, daß der Befehlshaber bis zum 27. April 1945 nicht zurückkehrte, doch noch zu versuchen, sich in Richtung auf Passau–Linz durchzuschlagen. Aschenbrenner gab das Versprechen, Oberst Vanjušin bei dem Unterfangen, Verbindung mit dem Armeestab oder den übrigen Teilen der Befreiungsarmee aufzunehmen, in jeder Hinsicht unterstützen zu wollen.

Die Verhandlungen Mal'cevs und Aschenbrenners im Stabe des XII. Korps am 24. und 25. April 1945 ließen bei aller äußeren Korrektheit der Amerikaner bald deutlich werden, wie verständnislos diese der Existenz einer Russischen Befreiungsarmee auf deutscher Seite gegenüberstanden. Brigadegeneral Canine beschränkte sich am 25. April 1945 auf die Erklärung, daß das XII. Korps und die 3. Armee keine Vollmachten hätten, irgendwelche Verhandlungen über die Gewährung politischen Asyls zu führen, da es sich hierbei um eine politische, allein vom Präsidenten und vom Kongreß zu entscheidende Frage handele. Worauf er sich instruktionsgemäß allein einlassen könne, seien Verhandlungen über eine bedingungslose Waffenniederlegung. Auf eine entsprechende Frage hin gab er jedoch die Zusage, daß vor Beendigung des Krieges und vor einer endgültigen Regelung der Asylfrage kein einziger der kriegsgefangenen Luftwaffensoldaten eine Auslieferung zu befürchten haben werde. Zu diesem Zeitpunkt befanden sich amerikanische Truppen bereits im Vormarsch auf bayerischem Gebiet. Da eine Verwirklichung der Vereinigungspläne damit illusorisch und jede eigene Bewegung praktisch unmöglich zu werden drohte, sah Mal'cev keinen anderen Ausweg mehr, als die angebotene Kapitulation, das »Instrument of Surrender«, anzunehmen und die eigenen Verbände bedingungslos zu übergeben. Die Truppenteile der Luftwaffe der ROA hatten demnach am 27. April 1945, um 10.00 Uhr, an der Wegegabelung zwischen Zwiesel und Regen die Waffen niederzulegen.

Ungeachtet dieses wenig verheißungsvollen Ausganges kehrte Mal'cev ungebrochenen Mutes zu seinen Truppen zurück. Er glaubte immer noch, daß nichts verloren sei, wenn es nur gelinge, den Alliierten, die sich bisher als wenig entgegenkommend erwiesen hatten, die Ziele der Befreiungsbewegung nahezubringen. So hatte er auch Generalleutnant Aschenbrenner beim Abschied gebeten, auf Vlasov einzuwirken, sich nach Möglichkeit ins neutrale Ausland, nach Spanien oder Portugal, zu begeben, um von dort aus zu versuchen, mit den Westmächten in Verbindung zu treten. Ein geeignetes Flugzeug mit dem Kapitän der Nachtschlachtstaffel, Hauptmann Antilevskij, wurde wenige Tage später bereitgestellt. Vlasov hat jedoch alle solche Angebote abgelehnt, da, wie er meinte, ein Führer seine Leute im kritischen Augenblick nicht verlassen dürfe. Am Abend des 25. April 1945 setzte Generalmajor Mal'cev die Kommandeure und Einheitsführer von dem Verhandlungsergebnis in Kenntnis und befahl ihnen, die Vorbereitungen der Waffenstreckung zu treffen. Selbst in dieser Stunde noch bemühte er sich, den Offizieren und Soldaten in den Einheiten, die er alle einzeln aufsuchte, etwas von seiner Zuversicht mitzuteilen. Freilich wußte er in der gegenwärtigen Lage auch keinen anderen Rat mehr, als auf die »demokratischen Prinzipien« und den »Gerechtigkeitssinn« der Amerikaner zu vertrauen: »Wir hoffen«, so erklärte er, »daß sie uns trotz allem unter ihren Schutz und in ihre Obhut nehmen werden[269].« Daß nicht alle diese Hoffnung teilten, zeigte sich am Abend des 26. April 1945, als der Chef der Sicherheitsabteilung, Major Tuchol'nikov, das eigenmächtige Verschwinden des Kommandeurs des Fliegerregimentes, Oberst Bajdak, von Major Klimovič und des Chefs der Propagandaabteilung, Major Al'bov, – alle drei Altemigranten – melden mußte. Gerade auf Major Al'bov, der von seiner zivilen Tätigkeit her über weitreichende Verbindungen zu anglo-amerikanischen Kreisen verfügte, hatte Mal'cev besondere Hoffnungen bei künftigen Unterhandlungen mit den Amerikanern gesetzt. Nun war er, wie sein Adjutant Pljuščev sich ausdrückte, »ohne Zunge« (bez jazyka).

Die Waffenniederlegung in Langdorf, zwischen Zwiesel und Regen, am 27. April 1945 vollzog sich dessen ungeachtet in voller Ordnung und ohne Anzeichen von Panik. Die Amerikaner begannen, die Offiziere umgehend von den Mannschaften zu trennen und die Kriegsgefangenen in drei Gruppen einzuteilen, so daß die militärischen Organisationsformen aufhörten zu bestehen. In die erste Gruppe fielen die Offiziere des Fliegerregimentes und ein Teil der Offiziere des Fallschirmjägerbataillons und des Flakregimentes. Diese Offiziergruppe, 200 Mann stark, wurde nach vorübergehender Internierung in der französischen Hafenstadt Cherbourg im September 1945 an die Sowjetunion ausgeliefert. Unter den Ausgelieferten befanden sich der Kapitän der Jagdstaffel, Major Byčkov, sowie der Chef des Lehrstabes der Fliegerschule und Kapitän der Transportstaffel, Major Tarnovskij, der, obwohl als Altemigrant den Auslieferungsbestimmungen gar nicht unterliegend, darauf bestanden hatte, das Schicksal der ihm eng verbundenen Kameraden zu teilen. Die rund 1600 Mann umfassende zweite Gruppe befand sich für einige Zeit in einem Kriegsgefangenenlager in der Nähe von Regensburg. Die 3000 Mann zählende dritte Gruppe wurde noch vor Kriegsende aus dem Kriegsgefangenenlager Cham nach Nierstein südlich von Mainz überführt – ein über diese Entfernung auffälliger Vorgang, der mit dem angeblichen Bestreben von Brigadegeneral Canine in Verbindung gebracht wird, die russischen Luftwaffensoldaten vor der Zwangsrepatriierung zu bewahren. Tatsächlich entging der größte Teil der in der zweiten und dritten Gruppe zusammengefaßten Kriegsgefangenen der Auslieferung, so daß insgesamt gesehen »das Schicksal der Truppenteile der Luftstreitkräfte des KONR nicht so tragisch verlief wie das Schicksal der 1. und 2. Division der ROA«[270].

Ein wahrhaft tragisches Ende aber fand der eigentliche Schöpfer und Befehlshaber der nationalrussischen Luftwaffe, der von seinen Soldaten verehrte Generalmajor Mal'cev, über den auch die Deutschen, die mit ihm in Berührung traten, nur achtungsvolle Worte finden. Mal'cev, zunächst noch in Begleitung der Majore Mettl' und Lantuch, wurde nach der Gefangennahme von der amerikanischen 3. Armee in Bad Tölz und anschließend vom CIC (Counter-Intelligence-Corps) und OSS (Office of Strategic Services) in dem Vernehmungslager Oberursel in der Nähe von Frankfurt eingehend vernommen. Nach seiner Überführung in ein Kriegsgefangenenlager für deutsche Generale in Cherbourg forderten die Sowjetbehörden, die seinen Aufenthaltsort ausfindig gemacht hatten, im August 1945 in aller Form seine Auslieferung. Es scheint, daß man auf amerikanischer Seite zunächst noch zögerte, denn erst auf wiederholte Vorstellung hin übergaben ihn die Amerikaner dem NKVD, der in Beauregard bei Paris ein exterritoriales Lager unterhielt. Generalmajor Mal'cev versuchte seinem Leben hier ein Ende zu machen. Er wiederholte den Versuch in einem streng bewachten sowjetischen

Militärhospital in Paris im Mai 1946, indem er sich die Venen an beiden Armen öffnete und sich tiefe Schnitte am Halse beibrachte[271]. Doch wurde er ohne Rücksichtnahme auf seinen äußerst bedenklichen Zustand nach Moskau geflogen. Die Öffentlichkeit erfuhr am 2. August 1946 durch eine lapidare Notiz in der »Izvestija« (Nachrichten), Mal'cev sei zusammen mit Vlasov und anderen von dem Militärkollegium des Obersten Gerichtes der UdSSR zum Tode verurteilt und hingerichtet worden.

Daß es sich bei dieser Personengruppe um die Generalität der Russischen Befreiungsarmee handelte, wurde damals nicht erwähnt. Es dauerte bis zum Jahre 1973, bis man eine vage Vorstellung von der Art der in diesem Geheimverfahren erhobenen Beschuldigungen erhielt. So wurde jetzt mitgeteilt, Mal'cev habe brutale Gewalt angewendet, um die im übrigen nur aus einer Staffel bestehenden »Luftstreitkräfte der ROA« zusammenzuzimmern. Vor dem Militärkollegium des Obersten Gerichtes der UdSSR trat als Belastungszeuge Byčkov auf, der jetzt aussagte, Mal'cev habe ihn in Moritzfelde Ende Januar 1945 aufgefordert, in die Luftwaffe der ROA einzutreten und ihn dabei so mißhandelt, daß er zwei Wochen im Lazarett habe zubringen müssen. Auch dort habe Mal'cev ihn nicht in Ruhe gelassen, ihm vielmehr angedroht, er werde ihn, wenn er sich weiterhin weigere, in ein »konclager'« (Konzentrationslager) einweisen lassen, wo er bald zugrunde gehen werde[272]. Der sowjetischen Regie sind indessen einige Fehler unterlaufen. Denn einmal handelte es sich bei Moritzfelde nicht um ein Kriegsgefangenenlager, sondern um ein Lager für ehemalige Angehörige der Luftstreitkräfte der Roten Armee, die sich längst freiwillig zur Verfügung gestellt hatten und zu diesem Schritt deshalb nicht mehr genötigt zu werden brauchten. Zum anderen befand sich das in der Nähe von Insterburg gelegene Moritzfelde im Januar 1945 längst in sowjetischer Hand. Und was schließlich den Zeugen, Major Byčkov, angeht, Helden der Sowjetunion und Träger des Leninordens und des Ordens der Roten Fahne, in der Luftwaffe der ROA Kapitän der Jagdstaffel »Oberst Kazakov«, so hatte er gemeinsam mit dem damaligen Oberst Mal'cev und mit dem Helden der Sowjetunion Oberleutnant Antilevskij schon im Frühjahr 1944 in den Kriegsgefangenen- und Ostarbeiterlagern öffentlich zum Kampf gegen das Stalinregime aufgerufen und innerhalb der Aviacionnaja gruppa auch persönlich an Feindflügen gegen die Truppen der Roten Armee teilgenommen. Reverend Pljuščev-Vlasenko, der ehemalige Adjutant von Generalmajor Mal'cev, bezeichnete die sowjetische Unterstellung denn auch mit Recht als eine »offenkundige Lüge«. Es mag immerhin als ein Zeichen gerade für die allerseits hervorgehobene hohe politische Moral der Luftwaffe der ROA gewertet werden, wenn derartige Methoden herhalten mußten, um ihren angeblichen Zwangscharakter zu beweisen und sie in ein ungünstiges Licht zu setzen.

Anmerkungen

220 Pljuščev-Vlasenko, Kryl'ja svobody, S. 1 ff., Archiv des Vf.
221 Ein Beitrag zur Frage des russischen Problems (Sonderstudien, H. 5), ChefGenSt 8. Abt, Nr. 61/44geh – Chef (Generalmajor Herhudt v. Rohden), 5. 10. 1944, BA-MA RL 2/v. 3858a.
222 Buchbender, Das tönende Erz, S. 331.
223 Pljuščev-Vlasenko, Kryl'ja svobody, S. 4 ff., Archiv des Vf.
224 Vgl. seinen 1942 erschienenen Erlebnisbericht »Konveer GPU« (je ein Exemplar befindet sich in der New York Public Library und in der Bibliothek der Universität Harvard).
225 Pljuščev-Vlasenko, Kryl'ja svobody, S. 9 ff., 41 ff., Archiv des Vf.
226 Einsatz von estnischen, lettischen und russischen Freiwilligen im Rahmen der Deutschen Luftwaffe, GenQu 2. Abt, Nr. 7469/44 off, 18. 3. 1944, BA-MA RL 5/1234; Einsatz von lettischen Fliegeroffizieren bei der Deutschen Luftwaffe, LwPersA, Nr. 581/44, 31. 3. 1944, ebd.; siehe auch Silgailis, Latviešu Legions, S. 383 ff., 272; Köhler, Der Einsatz der Luftwaffe, S. 41.
227 Fokin, Orly, in: Pljuščev-Vlasenko, Kryl'ja svobody, S. 48 f., dazu S. 12, 42, Archiv des Vf.
228 Siehe Anm. 221.
229 Russkie ljudi! Geroi Sovetskogo Sojuza B. Antilevskij, S. Byčkov, in: Dobrovolec, Nr. 26 (94), 29. 3. 1944; Pljuščev-Vlasenko, Kryl'ja svobody, S. 17 ff., Archiv des Vf.
230 Fedorov, Aviacija, S. 32; Koževnikov, Komandovanie, S. 24.
231 Pljuščev-Vlasenko, Kryl'ja svobody, S. 14 ff., 26 ff., 48, Archiv des Vf.
232 Strik-Strikfeldt, Gegen Stalin und Hitler, S. 158.
233 Siehe auch Russkie ljudi! Dorogie druz'ja!, Oberst Mal'cev, in: Dobrovolec, Nr. 26 (94), 29. 3. 1944.
234 Kromiadl an Verfasser, 26. 8. 1976.
235 Aufgaben und Entwicklung der Dienststelle »Inspizient für ausländisches Personal der Luftwaffe Ost« bei Durchführung der geplanten Aufstellung der »Luftwaffe der Russischen Befreiungsarmee«, Vortragsnotiz InspizfausländPersdLw Ost, Nr. 229/44geh, Oktober 1944, BA-MA RL 2 III/459.
236 LuftflKdo 1, FüAbt, Ic, Nr. 3750/43geh, an ChefdGenStdLw, Generaloberst Jeschonnek, 19. 5. 1943, BA-MA RL 2/v. 3058a.
237 Dislokation der Verbände der Luftwaffe der ROA, InspizfausländPersdLw Ost, Nr. 328/44geh, 23. 11. 1944, BA-MA RL 2 III/459.
238 Aufstellung der Luftwaffe der ROA, Der Reichsmarschall des Großdeutschen Reiches und Oberbefehlshaber der Luftwaffe, GenStGenQu 2. Abt (Pl/I), Nr. 15231/44gKdos, 19. 12. 1944, BA-MA RL 2 III/460.
239 Hakimoglu an Verfasser, 4. 10. 1976.
240 OKL, InspdostvölkPersdLw, Nr. 651/45geh, 28. 1. 1945, BA-MA RL 2 III/460.
241 Siehe Anm. 26; Kroeger an Steenberg, o. D., BA-MA Sammlung Steenberg; Pljuščev-Vlasenko, Kryl'ja svobody, S. 56 ff., Archiv des Vf.
242 Bezeichnung der Dienststellung und Disziplinarbefugnisse des Chefs der Luftwaffe der Streitkräfte der Völker Rußlands, Der Reichsmarschall usw., Vorentwurf, 14. 2. 1945, BA-MA RL 2 III/460; Aufstellung Dienststelle »Chef d.Lw.d.S.V.R.«, OKL, LwOrgSt (GenStGenQu 2. Abt.), Nr. 877/45gKdos, 4. 3. 1945, ebd.
243 Pljuščev-Vlasenko, Kryl'ja svobody, S. 79 ff., Archiv des Vf.
244 Kirill Aleksandrovič N. an Pozdnjakov, 8. 1. 1973, ebd.
245 Pljuščev, Glavnokomandujuščij – u russkich aviatorov, in: Volja Naroda, Nr. 12 (25), 18. 2. 1945.
246 Otkrytoe pis'mo russkich letčikov general-lejtenantu Vlasovu i general-majoru Mal'cevu, in: Naši Kryl'ja, 11. 3. 1945.
247 Pljuščev-Vlasenko, Kryl'ja svobody, S. 83 ff., Archiv des Vf.
248 Vorläufige Dienstanweisung für den Inspekteur des ostvölkischen Personals der Luftwaffe, lt. Vfg. GenSt 2. Abt, Nr. 27998/44geh, 23. 12. 1944, BA-MA RL 758b; Vorläufiger Dienst-

und Stellenplan für den Inspekteur des ostvölkischen Personals der Luftwaffe, ebd. »Mit sofortiger Wirkung wird anliegender vorläufiger Dienst- und Stellenplan für den Inspekteur des ostvölkischen Personals d.Lw. genehmigt«, OKL, LwOrgSt (GenStGenQu 2. Abt.), Nr. 2029/45geh, 1. 2. 1945, ebd.; vgl. auch Boog, Die deutsche Luftwaffenführung, S. 289.

249 Titov, Kljatvoprestupniki, S. 232.

250 Pljuščev-Vlasenko, Kryl'ja svobody, S. 82 ff., Archiv des Vf.

251 LuftflKdo Reich, OQU/ChefIng, Nr. 0100/273/45geh, 26. 2. 1945, BA-MA RL 2 III/460; OKL, LwOrgSt (GenStGenQu 2. Abt), 27. 2. 1945, ebd.; Flugzeugkennzeichnung für die Fliegertruppe der S.V.R., OKL, LwOrgSt (GenStGenQu 2. Abt), Nr. 2535/45geh, 3. 3. 1945, ebd.; Kennzeichnung der Flugzeuge SVR (Wlassow-Aktion), OKL, InspdostvölkPersdLw, Nr. 472/45geh, 28. 3. 1945, ebd.; Kennzeichnung der Flugzeuge der SVR, OKL, LwOrgSt (GenStGenQu 2. Abt), Nr 4415/45geh, 31. 3. 1945, ebd.

252 Sauvage, Un du normandie – niémen, préface du colonel Pouyade; Šimanov, »V nebesach …«, S. 81 ff.

253 Pljuščev-Vlasenko, Kryl'ja svobody, S. 80 f., 55 ff., Archiv des Vf.; Thorwald, Die Illusion, S. 318, fälschlich »Jäger«.

254 Aufbau Wlassow-Luftwaffe (1. Meldung), InspdostvölkPersdLw, Generalleutnant Aschenbrenner, an ChefdGenSt, General der Flieger Koller, Nr. 30/45gKdos, 14. 1. 1945, BA-MA RL 2 III/460; InspdostvölkPersdLw an GenStGenQu 2. Abt, Nr. 646/45geh, 30. 1. 1945, ebd.

255 Aufbau Wlassow-Luftwaffe (2. Meldung), Generalleutnant Aschenbrenner an GenStGenQu 2. Abt, Nr. 30/45gKdos, 9. 3. 1945, ebd.

256 Umwandlung Schlachtstaffel in Nachtschlachtstaffel der SVR, OKL, LwOrgSt (GenStGenQu 2. Abt), Nr., 4159/45geh, 28. 3. 1945, ebd.

257 InspdostvölkPersdLw an OKL, LwOrgSt (GenStGenQu 2. Abt), Nr. 481/45geh, 29. 3. 1945, ebd.; OKL, LwOrgSt an InspdostvölkPersdLw, Nr 4507/45geh, 5. 4. 1945, ebd.

258 LwOrgSt (GenStGenQu 2. Abt) an GenStGenQu 6. Abt, Nr. 2116/45geh, Februar 1945, ebd.; OKL, LwOrgSt (GenStGenQu 2. Abt), Nr. 907/ 45gKdos, 20. 2. 1945, ebd.

259 Pljuščev-Vlasenko an Verfasser, 22. 2. 1977, 20. 3. 1977.

260 Aufbau Wlassow-Luftwaffe (3. Meldung), InspdostvölkPersdLw, Generalleutnant Aschenbrenner, an GenStGenQu 2. Abt, Nr. 30/45gKdos, 12. 3. 1945, BA-MA RL 2 III/460.

261 Aufstellung eines russischen Telegrafenbauregiments, Der Deutsche General beim Befreiungskomitee der Völker Rußlands, Nr. 525/45geh, 8. 1. 1945, ebd.; Aufstellung der 1./LnTelegrBau-Regt »ROA«, GenNachFüdLw an GenStGenQu 2. Abt, Nr. 43495/45geh, 25. 1. 1945, ebd.; Aufstellung der I./LnTelegrBau-Regt »ROA«, OKL, LwOrgSt (GenStGenQu 2. Abt), Nr. 2175geh, 16. 2. 1945, ebd.

262 Pljuščev-Vlasenko, Kryl'ja svobody, S. 116 f., Archiv des Vf.

263 Artem'ev, Istorija Pervoj Russkoj Divizii, S. 17, ebd.; Pozdnjakov, Andrej Andreevič Vlasov, S. 348; Notz, Bericht über den Angriff der 1. Wlassow-Division, Archiv des Vf.; Pljuščev-Vlasenko an Verfasser, 20. 3. 1977.

264 Pljuščev-Vlasenko, Kryl'ja svobody, S. 110 ff., Archiv des Vf.

265 Aussprache mit Herrn Hakimoglu am 17. 5. 1977.

266 Pljuščev-Vlasenko, Kryl'ja svobody, S. 114 ff., Archiv des Vf.

267 In der Literatur, so bei Steenberg, Wlassow, S. 227, Tolstoy, Victims of Yalta, S. 289 ff., Auský, Vojska generála Vlasova, S. 96, 177, wird durchweg von einem »General Kennedy« gesprochen. Es handelt sich hierbei um eine Vermischung zweier Namensformen, die anscheinend auf einen Irrtum Prof. Oberländers zurückgeht, derselbe an Verfasser, 1. 6. 1976. Brigadier General R. J. Canine war Chef des Stabes, Major General Manton S. Eddy Kommandeur des XII. Korps der US-Army bis 20. 4. 1945.

268 Pljuščev-Vlasenko, Kryl'ja svobody, S. 119 ff., Archiv des Vf.; Strik-Strikfeldt, Gegen Stalin und Hitler, S. 235.

269 Pljuščev-Vlasenko, Kryl'ja svobody, S. 132 ff., Archiv des Vf.

270 Vypiski iz dnevnika general-majora Borodina, 4. 8. 1945, BA-MA MSg 149/46.

271 Titov, Kljatvoprestupniki, S. 232.

272 Tiškov, Predatel', S. 89 ff.

5
Kriegsgefangene der Deutschen
wurden Soldaten der ROA

Im Rahmen einer Darstellung der Geschichte der ROA stellt sich die Frage nach dem Weg der sowjetischen Soldaten von ihrer Zugehörigkeit zur Roten Armee an über die schicksalhafte Zwischenstation der deutschen Kriegsgefangenschaft bis hin zu ihrem Eintritt in die Armee des Generals Vlasov. Es bedarf eines besonderen Rückblickes in diesem Zusammenhang auf ihre dienstlichen Bindungen in der Roten Armee zur Zeit vor der Gefangennahme. Denn nur wer die Einstellung der Sowjetregierung den eigenen Soldaten gegenüber kennt, wird ermessen können, welch ein tiefgreifender Wandel sich in ihnen schließlich vollzog. Man muß sich daran erinnern, daß die sowjetischen Streitkräfte sich von jeher mit größtem Nachdruck darum bemüht hatten, einen jeden Rotarmisten zu einem »seiner sozialistischen Heimat grenzenlos ergebenen Kämpfer« zu erziehen, ihm ein »Gefühl der hohen Verantwortung [...] für die ihm anvertraute Aufgabe der Verteidigung der sozialistischen Heimat«, »Sowjetpatriotismus«, eine »hohe Moral, hervorragende Standhaftigkeit, Mut und Heldentum« einzuimpfen. Jeder Rotarmist war darauf vorbereitet worden, in Erfüllung »der heiligen Pflicht zur Verteidigung seines sozialistischen Vaterlandes« bis zur letzten Patrone, bis zum letzten Blutstropfen zu kämpfen. In welcher Weise dies zu geschehen hatte, darüber gibt Auskunft eine von der Politischen Verwaltung des Leningrader Militärbezirkes nach Beendigung des Krieges mit Finnland 1940 herausgegebene Schrift unter dem Titel »Ein Kämpfer der Roten Armee ergibt sich nicht«[273]. Diese für die Sowjetagitation überaus aufschlußreiche Veröffentlichung verfolgte die propagandistische Absicht, die Soldaten der Roten Armee dahin zu bringen, daß sie es, eingedenk bolschewistischer und angeblich auch russischer Tradition, geradezu als eine Selbstverständlichkeit ansehen, vor der Gefangennahme Selbstmord zu begehen, die letzte Kugel für sich selber aufzusparen, sich – und dies noch unter Anstimmen eines sowjetischen Liedes – eher lebendig verbrennen zu lassen, als sich dem Gegner zu ergeben. Psychologisch wurde sofort mit der Behauptung nachgeholfen, sowohl im Bürgerkrieg, im Kampf gegen die »Weißgardisten«, als auch 1939 im Krieg gegen Polen (die »Weißpolen«) oder 1939/40 im Krieg gegen Finnland (die »Weißfinnen«) sei Kriegsgefangenschaft gleichbedeutend gewesen mit einem »furchtbaren Foltertod« durch einen entmenschten Gegner. Die

»weißfinnischen Banden« insbesondere, die »finnischen Halsabschneider«, die »weißfinnischen Auswürfe der Menschheit« (einschließlich der finnischen Krankenschwestern) hätten ihr ganzes Bemühen darauf gerichtet, Kriegsgefangene und auch verwundete Sowjetsoldaten auf die grausamste Weise zu Tode zu foltern. Wer hiervon nicht so ganz überzeugt war, bekam noch ein weiteres und diesmal wirklich stichhaltiges Argument zu hören, daß nämlich schon eine bloße Kriegsgefangenschaft nach sowjetischer Auffassung und nach sowjetischem Recht einem »Verrat an der Heimat« gleichgestellt ist. »Solche aber«, so wurde drohend verkündet, »die sich aus Angst ergeben und damit die Heimat verraten, erwartet ein schändliches Schicksal [...] Haß, Verachtung und Fluch der Familie, der Freunde und des ganzen sowjetischen Volkes sowie ein schändlicher Tod.« Der Militäreid, der Artikel 58 des Strafgesetzbuches (Ugolovnyj Kodeks) der RSFSR und sonstige Dienstvorschriften, so das Reglement für den inneren Dienst (Ustav vnutrennej služby), ließen keinen Zweifel daran, daß eine Gefangengabe (sdača v plen) als »Überlaufen zum Feind«, »Flucht ins Ausland«, »Verrat« und »Desertion« in jedem Falle mit dem Tode bestraft werde[274]. »Gefangenschaft ist ein Verrat an der Heimat. Es gibt keine abscheulichere und betrügerischere Tat«, so heißt es, »den Verräter an der Heimat aber erwartet die höchste Strafe – die Erschießung.« Aller Indoktrination und aller Strafandrohung zum Trotz waren es im Gesamtverlauf des Krieges jedoch bekanntlich rund 5,24 Millionen[275], in den ersten Kriegsmonaten bereits 3,8 Millionen sowjetische Soldaten, die den Kampf einstellten und sich von den Deutschen und Verbündeten gefangennehmen ließen – ein aus der Sicht der Sowjetmacht ungeheuerlicher Vorgang. Die immer größeren Umfang annehmende, den Zusammenhalt der Roten Armee ernsthaft gefährdende Demoralisation, die sich auf einfache Rotarmisten ebenso erstreckte wie auf Offiziere, Politarbeiter und Generale, auf Parteimitglieder und auf Nichtparteimitglieder, auf Komsomolmitglieder und auf Nichtmitglieder des Komsomol, rief auf seiten der sowjetischen Führung schon wenige Wochen nach Kriegsbeginn die härtesten Reaktionen hervor[276]. Ein beredtes Beispiel dafür, daß sich das Mißtrauen Stalins sofort selbst auf die höchsten Truppenführer und Offiziere des Feldheeres erstreckte, war die Erschießung des Oberbefehlshabers der Westfront, Armeegeneral Pavlov, des Chefs des Stabes, General Klimovskich, des Chefs der Operationsabteilung, General Semenev, des Kommandeurs der Nachrichtentruppen, General Grigor'ev, des Artilleriekommandeurs, General Klič, und anderer Generale des Frontstabes bereits Anfang Juli 1941. Des Verrats bezichtigt und physisch vernichtet wurden, soweit bekannt geworden, der Oberbefehlshaber der 4. Armee der Westfront, Generalmajor Korobkov, der Kommandeur des 41. Schützenkorps der Nordwestfront, Generalmajor Kosobuckij, der Kommandeur der 60. Gebirgsschützendivision der Südfront, Generalmajor Selichov, der Kommandeur der 30. Schützendivision, Generalmajor Galaktionov, der Chef der Hauptverwaltung der Luftstreitkräfte der Roten Armee, Generalleutnant Ryčagov, und ungezählte andere hohe Offiziere[277].

Unter den verschiedenen Elementen, denen Stalin bereits am 3. Juli 1941 einen »schonungslosen Kampf« angesagt hatte, den »Desorganisatoren des Hinterlandes«, »Panikmachern«, »Verbreitern von Gerüchten«, nahmen die »Deserteure« genannten Sowjetsoldaten, die sich in deutsche Kriegsgefangenschaft begaben, bald den ersten Platz ein. Der von Stalin in seiner Eigenschaft als Vorsitzender des Staatlichen Verteidigungskomitees, von seinem Stellvertreter Molotov, von den Marschällen der Sowjetunion Budennyj, Vorošilov, Timošenko, Šapošnikov und von Armeegeneral Žukov unterzeichnete Befehl Nr. 270 des Hauptquartiers des Obersten Befehlshabers vom 16. August 1941[278], der bis hinab zu den Kompanien und vergleichbaren Einheiten bekanntgemacht wurde, sollte die anfangs noch wahllosen Repressionen gegen »Eingekreiste« und »Deserteure« jetzt auf eine breite Grundlage stellen. In diesem inhaltschweren Dokument wurden der bei Roslavl' gefallene Oberbefehlshaber der 28. Armee der Westfront, Generalleutnant Kačalov, der Oberbefehlshaber der 12. Armee der Südwestfront, Generalleutnant Ponedelin, der Kommandeur des 13. Schützenkorps, Generalmajor Kirillov, als »Feiglinge«, »Eidbrüchige« und »Verbrecher« gebrandmarkt einfach nur deshalb, weil sie von den Deutschen eingekreist und mit Teilen ihrer Truppen gefangengenommen worden waren. Den Angehörigen der Roten Armee wurde noch einmal die Verpflichtung eingeschärft, in jeder Lage und besonders in der Einkreisung »mit Selbstaufopferung bis zur letzten Möglichkeit«, das heißt bis zum Tode zu kämpfen. Die Vorgesetzten hatten fortan ihre Untergebenen, die Untergebenen ihre Vorgesetzten genau zu überwachen, und jeder von ihnen war verpflichtet, sowjetische Soldaten, die es vorzogen, sich gefangennehmen zu lassen statt zu sterben, mit allen Mitteln zu vernichten. Die Familien der Offiziere und Politarbeiter, die sich in die Kriegsgefangenschaft begaben, sollten als »Angehörige von Deserteuren« verhaftet werden, die Familien kriegsgefangener Rotarmisten jede staatliche Unterstützung oder Hilfe verlieren. In Übereinstimmung mit Artikel 58 des Strafgesetzbuches der RSFSR hatten jedoch auch einfache Rotarmisten im Falle der Gefangennahme mit der Verhaftung der Familienangehörigen und deren Übergabe an das Gericht beziehungsweise deren Deportation in die unwirtlichen Gebiete Sibiriens zu rechnen. Die Anwendung des Prinzips der Sippenhaft geht zweifelsfrei hervor aus dem Befehl Nr. 0098 des Kriegsrates der Leningrader Front vom 5. Oktober 1941 sowie aus Beuteakten der Hauptmilitärstaatsanwaltschaft (Glavnaja voennaja prokuratura) der UdSSR[279].

In den Befehlen Stalins, der STAVKA und der sowjetischen Kommando-behörden vom Sommer 1941 manifestierte sich jene Haltung, die der So-wjetstaat von seinem Bestehen an in der Kriegsgefangenenfrage eingenom-men hatte. Da es für die »Arbeiter- und Bauernmacht« eine Unmöglichkeit darstellte zuzugestehen, daß sich die revolutionären Soldaten der Roten Ar-mee in die Kriegsgefangenschaft des Klassenfeindes salvierten, hatte sich die Sowjetregierung bereits im Jahre 1917 nicht mehr als Signatar der Haager Landkriegsordnung betrachtet und es im Jahre 1929 auch abgelehnt, die Genfer Konvention zum Schutz der Kriegsgefangenen zu ratifizieren[280]. Wie Stalin, Molotov und andere hohe Funktionäre, unter ihnen die Botschafte-rin Kolontaj, mehrfach öffentlich erklärten, existierte in der Sowjetunion al-lein der Begriff von Deserteuren, Landesverrätern und Volksfeinden, nicht aber der von Kriegsgefangenen[281]. Es versteht sich bei einer solchen Haltung von selbst, daß man an einem Wohlergehen der in deutsche Hand gefallenen sowjetischen Soldaten kein Interesse haben konnte, sondern allein daran, daß es ihnen möglichst schlecht erging. Denn in diesem Falle ließ sich aus ihnen wenigstens noch propagandistisches Kapital schlagen in dem Sinne, daß man auf die Sowjetsoldaten eine abschreckende Wirkung erzielte und ihnen die Neigung austrieb, sich dem Klassenfeind künftig gefangenzuge-ben. Die in dem Befehl Nr. 270 des Hauptquartiers vom 16. August 1941 ent-haltene Aufforderung, sich gefangengebende Rotarmisten »mit allen Mitteln zu Lande und aus der Luft zu vernichten«, wurde denn auch in die Tat um-gesetzt, indem etwa die sowjetischen Luftstreitkräfte gezielte Bombenan-griffe gegen Kriegsgefangenenlager flogen. Ebenfalls ist erwiesen, daß so-wjetische Agenten in deutschen Gefangenenlagern, oft in der Rolle von Dolmetschern, Funktionären und Lagerpolizisten, ihr Bemühen darauf richteten, Repressalien der Gewahrsamsmacht gegen ihre Landsleute zu pro-vozieren, um deren Lage weiter zu erschweren[282]. Wie man mit Rotarmisten verfuhr, die in die Kriegsgefangenschaft des Gegners gefallen waren, sollte in aller Deutlichkeit nach Beendigung der Feindseligkeiten zutage treten. So waren bereits nach dem finnisch-sowjetischen Winterkrieg die aus Finnland repatriierten Sowjetgefangenen unter strenger Bewachung in entlegene Lan-desteile abtransportiert und seitdem nicht mehr gesehen und anscheinend liquidiert worden[283]. Als Volksfeinde und Landesverräter wurden nach dem Zweiten Weltkrieg auch alle Militärpersonen der Roten Armee behandelt, die sich in deutscher Kriegsgefangenschaft befunden hatten, unabhängig davon, ob dies aus eigenem Willen geschehen war, oder ob sie, wie etwa Major Ga-vrilov, der tapfere Verteidiger der Zitadelle von Brest, schwerverwundet dem Gegner in die Hände gefallen waren. Sie alle verschwanden in den Konzen-trationslagern des »Archipel GULAG« oder waren sonstigen schweren Drangsalierungen ausgesetzt[284].

Die Sowjetregierung, die, wie aus alledem hervorgeht, den sowjetischen Kriegsgefangenen gegenüber eine unwandelbar feindliche Haltung einnahm, verstand es gleichwohl, sich, mit Rücksicht vielleicht auf das Ansehen in Großbritannien und in den USA, den Anschein zu geben, als werde auch sie, wenn nicht gerade die Bestimmungen der Genfer Konvention von 1929, so doch die der Haager Landkriegsordnung von 1907 zur Grundlage der Gefangenenbehandlung machen[285]. So hatte Molotov sich in Beantwortung einer Initiative des Internationalen Roten Kreuzes vom 27. Juni 1941 unter der Voraussetzung der Gegenseitigkeit bereit erklärt, Vorschläge über Kriegsgefangene und den Austausch von Namenslisten entgegenzunehmen[286]. Am 1. Juli 1941 hatte der Rat der Volkskommissare der UdSSR einen mit den Bestimmungen der Haager Landkriegsordnung im Einklang stehenden Erlaß über die Stellung der Kriegsgefangenen in sowjetischer Hand (položenie o voennoplennych) herausgegeben[287]. Und am 17. Juli 1941 teilte die Sowjetregierung der Schutzmacht Schweden in einer Note offiziell mit, sie werde, auf der Grundlage der Gegenseitigkeit, wie es hieß, die Haager Landkriegsordnung als verbindlich betrachten[288]. Diese Verlautbarungen, dazu eine schon wieder verschleiernde Erklärung Vyšinskijs vom 8. August 1941[289] werden in manchen Veröffentlichungen noch heute als Zeichen dafür angeführt, daß die Moskauer Regierung bereit gewesen sei, die »Behandlung der beiderseitigen Gefangenen auf die Prinzipien der Menschlichkeit zu stellen«[290].

Daß auf sowjetischer Seite jedoch keineswegs die Absicht bestanden hat, die internationalen Konventionen zu respektieren, zeigt allein schon die Behandlung der offiziell als »Banditen« und »Bestien« hingestellten deutschen Soldaten in sowjetischer Hand. Nicht weniger als 90 bis 95 Prozent der in die Kriegsgefangenschaft der Sowjetunion gefallenen Wehrmachtangehörigen sind in den Jahren 1941/42 zugrunde gegangen[291], sofern sie nicht überhaupt schon bei der Gefangennahme ermordet wurden. Für denjenigen, der die Zusammenhänge kennt, gibt es auch nicht den geringsten Zweifel daran, daß man umgekehrt niemals im Ernst geplant haben kann, den sowjetischen Kriegsgefangenen den Schutz und die Privilegien etwa der Haager Konvention zu verschaffen. Denn die Sowjetregierung hat zugleich die Anwendung der wichtigsten Klauseln der Haager Konvention (Austausch von Gefangenenlisten, Zugang des Roten Kreuzes zu den Lagern, Zulassung des Brief- und Paketverkehrs) strikt verweigert und ist auch niemals mehr auf die Angelegenheit zurückgekommen. Alle unter Berufung auf die sowjetischen Zusagen vom Internationalen Roten Kreuz unternommenen Bemühungen um eine Vereinbarung oder selbst nur um eine Aussprache in Moskau wurden, wie schon einst analoge Bemühungen zur Zeit des Krieges der Sowjetunion gegen Polen 1939 oder gegen Finnland 1939/40, rundweg ignoriert[292]. Bereits am 9. Juli 1941 hatte das Internationale Rote Kreuz die Sowjetregierung von der Bereitschaft Deutschlands, Finnlands, Ungarns und Rumäniens, am 22. Juli auch von der Italiens und der Slowakei in Kenntnis gesetzt, Kriegsgefangenenlisten unter der Bedingung der Gegenseitigkeit auszutauschen. Am 20. August 1941 war eine erste deutsche Kriegsgefangenenliste übermittelt worden. Kriegsgefangenenlisten Finnlands, Italiens, Rumäniens wurden dem Internationalen Roten Kreuz ebenfalls übergeben und der von Molotov als Relais bestimmten Sowjetbotschaft in Ankara zugeleitet. Nicht einmal deren Empfang fand eine Bestätigung, geschweige denn, daß sich die Sowjetunion zu dem erforderlichen Prinzip der Gegenseitigkeit bekannt hätte[293]. Fehlende Gegenseitigkeit wurde von Hitler zu Beginn des Jahres 1942 zu dem für ihn damals willkommenen Anlaß, um von der in Aussicht genommenen und vom Auswärtigen Amt, vom Oberkommando der Wehrmacht und selbst vom Propagandaministerium befürworteten Übermittlung der Namen von 500 000 Sowjetgefangenen wieder abzurücken[294]. Angesichts des beharrlichen Schweigens der Sowjetregierung bemühte sich das Internationale Rote Kreuz über verschiedene Kanäle, so über die sowjetischen Botschaften in London und Stockholm, um die Genehmigung zur Entsendung eines Delegierten oder einer Delegation nach Moskau in der Hoffnung, die vermeintlichen Mißverständnisse auf dem Wege mündlicher Verhandlungen zu beseitigen. Die immer aufs neue gestellten entsprechenden Anträge blieben ohne jede Antwort[295]. Ebenso mußte die vom Internationalen Roten Kreuz geschaffene Möglichkeit von Hilfssendungen an sowjetische Kriegsgefangene in Deutschland ungenutzt verstreichen, weil die Sowjetunion auf entsprechende Ersuchen aus Genf nicht reagierte. Auch alle parallel hierzu durch die Schutzmächte, durch neutrale Staaten und selbst durch die Alliierten der UdSSR unternommenen Bemühungen um eine Vereinbarung in der Kriegsgefangenenfrage riefen in Moskau nicht die geringste Reaktion hervor. Das Internationale Rote Kreuz sah sich zu Anfang 1943 veranlaßt, die Sowjetregierung in einer formellen Botschaft an die am 27. Juni 1941 gegebene Zusage Molotovs zu erinnern und zugleich resignierend festzustellen, »qu'il avait offert ses services, sans résultat pratique dès le début des hostilités«. Eine Änderung des Zustandes trat indessen auch jetzt nicht ein. Wie die Sowjetunion die im Kriege geleisteten guten Dienste des Roten Kreuzes einschätzte, zeigte sich im Jahre 1945, als die in Berlin befindliche Delegation des IRK »brusquement« ihrer Arbeitsmöglichkeiten beraubt und ohne jede Begründung in die Sowjetunion deportiert wurde.

Bei den in deutscher Hand befindlichen Sowjetsoldaten handelte es sich, so läßt sich zusammenfassen, ausnahmslos um Menschen, die allein dadurch, daß sie sich hatten gefangennehmen lassen, anstatt kämpfend zu ster-

ben, der Ächtung durch ihre Regierung verfallen waren[296]. Und gerade diese
Millionen von Rotarmisten, die durch ihre Handlungsweise dem Sowjetregime gewollt oder ungewollt den Rücken gekehrt hatten, die potentiellen
Verbündeten der Deutschen also, waren den Schrecken und Leiden einer
Kriegsgefangenschaft ausgesetzt, die zum Teil mit dem Zusammenbruch des
Transportsystems auf dem östlichen Kriegsschauplatz zu erklären sind, für
die aber auch andere Gründe maßgebend gewesen sein müssen. Anders wäre
es ja nicht verständlich, warum gerade die Verhältnisse in den Kriegsgefangenenlagern des Generalgouvernements, in denen es nennenswerte Trans-
portprobleme nicht gab, oder selbst in denen des Reichsgebietes, verhee-
rende Ausmaße annahmen[297].

Eine jede Erörterung der Frage der Behandlung sowjetischer Kriegsgefangener in Deutschland hat indessen von der fundamentalen Tatsache der
Nichtanerkennung sowohl der Haager Landkriegsordnung von 1907 als
auch der Genfer Konvention von 1929 durch die Sowjetunion auszugehen.
Auch das Comité International de la Croix-Rouge hat diesen Umstand als
ausschlaggebend angesehen und klargestellt, daß Deutschland gegenüber
der Sowjetunion durch diese Verträge infolgedessen auch nicht gebunden
war. Versucht man vor diesem Hintergrund Klarheit über die Gründe für das
Schicksal der sowjetischen Kriegsgefangenen bis zum Frühjahr 1942 zu gewinnen, so schälen sich hauptsächlich drei Ursachen heraus. Einmal das
technische Unvermögen, besonders in der vorgerückten Jahreszeit, eine Millionenmasse vielfach schon in tödlich erschöpftem Zustand in die Kriegsgefangenschaft geratener Sowjetsoldaten angemessen zu versorgen. Zum
anderen gezielte Vernichtungsaktionen der Einsatzgruppen der Sicherheitspolizei und des SD, denen in der ersten Zeit die »untragbaren Elemente«, das
heißt vor allem politisch und rassisch Mißliebige, wenn auch bei weitem
nicht in der behaupteten Größenordnung, zum Opfer fielen, unter ihnen
auch Angehörige der Völker Turkestans und Kaukasiens, sehr oft gerade die
unversöhnlichsten Gegner des Sowjetregimes, die ob ihres bisweilen fremd-
artigen Aussehens als Prototypen eines als »asiatisch« oder »mongolisch«
mißverstandenen Bolschewismus erschossen wurden oder einfach nur deshalb, weil sie beschnitten waren[298]. Und schließlich, wenn auch in geringe-
rem Umfang und im einzelnen schwer nachweisbar, Handlungen oder Un-
terlassungen, die auf politischer Verblendung oder auf menschlicher
Gleichgültigkeit so manches Deutschen und gewiß auch so manches Wehrmachtangehörigen beruhten.

Über die Größenordnung der in deutschem Gewahrsam durch Hunger,
Seuchen oder Gewaltanwendung umgekommenen Rotarmisten gehen die
Schätzungen weit auseinander. Die in sowjetischen Veröffentlichungen aus
durchsichtigen Motiven genannte Anzahl von »Zehntausenden« oder selbst

»Hunderttausenden«[299] ist dabei ebenso unzutreffend wie die vor allem in der westdeutschen Publizistik kolportierte Anzahl von 3,3 Millionen oder selbst die noch jüngst genannte, immer noch zu hoch gegriffene Anzahl von 2,525 Millionen[300]. Eine kritische Analyse des unberücksichtigten Originales der vom Oberkommando der Wehrmacht zusammengestellten »Nachweisung des Verbleibs der Sowjet. Kr.Gef. nach dem Stand vom 1. 5. 1944«[301] und weiterer Unterlagen führt zu dem Ergebnis, daß die Anzahl der in deutscher Kriegsgefangenschaft ums Leben gekommenen Sowjetsoldaten bei 2,1 Millionen gelegen haben dürfte – verglichen mit 1,110–1,185 Millionen deutscher Gefangener, die in der Sowjetunion meist erst nach Kriegsende verstorben sind. Technisches Unvermögen dürfte die Hauptursache für das Massensterben gewesen sein, in einem bestimmten Umfang, wie ausgeführt, aber auch böser oder immerhin mangelnder guter Wille. Wie man dieses Geschehen auch bewerten mag, über eines gibt es keinen Zweifel, dem Stalinregime konnte der Umstand, daß in deutscher Kriegsgefangenschaft über 2 Millionen als »Deserteure«, »Verräter« und »Verbrecher« deklarierte sowjetische Soldaten zugrunde gingen, nur willkommen sein. Da sich nämlich die Zustände in den deutschen Kriegsgefangenenlagern in der Roten Armee und im Hinterland mit Windeseile herumsprachen, gewann die sowjetische Propaganda jetzt ein zugkräftiges Argument, um Sowjetsoldaten davon abzuhalten, sich den Deutschen gefangenzugeben. Der Schaden, den das anfänglich hohe Ansehen der Deutschen durch die Behandlung der sowjetischen Kriegsgefangenen genommen hatte, konnte nicht mehr ganz wettgemacht werden, auch als sich die Verhältnisse in den Kriegsgefangenenlagern nach dem Winter 1941/42 zu bessern begannen und sie sich bald erträglich gestalteten.

Wenn das Schicksal der in deutsche Kriegsgefangenschaft geratenen sowjetischen Soldaten in dem bekannten Protestschreiben des Reichsministers Rosenberg an den Chef des OKW, Generalfeldmarschall Keitel, am 28. Februar 1942 mit vollem Recht eine »Tragödie größten Ausmaßes« genannt wird[302], so wäre das Bild doch nicht vollständig, wollte man die frühzeitigen Bestrebungen ignorieren, die darauf hinausliefen, Leben und Gesundheit der sowjetischen Kriegsgefangenen zu erhalten. So hatte der Chef des Amtes Ausland/Abwehr des OKW, Admiral Canaris, bereits am 15. September 1941 in einer grundlegenden Denkschrift an den Chef des OKW eine Anwendung der Grundsätze des Völkerrechtes auch den sowjetischen Kriegsgefangenen gegenüber gefordert und zugleich Einspruch gegen die kurz zuvor ergangenen rigorosen Vorschriften des Allgemeinen Wehrmachtamtes des OKW in der Kriegsgefangenenfrage erhoben[303]. Was sich in dieser und ähnlichen Stellungnahmen im Gewande gleichsam militärisch-praktischer Begründung kundtat, war in Wahrheit, wie Keitel sofort mißbilligend feststellte, die »soldatische Auffassung vom ritterlichen Krieg«, die sich in den führenden Offizieren der Wehrmacht immer wieder Bahn brechen sollte. Als beispielhaft für diese Haltung sei das Bekenntnis des Generalfeldmarschalls v. Bock zu der unteilbaren Verantwortung des Heeres für »Leben und Sicherheit seiner Kriegsgefangenen« vom 9. November 1941 angeführt oder die Entschiedenheit, mit der etwa der Generaloberst der Luftwaffe Rüdel sich am 19. Dezember 1941 für eine menschliche Behandlung der sowjetischen Kriegsgefangenen aussprach[304]. Gar nicht hoch genug einzuschätzen in dieser Beziehung sind vor allem die praktischen Maßnahmen aus dem Verantwortungsbereich des Generalquartiermeisters im Generalstab des Heeres.

Der Generalquartiermeister hatte durch Erlasse vom 6. August, 21. Oktober und 2. Dezember 1941 Verpflegungssätze festgelegt, die verbindlich waren für die Ernährung aller in den besetzten Ostgebieten einschließlich der Bereiche Wehrmachtbefehlshaber Ukraine, Ostland und Generalgouvernement, ferner für die in Norwegen und Rumänien befindlichen sowjetischen Kriegsgefangenen[305]. Schon eine oberflächliche Prüfung dieser Verpflegungsnormen zeigt die völlige Haltlosigkeit des von gewisser Seite unternommenen Versuches, das Oberkommando des Heeres und den Generalquartiermeister ausgerechnet gerade dieser Erlasse wegen mit der »Vernichtungspolitik« Hitlers im Osten in Verbindung zu bringen[306]. Denn selbst die den nichtarbeitenden sowjetischen Kriegsgefangenen zugebilligten Rationen erwiesen sich in der Theorie nicht nur als grundsätzlich ausreichend, sie waren, um einen Vergleich zu geben, zum Teil sogar wesentlich höher als die der deutschen Normalverbraucher noch Jahre nach Beendigung des Zweiten Weltkrieges, können somit auch niemals eigentliche Ursache für das Massensterben gewesen sein. Dem Historiker stellt sich daher allein die Frage, ob die Verfügungen des OKH befolgt wurden oder auch nur befolgt werden konnten und aus welchem Grunde eine Befolgung gegebenenfalls unterblieb. Im Hinblick auf die großen Kesselschlachten im Herbst 1941 mit ihren riesigen Gefangenenzahlen ist dabei noch ein weiteres Moment zu berücksichtigen. Daß nämlich die sowjetischen Kriegsgefangenen »durch die lange Hungerperiode« vor und während des Kampfes – zum Teil hatten sie »6–8 Tage keinerlei Verpflegung in der Schlacht bekommen« – »selbst bei ausreichend zur Verfügung stehender Nahrung körperlich nicht mehr in der Lage waren, die entsprechende Nahrung aufzunehmen und zu verwerten. Aus fast allen Dulag wurde berichtet«, so der Quartiermeister beim Befehlshaber des rückwärtigen Heeresgebietes Mitte am 8. Dezember 1941, »daß Gefangene nach der ersten Nahrungsaufnahme einfach zusammenbrachen und tot liegenblieben.« Dieser tödliche Erschöpfungszustand[307], von dem übereinstimmend berichtet wird, mag erklären, warum beispielsweise auch von den 64 188 sowjetischen Soldaten in finnischer Kriegsgefangenschaft nicht weniger als 18 700 – fast ein Drittel – verstorben sind.

Allgemein läßt sich jedenfalls feststellen, daß die zuständigen Befehlshaber der rückwärtigen Heeresgebiete und die Kommandanten der rückwärtigen Armeegebiete sich im Rahmen ihrer begrenzten Möglichkeiten bemühten, die Lage der Kriegsgefangenen zu verbessern[308]. Bis in den September 1941 hinein scheint die Ernährung der Kriegsgefangenen denn auch einigermaßen ausreichend gewesen zu sein. Die sprunghafte Zunahme der Gefangenenzahlen nach den großen Schlachten im Herbst 1941 fiel zusammen mit der sich verschlechternden Versorgungslage des deutschen Ostheeres und schließlich mit dem völligen Zusammenbruch des Transportsystems. Dennoch sind im gesamten Operationsgebiet Bemühungen nachweisbar, die Unterkünfte, so gut es ging, winterfest zu machen und die »befohlenen«, »vorgeschriebenen«, »angeordneten« Verpflegungssätze wenigstens annähernd zu erreichen und, wenn nötig, fehlende Lebensmittelsorten durch andere zu ersetzen. Der Quartiermeister beim Befehlshaber des rückwärtigen Heeresgebietes Nord etwa hatte »allen Verpflegungsdienststellen und Verpflegungslagern sowie Wirtschaftskommandos« »strenge« Anweisung gegeben, »die laut OKH-Befehl zustehende Verpflegung für die Kriegsgefangenen-Lager bereitzustellen«. Ebenso versuchte der Quartiermeister beim Befehlshaber des rückwärtigen Heeresgebietes Mitte, »unter Ausnutzung sämtlicher vorhandener Möglichkeiten (Bäckereien, Gefangenenmühlen, Beutelager usw.) die Gefangenenverpflegung weitestgehend sicherzustellen«, obwohl die Nachschublage auch der deutschen Truppen im Mittelabschnitt katastrophale Ausmaße angenommen hatte. Für den Bereich der Heeresgruppe Süd mag die 11. Armee des Generalobersten v. Manstein angeführt werden, der es ungeachtet der schwierigen Nachschubverhältnisse »unter Ausnutzung aller sich bietenden Aushilfen« doch gelang, die »befohlenen Verpflegungssätze« wirklich auszugeben und durch ständige Kontrollen von »Verpflegung, Bekleidung und Unterkünften« den Gesundheitszustand der Kriegsgefangenen schon Ende 1941 so zu festigen, daß die Sterblichkeit – in diesem Abschnitt zumindest – auf ein Minimum herabsank.

Als Rosenberg in seinem verspäteten Protestschreiben an den Chef des OKW am 28. Februar 1942 eine »Behandlung der Kriegsgefangenen nach den Gesetzen der Menschlichkeit« forderte, war das Eis in Wirklichkeit bereits gebrochen[309]. Zwei Erlasse des OKH vom 7. und 16. März sowie ein Erlaß des OKW vom 24. März 1942 leiteten eine ganze Reihe von Maßnahmen ein, die zusammengenommen die Lebensverhältnisse der sowjetischen Kriegsgefangenen sowohl im OKH- als auch im OKW-Bereich von Frühjahr 1942 an Zug um Zug umgestalteten. Es gab zu dieser Zeit im übrigen bereits eine große Gruppe von Kriegsgefangenen, die eine »besonders bevorzugte Behandlung, Ernährung und Unterbringung« erhielten, die Angehörigen der nichtrussischen Minderheitenvölker nämlich, Turkestaner und Kaukasier, sowie auch die Kosaken, die alle als »gleichberechtigte Mitkämpfer« auch in die Reihen der Wehrmacht aufgenommen werden durften und denen, wie der zuständige Gruppenleiter in der Organisationsabteilung des Generalstabes des Heeres, Oberstleutnant i.G. Graf Stauffenberg, am 31. August 1942 ausdrücklich bekräftigte, »von vornherein« die deutschen Verpflegungssätze zustanden. Bald nachdem selbst Hitler sich »ganz eindeutig in längeren Ausführungen« für eine »absolut ausreichende Ernährung« der »Russen« ausgesprochen hatte[310], am 13. April 1942, unterstrich der Generalquartiermeister in einem »Merkblatt«, daß grundsätzlich allen sowjetischen Soldaten eine »ausreichende Ernährung und gute Behandlung [...] vom Zeitpunkt ihrer Gefangennahme an« zu gewähren sei[311]. Dieses Merkblatt des Generalquartiermeisters stellte geradezu den Grundsatz auf, die sowjetischen Kriegsgefangenen müßten es als ein »glückliches Los« empfinden, »diesen Krieg in gesicherter Lage zu überstehen.«

Wie dieses Ziel im einzelnen erreicht werden sollte, regelten verschiedene Erlasse und Richtlinien, die ganz bewußt an die Bestimmungen der Haager Landkriegsordnung anknüpften[312]. Neu geschaffen wurde im Juni 1942 die Stelle eines »Kommandeurs der Kriegsgefangenen im Operationsgebiet«, der Inspektions- und Anweisungsbefugnisse sowie das Recht hatte, Mängel in den Kriegsgefangeneneinrichtungen, die auf sein Ersuchen hin nicht abgestellt wurden, dem Oberbefehlshaber der Heeresgruppe zu melden. In einem Merkblatt des Generalquartiermeisters über den »Abschub neu angefallener Kriegsgefangener« wurde zu gleicher Zeit vorgeschrieben, den Kriegsgefangenen das persönliche Eigentum, Bekleidungs- und Ausrüstungsstücke einschließlich der Kochgeschirre und Feldküchen zu belassen, sie umgehend aus der Kampfzone zu entfernen, möglichst unter Vermeidung ermüdender Fußmärsche und unter Bereitstellung der notwendigen Verpflegung, um die Schreckensbilder der Elendszüge des vergangenen Jahres zu vermeiden[313]. Wie weiterhin bestimmt wurde, sollte die medizinische Versorgung der Verwundeten und Kranken gewährleistet werden und die Ernährung allgemein »nach deutschen Grundsätzen« erfolgen[314]. Im Rahmen einer seit 1942 abermals feststellbaren Verbesserung der Verhältnisse wurden die im Frühjahr notgedrungen etwas gesenkten Verpflegungssätze für alle in den besetzten sowjetischen Gebieten sowie in Norwegen, Frankreich, Belgien und Rumänien befindlichen Kriegsgefangenen durch Erlaß des Generalquartiermeisters vom 24. Oktober 1942 abermals angehoben[315]. Die von Dezember 1942 an vom OKH herausgegebenen »Besonderen Anordnungen für das Kriegsgefangenenwesen im Operationsgebiet (Osten)« erinnerten alle Kommandobehörden und Dienststellen noch einmal an die Pflicht zu einer »einwandfreien Behandlung und Erhaltung« der Kriegsgefangenen. Eine Kriegsgefangenenpost wurde eingerichtet, und an die Lagerinsassen wurden vermehrt Zeitungen (»Klič'« [Der Ruf] und »Zarja« [Die Morgenröte]) ausgegeben, die sich neben der politischen Beeinflussung auch darum bemühten, einen inneren Zugang zu ihren Lesern zu finden. So etwa stand die Ausgabe der Kriegsgefangenenzeitung »Klič« vom 5. April 1942 unter dem verheißungsvollen österlichen Motiv »Christos Voskresse« (Christ ist erstanden)[316].

Um der wirksamen sowjetischen Propaganda entgegenzuarbeiten und eigene Bemühungen um eine Zersetzung der gegnerischen Truppen zu unterstützen, legte das OKH frühzeitig Wert darauf, Überläufern eine bessere Behandlung als den gewöhnlichen Kriegsgefangenen angedeihen zu lassen. Nachdem der Generalquartiermeister bereits am 7. März 1942 entsprechende Richtlinien gegeben hatte, wurde die Frage durch den im Auftrage Hitlers vom Chef des Generalstabes des Heeres, General der Infanterie Zeitzler, am 20. April 1943 herausgegebenen Grundlegenden Befehl Nr. 13 endgültig geregelt[317]. Allen Angehörigen der Roten Armee (»Offizier, Politruk, Politischer Kommissar, Unteroffizier oder Mann«), die sich einzeln oder in Gruppen freiwillig gefangengaben, wurde jetzt eine bevorzugte Unterbringung, Verpflegung, Einkleidung und eine Behandlung entsprechend den Bestimmungen der von der Sowjetregierung ignorierten Genfer Konvention ausdrücklich garantiert. Die »Belassung von Geldmitteln, Wertsachen, Bekleidung, Dienstgradabzeichen, Ehrenzeichen«, also auch von sowjetischen Kriegsorden, wurde nun als eine Selbstverständlichkeit hingestellt[318].

Gleichzeitig bildete man bei allen Divisionen des Ostheeres, in den Armeegefangenen-Sammelstellen sowie in den Durchgangslagern »Russische Betreuungsstaffeln«[319], deren jede sich aus einem Offizier, vier Unteroffizieren und 20 Mannschaften der »ROA« zusammensetzte. Daß innerhalb der Organisation des deutschen Heeres nunmehr russische Offiziere, Unteroffiziere und Mannschaften selbständige Befugnisse im Hinblick auf die Betreuung und geistige Beeinflussung von Kriegsgefangenen erhielten, machte, wie man in Erfahrung brachte, auf Rotarmisten einen »nachhaltigen Eindruck«. Dieses neuartige Phänomen sollte denn auch wesentlich zu den Erfolgen der im Anschluß an den Grundlegenden Befehl Nr. 13 durchgeführten Propagandaaktion »Silberstreif« beitragen[320].

Wie hat sich nun die allgemeine und politische Einstellung der Sowjetsoldaten in den verschiedenen Phasen der Kriegsgefangenschaft entwickelt? Man hat auch hier davon auszugehen, daß die Rotarmisten sich schon durch die Tatsache ihrer Gefangenschaft in einen unüberbrückbaren Gegensatz zur Sowjetregierung gestellt hatten. Nach Beobachtungen des späteren Obersten der ROA Kromiadi, der als Mitglied einer Kommission des Ostministeriums von September bis Dezember 1941 die Kriegsgefangenenlager im Osten bereiste, war die »größte Mehrheit« der Kriegsgefangenen zu dieser Zeit »wenigstens im Unterbewußtsein antibolschewistisch« eingestellt. Seine Überzeugung, daß man diese Millionen »mit großem Erfolg für den antibolschewistischen Kampf« hätte einsetzen können, wurde von nicht wenigen kriegsgefangenen sowjetischen Generalen und anderen höheren Offizieren geteilt[321]. Zu denen, die so dachten und die den Deutschen Ratschläge gaben, wie man das Stalinregime würde stürzen können, gehörten der Oberbefehlshaber der 22. (20.) Armee, Generalleutnant Eršakov, der Kommandeur des 49. Schützenkorps, Generalmajor Ogurcev, der Kommandeur des 8. Schützenkorps, Generalmajor Snegov, der Kommandeur der 72. Gebirgsschützendivision, Generalmajor Abranidze, der Kommandeur der 102. Schützendivision, Generalmajor Besonov, der Kommandeur der 43. Schützendivision, Generalmajor Kirpičnikov, und andere mehr. Wie der kriegsgefangene Kommandeur des 21. Schützenkorps, Generalmajor Zakutnyj, dem Kommandanten des Oflag XIII d (Wehrkreis Nürnberg), Oberst Toelpe, im Oktober 1941 meldete, waren von zehn in diesem Lager befindlichen sowjetischen Generalen, und zwar außer Zakutnyj die Generale Truchin, Blagoveščenskij, Egorov, Kulikov, Tkačenko, Sibin, unter gewissen Voraussetzungen auch Alaverdov und der bewährte Oberbefehlshaber der 5. Armee, Potapov, bereit, »aktiv an einem Kampf gegen die Sowjet-Union als Hochburg des Weltkommunismus« teilzunehmen. Zakutnyj glaubte sich dafür verbürgen zu können, daß die »Mehrzahl der Offiziere des ukrainerweißruthenischen Blockes und etwa die Hälfte aller Stabsoffiziere Anhänger eines sozialen und politischen Aufbaues in Rußland auf nationaler Grundlage« seien.

Bemerkenswert war die Haltung des bereits erwähnten Oberbefehlshabers der sowjetischen 19. Armee und der gesamten bei Vjaz'ma im Oktober 1941 eingeschlossenen Kräftegruppierung (19. Armee, 20. Armee und die in ihrem Bestand aufgegangene 16. Armee, 32. Armee, 24. Armee sowie die operative Gruppe Boldin), Generalleutnant Lukin. Dieser prominente Armeeführer, einst in der Vertrauensstellung eines Kommandanten der Garnison der Stadt Moskau und nach seiner Rückkehr aus der Kriegsgefangenschaft erst nach monatelangen Kriminaluntersuchungen rehabilitiert, war bis zu seinem Tode im Jahre 1970 Mitglied des sowjetischen Komitees der Kriegsveteranen. In der Sowjetunion lebt er fort »als ein treuer Sohn der Kommunistischen Partei«, als ein General, der »sein ganzes bewußtes Leben dem grenzenlosen Dienst am Vaterland, der Sache der Kommunistischen Partei weihte«, wobei übergangen wird, daß auch er nach seiner Gefangennahme den Deutschen, wenngleich als russischer Patriot, so doch als offener Gegner des Sowjetregimes gegenübergetreten war.

»Der Bolschewismus«, so hatte er die Einstellung der breiten Massen in der Sowjetunion im Dezember 1941 charakterisiert, »konnte bei den Völkern der heutigen Sowjetunion nur infolge der nach dem Weltkriege bestehenden Konjunktur Fuß fassen. Dem Bauer wurde Land, dem Arbeiter Beteiligung an der Industrie versprochen, Bauer und Arbeiter sind belogen worden. Wenn der Bauer heute nichts mehr besitzt – wenn der Durchschnittsarbeiter 3–500 Rubel im Monat verdient (und dafür nichts kaufen kann!) – wenn Elend und Terror herrschen und vor allen Dingen eine Freudlosigkeit am Leben –, dann werden Sie verstehen, daß diese Menschen ihre Befreiung vom bolschewistischen Joch dankbar begrüßen müßten[322].«

Die nach kompetentem Urteil anfangs weitverbreitete Bereitschaft der Sowjetsoldaten, in den Deutschen ihre Befreier zu sehen und mit ihnen gemeinsam gegen den Bolschewismus zu kämpfen[323], war nach den Erlebnissen der Kriegsgefangenschaft allerdings einer tiefen Ernüchterung gewichen. Unter dem Eindruck des Schreckenswinters 1941/42 wurde das deutsche System daher vielfach nicht weniger abgelehnt als das sowjetische, und man begann sich zu fragen, wer denn eigentlich der größere Feind sei, Stalin oder Hitler. Nicht daß es den Deutschen bei der seit 1941/42 anlaufenden Aufstellung von Osttruppen an Freiwilligen aus den Reihen der Kriegsgefangenen gemangelt hätte. Die Anzahl ehemaliger Rotarmisten, die aus welchen Gründen auch immer bereit waren, das Los eines Kriegsgefangenen mit dem eines Soldaten oder Hilfswilligen auf deutscher Seite zu vertauschen, war stets groß genug und ging schon in der Frühzeit in die Hunderttausende. Doch immer entscheidender wurde jetzt die Frage nach dem politischen Sinn ihres Kampfes. Daß die Russen sich auf die Dauer nicht für deutsche, sondern nur für eigene nationale Ziele einsetzen würden, dies hat mit aller Deutlichkeit bereits Generalleutnant Lukin ausgesprochen. Lukin machte sich gleichsam zum Sprecher aller anderen kriegsgefangenen Generale, als er am 12. Dezember 1941 in seinen von Rosenberg auch Hitler zugeleiteten Ausführungen spontan die Einsetzung einer russischen Gegenregierung forderte, um dem russischen Volk und den Rotarmisten vor Augen zu führen, daß man wohl »gegen das verhaßte bolschewistische System« und doch zugleich für die Sache des eigenen Vaterlandes eintreten könne. »Russen stehen auf seiten des sogenannten Feindes«, so faßte er seine Gedanken zusammen, »also ist es kein Landesverrat, zu ihnen überzugehen, sondern nur eine Abkehr vom System [...]. Auch die prominenten russischen Führer werden sicherlich darüber nachdenken, vielleicht auch solche, die noch etwas tun könnten! Es sind ja nicht alle Prominenten geschworene Anhänger des Kommunismus.« Unzweifelhaft hatte das Ansehen der Deutschen nach dem ersten Kriegswinter schweren Schaden genommen, und kostbare Zeit war vertan. Allein das Beispiel gerade des Generals Vlasov und anderer 1942 gefangengenommener oder übergelaufener Truppenführer, so des Kommandeurs des 1. Selbständigen Schützenkorps, Generalmajor Šapovalov, des Kommandeurs der 41. Schützendivision, Oberst Bojarskij, des Kommandeurs der 126. Schützendivision, Oberst Sorokin, des Kommandeurs der 1. Luftlandebrigade, Oberst Tarasov, und anderer[324], zeigt, welche Möglichkeiten auch zu dieser Zeit noch bestanden haben. Dies läßt sich in besonderem Maße auch den Ausführungen des am 21. Dezember 1942 nordwestlich von Stalingrad gefangengenommenen Oberbefehlshabers der 3. Gardearmee, Generalmajor Krupennikov[325], entnehmen, eines Mannes, nach dem Urteil von Botschaftsrat Hilger, »von gemessener und höflicher Würde«, »der sich erst nach schweren inneren Kämpfen zu den Aussagen, die er den deutschen militärischen Stellen gemacht, bereit gefunden hat« und bei dem deshalb »ein erhebliches Maß von Zuverlässigkeit vorausgesetzt werden« könne. Krupennikov kritisierte mit Schärfe die Besatzungspolitik der Deutschen im Osten und bezeichnete es als einen kardinalen Fehler, sich »im Kriege gegen die Sowjetunion« allein »auf die Kraft der eigenen Armee« zu verlassen. Noch immer hielt er indessen die Aufstellung einer russischen Freiwilligenarmee aus kriegsgefangenen Rotarmisten zum Kampf gegen das Sowjetregime für möglich. Als unumgänglich aber erklärte er die Schaffung einer politischen Grundlage für eine solche russisch-deutsche Zusammenarbeit. Deutschland müsse in seinen Kriegszielen den Völkern Rußlands die Gewißheit verschaffen, nicht als »minderwertige Kolonialvölker«, sondern als »gleichberechtigte Mitglieder« der »europäischen Völkerfamilie« behandelt zu werden. Notwendig sei vor allem die Bildung einer russischen Gegenregierung. Nur unter dieser Voraussetzung würde sich seiner Meinung nach eine zahlenmäßig starke und zuverlässige, in Korps und Divisionen gegliederte russische Nationalarmee aufstellen lassen. General Krupennikov rechnete in diesem Fall auch jetzt noch mit einem »großen Zuzug aus den Kriegsgefangenenlagern«. Von den in deutscher Gefangenschaft befindlichen Offizieren seien »seiner Schätzung nach 70 Prozent bereit, gegen das Sowjet-System zu kämpfen«.

Was die Armeeführer Generalleutnant Eršakov, Generalleutnant Lukin, Generalmajor Krupennikov und andere Generale offen aussprachen und die kriegsgefangenen Oberbefehlshaber der 5. Armee, Generalmajor Potapov, der 6. Armee, Generalleutnant Muzyčenko, und der 12. Armee, Generalleutnant Ponedelin, in freundlichen Unterredungen zumindest anklingen ließen[326], war die Forderung nach der Anerkennung Rußlands als eines Verbündeten als Vorbedingung für ein politisch-militärisches Zusammenspiel.

Echte Zusagen in dieser Hinsicht waren ausgeblieben, aber es gab, wie erwähnt, ab 1942 doch einige Vorgänge, die darauf hindeuteten, eine solche Anerkennung werde sich bald nicht mehr umgehen lassen, so das erste öffentliche Auftreten des Generals Vlasov, sein in Millionen von Exemplaren verbreiteter »Offener Brief«, der Aufruf des »Smolensker Komitees« und andere Verlautbarungen und nicht zuletzt die Tatsache, daß alle »in die Wehrmacht eingereihten russischen Hilfswilligen sowie die russischen Freiwilligen in den landeseigenen Verbänden« sich seit April 1943 als Angehörige einer »Russischen Befreiungsarmee« beziehungsweise eines »Ukrainischen Befreiungsheeres« betrachten durften[327]. Nicht Erwägungen grundsätzlicher Art, sondern allein der Umstand, daß man von weiteren Maßnahmen im Zusammenhang mit der Bildung einer russischen Regierung und einer nationalen Armee bald nichts mehr hörte, ließ viele Kriegsgefangene resignieren und auch die genannten Generale von jeder Zusammenarbeit mit den Deutschen Abstand nehmen.

Die geistig-politische Verfassung der sowjetischen Kriegsgefangenen blieb somit zwiespältig. Zwar hatte sich ihre materielle Lage seit 1942 gebessert und bald soweit normalisiert, daß ein bloßes Überleben in den Lagern für sie überhaupt keine Frage mehr war. Die Wirkung der um die gleiche Zeit einsetzenden national-russischen Propaganda wurde zum Teil aber wieder aufgehoben, weil letzte Entscheidungen von deutscher Seite ausblieben. Diesen Mangel machten sich sofort die sowjetischen Agenturen in den Kriegsgefangenenlagern zunutze, die ihre Taktik jetzt gründlich umstellten. Nachdem sie in der ersten Zeit versucht hatten, die Deutschen zu harten Repressalien gegenüber ihren Landsleuten zu provozieren, begannen sie nunmehr eine geschickte Agitation zu entfalten, indem sie den Sieg der Sowjetunion in diesem Krieg als sicher hinstellten, auf angeblich tiefgreifende Wandlungen im Inneren der Sowjetunion hinwiesen, auf die Anknüpfung an nationale Traditionen, die Wiedererweckung des religiösen Lebens und die für Kriegsende geplante Auflösung der so verhaßten Kolchozen. Terror bis zum Mord wurde jetzt nur noch im Einzelfall gegen gefährliche Gegner des Sowjetsystems ausgeübt[328]. Der Erfolg solcher Bemühungen zeigte sich darin, daß viele Kriegsgefangene sich auf eine Rückkehr in die Heimat einzurichten begannen, sie nach einem Alibi suchten und es vermieden, im antisowjetischen Sinne in Erscheinung zu treten. In den Lagern der im Einklang mit der Haager Konvention von der Arbeitspflicht befreiten Offiziere, die mehr Muße als sonstige Gefangene hatten und die sich untereinander meist näher kannten, war es jetzt bisweilen so, daß der einzelne sich wie seine Kameraden verhielt. Es ist das Wort überliefert »Kak vse! Vse idut v ROA, idu i ja« (Wie die anderen! Wenn die anderen in die ROA eintreten, trete ich auch ein)[329]. So hatten sich etwa im Offizierlager Vladimir-Volynsk im Juni 1943 von 600 kriegsgefangenen Offizieren alle bis auf 30 in einer Eingabe zum Eintritt in die, wie sie meinten, bereits existierende »Vlasov-Armee« bereit erklärt[330]. Propagandisten der Befreiungsarmee, wie der damalige Oberstleutnant Pozdnjakov, der im Jahre 1944 militärische Spezialisten anzuwerben suchte, mußten dagegen die Beobachtung machen, daß manche Offiziere nur noch unter vier Augen und nicht mehr in der Öffentlichkeit geneigt waren, mit ihnen zu sprechen.

Der große Widerhall auf die Gründung des KONR und auf die Verkündung des Prager Manifestes am 14. November 1944 sollte noch einmal deutlich machen, in welchem Maße der Wunsch, der Sache eines nationalen Rußland zu dienen, lebendig geblieben oder zumindest zu erwecken war. In dieser Hinsicht finden alle Behauptungen der sowjetischen Publizistik über das Zustandekommen der ROA eine gründliche Widerlegung. Sowjetische Veröffentlichungen, sofern sie überhaupt begründen, wie es kam, daß Sowjetsoldaten Kriegsdienste der verhaßten »deutschen Okkupanten« nahmen, führen an erster Stelle direkte oder indirekte Gewaltanwendung bei der Anwerbung an. Immer wieder wird auf den »unerträglichen Hunger und die beispiellosen Folterqualen« der Gefangenen in den »Konzentrationslagern« genannten Kriegsgefangenenlagern verwiesen, denen diese Menschen nicht zu widerstehen vermochten[331]. Die durch »Hunger und Folterungen« erschöpften und »bis zur Verzweiflung getriebenen Kriegsgefangenen« seien unter »Androhung der physischen Vernichtung« gezwungen worden, in die Russische Befreiungsarmee einzutreten. »Wer nicht willig war, der wurde erschossen«, oder, wie es an einer Stelle heißt, mit schwerster Arbeit bestraft. In diesem Sinne zeigte noch ein im Jahre 1974 der französischen Öffentlichkeit vorgeführter sowjetischer Propagandafilm über die Schlacht bei Kursk eine Szene, in der die Gestalt des Generals Vlasov ausgemergelte Häftlinge, die sich weigerten, in seine Armee einzutreten, kurzerhand beseitigen ließ.

Wie sinnlos jedoch das Unterfangen ist, das Entstehen der Befreiungsarmee mit der physischen Notlage der Kriegsgefangenen und gewaltsamen Werbemethoden in Verbindung zu bringen, geht schon aus der einfachen Tatsache hervor, daß sich die Lage der Kriegsgefangenen, als die Vlasov-Armee aufgestellt wurde, ja auch schon zum Zeitpunkt der Aufstellung der Osttruppen, längst normalisiert hatte. »Es ist notwendig, mit Nachdruck zu unterstreichen«, so schrieb ein Offizier der ROA später, »daß die Ernährung in den Kriegsgefangenenlagern zu dieser Zeit zufriedenstellend war. Daher war das Streben der Leute, in die ROA einzutreten, nicht von Hunger diktiert.« Vlasov dürfte im übrigen ja auch kein Interesse daran gehabt haben, unwillige Kriegsgefangene in seine Streitkräfte einzustellen. Bereits die Deutschen hatten bei der Rekrutierung ihrer Osttruppen frühzeitig Wert auf das Freiwilligenprinzip gelegt, wie denn beispielsweise selbst Hitler in der Weisung 46 (Richtlinien für die verstärkte Bekämpfung des Bandenunwesens im Osten) vom 18. August 1942 den weiteren Ausbau »landeseigener Verbände« davon abhängig gemacht hatte, daß »unbedingt zuverlässige und einsatzfreudige Mannschaften auf freiwilliger Grundlage zur Verfügung stehen«[332]. Nach der Verfügung des Oberkommandos des Heeres/Generalstab des Heeres 5000 vom 29. April 1943 war die Übernahme von Kriegsgefangenen ohne »scharfe Auslese«, Ableistung einer Probezeit von mehreren Monaten und einer feierlichen Vereidigung ausdrücklich verboten[333]. Unter diesen Umständen findet sich in der Sowjetliteratur bisweilen auch die Version, nach der es den »Hitleristen« wohl gelungen sei, Freiwillige zu gewinnen, doch nur »mit Hilfe einer demagogischen Propaganda, jedweder Versprechungen, Entfachen nationalen Zwistes«[334]. Diese Freiwilligen werden andererseits auch wieder definiert als »ehemalige Kulaken, Krämer, verschiedene Art nationalistisches und verkommenes Gesindel«. Daß durchschnittliche sowjetische Soldaten und Offiziere ihren Weg in die ROA aus freiem Antrieb gefunden haben, kann natürlich niemals zugegeben werden. Denn das würde ja dem Dogma von der moralisch-politischen Einheit der Gesellschaft der Sowjetunion, von dem »opferbereiten Patriotismus des Sowjetvolkes«, das sich in »grenzenloser Ergebenheit« um die Kommunistische Partei scharte, zutiefst widersprechen. Nur an einer Stelle, bezeichnenderweise in einer Veröffentlichung aus der nachstalinistischen Ära des »Tauwetters«, sollten die tieferen politischen Motive einmal kurz anklingen. So macht Byčkov in seinem Werk über die Partisanenbewegung die »dem Sowjetstaat fremden politischen Fehler und Rechtsverletzungen« Stalins, »linke Übergriffe bei der Durchführung der Kollektivierung, Massenrepressalien 1937–1939, unbegründet verdächtigendes Verhalten gegenüber den in Einkreisung befindlich gewesenen Sowjetsoldaten usw.« dafür verantwortlich, daß die »Hitleristen« außer »klassenfeindlichen und zurückgebliebenen Elementen auch einen gewissen Teil der Zivilbevölkerung und der Kriegsgefangenen« zu gewinnen vermochten[335].

Wenn also schon die Deutschen eine hier zugegebenermaßen vorhandene Mißstimmung für ihre Zwecke zu nutzen verstanden, um wieviel eher mußte dies dem General Vlasov gelingen, der nationalrussische Ziele proklamierte! Nachdem die Vorgänge in Prag vom 14. November 1944 bekanntgeworden waren, enthüllte sich in der Tat noch einmal das Bild eines echten patriotischen Aufbruches. In der persönlichen Kanzlei des Generals Vlasov zu Berlin-Dahlem, Brümmerstraße 34, lief in den folgenden Tagen und Wochen eine wachsende Flut zum Teil begeisterter Zuschriften der in Deutschland befindlichen Russen (Kriegsgefangene, Ostarbeiter, Flüchtlinge) ein[336]. Laut Aussage des Vertrauten Vlasovs, Sergej Fröhlich, bewarben sich nach der Verkündung des Prager Manifestes täglich 2500 bis 3000 Freiwillige um den Beitritt in die ROA. Allein am 20. November 1944 wurden 470 Sammeltelegramme aus Kriegsgefangenenlagern registriert, 298 von ihnen waren von 43 511 Kriegsgefangenen unterschrieben, 172 weitere im Namen »aller« Angehörigen des betreffenden Stammlagers oder Arbeitskommandos abgegangen. Unter Hinzurechnung von Einzelbriefen haben an diesem einen Tage weit über 60 000 Kriegsgefangene ihre Bereitwilligkeit erklärt, die Waffe in die Hand zu nehmen und unter der Führung Vlasovs für die Ziele des Prager Manifestes zu kämpfen. Ende November 1944 soll die Anzahl der Solidaritätserklärungen auf 300 000 angelaufen sein. Die Kanzlei des Chefs des Stabes der Befreiungsarmee und Stellvertretenden Oberkommandierenden, Generalmajor Truchin, die an einem Tage bis zu 500 Briefe erhielt, erklärte sich am 16. Dezember 1944 in der Zeitung »Volja Naroda« öffentlich außerstande, alle Gesuche zu bearbeiten[337]. Und das Präsidium des KONR sah sich am 23. Dezember 1944 gezwungen, in der Presse zu verbreiten, daß es unmöglich sei, die Bitten aller Bewerber um Aufnahme in die Streitkräfte der Völker Rußlands zu berücksichtigen. Dieselben mußten vertröstet und darauf hingewiesen werden, daß das Schicksal der Befreiungsbewegung nicht allein durch den Kampf an der Front, sondern ebenso auch durch hingebungsvolle Arbeit in der Industrie und Landwirtschaft des Hinterlandes entschieden werde[338].

Zur selben Zeit, im Dezember 1944, bereiste der damalige Oberst Zverev die Kriegsgefangenenlager in Norwegen, um dort für die Ziele der Russischen Befreiungsbewegung zu werben. Als Ergebnis seiner Bemühungen erklärten »Tausende sowjetischer Kriegsgefangener« (die Angaben bewegen sich zwischen 10 000 und 20 000), unter ihnen unzählige erst kurz zuvor gefangengenommene Sowjetsoldaten ihre Bereitschaft, in die ROA einzutreten. Dieser von Oberst Zverev und dem ehemaligen Kommandanten der Stadt Lenigrad, Oberst Anan'in, auf einer Pressekonferenz in Oslo bekanntgegebene Erfolg wurde in der gesamten norwegischen Presse in großer Aufmachung behandelt[339]. Daß es sich bei solchen Angaben nicht etwa um Übertreibungen handelte, wird durch den der Vlasovbewegung skeptisch gegenüberstehenden General der Freiwilligenverbände im OKH, General der Kavallerie Köstring, bestätigt, der von »vielen Zehntausenden von Freiwilligen« sprach, »die bereit waren, sich Wlassow als Kämpfer zu unterstellen«. Köstring hat die Überführung der Kriegsgefangenen aus Norwegen in den »Hexenkessel Deutschland« einfach aus dem Grunde nicht gefördert, weil sie »bei dem Waffenmangel doch nichts nutzen konnten«[340]. Oberst Kromiadi, der als Chef der persönlichen Kanzlei Vlasovs einen guten Einblick in die Verhältnisse hatte, hebt zugleich den Opfersinn der doch nahezu mittellosen Kriegsgefangenen und Ostarbeiter hervor, die mitunter das letzte Geld

oder sonstige Habseligkeiten hergaben, um der Russischen Befreiungsbewegung zu dienen[341].

Wenn man also mit gutem Grund davon ausgehen kann, daß das Personal
zur Auffüllung der ROA grundsätzlich zur Verfügung stand, so ergab sich
doch zeitweise ein Mangel an Spezialisten für die technischen Waffen. Am
Beispiel der Luftwaffe soll gezeigt werden, wie man diesen Mangel zu behe-
ben suchte. Als die Aufstellung der Luftwaffe der ROA Ende Oktober 1944
beschlossene Sache war, erließ die persönliche Kanzlei des Generals Vlasov
eine Kundmachung in russischen Zeitungen, die zu beachtlichen Resultaten
führte[342]. So erklärten sich auf Anhieb etwa 2000 Flugzeugführer, Navigatoren, Bordschützen, Aviatechniker, Flakartilleristen und anderes Spezialpersonal zum Dienst in der ROA bereit. Die noch fehlenden 3000 Mann gedachte der Inspizient für ausländisches Personal der Luftwaffe Ost, den
Vorschlägen von Oberst Mal'cev entsprechend, den 22 500 russischen Freiwilligen und den 120 000 Kriegsgefangenen zu entnehmen, die zu dieser Zeit
noch in der deutschen Luftwaffe tätig waren und die einen hohen Prozentsatz des Flakbehelfspersonals und der Luftwaffenbausoldaten ausmachten.
Natürlich bedeutete dies nicht etwa, wie behauptet, daß Vlasov von Göring
nun die Verfügungsgewalt über alle sowjetischen Kriegsgefangenen erhielt,
die für »Arbeiten in der deutschen Luftwaffe ausgenutzt wurden«. Dem
Oberbefehlshaber der Streitkräfte des Komitees zur Befreiung der Völker
Rußlands war nur allgemein das Recht zuerkannt worden, »im Einvernehmen mit den Wehrmachtteilen und deren Dienststellen nach vorher festgelegten Richtlinien« Werbungen und Einberufungen durchzuführen. Für die
Luftwaffe erteilte der Reichsmarschall in seinem Aufstellungsbefehl vom
19. Dezember 1944 die Genehmigung zur Durchführung einer entsprechenden Freiwilligenwerbung unter den »russischen Kriegsgefangenen sowie
russischen Freiwilligen (Hiwi)«. In den Bereichen der Luftflottenkommandos 1, 4, 6, und 10, des Luftflottenkommandos Reich für das Flakpersonal
sowie anderer Kommandobehörden wurden jetzt Meldesammelstellen und
deutsch-russische Werbekommissionen eingerichtet[343]. Nach einer Meldung des Generalleutnants Aschenbrenner an den Chef des Generalstabes
der Luftwaffe vom 10. März 1945 war der Erfolg der Werbeaktion in den
Luftwaffeneinheiten und Kriegsgefangenenlagern im ganzen durchaus »zufriedenstellend«.

Das nach der Verkündung des Prager Manifestes zunächst überaus positive Bild hatte sich in Wahrheit seit Januar 1945 jedoch nicht unwesentlich
getrübt. Denn unter dem Eindruck der sich verschlechternden Kriegslage
begannen die sowjetischen Kriegsgefangenen, der ROA gegenüber eine spürbare Zurückhaltung an den Tag zu legen[344]. Dieser allgemeine Stimmungs-
einbruch nach den Erfolgen der sowjetischen Winteroffensive ist mit einiger

Deutlichkeit auch an einer Abnahme der Zahlen sowjetischer Überläufer abzulesen. Hatte sich zum Beispiel noch im Dezember 1944 unter sieben kriegsgefangenen Rotarmisten ein Überläufer befunden, so kam im Januar 1945 ein sowjetischer Überläufer auf jeweils nur noch 26, im Februar gar auf 29, im März freilich wieder auf 14 sowjetische Kriegsgefangene[345]. Allerdings wäre es verfehlt, allgemein hieraus auf eine verminderte moralische Anfälligkeit der Rotarmisten schließen zu wollen. Denn verglichen mit den alliierten Armeen vor der deutschen Westfront blieben die Verluste der Roten Armee an Überläufern immer noch erstaunlich hoch. So befanden sich unter 27 629 sowjetischen Kriegsgefangenen zwischen Dezember 1944 und März 1945 nach unvollständigen Meldungen nicht weniger als 1710 Überläufer, unter einer vergleichbaren Größenordnung von 28 050 amerikanischen, britischen und französischen Kriegsgefangenen aus dem Zeitraum der deutschen Ardennenoffensive im Dezember 1944/Januar 1945 aber nur fünf. Selbst ein siegreiches Vordringen der Roten Armee verhinderte – ungeachtet auch der strengen Überwachungsmaßnahmen – also nicht, daß es sich bei jedem 16. sowjetischen Kriegsgefangenen um einen Überläufer handelte, umgekehrt mußten selbst in den Wochen empfindlicher Rückschläge der Westmächte 4 692 alliierte Soldaten gefangengenommen werden, ehe sich unter ihnen ein Überläufer fand, mit anderen Worten, auf rund 330 sowjetische fiel ein westalliierter Überläufer. Noch im Februar 1945 haben sich denn auch beispielsweise von 85 Kriegsgefangenen des Vernehmungslagers z. b. V. der Abteilung Fremde Heere Ost des Generalstabes des Heeres in Luckenwalde, in dem auch eine Kommission der ROA unter Oberstleutnant Sacharov und Oberleutnant Lemuchin tätig war, immerhin 22 sofort zum Eintritt in die ROA bereit erklärt[346]. Daß die sowjetischen Kriegsgefangenen von Beginn des Jahres 1945 an im allgemeinen aber eine größere Vorsicht walten ließen, soll an den Erfahrungen von Major Tenikov und Leutnant Ageenkov verdeutlicht werden, die im Auftrage der ROA Werbeaktionen im Bereich der Flakgruppen Stuttgart und Schweinfurt (21. Flakdivision) durchführten[347]. Leutnant Ageenkov etwa, der seine Tätigkeit auf die Großbatterien, leichte Flakabteilungen und sonstige Einheiten der Flakgruppe Schweinfurt erstreckte, traf die Kriegsgefangenen hier in einer im allgemeinen erträglichen und teilweise guten materiellen Lage an, war in Einzelfällen aber auch gezwungen, begründete Beschwerden vorzubringen[348]. Überall jedenfalls, wo die deutschen Batteriechefs und sonstigen Einheitsführer für das materielle Wohl der ihnen unterstellten Kriegsgefangenen gesorgt und einen angemessenen Umgangston mit ihnen gefunden hatten, zeigten diese sich auch aufgeschlossen und interessiert für politische Fragen. Die Ausführungen Ageenkovs über die Vergangenheit des Bolschewismus, über die politischen Ziele des Prager Manifestes und die Aufgaben der Befreiungsarmee wurden denn auch mit großer Aufmerksamkeit und, wie sich aus den Zwischenfragen ergab, im allgemeinen mit Zustimmung aufgenommen. Dennoch war es nur eine Minderheit, die dem ersten Ruf zum Eintritt in die Befreiungsarmee Folge leistete. Die Kriegsgefangenen verrieten eine sichtliche Scheu, ihren gegenwärtigen Status und die ihnen vertrauten Verhältnisse mit dem jetzt so ungewissen Schicksal eines Soldaten der ROA zu vertauschen, suchten nach Ausflüchten und beriefen sich darauf, daß sie ja auch als Kriegsgefangene im Dienst der deutschen Flak das Ihre zur allgemeinen Sache und damit zur Befreiung ihres Vaterlandes beitrügen[349]. Der deutsche Kommandeur der leichten Flakabteilung 953 der Flakuntergruppe Schweinfurt, Major Lammerer, hielt in seinem Erfahrungsbericht wiederholte und verstärkte Propagandabemühungen für unumgänglich[350]. Indessen vermochte auch eine im März 1945 durchgeführte Werbeaktion die Kriegsgefangenen nicht aus ihrer Lethargie zu reißen, obwohl man mit dem gewichtigen Argument operierte, daß es für sie als geächtete »Verräter« und »Deserteure« ohnehin kein einfaches Zurück in die Heimat mehr gebe. Die Werbungen der ROA stießen bisweilen nicht nur bei Kriegsgefangenen auf Hindernisse. Die Werbeoffiziere, meist politisch versierte Propagandisten des Schulungslagers Dabendorf, dehnten ihre Aktivität nicht ohne Hintergedanken mitunter auch auf Angehörige nichtrussischer Freiwilligenverbände der Wehrmacht aus, die im allgemeinen nicht den Wunsch hatten, unter russischen Oberbefehl zu treten, sondern es vorzogen, in ihren landsmannschaftlich organisierten nationalen Legionen zu bleiben. So sind in einzelnen Fällen Turkestaner und Kaukasier, die es nicht wünschten, in der ROA zu dienen, von übereifrigen »ROA-Offizieren unter Androhung kriegsgerichtlicher Folgen als fahnenflüchtig angesprochen und gezwungen worden, bei der ROA zu bleiben«[351]. Desgleichen wurden regelrechte Einberufungsbefehle ausgestellt und manchmal Werbemethoden versucht, die – um ein vergleichbares Beispiel anzuführen – bei der Aufstellung der Tschechoslowakischen Legion in Rußland während des Ersten Weltkrieges zwar nachweisbar sind, die dem jetzt festgelegten Prinzip der Freiwilligkeit aber nicht entsprachen. Sowohl das OKW als auch das SS-Hauptamt sahen sich daher frühzeitig veranlaßt, gegen eine solche Kompetenzüberschreitung der Organe der Vlasov-Armee Einspruch zu erheben.

Alle diese Vorgänge waren indessen Randerscheinungen, die auf das Zustandekommen der ROA ohne Einfluß blieben. Als die Aufstellung der Streitkräfte des KONR im Herbst 1944 in Angriff genommen wurde, ergaben sich wirkliche Schwierigkeiten nur in materieller, nicht aber in personeller Hinsicht. Viele Zehntausende, nach anderen Unterlagen Hunderttausende von Kriegsgefangenen hatten sich im Spätherbst 1944 spontan zum Eintritt in die von Generalleutnant Vlasov geführte Russische Befreiungsarmee bereit erklärt. Auch in den Kreisen der sogenannten Ostarbeiter zeigte sich eine große Aufgeschlossenheit der Vlasovbewegung gegenüber. Vlasov konnte im übrigen in steigendem Maße mit einem Reservoir von ebenfalls Hunderttausenden russischer Soldaten rechnen, die in den unter deutschem Kommando stehenden Freiwilligenverbänden oder in deutschen Einheiten als Freiwillige (ehemalige Hilfswillige) bereits aktiven Kriegsdienst leisteten und die in überwältigender Mehrheit den Wunsch geäußert hatten, einer echten ROA anzugehören[352]. Der Chef der Kommandoabteilung des Armeestabes, Oberst Pozdnjakov, der in die Personalverhältnisse naturgemäß den besten Einblick hatte, verzeichnete denn auch mit Nachdruck, die Anzahl der Freiwilligen für die ROA sei in Wirklichkeit so groß gewesen, daß schon im Hinblick auf den akuten Waffenmangel nur ein Teil der Bewerbungen berücksichtigt werden konnte. Die Russische Befreiungsarmee kannte keine Vakanzen. Und was die Offiziere angeht, so war es möglich, eine umfangreiche Offizierreserve zu bilden und für die Zwecke der bereits aufgestellten Verbände eine Auswahl geeigneter Persönlichkeiten zu treffen.

Anmerkungen

273 Politische Verwaltung des Leningrader Militärbezirks. Zur Hilfe der Propaganda und Agitation. Zum dienstlichen Gebrauch, Ein Kämpfer der Roten Armee ergibt sich nicht, Leningrad 1940. An der Zusammenstellung der Broschüre haben teilgenommen: N. Brykin und N. Tolkatschew, Abschrift von Übersetzung, PA AA Bonn, Pol. XIII, Bd 10.
274 Gefangenenvernehmung am 12. 8. 1941 in Haißin, AOK 17, Gruppe Ic/AO (Hauptmann Irtel v. Brenndorf), 14. 8. 1941, PA AA Bonn, Pol. XIII, Bd 12, Teil II; Pozdnjakov, Sovetskaja agentura v lagerjach voennoplennych, S. 156 ff.; Solschenizyn, Der Archipel GULAG, S. 69 f., 234 f.; Tolstoy, Victims of Yalta, S. 396 f.; Fricke, Politik und Justiz, S. 106 f. Das Mitglied des Kriegsrates der 1. Panzerarmee, Generalleutnant Popel', schildert in seinem Buch »Panzer greifen an«, S. 395, eine Unterredung mit dem kriegsgefangenen ungarischen Obersten Molnár. Molnár: »Ich sah, wie hart Sie mit Ihren eigenen Landsleuten verfuhren. Bei Ihnen gilt jeder, der sich gefangengibt, auch wenn er schwer verwundet ist, als Vaterlandsverräter. Ihr Land hat doch die bekannte Konvention über Kriegsgefangene von 1929 nicht unterzeichnet. Stimmt es wirklich, daß Sie Ihre eigenen Gefangenen abgeschrieben haben und sie durch die Bank als Verräter betrachten? Sie haben als Nichtunterzeichner auch keine Verpflichtung in bezug auf fremde Kriegsgefangene übernommen. Auch das begreife ich nicht.« Popel': »Eine Pause trat ein. Vielleicht wartete der Oberst auf meine Entgegnung. Aber es waren Fragen, auf die ich selbst noch keine Antwort wußte.« Siehe Anm. 290 und 677.
275 Gesamtanfall an sowj. Kgf. vom 22. 6. 1941 bis 28. 2. 1945 5245882, Monatliche Meldung über Kriegsgefangenenzugang – Februar –, OKH/ GenStdH/GenQuAbtKriegsverw (Qu 4), Nr. II/1241/45, 22. 3. 1945, BA-MA RH 2/v. 2623. Dallin, Deutsche Herrschaft, S. 422; Jacobsen, Kommissarbefehl, S. 197, 279; Streit, Keine Kameraden, S. 10, 105, sprechen von über 5,7 Millionen Kriegsgefangenen. Ein Quellennachweis wird nicht erbracht.
276 Hoffmann, Die Kriegführung aus der Sicht der Sowjetunion, S. 725 ff.
277 Namen und Dienststellung der bis Oktober 1941 gefangenen, gefallenen und erschossenen sowjetischen Generale, OKH/GenStdH/AbtFrH Ost, BA-MA H 3/152; Conquest, The Great Terror, S. 489.

278 Befehl des Hauptquartiers des Oberkommandos der Roten Armee Nr. 270 über den Kampf gegen Feiglinge, Deserteure und Panikmacher, 16. 8. 1941, BA-MA H 3/152.
279 Befehl an die Truppen der Leningrader Front Nr. 0098, 5. 10. 1941, ebd.; Glavnaja Voennaja Prokuratura (Voennyj jurist 1 ranga Varskoj) – Voennomu Prokuroru 54 Armii, No. 08683, 15. 12. 1941, BA-MA RW 2/v. 158.
280 Voennoplennye, in: Sovetskaja Voennaja Ênciklopedija, Bd 2, S. 246; Rapport du Comité international de la Croix-Rouge, S. 420; Tolstoy, Victims of Yalta, S. 438.
281 Tolstoy, Victims of Yalta, S. 33 ff., 395 ff.
282 Pozdnjakov, Sovetskaja agentura v lagerjach voennoplennych; Pšeničnyj, Sovetskaja agentura v lagerjach voennoplennych, S. 158; Kromiadi, Za zemlju, za volju, S. 35, 40 f.
283 Pozdnjakov, Sovetskaja agentura v lagerjach voennoplennych; Tolstoy, Victims of Yalta, S. 396. In der Agitationsschrift »Ein Kämpfer der Roten Armee ergibt sich nicht« (siehe Anm. 273), findet sich das abschreckende Beispiel zweier Rotarmisten, die einfach deshalb, weil sie in finnischer Kriegsgefangenschaft gewesen waren, als »Verräter«, »Mißgeburten« und »ekelhafte Seelen« vom Militärtribunal zum Tode verurteilt wurden.
284 Tolstoy, Victims of Yalta, S. 381, 396 ff.; Hoffmann, Die Kriegführung aus der Sicht der Sowjetunion, S. 720 f.; siehe auch Ehrenburg, Menschen – Jahre – Leben, Bd 3, S. 225. »Tausende von sowjetischen Soldaten, die das Pech hatten, in deutsche Gefangenschaft zu geraten und durch ein Wunder am Leben geblieben waren, fanden sich danach als Verräter in sowjetischen Lagern wieder. Und dort brachte man sie um, ließ sie verhungern, machte sie zu Staub«, Heller/Nekrich, Geschichte der Sowjetunion, Bd 2, S. 131.
285 Selbst heute noch versucht dies Minasjan, Meždunarodnye prestuplenija, S. 219 ff.
286 Rapport du Comité international de la Croix-Rouge, S. 425.
287 Hoffmann, Die Kriegführung aus der Sicht der Sowjetunion, S. 785 f.
288 ADAP, Serie D, Bd 6/1, Nr. 173, S. 228 f.; ebd., Bd 6/2, Nr. 389, S. 510 f.; ebd., Serie E, Bd I, Nr. 51, S. 90 f.; Albrecht an Reichsaußenminister, 1. 8. 1941, PA AA Bonn, Handakten Ritter, Bd 29.
289 Rapport du Comité international de la Croix-Rouge, S. 430. Das Telegramm Vyšinskijs an das Internationale Komitee vom Roten Kreuz vom 8. 8. 1941, in: Albrecht an Staatssekretär und v. Rintelen, 12. 8. 1941, PA AA Bonn, Handakten Ritter, Bd 29; Die Mitteilung Vyšinskijs an die bulgarische Regierung vom 8. 8. 1941, in: Beckerle an AA, Telegramm Nr. 931 aus Sofia, 22. 8. 1941, ebd.
290 Jacobsen, Kommissarbefehl, S. 192 f.; Messerschmidt, Die Wehrmacht im NS-Staat, S. 412; Reinhardt, Die Wende vor Moskau, S. 187; Streit, Keine Kameraden, S. 225; Streim, Die Behandlung sowjetischer Kriegsgefangener, S. 33 f.; Ueberschär, Kriegführung und Politik, S. 858. Zu welchen Fehlurteilen die Unkenntnis sowjetischer Verhältnisse verführen kann, zeigt ein Aufsatz des Freiburger Professors Martin, in dem behauptet wird, die sowjetische Regierung habe »verzweifelt« versucht, die deutsche Seite zur Anerkennung der Haager Landkriegsordung zu bewegen. Wenn es nicht zu »Absprachen über die Behandlung der jeweiligen Kriegsgefangenen kam«, so sei dies ausschließlich auf die Weigerung der deutschen Seite zurückzuführen, die damit »auch das Schicksal der eigenen, in Rußland rechtlosen Gefangenen« entschied, siehe Bernd Martin, Der unbewältigte Krieg. Kampf an der Ostfront, in: Badische Zeitung 5./6. 12. 1981. Daß die Dinge damit geradezu auf den Kopf gestellt werden, läßt sich schon dem Rapport du Comité international de la Croix-Rouge, S. 419–453, entnehmen. Siehe auch Anm. 274 und 677 sowie Hoffmann, Die Kriegführung aus der Sicht der Sowjetunion, S. 721. Die oben erwähnten Autoren begehen ganz einfach den Fehler, daß sie die sowjetische Note vom 17. 7. 1941 ohne Prüfung der näheren Umstände für bare Münze nehmen und sich nur noch mit den deutschen Akten beschäftigen, die wohl über die – im übrigen geteilte – deutsche Meinung, keinesfalls aber über die sowjetische Haltung Aufschluß geben. Das vorliegende Beweismaterial erlaubt in der Tat nicht den geringsten Zweifel an der unverändert feindseligen Einstellung der Sowjetregierung ihren eigenen Kriegsgefangenen gegenüber. Damit erweist sich das angebliche sowjetische Bemühen um eine »Gegenseitigkeit« in der Kriegsgefangenenbehandlung als eine Farce. Die genannten Autoren werden sich auch die Frage gefallen lassen müssen, inwiefern man davon sprechen kann, die Sowjetregierung habe durch ihre

Note vom 17. 7. 1941 einen Beitritt zur HLKO vom 18. 10. 1907 »vollzogen«, wo sie doch erst drei Wochen zuvor, am 29. 6. 1941, die Entfesselung eines hemmungslosen Freischärlertums angeordnet hatte, das in einem krassen Widerspruch zu dem eindeutigen Wortlaut der Artikel 1, 22 und 23 der HLKO stand, siehe Laun, Die Haager Landkriegsordung, S. 75, 83 f.

291 Zayas, Die Wehrmacht-Untersuchungsstelle, S. 277.

292 Tolstoy, Victims of Yalta, S. 438, Anm. 10, gegen Jacobsen, Kommissarbefehl, S. 192 f.

293 Rapport du Comité international de la Croix-Rouge, S. 426 ff.; Tolstoy, Victims of Yalta, S. 33 f.

294 ADAP, Serie D, Bd 6/2, Nr. 389, S. 510 f.; ebd., Serie E, Bd I, Nr. 51, S. 90 f., Nr. 106, S. 193 f.

295 Rapport du Comité international de la Croix-Rouge, S. 436, 440 ff., 446, 448, 453.

296 Solschenizyn, Der Archipel GULAG, S. 234 f.; Tolstoy, Victims of Yalta, S. 36.

297 Auch nach »Besprechung bei OQu Don gelegentlich der Anwesenheit des GenQu am 27. 10. 1942 in Rostow«, BA-MA RH 22/218.

298 Dallin, Deutsche Herrschaft, S. 431; Hoffmann, Deutsche und Kalmyken, S. 44 f.; ders., Die Ostlegionen, S. 81. Erwähnenswert in diesem Zusammenhang, daß Goethe einst die Erschießung Hunderter türkischer Kriegsgefangener durch den von ihm verehrten Napoleon als »reifen Beschluß eines langen Kriegsrates« zu rechtfertigen suchte, Goethe zu Eckermann, 7. 4. 1829, Goethes Gespräche. Gesamtausgabe. Neu hrsg. von Flodoard Frhr. v. Biedermann, Bd 4: Vom Tode Karl Augusts bis zum Ende, 1828 Juni bis 22. März 1832, Leipzig 1910, S. 94.

299 Geschichte des Großen Vaterländischen Krieges, Bd 1, S. 422. Diese Angabe fehlt in dem sowjetischen Original Istorija, Bd 1, S. 359. Petuchov, Ob izdavatel'stvach, S. 84.

300 Hierzu Jacobsen, Kommissarbefehl, S. 297, 197; Streit, Keine Kameraden, S. 10, 105; Streim, Die Behandlung sowjetischer Kriegsgefangener, S. 244 ff.

301 Nachweisung des Verbleibs der sowjetischen Kriegsgefangenen nach dem Stand vom 1. 5. 1944, Kriegsgef.Org. (I d), BA-MA RH 2/v. 2623. Der Inhalt dieses Dokumentes wird bei Jacobsen, Kommissarbefehl, S. 279, als Dokument Nr. 42 mit sinnentstellenden Änderungen wiedergegeben. Vgl. hierzu Hoffmann, Die Kriegführung aus der Sicht der Sowjetunion, S. 730, Anm 71. Der stellvertretende Leiter der Zentralen Stelle der Landesjustizverwaltungen, Streim, hat die in manchen Schriften weit übertriebenen Zahlenangaben über die Gewalttakten zum Opfer gefallenen sowjetischen Kriegsgefangenen in seinem Buch: Die Behandlung sowjetischer Kriegsgefangener, S. 244, auf das ungefähre Maß von 140 000 reduziert. Die tatsächliche Anzahl dürfte unter Berücksichtigung aller Faktoren aber noch beträchtlich niedriger zu veranschlagen sein.

302 Rosenberg an Keitel, 28. 2. 1942, in: Der Prozeß gegen die Hauptkriegsverbrecher, Bd XXV, S. 157 ff.

303 Canaris an Keitel, 15. 9. 1941, ebd., Bd XXXVI, S. 317 ff.; Bd VII, S. 461 f.; Bd X, S. 624 f.

304 Nachlaß Generalfeldmarschall v. Bock, 9. 11. 1941, BA-MA N 22/10; Nachlaß Generaloberst Rüdel, 19. 12. 1941, BA-MA N 457/v. 17.

305 Hoffmann, Die Ostlegionen, S. 83, 178.

306 Streit, Keine Kameraden, S. 157 f.

307 Tätigkeitsbericht für die Zeit vom 1. -30. 11. 1941, BefhdrückwHGeb Mitte, Qu, 8. 12. 1941, BA-MA RH 22/251; Vizegeneralsekretär des Finnischen Roten Kreuzes Rosén an Oberst a.D. Roschmann, 7. 12. 1981, Roschmann, Gutachten, Beilage B zu Anlage 2.

308 Tätigkeitsbericht der Quartiermeister-Abt. für Monat Dezember 1941, BefhdrückwHGeb Nord, 6. 1. 1942, BA-MA RH 22/271; Tätigkeitsbericht für die Zeit vom 1.-31. 12. 1941, BefhdrückwHGeb Mitte, Qu, 6. 1. 1942, BA-MA RH 22/251; Hoffmann, Die Ostlegionen, S. 84 f.

309 OKH/GenStH/GenQuAbtKriegsverw (Qu 4), Nr. II/2710/42, 7. 3. 1942; Nr. II/11081/42, 16. 3. 1942, BA-MA RW 6/v. 276; Dallin, Deutsche Herrschaft, S. 430, 432; Pozdnjakov, Sovetskaja agentura v lagerjach voennoplennych; Kromiadi, Za zemlju, za volju, S. 43.

310 Deutschlands Rüstung im Zweiten Weltkrieg, S. 86.

311 Merkblatt für die Behandlung sowjetischer Kriegsgefangener, OKH/ GenStdH/GenQuAbtKriegsverw (Qu 4), Nr. II/4530/42, 13. 4. 1942, BA-MA RH 22/218.

312 »Das OKH/GenStdH/GenQu hat folgende allgemeine Richtlinien über Kriegsgefangenenwesen erlassen«, KdrGendSichTruBefhHGeb Don, Abt Qu (Kgf.), Nr. 91/42geh, 24. 11.
1942, ebd.
313 Merkblatt, OKH/GenStdH/GenQuAbtKriegsverw (Qu 5/Kgf), Nr. II/77 18/42, ebd.
314 Versorgung verwundeter russischer Kgf. und Seuchenverhütung, OKH/GenStdH/GenQu
(Qu 4A/IV b), Nr. I/17916/42, 7. 7. 1942,ebd.
315 Verpflegung sowjetischer Kgf., OKH/GenStdH/GenQu (IVa/III 2), Nr. 50470/42, 24. 10.
1942, ebd.
316 Klič, Nr. 13/14 (35/36), 5. 4. 1942.
317 Grundlegender Befehl Nr. 13, OKH/Der ChefdGenStdH, Nr II/2310/ 43geh, BA-MA
44065/5; Prikaz No. 13 Verchovnogo Komandovanija Germanskoj Armii, BA R 6/38; Der
OBdHGr Nord, Ic/AO, Nr. 1554/43geh, BA-MA 64847.
318 Merkblatt über Behandlung von Überläufern, OKH/GenStdH/GenQu, 6. 5. 1943, BA-MA
64847.
319 Aufstellung russischer Betreuungsstaffeln, OKH/GenStdH/OrgAbt, Nr. II/12024/43g
Kdos, 20. 4. 1943, ebd.
320 OKH/GenStdH/AbtFrH Ost (Ia prop), Nr. 1308/43gKdos, 31. 5. 1943, ebd. (»Silberstreif«
war ein Propagandaunternehmen 1943 unter Verwendung des Namens von General Vlasov).
321 Kromiadi, Za zemlju, za volju, S. 43 f.; Vernehmungsergebnisse (Protokoll des VAA beim
AOK 4, Generalkonsul Schattenfroh, November 1941), PA AA Bonn, Pol. XIII, Bd 16; Vernehmung des Gen.-Major Serge Ogurzeff, Kdr. des XXXXIX. Sch.-Korps im Verband der
6. Armee, AOK 17, Gruppe Ic/AO (Sonderführer v. Kutzschenbach), 11. 8. 1941, PA AA
Bonn, Pol. XIII, Bd 12, Teil II; Gefangenenvernehmung am 10. und 11. August 1941 in
Gaißin, AOK 17, Gruppe Ic/AO (Hauptmann Irtel v. Brenndorf), 11. 8. 1941, ebd.; Ver-
nehmung des Gen.-Major Paul Abranidse, Kommandeur der 72. russ. Geb.Sch.Div. im
Verband der 12. Armee, AOK 17, Gruppe Ic/AO (Sonderführer v. Kutzschenbach), 14. 8.
1941, ebd.; Bericht über die Vernehmung des Kommandeurs der 102. sowjetrussischen
Schützendivision, Generalmajor Bessonow, AOK 2, Abt. Ic/AO, 28. 8. 1941, PA AA Bonn,
Pol. XIII, Bd 12, Teil I; Aussagen eines kriegsgefangenen sowjetrussischen Divisionskom-
mandeurs, VAA beim OBdH v. Etzdorf an AA, Nr. 1285/41, 30. 9. 1941, PA AA Bonn, Pol
XIII, Bd 13; Haltung der sowjet. Kriegsgef. Generale im Oflag XIII d, Wehrkr XIII, KdrKgf.
Ib, Nr. 13590/ 41, 30. 10. 1941, PA AA Bonn, Pol. XIII, Bd 15.
322 Hier und im Folgenden: Vernehmung des General-Lt. Lukin, Michael Feodorowitsch,
Kom. General der 19. Armee (zuletzt Oberbefehlshaber des Abschnittes 32., 20., 24 und
19. Armee), HGr Mitte, Ic/AO, 14. 12. 1941, BA R 6/77; General-Lt. Lukin zur Landfrage,
HGr Mitte, Ic/AO, 14. 12. 1941, ebd. »M.F. Lukin«, Nachruf, in: Krasnaja Zvezda, 28. 5.
1970, unterschrieben von den Marschällen und Generalen Zacharov, Budennyi, Sokolov,
Pavlovskij, Vasilevskij, Eremenko, Žukov, Konev, Koševoj, Tjulenev, Kuročkin, Šatilov, Go-
lovanov, Mares'ev, Beloborodov, Šmelev, Fedorov, Sorokin; siehe auch M. F. Lukin, »My
ne sdaemsja, tovarišč' general!«,BA-MA MSg 149/52.
323 Siehe Anm. 6; Pšeničnyj, Sovetskaja agentura v lagerjach voennoplennych, S. 158.
324 Antibolschewistische Tendenzen unter kriegsgefangenen Sowjet-Offizieren, VAA beim
OKH v. Etzdorf an AA, Nr. 2139/42, 17. 9. 1942, PA AA Bonn, Handakten Etzdorf, Bd 24.
325 Bericht über die Vernehmung des Kgf. Gen.-Maj. Krupennikoff, gef. am 21. 12. 1942, zuletzt Oberbefehlshaber der 3. Gardearmee, 14. 1. 1943, BA-MA H 3/491; Vernehmung des
Generalmajors J. P. Krupennikow, Botschaftsrat Hilger, 18. 1. 1943, PA AA Bonn, Handakten Etzdorf, Bd 24. Von Leljušenko, Moskva–Stalingrad–Berlin–Praga, S. 134, wird Generalmajor J. P. Krupennikov noch als Chef des Stabes der 3. Gardearmee aufgeführt.
326 Vernehmung des vom AOK 17 gefangenen Kommandeurs der 6. russ. Armee, AOK 17,
Gruppe Ic/AO (Major i.G. Hoefs), 9. 8. 1941, PA AA Bonn, Handakten Etzdorf, Bd 24;
OKH/GenStdH/OQu IV – AbtFrH Ost (Süd), Nr. 1432/41 (Kinzel), 12. 8. 1941, ebd.; Kurenev, Kak ėto bylo?, S. 18 ff.; Pozdnjakov, Iz opyta raboty propagandista, S. 183 ff.
327 Auffrischungsstab Charkow, PzAOK 4, OQu/Qu 2, Nr. 559/43geh, 4. 6. 1943, BA-MA
44065/5.

328 Pozdnjakov, Sovetskaja agentura v lagerjach voennoplennych.
329 Pozdnjakov, Iz opyta raboty propagandista, S. 185.
330 Oficer ROA Ch., Vlasovskie listovki i sovetskie oficery, BA-MA MSg 149/3; General Zverev, MSg 149/2; siehe auch Aufstellung von Freiwilligenformationen aus kriegsgefangenen sowjetischen Offizieren, 4. 2. 1942, ADAP, Serie E, Bd I, Nr. 202, S. 369 f.
331 Hoffmann, Die Ostlegionen, S. 80.
332 Weisung Nr. 46, 18. 8. 1942, in: Hitlers Weisungen, S. 201 ff.
333 OKH/GenStdH/GendOsttr, OrgAbt II, Nr. 5000/43geh, 29. 4. 1943, BA-MA 44065/5.
334 Vojna v tylu vraga, S. 365.
335 Byčkov, Partizanskoe dviženie, S. 30.
336 Divizii Narodnoj Armii, in: Volja Naroda, Nr. 6, 3. 12. 1944; Kanceljarija general-lejtenanta A.A. Vlasova, polkovnik Kromiadi, in: Novoe Slovo, Nr. 89 (679), 5. 11. 1944; Samarin, Pamjati A. S. Kazanceva, BA-MA MSg 149/2.
337 Kanceljarija načal'nika Štaba Vooružennych Sil Narodov Rossii, in: Volja Naroda, Nr. 10, 16. 12. 1944; siehe Anm. 908.
338 Ot Prezidiuma Komiteta Osvoboždenija Narodov Rossii, in: Volja Naroda, Nr. 12/13, 23. 12. 1944. »Der General der Freiwilligen-Verbände, General Köstring, hat mir das freudige Echo gemeldet, das Ihr Manifest bei den Freiwilligen gefunden hat. Ich habe dem General der Freiwilligen-Verbände mit großer Freude den Befehl gegeben, die Aufstellung der russischen Streitkräfte mit allen Mitteln zu unterstützen.« Der Chef des Generalstabes des Heeres, Generaloberst Guderian, in einem Telegramm an Generalleutnant Vlasov, Propaganda-Weisung, GendFreiwVerbiOKH, IV 1/434/45, 13. 1. 1945, Archiv des Vf.
339 Sovetskie plennye prisoedinjajutsja k Vlasovu, in: Za Rodinu, Nr. 2 (16), 7. 1. 1945.
340 General der Kavallerie a.D. Ernst Köstring, Zahlenmäßige Stärke der Freiwilligen, Archiv des Vf.
341 Kromiadi, Za zemlju, za volju, S. 193 f.
342 Kanceljarija general-lejtenanta A. A. Vlasova, in: Novoe Slovo, Nr. 89 (679), 5. 11. 1944; Pljuščev-Vlasenko, Kryl'ja svobody, S. 53 f.
343 Freiwilligenmeldungen zur Wlassow-Armee (BOA), OKL/GenStGenQu 9. Abt, Nr. 679/45geh, 28. 2. 1945, BA-MA RL 2 III/460.
344 Svincov an Pozdnjakov, 3. 6. 1973, BA-MA MSg 149/58.
345 Halbmonatliche Meldung über Kriegsgefangenenzugang, 1.-15. 12. 1944, 16.-31. 12. 1944, OKH/GenStdH/GenQuAbtKriegsverw (Qu 4), Nr. II/ 1185/44, 27. 12. 1944, Nr. II/159/45, 8. 1. 1945, BA-MA RH 2/v. 2623; Monatliche Meldung über Kriegsgefangenenzugang – Januar – Februar – OKH/GenStdH/GenQuAbtKriegsverw (Qu 4), Nr. II/751/45, 10. 2. 1945, Nr. II/1241/45, 22. 3. 1945, ebd.
346 Monatsbericht Vernehmungslager, 3/45 für Februar 1945, Vernehmungslager zbV Luckenwalde, Nr. 583/45, 3. 3. 1945, BA-MA H 3/105.
347 KTB Nr. 3, Flakregiment 139, Flakgruppe Stuttgart, 19. 1. 1945, BA-MA RL 12/549.
348 Bericht des Propagandisten der RBA Lt. Ageenkow vom 1.-16. 1. 1945, BA-MA RL 12/77; Bericht des Propagandisten der RBA Lt. Ageenkow, ebd.; Leutnant der ROA Ageenkow, Bericht von den einzelnen Untergruppen, ebd.; Freiwilligenmeldungen für die Wlassow-Armee, ebd.
349 Bericht über die Besichtigung der sow.russ.Kr.-Gef. im Bereich der Flakgruppe Schweinfurt, Sprachmittler Matzanke an 21. Flakdivision, Russische Sonderkommission, 13. 1. 1945, ebd.; Dolmetscher Bartz, 1. Erfahrungsbericht über die Durchführung der Wlassow-Aktion, 11. 3. 1945, ebd.
350 Major Lammerer an Flakgruppe Schweinfurt, 30. 1. 1945, ebd.; Propaganda für das ostvölk. Personal der Luftwaffe, 21. Flakdivision, II/Russ. Sonderkommission (Major Balvin), Nr. 77/45geh, 27. 2. 1945, ebd.
351 Wlassow-Propaganda unter Nichtrussen, OKW/WFSt/AWPr/WPr IV (IV a) an Propaganda-Truppen, 7. 11. 1944, BA NS 31/35; Zugehörigkeit zu landeseigenen Verbänden, Der RFSS, SS-HA-AGr D, an LtrdRussLst, OFü Dr. Kroeger, 20. 11. 1944, BA NS 31/41.
352 Štab, BA-MA MSg 149/52.

———— 6 ————
Die ROA an der Oderfront

Bei Gründung der Russischen Befreiungsarmee hat allem Anschein nach ein deutsch-russisches Einvernehmen darüber bestanden, den Verbänden möglichst bald Gelegenheit zu einem sichtbaren Erfolg an der Ostfront zu geben. General Vlasov und der Armeestab gingen davon aus, daß alle drei Divisionen, zumindest aber die 1. und 2. Division, nach ihrer Aufstellung gemeinsam mit dem Kosakenkavalleriekorps und den übrigen Armeeteilen unter dem Oberbefehl Vlasovs zusammengefaßt und einen selbständigen Frontabschnitt im Osten übernehmen würden[353]. Was wirklich geplant war, ist ungewiß, läßt sich bis zu einem gewissen Grade aber aus einer Besprechung des ständigen Vertreters bei Vlasov, SS-Oberführer Dr. Kroeger, mit Himmler am 8. Januar 1945 erschließen[354], in der dieser es als wünschenswert hinstellte, »daß die neuen Divisionen schrittweise aufgebaut werden und zunächst zwei Divisionen wirklich solide ins Feld kommen und zeigen, was sie leisten können. [...] Den Oberbefehl über diese Divisionen soll General Wlassow bekommen. [...] Wesentlich wäre es, nach dem Aufbau der beiden ersten Divisionen eine gut durchdachte Aktion durchzuführen.« Großes Gewicht wurde jedenfalls auf eine propagandistische Vorbereitung des Fronteinsatzes gelegt. So war, wie erwähnt, der Massenabwurf des Prager Manifestes vorgesehen, verbunden mit der Aufforderung an die Soldaten, Offiziere und Generale der Roten Armee, sich dem Kampf an der Seite der Befreiungsarmee anzuschließen. Erst nachdem die ROA den Beweis für ihre Kampffähigkeit erbracht hatte, war an eine Vermehrung der Truppen auf den Umfang von zehn Divisionen gedacht. In Übereinstimmung mit diesen, noch allgemeinen Vorstellungen rechnete die deutsche Luftwaffenführung in der Tat noch Anfang April 1945 mit einem unmittelbar bevorstehenden Angriffsunternehmen der 1. und 2. Division der ROA an der Ostfront. Das Oberkommando der Luftwaffe traf Vorbereitungen, die inzwischen einsatzbereiten Fliegerkräfte der ROA mit den Bodentruppen »taktisch und propagandistisch« zusammenwirken zu lassen. Die russische Jagdstaffel 5 und die russische Nachtschlachtstaffel 8 wurden zu diesem Zweck für die Dauer ihres Einsatzes von der Bodenorganisation unabhängig gemacht und durch Gestellung von Spezialfahrzeugen motorisiert.

Die Voraussetzungen, unter denen die Aufstellung der Befreiungsarmee begonnen worden war, begannen sich zu Beginn des Jahres 1945 indessen einschneidend zu verändern. Nachdem es der Roten Armee gelungen war, die deutsche Ostfront zu überrennen und bis zur Oder vorzudringen, konnte von einer ungestörten Entwicklung nicht mehr die Rede sein. Zu einem Zeitpunkt, da letzte deutsche Reserven, Alarmeinheiten und selbst unausgebildete Einheiten des Ersatzheeres an die Front geworfen, da aus dem Personal der Kriegsschulen Fahnenjunkerregimenter gebildet werden mußten, um überhaupt noch in der Lage zu sein, dem Gegner Kräfte entgegenzustellen, begannen sich die Blicke auch auf die im Entstehen begriffenen Verbände der ROA zu richten. Hitler, sowieso ohne Sinn für den zutiefst politischen Zweck der Befreiungsarmee, gab seiner Meinung drastischen Ausdruck, als er in der Führerlage vom 27. Januar 1945 erklärte, es gebe für ihn nur zwei Möglichkeiten, »entweder taugt sie etwas oder nicht«, gemeint war die 1. Division der ROA. Im ersteren Falle müsse man sie »als reguläre Division betrachten«, im anderen Falle wäre es eine »Idiotie«, eine solche Division »auszurüsten, wenn ich nicht einmal eine deutsche Division aufstellen kann, weil ich keine Waffen habe. Ich würde lieber eine deutsche Division aufstellen und ihr alle diese Waffen geben[355].« In dieser für die Weiterentwicklung der Befreiungsbewegung kritischen Situation war es der Chef des SS-Hauptamtes, SS-Obergruppenführer und General der Waffen-SS Berger, der den Gedanken aufbrachte, schon jetzt einen Beweis für die Kampffähigkeit der russischen Soldaten zu erbringen. General Vlasov hatte gegen diesen Vorschlag nichts einzuwenden, suchte im Gegenteil ein Unternehmen zu fördern, das der Befreiungsbewegung im Februar 1945 einen großen Auftrieb geben sollte und infolgedessen besondere Beachtung verdient, auch wenn es nur begrenzte Ausmaße hatte.

Auf Befehl von Vlasov und Generalmajor Truchin stellte Oberst Sacharov aus ausgesuchten Freiwilligen des Wachbataillons, des Schulungslagers Dabendorf und einer Junkerkompanie eine in drei Züge unter den Leutnanten Anichimovskij, Malyj und Vysockij gegliederte Stoßgruppe zusammen[356]. Die Führung übernahm Sacharov, die Stellvertretung Hauptmann Graf Lamsdorf. Von der ungebrochenen Moral der Soldaten Vlasovs zeugte es, wenn die überwiegende Mehrheit des Wachbataillons und eine große Anzahl der Dabendorfer Lehrgangsteilnehmer, darunter Offiziere der Roten Armee in der Dienststellung einfacher Soldaten, sich sofort freiwillig zur Teilnahme an diesem ersten Fronteinsatz bereit erklärten. Die Stoßgruppe Sacharov wurde mit Sturmgewehren, Maschinenpistolen und Panzerfäusten ausgerüstet und vor ihrer Verlegung auf einem Übungsplatz südöstlich von Berlin von Vlasov mit einer Rede verabschiedet, in der er den Soldaten zu bedenken gab, daß von ihnen das weitere Schicksal der ROA abhängen werde. Daß der geplante Fronteinsatz über eine rein militärische Bedeutung hinausging, darüber war sich auch Himmler im klaren, der jetzt als Oberbefehlshaber der

Heeresgruppe Weichsel dafür Sorge trug, der Stoßgruppe Sacharov die Wege
zu ebnen. Am 6. Februar 1945 kündigte er dem Oberbefehlshaber der 9. Armee, General der Infanterie Busse, die Zuführung der »Stabswache« des
Generals Vlasov, bestehend aus »besonders guten Einzelkämpfern« in den
Bereich der Division »Döberitz« an[357]. Er befahl, den Kommandierenden
General des CI. Armeekorps, General der Artillerie Berlin, und den Divisionskommandeur, Oberst Hübner, davon zu unterrichten, daß es absolut
notwendig sei, die Russen »besonders gut und freundlich« aufzunehmen
und sie »politisch sehr klug« zu behandeln. So sollten sie auch nicht einer
deutschen Einheit unterstellt, sondern die Auswahl des Angriffszieles und
das anzuwendende Kampfverfahren sollte ihnen selber überlassen werden.
Den Wünschen Himmlers stand nichts im Wege, da Oberst Sacharov sofort
bereitwillig auf einen Vorschlag des Korpskommandeurs einging, sich an einem Angriff zur Beseitigung eines äußerst lästigen sowjetischen Brückenkopfes zwischen Wriezen und Güstebiese zu beteiligen[358]. Eine Einsatzbe-
sprechung in den zuständigen deutschen Regiments- und Bataillonsstäben
verlief in vollständigem gegenseitigen Einvernehmen. Dem Kampfplan entsprechend hatte sich die Stoßgruppe Sacharov im Schutz der Nacht an das
Angriffsziel – das von der sowjetischen 230. Schützendivision zur Abwehr
vorbereitete Gebiet um die Ortschaften Neu-Lewin, Karlsbiese, Kerstenbruch – heranzufühlen, um 5.00 Uhr morgens, aus allen Waffen und mit
Panzerfäusten feuernd, in die Orte überraschend einzubrechen und die Sowjetsoldaten alsdann auf russisch zur Einstellung des Kampfes aufzufordern. Ein deutsches Bataillon erhielt den Auftrag, mit Unterstützung von
Sturmgeschützen in die Bresche hineinzustoßen und die Verteidigung des
Gegners aufzurollen.

Der Verlauf des Angriffs am 9. Februar 1945, bei dem die Stoßgruppe
Sacharov die Speerspitze bildete, war in mehrfacher Hinsicht überaus bemerkenswert. Einmal bewährte sich bei diesem Unternehmen eine russisch-
deutsche Gemeinsamkeit, die schon bei der Berührung mit den deutschen
Führungsstellen, aber auch in dem »außerordentlich freundlichen« Verhalten der im Hinterland verbliebenen Zivilbevölkerung den Russen gegenüber
zum Ausdruck kam. Allein der Umsicht der Vlasovsoldaten, die rechtzeitig
eine gedeckt stehende, feuerbereite Gruppe sowjetischer Panzerabwehrkanonen ausschalteten, war es zu verdanken, daß es unter den vorgehenden
deutschen Einheiten nicht zu einem Blutbad kam. Unverkennbar war zum
anderen auch die moralische Überlegenheit der Russen den Soldaten der an-
geschlagenen deutschen Einheiten gegenüber, wie denn überhaupt nach einer Meldung des Stabsoffiziers für landeseigene Hilfskräfte vom 26. März
1945 die Stimmung der russischen Freiwilligen der Heeresgruppe Weichsel
nur zu einem geringen Teil infolge der Kriegslage als gedrückt, zum größten

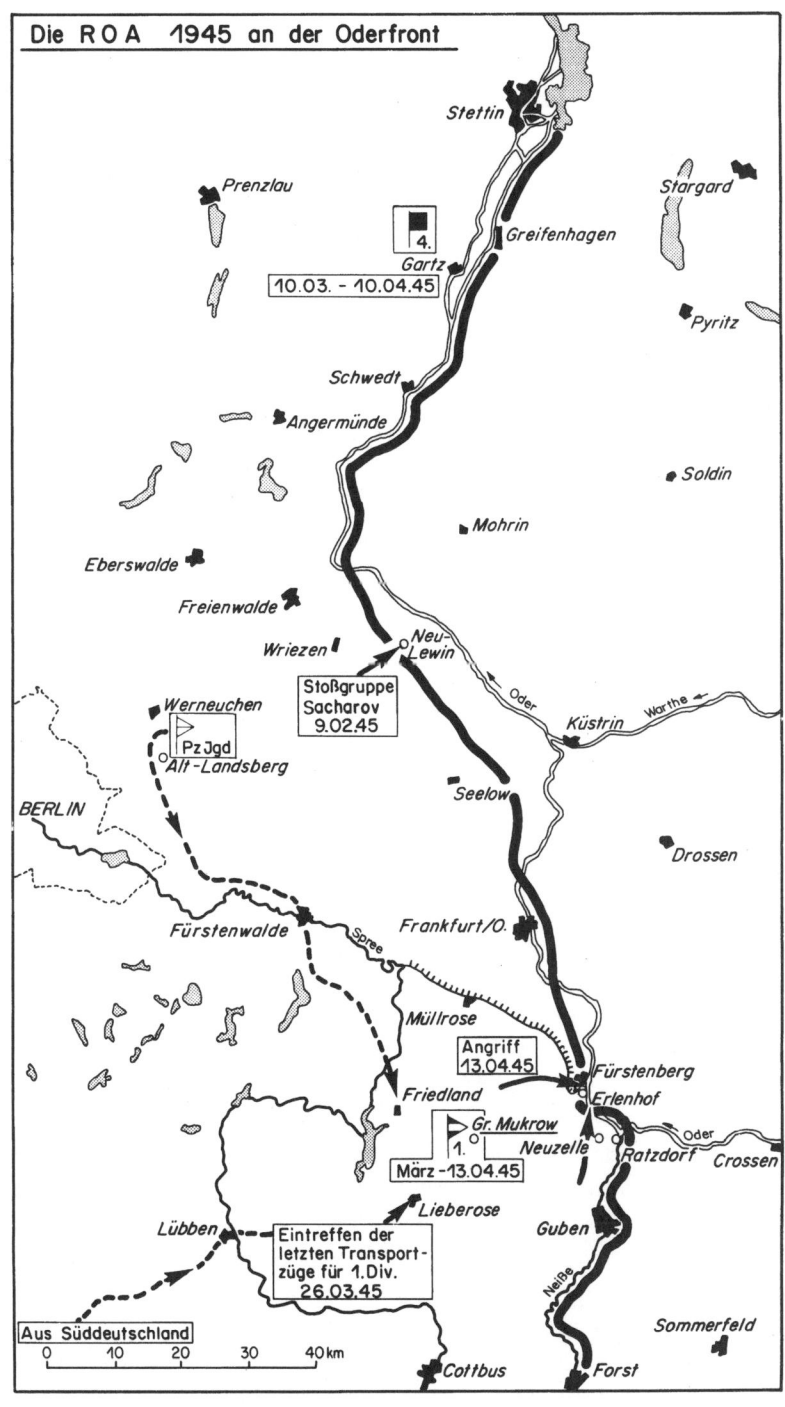

Die R O A 1945 an der Oderfront

Stettin

Prenzlau

4.
Gartz
10.03. – 10.04.45

Greifenhagen

Stargard

Pyritz

Schwedt

Angermünde

Soldin

Mohrin

Eberswalde

Freienwalde

Wriezen Neu-Lewin

Stoßgruppe
Sacharov
9.02.45

Oder

Küstrin Warthe

Werneuchen
Pz Jgd
Alt-Landsberg

BERLIN

Seelow

Drossen

Fürstenwalde Spree

Frankfurt/O.

Müllrose

Angriff
13.04.45

Fürstenberg
Erlenhof

Friedland

Gr. Mukrow
1. Neuzelle
März –13.04.45

Oder

Ratzdorf Crossen

Lieberose

Guben

Lübben

Eintreffen der
letzten Transport-
züge für 1.Div.
26.03.45

Sommerfeld

Aus Süddeutschland
0   10   20   30   40 km

Neiße

Cottbus Forst

Teil aber als zuversichtlich und die Truppe als zuverlässig geschildert wird[359]. Schon bei der Bereitstellung war den Russen die laue Stimmung der deutschen »Landser« (gorevojaki) aufgefallen. Leutnant Vysockij, Zeuge, wie ein deutscher Offizier seine Leute mit gezogener Pistole vorantreiben wollte, dachte bei sich: »Gott, wohin ist es mit der deutschen Armee gekommen?« Wohin war es im übrigen mit der »deutschen Genauigkeit und Ordnung« gekommen, wenn das Unterstützungsbataillon mit den Sturmgeschützen eine Stunde nach der festgelegten Zeit auf dem Gefechtsfeld erschien und lange nach Angriffsbeginn noch keine Verbindung zum Regimentsstab bestand? Tatsächlich waren es die Vlasovsoldaten, die den Deutschen den Weg nach Neu-Lewin hinein bahnten. Als im Laufe des Tages der Angriff des linken Flügels ungeachtet starker Artillerieunterstützung zum Stillstand kam, wurden mit Zustimmung von Oberst Sacharov abermals die von den erschöpften und dezimierten Deutschen sehnsüchtigst erwarteten Russen als Rammbock (kulak) eingesetzt. Diese zeigten ihre Überlegenheit in gutmütigem Spott: »Nun, ihr Fritzen, kommt ihr nicht mehr zurecht, müßt ihr um Hilfe bitten?« Nicht einer der deutschen Soldaten war mehr bereit, ohne die Soldaten der ROA vorzugehen, und selbst die Sturmgeschütze hatten Deckung hinter den Häusern genommen. »Es ist geradezu beschämend«, notierte Reichsminister Dr. Goebbels, der gleichzeitig vermerkte, die »Truppen des Generals Wlassow« hätten sich »hervorragend geschlagen«, am 7. März 1945 in seinem Tagebuch, »wenn in einem Erlebnisbericht von den Offizieren dieser Truppen festgestellt wird, daß sie den Eindruck gehabt hätten, die deutschen Soldaten seien müde und abgekämpft und wollten nicht mehr gegen den Feind vorgehen. Ewig hätten sie den russischen Offizieren [...] in den Ohren gelegen mit der Frage: ›Wie werden bei den Sowjets die deutschen Gefangenen behandelt?‹[360].«

Die Haltung der russischen Kampfgruppe bei ihrem Einsatz östlich von Wriezen fand ungeteilte Anerkennung. Schon auf dem Gefechtsfeld war den russischen Führern spontan der Dank der deutschen Kommandeure ausgesprochen worden. Der Kommandierende General, General Berlin, erschien persönlich, um den Soldaten im Auftrag Himmlers Eiserne Kreuze und andere Auszeichnungen zu verleihen. Als Ergebnis des Kampfes konnte das Oberkommando der 9. Armee am Abend des 9. Februar 1945 der Heeresgruppe die Einnahme von Neu-Lewin, Südteil Karlsbiese und Kerstenbruch melden, nach »schwungvollen stoßtruppartigen Kämpfen [gegen] in stark ausgebauten Häusern zäh und verbissen haltenden Feind«[361] – einer der ganz wenigen Erfolge dieser kritischen Tage und Wochen an der Front vor Berlin. Wem das Hauptverdienst hieran zukommt, trat zutage, als die Heeresgruppe Weichsel sich zu einer Nachtragsmeldung an das Oberkommando des Heeres veranlaßt sah: »Bei der Einnahme von Neu-Lewin zeichnete sich das Kommando der Wlassow-Armee durch geschickte Kampfführung und hervorragende Tapferkeit aus.« Die »vorbildliche Tapferkeit« und »überlegte Kampfführung« der Vlasovcy, die 12 Stunden lang mit »fanatischer Hingebung und festem Glauben an die Gerechtigkeit ihrer Sache« kämpften und hierdurch »die Begeisterung ihrer deutschen Waffenkameraden« hervorriefen, war auch Gegenstand eingehender Würdigung in der Presse[362]. Überaus angetan war vor allem Himmler, der durch seinen Vertreter im Führerhauptquartier, SS-Gruppenführer und Generalleutnant der Waffen-SS Fegelein, noch am selben Tage auch Hitler von dem positiven Ausgang der Aktion unterrichten ließ[363]. Diesem wird es wenig Freude bereitet haben, vom Reichsführer SS, Verkörperung eines Soldatentums »nordisch bestimmter Männer«, zu erfahren, daß es nun die von ihm so geringgeschätzten Russen waren, die »mit einem ungeheuren Angriffsschwung« vorgingen und »zum Teil deutsche Angriffsgruppen durch ihren Schwung nach vorne rissen«. Nur der Vollständigkeit halber sei auch eine sowjetische Version dieses Angriffsunternehmens angeführt. In der Stoßgruppe Sacharov, die doch aus ausgesuchten Freiwilligen bestand, so erfährt der Leser, sei »beinahe offen« über den Übergang auf die Seite der Roten Armee gesprochen worden und darüber, die Waffen gegen die Deutschen zu kehren und somit »die eigene Schuld zu sühnen«. Sacharov habe daraufhin einen Major Kesarev und einen Hauptmann Podobed, Personen, die überhaupt nicht nachweisbar sind, sowie sieben Soldaten erschießen lassen. Als die Gruppe dann anderntags in den Kampf mit sowjetischen Panzern trat, sei fast die ganze Gruppe »buchstäblich in wenigen Minuten« vernichtet worden[364]. Ein Eingehen hierauf erübrigt sich.

General Vlasov, der von Himmler zu dem Erfolg »dieser braven und tapferen Truppe« beglückwünscht worden war[365], gab den Mitgliedern des KONR in einer Sitzung am 27. Februar 1945 in Karlsbad einen Bericht über diesen ersten Zusammenstoß einer Einheit der Befreiungsarmee mit Truppen der Roten Armee. Mit seinen Worten rief er große Genugtuung hervor. Das gute Abschneiden der Vlasovsoldaten unter wenig günstigen Bedingungen wurde als Beweis einer unerschütterlichen Kampfmoral gewertet und zugleich auch mit der politischen Werbekraft der ROA in Verbindung gebracht. Und dies nicht ganz zu Unrecht. Unter den Sowjetsoldaten hatte es eine spürbare Bereitschaft gegeben, sich mit den Landsleuten in der Befreiungsarmee zu solidarisieren: Rotarmisten hatten auf russische Zurufe hin verschiedentlich das Feuer eingestellt und einige von ihnen hatten noch auf dem Gefechtsfeld um Aufnahme in die ROA gebeten[366] – und das zu einer Zeit, da, wie Vlasov jetzt feststellte, Stalin die Frage des Sieges für entschieden hielt.

Der Erfolg von Wriezen gab dem Gedanken neuen Auftrieb, die Kampfkraft der Befreiungsarmee, so wie die Einheiten gerade verfügbar waren, einer Stärkung der bedrohten Ostfront nutzbar zu machen. »Ich werde laufend von diesen russischen Einheiten mehr einsetzen«, hatte Himmler am 9. Februar 1945 Hitler melden lassen. In diesem Sinne waren der Heeresgruppe Weichsel aus Münsingen die russischen Panzerjagdverbände 10 und 11 aus dem Bestand der 1. Division der ROA sowie aus Döberitz die russischen Panzerjagdverbände 13 und 14 zugeführt worden. Diese vier Panzerjagdverbände wurden zu der schon genannten Panzerjagdbrigade R (Rußland, anscheinend unter der Führung von Oberstleutnant Galkin) zusammengeschlossen[367] und mit mehreren deutschen Brigaden dem Stab der neugebildeten Panzerjagddivision »Weichsel« unterstellt. Der Chef des Generalstabes der Heeresgruppe, Generalleutnant Kinzel, setzte die Einsatzgliederung der Brigade für den 12. April 1945 in Kraft und erteilte ihr den Kampfauftrag für die bevorstehende Abwehrschlacht um Berlin[368]. Die mit Sturmgewehren und Panzerfäusten bewaffnete und mit Lastkraftwagen ausgestattete russische Panzerjagdbrigade wurde demnach im Raum Alt-Landsberg–Werneuchen östlich von Berlin hinter der Wotanstellung, einer zwischen Eberswalde und Fürstenberg parallel zur Oder verlaufenden 2. Verteidigungslinie[369], »zum Einsatz an besonders gefährdeten Schwerpunkten bereitgehalten«. Kurz vor Beginn der sowjetischen Großoffensive wurde die Brigade nach Friedland in die Nähe der hier jetzt versammelten 1. Division der ROA verlegt.

Zu den an die Ostfront geworfenen Verbänden gehörte auch das aus der bodenständigen Russischen Brigade 599 in die ROA überführte »Grenadierregiment 1604 (russ.)«, ehemals Grenadierregiment 714 (russ.), das mit zwei Bataillonen am 24. Februar 1945 aus Dänemark in den Bereich der Heeresgruppe Weichsel verlegt wurde. Es wurde im Streifen der 3. Panzerarmee, Korps »Oder«, der Brigade Klossek unterstellt und übernahm am 10. März 1945 unter der Führung von Oberst Sacharov einen Frontabschnitt beiderseits von Gartz[370]. Auf dem Truppenübungsplatz Kreckow bei Stettin begann umgehend die Neuaufstellung eines dritten Bataillons, da das bisherige III. Bataillon des Grenadierregimentes 714 der 2. Division der ROA in Heuberg zur Verfügung gestellt worden war.

Über die Bewährung des jetzt der Vlasov-Armee zugehörigen russischen Regimentes in vorderster Linie während der nächsten vier Wochen liegen unterschiedliche Angaben vor. Russischen Zeugnissen zufolge habe es allein durch seine Gegenwart eine solche Anziehungskraft auf die gegenüberliegenden Truppen der Roten Armee ausgeübt, daß »Dutzende, wenn nicht Hunderte« von Rotarmisten täglich zu ihm überliefen, daß es innerhalb einer Woche »fast ein Bataillon« Sowjetsoldaten gefangennahm[371]. Diese Version läßt sich allerdings nicht aufrechterhalten, da die Heeresgruppe Weichsel während des gesamten Monats März 1945 nur 410 Kriegsgefangene und 18 Überläufer registrierte[372]. Andererseits erscheint aber auch die in einer Besprechung beim Oberbefehlshaber der 9. Armee am 1. April 1945 vorgebrachte Meinung fragwürdig, der »Russen-Verband« werde »von allen als der schwächste bezeichnet«[373]. Im Zuge der Umgruppierungen vor Beginn der sowjetischen Offensive traf die Heeresgruppe seit Ende März 1945 Anstalten[374], außer einem rumänischen Waffen-Grenadier-Regiment der SS nördlich von Schwedt und einem ungarischen Bataillon nördlich von Gartz auch das russische Grenadierregiment aus der Front herauszuziehen, um es in die 1. Division der ROA einzugliedern. Der stellvertretende Chef der Operationsabteilung im Generalstab des Heeres, Oberstleutnant i. G. de Maizière[375], übermittelte am 2. April 1945 aber den ausdrücklichen Wunsch des der Vlasovbewegung an sich wohlgeneigten Chefs des Generalstabes, General der Infanterie Krebs, im Jahre 1941 vor Kriegsbeginn mit der Sowjetunion Vertreter des Militärattachés in Moskau, eine im Zusammenhang hiermit offenbar geplante Einbehaltung der dringend benötigten Waffen schonend und jedenfalls so durchzuführen, »daß den politischen Forderungen restlos Rechnung getragen wird«. Am 3. April 1945 erhielt Oberstleutnant i. G. v. Humboldt von der Operationsabteilung die Mitteilung, das Herauslösen der Russen sei »für übermorgen« vorgesehen[376]. Noch am 5. April, dem festgesetzten Tag der Ablösung, – und hier zeigte sich der wahre Geist der russischen Soldaten – war es das Regiment Sacharov, das außer der als hervorragend beurteilten 1. Marineinfanteriedivision die sehnlichst erwarteten Gefangenen einbrachte, von denen man Aufschluß über den Beginn der sowjetischen Offensive zu gewinnen erhoffte[377]. Das Einbringen auch nur eines Kriegsgefangenen durch Stoßtruppunternehmen bereitete zu dieser Zeit aber schon die »größte Schwierigkeit«[378]. Auch die 3. Panzerarmee hatte jetzt nichts mehr dagegen, dem Regiment wenigstens die Hälfte seiner Waffen zu belassen. Das »Grenadierregiment 1604 (russ.)« der ROA wurde am 9. April 1945 aus der Front herausgezogen und mit allen Waffen der Division Bunjačenko zugeführt, nachdem das SS-Hauptamt und der Oberquartiermeister der Heeresgruppe dem Panzerarmeeoberkommando 3 einen Waffenausgleich zugesagt hatten[379].

Nicht ohne Spannungen verlief die am 2. März 1945 befohlene Verlegung der 1. Division der ROA in den Bereich der Heeresgruppe Weichsel an die Ostfront. In russischen Zeugnissen klingt bis heute etwas von der Verstimmung nach über diesen »neuerlichen Betrug« der Deutschen, die doch die Aufstellung von zumindest drei Divisionen versprochen hatten und jetzt, wie man meinte, die erste kriegsbereite Division einem »sinn- und zwecklosen Untergang« entgegenführten[380]. Der Divisionskommandeur, Generalmajor Bunjačenko, erhob Einspruch und hatte ein stichhaltiges Argument zur Hand, wenn er sich darauf berief, daß über seine Division nicht gut ohne Zustimmung des Oberkommandierenden der ROA, General Vlasov, verfügt werden könne. Folgt man den Erinnerungen des Kommandeurs des 2. Regimentes, Oberstleutnant Artem'ev, so wurden in Münsingen bereits geheime Sicherheitsmaßnahmen getroffen. Angeblich wurde ein Bataillon mit automatischen Waffen und Panzerabwehrmitteln zusammengezogen und auf einer Kommandeursbesprechung der Plan erwogen, die Division nach Süden an die Schweizer Grenze zu führen, um dort zu versuchen, Verbindung mit den Alliierten aufzunehmen. Die Entwicklung wird nicht ganz so dramatisch verlaufen sein, obwohl auch Oberst i. G. Herre von »turbulenten« Szenen mit Bunjačenko in den Tagen vor dem Ausrücken spricht[381]. Vlasov, der aus Karlsbad herbeigerufen worden war und am 5. März 1945 in Münsingen eintraf, hat die ablehnende Haltung Bunjačenkos jedenfalls nicht gebilligt und den Befehl des Oberbefehlshabers des Ersatzheeres bestätigt, wie Kromiadi schreibt, widerstrebend, weil er die Dinge nicht zum offenen Bruch treiben wollte, und weil er wohl auch einsah, daß den Deutschen »in vollem Sinne des Wortes der Boden unter den Füßen brannte«[382]. Anscheinend – dies jedenfalls ist die Ansicht Herres – hat er sich der »Hoffnung auf das erfolgreiche Abschneiden« seiner 1. Division hingegeben und auch jetzt wieder gemeint, den Aufbau seiner Streitkräfte durch ein formelles Entgegenkommen beschleunigen zu können.

Der Verlegungsbefehl war von Himmler in seiner Eigenschaft als Oberbefehlshaber des Ersatzheeres gegeben worden, nicht aber, wie die Russen argwöhnten, um die Division als Kanonenfutter (pušečnoe mjaso) für deutsche Zwecke auszunutzen, sondern aus einer gedrängten Situation heraus, nach vorheriger Konsultation mit dem Kommandeur der Aufstellungsstäbe und immer noch in der Absicht, ihr auf dem Gefechtsfeld eine nur begrenzte Aufgabe zu übertragen, eine Aufgabe, bei deren Lösung ihr wirkliche »Meriten« zufallen würden. In ein gewisses Zwielicht in diesem Zusammenhang sollte der Kommandeur der Aufstellungsstäbe, Oberst i. G. Herre, geraten, den die Russen doch ganz zu Recht als ihren Freund ansahen. Vielleicht war auch in der Tat er es gewesen, der ungewollt den Anstoß zu einem Fronteinsatz der 1. Division der ROA gegeben hatte. Immerhin aber hatte er das Oberkommando der Heeresgruppe Weichsel am 21. Februar 1945 vor einem verfrühten Einsatz der Division ausdrücklich gewarnt und dabei nicht nur auf die rein militärischen, sondern vor allem auf die politischen Auswirkungen eines möglichen Versagens aufmerksam gemacht[383]. Eine Verlegung in das rückwärtige Gebiet der Heeresgruppe hielt er erst nach Beendigung der Verbandsausbildung frühestens am 15. März 1945 für angezeigt. Man war über diese Empfehlung hinweggegangen und hatte als Termin der Verlegung die ersten Tage des März bestimmt, nachdem die materielle Ausstattung, einschließlich der mit Mühe beschafften Jagdpanzer, komplettiert worden war. Der stellvertretende Chef der Operationsabteilung, Oberstleutnant i. G. de Maizière, wies die Heeresgruppe aber nachdrücklich darauf hin, daß die russische Division bis zu ihrer vollen Einsatzbereitschaft noch der weiteren Verbandsausbildung bedürfe, sie daher für »schwere Aufgaben«, für eine »entscheidende Tour«, vorerst nicht zu gebrauchen sei: »Wenn der Versuch mißlingen und die Division nicht an richtiger Stelle eingesetzt würde«, so warnte er, »sehe ich auch in propagandistischer Hinsicht große Gefahr«[384]. Die 1. Division der ROA verließ am 6. März 1945 in Marschordnung (pochodnyj porjadok) das Lager Münsingen und wurde über Donauwörth–Nürnberg in den Raum Erlangen–Forchheim geführt und hier – unter den argwöhnischen Blicken der Russen – auf die Eisenbahn verladen. Am 26. März 1945 traf der letzte der 34 Züge wohlbehalten bei der Heeresgruppe Weichsel in Lieberose ein[385], eine unter den Bedingungen der letzten Kriegswochen und pausenloser Luftangriffe bemerkenswerte Transportleistung, die auch Generalmajor Bunjačenko und die russische Divisionsführung offenbar »stark beeindruckt« hat[386].

Die wiederholt vorgebrachten politisch-militärischen Bedenken gegen einen verfrühten und nicht erfolgversprechenden Einsatz hatten immerhin zur Folge gehabt, daß das Oberkommando der Heeresgruppe die Division bis zur Herstellung der Gefechtsbereitschaft nur als Sicherheitsbesatzung im rückwärtigen Gebiet der 3. Panzerarmee zu verwenden gedachte. Nachdem die Operationsabteilung im Generalstab des Heeres erst an eine Dislokation in der Schorfheide, dann in der Gegend von Pasewalk gedacht hatte, waren die am 12. März 1945 anrollenden ersten Transportzüge der Überfüllung Pasewalks wegen von der Heeresgruppe in den Raum Anklam–Friedland dirigiert worden[387]. Zu dieser Zeit konzipierte der Oberbefehlshaber der 3. Panzerarmee, der General der Panzertruppe von Manteuffel, den Plan eines »durchschlagenden« Angriffs mit stärkeren Kräften zur Vernichtung der Feindteile vor Stettin, mit dem Ziel, einmal den Betrieb des wichtigen Hydrierwerkes Pölitz sicherzustellen und zum anderen, die Wiederaufnahme des Schiffsverkehrs zwischen Swinemünde und Stettin zu ermöglichen. Der Oberbefehlshaber der Heeresgruppe Weichsel wollte auch die neu herangeführte russische Division an dem für den 20. März 1945 vorgesehenen Unternehmen beteiligen, indem er ihr die Aufgabe zuwies, am Ostufer des Papenwassers, zwischen Köpitz und Stepenitz, angriffsweise einen »stützpunktartigen Brückenkopf« zu bilden und die Oderschiffahrt am Ausgang ins Stettiner Haff zu sichern[388]. Das Unternehmen mußte jedoch fallengelassen werden, nachdem Hitler der 3. Panzerarmee am 15. März 1945 befohlen hatte, zur Verteidigung überzugehen. Alle entbehrlichen Kräfte, darunter auch die gerade eintreffenden Teile der 1. Division der ROA, wurden angesichts der bevorstehenden sowjetischen Offensive aus der Front an der unteren Oder herausgezogen und nach Süden zur Verstärkung des Frontabschnittes der 9. Armee vor Berlin abgegeben.

Nach dieser Entscheidung Hitlers war es nun an dem Oberkommando der 9. Armee, unter dem Stichwort »Verteidigung von Berlin« (Studie »FF«, »Bumerang«) einen starken Präventivschlag gegen die auf dem Ostufer der Oder zwischen Frankfurt und Küstrin aufmarschierenden Feindkräfte der 1. Weißrussischen Front des Marschalls der Sowjetunion Žukov zu führen. General der Infanterie Busse plante, der sowjetischen 69. Armee überraschend in die Flanken zu stoßen, den Brückenkopf Frankfurt nach Süden und Osten zu erweitern und, nach Norden herumschwenkend, die feindlichen Bereitstellungen, insbesondere die Artilleriemassierung, bis in die Linie Säpzig–Göritz aufzurollen, die gefährlichen Brückenköpfe bei Lebus, Reitwein und südlich von Küstrin somit aus den Angeln zu heben und dem Feind eine wesentliche Voraussetzung für eine Offensive in der Berliner Richtung zu nehmen. In diese Planung wurde auch die 1. Division der ROA einbezogen, obwohl Busse die beschränkte Verwendungsmöglichkeit derselben »auf Grund ihrer Eigenart« durchaus zugestand und ihr deshalb nur eine Nebenaufgabe zuwies[389]. Nach dem Angriffsbefehl vom 18. März 1945 sollte sie die Trettiner Höhen vor der Nordfront des deutschen Brückenkopfes Frankfurt gewinnen und in Anlehnung an die Führerbegleitdivision und die nach Westen eindrehenden Panzergrenadierdivisionen (25. Panzergrenadierdivision und Führergrenadierdivision) weit in den Odergrund hinein bis über Neu-Lebus hinaus vordringen. Das Armeeoberkommando versprach sich von dem Auftreten »stammgleicher« Soldaten der Russischen Befreiungsarmee wie bei Neu-Lewin eine besondere psychologische Wirkung auf das gegenüberliegende sowjetische 61. Schützenkorps (134.SD, 247.SD) und rechnete mit einer großen Verwirrung unter den sowjetischen Soldaten. Das sorgfältig vorbereitete Unternehmen »Verteidigung von Berlin«, das von dem Luftflottenkommando 6 »mit allen zu Gebote stehenden« Jagd-, Schlacht- und Kampfverbänden unterstützt werden sollte, kam am 27. März 1945 nur in eingeschränkter Form, ohne Beteiligung der russischen Division, zur Durchführung und endete nach einigen Kilometern Geländegewinn mit einem Mißerfolg.

Nach diesem Hin und Her war die 1. Division der ROA auf Befehl des Oberkommandos der Heeresgruppe schließlich auf dem Truppenübungsplatz »Kurmark« mit Stabsquartier in Groß-Muckrow zusammengezogen worden, um ihr zunächst Gelegenheit zu geben, ihre Verbandsausbildung abzuschließen[390]. Sie begann im Stiftsforst Neuzelle an der Schlaube zwischen Kieselwitz–Reicherskreuz–Leeskow, 10 Kilometer westlich der Oderfront, ungesäumt mit dem Ausbau einer rückwärtigen Verteidigungsstellung, wobei sie besonderes Gewicht auf die artilleristische Vorbereitung, auf die Festlegung von Feuerräumen für Geschütze und Granatwerfer sowie auf die Panzerabwehr legte[391]. Ein ausgesprochen gutes Verhältnis bahnte sich zu der deutschen 391. Sicherungsdivision an, die einige Kilometer weiter östlich die Oderlinie verteidigte. Die russischen Kommandeure und Einheitsführer machten sich mit den Besonderheiten ihres Frontabschnittes vertraut, gemeinsame russisch-deutsche Spähtruppunternehmen festigten das Gefühl der Waffenbrüderschaft.

Während sich die russischen Verbände in den Forsten Neuzelle und Dammendorf zur Verteidigung einrichteten, nahm der Chef des DVK, Major i. G. Schwenninger, Verbindung auf mit der 9. Armee, der sie taktisch unterstanden, sowie mit der Heeresgruppe, unter deren Schirmherrschaft der bevorstehende Gefechtseinsatz erfolgen sollte[392]. Schon hierbei ergaben sich einige grundsätzliche Schwierigkeiten. Denn Generaloberst Heinrici, der am 20. März 1945 den Oberbefehl über die Heeresgruppe übernommen hatte und für den verständlicherweise militärische Aspekte im Vordergrund standen, zeigte sich nicht wenig bedenklich, als er vernahm, »daß die Division allein (d. h. ohne im größeren Wlassow-Verband zu kämpfen) in einer aussichtslosen Gesamtlage [...] nicht zu einem aussichtslosen Kampf bis zum bitteren Ende bereit sein werde«. Er beauftragte Major i. G. Schwenninger, dies in dieser Form auch Himmler, dem Initiator des Gedankens, vorzutragen. Schwenninger wandte sich an SS-Obergruppenführer Berger, den Chef des SS-Hauptamtes. Und erst als dieser den Oberbefehlshaber der 9. Armee noch einmal auf die politische Wichtigkeit eines erfolgreichen Abschneidens der Division aufmerksam gemacht und persönlich entsprechende Garantien gegeben hatte[393], konnten die Einsatzvorbereitungen im Armeeoberkommando in Angriff genommen werden.

Im Frontstreifen des V. SS-Gebirgskorps, in dem sich die Division Bunjačenko befand, gab es Anfang April 1945 zwei im Hinblick auf die bevorstehende sowjetische Offensive gefährliche Brückenköpfe: den im Februar 1945 gebildeten westlich von Aurith, der sich zwischen Frankfurt und Fürstenberg in einer Ausdehnung von über zwölf Kilometern Breite und sechs Kilometern Tiefe erstreckte, sowie einen wesentlich kleineren südlich davon, zwischen Fürstenberg und Neuzelle, den sogenannten 119. Befestigungsbereich der sowjetischen 33. Armee[394]. »Nach reiflicher Überlegung«, wie Schwenninger berichtet, schlugen General Busse und der Chef des Generalstabes der Armee, Oberst i. G. Hölz, ein begrenztes Unternehmen zur Beseitigung des kleineren dieser Brückenköpfe, »Erlenhof«, südlich von Fürstenberg vor. Nur an dieser Stelle bestand vielleicht Aussicht, einen sichtbaren militärischen Erfolg zu erringen, der politisch zurückwirkte und »sich auch propagandistisch auswerten ließ«. Ein Angriff auf den von vier sowjetischen Schützendivisionen (49., 222., 383., 323.) gehaltenen, stark befestigten und seit Wochen hart umkämpften Brückenkopf westlich von Aurith erschien von vornherein aussichtslos.

Die Erinnerungsberichte der unmittelbar beteiligt gewesenen Regimentskommandeure, Oberstleutnant Archipov (1. Regiment) und Oberstleutnant Artem'ev (2. Regiment), aber auch die fernerstehender Beobachter, so des ehemaligen Chefs der persönlichen Kanzlei Vlasovs, Oberst Kromiadi, und des ehemaligen Adjutanten des Generals Mal'cev, Oberleutnant Pljuščev-Vlasenko, kritisieren mit Schärfe den aufgrund dieses Vorschlages schließlich erteilten Kampfauftrag. Ihrer Meinung nach stand der zu frühe Einsatz der 1. Division der ROA einmal im Gegensatz zu angeblich oder tatsächlich gegebenen deutschen Zusagen, ein Argument, das freilich insofern als wenig stichhaltig erscheint, als ja Vlasov den Verlegungsbefehl der Division an die Ostfront am 5. März 1945 ausdrücklich bestätigt und einen Fronteinsatz damit gebilligt hatte. Woran sich das Mißtrauen der Russen aber vollends entzündete, war zum anderen der Umstand, daß, wie sie meinten, der Division absichtlich eine unlösbare Aufgabe zugewiesen worden war, mit dem Ziel, sie zugrunde gehen zu lassen[395]. Oberstleutnant Archipov nannte den Auftrag, »die Roten zwischen Frankfurt und Fürstenberg auf das Ostufer der Oder zurückzuwerfen«, einen »Wahnsinn« (bezumie). Auch Oberstleutnant Artem'ev hielt einen Angriff an dieser Stelle angesichts der höchst ungünstigen Kampfbedingungen und des flankierenden Feuers vom östlichen Oderufer her für »Unsinn« (nelepnost'). Oberst Kromiadi und Oberleutnant Pljuščev-Vlasenko verweisen darauf, daß der Division zwischen Frankfurt und Fürstenberg absichtlich einer der »schwierigsten Frontabschnitte« zugewiesen worden war. Alle Zeugnisse und auch die auf ihnen fußenden Darstellungen von Thorwald und Steenberg sowie die ihnen folgenden Versionen der Sowjetautoren Tiškov und Titov verkennen ganz und gar, daß das Angriffsunternehmen der 1. Division der ROA gar nicht dem großen Brückenkopf vor Aurith, südlich von Frankfurt, sondern dem südlich von Fürstenberg gelegenen, wesentlich kleineren Brückenkopf »Erlenhof« galt, dort, wo die Oder einen leichten Bogen nach Westen macht und wo zwar ebenfalls schwierige, aber doch etwas günstigere Bedingungen als bei Aurith vorlagen[396].

Die Reaktion der russischen Divisionsführung war denn auch nicht ganz so heftig, wie die Nachkriegsberichte dies glauben machen. Generalmajor Bunjačenko, obwohl einem Einsatz an der Ostfront verständlicherweise nur noch wenig geneigt, erklärte sich immerhin dazu bereit, den Kampfauftrag durchzuführen, sofern der Oberkommandierende ihn bestätigte. Vlasov, der, wie vor vier Wochen, auch am 8. April 1945 die Division noch einmal aufsuchte, befand sich zweifellos in einem gewissen Zwiespalt. Denn auf der einen Seite durfte er erwarten, ein Entgegenkommen gegenüber den Wünschen der Deutschen in der Frage eines Fronteinsatzes werde den Aufbau der anderen Divisionen und sonstigen Truppenteile der ROA fördern und beschleunigen. Andererseits mußte eine Gefährdung dieses einzigen kampfkräftigen Großverbandes tunlichst vermieden werden. Unter diesen Umständen konnte Vlasov einem Einsatz der 1. Division an der Front nur dann zustimmen, wenn Gewähr dafür bestand, daß er unter möglichster Schonung und mit geringen Verlusten zu einem raschen Erfolg führte[397]. Dies galt um so mehr, als auf der letzten Sitzung des KONR am 28. März 1945 in Karlsbad ja beschlossen worden war, alle Teile der Russischen Befreiungsarmee an einem Ort im österreichisch-böhmischen Raum zusammenzuziehen. Auch das XV. Kosakenkavalleriekorps hatte sich soeben für den Anschluß an die Befreiungsbewegung ausgesprochen und Generalmajor Kononov als seinen Vertreter zu Vlasov entsandt. Nach eingehenden Besprechungen mit dem Oberbefehlshaber der Heeresgruppe, Generaloberst Heinrici[398], in dessen Hauptquartier Birkenhain bei Prenzlau und mit dem Oberbefehlshaber der 9. Armee, General der Infanterie Busse, in dem Armeehauptquartier Saarow am Scharmützelsee, hat Vlasov alle Bedenken schließlich zurückgestellt und das Angriffsvorhaben, wenn auch nicht gerade leichten Herzens, sanktioniert. Er persönlich erteilte General Bunjačenko den Befehl, den Weisungen des Oberbefehlshabers der 9. Armee nunmehr Folge zu leisten[399]. Den Regimentskommandeuren der 1. Division begründete er seinen Entschluß mit politischen Erwägungen. In diesem Zusammenhang fand auch das Vertrauen in die Ausstrahlungskraft der Befreiungsarmee noch einmal Ausdruck, denn er soll geäußert haben: »Der Krieg im Osten wird gewonnen, wenn es der 1. russischen Division gelingt, die Sowjets auch nur 5 Kilometer zurückzuwerfen[400].« Vlasov rief die Soldaten der 1. Division in einer Ansprache jedenfalls dazu auf, standhaft zu sein und für die Heimat tapfer zu kämpfen.

Nachdem die Vorfragen geklärt worden waren, bahnte sich bei der Festlegung des Angriffsplanes zwischen dem Armeeoberkommando und dem Divisionskommando eine Zusammenarbeit an, die spätere Behauptungen über eine »ernste Auseinandersetzung« (krupnyj razgovor) und ein andauerndes Mißtrauen der Russen glatt widerlegt. Bunjačenko und sein Chef des Stabes, Oberstleutnant Nikolaev, fanden bei General Busse und dem Chef des Generalstabes, Oberst i. G. Hölz, »ein ausgesprochenes Verständnis für die Besonderheiten dieses Falles« und wurden auch »rein formell« als Verbündete respektiert[401]. Wie Major i. G. Schwenninger bezeugt, erwies sich die Divisionsführung als Folge dieser Haltung deutschen Wünschen und Anordnungen gegenüber aufgeschlossen und bestrebt, »auch ihrerseits die Voraussetzungen für das Fortbestehen dieser guten Zusammenarbeit zu erhalten«. Auch der vom DVK gestellte Dolmetscher konstatierte in den Aussprachen zwischen dem deutschen Armeeoberbefehlshaber und dem russischen Divisionskommandeur »eine fast lächerliche Übereinstimmung der Ansichten in taktischer Hinsicht [...]. Es sei so gewesen, daß ihm sowohl der deutsche wie der russische General wiederholt die Gedankengänge des anderen vorweggenommen hätten, während er noch mit der Formulierung der für ihn z.T. recht schwierigen Übersetzung beschäftigt gewesen sei.«

Obwohl es sich bei dem rund vier Kilometer breiten und maximal zwei Kilometer tiefen Brückenkopf »Erlenhof« um ein durchaus geeignetes Angriffsobjekt handelte, konnte andererseits doch kein Zweifel darüber bestehen, daß der 1. Division der ROA eine schwierige Aufgabe gestellt worden war. Die aus »jungen, gut ausgebildeten Jahrgängen« bestehende Besatzung des sowjetischen 119. Befestigungsbereiches hatte zwei Monate lang Zeit gehabt, den Brückenkopf in ein durch riesige Minenfelder und Drahthindernisse gesichertes, anscheinend uneinnehmbares Stellungssystem zu verwandeln[402]. Hinzu kam die Einwirkungsmöglichkeit einer »außerordentlich großen Anzahl schwerer Unterstützungswaffen« vom überhöhten östlichen Ufer der Oder her. Daß jeder Versuch, den Brückenkopf einzudrücken, angesichts der »feindlichen Überlegenheit insbesondere an schweren Waffen«, »zäheste feindliche Gegenwehr« auslösen würde, hatte das Scheitern der Angriffe des aus hochwertigem Personal der Kriegsschule Potsdam gebildeten Fahnenjunkerregimentes 1233 unter der Führung von Oberstleutnant v. Notz bewiesen, dem es nur gelungen war, den Brückenkopf einzuschließen, nicht aber, ihn zu beseitigen. Generalmajor Bunjačenko hielt ein Gelingen des Angriffs unter diesen Umständen nur bei ausreichender Artillerie- und Fliegerunterstützung für möglich. Er verlangte ein »orkanartiges Vorbereitungsfeuer« unter Verschuß von 28 000 Granaten, eine angesichts des Munitionsmangels in dieser Kriegsphase geradezu exorbitante Forderung[403]. Ebenfalls machte er zur Bedingung, keine deutschen Truppen an dem Angriff zu beteiligen; ein möglicher Erfolg sollte allein der ROA gehören. Zu dem nicht geringen Erstaunen manches deutschen Kommandeurs wurden diese Bedingungen jedoch ohne Abstriche angenommen. Die »volle Artillerie-Munitionsmenge« wurde denn auch nicht nur versprochen, sondern wirklich zur Verfügung gestellt. General Busse und das Armeeoberkommando 9 sicherten den Russen in der Tat »die bestmögliche Unterstützung zu, die die Armee damals zu geben in der Lage war«; auch der Einsatz von Fliegerkräften wurde zugesagt. Nach der Erinnerung des Chefs des DVK, Major i. G. Schwenninger, waren die »Beratung, Versorgung und artilleristische Unterstützung« des Angriffs durch die deutschen Kommandobehörden »sehr gut«, oder, wie es an anderer Stelle heißt, »vorbildlich«[404]. Vorbereitung und Verlauf des Angriffs der russischen Division auf den sowjetischen Brückenkopf »Erlenhof« lassen insgesamt klar erkennen, daß, entgegen der

Darstellung der Regimentskommandeure Archipov und Artem'ev[405], deutscherseits tatsächlich nichts unterlassen worden ist, um der ROA zu einem Erfolg zu verhelfen.

Die taktischen Einzelheiten des Unternehmens unter Berücksichtigung der örtlichen Gegebenheiten wurden von Generalmajor Bunjačenko mit dem Kommandeur des deutschen Fahnenjunkerregimentes auf dem vorgeschobenen Gefechtsstand eines Bataillons gründlich besprochen. Oberstleutnant v. Notz, der den Offizieren des Divisionsstabes und den Regimentskommandeuren ein »umfangreiches Frühstück« gab, machte sich so seine Gedanken über die Führungsmethoden der Russen. Aber von Bunjačenko, der ihm erklärte, durch den Gesinnungsterror in seiner Heimat und die Verlogenheit des dortigen Regimes zu einem erbitterten Gegner des Stalinismus geworden zu sein, erhielt er den Eindruck eines energischen, fähigen Truppenführers [406]. Aufgrund der Erfahrungen des vorangegangenen Monats wurde jetzt von einem Frontalangriff von Westen her über das flache und zum Teil überschwemmte Wiesengelände Abstand genommen. Der Angriffsplan sah stattdessen einen engen Ansatz vor. So hatte je eine durch Pionierkampftrupps, im Norden auch durch einzelne Panzer der Aufklärungsabteilung verstärkte, tiefgestaffelte Regimentsgruppe gleichzeitig in die Nord- und Südfront des Gegners einzubrechen und den Brückenkopf, notfalls durch Nachschieben frischer Kräfte, auf beiden Seiten aufzurollen. Dem an dem eigentlichen Angriff nicht beteiligten Fahnenjunkerregiment 1233 (391. Sicherungsdivision) wurde der Auftrag erteilt, das Vorgehen der Russen durch Vortäuschen eigener Angriffsabsichten und Fesselung des Feindes zu unterstützen und im Falle des Erfolges die russischen Regimenter im Gebiet des eroberten Brückenkopfes abzulösen. Außer dem russischen Artillerieregiment unter Oberstleutnant Žukovkij und einer sogenannten »Nachbarhilfe« sollten an der »Unternehmen Aprilwetter« genannten Angriffsoperation noch weitere Artilleriekräfte mitwirken, so eine Mörserbatterie, eine Batterie AWS, die III. Abteilung des SS-Artillerieregimentes 32 und zwei schwere Flakabteilungen – auf engem Raum also eine starke Artilleriekonzentration. Der Beginn des »Unternehmens Aprilwetter« wurde auf Freitag, den 13. April 1945, 5.15 Uhr, festgelegt. Am 12. April setzte der Chef des Generalstabes der 9. Armee, Oberst i. G. Hölz, die Heeresgruppe und die Operationsabteilung im Generalstab des Heeres von dem Angriffsplan in Kenntnis[407]. Die russischen Verbände nahmen in den späten Abendstunden des 12. April ihre Ausgangsstellung ein, die im Höhengelände westlich der Oder in Stellung gegangene Artillerie begann sich vorsichtig einzuschießen. In dieser Nacht galt für russische und deutsche Soldaten vor dem Brückenkopf »Erlenhof« die Parole »Gajl' Vlasov« (Heil Vlasov).

Zum festgesetzten Termin, am 13. April 1945, um 4.45 Uhr, eine halbe

Stunde vor Angriffsbeginn, führten die russische und deutsche Artillerie einen starken Feuerschlag auf den Gegner. Die sowjetischen Stellungen im Brückenkopf, aber auch Fähr- und Übersetzstellen, wurden mit einem wahren »Hagel von Granaten überschüttet«. Dieses Vorbereitungsfeuer war nach Aussagen von Beobachtern »überaus eindrucksvoll«. Oberstleutnant v. Notz berichtet, er habe zum letzten Male im Zweiten Weltkrieg auf deutscher Seite eine derart gewaltige Artilleriewirkung erlebt. Nachdem das Feuer vorverlegt worden war und die eigene Artillerie begonnen hatte, feindliche Batteriestellungen, Annäherungswege und ähnliche Ziele auch auf dem östlichen Oderufer zu beschießen, gingen von Norden her das verstärkte 2. Regiment unter Oberstleutnant Artem'ev und von Süden her das verstärkte 3. Regiment unter Oberstleutnant Aleksandrov-Rybcov planmäßig zum Angriff über. Der Divisionsstab und das DVK hatten ihren Gefechtsstand noch in der Nacht auf eine Anhöhe am Oderrand verlegt und verfolgten die Operation durch das Scherenfernrohr. Die Erwartungen bei Russen und Deutschen waren gleicherweise »hochgespannt«[408]. Major i. G. Schwenninger erinnert sich, deutlich das Gefühl gehabt zu haben, vom Ausgang des »Unternehmens Aprilwetter«, bei dem russische Soldaten unter russischer Führung gegen Soldaten der Roten Armee kämpften, »hinge das weitere Schicksal der Wlassow-Aktion ab und damit würde gleichzeitig über eine für Deutschland wesentliche Frage entschieden«. Auch Generalmajor Bunjačenko, der schließlich seine ganze Kraft für das Gelingen des Angriffs eingesetzt und »um jede Unterstützung gerungen hatte«, war, wie Schwenninger bezeugt, »sehr gepackt und absolut freudig erregt«, als die ersten Erfolgsmeldungen einliefen und die vereinbarten Leuchtkugelzeichen mehrere Male eine weitere Vorverlegung des Feuers forderten[409].

Bereits im ersten Anlauf war den Regimentern der ROA sowohl im Norden als auch im Süden der Einbruch in die sowjetische Verteidigung gelungen. Bis 8.00 Uhr wurde eine Anzahl gegnerischer Bunker und Widerstandsnester eingenommen und 500 Meter Geländegewinn erzielt. In abgehörten Funksprüchen des Feindes war von einer »vernichtenden« Wirkung des Vorbereitungsfeuers und einer ernsten Lage im Brückenkopf die Rede[410]. Die Morgenmeldung der Heeresgruppe an das OKH sprach denn auch von einem planmäßigen Anlaufen des »Unternehmens Aprilwetter«, zugleich zu dieser Zeit aber von einem sich verstärkenden Feindwiderstand und schwerem Granatwerferfeuer auf die eigenen B-Stellen[411]. Um das flankierende Artilleriefeuer vom östlichen Oderufer auszuschalten, wurde noch im Laufe des Morgens die zugesagte »Luftwaffenunterstützung« eingeleitet. 26 Schlachtflugzeuge der 4. Fliegerdivision beziehungsweise Flugzeuge der ROA-Luftwaffe, an blauen Andreaskreuzen erkenntlich, versuchten, den russischen Grenadieren und Pionieren den Weg zu bahnen, – nur »schwache

Verbände«, wie der Fliegerverbindungsoffizier der Armee meldete[412], immerhin aber doch der zehnte Teil der an diesem Tag an der gesamten Ostfront eingesetzten Fliegerkräfte. Auch die Tagesmeldungen der 9. Armee an die Heeresgruppe und die der Heeresgruppe an das OKH vom 13. April betonen, »eigene Artillerie« und »fliegende Verbände der 4. Fliegerdivision« hätten den Angriff der »600. I.D. (russisch) [...] wirkungsvoll [...], mit guter Wirkung (nach S.Qu.hohe Ausfälle)« unterstützt[413]. Doch nach Anfangserfolgen blieben die beiden Regimenter im feindlichen Flankenfeuer vor den sowjetischen Feldbefestigungen und »gewaltigen Drahthindernissen« liegen, vor denen schon die deutschen Kommandeure gewarnt hatten. Auch ein zweiter Angriffsversuch der nördlichen Regimentsgruppe unter Oberstleutnant Artem'ev schlug nicht mehr durch. Erst jetzt sollten zwischen Russen und Deutschen Meinungsverschiedenheiten grundsätzlicher Art aufbrechen.

General Bunjačenko hatte sich, wie erwähnt, anfänglich nur widerwillig, dann aber mit ganzer Kraft der Planung und Vorbereitung des Angriffs auf den Brückenkopf »Erlenhof« gewidmet und anscheinend auch gehofft, »durchzukommen«. Als die Vorwärtsbewegung sich aber verlangsamte und die Regimenter schließlich steckenblieben, »schlug es bei ihm um«. Von dieser Stunde an war es ihm nur noch darum zu tun, das Unternehmen abzubrechen, die Division aus Kampf und Verstrickung herauszuführen, um dem drohenden Verhängnis an der Oder zu entrinnen. Bei der Abwehr der nun mehrmals wiederholten Versuche der Deutschen, »die voll ausgerüstete und personell aufgefüllte Division zur Stärkung der überall schwankenden und abbröckelnden Front einzusetzen«, sind die Führereigenschaften Bunjačenkos jetzt voll zur Geltung gekommen. Mit Klugheit, Festigkeit und notfalls mit List verstand er es, die Verbände aus der Front zu lösen und seine 20 000 Soldaten allen deutschen Forderungen und Drohungen zum Trotz nach Böhmen, zwecks Vereinigung mit den übrigen Teilen der Befreiungsarmee zu führen. Die Methoden, die er anwandte, um eine offene Befehlsverweigerung zu umgehen, waren nach deutschem Urteil dabei »vielfältig, interessant und oft typisch russisch«, so, wenn er beispielsweise eher eine fadenscheinige Ausrede gebrauchte, als eine unbequeme Wahrheit zuzugeben[414]. Daß er seinen Willen aber durchzusetzen und mit der 1. Division der ROA in einem Landmarsch über mehrere hundert Kilometer endlich Prag zu erreichen vermochte, stellte unter den komplizierten Bedingungen der letzten Kriegswochen eine wahre Meisterleistung dar. Auch der einstige Oberbefehlshaber der Heeresgruppe Mitte, Generalfeldmarschall Schörner, sprach sich nach dem Kriege über diese Leistung und über den Patriotismus dieses einst so unbotmäßigen russischen Generals lobend aus.

Die Führer der beiden Regimentsgruppen, Oberstleutnant Artem'ev und

Oberstleutnant Aleksandrov-Rybcov, hatten sich am 13. April 1945 zwischen 8.00 und 10.00 Uhr von der Unmöglichkeit überzeugt, den Angriff weiter vorzutragen. Auf ihre Meldung hin ließ Generalmajor Bunjačenko die Verbände auf die Ausgangsstellung zurücknehmen, um sie dem vernichtenden Flankenfeuer des Gegners zu entziehen. Dieses Absetzen muß sich stellenweise in Unordnung vollzogen haben, denn Oberstleutnant v. Notz, der den russischen Sturmtruppen als Beobachter gefolgt war, fand im Gelände verstreut eine Anzahl weggeworfener Waffen, Maschinengewehre, Flammenwerfer, Maschinenpistolen, die den Angreifern gehört hatten[415]. Die Division erhielt zwar jetzt die Genehmigung, in die alten Quartiere zurückzukehren, doch Teile, insbesondere die Artillerie, hatten auf Befehl der 9. Armee zu Verstärkung der deutschen Kräfte vor dem Brückenkopf in Stellung zu verbleiben. Generalmajor Bunjačenko, der nichts so scheute wie eine Zerreißung seiner Verbände, erhob sofort Einspruch, indem er sich darauf berief, von Vlasov Befehl zur Durchführung nur eines Angriffs erhalten zu haben. Er ersuchte den Chef des DVK, sich für eine umgehende Aufhebung des deutschen Befehls und für die Genehmigung zu einem ungesäumten Abmarsch der gesamten Division nach Böhmen zu verwenden[416]. Während Major i.G. Schwenninger in seinem Auftrag im Armeeoberkommando beim Chef des Generalstabes in diesem Sinne vorstellig wurde, befahl Generalmajor Bunjačenko bereits von sich aus den noch in Stellung befindlichen Teilen sowie dem Artillerieregiment den Rückmarsch in den Raum um Groß-Muckrow, allerdings nicht, ohne zuvor die benachbarten deutschen Einheiten, die nicht verstanden, was vor sich ging, von seinem Entschluß zu verständigen[417].

Diese Handlungsweise – Befehlsverweigerung vor dem Feinde – scheint auf General Busse und Oberst i.G. Hölz tiefen Eindruck gemacht zu haben, zumal Bunjačenko es unter Vorwänden ablehnte, persönlich im Hauptquartier zu erscheinen, um sich zu rechtfertigen. Ursprünglich hatte Busse noch daran gedacht, die Russen in die Front südlich von Fürstenberg einzuschieben, um im Austausch hierfür eine deutsche Division zur Verstärkung des bedrohten Abschnittes des CI. Armeekorps zu gewinnen. Jetzt hielt er es für das beste, diese schwierige Division möglichst noch vor Beginn der sowjetischen Offensive wieder loszuwerden. Hölz stellte noch am selben Abend einen entsprechenden Antrag bei dem ihm bekannten Oberstleutnant i. G. de Maizière von der Operationsabteilung. Als auch dem Chef des Generalstabes des Heeres, der sich telefonisch mit dem Chef des Generalstabes der Heeresgruppe in Verbindung gesetzt hatte, mitgeteilt wurde, »daß auf Grund des Versagens beim heutigen Angriff und vorliegender Meldungen über Undiszipliniertheit der Division Entwaffnung und Verlegung in ein anderes Gebiet beantragt werden wird«, gab das OKH noch in den Abendstunden des

Abb. 7
Prag, 14. 11. 1944:
Wlasov bei der Begrüßungs-
ansprache in der Rudolfs-
galerie der Prager Burg

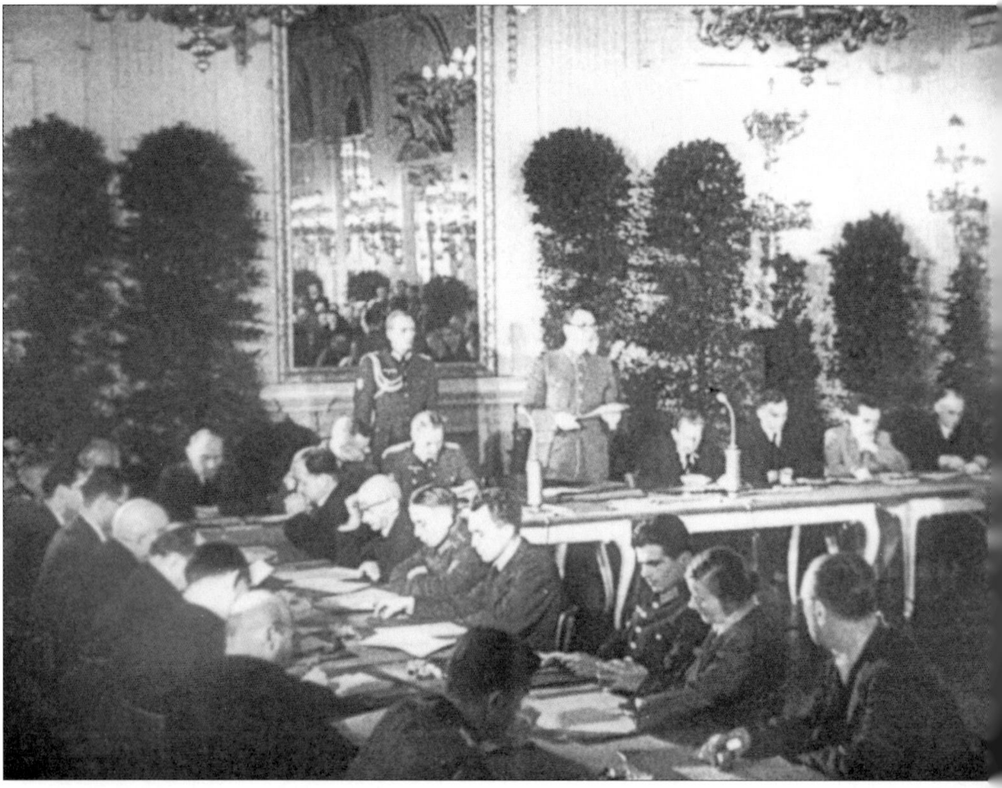

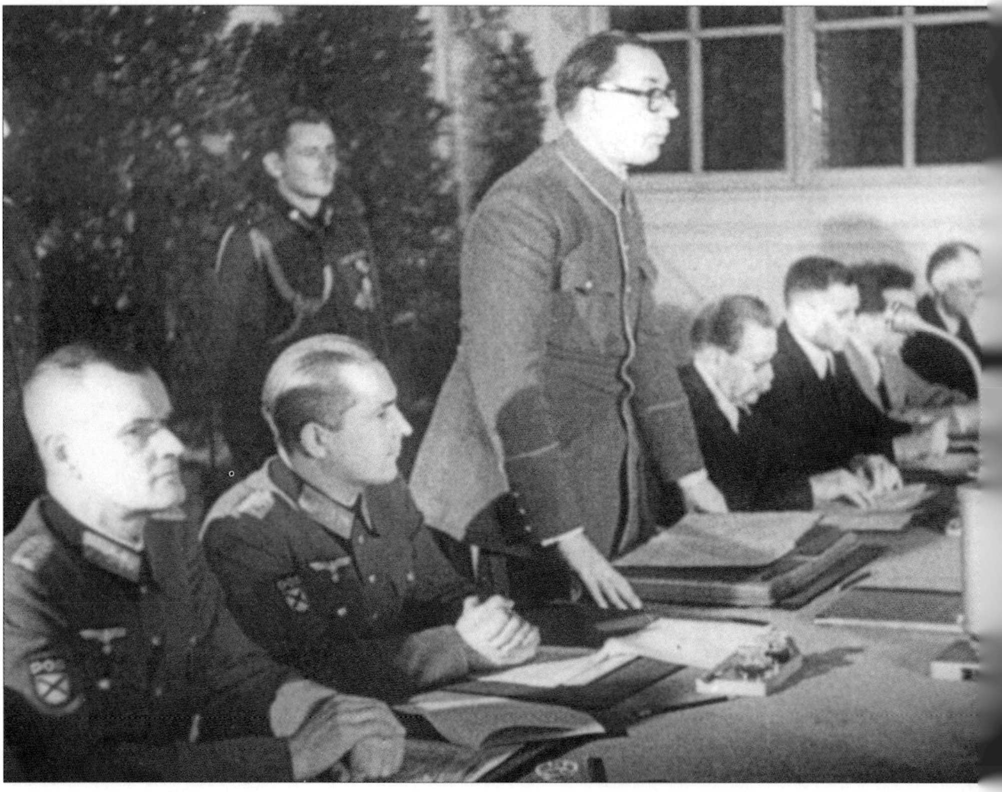

0 Generalmajor Fedor
anovič Truchin

ı. 9 (links)
ag, 14. 11. 1944:
aatsakt in der Rudolfs-
lerie der Prager Burg.
eneralleutnant Vlasov
rliest das Manifest des
freiungskomitees. Neben
asov Oberst Pozdnjakov.
ten: Generalmajor
uchin, Generalleutnant
enkov, Präsidialmitglieder
tzend), Oberst Sacharov
ehend).

Generalleutnant Žilenkov
hts) und Major Miletij
ksandrovič Zykov

12 Prag, 14. 11. 1944: Vlasov neben General der Infanterie Rudolf Toussaint, SS-Oberführer Erhard Kroeger und SS-Obergruppenführer Werner Lorenz

13. April 1945 den Befehl zum Abmarsch nach Süden, zunächst in den Raum nördlich von Kottbus[418].

Im Zusammenhang mit dem Angriff der 1. Division der ROA auf den Brückenkopf »Erlenhof«, von deutscher Seite her einer der letzten Angriffe an der gesamten Ostfront vor Kriegsende, sind zwei wesentliche Momente hervorzuheben. Einmal war er von Deutschen und Russen gemeinsam vorbereitet und von den Russen mit der damals bestmöglichen Unterstützung durch die Deutschen durchgeführt worden – zu später Stunde noch so etwas wie eine praktische Verwirklichung des Gedankens einer deutsch-russischen Waffenbrüderschaft. Zum anderen sind Soldaten der Russischen Befreiungsarmee unter russischer Führung noch in den letzten Kriegstagen in den bewaffneten Kampf gegen das Sowjetsystem getreten. Hierbei haben sie sich tapfer geschlagen. Selbst der Sowjetautor Tiškov kam nicht umhin zuzugestehen, daß die »Vlasoveinheiten mit einer Hartnäckigkeit fochten, die Menschen die Verzweifelung eingibt. Auf diese Weise trägt auch Vlasov einen Schuldanteil an den Verlusten der Sowjetarmee in der Berliner Operation[419].« Die sowjetische Brückenkopfbesatzung hatte in der Tat »hohe Verluste« erlitten, aber auch die Opfer der angreifenden Vlasovsoldaten an Toten und Verwundeten im Verhältnis zu der mehrstündigen Dauer des Kampfes werden übereinstimmend als »beträchtlich« geschildert[420]. Oberstleutnant v. Notz, der von Süden her in den Brückenkopf eindrang, berichtet denn auch, er habe »dort viele Tote beider Seiten« liegen sehen.

Als die 1. Division der ROA im März 1945 an die Oderfront gelangt war, hatte Generalmajor Bunjačenko sich genötigt gesehen, den Chef der Propagandaabteilung des Divisionsstabes, Hauptmann Narejkis, und dessen Gehilfen, Oberleutnant Aprel'skij, von ihren Posten zu entfernen und durch Major Boženko zu ersetzen[421]. Der Grund hierfür war, daß beide Offiziere sich zu diesem Zeitpunkt gegen eine Beteiligung an dem Kampf an der Oder aussprachen. Dieser Vorfall berechtigt indessen zu keinen Rückschlüssen auf die wirkliche Stimmung und die Einsatzbereitschaft in diesem ersten Großverband der ROA. »Im Verlauf der drei Wochen, in denen sich die Division zwölf Kilometer von der vordersten Frontlinie entfernt befand«, so urteilte Oberstleutnant Artem'ev später, »im Prozeß des Kampfes und in der besonders gespannten Periode des Konfliktes mit den Deutschen, als von ihrer Seite härteste und äußerste Gegenmaßnahmen zu erwarten waren, ging nicht ein Soldat der russischen Division auf die Seite der sowjetischen Truppen über, wozu unter den damaligen Bedingungen jede Möglichkeit bestand: In jener Periode würde jeder lieber zugrunde gegangen sein, als zu den Bolschewiken überzulaufen[422].« Die dem Chef des Generalstabes des Heeres am Abend des 13. April 1945 von der Heeresgruppe gemeldete angebliche »Undiszipliniertheit« war so auch nur ein fehlgegriffener Ausdruck dafür, daß

Generalmajor Bunjačenko jetzt auf den Verbündetenstatus pochte und er sich dagegen sträubte, Befehle zu befolgen, die im Endergebnis zur Zerschlagung seiner Streitmacht führen mußten. Und was das angebliche Versagen der 1. Division der ROA angeht, so muß daran erinnert werden, daß es auch den deutschen Truppen in »sehr schweren«, in »sehr blutigen« Kämpfen mit Mühe und Not nur gelungen war, eine Ausweitung des Brückenkopfes »Erlenhof« zu verhindern. Die örtliche Beschaffenheit des Angriffszieles mit sehr schmalen Ansatzpunkten hatte der Division im übrigen auch keine Gelegenheit gegeben, ihre volle Kraft zu entfalten. Der Wehrmachtführungsstab des OKW urteilte durchaus zutreffend, als er im Lagebuch unter dem 14. April 1945 festhalten ließ, die Angriffe »der auf eigener Seite eingesetzten russischen Kräfte« seien wohl liegengeblieben, hätten aber doch gezeigt, »daß diese zum Angriff bereit sind«[423].

Anmerkungen

353 So auch Schwenninger an Steenberg, 18. 5. 1966, BA-MA Sammlung Steenberg.
354 Siehe Anm. 29.
355 Abendlage vom 23. März 1945, in: Hitlers Lagebesprechungen, S. 939.
356 Vysockij, Boj na Odere, Archiv des Vf. Weitere Einzelheiten nach einem Bericht von Leutnant Vladimir Nikolaevič Azar, in: Auski, Predatel'stvo, S. 62 ff.
357 Fernschreibegespräch OBdHGr Weichsel mit OB 9.A, General Busse, 6. 2. 1945, BA-MA RH 19 XV/3.
358 Lagekarte vom 19. 2. 1945, Anlage zu AOK 9, Ia, Nr. 1153/45gKdos, 19. 2. 1945, BA-MA RH 19 XV/19.
359 Stellungnahme zu Zustandsberichten, Stabsoffizier für landeseigene Hilfskräfte, 26. 3. 1945, BA-MA RH 19 XV/8.
360 Goebbels, Tagebücher 1945, S. 139 f.
361 AOK 9 an HGr Weichsel, Tagesmeldung, 9. 2. 1945, BA-MA RH 19 XV/ 4; HGr Weichsel an OKH, Nachtrag zur Tagesmeldung, 9. 2. 1945, ebd.
362 Die Freiwilligen des Generals Vlasov an der Ostfront, in: Za Rodinu, Nr. 10 (24), 15. 2. 1945.
363 RFSS an SSOGruF Fegelein zur Unterrichtung des Führers, 9. 2. 1945, BA-MA RH 19 XV/4.
364 Kov., Biznes Sacharova.
365 Himmler an General Wlassow, 11. 2. 1945, BA-MA RH 19 XV/4; dasselbe, in: Za Rodinu, Nr. 10 (24), 15. 2. 1945.
366 Siehe Anm. 356.
367 Hansen, Dienstliche Notizen, 3. 4. 1945, S. 202, 6. 4. 1945, S. 204, 8. 4. 1945, S. 206, 9. 4. 1945, S. 207, Archiv des Vf.
368 Einsatz Pz.Jgd.Div., OKHGr Weichsel, Der ChefdGenSt, Nr. 5423/45geh, 10. 4. 1945, BA-MA RH 19 XV/9.
369 Lage Heeresgruppe Weichsel, Ia, Nr. 5640/45gKdos, 15. 4. 1945, BA-MA RH 19 XV/16K.
370 OKHGr Weichsel an OKH, Tagesmeldung, Ia, Nr. 2713/45geh, 7. 3. 1945, BA-MA RH 19 XV/7; PzAOK 3 an OKHGr Weichsel, Tagesmeldung, 10. 3. 1945, ebd.
371 Fischer, Soviet Opposition to Stalin, S. 211; Pozdnjakov, Andrej Andreevič Vlasov, S. 307.
372 Gefangene – erbeutete und vernichtete Panzer-Geschütze-Waffen, 1. 3. 1945–31. 3. 1945, OKH/GenStdH/AbtFrH Ost (I), BA-MA H 3/105.
373 Notizen, 1. 4. 1945, BA-MA RH 19 XV/9.

374 OKHGr Weichsel, Der ChefdGenSt, Ia, Nr. 48 48/45gKdos, 30. 3. 1945, BA-MA RH 19 XV/8.
375 Anruf Oberstleutnant de Maizière, Notiz für Ia, 2. 4. 1945, BA-MA RH 19 XV/9.
376 Ferngespräch Oberst i.G. Eismann – Oberstleutnant i.G. v. Humboldt, 3. 4. 1945, ebd.
377 PzAOK 3 an HGr Weichsel, Tagesmeldung, 5. 4. 1945, ebd.
378 Notz, Einbringen von Gefangenen, S. 110.
379 Notiz über Waffenausgleich für Gren.Rgt. 1604 (russ.), 7. 4. 1945, BA-MA RH 19 XV/9; OKHGr Weichsel an OKH, Tagesmeldung, Ia, Nr. 5364/45geh, 9. 4. 1945, BA-MA RH 19 XV/6.
380 Artem'ev, Istorija Pervoj Russkoj Divizii, S. 6 f., Archiv des Vf.; Pljuščev-Vlasenko, Kryl'ja svobody, S. 96, ebd. Kromiadi, Za zemlju, za volju, S. 206 ff.
381 Herre, Aufstellung der Wlassow-Divisionen, S. 24, IfZ.
382 Kroeger an Steenberg, 6. 5. 1967, BA-MA Sammlung Steenberg; Kromiadi, Za zemlju, za volju, S. 207.
383 Einsatz der 1. russ. Freiw.-Div., Aktennotiz über Anruf Oberst i.G. Herre, ChefbGend-FreiwVerb, 21. 2. 1945, BA-MA RH 19 XV/6.
384 Anruf Oberstleutnant i.G. de Maizière, 2. 3. 1945, BA-MA RH 19 XV/7; Ferngespräch Oberstleutnant i.G. de Maizière – Oberst i.G. Eismann, 16. 3. 1945, BA-MA RH 19 XV/8.
385 HGr Weichsel an OKH, Tagesmeldung, Ia, Nr. 4627/45geh, 26. 3. 1945, BA-MA RH 19 XV/8.
386 Schwenninger, Bericht, S. 6, IfZ.
387 PzAOK 3 an HGr Weichsel, Tagesmeldung, 12. 3. 1945, BA-MA RH 19 XV/7; Ferngespräch Oberst i.G. Ludendorff – Oberst i.G. Eismann, 13. 3. 1945, ebd.
388 Angriffsführung aus dem Brückenkopf Stettin, PzAOK 3, Ia, Nr. 1800/ 45gKdos, 14. 3. 1945, BA-MA RH 19 XV/1; OBdHGr Weichsel, Ia, Nr. 49/45gKdos, Chefs, 15. 3. 1945, ebd.
389 Planung des Unternehmens »Verteidigung Berlin«, 16. 3. 1945, BA-MA RH 19 XV/19; Befehl für Vorbereitung und Durchführung des Angriffs aus Brückenkopf-Frankfurt, AOK 9, Ia, Nr. 014/45gKdos, Chefs, 18. 3. 1945, BA-MA RH 19 XV/8; Zeitplan für »FF«, AOK 9, Ia, Nr. 015/45gKdos, Chefs, 19. 3. 1945, ebd.
390 Weisung für die Vorbereitung der Abwehrschlacht an der unteren Oder, OKHGr Weichsel, Ia, Nr. 54/45gKdos, Chefs, 17. 3. 1945, BA-MA RH 19 XV/8; Zuführung 600.ID (russ.), OKHGr Weichsel, Der ChefdGenSt, Ia, Nr. 4132/45gKdos, 18. 3. 1945, ebd.
391 Artem'ev, Istorija Pervoj Russkoj Divizii, S. 12, Archiv des Vf.; Archipov, Vospominanija, S. 15, ebd.
392 Schwenninger, Bericht, S. 7, IfZ; Schwenninger an Steenberg, 18. 5. 1966, BA-MA Sammlung Steenberg.
393 Berger an Steenberg, 11. 12. 1966, BA-MA Sammlung Steenberg.
394 Siehe Anm. 369; Anlage zu AOK 9, Ia, Nr. 1153/45gKdos, 19. 2. 1945, BA-MA RH 19 XV/9.
395 Artem'ev, Istorija Pervoj Russkoj Divizii, S. 16, Archiv des Vf.; Archipov, Vospominanija, S. 17, ebd.; Pljuščev-Vlasenko, Kryl'ja svobody, S. 96, ebd.; Kromiadi, Za zemlju, za volju, S. 207.
396 Siehe Auský, Vojska generála Vlasova, S. 256; Auski, Predatel'stvo, S. 2.
397 Pljuščev-Vlasenko, Kryl'ja svobody, S. 107, Archiv des Vf.
398 Heinrici an Steenberg, 11. 9. 1966, BA-MA Sammlung Steenberg.
399 Kroeger an Steenberg, 7. 12. 1966, 28. 12. 1966, ebd.
400 Keiling, Die Wlassow-Armee, S. 13, Archiv des Vf.
401 Schwenninger, Ergänzungen, S. 4, IfZ; Fischer, Soviet Opposition to Stalin, S. 100.
402 Notz, Bericht über den Angriff der 1. Wlassoff-Division, S. 3, Archiv des Vf.
403 Ebd., S. 2.
404 Schwenninger, Bericht, S. 7 ff., IfZ.
405 Archipov, Vospominanija, S. 17, Archiv des Vf.; Artem'ev, Istorija Pervoj Russkoj Divizii, S. 16, 18, ebd.
406 Notz, Bericht über den Angriff der 1. Wlassoff-Division, S. 2 f., Archiv des Vf.
407 Angriff zur Beseitigung des Feindbrückenkopfes südlich Fürstenberg, AOK 9 an HGr Weichsel, Ia, Nr. 2749/45gKdos, 12. 4. 1945, BA-MA RH 19 XV/9.

408 Schwenninger, Bericht, S. 9, IfZ.
409 Schwenninger, Ergänzungen, S. 7, IfZ.
410 Notz, Bericht über den Angriff der 1. Wlassoff-Division, S. 2 f., Archiv des Vf.
411 HGr Weichsel an OKH, Morgenmeldung, 13. 4. 1945, 8 Uhr 10, BA-MA RH 19 XV/9.
412 Abendmeldung des Fliegerverbindungsoffiziers, 13. 4. 1945, ebd.
413 AOK 9 an HGr Weichsel, Tagesmeldung, 13. 4. 1945, ebd.; OKHGr Weichsel, Der Chef-
     dGenSt, Ia, Nr. 5584/45geh, 13. 4. 1945, ebd.
414 Schwenninger, Bericht, S. 14, IfZ.
415 Notz, Bericht über den Angriff der 1. Wlassoff-Division, S. 2 f., Archiv des Vf.
416 Schwenninger, Bericht, S. 11 f., IfZ.
417 Artem'ev, Istorija Pervoj Russkoj Divizii, S. 18 f., Archiv des Vf.
418 Ferngespräch ChefdGenStdH – ChefdGenStdHGr Weichsel, 13. 4. 1945, BA-MA RH 19
     XV/9; HGr Weichsel an OKH, Tagesmeldung, Ia, Nr. 5700/45geh, 15. 4. 1945, ebd.
419 Tiškov, Predatel', S. 89 ff.
420 Schwenninger, Bericht, S. 10, IfZ; ders., Ergänzungen, S. 7, IfZ; Notz, Einbringen von Ge-
     fangenen, S. 112.
421 Pozdnjakov, Andrej Andreevič Vlasov, S. 364; Schreiben an Michail Stepanovič, 8. 11.
     1951, BA-MA MSg 149/29. Zur Persönlichkeit des auch in der Nachkriegszeit unverändert
     antibolschewistisch eingestellten Majors (Hauptmanns) B. A. Narejkis, der jetzt den Deck-
     namen Jakovlev annahm, siehe Byv. načal'nik Komandnogo otdela Štaba VS KONR, pol-
     kovnik Pozdnjakov, Spravka, 17. 1. 1950, ebd.
422 Artem'ev, Istorija Pervoj Russkoj Divizii, S. 20, Archiv des Vf.; Nerjanin-Aldan, Russkoe
     Osvoboditel'noe Dviženie i Russkaja Osvoboditel'naja Armija, S. 16 f., BA-MA MSg
     149/60.
423 KTB/OKW, Bd IV/2, Lagebuch 14. 4. 1945, S. 1240.

7
Der Zug nach Böhmen

Die 1. Division war kaum aus dem Befehlsbereich der Heeresgruppe Weichsel in den der Heeresgruppe Mitte übergegangen, als sich in verstärkter Form die Versuche wiederholten, diesen kampfkräftigen großen Verband der deutschen Abwehrfront einzufügen. Am 13. April 1945, um 21.30 Uhr, war der Verlegungsbefehl des OKH erteilt worden, um 2.00 Uhr nachts bereits erhielt Generalmajor Bunjačenko durch einen Ordonnanzoffizier einen Befehl der Heersgruppe Mitte, demzufolge seine Division der deutschen 275. Infanteriedivision (V. Armeekorps, 4. Panzerarmee) unterstellt und sie mit dem Ausbau einer rückwärtigen Auffangstellung hinter deren Linie beauftragt wurde. Es kam zu einem harten Zusammenstoß. Generalmajor Bunjačenko, der in den Morgenstunden des 14. April 1945 eine Kommandeursbesprechung abgehalten hatte, bezeichnete dem herbeizitierten Chef des DVK gegenüber diese Unterstellung als eine Unverschämtheit und Beleidigung[424]. Er erklärte, er werde sich an den zuvor erteilten OKH-Befehl halten, auf jeden Fall zunächst in südlicher Richtung marschieren und sich abends im Raum um Peitz mit Stabsquartier in Schönhöhe nördlich davon befinden[425]. Dieser Zornesausbruch richtete sich selbstredend nicht gegen Major i. G. Schwenninger persönlich, der durchaus das Vertrauen des russischen Divisionsstabes besaß. So sprach denn selbst der sehr eigenwillige Oberstleutnant Artem'ev nach dem Kriege von den »großen Diensten«, die dieser der Division erwiesen habe[426]. Daß seine Division, »die bisher eine wesentlich andere Behandlung gewohnt war«, nun aber einem deutschen Divisionskommandeur unterstellt sein sollte, rief den entschiedenen Widerspruch Bunjačenkos hervor. Auf sein Geheiß hin begab sich Schwenninger umgehend zum Stab des V. Armeekorps, ohne den Kommandierenden General und den Chef des Generalstabes jedoch umstimmen zu können. Erst der bald darauf eintreffende Oberbefehlshaber, Generalfeldmarschall Schörner, hob die Unterstellung unter die 275. Infanteriedivision zunächst einmal auf, womit allerdings nicht viel gewonnen war. Denn nur widerwillig, auf das Argument Schwenningers hin, die Division werde im Abschnitt des V. Armeekorps kaum ihre Kampfkraft entwickeln, hatte er seinen Befehl zurückgenommen und sich die endgültige Entscheidung ausdrücklich vorbehalten. Der Divisionskommandeur verstand es indessen, seinen weiteren Schritten zuvorzukommen.

Generalmajor Bunjačenko beauftragte Schwenninger nach erneuter Be-
ratschlagung mit seinen Regiments- und selbständigen Kommandeuren am
Morgen des 15. April 1945, dem V. Armeekorps mitzuteilen, er sei nach »reiflicher Überlegung« nur noch in der Lage, entweder einen Befehl des Generals Vlasov, dem er unterstehe, entgegenzunehmen, oder von deutschen Stellen den Befehl zum Weitermarsch nach Süden[427]. Den Deutschen sei er nur
vorübergehend zur Durchführung des Angriffsunternehmens südlich von
Fürstenberg unterstellt gewesen. Diesen Entschluß verband er mit einer un-
verhüllten Drohung. Denn er bat Major i. G. Schwenninger, dem Kommandierenden General, es war dies General der Artillerie Dr. Ing. h. c. Waeger,
zugleich zu melden, seine Division sei jetzt vollzählig in der Gegend von
Peitz versammelt: »Ich habe das Gelände für alle Eventualitäten ausge-
sucht[...] durch den Wald sind wir der Fliegersicht entzogen, unsere Panzerabwehr, Sturmgeschütze und Panzer sind so aufgebaut, daß wir in der Lage
sind, Angriffe aller Art, z. B. durchgebrochene feindliche Panzerkräfte abzu-
wehren.« Daß eine solche Handlungsweise von den Deutschen als Meuterei
ausgelegt werden konnte, darüber waren sich die Russen durchaus im klaren. Der Chef des Stabes, Oberstleutnant Nikolaev, besorgte geradezu, man
werde Schwenninger persönlich zur Rechenschaft ziehen und bestand darauf, ihm die Aufklärungsabteilung, zumindest aber eine Funkstelle mitzuge-
ben, die den Divisionsstab im Notfall benachrichtigen konnte: »Wir werden
dann kommen und sie heraushauen.« Eine verbündete Division, die Anstalten traf, deutschen Kommandobehörden gegenüber Gewalt anzuwenden,
um den ihr beigegebenen Chef des DVK, einen deutschen Generalstabsma-
jor, zu befreien, läßt erkennen, wie verwickelt die Verhältnisse inzwischen geworden waren. Als Schwenninger jedoch am Morgen des 16. April 1945 auf
dem Gefechtsstand des V. Armeekorps eintraf, war soeben die 1. Ukrainische
Front des Marschalls der Sowjetunion Konev im Abschnitt der 4. Panzerarmee zwischen Forst und Muskau zum Großangriff angetreten und hatte
erste Einbrüche erzielt. Das Lagebuch des Wehrmachtführungsstabes vermerkte an diesem Tage zwar noch, die »600(russ.)Div« werde herange-
führt[428]. Der Korpskommandeur hatte in dieser Lage jedoch kein Interesse
mehr an der Konzentrierung von Kräften, die zu einer Gefahr in seinem
Rücken werden konnten. Er ersuchte die Heeresgruppe fernmündlich um
die Genehmigung zum Weitermarsch und schien nach dem Eindruck
Schwenningers sichtlich froh zu sein, »diesen unerwünschten Gast loszuwerden«. Nur der Standhaftigkeit Bunjačenkos war es zuzuschreiben, daß
Generalfeldmarschall Schörner und das Oberkommando der Heeresgruppe
Mitte davon Abstand nahmen, die 1. Division der ROA an den gefährdeten
Frontabschnitt südöstlich von Kottbus zu werfen und sie damit der sicheren
Vernichtung preiszugeben.

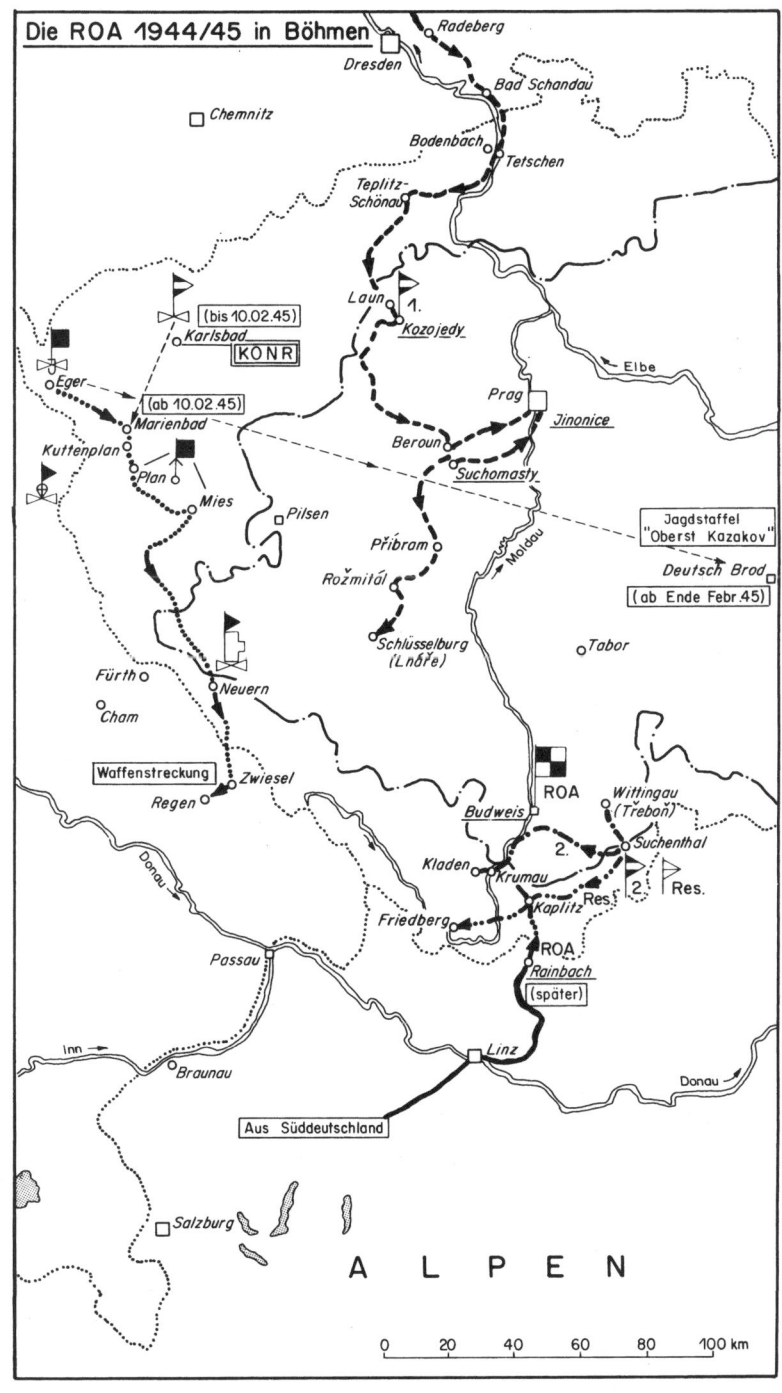

Die ROA 1944/45 in Böhmen

Die Genehmigung zum Weitermarsch nach Süden bedeutete freilich nicht, daß die Heeresgruppe den Gedanken an eine Frontverwendung der russischen Division endgültig aufgegeben hätte. Im Gegenteil war Generalmajor Bunjačenko noch mehrfach gezwungen, sich den Versuchen Schörners zu entziehen, die Russen in die deutsche Abwehrfront einzugliedern, indem er teilweise selbst den Chef des DVK über seine wahren Absichten und nächsten Schritte im unklaren ließ. Die 1. Division der ROA, die keinen Tag zu früh aufgebrochen war, um den Fangarmen der 1. Weißrussischen und der 1. Ukrainischen Front zu entgehen, gelangte in Gefechtsordnung, unter Absicherung ihrer dem Feinde zugekehrten linken Flanke gegen überraschende Panzerangriffe, am 16. April 1945 nach Senftenberg, am 17. April nach Hoyerswerda[429]. Anstatt nun aber, wie es ein neuerlicher Befehl der Heeresgruppe vorsah, scharf nach Osten einzuschwenken, um bei Kosel nordwestlich von Görlitz eine Verteidigungsstellung zu beziehen, setzte Bunjačenko den Marsch in südlicher Richtung fort und erreichte am 18. April Kamenz. Der Oberbefehlshaber der Heeresgruppe schien sich mit dieser Eigenmächtigkeit abgefunden zu haben, war jetzt auch einverstanden mit dem Weitermarsch der Division nach Böhmen, obwohl eigentlich eine Führerweisung vom 1. Februar 1945 die »Verlegung landeseigener Freiwilliger slawischen Volkstums in das Protektorat verboten« hatte, um einer möglichen Verbrüderung mit den Tschechen vorzubeugen[430]. Generalfeldmarschall Schörner verlangte auf jeden Fall aber, die Verbände in Radeberg bei Dresden auf die Eisenbahn zu verladen. Dies wiederum war angesichts der zunehmenden Spannungen zu den Deutschen keinesfalls im Sinne Bunjačenkos, der schon bei dem Marsch an die Oderfront im März von einer Einwaggonierung den Verlust der Geschlossenheit und Kampfkraft befürchtet hatte. Als er daher am 19. April 1945 in Radeberg eintraf und sein Stabsquartier in Ullersdorf aufschlug, lehnte er eine Verladung auf die Eisenbahn unter dem Vorwand einer angeblichen Bedrohung des Einladeraumes durch den Gegner ab. Die Division wandte sich befehlswidrig nach Südwesten und erreichte am 21. April 1945 mit ersten Teilen und am 22. April mit ihren Hauptkräften Bad Schandau.

Hier machte Schörner einen erneuten Anlauf, die Russen nach Osten an die Front abzudrehen. Da die Heeresgruppe kein besonderes Zutrauen mehr zu Major i. G. Schwenninger hatte, dem vorgeworfen wurde, seine Unabhängigkeit eingebüßt zu haben und von Bunjačenko »stark beeinflußt« worden zu sein[431], ließ Schörner dem Divisionskommandeur am 23. April 1945 den Befehl zum Ausbau und Beziehen einer Auffangstellung bei Haida nördlich von Böhmisch Leipa unter Umgehung des DVK durch einen Verbindungsoffizier, Major Neuner, direkt zustellen. Bunjačenko ging zum Schein hierauf ein und erklärte sich auch bereit, am 24. April, um 17.00 Uhr, zum

Zwecke der Einweisung in seine Aufgabe durch Schörner, selbst nach Haida zu fahren. Zum angegebenen Zeitpunkt erschien jedoch an seiner Stelle der Kommandeur der Aufklärungsabteilung, Major Kostenko, der dem Feldmarschall, der sich nur noch mühsam zu beherrschen vermochte, meldete, sein General sei zu seinem großen Bedauern an einem persönlichen Erscheinen verhindert worden; er habe einen Autounfall erlitten. Tatsächlich hatte Bunjačenko die Zwischenzeit zu einem für das Leben seiner Division entscheidenden Schritt genutzt. Er hatte die Brücke über die Elbe bei Bad Schandau von seinen Truppen überschreiten lassen. Über dieses Ereignis in der Nacht vom 23. auf den 24. April 1945 gibt Oberstleutnant Artem'ev eine anschauliche Schilderung[432]. Die Elbbrücke war bereits zur Sprengung vorbereitet und von einem deutschen Pionierkommando besetzt, das den Übergang der Division ohne Genehmigung verweigerte. Der Divisionskommandeur, der den befehlsführenden Offizier nicht umzustimmen vermochte, ließ eine Kolonne Sanitätskraftwagen vorfahren und bat um Durchlaß wenigstens für die Verwundeten. Als dies genehmigt wurde, eine schmale Gasse freigemacht worden war und die Sanitätskraftwagen auf die Brücke fuhren, folgten ihnen unmittelbar Panzer, Kavallerie und die Divisionsartillerie, die auf dem jenseitigen Ufer Feuerstellung bezog. Während Oberstleutnant Nikolaev, der den Übergang an der Brückenauffahrt leitete, noch mit einem Offizier der Heeresgruppe verhandelte, der eingetroffen war, um Klarheit über die Absichten der Division zu gewinnen und die Umkehr zu erzwingen, zogen die Kolonnen »geordnet und diszipliniert« in ununterbrochener Folge über die Brücke. Am frühen Morgen des 24. April 1945 befand sich die 1. Division der ROA auf dem westlichen Ufer der Elbe in relativer Sicherheit einstweilen vor der näherkommenden Roten Armee und auch vor den Insinuationen des Feldmarschalls Schörner. Generalmajor Bunjačenko soll von Bad Schandau aus vergeblich versucht haben, mit den amerikanischen Truppen Verbindung aufzunehmen[433]. Auf jeden Fall überquerte die Division jetzt, da der Weg nach Westen versperrt war, das Elbsandsteingebirge. Im Gebiet des Hohen Schneeberges, westlich von Tetschen-Bodenbach, ließ der Divisionskommandeur zwei Ruhetage einlegen. Es war am Nachmittag des 26. April 1945, als der Divisionsstab durch Funkspruch die Ankündigung erhielt, Schörner persönlich werde am folgenden Tage mit dem Flugzeug beim Stabsquartier der Division in Schneeberg eintreffen. Bunjačenko, der sich in dem gebirgigen Gelände nahe der alten deutsch-tschechischen Grenze einigermaßen sicher wähnte, zeigte sich diesmal von seiner gewinnenden Seite, nicht zuletzt auch deswegen, weil seine Vorräte an Treibstoff und Verpflegung zur Neige gingen und sie dringend der Ergänzung bedurften[434]. Zum angegebenen Zeitpunkt am Vormittag des 27. April 1945, die Offiziere des Divisionsstabes waren zur Begrüßung angetreten, und eine Ehrenkompanie mit Musikkorps hatte Aufstellung genommen, um dem Feldmarschall die gebührende Achtung zu erweisen, entstieg dem Flugzeug an dessen Stelle nur der Chef des Generalstabes der Heeresgruppe, Generalleutnant v. Natzmer, der, nun seinerseits »mit Pauken und Trompeten empfangen«, einen kategorischen Befehl Schörners zum Fronteinsatz diesmal bei Brünn in Mähren überbrachte[435]. Wiederum erklärte Bunjačenko sein Einverständnis, verweigerte in der folgenden Aussprache aber ein weiteres Mal eine Verladung auf die Eisenbahn, was sein Gegenüber auch hinnahm. Generalleutnant v. Natzmer nahm Abstand von seiner Forderung, wies der Division statt dessen aber einen Marschweg unmittelbar im Rücken der Heeresgruppe an und genehmigte des weiteren die Ausgabe von Treibstoff und Verpflegung für eine Woche[436]. Alles schien endlich geregelt, ein Übereinkommen gewonnen, und beide Generale schieden voneinander, »indem sie sich ihrer Achtung und Wertschätzung versicherten«. Doch der Schein trog.

»Itti za chleb? Net!« (Hinter dem Brot hermarschieren? Nein!), hatte Bunjačenko zu seinem Chef des Stabes geäußert[437]. Er war jetzt weniger denn je gesonnen, sich in Kampfhandlungen an der Front aufreiben zu lassen, scheute aber die Folgen eines offenen Wortbruches, zumal Natzmer ernste Maßnahmen in Aussicht gestellt hatte. Da er die Verantwortung nicht mehr allein glaubte tragen zu können, rief er abermals seine Kommandeure zusammen und bat jeden von ihnen, in der Reihenfolge ihrer Regimenter, um seine Meinung darüber, ob dem deutschen Befehl Folge geleistet werden solle oder nicht. Mit Ausnahme von Oberstleutnant Archipov, dem Kommandeur des 1. Regimentes, sprachen sich die Regimentskommandeure Artem'ev, Aleksandrov-Rybcov, Sacharov, Žukovskij, Maksakov, der Chef des Stabes, der Kommandeur der Aufklärungsabteilung und die anderen Kommandeure dafür aus, ohne Rücksicht auf deutsche Forderungen die Bewegung nach Süden bis zur geplanten Vereinigung mit den übrigen Teilen der Befreiungsarmee fortzusetzen, schon aus dem Grunde, weil jeder Fronteinsatz unweigerlich mit der Vernichtung der Truppen enden mußte und die russischen Soldaten im Gegensatz zu den Deutschen nicht die Möglichkeit hatten, sich der Roten Armee gefangenzugeben. Auch Oberstleutnant Archipov erklärte, als alter Soldat selbstverständlich jeden Befehl seines Divisionskommandeurs auszuführen, sprach sich jedoch zugleich dafür aus, den Befehl der Heeresgruppe zu befolgen, in Gefechtsordnung in Richtung auf Brünn zu marschieren und zu versuchen, sich im Gebiet von Prag den zurückweichenden deutschen Verbänden anzuschließen[438]. Generalmajor Bunjačenko befand sich in Übereinstimmung mit fast allen seinen Kommandeuren, wenn er jetzt, anstatt wie vorgeschrieben, die Elbe bei Tetschen-Bodenbach wieder zu überschreiten und in östlicher Richtung auf Böhmisch Leipa-Turnau zu marschieren, sich am Morgen des 28. April 1945 nach Süd-

westen wandte, mit seiner Division noch am selben Tage Teplitz-Schönau erreichte und am 29. April in dem Raum um Laun mit dem Stabsquartier in
Kozojed haltmachte[439].

Wie hat nun der von seinen Untergebenen einen strikten Gehorsam ge-
wohnte Feldmarschall Schörner diese Kette von Eigenmächtigkeiten des in
dem Bereich seiner Heeresgruppe manövrierenden und, wie er meinte, doch
seiner Befehlsgewalt unterstellten russischen Generals hingenommen? Major i. G. Schwenninger überliefert, der Feldmarschall habe geäußert, den
»Russki« (Bunjačenko) an die Wand stellen und erschießen zu lassen, wenn
er seine Befehle nicht befolge, die Russen mit einem Kampfgeschwader »zu-
sammenzuschmeißen, bis sie zu Kreuze kriechen«[440] – Äußerungen, die, ob-
schon dem »Jargon Schörners entsprechend«, Generalleutnant v. Natzmer
doch nicht bestätigen möchte. Schörner selbst gibt allerdings zu, »mit scharfen Maßnahmen gedroht« zu haben, da die Division seine Befehle »offensichtlich sabotierte« und eine bewußte Verzögerungstaktik befolgte[441]. Immerhin unternahm er einen letzten Verständigungsversuch. Nach vorheriger
Ankündigung durch Funk landete er am 29. April 1945 mittags in Klappai
(Klapy) südlich von Lobositz (Lovosic). Er erschien im Stabsquartier der Division in Kozojed, wie Schwenninger schreibt, demonstrativ als »Biedermann (Flasche Schnaps, Kiste Zigarren)«, um von Bunjačenko zu erfahren,
ob er noch bereit sei, mit seiner Division zu kämpfen oder nicht. Die unter
Wahrung äußerer Formen geführte Aussprache mit dem Divisionskommandeur verlief gleichwohl wenig befriedigend, da dieser es vermied, sich
festlegen zu lassen und auch nur eine vage Bereitschaft zu einem Fronten-
satz erkennen ließ. Schörner erhob zwar keinen Einwand mehr gegen die von
Bunjačenko gewünschte Marschroute nach dem in Aussicht genommenen
Einsatzort Brünn westlich an Prag vorbei, schien im Ergebnis der Aussprache aber jetzt schon zum Durchgreifen entschlossen gewesen zu sein. Die
Mittel, die ihm zu Gebote standen, waren freilich nicht so einschneidend, wie
ihm nachgesagt wurde und wie die Russen offenbar argwöhnten. Eine gewisse Grundlage für ein Einschreiten gab es mit einer am 9. April 1945 erlassenen Weisung des Chefs des Generalstabes des Heeres, General der Infanterie Krebs, die auf eine Entscheidung Hitlers zurückging[442]. Für den Fall,
daß sichere Anzeichen vorlägen für eine Unzuverlässigkeit »fremdländischer
Verbände«, unabhängig von ihrer Nationalität – man dachte hierbei vor allem an ungarische Truppen – war deren rechtzeitige Entwaffnung vorgesehen mit dem Ziel, sie als Bau- oder Wachbataillone im Objektschutz zu verwenden oder aber die Soldaten einzeln oder gruppenweise deutschen
Einheiten zur Stärkung der infanteristischen Kampfkraft zuzuteilen. Generalleutnant v. Natzmer bestreitet auch, daß Schörner jemals einen Befehl zur
Vernichtung der Division gegeben habe, wie insbesondere russische Unter-

lagen dies glauben machen wollen. Es habe sich allein darum gehandelt, ihr die Waffen abzunehmen, was allerdings unfehlbar zu einem bewaffneten Konflikt geführt haben würde, da Generalmajor Bunjačenko selbstredend nicht geneigt war, sich kampflos entwaffnen zu lassen. Am 29. April 1945 hatte der Befehlshaber Erzgebirge, Generaloberst Hoth, von Schörner den Auftrag erhalten, die Entwaffnungsaktion im Zusammenwirken mit dem Wehrmachtbefehlshaber in Prag, General der Infanterie Toussaint, durchzuführen.

In diesen kritischen Tagen hatte Vlasov sich meist beim KONR in Karlsbad und nach dessen Verlegung nach Füssen am 20. April 1945 an verschiedenen Orten Süddeutschlands und zwischen dem 25. und 27. April 1945 auch bei den inzwischen von dem Truppenübungsplatz Heuberg nach Linz abmarschierenden Kolonnen der 2. Division der ROA und den übrigen Armeeteilen aufgehalten[443]. Russischen Berichten zufolge soll Bunjačenko in dieser Phase mehrere Male versucht haben, durch ausgesandte Offiziere Verbindung mit ihm aufzunehmen, angeblich ohne Erfolg, wenngleich nach dem Eindruck Schwenningers und anderer zumindest eine geheime Kurierverbindung dauernd bestanden haben muß. Vlasov wurde auf jeden Fall durch den General der Freiwilligenverbände im OKH, General der Kavallerie Köstring, in Bad Reichenhall am 29. April 1945 von dem drohenden Konflikt um seine 1. Division in Kenntnis gesetzt, woraufhin er sich noch in der Nacht vom 29. zum 30. April in Begleitung von Oberführer Dr. Kroeger zum Hauptquartier der Heeresgruppe Mitte bei Josefstadt nördlich von Königgrätz begab[444]. Obwohl selbst fieberkrank und geschwächt, machte er sowohl auf den Chef des Generalstabes, Generalleutnant v. Natzmer, als auch auf Schörner selbst, der am Abend eintraf, »einen zwar müden, aber sonst ausgezeichneten Eindruck«[445]. Schörner war beeindruckt von der Persönlichkeit Vlasovs und auch davon, daß dieser »noch Pläne und Ziele« hatte, während die deutschen Landsleute bereits resignierten. Tatsächlich scheint dem Feldmarschall erst jetzt die ganze politische Problematik der Befreiungsarmee aufgegangen zu sein. Eine mit Vlasov und Kroeger geführte lange Aussprache endete jedenfalls »mit Eintracht« und hatte zum Ergebnis, daß Schörner alle seine Befehle zurücknahm. Die Heeresgruppe nahm fortan Abstand von dem Versuch, die 1. Division der ROA an die Front zu zwingen und legte ihr auch keine Hindernisse mehr bei ihrem Marsch nach Süden in den Weg. »Wir haben die Division«, wie Generalleutnant v. Natzmer schreibt, »in ihren Bewegungen und Aktionen lediglich noch überwachen lassen«. »Solange ich die Einzelheiten der Vlasov-Division nicht kannte«, erklärte Schörner nach dem Kriege gegenüber Oberst Kromiadi, »vernichtete ich sie nur deshalb nicht, weil ich keine Fliegerkräfte hatte, aber als ich wußte, worum es sich handelte, da zog ich es vor, die Augen darüber zu schließen, was Bunjačenko tat[446].«

Von der am Abend des 30. April 1945 eingetretenen Wendung hatte der Befehlshaber Erzgebirge augenscheinlich keine Kenntnis mehr erhalten[447]. Generaloberst Hoth setzte einen Aufstand der Division voraus und zeigte sich zugleich bedrückt darüber, daß, wie er sich ausdrückte, es jetzt noch zu einer »Art Bürgerkrieg«, zu einem »Brudermord« kommen sollte und bat, um dies zu verhindern, den in der Nähe befindlichen und den Russen von seiner Tätigkeit in Dabendorf her wohlbekannten Oberleutnant Baron v. Kleist, als Parlamentär einen Vermittlungsversuch bei Generalmajor Bunjačenko, zu unternehmen[448]. Kleist erschien am frühen Morgen des 2. Mai 1945 im Stabsquartier in Kozojed, wo ihm der Divisionskommandeur, wie Kleist sich erinnert, »im kurzen Nachthemd, darüber einen funkelnagelneuen deutschen Generalsmantel« entgegentrat und ihm bedeutete, seine Division werde von sich aus jedem Konflikt aus dem Wege gehen und nur kämpfen, wenn sie angegriffen werde, dann aber unter vollem Kräfteeinsatz. Vlasov, der sich vom Hauptquartier der Heeresgruppe Mitte in Josefstadt inzwischen nach Kozojed zum Stabsquartier der Division begeben hatte, säumte nicht, umgehend Generaloberst Hoth auf seinem Gefechtsstand in Kriegern aufzusuchen, um diesem von dem mit Schörner soeben erzielten Übereinkommen Mitteilung zu machen. Die Gefahr eines bewaffneten Zusammenstoßes konnte somit abgewendet werden, sehr zur Befriedigung nicht zuletzt von Generaloberst Hoth, der im übrigen auch kaum über nennenswerte Kräfte verfügte, um eine Entwaffnungsaktion durchzuführen.

Die Tage des Aufenthaltes im Raum um Kozojed vom 29. April bis zum 4. Mai 1945 sollten gleichwohl den eigentlichen Bruch in der Geschichte der 1. Division der ROA bezeichnen. Hinter den Kulissen begannen sich in dieser Zeit Vorgänge abzuspielen, die die Deutschen und selbst das DVK nicht mehr recht zu durchschauen vermochten. Nur dieses eine wurde sichtbar, daß sich im Verhältnis der beiden Verbündeten zueinander jetzt ein grundlegender Wandel vollzog und sich eine wachsende Unruhe der Division bemächtigte. Der Grund hierfür sollte wenige Tage später offenkundig werden.

Anmerkungen

424 Schwenninger, Bericht, S. 12, IfZ; ders., Ergänzungen, S. 8, IfZ.
425 Lage Heeresgruppe Weichsel, Ia, Nr. 5977/45gKdos, 25. 4. 1945, BA-MA RH 19 XV/ 16K.
426 Artem'ev, Istorija Pervoj Russkoj Divizii, S. 22, Archiv des Vf.
427 Schwenninger, Bericht, S. 13 f., IfZ; ders. Ergänzungen, S. 9, IfZ.
428 KTB/OKW, Bd IV/2, Lagebuch, 16. 4. 1945, S. 1244.
429 Schwenninger, Bericht, S. 15, IfZ.
430 OKH/GenStdH/OrgAbt, Nr. II/70530/45geh, l. 2. 1945, BA-MA RH 2/ v. 921.

431 Aufzeichnung über eine Unterredung mit Feldmarschall Schörner, 28. 3. 1955, BA-MA Sammlung Steenberg.
432 Artem'ev, Istorija Pervoj Russkoj Divizii, S. 24 f., Archiv des Vf.
433 Auský, Vojska generála Vlasova, S. 97.
434 Artem'ev, Istorija Pervoj Russkoj Divizii, S. 28, Archiv des Vf.
435 Pozdnjakov, Pervaja Pechotnaja Divizija, fol. 14, BA-MA MSg 149/49.
436 Natzmer an Steenberg, 26. 6. 1962, BA-MA Sammlung Steenberg.
437 Schwenninger, Bericht, S. 16, IfZ.
438 Archipov, Vospominanija, S. 19, Archiv des Vf.
439 Thorwald, Die Illusion, S. 332.
440 Schwenninger, Ergänzungen, S. 5, 10, IfZ.
441 Siehe Anm. 431; auch Kroeger an Steenberg, o.D., BA-MA Sammlung Steenberg.
442 Entwaffnung und Verwendung fremdländischer Verbände, OKH/ GenStdH/OrgAbt, Nr. II/80429/45gKdos, 9. 4. 1945, BA-MA RH 2/v. 921.
443 Kroeger an Steenberg, 7. 12. 1966, 6. 5. 1967, BA-MA Sammlung Steenberg.
444 Die Darstellung von Auský, Vojska generála Vlasova, S. 78 ff., und Auski, Predatel'stvo, S. 113 f., Vlasov sei am 28. oder 29. 4. 1945 gemeinsam mit Feldmarschall Schörner auf dem Luftwege im Stabsquartier der 1. Division eingetroffen und Generalmajor Bunjačenko habe sich gegen Vlasov erklärt, beruht auf einem Irrtum, wie aus der vorliegenden Arbeit hervorgeht.
445 Siehe Anm. 431 und 436.
446 Kromiadi, Za zemlju, za volju, S. 229.
447 Schwenninger, Bericht, S. 17, IfZ.
448 Kleist an Doellerdt, 3. 7. 1954, BA-MA Sammlung Steenberg.

8
ROA und Prager Aufstand

Dem Zug der 1. Division der ROA von der Oderfront nach Böhmen hatte, wie bereits dargelegt, ein ganz bestimmter, auf der letzten Sitzung des Präsidiums des KONR am 28. März 1945 in Karlsbad gefaßter Plan zugrunde gelegen[449]. Damals war beschlossen worden, alle Teile der Russischen Befreiungsarmee an einem Punkte im Alpenraum zusammenzuziehen und sich dort auch mit dem nun Vlasov formell ebenfalls unterstehenden XV. Kosakenkavalleriekorps zu vereinen. Durch eine möglichst eindrucksvolle Demonstration der Stärke und des Umfanges der ROA, so hoffte man, werde es gelingen, das politische Interesse der sich bisher kühl zurückhaltenden Westmächte zu gewinnen. Für den Fall, daß es in absehbarer Zeit nicht zu dem an sich erwarteten Bruch der Koalition der Siegermächte kommen würde, plante man den Anschluß an die Četnikverbände des ehemaligen Kriegsministers der königlich-jugoslawischen Exilregierung, General Draža Michajlovič, in der Absicht, den Kampf an ihrer Seite in den Balkanbergen bis zu einer Änderung der allgemeinen Verhältnisse fortzusetzen[450]. Im KONR war anscheinend auch der abenteuerliche Plan erwogen worden, sich zu der Ukrainischen Aufstandsarmee (Ukraïns'ka Povstans'ka Armija, UPA) durchzuschlagen, die im Hinterland der Sowjetarmee ja noch immer einen beachtlichen Machtfaktor darstellte[451]. Als günstigster Vereinigungsraum war zunächst Innsbruck erschienen, weil dort die Möglichkeit bestand, die Alpenkette jederzeit über den Brennerpaß nach Süden zu überschreiten[452]. Auch Salzburg hatte Vlasov erwogen, den Gedanken an eine Vereinigung im Gebiet der »Alpenfestung« aber wieder fallengelassen, um einen räumlichen Abstand von den dort vermuteten »SS-Janitscharen« zu gewinnen. In der zweiten Aprilhälfte, nachdem sich auch die Südgruppe der ROA (Armeestab, Offizierschule, 2. Division, Reservebrigade und andere Einheiten) in Marsch gesetzt hatte und weite Teile Süddeutschlands von amerikanischen und französischen Truppen bereits besetzt worden waren, bot sich als Konzentrierungsraum nur noch das Gebiet zwischen Budweis und Linz, die »böhmischen Wälder«, an[453]. Die auf eine Vereinigung abzielenden Marschbewegungen waren angelaufen, als sich für die Nordgruppe der ROA (1. Division) eine noch außerhalb dieses allgemeinen Planes liegende, realistischer erscheinende weitere Möglichkeit anbot: die eines Anschlusses an die nationale Aufstandsbewegung der Tschechen, die sich in dem Gebiet, das die russischen Verbände berührten, soeben mit Macht zu regen begann. In der Prager Erhebung vom 5. Mai 1945 gegen die in Wirklichkeit bereits abtretende deutsche Besatzungsmacht sollte dieselbe ihren symbolhaften Ausdruck finden.

Die Hinwendung der 1. Division der ROA zur tschechischen Nationalpartei vollzog sich freilich erst nach einer deutlich wahrnehmbaren Verzögerung. Denn die Divisionsführung hatte sehr wohl erkannt, daß es sich bei dieser Widerstandsbewegung um eine schlecht organisierte, bewaffnete und geführte Erscheinung handelte, die vor allem politisch völlig in sich gespalten war[454]. Allein die kommunistischen Gruppen, bei denen sich teilweise durch Fallschirm abgesetzte sowjetische Agenten befanden, schienen klare Ziele zu verfolgen, und zwar nicht nur, wie die Bürgerlichen, im Sinne der nationalen Befreiung, sondern ganz bewußt in dem einer radikalen sozialen Umwälzung. Dies war der Grund, warum Generalmajor Bunjačenko sich den Annäherungsversuchen örtlicher Partisanenvertreter gegenüber ausgesprochen reserviert verhielt[455]. Der Chef der Sicherheitsverwaltung des KONR, Oberstleutnant Tenzorov, der, vorsorglich mit einer Bedeckung durch schwerbewaffnete ROA-Soldaten, in Lány um die Monatswende einen Verhandlungstermin mit tschechischen Offizieren, in Wirklichkeit verkleideten Sowjetagenten, wahrzunehmen hatte, wies denn auch das Angebot gemeinsamer Aktionen der ROA und der Roten Armee sofort unmißverständlich zurück. Ein Regimentskommandeur der 1. Division lehnte es ab, der Einladung zu einer Unterredung zu folgen, die ihm ein bei tschechischen Partisanengruppen befindlicher Offizier der Roten Armee hatte übermitteln lassen[456]. Erst nachdem sich in Prag am 30. April 1945 eine nationaltschechische Aufstandsleitung, das Kommando »Alex« unter General Slunečko, gebildet hatte, die sich auf uniformierte Verbände der Regierungstruppe, der Gendarmerie, Polizei und dergleichen mehr stützte und die somit ein der ROA verwandtes militärisches Element repräsentierte, sollten sich echte Anknüpfungspunkte ergeben. Als eine Delegation tschechischer Offiziere des gleichzeitig errichteten und General Kutlvašr und Oberstleutnant i. G. Bürger unterstehenden Militärkommandos Groß-Prag »Bartoš« Anfang – anscheinend am 2. – Mai in Kozojed erschien[457], um den Vorschlag zu überbringen, die russische Division möge sich an der bevorstehenden Erhebung gegen die Deutschen beteiligten, schien sich dann unversehens ein Ausweg aus der hoffnungslosen Lage zu eröffnen.

»Spät am Abend«, so schreibt Oberstleutnant Artem'ev, »kam zur Division eine Delegation tschechischer Offiziere, die sich als Vertreter des Stabes des Aufstandes auswiesen. Die Delegierten erklärten, daß in der Stadt Prag ein Aufstand vorbereitet sei, dem es aber an Hilfe und Unterstützung fehle. Der Aufstand lasse sich nicht mehr hinausschieben, weil seine Organisation in

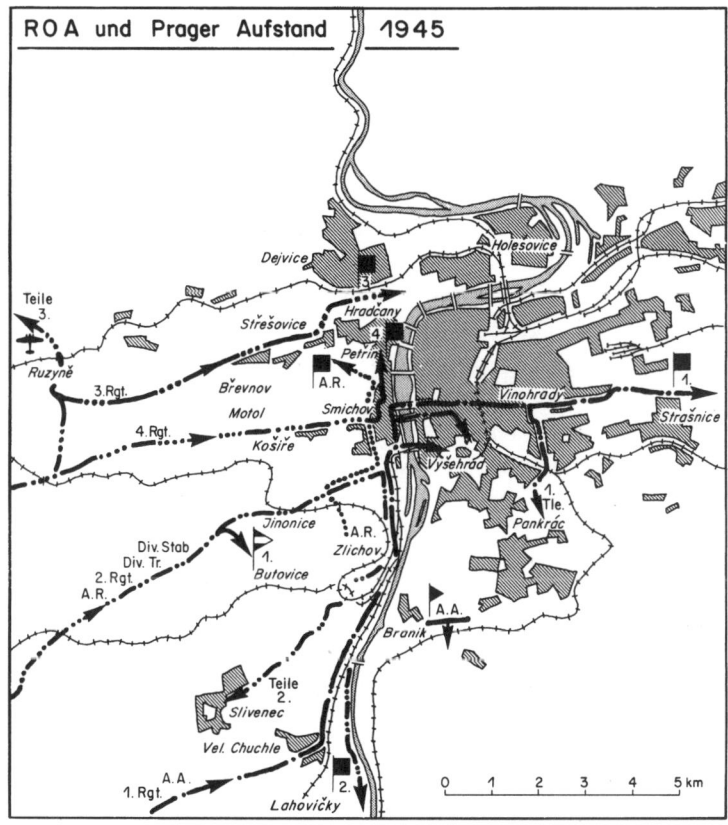

diesem Falle von den Deutschen aufgedeckt werden könne und er dann zum Scheitern verurteilt sei. Die alleinige Hoffnung sei auf die Vlasov-Armee und auf die bedingungslose Hilfe der ›brüderlichen Vlasovsoldaten‹ gerichtet. ›Das tschechische Volk wird eure Hilfe in schwerer Stunde niemals vergessen.‹«

Auf einer von Generalmajor Bunjačenko einberufenen Beratung sprachen sich alle Regiments- und selbständigen Kommandeure der Division sowie der Chef des Stabes, Oberstleutnant Nikolaev, für ein Eingehen auf das Hilfsersuchen und für eine Allianz mit den Nationaltschechen aus. Einzige Ausnahme bildete auch jetzt wiederum der Kommandeur des 1. Regimentes. »Ich erinnere Sie noch einmal daran«, so schrieb Oberstleutnant Archipov-Gordeev viele Jahre später an Oberst Pozdnjakov, »daß ich gegen den Feldzug nach Prag war und dies auf dem Kriegsrat kurz vor dem Prager Feldzug auch aussprach[458].«

Der von dem Divisionskommandeur mit Nachdruck befürwortete und im Ergebnis auch entschiedene Anschluß an die tschechische Aufstandsbewegung bedeutete einen offenen Bruch mit den Deutschen und zudem das Abgehen von dem Beschluß des KONR vom 28. März 1945, so daß sich die Frage stellt, welche Haltung Vlasov selbst in dieser Situation einnahm. Der Oberkommandierende, der wie kein anderer in seiner Person das Bündnis mit den Deutschen verkörperte, scheint von seiner politischen Linie auch jetzt nicht abgewichen zu sein. Der deutsche Vertreter bei Vlasov im letzten halben Jahr und in manchen Fragen auch Person seines Vertrauens, Oberführer Dr. Kroeger, charakterisierte den General als einen Mann, den er »zu jeder Zeit gegen Verrat und Abfall immun befunden« habe, Vlasov sei ein »durchaus gerader Charakter« gewesen, der »mit Beharrlichkeit sein Ziel verfolgte, ohne schiefes Ränkespiel und die üblichen Intrigen – er war eben ein echter Soldat«[459]. Entscheidend dürfte bei Vlasov ins Gewicht gefallen sein, daß er keinen Glauben mehr an das Gelingen des Prager Vorhabens haben konnte. Am 16. April 1945 hatte in seinem Auftrage ein deutsch-russischer Vertrauter, Sergej Fröhlich, in Prag Verbindung mit dem tschechischen General Klecanda aufgenommen, um die Möglichkeit eines Bündnisses mit der tschechischen Nationalbewegung bis zum Eintreffen der amerikanischen Truppen zu sondieren[460].

Eine solche Kombination erschien theoretisch nicht abwegig, war doch, wie selbst der kommunistische tschechische Autor Bartošek schreibt, die Besetzung Prags durch die Amerikaner der Wunsch »sowohl der deutschen Faschisten als auch zweier Großmächte der antifaschistischen Koalition (USA und England) und jener Kräfte, die sich angeblich zur antifaschistischen Front in der Tschechoslowakei bekennen«[461]. Anfang Mai 1945 hatten derartige Mutmaßungen allerdings ihre Bedeutung verloren[462]. Schon General Klecanda hatte den Plan für aussichtslos gehalten, einmal weil er aufgrund seiner Kenntnis der Psychologie der Westmächte mit einer Unterstützung durch deren Truppen nicht rechnete, zum anderen weil seiner Meinung nach die Mehrheit seiner Landsleute die Sowjettruppen zunächst einmal als Befreier freudig begrüßen würde. Für Vlasov sah er tatsächlich keine Chance.

Unter diesen Umständen hatte Vlasov von dem Gedanken eines temporären Zusammengehens mit den Tschechen Abstand genommen. Vlasov vermochte daher nicht die Meinung von Generalmajor Bunjačenko zu teilen, der ihm jetzt auseinandersetzte, eine in Konkurrenz zu den Kommunisten gebildete tschechische Nationalregierung werde der Division politisches Asyl gewähren und unfehlbar auch die Anerkennung der Westmächte finden, die dann nicht anders mehr könnten, als auch die Russische Befreiungsbewegung zu tolerieren[463]. Alles hing für Vlasov von der Haltung der Amerikaner ab, mit denen man, wie er meinte, ohne solche Umwege direkt in Verbindung treten müsse. Sicherlich schwang bei ihm auch die Abneigung dagegen mit, den Deutschen, denen er verbündet war, in den Rücken zu fallen, nach allem, was geschehen war, sicherlich nicht aus Sympathie zu ihnen, sondern einfach deshalb, weil er sich scheute, das Odium eines neuen Frontwechsels auf sich zu nehmen. Vlasov rechnete anscheinend bis zuletzt mit der Möglichkeit eines gemeinsamen Vorgehens der westlichen Alliierten mit den Deutschen gegen die vordringende Sowjetarmee[464], eine Eventualität, die auch vor dem Hintergrund der Vorkehrungen gesehen werden muß, die die britische Regierung und der Oberbefehlshaber der alliierten 21. Armeegruppe, Feldmarschall Montgomery, schon im Frühjahr und Sommer 1945 in ihrem Besatzungsgebiet in Deutschland insgeheim getroffen haben[465]. Vielleicht aber – und auch diese Annahme hat viel für sich – war es nur die tiefe Resignation, die ihn von allen Wagnissen Abstand nehmen ließ[466]. Vlasov soll der einen Version zufolge den Kriegsrat der 1. Division der ROA mit den Worten verlassen haben: »Wenn meine Befehle für Sie nicht mehr verbindlich sind, dann habe ich hier nichts mehr zu suchen[467].« Einer anderen Überlieferung nach endete die Aussprache weniger dramatisch. So soll er wohl Stellung gegen die Prager Aktion genommen und sich, wie auch der deutsche Oberleutnant Buschmann, Adjutant des Generals Aschenbrenner, bezeugt, bedrückt von der Aussicht auf einen Kampf mit den Deutschen gezeigt haben[468]. Doch ließ er Bunjačenko, ohne seine eigentliche Zustimmung zu geben, schließlich gewähren[469]. Anscheinend, so auch die Ansicht von Kroeger, hat er in dieser verzweifelten Lage nicht mehr eingegriffen, um mit seiner Person nicht im Wege zu stehen, wo es galt, eine vermeintlich letzte Chance zu ergreifen. Ohnehin geschwächt durch Krankheit, nahm Vlasov während der folgenden Ereignisse Quartier in einem Landschlößchen westlich von Prag, wo er sich über die weitere Entwicklung der Lage nur noch berichten ließ[470].

Nachdem Generalmajor Bunjačenko, wenn schon nicht die Billigung, so doch die Duldung des Prager Unternehmens durch Vlasov erlangt hatte, setzte die Division am Morgen des 4. Mai 1945 ihre Bewegung in südöstlicher Richtung fort. In den Abendstunden dieses Tages erreichte sie, das 4. Regiment unter Oberst Sacharov als Nachhut, über Beroun marschierend, die Umgebung von Suchomastý, wo der Divisionsstab Quartier bezog. Am Morgen des folgenden Tages gelangten die Verhandlungen zwischen der Divisionsführung und einer anscheinend von Major Mašek geleiteten tschechischen Offizierdelegation des Militärkommandos »Bartoš« mit der schriftlichen Vereinbarung über eine Hilfeleistung zum Abschluß[471]. Dieses so wichtige und aufschlußreiche russisch-tschechische Dokument selbst ist zwar nicht mehr verfügbar, doch läßt sich sein Inhalt in den Hauptpunkten rekonstruieren. Der Chef des Stabes, Oberstleutnant Nikolaev, hatte es nämlich dem Chef des DVK, Major i. G. Schwenninger, vorgelegt, übersetzt und in einzelnen Teilen auch erläutert[472]. Und wie Schwenninger sich nach dem

Kriege genau erinnerte, handelte es sich bei dieser Vereinbarung um eine Verabredung der Russen und Tschechen zum gemeinsamen Kampf gegen »Faschismus und Bolschewismus«. In diesem Sinne waren auch die Flugblätter abgefaßt, mit denen die Division bei ihrem Eintreffen in Prag in russischer und tschechischer Sprache die »Brüder Tschechen und Russen« zum Kampf sowohl gegen das »nationalsozialistische Deutschland« als auch gegen den »Bolschewismus« aufrief[473]. Die Version von einem Kampf gegen »Bolschewiken und Deutsche« (proti Bolševikům a Němcům) findet sich überdies in einer Meldung, die der tschechische Kommandant der Stadt Třeboň, ein Oberst, am 6. Mai 1945, 0.44 Uhr, über eine Unterredung anscheinend mit dem Kommandeur der 2. Division der ROA, Generalmajor Zverev, an das Militärkommando »Bartoš« erstattete[474]. Es verdient dies festgehalten zu werden, weil sowjetische Veröffentlichungen den Eindruck zu erwecken versuchen, als seien es nur einzelne Vlasovgruppen gewesen, die unorganisiert, auf eigene Faust und gegen den Befehl ihrer Vorgesetzten einen Kampf gegen die »deutschen Okkupanten« begonnen hätten, in der Absicht, ihre »gegen die Menschheit begangenen Verbrechen [sic!] [...] zu sühnen« und sich hierdurch gewissermaßen die Gnade der Sowjetmacht zu verdienen[475]. In Wirklichkeit waren es nicht einzelne Gruppen, sondern es war die gesamte 1. Division der Vlasov-Armee, die in den Prager Aufstand eingriff, und zwar auf der Grundlage der russisch-tschechischen Militärvereinbarung vom 5. Mai 1945. Diese Frontstellung gegen die Deutschen änderte auch nichts an der antibolschewistischen Einstellung der Soldaten der russischen Division, und es bedeutete dies auch nicht etwa den Beginn zügelloser Feindseligkeiten gegen die Deutschen. Für die Divisionsführung handelte es sich ganz eindeutig um eine in einer bestimmten politischen Situation getroffene Entscheidung, die als solche an sich keinen Spielraum ließ für Emotionen gegen die bisherigen Verbündeten.

Generalmajor Bunjačenko hatte, um jeden Konflikt mit der Zivilbevölkerung und den örtlichen Behörden auszuschließen, wie erwähnt, bereits auf deutschem Gebiet strenge Befehle erlassen[476]. Einige Fälle unzulässiger Selbstversorgung und sonstige kleinere Verstöße gegen die Disziplin waren von den Offizieren an Ort und Stelle geregelt und die entstandenen Schäden umgehend kompensiert worden. Geschahen wirkliche Übergriffe, so ergingen harte Strafen. Mindestens ein Soldat war wegen Plünderns und Marodierens vom Kriegsgericht der Division zum Tode verurteilt und nach der Urteilsbestätigung vor versammelter Mannschaft erschossen worden, da, wie Generalmajor Bunjačenko erklärte, »jeder in uns hochdisziplinierte Truppen der Russischen Befreiungsarmee sehen soll und niemandem, auch nicht unseren Feinden, ein Anlaß gegeben werden darf, uns irgend etwas vorzuwerfen. [...] Darin liegt unsere Ehre und unsere Rettung.« Obwohl die Offiziere nach dem Eindruck von Major i.G. Schwenninger ihre Leute im allgemeinen bis zum Schluß »fest in der Hand« hatten[477], zeichnete sich nach dem Übertritt nach Böhmen doch ein gewisser Stimmungsumschwung und eine Lockerung der Disziplin ab, da die Soldaten sich gefühlsmäßig mit der tschechischen Bevölkerung verbanden und sie sich zunehmend als die Herren in ihrem Gebiet betrachteten. Im Divisionsbereich häuften sich Zwischenfälle, weil die Russen dazu übergingen, den Militärverkehr zu behindern. Es kam zu Zusammenstößen von ROA-Soldaten mit deutschen Kontrollorganen und Wehrmachtangehörigen[478]. Auch die Plünderung militärischer Lager wurde verzeichnet. Verhängnisvolle Folgen hatte das Auffinden eines Vorrates an Spiritus zum Antrieb von Düsenflugzeugen: Eine große Anzahl von Soldaten einer Einheit starb oder erkrankte lebensgefährlich an Vergiftung durch Methylalkohol. Ein schwerer Zusammenstoß zwischen Russen und Deutschen ereignete sich am 2. Mai 1945, als sich das Stabsquartier der Division noch in Kozojed befand. In dem nahe gelegenen Städtchen Louny hatten zwei Offiziere, Leutnant Semenev, kürzlich noch Adjutant des Divisionskommandeurs, Sohn eines sowjetischen Generals, und Oberleutnant Vysockij, auf der Suche nach Benzin auf dem Bahnhof eigenmächtig damit begonnen, deutsche Soldaten in einem Eisenbahnzug zu kontrollieren und zu entwaffnen. Was folgte, war eine wilde Schießerei, in deren Verlauf sechs Russen, unter ihnen Leutnant Semenev, und vier Deutsche getötet und weitere verwundet wurden. Die russischen Opfer dieses Zwischenfalles und die deutschen Gefangenen wurden zum Divisionsstab gebracht, wo eine auf Befehl des gerade anwesenden Vlasov sofort angestellte Untersuchung ein eindeutiges Verschulden der beiden ROA-Offiziere, insbesondere des Leutnants Semenev, ergab. Vlasov war, wie mehrfach verbürgt, außerordentlich empört über das Verhalten dieser Soldaten[479], und nur der Umstand, daß Vysockij ihm von seiner Leibwache her bekannt war und dieser sich bei dem Angriffsunternehmen im Februar bei Neu-Lewin ausgezeichnet hatte, bewahrte ihn vor der Verhaftung. Die deutschen Gefangenen, darunter mehrere Offiziere, wurden auf Geheiß Vlasovs hin umgehend freigelassen und erhielten sicheres Geleit. Es war aber ein Zeichen für den rasch anzufachenden Haß, wenn russische Soldaten sich dadurch glaubten rächen zu müssen, daß sie später die Angehörigen eines an diesem Zwischenfall unbeteiligten deutschen Entstörungstrupps, darunter einen Offizier, erschossen.

Daß sich die in der Militärvereinbarung vom 5. Mai 1945 beschlossene Frontstellung gegen die Deutschen auf Wunsch der Divisionsführung aber ohne unnötige Schärfe vollzog, läßt die Behandlung erkennen, die dem Deutschen Verbindungskommando zuteil wurde. Major i. G. Schwenninger war auch am Morgen dieses Tages im Stabsquartier mit gewohnter Zuvor-

kommenheit empfangen worden. Der Abwehroffizier, Hauptmann Ol'chovnik, verlangte ihm zwar die Waffe ab, sprach dabei aber das ausdrückliche
Bedauern des Divisionskommandeurs aus[480]. Zugleich hielt der Chef des
Stabes, Oberstleutnant Nikolaev, sich für verpflichtet, über die eingetretene
Wendung in aller Offenheit und Ausführlichkeit Aufschluß zu geben. Er
setzte Schwenninger auseinander, daß die Division angesichts des bevorstehenden Zusammenbruches des Reiches von den Deutschen nichts mehr zu
erwarten habe, sie andererseits aber auch den »Sowjets nicht in die Hände
fallen dürfe« und daher keinen anderen Ausweg mehr sehe als den, der Bitte
national-tschechischer Kreise um eine Beistandsleistung nachzukommen in
der Hoffnung, in der neu geschaffenen Tschechoslowakei politisches Asyl zu
erhalten. Die Angehörigen des DVK stellte Nikolaev vor die Wahl einer sofortigen Abschiebung durch die Tschechen nach Deutschland oder des weiteren Verbleibens bei der Division, wo sie sich allerdings als Gefangene zu
betrachten hätten. Generalmajor Bunjačenko wollte den deutschen Soldaten, mit denen er bisher so gut zusammengearbeitet hatte, die unangenehme
Lage in diesem Falle aber so weit wie möglich erleichtern, und er ließ versichern, für jeden Ratschlag Schwenningers auch fernerhin »dankbar und
empfänglich« zu sein. Schwenninger und sein engster Stab hatten ein größeres Zutrauen in die Aufrichtigkeit Nikolaevs als in tschechische Versprechungen und zogen es daher vor, bei der Division zu verbleiben. Doch wurde
der Abtransport der übrigen Angehörigen des DVK von den Tschechen anstandslos und zügig durchgeführt, so daß diese Männer sich schon am folgenden Tage auf deutschem Boden befanden.

Am Morgen des 5. Mai 1945, als die russisch-tschechischen Militärver-
handlungen zu einem positiven Abschluß gelangten, begann in Prag spontan
die Erhebung gegen die deutsche Besatzungsmacht. Obwohl zu einem Zeitpunkt entfesselt, da die Deutschen längst entschlossen und im Begriffe waren,
ihre Macht im Protektorat Böhmen und Mähren abzutreten, hatte der Aufstand doch insofern eine unangenehme Wirkung, als er im Falle des Gelingens
den östlich von Prag stehenden Hauptkräften der Heeresgruppe Mitte den
Rückweg nach Westen abgeschnitten haben würde. Bereits am ersten Auf-
standstag vermochten die zum Teil der Hefe des Volkes entstammenden Bewaffneten die Kontrolle über große Teile der Stadt zu erlangen, wo sie grausame Rache an wehrlosen Gefangenen und Zivilpersonen nahmen[481]. Aber die
in der Umgebung von Prag stehenden, noch wohlausgerüsteten deutschen
Verbände, die am Morgen des 6. Mai 1945 zum Gegenangriff auf die Stadt an-
traten, versetzten die Aufständischen im Laufe des Tages in eine zunehmende
Bedrängnis. Dies war die Situation, als die 1. Division der ROA sich am 5. Mai
1945 von Beroun-Suchomastý aus in mehreren Kolonnen in Richtung auf das
50 Kilometer entfernte Prag in Bewegung setzte. Am Nachmittag dieses Tages

wurde die Aufklärungsabteilung unter Major Kostenko in den undurchsichtigen Raum südwestlich von Prag entsandt. Ihr folgte auf dem rechten Flügel das 1. Regiment unter Oberstleutnant Archipov, das über Litně (Litten)–Korno gegen Radotin südwestlich der Stadt vordrang[482]. Auf dem linken Flügel entlang der Straße Beroun–Prag wurde das 3. Regiment unter Oberstleutnant Aleksandrov-Rybcov und das 4. Regiment unter Oberst Sacharov angesetzt, während im Zentrum, in der Linie Suchomastý–Korno–Budňany–Mořina–Kuchař–Řeporyje–Jinonice das 2. Regiment unter Oberstleutnant Artem'ev und die Divisionstruppen marschierten. Der Divisionstab befand sich am 5. Mai 1945 in Butovice und vom 6. Mai an bis zum Ende der Prager Operation in der Vorstadt Jinonice. Die in breiter Front auf Prag vorrückenden und von der Bevölkerung enthusiastisch als Befreier begrüßten russischen Verbände erreichten noch am Abend des 5. Mai an einzelnen Stellen das Weichbild der Stadt[483]. So drang anscheinend von Westen her ein Radfahrzug des 2. Regimentes unter Leutnant Solin in Prag ein[484], während die Aufklärungsabteilung entlang der Berounka von Südwesten her Radotín erreichte und weiter gegen Zbraslav (Königsaal) und das Ufer der Moldau vorfühlte. Noch in der Nacht vom 5. zum 6. Mai wurden die Angriffsziele in Prag vom Divisionsstab und Vertretern des Militärkommandos »Bartoš« besprochen und festgelegt. Es wurde auch beschlossen, die Soldaten der 1. Division der ROA zur Unterscheidung von den ähnlich uniformierten deutschen Soldaten mit weiß-blau-roten Trikoloren zu versehen.

Der Kampf der 1. Division der ROA um Prag begann bereits in den Nachmittagsstunden des 6. Mai mit einem Angriff auf den nordwestlich von Prag gelegenen Flugplatz Ruzyně (Rosin). Dieser größte der Prager Flugplätze war zu dieser Zeit belegt mit dem auf Düsenjäger vom Typ Me 262 umgerüsteten und durch Teile mehrerer Jagdgeschwader noch verstärkten Kampfgeschwader 6, dem sogenannten Gefechtsverband Hogeback[485]. Der deutschen Führung kam es zunächst noch darauf an, den Flugplatz Ruzyně und das angrenzende Kasernengelände gegen die Aufständischen zu behaupten, während das Militärkommando »Bartoš« ein großes Interesse gerade an der Einnahme von Ruzyně bekundete, sei es, um den Flugplatz als mögliche Operationsbasis der deutschen Luftwaffe auszuschalten, sei es, um eine Landemöglichkeit zu schaffen für Flugzeuge der Westmächte, mit deren Hilfeleistung man immer noch rechnete. Generalmajor Bunjačenko hat sich dem Ansinnen der Tschechen jedenfalls nicht verschlossen, denn am Vormittag des 6. Mai wurde das 3. Regiment unter Oberstleutnant Aleksandrov-Rybcov von der Straße Beroun–Prag nach Norden, in Richtung auf Chrášt'any–Sobin–Hostivice abgedreht.

Den eigentlichen Kampfhandlungen um den Flugplatz sollten freilich mehrere Verhandlungsversuche vorausgehen, die erfolglos und in einem

Falle sogar ausgesprochen tragisch verliefen. Das anmarschierende 1. Regiment hatte durch Parlamentär Fühlung mit dem Geschwaderstab aufgenommen, nach deutschen Unterlagen in der Absicht, eine Waffenruhe zu vereinbaren, nach russischen Unterlagen, was wahrscheinlicher ist, um die sofortige Übergabe des Flugplatzbereiches zu erzwingen. Als die Russen, wie man meinte, sich an den angeblichen Waffenstillstand nicht hielten, erbot sich der soeben in Ruzyně gelandete Chef des Generalstabes des VIII. Fliegerkorps, Oberst i. G. Sorge, zuvor Chef des Stabes bei Generalleutnant Aschenbrenner, persönlich zu den Vlasovtruppen zu fahren[486]. Sorge konnte sich die angebliche Feindschaft der bisherigen Verbündeten nur als Mißverständnis erklären, zumal wie ihm bekannt, alle Verbände der ROA ja bei Budweis zusammengezogen werden sollten. Er ließ sich einen Wagen geben, indem er erklärte, »Wlassow, mein bester Freund – die Sache werde ich in ein paar Minuten regeln.« Doch schon bald nach seiner Abfahrt kehrte sein Adjutant, Hauptmann Kohlhund, allein zurück mit dem Ultimatum, der Oberst werde erschossen werden, wenn der Flugplatz nicht binnen kürzester Frist kapituliere. Die ROA-Soldaten machten ihre Drohung wahr und erschossen Sorge, der sich um die deutsch-russische Verständigung und die Organisierung der Luftwaffe der ROA große Verdienste erworben hatte – Gegenstück zu der nicht minder tragischen Erschießung des Hauptmannes Gavrinskij durch deutsche Soldaten auf dem Bahnhof in Nürnberg. Die näheren Umstände sind allerdings niemals geklärt worden[487]. Auf deutscher Seite war mittlerweile auch der Kommandierende General des VIII. Fliegerkorps, General der Flieger Seidemann, aktiv geworden, dem das Kampfgeschwader 6 beziehungsweise der Gefechtsverband Hogeback unterstand. Seidemann erteilte dem Adjutanten des Generalleutnants Aschenbrenner, Oberleutnant Buschmann, der sich bei den aus Deutsch-Brod abziehenden Teilen des 1. Fliegerregimentes der ROA befand, am 6. Mai 1945 den Auftrag, die vermeintlichen Mißverständnisse mit den Vlasovtruppen aus dem Weg zu räumen. Als Buschmann nach einem vergeblichen Versuch, zu Vlasov zu gelangen, in einem »Fieseler Storch« das Gebiet südlich von Ruzyně überflog, wurde er jedoch von Einheiten des 3. Regimentes abgeschossen und hierbei verwundet. Ohne daß er sich seines Auftrages hätte entledigen können, ließ der Regimentskommandeur, Oberstleutnant Aleksandrov-Rybcov, ihn in bewußtlosem Zustand zum Divisionslazarett nach Jinonice schaffen, wo er bis zum Abbruch der Prager Operation blieb. Die Russen überließen den Parlamentär, der sich noch vor zwei Tagen angeboten hatte, Vlasov nach Spanien zu fliegen, beim Rückzug nicht seinem Schicksal, sondern führten ihn in einem Sanitätsfahrzeug mit sich[488].

Der Anmarsch der, wie man meinte, »gesamten Wlassow-Armee auf mehreren Straßen auf den Platz Prag-Rosin« war den Deutschen durch ihre Luftaufklärung frühzeitig bekannt geworden. Als die Verhandlungsversuche fehlschlugen und die Vorausteile der »bestens bewaffneten und ausgerüsteten Wlassow-Truppen« bereits im Kampf mit Kräften des Gefechtsverbandes standen, faßte der Geschwaderstab den Entschluß, die russischen Kolonnen mit allen verfügbaren Me 262 im Tiefflug überraschend anzugreifen und sie zusammenzuschießen. Die Bataillone des 3. Regimentes, die mit mehreren Panzern inzwischen auf das Rollfeld vorzudringen versuchten, konnten durch diesen Angriff zum Stehen gebracht werden, woraufhin sie das Gelände des Flugplatzes mit Granatwerfern und schweren Infanteriewaffen zu beschießen begannen, ohne jedoch weiter anzugreifen. Für die Deutschen hatte Ruzyně aber seine Bedeutung verloren. Die einsatzbereiten deutschen Maschinen wurden nach Saaz verlegt, und die deutsche Besatzung durchbrach am frühen Morgen des folgenden Tages den russischen Einschließungsring. Das 3. Regiment der ROA hatte mit einer kriegserfahrenen Nachhut der Waffen-SS noch ein mehrstündiges Feuergefecht zu führen, ehe es den Flugplatz Prag-Ruzyně, tschechischem Wunsch entsprechend, in Besitz zu nehmen vermochte.

Während sich die Lage bei Ruzyně am 6. Mai 1945 kritisch zu gestalten begann, befand sich die Aufklärungsabteilung unter Major Kostenko noch in dem Raum Radotín-Zbraslav mit Front nach Süden. Im Divisionsstab in Jinonice fand an diesem Vormittag gerade eine Kommandeursbesprechung statt, als um 10.00 Uhr über Funk die Meldung des Kommandeurs der Aufklärungsabteilung einging, er werde von Einheiten der Waffen-SS mit 6 Tiger-Panzern bedrängt, unter deren Druck er dann moldauabwärts in Richtung auf die Prager Vorstadt Smíchov zurückwich[489]. Generalmajor Bunjačenko erteilte dem Kommandeur des aus Korno herannahenden 1. Regimentes, Oberstleutnant Archipov, sofort folgenden Befehl: »Archipov, nimm dein Regiment und geh', Kostenko aus der Klemme helfen« (vyručať). Durch den überraschenden Angriff des 1. Regimentes wurde die deutsche Kampfgruppe Moldautal (Teile der SS-Division »Wallenstein«), die inzwischen das Flußufer zwischen Zbraslav und Chuchle eingenommen hatte, in den Nachmittagstunden wieder nach Süden, beziehungsweise über die Moldau zurückgeworfen[490]. Oberstleutnant Archipov, dessen Regiment über Smíchov bis in die Gegend der Jirásek- und der Palacký-Brücken vordrang, ließ die Moldaubrücke südlich von Branik bis zum Abend von einer Kompanie mit einer Panzerabwehrkanone sichern. Am 6. Mai 1945, gegen 23.00 Uhr, hatten sich dann die Hauptkräfte der 1. Division der ROA in einem von der ungefähren Linie Ruzyně–Břevnov–Smíchov–Moldauufer–Chuchle begrenzten Raum konzentriert.

Das 1. Regiment befand sich im Gebiet zwischen Smíchov und den Moldaubrücken, das 2. Regiment bei Chuchle–Slivenec, das 3. Regiment bei

Ruzyně–Břevnov, das 4. Regiment und die Aufklärungsabteilung in Smíchov und nördlich davon. Das Artillerieregiment bezog Feuerstellungen auf den Höhen von Zlichov und richtete vorgeschobene Beobachtungsstellen ein.

Wie haben sich in diesen Tagen nun die Beziehungen zwischen Russen und Tschechen entwickelt? Für die Einschätzung der Prager Operation ist diese Frage von entscheidender Bedeutung. Grundlage für das Eingreifen der 1. Division der ROA in den Prager Aufstand war die in Suchomastý am 5. Mai 1945 geschlossene russisch-tschechische Militärvereinbarung. So kann denn selbst die sowjethörige Literatur teilweise nicht umhin zuzugestehen, die Vlasovtruppen seien erwiesenermaßen »auf Grund der Initiative und Forderung tschechoslowakischer Offiziere und Offiziergruppen in Prag und in der Provinz« in die Hauptstadt gekommen, und bei ihnen hätten sich auch bevollmächtigte tschechoslowakische Verbindungsoffiziere aus dem Vormarschgebiet oder aus Prag befunden[491]. Das Militärkommando Groß-Prag »Bartoš«, das die Vereinbarung mit Generalmajor Bunjačenko abgeschlossen hatte, suchte diesen eindeutig feststehenden Tatbestand nach der Besetzung Prags durch sowjetische Truppen indessen wieder abzuschwächen. Denn General Kutlvašr teilte dem »Kommando der sowjetischen Armee in Prag« am 11. Mai 1945 in einem Schreiben mit, das Eingreifen der ROA sei aus »eigenem Antrieb« erfolgt und auf Veranlassung tschechischer Offiziere, die sich gerade in jener Gegend befanden, also nicht etwa aufgrund einer Entscheidung des Militärkommandos »Bartoš«. Für die enge Kooperation des Tschechischen Militärkommandos mit dem russischen Divisionskommando gibt es jedoch unwiderlegbare Beweise[492]. So hatte »Bartoš« den tschechischen General Fišer in Kladno am 6. Mai 1945, um 5.30 Uhr, in dringender Form aufgefordert, »zusammen mit den Vlasovci« so schnell wie möglich von Westen her auf Prag vorzustoßen und vor allem den Raum um Ruzyně mit dem Flugplatz beschleunigt einzunehmen. Wenige Minuten später, um 5.50 Uhr, appellierte auch der unter dem Einfluß des Militärkommandos stehende Prager Rundfunk erstmals – und dann wiederholt – an die »Offiziere und Soldaten der Vlasov-Armee« und bat um ihre Hilfe bei der Verteidigung der Stadt. Hauptmann Rendl, Kommandant von Lány, der Sommerresidenz des Staatspräsidenten, der Generalmajor Bunjačenko um Beistandsleistung für die Aufständischen gebeten hatte, erhielt am 6. Mai, um 13.00 Uhr, vom Generalinspektorat der Regierungstruppe die Vollmacht, sich dem russischen Divisionsstab als Verbindungsoffizier anzuschließen. Und in den Nachmittagsstunden desselben Tages, um 17.30 Uhr, meldete Oberstleutnant Sklenář aus dem Militärkommando das Herannahen »unserer Helfer mit beträchtlichen Kräften« in drei Kolonnen auf den Anmarschstraßen

1. Radotín–Chuchle–Smíchov
2. Dušniky–Motol–Košíře,
3. Jinonice–Břevnov–Dejvice.

Den russischen Verbänden war auf Veranlassung des Militärkommandos ein mit der Örtlichkeit vertrauter Offizier – anscheinend Leutnant Chorvát – zur Einweisung in Prag entgegengesandt worden. Am 6. Mai, um 17.35 Uhr, wurde die Direktive ausgegeben, die Vlasovsoldaten zur Verstärkung der Verteidigungsabschnitte einzusetzen[493]. Auf dem Militärkommando, in der Bartolomějská ulice (Bartholomäusgasse), erschienen zu gleicher Zeit mehrere Offiziere der ROA, die eine Karte mit Einzeichnung der Hauptwiderstandszentren erhielten und mit denen eingehend über den auf den 7. Mai 1945 festgesetzten Angriff der 1. Division in Prag gesprochen wurde. Das Militärkommando stellte den russischen Verbänden überdies eine Reihe ortskundiger Führer zur Verfügung.

Die tschechischen Militärkreise – als die führende Kraft in der ersten Phase des Prager Aufstandes – haben, wie hieraus hervorgeht, in der Zusammenarbeit mit der Armee des Generals Vlasov nichts Anstößiges gesehen. Dies bestätigt auch der ehemalige Oberst in der Politischen Hauptverwaltung des Verteidigungsministeriums der Tschechoslowakischen Volksarmee, Dr. Stepanek (d. i. Štemr)[494], der in der Nacht vom 9. zum 10. Mai 1945 als Chef der Nachrichtenabteilung des in der Sowjetunion aufgestellten 1. Tschechoslowakischen Armeekorps Prag aus Richung Kolin erreichte. Stepanek-Štemr berichtet, daß er unter den Offizieren des Korpsstabes und auch unter den politischen Offizieren, in überwiegender Mehrheit in der Partei organisierten Kommunisten, damals nicht »ein einziges abfälliges Wort« gehört habe »über die Einladung und den Eingriff der ›Vlasovci‹ gegen die Deutschen in Prag!«. Einwände gegen den Gedanken der russisch-tschechischen Zusammenarbeit wurden nicht von seiten der bewaffneten Kräfte, sondern von seiten des Tschechischen Nationalrates (ČNR, Česká Národní Rada) laut, der, wenn auch erst allmählich, die politische Leitung des Aufstandes in die Hand zu nehmen und sich das Militärkommando Groß-Prag zu unterstellen wußte. Denn in der ČNR, die die Regierungsgewalt in der Tschechei stellvertretend bis zum Eintreffen der in Košice (Kaschau) amtierenden Regierung Beneš repräsentierte und in der auch die Kommunisten ein gewichtiges Wort mitzusprechen hatten, gab es starke Bestrebungen, die von Anfang an auf ein gutes Einvernehmen zur Siegermacht Sowjetunion hinarbeiteten. Folge hiervon war, daß sich die ČNR zu einer nur widerspruchsvollen Haltung der so unverhofft auf den Plan tretenden Russischen Befreiungsarmee gegenüber durchzuringen vermochte. Auf der einen Seite stand das Bestreben, sich der russischen Kräfte, die über »gepanzerte Fahrzeuge, Artillerie und schwere Waffen« verfügten, zur Entlastung der von den deutschen Truppen zum Teil schwer bedrängten und schlecht bewaffneten tschechischen Aufständischen zu bedienen – auf der anderen Seite das Bemühen, sich von den Helfern in höchster Not politisch zu distanzieren. Dieses zwiespältige Verhalten trat am Morgen des 7. Mai 1945 zutage, als der den ROA-Verbänden entgegengesandte Verbindungsoffizier, Chorvát, in Begleitung des Hauptmannes der ROA Antonov um 7.45 Uhr in der Bartolomějská ulice, der Residenz der ČNR erschien, und diese sich erstmals gezwungen sah, der 1. Division gegenüber Stellung zu beziehen.

Hauptmann Antonov, Sohn einer kaiserlich-russischen Marineoffiziers und als Waise einst sogenannter »Besprizornyj«, war als Chef einer Batterie reaktiver Werfer (»Stalinorgel«) bei Stalingrad in deutsche Kriegsgefangenschaft geraten und seit 1943 persönlicher Adjutant des Generals Vlasov gewesen. Er soll von Vlasov entsandt worden sein[495], der selbst, wie erwähnt, in die Prager Ereignisse zwar nicht eingriff, sich aber anscheinend für verpflichtet hielt, die Einstellung der neuen politischen Organisation der ROA gegenüber zu erkunden. Antonov stand jedenfalls am Morgen des 7. Mai 1945 im Begriff, ein Ultimatum zu überbringen, in dem Generalmajor Bunjačenko den deutschen Staatsminister für Böhmen und Mähren, Frank, aufforderte, bis 10.00 Uhr zu kapitulieren, widrigenfalls er, Bunjačenko, »einen Angriff auf Prag eröffnen« werde[496], der aber tatsächlich bereits begonnen hatte. Eine Forderung von so grundsätzlicher und politisch weittragender Bedeutung, eigenmächtig erhoben, mußte den energischen Widerstand der ČNR hervorrufen, die bemüht war, ihre Autorität zu wahren und durchzusetzen. Der stellvertretende Vorsitzende dieses Gremiums, Smrkovský, ein radikaler Kommunist, war mit Hauptmann Antonov sofort in einen scharfen Wortwechsel geraten[497]. Gegen die Kapitulationsforderung und den Versuch, selbständig mit Frank in Unterhandlung zu treten, erhob er Einspruch mit der Begründung, dies sei eine innertschechische Angelegenheit. Einzig das »tschechische Volk, das den Aufstand durchgeführt hat«, und das hieß mit anderen Worten die ČNR, der er angehöre, sei befugt und berechtigt, über eine Kapitulation der Deutschen zu verhandeln. Smrkovský und andere Kommunisten wie David und Kubát, die sich mit besonderer Vehemenz gegen eine Abmachung der ČNR mit der Vlasov-Armee aussprachen, willigten doch bemerkenswerterweise in die Forderung bürgerlicher Politiker ein, die Hilfeleistung der ROA anzunehmen, sofern eine politische Anerkennung vermieden und die ČNR hierdurch nicht kompromittiert werde[498]. Klargestellt werden sollte auf jeden Fall die alleinige Zuständigkeit des Tschechischen Nationalrates für alle politischen Angelegenheiten. Notwendige Absprachen mit der Vlasov-Armee wurden damit auf die Ebene des Militärkommandos verwiesen, das an die Weisungen der ČNR gebunden blieb.

Nach einer stürmisch verlaufenen Debatte über den der Russischen Be-
freiungsarmee gegenüber einzunehmenden Standpunkt wurde Hauptmann
Antonov vor das Plenum der ČNR zitiert, wo ihm der russisch sprechende
General Kutlvašr folgende von Smrkovský verlesene Erklärung übersetzte[499]:

1. Der Tschechische Nationalrat als »Repräsentant der Regierung« besitzt
»im Gebiet Böhmen« das alleinige Entscheidungsrecht in allen politisch-
militärischen Angelegenheiten.

2. Der Tschechische Nationalrat dankt den »Truppen General Vlasovs«,
die »auf die Rundfunkaufforderung hin« dem »kämpfenden Prager Volk zu
Hilfe geeilt sind«.

3. Die »Truppen General Vlasovs«, das heißt die Verbände der 1. Division
der ROA, werden in absoluter Übereinstimmung mit dem Tschechischen
Militärkommando operieren.

4. Alle Verhandlungen mit dem Gegner werden vom Tschechischen Militärkommando im Einvernehmen mit dem russischen Divisionskommando
geführt.

5. Die Aufforderung zu einer allgemeinen Kapitulation der deutschen
Streitkräfte behält sich das Tschechische Militärkommando vor, doch sollten selbständig operierende russische Einheiten berechtigt sein, die Kapitulation der ihnen gegenüberliegenden deutschen Kräfte selbständig entgegenzunehmen.

Hauptmann Antonov betonte nach einer Rücksprache mit dem Divisionskommandeur noch einmal, die russischen Truppen dächten nicht daran,
sich in die tschechischen Angelegenheiten einzumischen, sie seien vielmehr
gekommen, »dem tschechischen Volk zu helfen«[500]. Er unterschrieb die
Punktation in Vollmacht von Generalmajor Bunjačenko, so daß neben der
Militärvereinbarung vom 5. Mai nun auch so etwas wie eine politisch sank-
tionierte Grundlage für das Eingreifen der 1. Division der ROA geschaffen
worden war. Die Behauptung, die Kommunisten hätten es von Anfang an abgelehnt, mit Vlasov, einem »Verräter der Sowjetunion«, zu verhandeln oder
mit ihm gar eine Vereinbarung zu treffen, wird durch die einfache Tatsache
widerlegt, daß alle im Tschechischen Nationalrat vertretenen Kräfte, einschließlich der Kommunisten, die von Antonov unterzeichnete Erklärung
gebilligt hatten.

Erst nachdem Hauptmann Antonov die Punktation der ČNR am Morgen
des 7. Mai 1945 unterzeichnet hatte, wurde der Inhalt dieses Dokumentes
von seiten der Kommunisten wieder in Zweifel gezogen. Der Vertreter der
Kommunistischen Partei der Tschechoslowakei (KPČ, Kommunističeskaja
Partija Čechoslovakii) und der Militärkommission des Nationalrates, David,
später Außenminister der ČSSR, stellte den Antrag, einen gleichzeitig an
»Herrn General Vlasov« gerichteten kurzen Brief, in dem diesem für die

schnelle Hilfe im Namen des Tschechischen Nationalrates gedankt wurde, nicht abzusenden, da sich hieraus »unabsehbare Folgen für den Standpunkt der UdSSR« und eine »eventuelle schnelle sowjetische Hilfe« ergeben könnten. Allein schon die Erwähnung des Namens Vlasov in Verbindung mit dem Aufstand schien seiner Meinung nach dazu angetan, diesen in Moskau politisch in Mißkredit zu bringen und »unseren ganzen derzeitigen Kampf« mit einem »schrecklichen Makel« zu behaften[501]. David gab unter diesen Umständen die Empfehlung, mit Vlasov nicht weiter zu verhandeln, das heißt, er war willens, die soeben getroffene Vereinbarung zu desavouieren. Statt dessen riet er eine Maßnahme an, die erkennen läßt, wie gründlich er die Psyche der Soldaten und den Geist des Zusammenhaltes in der Befreiungsarmee verkannte. Er unterbreitete nämlich den Vorschlag, die Vlasovleute unter Umgehung ihrer Vorgesetzten direkt anzusprechen. Entweder handelte es sich, wie er sich ausdrückte, »um ehrliche Soldaten«, dann würden sie keinen Anstand nehmen, »den Kampf an der Seite des tschechischen Volkes fortzusetzen«, oder aber, im Falle sie ihren Vorgesetzten folgten, um, wie er es nannte, »verbrecherisches Gesindel«, mit dem man sich ohnehin nicht einlassen dürfe. Der anscheinend von kommunistischen Fabrikarbeitern unterstützte Versuch, sich mit den ROA-Soldaten zu solidarisieren und sie zu Abfall und Desertion zu bewegen, endete allerdings, wie nicht anders zu erwarten, mit einem vollständigen Mißerfolg. Eine an die »Soldaten der sogenannten Vlasov-Armee« gerichtete Bekanntmachung, in der von der »sowjetischen« Heimat und der »ruhmreichen Roten Armee« die Rede war, blieb ohne Widerhall. Um so größeren Unwillen mußten derartige Machenschaften im Divisionsstab hervorrufen.

Hier waren die anfänglichen Erwartungen durch die bisherigen Einlassungen der ČNR ohnedies schon herabgestimmt. Zwar war ein vertragsähnlicher Zustand geschaffen, aber doch unter einer geradezu beleidigenden Beschneidung der Befugnisse der ROA, der, obwohl stärkste Kraft auf seiten der Aufständischen, doch praktisch nur die Rolle eines bloßen Werkzeuges zugewiesen wurde. Am 7. Mai 1945, um 9.30 Uhr, verbreitete der Prager Rundfunk die lapidare Mitteilung, nach der die ČNR »politische Vereinbarungen« mit den Russen in Abrede stellte und die »Kooperation der militärischen Aktionen« gegen die Deutschen den Militärbehörden übertrug[502]. Unter diesen Umständen suchte nun auch Generalmajor Bunjačenko nach Wegen, um sich ähnlich wie die ČNR unmittelbar an die Prager Bevölkerung zu wenden und seine Motive zu erklären. Bereits bei ihrem Eintreffen in Prag wurde der 1. Division der ROA ein auffälliges Interesse an dem Rundfunksender nachgesagt, ja, »eine ihrer Abteilungen« wollte sich angeblich »sogar mit Gewalt des Senders bemächtigen«[503]. In der Tat wußte der Divisionsstab jetzt die Nachricht von dem »Vormarsch Vlasovs auf Prag« und angeblich auch die

Ankündigung in das Funkhaus zu lancieren, der Vorsitzende des Tschechischen Nationalrates – es war dies Professor Pražák – und die übrigen Mitglieder wollten sich in das Hauptquartier Vlasovs begeben und dort zusammentreten. Der Leiter des Prager Senders, Maivald, der Kenntnis von den bisherigen Verhandlungen mit den »Vlasov-Truppen« hatte, erhob angesichts der sich verschlechternden militärischen Lage keine Einwendung dagegen, diese Meldung auch wirklich durchzugeben, womit er freilich den ganzen Zorn des Nationalrates auf sich lenkte. Es wurde ein nachdrückliches Dementi herausgegeben, und man beeilte sich, einen eigenen Beauftragten für Rundfunkfragen zu bestellen und diesem ein striktes Schweigegebot in bezug auf Vlasov aufzuerlegen. Die Verhandlungen des Tschechischen Nationalrates mit der 1. Division der ROA nahmen indessen ihren Fortgang.

Als im Stabsquartier der Division das Mitglied der ČNR, Matuš, erschien, sprach Generalmajor Bunjačenko diesem sein Mißfallen über den Tenor der Erklärung des Nationalrates und überhaupt über dessen »Vorsicht« aus[504]. Der Divisionskommandeur führte bei dieser Gelegenheit aus, die »russische Armee«, nicht etwa die »Vlasov-Armee«, sei nach Prag gekommen, um den Tschechen in ihrem Kampfe beizustehen, er könne seine Truppen jederzeit aus der Stadt zurückziehen, wenn ihre Hilfe nicht mehr erwünscht sei. Im übrigen sei es ihm einerlei, welche Regierungsform die Tschechen bei sich einführten. Er habe des weiteren auch nicht die Absicht, sich in eine bewaffnete Auseinandersetzung mit der Roten Armee verwickeln zu lassen. Generalmajor Bunjačenko verlangte die Anwesenheit eines Vertreters des Tschechischen Nationalrates in seinem Stabsquartier. Angesichts der Ungunst der militärischen Lage der Aufständischen hatte sich die Stimmung in der ČNR mittlerweile deutlich zugunsten Vlasovs entwickelt. »Most of the members of the Rada«, waren, wie der Volkssozialist Dr. Machotka bestätigt, »enthusiastically for the cooperation with the Vlasov Army[505].« Die Unterstützung durch die Truppen der ROA wurde in der ČNR jetzt für so entscheidend gehalten, daß selbst der Kommunist Knap dafür plädierte, das »Mißverständnis« mit Bunjačenko auszuräumen. Zu diesem Zweck wurde beschlossen, eine offizielle Abordnung in das Stabsquartier nach Jinonice zu entsenden und diese Mission den kommunistischen Mitgliedern Knap und David anzuvertrauen. Die ČNR wich mit diesem Beschluß ganz offensichtlich von der politischen Linie der in Kaschau residierenden tschechischen Regierung ab, die sich für verpflichtet hielt, weitgehende Rücksichten auf die Wünsche der Sowjetunion zu nehmen. So hatte ein Telegramm aus Kaschau auch zur »Vorsicht gegenüber Vlasov« gemahnt. Der Vertreter Beneš' in London, Minister Ripka, der vergeblich versucht hatte, Großbritannien für den Prager Aufstand zu interessieren, warnte über BBC sogar ausdrücklich vor einer auch nur zeitweisen Zusammenarbeit mit Vlasov[506]. Die britische Regierung, die ebenso wie die USA den Prager Aufständischen im Hinblick auf die Sowjetunion jede Beistandsleistung verweigerte, konnte selbstredend erst recht eine Unterstützung durch die antisowjetische Russische Befreiungsarmee nicht gutheißen. Und dieser Haltung hatte Minister Ripka sich angeschlossen.

Obwohl die in das Stabsquartier der 1. Division entsandten beiden Delegierten des Tschechischen Nationalrates, Knap und David, bemüht waren, sich auf den rein militärischen Aspekt im Sinne der getroffenen Vereinbarung zu beschränken, ließen sie sich doch auch auf politische Fragen ein, nahmen diesbezügliche Erklärungen des Divisionskommandeurs jedenfalls entgegen und unterbreiteten sie dem Plenum der ČNR[507]. Aus ihrem Bericht ging abermals hervor, in welchem Maße es Generalmajor Bunjačenko darum zu tun war, die tschechische Öffentlichkeit unmittelbar über Entstehen und Ziele der Befreiungsarmee und über die Beweggründe für ihr Eingreifen in den Prager Aufstand aufzuklären. So ersuchte er die beiden Emissäre, eine zu diesem Zweck von ihm ausgearbeitete, vier Seiten lange politische Grundsatzerklärung in tschechischer und russischer Sprache über den Rundfunk verbreiten zu lassen. In bezug auf die militärische Lage in Prag gab er zugleich Aufschluß über die Ausstattung seiner Verbände mit Waffen und Munition, über die in den Kämpfen bisher erlittenen Verluste und über die Notwendigkeit einer klaren Schwerpunktbildung. Um die militärische Zusammenarbeit zwischen Russen und Tschechen zu verbessern und um in der Lage zu sein, die Angriffe zu koordinieren, regte er die Entsendung tschechischer Verbindungsoffiziere an. So sollte ein Offizier zur Ausarbeitung eines Feuerplanes auf den Petřín entsandt werden, wohin ein Teil der Artillerie aus Zlichov verlegt worden war[508]. Die Verhandlungen zwischen der ČNR und der 1. Division der ROA fanden damit ihren Abschluß. Denn als Knap und David dem Tschechischen Nationalrat am Abend des 7. Mai 1945, um 21.00 Uhr, über die Begegnung mit Generalmajor Bunjačenko und über seine Wünsche und Forderungen berichteten, hatten die Verbände der ROA die Kampfhandlungen in Prag überwiegend bereits eingestellt und damit begonnen, sich in westlicher Richtung zurückzuziehen.

Welchen Verlauf haben nun die Kämpfe der 1. Division der ROA an dem schicksalhaften 7. Mai 1945 in Prag genommen? Der in Übereinstimmung mit den Vorstellungen des Militärkommandos »Bartoš« festgelegte und nachts um 1.00 Uhr durchgegebene Operationsbefehl des Divisionskommandeurs sah einen Angriff auf das Stadtzentrum in drei Stoßrichtungen vor[509]. Den Hauptschlag hatte, einsetzend um 5.00 Uhr, das 1. Regiment unter Oberstleutnant Archipov aus dem Raum um Smichov heraus zu führen. Dem mit einigen Jagdpanzern oder Panzern, Regimentsartillerie und Pak versehenen Regiment, bei dem sich auch eine Reihe ortskundiger Führer befand, gelang es nach Überschreiten der Moldaubrücken (Železniční, Palackého, Jiráskův), auf dem östlich der Moldau gelegenen Stadtgebiet kämpfend, über Vinohrady hinaus bis nach Strašnice und südlich davon bis Pankrác vorzudringen[510]. Das im nördlichen Abschnitt angreifende 4. Regiment unter Oberst Sacharov eroberte wichtige Objekte im Stadtinnern, so auch die Anhöhe des Petřín. Das 3. Regiment unter Oberstleutnant Aleksandrov-Rybcov, das über Břevnov-Střešovice hinaus gegen den Hradschin (Hradčany) vorging, konnte im Zusammenwirken mit dem 4. Regiment in die nach Osten vorspringende Flußschleife der Moldau um Holešovice eindringen[511]. Und das Artillerieregiment unter Oberstleutnant Žukovskij schließlich, das Feuerstellungen zwischen Košiře und Zlichov bezogen hatte, diese im Laufe des Tages aber teilweise vorverlegte, nahm in Absprache mit dem Militärkommando »Bartoš« deutsche Stützpunkte im Gebiet des Hospitals, des Observatoriums, des Petřín und an anderen Stellen unter Feuer. Die Kämpfe im Stadtzentrum wurden gegen die von Süden her andringenen Verbände der Waffen-SS (Teile der Division »Wallenstein«) durch die übrigen Kräfte der Division abgeschirmt. Das vom Divisionskommandeur am 6. Mai 1945 in die Gegend um Chuchle-Slivenec detachierte 2. Regiment unter Oberstleutnant Artem'ev drängte den Gegner nach hartem Kampf bei Lahovičky u Prahy bis in die Gegend von Zbraslav zurück[512], während die Aufklärungsabteilung unter Major Kostenko Posten auf dem östlichen Ufer der Moldau in der Gegend von Branik mit Front nach Süden bezogen hatte.

Alle Vorgänge dieser Tage, das unverhoffte Einschwenken der 1. Division am 5. Mai 1945 von Beroun-Suchomastý aus in Richtung auf Prag, der Beginn von Kampfhandlungen am Flugplatz Ruzyně und südwestlich von Chuchle am 6. Mai und endlich am 7. Mai der Angriff in drei Hauptrichtungen auf das Stadtzentrum von Prag wie auch wiederholte Kapitulationsaufforderungen durch Vertreter der ROA[513] – unter ihnen Oberst Sacharov – bedeuteten den deutschen Kommandostellen unstreitig eine große Überraschung und blieben ihnen unverständlich. Ein halbes Jahr zuvor, am 14. November 1944, war das KONR in der Rudolfsgalerie auf der Prager Burg in einem feierlichen Staatsakt ins Leben getreten. Der Staatsminister für Böhmen und Mähren, Frank, hatte Vlasov im Czerninpalais protokollgerecht empfangen. Er hatte in der Rudolfsgalerie die Eröffnungsansprache gehalten und zusammen mit dem Wehrmachtbefehlshaber, General der Infanterie Toussaint, als Ehrengast in der ersten Reihe neben Vlasov gesessen. Und nun befand sich die ROA augenscheinlich im gegnerischen Lager. General Toussaint, Staatsminister Frank und der Höhere SS- und Polizeiführer, SS-Gruppenführer und Generalleutnant der Waffen-SS Graf Pückler, konnten sich, wie schon General Seidemann und Oberst i. G. Sorge, die plötzliche Feindseligkeit des bisherigen Verbündeten nur als »Mißverständnis durch ungeschicktes Verhalten« erklären. Aus dieser Fehleinschätzung rührten, wie schon auf dem Flugplatz Ruzyně, die auch in Prag mehrfach unternomme- nen Versuche der Deutschen, die vermeintlichen Mißverständnisse zu behe- ben und mit den Truppen des Generals Vlasov eine Waffenruhe zu verein- baren[514]. Am 7. Mai 1945, um 10.00 Uhr, erschien bei den vordersten Teilen des 1. Regimentes in der Gegend von Vinohrady ein deutscher Parlamentär, um im Auftrage von General Toussaint die Einstellung der Kampfhandlun- gen zu fordern – ein zu diesem Zeitpunkt unmögliches Verlangen. Denn Oberstleutnant Archipov war nicht nur nicht befugt, auf eine derartige For- derung einzugehen, er hatte im Gegenteil seinerseits auf einer Waffen- streckung der Deutschen zu bestehen. Der deutsche Leutnant überquerte die Linien um die Mittagszeit ein zweites Mal mit einem Schreiben des Generals Toussaint, in dem dieser in beschwörendem Tone um eine Beendigung der Feindseligkeiten bat. »In dieser schweren Stunde«, so der überlieferte Wort- laut, »wo Ihr Vlasovsoldaten und wir Deutschen uns gegen unseren gemein- samen Feind, den Bolschewismus, vereinigen sollten, habt Ihr die Waffen ge- gen uns erhoben. Da ich dies für ein Mißverständnis halte, bitte ich Euch, die Kampfhandlungen gegen uns einzustellen. Morgen, am 8. Mai, wird Prag von tschechischen Aufständischen gesäubert werden. General Toussaint[515].« Auch dieser Appell, den Oberstleutnant Archipov »umgehend« an den Divi- sionskommandeur weiterleitete, konnte selbstredend keinen Widerhall fin- den.

Was allerdings die von den Kämpfen unmittelbar betroffenen deutschen Soldaten angeht, so nahmen diese teilweise keinen Anstand, ihre Waffen vor den Russen niederzulegen. Bereits am 7. Mai 1945, um 8.00 Uhr, meldete der Prager Rundfunk, daß deutsche Einheiten sich den Vlasovsoldaten »haufen- weise« ergeben, die »ganze Straße« war nach dem Bericht eines Augenzeu- gen »ein einziges Heerlager der Vlasov-Truppen«[516]. Als es dem 1. Regiment gelang, die starke deutsche Besatzung des seit Tagen umkämpften Lobko- witzplatzes (Lobkovicové náměstí) zur Waffenstreckung zu bewegen und es rund 500 Mann gefangennahm, war dies ein großer, die Lage im gesamten Stadtinnern verändernder Erfolg[517]. Obwohl deutsche Widerstandszentren, so etwa im Gebiet des Hradčany, des Strahov-Stadions und in Dejvice aus- gespart werden mußten, befanden sich am Abend des 7. Mai 1945 doch große Teile der Stadt in den Händen der Truppen der ROA. Die 1. Division hatte Prag gleichsam in zwei Hälften geteilt, eine Vereinigung der von Norden und Süden her vordringenden deutschen Entsatzverbände wurde damit verhin- dert[518]. Russische Berichte sprechen bis zum Abend des 7. Mai 1945 von 4000 bis 10 000 den Tschechen überstellten deutschen Kriegsgefangenen, eine Anzahl, die aber sicherlich zu hoch gegriffen ist[519]. Denn nicht überall vermochten die Soldaten der ROA kampflos vorzudringen. An manchen

Stellen hatten sie hartnäckigen Widerstand zu überwinden und bei der Säuberung der Stadt »Haus für Haus« zu nehmen. Tschechische Beobachter heben einstimmig deren heroische Haltung bei diesen Kämpfen hervor. »Die Vlasov-Leute kämpften mit sehr großer Tapferkeit und großem Opfermut«, schrieb Dr. Machotka später, »viele von ihnen gingen, ohne Deckung zu nehmen, mitten auf der Straße vor und schossen in die Fenster und Dachluken, aus denen die Deutschen feuerten. [...] Die Vlasov-Soldaten kämpften mit orientalischer Todesverachtung. [...] Es schien, als suchten sie im Kampf gegen die Deutschen direkt den Tod, um nicht der Roten Armee in die Hände zu fallen[520].« Kein Wunder, daß die Aufständischen diese Russen als Befreier empfanden und das Eingreifen der ROA mit Dankbarkeit begrüßten. Das Verhältnis der tschechischen Bevölkerung zu den Soldaten wird übereinstimmend als »sehr gut« und »brüderlich« geschildert: »Die Bevölkerung empfing und begrüßte sie begeistert.«

Die politischen Voraussetzungen für das Eingreifen der 1. Division der ROA waren jedoch schon zum Zeitpunkt des Beginns der Prager Operation nicht mehr gegeben. Am 6. Mai 1945 hatte der alliierte Oberkommandierende, General Eisenhower, der einem Ersuchen des Chefs des Generalstabes der Roten Armee, Armeegeneral Antonov, vom 5. Mai 1945 nachkam, entsprechende Anregungen des Oberbefehlshabers der amerikanischen 3. Armee (12th Army Group), General Patton, abgelehnt und einen Vorstoß über die Linie Karlsbad–Pilsen–Budweis hinaus nach Osten zur Einnahme von Prag untersagt[521]. Es bestand – sehr zum Leidwesen auch der nationalen Tschechen – somit keine Aussicht mehr auf eine Besetzung Prags durch amerikanische Truppen. Die bald offenkundigen Folgen dieses Befehls sollten die Stimmung der in Prag Kämpfenden nachhaltig beeinflussen. So begann die anfängliche Erwartung der Vlasovsoldaten und nationalen Tschechen, daß »nichtkommunistische und antikommunistische Kräfte« die »Vorherrschaft« in der Hauptstadt gewinnen würden, einer tiefen Ernüchterung zu weichen. Die herzliche Aufnahme durch die Prager Bevölkerung und die reibungslose Zusammenarbeit mit dem tschechischen Militärkommando »Bartoš« hatten zwar schon den zwiespältigen Eindruck der Verlautbarungen des Tschechischen Nationalrates vorübergehend verdecken können. Allein im Verlauf des 7. Mai 1945 mehrten sich Anzeichen von einer schlimmen Vorbedeutung.

Als sich der Tschechische Nationalrat am Morgen dieses Tages von den »Aktionen des Generals Vlasov gegen die deutschen Truppen« über den Rundfunk politisch distanzierte, hatte Oberstleutnant Archipov sich in einem Panzerwagen zum Militärkommando »Bartoš« begeben und den Chef des Stabes, Oberstleutnant i. G. Bürger, um eine Berichtigung ersucht. Er hatte, was die Loyalität des tschechischen Militärs angeht, von diesem auch

beruhigende Versicherungen erhalten, nur war ihm bedeutet worden, das
Militärkommando sei außerstande, politisch gegen den Nationalrat zu handeln[522]. Immerhin wollte Bürger, solange die ROA den Tschechen half, folgende von Archipov formulierte Erklärung verbreiten lassen: »Die heldenhafte Armee des Generals Vlasov, die unseren tschechischen Brüdern zur
Hilfe eilte, setzt die Säuberung der Stadt von den Deutschen fort.« In Prag –
im Abschnitt des Oberstleutnant Sklenář – zeigte sich seit den Morgenstunden des 7. Mai 1945 auch die Aktivität einer durch Fallschirm abgesetzten
Sowjetmission. Der Kommandeur des l. Regimentes, der auf tschechischen
Wunsch hin einen Zug zur Bewachung des Rundfunkhauses abgestellt hatte,
entsandte, um die Tschechen zu beruhigen, einen Zug auch zur Bewachung
der von diesen als verbündet betrachteten Sowjetmission. Archipov wurde
von dem Chef dieser Mission, Hauptmann Sokolov, angerufen, und es ent-
spann sich folgendes Ferngespräch[523]:

Archipov: »Am Telefon ist der Kommandeur des 1. Regimentes der 1. Division der ROA.«

Sokolov: »Guten Tag, Genosse Polkovnik. Hier Kapitan Sokolov.«

Archipov: »Guten Tag, Kapitan.«

Sokolov: »Genosse Polkovnik, sind Sie überzeugt, Prag mit Ihren Kräften
von der SS säubern zu können?«

Archipov: »Ja.«

Auf die übertriebene Schilderung der Stärke seines Regimentes hin ent-
gegnete Sokolov: »Ja, mit einem solchen Regiment läßt sich kämpfen. Sagen
Sie, Genosse Polkovnik, kann ich nach Moskau melden, daß das Regiment
für den Genossen Stalin und für Rußland kämpft?«

Archipov: »Für Rußland ja, aber nicht für den Genossen Stalin.«

Das bemerkenswerte Ferngespräch endete folgendermaßen:

Sokolov: »Aber Sie sind doch auf den Genossen Stalin vereidigt und haben in der Sowjetunion sicherlich die Militärakademie und -schule absolviert!«

Archipov: »Ich habe die Militärschule in Moskau absolviert, aber beim Zaren, im Jahre 1914. Auf den Genossen Stalin bin ich nicht vereidigt. Ich bin
Offizier der ROA und habe einen Eid auf General A. A. Vlasov geschworen.«

Sokolov: »Jetzt ist mir alles klar.«

Einen ganz ähnlichen Vorfall meldete Major Kostenko aus dem Bereich
der Aufklärungsabteilung. Ein Sowjetagent ließ dem Divisionskommandeur
hier die Erwartung Stalins übermitteln, Bunjačenko werde »mit seiner
ganzen Division in die Arme der Heimat zurückkehren«. Major i. G. Schwenninger war Zeuge, wie Generalmajor Bunjačenko als Antwort hierauf »eine
auf deutsch nicht wiederzugebende Einladung an Stalin ergehen« ließ[524].
Daß die Lage der ROA in Prag politisch tatsächlich immer unhaltbarer

wurde, erwies sich in den Abendstunden des 7. Mai 1945, als im Abschnitt des Regimentes Sacharov mehrere amerikanische Panzerfahrzeuge mit Pressekorrespondenten auftauchten, die in ihrer Ahnungslosigkeit die ROA-Soldaten erst für »Verbündete der Roten Armee« hielten und schließlich nichts anderes vorzubringen wußten als die Meinung, der Kampf der Russen in Prag werde dazu beitragen, »Sie von ihrer Schuld vor der sowjetischen Regierung für die Zusammenarbeit mit den Deutschen loszukaufen«. Auf die ROA-Offiziere machte diese erste Berührung mit Amerikanern und deren offenkundige politische Naivität einen geradezu verheerenden Eindruck[525].

Seit den Abendstunden des 7. Mai bestand im Divisionsstab jedenfalls kein Zweifel mehr daran, daß die sowjetische, nicht die amerikanische Armee Prag besetzen werde. Am 7. Mai, um 23.00 Uhr, gab Generalmajor Bunjačenko unter diesen Umständen schweren Herzens den Befehl zum Abbruch der Kampfhandlungen und zum Rückzug seiner Truppen aus der Stadt. Er hatte, wie Major i. G. Schwenninger als Augenzeuge berichtet, Tränen in den Augen, und in den Gesichtern aller Anwesenden »stand eine tiefe Hoffnungslosigkeit«, als sich tschechische Offiziere, die ebenfalls gekommen waren, um vom Stand der Dinge zu berichten, im Divisionsstab verabschiedeten. Am späten Abend wurden die Sicherungen auf dem Westufer der Moldau, zwischen Prag und Zbraslav, zurückgenommen, bis zur Morgendämmerung räumten die Verbände auch das Zentrum und die übrigen Teile der Stadt. Das 2. Regiment führte allerdings noch am Morgen des 8. Mai 1945 in der Gegend von Slivenec südwestlich von Prag ein Feuergefecht mit Einheiten der Waffen-SS. Doch am selben Tage, um 12.00 Uhr, wurden die Verbände der 1. Division der ROA auf der Straße Prag-Beroun als im vollen Abzuge nach Westen begriffen gemeldet[526]. Russische und deutsche Truppen, die »noch eben miteinander gekämpft hatten«, und zwar stellenweise mit Erbitterung, strebten nun, »wie zwei feindliche Brüder«, in bisweilen miteinander verschachtelten Kolonnen gemeinsam den amerikanischen Linien östlich von Pilsen entgegen.

Anmerkungen

449 Artem'ev, Istorija Pervoj Russkoj Divizii, S. 19 f., Archiv des Vf.; Pljuščev-Vlasenko, Kryl'ja svobody, S. 109 f., ebd.; Schwenninger an Steenberg, 18. 5. 1966, BA-MA Sammlung Steenberg; Schtemenko, Im Generalstab, Bd 2, S. 500.
450 Pozdnjakov, Andrej Andreevič Vlasov, S. 367.
451 Litopis, Bd 8, S. 203, 217, 240 ff., 251 ff.; Pograničnye vojska, S. 678.
452 Buchardt, Manuskript 1946, S. 15, BA-MA Sammlung Steenberg; ders., 27. 2. 1966, S. 4, ebd.; Kroeger an Steenberg, 6. 5. 1967, ebd.
453 Pozdnjakov, General-Major Fedor Ivanovič Truchin, BA-MA MSg 149/2; Kroeger an Steenberg, o.D., BA-MA Sammlung Steenberg; Pljuščev-Vlasenko, Kryl'ja svobody, S. 111, Archiv des Vf.

454 Brandes, Die Tschechen unter deutschem Protektorat, Bd 2, S. 96, 105.
455 Bogatyrčuk, K voprosu ocenki antinemeckogo vystuplenija ROA v Prage v mae 1945 goda, BA-MA Sammlung Steenberg; siehe dazu Praga, BA-MA MSg 149/8.
456 Auský, Vojska generála Vlasova, S. 86.
457 Artem'ev, Istorija Pervoj Russkoj Divizii, S. 37 ff., Archiv des Vf.; Osvoboditel'noe Dviženie Narodov Rossii, S. 28, BA-MA MSg 149/26.
458 Archipov an Pozdnjakov, 19. 2. 1960, BA-MA MSg 149/29; Pozdnjakov, Andrej Andreevič Vlasov, S. 370.
459 Kroeger an Steenberg, o. D., BA-MA Sammlung Steenberg.
460 Auský, Vojska generála Vlasova, S. 94.
461 Bartošek, Pražské povstání, S. 205.
462 Pogue, The Supreme Command, S. 503; Ehrmann, Grand Strategy, Bd 6, S. 161; MacDonald, The Last Offensive, S. 467.
463 Auský, Vojska generála Vlasova, S. 84 f.
464 Kroeger an Steenberg, 7. 12. 1966, BA-MA Sammlung Steenberg.
465 Žukov, Vospominanija, S. 736 ff.
466 Artem'ev, Istorija Pervoj Russkoj Divizii, S. 33, Archiv des Vf.; Archipov, Vospominanija, S. 19, ebd.
467 Pozdnjakov, Poslednie dni, in: Golos Naroda, 1951, Nr. 25; ders., Pis'mo v redakciju, BA-MA MSg 149/8; ders., Andrej Andreevič Vlasov, S. 370.
468 Schwenninger, Bericht, S. 21, IfZ.
469 Artem'ev, Istorija Pervoj Russkoj Divizii, S. 39, Archiv des Vf.; Kroeger an Steenberg, 7. 12. 1966, BA-MA Sammlung Steenberg.
470 Poručik G., Pod Pragoj, in: Golos Naroda, Nr. 17 (67), 27. 4. 1952.
471 Schwenninger, Bericht, S. 20, IfZ; ders., Ergänzungen, S. 14, IfZ; siehe auch Št'ovíček, Zápis, S. 996.
472 Schwenninger, Bericht, S. 20, IfZ; ders., Ergänzungen, S. 15 f., IfZ; Schwenninger an Steenberg, 18. 5. 1966, BA-MA Sammlung Steenberg.
473 Bartošek, Pražské povstání, S. 166.
474 Ebd., S. 164.
475 Titov, Kljatvoprestupniki, S. 228; Schtemenko, Im Generalstab, Bd 2, S. 499.
476 Artem'ev, Istorija Pervoj Russkoj Divizii, S. 29 f., Archiv des Vf.; Kleist an Doellerdt, 3. 7. 1954, BA-MA Sammlung Steenberg.
477 Schwenninger an Steenberg, 18. 5. 1966, BA-MA Sammlung Steenberg.
478 Schwenninger, Bericht, S. 17, IfZ; Kroeger an Steenberg, 7. 12. 1966, BA-MA Sammlung Steenberg.
479 Poručik A. Vysockij, Moi vospominanija o A. A. Vlasove, 23. 6. 1948, BA-MA MSg 149/48; Kroeger an Steenberg, o.D., BA-MA Sammlung Steenberg.
480 Schwenninger, Bericht, S. 20 ff., IfZ; ders., Ergänzungen, S. 14, IfZ; Schwenninger an Steenberg, 18. 5. 1966, BA-MA Sammlung Steenberg.
481 Naudé, Erlebnisse und Erkenntnisse, S. 180 ff.
482 Archipov, Vospominanija, S. 21, Archiv des Vf.
483 Pozdnjakov, Pervaja Pechotnaja Divizija, fol. 20 f., BA-MA MSg 149/49; Artem'ev, Istorija Pervoj Russkoj Divizii, S. 41 f., Archiv des Vf.
484 Auský, Vojska generála Vlasova, S. 129 ff.
485 Bericht Hogeback, BA-MA RL 10/564; Bartošek, Pražské povstání, S. 166.
486 Bericht Hogeback, BA-MA RL 10/564; Kohlhund an Doellerdt, 10. 8. 1954, BA-MA Sammlung Steenberg.
487 Ein in diesem Zusammenhang gegen Oberstleutnant Artem'ev gerichteter Verdacht ist offenkundig unbegründet, Pozdnjakov an Verfasser, 2. 9. 1972.
488 Auský, Vojska generála Vlasova, S. 135 f.
489 Archipov, Vospominanija, S. 21, Archiv des Vf.; Georgiew an Steenberg, 14. 11. 1968, BA-MA Sammlung Steenberg.
490 Vgl. auch Československý vojenský atlas, S. 357.
491 Bartošek, Pražské povstání, S. 164.

492 Ebd., S. 164 f.; Stepanek-Štemr, Russen kommen nach Prag, Archiv des Vf.; Brandes, Die Tschechen unter deutschem Protektorat, Bd 2, S. 137 f.

493 Bartošek, Pražské povstání, S. 167.

494 Stepanek-Štemr, Russen kommen nach Prag, Archiv des Vf.; Svoboda, Ot Buzuluka do Pragi, S. 401.

495 Auský, Vojska generála Vlasova, S. 239.

496 Šťovíček, Zápis, S. 995.

497 Machotka, Pražské povstání, S. 39 f.; Machotka an Steenberg, 2. 3. 1969, BA-MA Sammlung Steenberg.

498 Gegen Bartošek, Pražské povstání, S. 171.

499 Machotka an Steenberg, 14. 3. 1969, BA-MA Sammlung Steenberg.

500 Šťovíček, Zápis, S. 995.

501 Ebd., S. 996 ff., auch für das Weitere; Bartošek, Pražské povstání, S. 172.

502 Brandes, Die Tschechen unter deutschem Protektorat, Bd 2, S. 503 ff.

503 Bartošek, Pražské povstání, S. 166.

504 Šťovíček, Zápis, S. 1004 ff., auch für das Weitere.

505 Machotka an Steenberg, 2. 3. 1969, 14. 3. 1969, BA-MA Sammlung Steenberg.

506 Brandes, Die Tschechen unter deutschem Protektorat, Bd 2, S. 72, 113, 139; Pogue, The Supreme Command, S. 505.

507 Šťovíček, Zápis, S. 1009.

508 Auský, Vojska generála Vlasova, S. 143.

509 Archipov, Vospominanija, S. 22, Archiv des Vf.

510 Pozdnjakov, Pervaja Pechotnaja Divizija, fol. 21, BA-MA MSg 149/49; Československý vojenský atlas, S. 357.

511 Nach Bartošek, Pražské povstání, S. 154.

512 Georgiew an Steenberg, 2. 1. 1969, BA-MA Sammlung Steenberg.

513 Auski, Predateľstvo, S. 189 ff.

514 Bartošek, Pražské povstání, S. 166; Bericht Hogeback, BA-MA RL 10/564.

515 Archipov, Vospominanija, S. 24, Archiv des Vf.

516 Brandes, Die Tschechen unter deutschem Protektorat, Bd 2, S. 137.

517 Bartošek, Pražské povstání, S. 166; Machotka, Pražské povstání, S. 45.

518 Auský, Vojska generála Vlasova, S. 158.

519 Archipov, Vospominanija, S. 23, Archiv des Vf.; Pozdnjakov, Pervaja Pechotnaja Divizija, fol. 22 f., BA-MA MSg 149/49.

520 Machotka, Pražské povstání, S. 40; Stepanek-Štemr, Russen kommen nach Prag, Archiv des Vf.; Georgiew an Steenberg, 14. 11. 1968, BA-MA Sammlung Steenberg.

521 Ehrmann, Grand Strategy, Bd 6, S. 159 f.; MacDonald, The Last Offensive, S. 458, 467, 477; Die Befreiungsmission, S. 384.

522 Artem'ev, Istorija Pervoj Russkoj Divizii, S. 45, Archiv des Vf.

523 Archipov, Vospominanija, S. 23, ebd.

524 Schwenninger, Bericht, S. 22, IfZ.

525 Archipov, Vospominanija, S. 25, Archiv des Vf.; vgl. Artem'ev, Istorija Pervoj Russkoj Divizii, S. 45, ebd.

526 Bartošek, Pražské povstání, S. 199.

_____ 9 _____

Die Bedeutung der Prager Operation

Der Aufstand in Prag und in den übrigen Teilen Böhmens im Mai 1945 bildet in der Geschichte der Tschechei während des Zweiten Weltkrieges »ein großes Ereignis«, er war, wie Bartošek schreibt, »vor allem von moralisch-politischer Bedeutung für unser nationales Leben«, insofern nämlich, als er demonstrierte, daß auch das tschechische Volk als solches in letzter Stunde einen, wenn auch nur winzigen Beitrag zur militärischen Niederwerfung Deutschlands leistete[527]. Am 16. Dezember 1943 noch hatte Präsident Beneš in Moskau sarkastische und geradezu hohnvolle Worte Molotovs wegen des Fehlens aller Widerstandsaktivitäten im Protektorat über sich ergehen lassen müssen[528]. Und nun hatte auch das tschechische Volk, wie Beneš dies formulierte, sich »bereit« gezeigt, noch bevor die deutsche Macht in Böhmen endgültig beseitigt worden war. Der Aufstand war nach kurzer Anlaufzeit fast spontan ausgebrochen und elementar in erster Linie gegen die »Deutschen« als die Besetzer ihres Landes und »Feinde seit 300 Jahren« gerichtet gewesen. Doch unter der Oberfläche des bewaffneten Kampfes gegen den äußeren Feind wurde zugleich ein innenpolitischer Kampf um die künftige Gestaltung der Republik zwischen Bürgertum und Kommunismus ausgetragen, wobei letzterer eine sozialistische Umwälzung erstrebte und seine Hoffnungen auf die Sowjetunion richtete[529]. Hier liegen die Wurzeln der These von der Befreiungsmission der Sowjetarmee in der Tschechoslowakei. Unter der Führung der Kommunistischen Partei, so wird behauptet, habe sich die Prager Bevölkerung gegen die faschistischen Okkupanten erhoben. Als der Kampf in sein kritisches Stadium getreten sei, im letzten Augenblick, seien die Panzer der sowjetischen 3. und 4. Gardepanzerarmeen der Generale Rybalko und Leljušenko in Prag eingefahren, hätten die Stadt befreit und – was noch bedeutender schien – die erste Etappe der »volksdemokratischen Revolution« zu einem erfolgreichen Abschluß gebracht[530]. Das ewige Bündnis zwischen der Sowjetunion und der Tschechoslowakei, das brüderliche Band der Völker beider Staaten, sei hierdurch besiegelt worden.

Der Aufstand in Prag begann in den Morgenstunden des 5. Mai 1945, doch erst vier Tage später, in den Morgenstunden des 9. Mai, erreichten die Voraustruppen der 1. Ukrainischen Front des Marschalls der Sowjetunion Konev die Stadt Prag. Will man die Rolle der Russischen Befreiungsarmee in den Prager Ereignissen bestimmen, so muß man sich die militärische Lage in der Zeit vor und nach dem Eingreifen der ROA deutlich vor Augen halten. Als die 1. Division unter Generalmajor Bunjačenko am 6./7. Mai 1945 den Kampf an der Seite der Aufständischen aufnahm, befanden sich diese bereits in großer Bedrängnis. Zu diesem Zeitpunkt hatte die amerikanische 3. Armee bei Pilsen, 70 Kilometer westlich von Prag, die Vorwärtsbewegung eingestellt. Die Truppen der 1. Ukrainischen Front standen nördlich der Linie Dresden–Görlitz 140 Kilometer, die der 2. Ukrainischen Front bei Brünn 160 Kilometer und die der 4. Ukrainischen Front bei Olmütz sogar 200 Kilometer von Prag entfernt[531]. Da die Briten und Amerikaner auf die verzweifelten Hilferufe der Tschechen nicht eingingen, die Amerikaner eine spontane Unterstützung der Aufständischen aus ihrem Besatzungsgebiet heraus sogar noch behinderten, die Sowjettruppen aber viel zu weit entfernt waren, um eingreifen zu können, stellte die 1. Division der ROA in der Tat die einzige den Aufständischen zuteil gewordene Hilfe dar. Und die Bedeutung dieser Hilfeleistung ist nicht hoch genug einzuschätzen.

Es seien die Aussagen zweier tschechischer Zeugen angeführt, die Gelegenheit hatten, die Ereignisse an maßgeblicher Stelle zu verfolgen. So etwa schrieb das ehemalige Mitglied des Tschechischen Nationalrates, Dr. Machotka, der Kampf der Vlasov-Armee habe die militärische Situation in Prag »beträchtlich« zugunsten der Aufständischen verändert, ihr Eingreifen sei »entscheidend« gewesen und habe die gesamte Prager Bevölkerung sehr ermutigt: »Sie war unsere einzige Hilfe, als uns weder amerikanische, noch englische oder sowjetische Hilfe zuteil wurde und als unsere ununterbrochenen Rufe über den Rundfunk ergebnislos blieben[532].« Der Oberst der tschechoslowakischen Volksarmee Dr. Stepanek-Štemr, im Mai 1945 Chef der Nachrichtenabteilung des 1. Tschechoslowakischen Armeekorps, schreibt dem Eingreifen der Vlasovsoldaten rundheraus das Hauptverdienst daran zu, daß das »alte historische Prag erhalten und ein großer Teil seiner Bevölkerung gesund und am Leben blieb«. Selbst die, »wenn auch nur kurze, einige Stunden zählende Teilnahme der Vlasovtruppen am Prager Aufstand an der Seite der tschechischen Patrioten [habe] unstreitig Prag vor der Zerstörung« bewahrt[533]. In diesem Zusammenhang unterstreicht Stepanek-Štemr mit Nachdruck ältere Veröffentlichungen[534] denen zufolge die Truppen der ROA »die führende Rolle bei der Befreiung eines wichtigen europäischen Zentrums« spielten, sie »im Verlauf von 24 Stunden die Stadt säuberten«, und verteidigt diese Aussagen gegen die Anwürfe von sowjethöriger tschechischer Seite als »historisch wahr und erwiesen«.

Die vorzeitige Einstellung der Kampfhandlungen durch die 1. Division der ROA in der Nacht vom 7. zum 8. Mai 1945 hat die militärische Lage der Aufständischen wohl erneut kompliziert, aber doch nur vorübergehend und an einzelnen Stellen. Denn der Abbruch der Kämpfe und die hierdurch bewirkte Entmutigung war damals ausschlaggebend für den Entschluß der ČNR gewesen, mit dem deutschen Wehrmachtbefehlshaber, General der Infanterie Toussaint, in Verhandlungen zu treten und schließlich eine Vereinbarung abzuschließen über den freien Abzug der deutschen Streitkräfte und Behörden und über die Modalitäten der Übergabe der Waffen an die tschechoslowakische Nationalarmee[535] – ein Vorgang, der in der sowjethörigen Literatur als grobe Verfehlung, ja geradezu als Verrat an den »Grundsätzen des Befreiungskampfes« in Prag diskriminiert wurde[536]. Doch der Prager Aufstand, der ja von Anfang an, wie verschiedene Autoren auch hervorheben, »nicht notwendig« und »überflüssig« gewesen sei[537], hatte zu dem Zeitpunkt, als es den Deutschen in Böhmen angesichts der Gesamtkapitulation der Wehrmacht nur noch darauf ankam, möglichst schnell und ungehindert die amerikanischen Linien zu erreichen, wirklich auch den letzten Sinn verloren. Er konnte die Ausführung der im vollen Gange befindlichen deutschen Kapitulation nur noch unnötig erschweren. Das von Professor Pražák, dem Vorsitzenden der ČNR, seinem Stellvertreter, dem Kommunisten Smrkovský[538], von Dr. Kotrlý, Hauptmann Nechanský, General Kutlvašr, Oberstleutnant i. G. Bürger, Oberstleutnant i.G. Kadaňka gemeinsam mit General der Infanterie Toussaint am 8. Mai 1945, um 16.00 Uhr, unterzeichnete Protokoll über die Modalitäten der Kapitulation der deutschen Streitkräfte[539] entsprach somit eindeutig den Interessen der Stadt Prag und seiner Bewohner. Diese Kapitulationsurkunde enthielt im übrigen nichts, was für die tschechische Seite ehrenrührig gewesen wäre. In diesem Zusammenhang sei daran erinnert, daß es Abmachungen über den freien Abzug feindlicher Garnisonen auch schon in früheren Kriegen gegeben hat. So etwa hatten im Jahre 1813 die siegreichen Russen und Preußen den französischen Besatzungen der Festungen Thorn und Spandau einen freien Abzug unter ehrenhaften Bedingungen und sogar unter Mitnahme ihrer Waffen gewährt[540].

Allein solche Kreise, die Prestigerücksichten über das Schicksal der alten Stadt und ihrer Bewohner stellten, denen es um die physische Vernichtung eines bereits abzugswilligen Feindes ging und die hiermit weitreichende politische Absichten verfolgten, konnten das Wort von dem »beschämenden Akt« dieser Kapitulation prägen. Vor allem die Sowjetunion, die den Ruhm des Befreiers der Stadt Prag für sich in Anspruch nahm, war notwendigerweise gezwungen, ein Abkommen zu verwerfen, das den deutschen Truppen vor ihrem Eintreffen den freien Abzug aus Prag nach Westen einräumte. Die sowjetischen Sympathien gehören dabei jenen sogenannten »patriotischen Volkskräften«, wie ein deutscher Augenzeuge schildert, teilweise einem »bewaffneten Mob«[541], die – sich über die Kapitulationsvereinbarung hinwegsetzend – Schießereien und Exzesse auch nach der Kapitulation am 8. Mai fortsetzten. Deutsche Einheiten sind hierdurch stellenweise festgehalten worden, doch eigentlicher Kampfhandlungen gegen sie bedurfte es nicht mehr. Dies sollte sich am 9. Mai 1945 erweisen. Um 4.40 Uhr fuhren die ersten Panzer der 1. Ukrainischen Front in Prag ein. Der sowjetische Kommandant der Stadt, Generalmajor Ziberov, dessen Vorausabteilung noch im Morgengrauen in das Stadtzentrum eingedrungen war und die wichtigen Moldaubrücken in Besitz genommen hatte, fand keinen »organisierten Widerstand« mehr vor[542]. Die Geschütze seiner Panzer und Selbstfahrlafetten brauchten nicht mehr in Aktion zu treten. Und tatsächlich waren die letzten deutschen Widerstandsnester im Stadtgebiet bereits wenige Stunden später, um 10.00 Uhr vormittags, endgültig überwunden[543]. Ein Blick auf den Ablauf des Geschehens führt zu dem auch von Dr. Stepanek-Štemr konstatierten Ergebnis, daß »Prag [...] tatsächlich [...] bereits in den Morgenstunden des 8. Mai 1945 von den deutschen Truppen befreit« war, die sowjetischen Panzer nur noch »in das schon befreite Prag« hineinzurollen brauchten[544]. Der im Gegensatz hierzu aufgestellten Behauptung, Prag sei von Truppen der Roten Armee befreit worden, können demnach nur politisch-propagandistische Absichten zugrunde liegen. Diese These ist auch nur aufrechtzuerhalten durch ein Verschweigen der historischen Rolle, die die 1. Division der ROA zwischen dem 6. und 8. Mai 1945 im Gebiet um Prag gespielt hat und durch eine Diskriminierung der am 8. Mai 1945 geschlossenen Übereinkunft des Tschechischen Nationalrates mit dem deutschen Wehrmachtbefehlshaber. Es ist in diesem Zusammenhang aufschlußreich, wie sowjetische Veröffentlichungen die ROA in die Geschehnisse um Prag einordnen, wenn sie die Methode des Verschweigens gelegentlich aufgeben. So verkehren Gončarenko und Šnajder in einem Artikel in der Armeezeitung »Krasnaja Zvezda« (Roter Stern) die historischen Tatsachen in ihr Gegenteil, wenn sie behaupten, Hitler habe zur »Unterdrückung des Aufstandes die Armee des Verräters Vlasov« nach Prag geworfen[545]. Denselben Anschein sucht auch der vom Ministerium für Nationale Verteidigung gemeinsam mit der Akademie der Wissenschaften in Prag herausgegebene offizielle »Tschechoslowakische Militäratlas« zu erwecken, der in seiner Spezialkarte über den Prager Aufstand die »Vlasovci«, deren Auftreten man nicht ganz ignorieren konnte, in der blauen Farbe der »deutsch-faschistischen« Truppen wiedergibt. Der ehemalige Oberbefehlshaber der 1. Ukrainischen Front, Marschall der Sowjetunion Konev, weiß nur lapidar von der Gefangennahme Vlasovs und der »Division des Generals Bunjačenko« südöstlich von Pilsen, nicht aber von den vorangegangenen Kämpfen in Prag zu berichten[546]. Nach Armeegeneral Leljušenko, ehemals Oberbefehlshaber der 4. Gardepanzerarmee, wurde die »Bande Vlasovs« bei Chemnitz (sic!) völlig zerschlagen[547].

Armeegeneral Štemenko, nach dem Kriege Chef des Generalstabes der Sowjetarmee, ergeht sich zwar ebenfalls in Verbalinjurien, indem er von einer »Bande [...] zu allem fähiger Verbrecher«, von »Gesindel« spricht, gibt immerhin aber zu verstehen, daß »einige der Vlasovleute in dem Augenblick nach Prag« gingen, »als sich das Volk gegen die deutschen Okkupanten erhob«, daß »einzelne Vlasovgruppen« den Kampf »aus eigener Initiative« aufnahmen, obwohl der Tschechische Nationalrat von ihrer Hilfe angeblich nichts wissen wollte[548]. In welchem Umfange die Befreierrolle der Roten Armee durch die Abmachung des Militärkommandos »Bartoš« mit Generalmajor Bunjačenko am 5. Mai sowie durch die Vereinbarung der ČNR mit ihm am 7. Mai und schließlich durch die Vereinbarung der ČNR mit General Toussaint vom 8. Mai 1945 in Frage gestellt wird, ergibt sich aus dem Verhalten den Angehörigen der ROA und endlich selbst den Mitgliedern des Nationalrates gegenüber nach der Besetzung der Stadt durch sowjetische Truppen.

Bald nach seinem Eintreffen hatte der Oberbefehlshaber der 3. Gardepanzerarmee, General Rybalko, den Sitz des Tschechischen Nationalrates aufgesucht, »um sich über den Sinn des Aufstandes, dessen Verlauf, das Problem der Teilnahme der sogenannten Vlasov-Armee und die Kapitulation der Deutschen«, also über die für die Sowjetunion so überaus bedeutsamen Fragen unterrichten zu lassen[549]. Die Mitteilungen, die er erhielt, dürften nicht ganz zufriedenstellend gewesen sein, wie seine Reaktion erkennen läßt, denn er erklärte unverblümt, alle Vlasovsoldaten würden erschossen werden. Als der Vorsitzende, Professor Pražák, und andere Mitglieder der ČNR »herzlich und energisch« darum baten, das Leben dieser Menschen, die für sie gekämpft hatten, zu verschonen, machte General Rybalko ein »großmütiges Zugeständnis«, indem er erklärte, nicht alle von ihnen erschießen lassen zu wollen[550]. Hunderte von Soldaten der ROA waren bei den Kämpfen um Prag gefallen und unzählige andere verwundet worden[551]. Die Verwundeten befanden sich in Prager Krankenhäusern in besonderen Zimmern, bisweilen mit der Aufschrift »heldenhafte Befreier von Prag«. Bald nach der Besetzung der Stadt durch sowjetische Truppen begannen Organe des »SMERŠ« (Smert' Špionam, Spionageabwehr) damit, die Verwundeten zu registrieren. Was weiterhin mit ihnen geschah, gibt Dr. Stepanek-Štemr, der später in Israel lebte, mit folgenden Worten wieder[552]: »Eine junge Frau, eine Landsmännin von mir aus Moravská-Ostrava, E. R., überlebte wie durch ein Wunder Auschwitz, Theresienstadt und Dachau. In den ersten Tagen nach dem Zweiten Weltkrieg arbeitete sie im Krankenhaus in der Prager Vorstadt Motol. (In der Nähe des Krankenhauses war ein großes Gefangenenlager deutscher Soldaten, das ich öfter aufsuchte, um Gefangene zu verhören.) Frau E. R. erzählte mir, daß in dem Krankenhaus in Motol an die 200 verwundete

Vlasovsoldaten hospitalisiert waren. Eines Tages kamen in das Krankenhaus sowjetische Soldaten. Sie waren mit Maschinenpistolen bewaffnet. Sie trieben die Ärzte und das Sanitätspersonal aus dem Gebäude heraus, betraten die Krankenzimmer, in denen nur Schwerverwundete Vlasovsoldaten lagen, es ertönten knatternde, langandauernde Salven. [...] Alle verwundeten Vlasovsoldaten wurden auf ihren Krankenbetten von sowjetischen Schützen niedergemacht.« Und so wie in Motol wurde auch an anderen Stellen mit ihnen verfahren. Auský spricht aufgrund zuverlässiger Unterlagen von der zum Teil grausamen Ermordung von weit über 600 ROA-Angehörigen in und bei Prag.

Die Soldaten der ROA, die ihr Blut für die Befreiung der Stadt Prag vergossen hatten, wurden ermordet. Ihre Gräber waren zum Teil auf dem Olšany-Friedhof zu finden. Doch auch der Tschechische Nationalrat bekam die Ungnade dafür zu spüren, daß er Abmachungen sowohl mit Generalmajor Bunjačenko als auch mit General Toussaint getroffen und die Sowjetarmee um die Rolle eines Erretters der Stadt gebracht hatte[553].

Alle Mitglieder der ČNR, deren Namen zusammen mit dem des Generals Toussaint unter dem Protokoll des 8. Mai 1945 standen, sahen sich Verfolgungen ausgesetzt. Der Vorsitzende, Professor Pražák, wurde von seinem Lehrstuhl an der Karlsuniversität entfernt, ebenso verlor der Vertreter der Sozialdemokratie, Dr. Kotrlý, seinen Posten. General Kutlvašr wurde zu 20 Jahren Kerker und Stabskapitän Nechanský sogar zum Tode verurteilt und hingerichtet. Aber auch der stellvertretende Vorsitzende und Vertreter der KPČ, Smrkovský, entging seinem Schicksal nicht. Er erhielt eine lebenslängliche Kerkerstrafe unter anderem dafür, weil er, was in dieser Form gar nicht zutraf, »die Wlassow-Regimenter nach Prag gerufen hatte«. Daß die ČNR durch ihre Entscheidungen ungewollt dazu beigetragen hatte, die Absichten der Sowjets zu durchkreuzen, fand noch im Jahre 1949 Ausdruck. Der sowjetische Botschafter in Prag, Zorin, erklärte auf einer Zusammenkunft, an der auch Dr. Machotka teilnahm, durch die Verhandlungen mit Russen und Deutschen und durch Unterzeichnung der Vereinbarung mit General Toussaint über den freien Abzug der deutschen Truppen hätten diese Tschechen, wie er sich ausdrückte, »ihre Ehre verloren«. Die Sowjetunion habe in solchen Fragen »ein langes Gedächtnis«[554].

In der Geschichte der Russischen Befreiungsarmee bildete die Prager Operation zwar nur eine Episode, aber sie war zugleich ein Ereignis von so hervortretender Bedeutung, daß sich in der Nachkriegszeit langjährige Auseinandersetzungen über ihren Sinn und ihre Berechtigung entzündeten. Überlebende Mitstreiter Vlasovs haben dabei immer wieder mit Nachdruck hervorgehoben, daß nicht nur Vlasov selber, sondern auch die politische und militärische Führung der Bewegung, das KONR und das Oberkommando, vertreten durch Generalmajor Truchin, gegen eine Einmischung in die tschechischen Angelegenheiten gewesen seien[555]. Das Eingreifen in den Prager Aufstand wird verschiedentlich ein geradezu »unheilvoller, selbstmörderischer Schritt« genannt, insofern, als es der 1. Division der ROA infolge einer Verzögerung von mehreren Tagen nicht mehr gelang, die amerikanischen Linien rechtzeitig zu erreichen, und sie dadurch dem unmittelbaren Zugriff der Sowjetarmee ausgesetzt wurde. Ein überlebender Offizier, Svincov, wollte »Vlasov, seinen Generalen und seinem Stab«, er meinte vor allem Generalmajor Bunjačenko, geradezu einen Vorwurf daraus machen, die ROA in die »feindliche Tschechoslowakei« geführt, den »tückischen und undankbaren Tschechen« geholfen und damit der Roten Armee erst die Gelegenheit verschafft zu haben, die Vlasovsoldaten zu vernichten[556]. Auch in der Sicht Karmazins hatte die Prager Operation nicht nur den Untergang der eigenen Soldaten beschleunigt, sie ihren »künftigen Mördern und Henkern« ausgeliefert, sondern ungewollt auch Beihilfe zu den Massenmorden an wehrlosen deutschen Gefangenen und an dem deutschen Bevölkerungsteil durch die Tschechen in Prag geleistet.

Das Eingreifen in den Prager Aufstand auf seiten der nationalgesinnten Tschechen bedeutete, wie mit Nachdruck hervorzuheben ist, auf jeden Fall keinen Wandel in der antibolschewistischen Einstellung der Soldaten der Befreiungsarmee. Bartošek hält es im Zusammenhang mit einer Schießerei zwischen ROA-Soldaten und aufständischen Tschechen, offenbar Kommunisten, am Bahnhof Vršovice am 7. Mai 1945 denn auch für durchaus im Bereich des Möglichen liegend, daß »die Vlasoveinheiten beide Teile ihrer Losungen durchzuführen beginnen und auch gegen den ›Bolschewismus‹, gegen die Kommunisten in den Reihen der Aufständischen kämpfen«[557]. Daß eine so unverrückbar antisowjetisch eingestellte Streitmacht sich noch in den letzten Kriegstagen gegen die doch ebenfalls die Rote Armee bekämpfenden Deutschen wandte, das mit ihnen bestehende Bündnis brach, bildete somit den zweiten gegen die Prager Operation erhobenen Einwand und wird als »tragischer und verbrecherischer Fehler« bezeichnet. Hieran werden teilweise dunkle Vermutungen geknüpft. So meint Deržavin, die Solidaristen, die Anhänger des NTS, hätten führende Offiziere der ROA mit der trügerischen Hoffnung erfüllt, durch Unterstützung der Tschechen die Sympathien der westlichen Alliierten gewinnen zu können. Alymov wollte hierin ein spätes Ergebnis angeblicher Bemühungen Zykovs erblicken, einen Keil zwischen die »ROA und ihren zwar nicht geliebten, aber doch einzig möglich Verbündeten – die deutsche Armee« zu treiben[558]. Deržavin spricht von einem »schändlichen Schlag in den Rücken des Verbündeten« und von den »moralischen Folgen dieses in seiner Niedrigkeit unerhörten Aktes« für den Ruf der Russischen Befreiungsbewegung[559]. Ähnlich äußert sich das ehemalige Prä-

sidialmitglied des KONR, Professor Bogatyrčuk: »ein verräterischer Schlag«
in den Rücken der weichenden Deutschen[560].

Die historische Einschätzung der Prager Operation kann allerdings nicht
bei der negativen Feststellung stehenbleiben, sie habe mit einem Verrat an
dem deutschen Bundesgenossen begonnen und mit dem Untergang der Soldaten der 1. Division der ROA geendet. Der Entschluß zu einem Eingreifen
in den Prager Aufstand ist aus der Situation der letzten Kriegstage heraus zu
verstehen, als ein verzweifelter Versuch, die Soldaten der 1. Division über den
deutschen Zusammenbruch hinüberzuretten. Bemerkenswerterweise waren
es gerade zwei den damaligen Ereignissen nahestehende Persönlichkeiten
auf deutscher Seite, die ein weitgehendes Verständnis für die diesem Unternehmen zugrunde liegenden Motive aufbrachten. Der ehemalige Vertreter
des SS-Hauptamtes bei Vlasov, Dr. Kroeger, weist zwar das auch von einigen
Russen vorgebrachte Argument zurück, Generalmajor Bunjačenko habe
nach allem, was geschehen war, nach der Behandlung der Russischen Befreiungsbewegung durch die Deutschen in den vergangenen Jahren diesen gegenüber keine Bundestreue zu empfinden brauchen[561]. Eine solche Argumentation nämlich würde, wie Kroeger meint, die Russen noch »nach ihrem
bitteren Ende als Offiziere und Ehrenmänner« herabsetzen, mußte sie doch
wie ein Eingeständnis überhaupt fehlender Bündnisfähigkeit und Verläß-
lichkeit wirken, wie sie Armeegeneral Štemenko ihnen nachsagen will, wenn
er schreibt: »Niemand konnte wissen, wann und gegen wen sie ihre Waffen
kehren würden.« Was Kroeger aber mit Recht hervorhebt, war die »wirklich
verzweifelte Lage« Bunjačenkos und aller seiner Soldaten, »schlimmer als die
jedes deutschen Landsers«, und daß es infolgedessen »heuchlerisch« wäre,
sie einer ausgesprochenen Verzweiflungstat wegen zu verdammen. Dies hob
auch der ehemalige Chef des DVK, Schwenninger, hervor, der sich in den Tagen der Prager Operation als Internierter bei dem Divisionsstab befand und
ungeachtet der beginnenden Feindseligkeiten gegen die Deutschen sowohl
von seiten des Divisionskommandeurs als auch von der des Chefs des Stabes
eine unverändert achtungsvolle Behandlung erfuhr. Als deutscher Offizier
hatte Schwenninger sich selbstredend gegen eine Beteiligung an dem Prager
Aufstand ausgesprochen und doch zugleich, was seine Person angeht, Verständnis gezeigt, für diesen, nicht aus »blindem Haß gegen Deutschland und
die Deutschen«, sondern aus »brennender Sorge« für die ihm anvertrauten
Soldaten geborenen Verzweiflungsschritt Bunjačenkos, dessen Gelingen
auch er für kurze Zeit nicht für unmöglich hielt, nachdem derselbe ihm von
Oberstleutnant Nikolaev näher erläutert worden war[562]. Schwenninger erklärte es nach dem Kriege für unbillig, über »Bunjatschenko und seine
Leute« oder – der Prager Vorgänge wegen – gar über die Vlasovbewegung als
solche den Stab brechen zu wollen.

Die Frage nach der historischen Bedeutung der Prager Operation stellt sich freilich unabhängig von dem Aspekt der Bündnistreue gegenüber den Deutschen und von dem des Gelingens des eigentlichen Planes Bunjačenkos. Maßgebend für die Beurteilung kann allein Umfang und Auswirkung der den tschechischen Aufständischen tatsächlich geleisteten Unterstützung sein. Die 1. Division der ROA, so läßt sich zusammenfassen, die in der kritischen Phase der Erhebung in die Kämpfe eingriff, vermochte – von einigen deutschen Verteidigungsinseln abgesehen – den ganzen Westteil der Stadt Prag und eine breite, bis nach Strašnice reichende Zone auf dem Ostufer der Moldau unter ihre Kontrolle zu bringen. Wenn auch ihre Kräfte nicht ausreichten, das Gesamtgebiet von Groß-Prag zu besetzen, so konnte sie doch, indem sie die Stadt in zwei Teile spaltete, eine Vereinigung der von Norden und Süden her angreifenden deutschen Entsatztruppen verhindern. Es ist ohne weiteres der Schlußfolgerung von Auský[563] beizupflichten, daß es den Deutschen ohne Eingreifen der 1. Division der ROA wahrscheinlich schon am 6. Mai 1945 gelungen wäre, die westlichen Teile von Prag zu besetzen und den Aufstand am 7. Mai 1945 vollends zu unterdrücken. Selbst der unverhoffte Abbruch der Kampfhandlungen in der Nacht vom 7. zum 8. Mai und der Rückzug der ROA-Verbände aus der Stadt hatte insofern noch positive Konsequenzen, als hierdurch zumindest indirekt die Vereinbarung der ČNR mit General Toussaint über den freien Abzug der deutschen Truppen herbeigeführt worden ist. Der Entschluß des Generalmajors Bunjačenko mag aus mehreren Gründen durchaus umstritten sein, in die Geschichte ist er dennoch eingegangen. Denn die Chronologie der Ereignisse läßt zweifelsfrei erkennen, daß es die 1. Division der ROA war, der ein wesentliches, wenn nicht sogar das Hauptverdienst an der Verdrängung der Deutschen aus Prag zukam. Die in der sowjetischen Historiographie vertretene These, Prag sei von den Truppen der 1. Ukrainischen Front unter Marschall der Sowjetunion Konev befreit worden, hält der wissenschaftlichen Kritik jedenfalls nicht stand. Sie erweist sich eindeutig als eine geschichtliche Legende[564].

Anmerkungen

527 Ebd., S. 244 ff.
528 Mastny, The Beneš-Stalin-Molotov Conversations, S. 388.
529 Bartošek, Pražské povstání, S. 104, 202 f., 246 ff.
530 Ebd., S. 229, 250; Die Befreiungsmission, S. 394; Mel'nikov, Maršal Rybalko, S. 238.
531 Nach Karte 13, Osvoboždenie Čechoslovakii. Janvar'-maj 1945g., in: Istorija, Bd 5.
532 Machotka, Pražské povstání, S. 41; Machotka an Steenberg, 2. 3. 1969, BA-MA Sammlung Steenberg.
533 Stepanek-Štemr, Russen kommen nach Prag, Archiv des Vf.
534 Fischer, Soviet Opposition to Stalin, S. 101 f.

535 Brandes, Die Tschechen unter deutschem Protektorat, Bd 2, S. 140, 144.
536 Bartošek, Pražské povstání, S. 221 ff.
537 Ebd., S. 96, 247; EVK., Lučše pozdno, čem nikogda, BA-MA MSg 149/8.
538 Der Kommunist Smrkovský hatte, als sich die Verhandlungen mit General Toussaint in die Länge zogen, verlangt, den als Geisel zurückgehaltenen Sohn des Wehrmachtbefehlshabers, Leutnant Toussaint, zu erschießen. General Kutlvašr konnte diese Untat verhindern, Machotka an Steenberg, 2. 3. 1967, BA-MA Sammlung Steenberg; Auský, Vojska generála Vlasova, S. 114 f.; Auski, Predatel'stvo, S. 154.
539 Protokol o provedeni formy kapitulace německých branných sil, 8. 5. 1945, in: Bartošek, Pražské povstání, nach S. 228.
540 Rittberg, Ein Beitrag zu 1813, S. 166 f., 296 ff.
541 Naudé, Erlebnisse und Erkenntnisse, S. 180 ff.; auch Karmazin, Praga v 1945 godu, in: Novoe Russkoe Slovo, 11. 10. 1968.
542 Gvardii general-major tankovych vojsk zapasa I. Ziberov, Dve vstreči s Pragoj, BA-MA MSg 149/49.
543 Die Befreiungsmission, S. 393; Leljušenko, Moskva–Stalingrad–Berlin–Praga, S. 372.
544 Pražskoe vosstanie v 1945g., BA-MA MSg 149/8; Šatov, Pragu osvobodili Vlasovcy, in: Novoe Russkoe Slovo, 11. 2. 1960; Archipov-Gordeev an Pozdnjakov, 19. 2. 1960, BA-MA MSg 149/29; Šatov, General Vlasov i Praga, in: Novoe Russkoe Slovo, 30. 9. 1968; Machotka an Steenberg, März 1969, BA-MA Sammlung Steenberg; Stepanek-Štemr, Russen kommen nach Prag, Archiv des Vf.
545 Gončarenko/Šnajder, in: Krasnaja Zvezda, Nr. 289, 10 . 12 . 1959.
546 Konev, Sorok pjatyj, S. 259.
547 Leljušenko, Moskva–Stalingrad–Berlin–Praga, S. 361.
548 Schtemenko, Im Generalstab, Bd 2, S. 499 ff.
549 Bartošek, Pražské povstání, S. 232. Bei Maršal Mel'nikov, Rybalko, findet sich hiervon nichts.
550 Machotka an Steenberg, 14. 3. 1969, BA-MA Sammlung Steenberg; Auský, Vojska generála Vlasova, S. 203 f.
551 Artem'ev, Istorija Pervoj Russkoj Divizii, S. 44, Archiv des Vf.; Kratkaja spravka p istorii Russkogo Osvoboditel'nogo Dviženija, 1. 9. 1951, BA-MA MSg 149/26; Pozdnjakov, Poslednie dni; in: Golos Naroda, 1951, Nr. 25; Šť'ovíček, Zápis, S. 1009; Georgiew an Steenberg, 2. l. 1969, BA-MA Sammlung Steenberg.
552 Stepanek-Štemr, Russen kommen nach Prag, Archiv des Vf.; Karmazin, Praga v 1945 godu, in: Novoe Russkoe Slovo, 11. 10. 1968; Auský, Vojska generála Vlasova, S. 204; Auski; Predatel'stvo, S. 259 f.
553 Bartošek, Pražské povstání, S. 249; Georgiew an Steenberg, 2. l. 1969, BA-MA Sammlung Steenberg; Heumos, Geschichtswissenschaft, S. 568.
554 Machotka an Steenberg, März 1969, BA-MA Sammlung Steenberg.
555 Siehe Anm. 455; Artem'ev, Istorija Pervoj Russkoj Divizii, S. 40, Archiv des Vf.; Pozdnjakov, General-major Fedor Ivanovič Truchin, BA-MA MSg 149/2; Karmazin, Praga v 1945 godu, in: Novoe Russkoe Slovo, 11. 10. 1968; Šatov, Praga v 1945 godu, ebd., 11. 12. 1968; Bogatyrčuk, Ne ROA, a vojska KONR, BA-MA MSg 149/8.
556 Svincov an Pozdnjakov, 30. 11. 1972, BA-MA MSg 149/58; Offizier der 1. Division der ROA an Pozdnjakov, 2. 1. 1973, ebd.
557 Bartošek, Pražské povstání, S. 168 f.
558 Alymov, Tajna Majora Zykova, in: Časovoj, BA-MA MSg 149/2.
559 Deržavin, Pereocenka cennostej. K aktam 14 nojabrja 1944 goda, 26. 11. 1950, BA-MA MSg 149/29.
560 Siehe Anm. 455; Bogatyrčuk, Ne ROA, a vojska KONR, BA-MA MSg 149/8.
561 Kroeger an Steenberg, 8. 6. 1967, BA-MA Sammlung Steenberg.
562 Schwenninger, Bericht, S. 21, IfZ; ders., Aufzeichnungen, BA-MA Sammlung Steenberg.
563 Auski, Predatel'stvo, S. 203 ff.
564 EVK., Lučše pozdno, čem nikogda, BA-MA MSg 149/8; Bervik, Polnee rasskazat' pravdu o vlasovcach, ebd.

10
Das Ende der Südgruppe der ROA

Nachdem Generalmajor Truchin beim SS-Hauptamt im Februar 1945 die Verlegung des Armeestabes der ROA von Berlin nach Heuberg durchgesetzt hatte, konnten die Heereskräfte der ROA vorübergehend fast vollständig in räumlicher Nähe zueinander in Württemberg versammelt werden. Auf dem Truppenübungsplatz Münsingen sah die 1. Division ihrer Vollendung entgegen, auf dem Truppenübungsplatz Heuberg war die 2. Division in der Aufstellung begriffen und die der 3. Division eingeleitet worden. Auch die Offizierreserve, die Offizierschule, die Reservebrigade und andere Armeetruppen befanden sich im Gebiet von Münsingen-Heuberg, während in Berlin nur noch ein Restkommando des Armeestabes zurückgeblieben war. Die Ausführung des am 28. März 1945 in Karlsbad gefaßten Beschlußes des KONR, alle diese Truppenteile im Raum Linz-Budweis, in den »böhmischen Wäldern«, zusammenzuziehen, war durch die Verlegung der 1. Division in den Bereich der Heeresgruppe Weichsel wohl gestört worden, aber doch nur vorübergehend, da Generalmajor Bunjačenko es verstanden hatte, sich der deutschen Unterstellung wieder zu entziehen und seine Division nach Böhmen in Marsch zu setzen. Es entsprach unter diesen Umständen durchaus den Absichten des Armeestabes, daß auch die auf der Schwäbischen Alb zurückgebliebene Südgruppe der ROA am 10. April 1945 den Befehl zur Verlegung in den Raum um Linz erhielt. Am 19., nach anderen Angaben am 17. April setzten die Kolonnen sich aufgrund eines vom Armeestab ausgearbeiteten Planes vom Heuberg aus nach Südosten in Richtung auf Memmingen in Bewegung[565]. Der Kommandeur der Aufstellungsstäbe, Oberst i. G. Herre, hatte den Verbänden für das erste Verpflegung aus den an sich noch reich gefüllten Heeresverpflegungsämtern des Bereiches Ulm verschaffen können, so daß die Marschbewegung auch einigermaßen zufriedenstellend anlief. Selbst die sich ausrüstungsmäßig in einem besonders schlechten Zustand befindende Reservebrigade zeigte zufriedenstellende Leistungen und fand die Anerkennung des Generalmajors Truchin. Insgesamt gesehen sollte die Verlegung der Südgruppe nach Böhmen – schon wegen der Gefahr von Luftangriffen und zunehmender Versorgungsschwierigkeiten – jedoch nicht mehr so reibungslos vonstatten gehen wie die Verlegung der 1. Division der ROA an die Oderfront im Monat zuvor. Als etwa Oberst i. G. Herre beim Wehrkreisbefehlshaber in München, General der Infanterie Kriebel, vorstellig wurde, um die weitere Versorgung sicherzustellen, erklärte ihm dieser rundheraus, er könne den Russen auch nicht »ein Gramm Brot« oder »einen Tropfen Benzin« abgeben[566]. Es erwies sich als notwendig, die Verladung auf die Eisenbahn zu organisieren, wollte man verhindern, daß die Truppen – immerhin rund 25 000 Mann – zur Selbstversorgung aus dem Lande mit allen sich hieraus ergebenden Begleiterscheinungen übergingen.

Eine Verladung auf die Eisenbahn wiederum war ein Schreckensgespenst für die russischen Kommandeure, argwöhnten sie doch, die Zerreißung der Verbände würde notwendigerweise auch zum Verlust ihrer Befehlsgewalt führen. Nicht anders als Generalmajor Bunjačenko hat denn auch Generalmajor Zverev gegen derartige Pläne Einspruch erhoben, wobei er sich des Argumentes bediente, amerikanische Panzer hätten nach den ihm zu Ohren gekommenen Gerüchten bereits das Gebiet der Verladebahnhöfe erreicht[567]. Erst als der Chef des DVK, Major Keiling, ihn davon überzeugte, daß die Wehrmacht noch Herr der Lage in dieser Region sei, konnten die Verbände in der Nacht vom 24. zum 25. April 1945 in der Linie Memmingen–Buchloe einwaggoniert werden. Der Verladevorgang wurde gegen überraschende Angriffe gedeckt durch die mit Panzerabwehrmitteln ausgerüstete Panzerjägerabteilung der 2. Division sowie durch weitere gut bewaffnete Gruppen. Die Probleme waren danach freilich nicht behoben, denn einige Einheiten verließen die tagsüber der Tiefflieger wegen abgestellten Transportzüge und setzten sich eigenmächtig zu Fuß in Bewegung. Bei Landsberg hatten sich in der Rückführung begriffene Konzentrationslager-Häftlinge mit ROA-Soldaten verbunden und waren von diesen in ROA-Uniformen eingekleidet worden. Offizierstreifen und Feldgendarmerie mußten die Kolonnen durchkämmen und die Kommandeure strikte Befehle erlassen, um den Eisenbahntransport von Fürstenfeldbruck–Landsberg aus fortsetzen zu können. Erst nach der Überwindung mancher Schwierigkeiten erreichten die Transportzüge am 29. April 1945 den Bestimmungsort Linz, wo die Verbände neu geordnet werden konnten. Mit ihrem Eintreffen in diesem Gebiet unterstanden die Truppen der Südgruppe der ROA nach Auffassung deutscher Führungsstellen der hier befehlsführenden Heeresgruppe Süd (Ostmark). Das widerprach zwar den Vorstellungen des Armeestabes der ROA, hatte jedoch keine Konsequenzen, die den russischen Absichten zuwiderliefen, so daß ein sonst vielleicht unvermeidlicher Konflikt vermieden wurde. Der Oberbefehlshaber der Heeresgruppe, Generaloberst Dr. Rendulic, empfing Generalmajor Truchin in seinem Hauptquartier in Erla bei Linz »sehr liebenswürdig« und sagte die beschleunigte Zuführung der noch fehlenden Ausrüstung und Bewaffnung zu. Da er selbst für die immerhin schon weitgehend durchorganisierte 2. Division keine Verwen-

dung hatte, wurde beschlossen, die Truppen nach Třeboň östlich von Budweis in Marsch zu setzen, wo sie im Zuge der Seenkette eine Verteidigungsstellung auszubauen hatten, das heißt ihre Ausbildung abschließen und die
weitere Entwicklung abwarten konnten. Die Stimmung in den Einheiten war
noch immer geradezu zuversichtlich; so paradierten die Regimenter in
Deutsch-Beneschau mit klingendem Spiel an ihrem Divisionskommandeur
vorbei.

Die Versammlung aller Teile der ROA in einem Raum und ihre Vereinigung auch mit dem Kosakenkavalleriekorps ist zu diesem Zeitpunkt auch im
Zusammenhang mit den politischen Bemühungen um eine Kontaktaufnahme zu den Westmächten zu sehen. Nachdem alle bisherigen Versuche ergebnislos geblieben waren, sollte – so der Gedankengang – eine letzte An-
strengung unternommen werden, den Alliierten die Bedeutung der
Befreiungsbewegung gleichsam bildlich vor Augen zu führen, um ihr Interesse auf diese Weise zu gewinnen. Hinter dem Rücken der mißtrauischen
Deutschen, ab April 1945 aber mit ausdrücklicher Billigung des SS-Hauptamtes[568], hatte Žerebkov in dieser Hinsicht eine große Initiative entfaltet[569].
Žerebkov, Sohn eines kaiserlich-russischen Generals, Leiter der Vertrauens-
stelle russischer Emigranten in Frankreich, war aus der Pariser Emigration
zur Befreiungsbewegung gestoßen. Im Rahmen der Generalmajor Malyškin
unterstehenden Hauptorganisationsverwaltung des KONR hatte er die Leitung der »Abteilung für Verbindung mit Regierungsstellen«, ab März 1945,
als die Deutschen ihr Widerstreben aufgaben, die der jetzt Vlasov direkt unterstehenden »Abteilung für auswärtige Beziehungen«, also praktisch die des
Außenministeriums des KONR übernommen, dem auch die Vertretung
beim deutschen Auswärtigen Amt oblag. Frühzeitig hatte er den Gedanken
verfolgt, in neutralen Ländern offizielle Vertreter des KONR zu benennen,
einmal um der Öffentlichkeit und den Regierungsstellen Wesen und Ziele
der Befreiungsbewegung nahebringen zu können, zum anderen aber, was
noch wichtiger schien, um in der Lage zu sein, unauffällige Kontakte zu den
Westmächten anzuknüpfen, die man fälschlich immer noch als potentielle
Verbündete ansah.

Nachdem die Reichsregierung den Alliierten bereits Ende 1944 hatte notifizieren lassen, daß sie für die Freiwilligen als uniformierten Angehörigen
der Wehrmacht den Status als deutsche Kriegsgefangene beanspruche[570] –
eine Auffassung, wie noch zu zeigen sein wird, deren völlige Übereinstimmung mit dem Völkerrecht auch das State Department in Washington anerkennen mußte –, war Žerebkov im Januar 1945 beim Auswärtigen Amt und
beim SS-Hauptamt um die Genehmigung zu einer Kontaktaufnahme mit
dem Internationalen Roten Kreuz in Genf nachgekommen. Er tat dies mit
der Begründung, die Lage der den alliierten Truppen in die Hände gefalle-

nen Angehörigen der Freiwilligenverbände klären zu wollen, für die sich das KONR, auch wenn es sich strenggenommen nicht um Soldaten der Vlasov-Armee handelte, doch verantwortlich fühlte. Die völkerrechtswidrige Auslieferung der rußländischen Freiwilligen in der deutschen Wehrmacht war längst in Gang gekommen, als Žerebkov dem Berliner Vertreter des IRK, Dr. Lehnich, am 26. Februar 1945 ein Memorandum des KONR überreichte, in welchem das Präsidium des Roten Kreuzes gebeten wurde, die alliierten Mächte auf einen noch zusätzlichen Gesichtspunkt aufmerksam zu machen[571]: auf den politischen Charakter der Befreiungsbewegung nämlich, der zu der Hoffnung Anlaß gab, daß die ROA-Soldaten, die sonst die gnadenlose Vernichtung zu erwarten hätten, in den Genuß des in den westlichen Ländern doch traditionellen Asylrechtes gelangen würden.

Zu diesem Zeitpunkt hatte die Delegation des IRK in London bereits von sich aus bei der britischen Regierung vorgefühlt, ohne von dieser aber nur einer Antwort gewürdigt worden zu sein. Als Professor Dr. Burckhardt den Empfang des Memorandums bestätigte, ließ er durch Dr. Lehnich am 13. April 1945 auf die besonderen Schwierigkeiten einer Vertretung der Interessen der Freiwilligen bei den Westmächten verweisen und daher ausrichten, es würde ihrer Sache dienlich sein, wenn das KONR, gewissermaßen als Gegenleistung (usluga), sich bei dem Reichsführer SS für den Schutz der in seinem Gewahrsam befindlichen Insassen der Konzentrationslager verwandte. Macht und Einfluß Vlasovs wurden in Genf also bereits für groß genug gehalten, um dessen gute Dienste in einer so drängenden Angelegenheit zu erbitten. Und Vlasov säumte auch nicht, das ganze Gewicht seiner Persönlichkeit in die Waagschale zu werfen. Am 17. April 1945 beauftragte er in Gegenwart von Generalleutnant Aschenbrenner den SS-Oberführer Dr. Kroeger in Prag, bei Himmler vorstellig zu werden und ihm die Anregung des IRK mit dem Bemerken zu übermitteln, daß sich das KONR ihr vollinhaltlich anschließe und sie in jeder Weise unterstütze.

Auch der Initiative beim Internationalen Roten Kreuz in der Frage der Kriegsgefangenen lag die Absicht zugrunde, auf diesem Wege eine Verbindung zu den Anglo-Amerikanern herzustellen. Demselben Zweck sollte eine Reise dienen, die Žerebkov persönlich auf den Wunsch Vlasovs hin in die Schweiz vorbereitete, in der Hoffnung, dort – gegebenenfalls durch Mittelsmänner – mit den diplomatischen Vertretungen Großbritanniens und der USA in Bern ins Gespräch zu kommen. Ein Ausreisevisum war durch den Staatssekretär im Auswärtigen Amt, Baron v. Steengracht, am 12. April 1945 bereits erteilt worden, der Schweizer Geschäftsträger in Berlin, Legationsrat Dr. Zehnder, der lange Jahre in Rußland gewesen war und offenkundige Sympathien für die Russische Befreiungsbewegung hegte, hatte sich in Bern für Žerebkov verwandt. Indessen, ungeachtet seiner Fürsprache, verweigerte die Schweizer Regierung die Einreise, da sie eine mögliche Verstimmung der Sowjetunion befürchtete. Žerebkov erhielt nur ein Empfehlungsschreiben Zehnders und von ihm wie auch von dem Vertreter des IRK, Dr. Martin, den wohlgemeinten Rat, sein Heil selbst an der Grenze zu versuchen. Vlasov, der sich in diesen Tagen am Fernpass aufhielt, stellte am 27. April 1945 eine Art Generalvollmacht aus, in welcher er Žerebkov als »Chef des Services Diplomatiques et Exterieurs« des KONR legitimierte und ihn mit der Führung aller Verhandlungen »mit Schweizerischen, Spanischen, Französischen, Englischen, Amerikanischen Behörden, mit diplomatischen und militärischen Kreisen und dem Internationalen Roten Kreuz« betraute[572]. Ein Erfolg konnte dieser wenige Tage vor Kriegsende so einseitig in die Wege geleiteten Mission selbstredend nicht beschieden sein. Žerebkov vermochte nicht einmal den Widerstand der eidgenössischen Grenzwache zu überwinden und eine Einreise in die Schweiz zu bewerkstelligen.

Bereits zuvor hatte er jedoch, indem er seine weitreichenden internationalen Beziehungen in den Dienst der Befreiungsbewegung stellte, noch weitere Wege beschritten. Zu den Kontakten, die er auszunutzen gedachte, gehörte die Bekanntschaft mit Gustav Nobel, dem er in Paris einst begegnet war und an den er im März 1945 ein Schreiben richtete, das der schwedische Militärattaché in Berlin, Oberst v. Danefeld, mit Kurierpost nach Stockholm weiterleiten wollte. Vielversprechender noch schien der Weg nach Spanien, da dem Staatschef, General Franco, dessen Diplomaten in Berlin ihr Interesse für die Befreiungsbewegung bekundet hatten, unverhohlene Sympathien für Vlasov nachgesagt wurden. Mehrere Persönlichkeiten aus der Umgebung Vlasovs hatten auf nationalspanischer Seite mit Auszeichnung am Bürgerkrieg teilgenommen, so Oberst Sacharov, zeitweise sein Adjutant, oder Hauptmann Baron Ljudingchauzen-Vol'f, Offizier zur besonderen Verwendung im Armeestab. Es traf sich zudem günstig, daß Žerebkov in seiner Pariser Zeit auf vertrautem Fuß mit General Graf Nirod gestanden hatte, einem Onkel der Fürstin Kudašev, die mit dem neuernannten amerikanischen Gesandten in Madrid, Norman Armour, verheiratet war. Hier schienen echte Anknüpfungspunkte gegeben. Im März 1945 übergab Žerebkov einem spanischen Diplomaten einen Brief an General Graf Nirod, in dem er diesen inständigst darum bat, alle persönlichen Beziehungen nach den USA und England spielen zu lassen, um die Befreiungsbewegung im Falle einer Niederlage Deutschlands vor der Vernichtung zu bewahren. General Vlasov selbst händigte Žerebkov noch am 27. April 1945 neben seiner Vollmacht ein Schreiben an General Franco aus; auch bemühte er sich über einen deutschen Begleitoffizier um die Gestellung eines Flugzeuges auf dem nahe gelegenen Flugplatz in Innsbruck.

Die Reise Žerebkovs nach Spanien, der sich auch Ljudingchauzen-Vol'f anschließen wollte, kam über die Planung nicht hinaus, desgleichen blieben alle sonstigen Anbahnungsversuche ohne Ergebnis. So im Januar 1945 ein solcher des Schweizer Journalisten Brüschweiler, der sich Žerebkov angenähert und ihm angeboten hatte, über einflußreiche Beziehungen in der Schweiz den westlichen Alliierten ein Memorandum mit Aufklärungen über die Russische Befreiungsbewegung zuzuleiten und in der »Neuen Zürcher Zeitung« zugleich eine – von der Zensur dann offenbar unterdrückte – Artikelserie über denselben Gegenstand zu schreiben. So auch im März 1945 die Reise des international angesehenen Gelehrten, Professor Vyšeslavcev, in die Schweiz, der sich in Karlsbad vorher mit Vlasov besprochen hatte. Und so schließlich auch die Anregung des Rechtsprofessors Raschhofer und des Philosophieprofessors Eibl, Vlasov solle über den Prager Rundfunksender einen Aufruf an die in San Francisco zusammentretende Versammlung der Vereinten Nationen richten, um die Weltöffentlichkeit über das Wesen einer politischen Bewegung aufzuklären, die in ihren Zielen nicht allzuweit von demokratischen Grundsätzen entfernt war. Staatsminister Frank hatte den Inhalt der von Raschhofer und Eibl zusammen mit Žerebkov redigierten Proklamation zwar zur Kenntnis genommen, sich aber nicht für befugt gehalten, seine Genehmigung für einen derart »hochpolitischen Akt« zu erteilen, zumal da in einem Passus sogar von der Gleichberechtigung der Juden in einem künftigen russischen Staat die Rede war. Besonderer Hervorhebung in diesem Zusammenhang bedarf auch die Rolle des Hauptes der Rechtgläubigen Russischen Auslandskirche. Erzbischof-Metropolit Anastasij hatte schon anläßlich der Verkündung des Prager Manifestes am 19. November 1944 in der orthodoxen Kirche in Berlin gemeinsam mit dem Metropoliten in Deutschland, Serafim, einen feierlichen Bittgottesdienst zelebriert[573]. Als er im Februar 1945 Vorbereitungen zu einer Reise in kirchlichen und persönlichen Angelegenheiten von Karlsbad aus in die Schweiz traf, benutzte Generalmajor Mal'cev die unverdächtige Gelegenheit einer Aussprache über die Einsetzung von Feldgeistlichen in der Luftwaffe der ROA, um Anastasij in die Westpläne Vlasovs einzuweihen und seine Hilfe anzurufen[574]. Der Metropolit, der an der Befreiungsbewegung so warmen Anteil nahm, versicherte denn auch, er werde, sollte die Schweizer Reise zustande kommen, alles in seiner Macht Stehende unternehmen, um, notfalls durch Mittelspersonen, Kontakte zu den Verbündeten herzustellen und seinen bedrängten Landsleuten beizustehen. Angesichts der sich immer kritischer gestaltenden militärischen Lage wurden im Laufe des Frühjahrs 1945 auch verschiedene Versuche einer unmittelbaren Verbindungsaufnahme mit den vorrückenden alliierten Truppen unternommen, jetzt nur mit dem Ziel, eine Waffenniederlegung zu erreichen unter der einzigen Bedingung der Nichtauslieferung an die Sowjets. In den letzten Tagen des April 1945 hatte Vlasov sich in Füssen, wohin das KONR gerade übergesiedelt war, mit den Generalen Malyškin, Žilenkov, Bojarskij, dem Bevollmächtigten Deutschen General, Aschenbrenner, und Hauptmann Strik-Strikfeldt über die notwendig werdenden Schritte beraten[575]. Man war einer Anregung Aschenbrenners nachgekommen, so wie für den Bereich der ROA-Luftwaffe auch für den Bereich der Landtruppen umgehend Parlamentäre zu den Amerikanern zu entsenden, um die Übergabe einzuleiten. Zusammen mit Strik-Strikfeldt als Dolmetscher, dieser unter dem Pseudonym Oberst Verëvkin, überquerte Generalmajor Malyškin am 29. April 1945 die Linien auf dem Wege zu amerikanischen Kommandobehörden, die ihn korrekt behandelten, zugleich aber ihre politische Ahnungslosigkeit und auch ihre begrenzten Möglichkeiten enthüllten. Generalmajor Malyškin erhielt Gelegenheit, mit dem Oberbefehlshaber der 7. Armee, General Patch, in aller Ausführlichkeit über das Wesen der nationalrussischen Widerstandsbewegung zu sprechen. In der Unterredung trat aber schon zutage, wie abträglich in den Augen der Amerikaner der Umstand war, daß russische Freiwilligenverbände in Frankreich und Italien gegen die alliierten Truppen gefochten hatten. Es war überaus schwierig, ihnen plausibel zu machen, daß diese Freiwilligen in deutschen Uniformen mit dem ROA-Emblem auf dem linken (nicht auf dem rechten) Uniformärmel ausschließlich deutschem Kommando unterstanden und keinen Bestandteil der Vlasov-Armee gebildet hatten. General Patch ließ wohl seine persönlichen Sympathien durchblicken, ging natürlich aber nicht über die ihm wie allen Heerführern gezogenen Grenzen in dieser Frage hinaus. So konnte auch er nur die Zusage geben, ROA-Soldaten, die ihre Waffen niederlegten, als Kriegsgefangene zu behandeln und zu versuchen, ihre Lage zu erleichtern. Über ihr weiteres Schicksal würde dann in Washington entschieden werden. War es Generalmajor Malyškin immerhin noch gelungen, bis zu dem Oberbefehlshaber der 7. Armee vorzudringen und von diesem angehört zu werden, so endete eine gleichzeitige Mission des SS-Sturmbannführers v. Sivers und des Hauptmanns der ROA Baron Ljudingchauzen-Vol'f, die dem Obersten Alliierten Befehlshaber im Mittelmeerraum (SAC-MED, Supreme Allied Commander Mediterranean Theater), Feldmarschall Alexander, ein Memorandum Vlasovs zu überbringen hatten, mit einem vollständigen Mißerfolg. Sivers, ein ehemals kaiserlich-russischer Offizier, der unter dem damaligen Oberstleutnant Alexander einst in der Baltischen Landeswehr gegen die Bolschewiken gekämpft hatte, glaubte aufgrund der alten Verbindung ein gewisses Verständnis zu finden. Die beiden Emissäre wurden jedoch nur einem höheren Nachrichtenoffizier zugeführt und nach kurzer Befragung interniert[576].

Unabhängig hiervon hatte vor dem Abmarsch der Südgruppe der ROA vom Heuberg auch Generalmajor Truchin Vorkehrungen für eine Verbindungsaufnahme zu den Anglo-Amerikanern getroffen. Der Chef der 2. Sektion der Aufklärungsabteilung des Armeestabes, Hauptmann Lapin, war von ihm beauftragt worden, den amerikanischen Truppen die Dislokation der Verbände der ROA in Süddeutschland anzuzeigen und sie zugleich um Gewährung politischen Asyls zu bitten, da andernfalls die Soldaten den sicheren Untergang zu gewärtigen hätten[577]. Lapin überbrachte den Amerikanern ein Schreiben des KONR mit dem vorbereiteten Text eines Flugblattes, das im Falle der Annahme der einzigen Bedingung, nämlich der Nichtauslieferung an die Sowjets, über den Truppenteilen abgeworfen werden sollte. Da man von Lapin nichts mehr hörte, entsandte Generalmajor Truchin am 28. April 1945 noch einen weiteren Nachrichtenoffizier des Armeestabes, Hauptmann Denisov, der auch wirklich zu den Amerikanern gelangte und in den ersten Tagen des Mai von dem Chef des CIC der amerikanischen 7. Armee, einem Oberst, in wohlwollender Weise verhört wurde, ohne daß sich hieraus jedoch irgendwelche Konsequenzen ergeben hätten.

Im Armeestab, der nach vorübergehendem Aufenthalt in Budweis zu Anfang Mai 1945 nach Rainbach zwischen Budweis und Linz auf österreichisches Gebiet übergesiedelt war, fanden in Anwesenheit von Oberst i. G. Herre unterdes langwierige Beratungen statt[578]. Es wurde bald für unumgänglich gehalten, die verlorengegangene Verbindung mit General Vlasov und der 1. Division der ROA wieder aufzunehmen. Zu diesem Zweck begab Generalmajor Šapovalov sich noch am 3. Mai 1945 zu dem bisherigen Flugplatz der ROA-Luftwaffe nach Deutsch-Brod und von dort aus im Flugzeug nach dem Stabsquartier der 1. Division in Suchomastý, wo er am 4. Mai landete[579]. An demselben Tage fiel im Armeestab die Entscheidung, den herannahenden amerikanischen Truppen, unabhängig vom Eintreffen der 1. Division, mit dem man rechnete, schon jetzt offiziell die Waffenniederlegung anzubieten, wenn auch in einer Form, die deutlich machen sollte, daß es sich bei der ROA nicht um einen Teil der deutschen Wehrmacht, sondern um eine eigenständige nationale Streitmacht handelte. In dem Bestreben, nicht nur eine rein militärische Kapitulation abzuschließen, sondern derselben eine wie auch immer geartete politische Legitimation zu geben, erhielten Generalmajor Assberg und Oberst Pozdnjakov, denen diese Mission anvertraut wurde, am 4. Mai 1945 eine von dem Stellvertretenden Oberkommandierenden der ROA und Präsidialmitglied des KONR, Generalmajor Truchin, sowie von Generalmajor Bojarskij, Generalmajor Meandrov, Major Muzyčenko und dem Historiker Hauptmann Professor Grečko in ihrer Eigenschaft als Mitglieder des Befreiungskomitees unterzeichnete Vollmacht in französischer Sprache[580]. Demnach sollte es ihre Aufgabe sein, wie es hieß, »das Oberkommando der Anglo-Amerikanischen Armee mit den Zielen der Russischen Befreiungsbewegung, verkörpert im KONR, unter dem Vorsitz des Oberkommandierenden der Streitkräfte, Generalleutnant Andrej Vlasov, bekanntzumachen« und bei dieser Gelegenheit auch zu versichern, daß die ROA unter keinen Umständen in einen bewaffneten Konflikt mit anglo-amerikanischen Streitkräften treten werde.

Die Parlamentäre, die am Abend des 4. Mai 1945 aus dem Armeehauptquartier Rainbach (nördlich von Freistadt) aufgebrochen waren, vermochten erst nach Überwindung einiger Schwierigkeiten die Linien im Gebiet von Hohenfurth zu überqueren[581]. Sie wurden vor den Kommandeur der 11. Armored Division, Brigadegeneral Dager, geführt und von diesem wie auch vom Chef der Intelligence Section, Oberstleutnant Slayden, korrekt empfangen. Dager nahm das Kapitulationsangebot entgegen und folgte auch den mündlichen Darlegungen des Generals Assberg mit Aufmerksamkeit. Nach einer Rücksprache mit dem übergeordneten Korps beziehungsweise mit der 3. Armee verlangte er aber eine bedingungslose Übergabe, das heißt, die Kapitulation wurde als ein ausschließlich militärischer Akt allen politischen Beiwerkes wieder entkleidet. So erklärte auch er sich außerstande, irgendeine Garantie für die Nichtauslieferung oder selbst nur für eine beschleunigte Durchschleusung der russischen Einheiten in das amerikanische Hinterland zu geben. In dieser kritischen Situation spielte Oberst Pozdnjakov noch ein weiteres Argument aus. Er führte eine von dem Chef der Operationsabteilung des Armeestabes, Oberst Nerjanin, vorsorglich angefertigte Aufstellung über die tatsächliche Stärke der ROA bei sich, die er Brigadegeneral Dager jetzt mit dem Bemerken vorlegte, diese nicht unbeträchtliche Truppenmasse würde, um den Sowjets nicht in die Hände zu fallen, gezwungen sein, bis zum Letzten zu kämpfen und im Kampfe unterzugehen. Der amerikanische Divisionskommandeur zeigte sich sichtlich beeindruckt von der Aussicht, die ROA (the »Vlasov White Russian Corps«, the »White Russian Forces of Liberation«, »reputedly some 100 000 strong«) könne einen letzten Verzweiflungskampf vor seinem Frontabschnitt führen. Aus diesem Grunde setzte er sich noch einmal mit dem Hauptquartier der 3. Armee in Verbindung. Und wenn sich an dem Hauptpunkt auch nichts ändern ließ, so erreichte er doch schließlich das Zugeständnis erleichterter Bedingungen[582].

Den Streitkräften des KONR wurde seitens der 3. Armee ein Überschreiten der amerikanischen Linien in einer Kolonne südlich von Budweis und der sofortige Weitermarsch in einen näher bestimmten Raum nordwestlich von Linz, also in das tiefere Hinterland der amerikanischen Armee, auf österreichisches Gebiet, zugestanden. Die Truppen sollten alle ihre Waffen und das Gerät mit sich führen dürfen; das amerikanische Kommando machte es sogar zur Bedingung, daß weder Waffen, Munition oder sonstige Ausrüstung den Deutschen übergeben würden und verlangte im übrigen – eine Forderung von nur theoretischer Bedeutung – die Freilassung alliierter Kriegsgefangener. Offiziere und in jeder Kompanie 10 Mann sollten auch im Internierungsraum die Waffen führen dürfen. Die 3. Armee garantierte allen russischen Soldaten die Nichtauslieferung bis Kriegsende. Ihr weiteres Schicksal würde von politischen Entscheidungen abhängen. Brigadegeneral Dager übergab den Parlamentären zwei Exemplare dieser Übergabebedingungen sowie eine Karte und verlangte im Falle der Annahme die Rückgabe einer von General Vlasov oder General Truchin unterschriebenen Ausfertigung innerhalb einer Frist von 36 Stunden, zählend vom 6. Mai 1945, 18.00 Uhr, an[583]. Zugleich wurde vereinbart, eine Gruppe von 7 bis 8 russischen Offizieren als Quartiermacher in den festgelegten Internierungsraum vorauszusenden. Die Delegierten erhielten ihre Waffen wieder und wurden zur Frontlinie zurückeskortiert.

Was bedeutete dieses Verhandlungsergebnis? Einmal die Anerkennung der Streitkräfte des KONR als Verhandlungspartner und zum anderen die Gewährung einer Waffenstreckung unter äußerlich kulanten Formen. Gleichwohl mußte die strikte Verweigerung der einzigen Bedingung bedenklich stimmen. Der Adjutant des Generalmajors Assberg etwa, Leutnant Budkov, hatte aus einer Unterhaltung mit dem amerikanischen Dolmetscher, einem Offizier russischer Abstammung, den fatalen Eindruck gewonnen, daß es den Amerikanern einzig und allein um eine rasche Beendigung der Kampfhandlungen zu tun war und alles weitere sie nicht interessiere[584]. Seinen Freunden erteilte er nach seiner Rückkehr denn auch den dringenden Rat, sich Zivil zu besorgen und zu versuchen, sich einzeln nach Süden durchzuschlagen. Es gab zu denken, wenn sich bei der amerikanischen Division ein sowjetischer Verbindungsoffizier befand, der im übrigen versucht hatte, sich der Dolmetscherin Smirnova und dem Kraftfahrer Trutnev anzunähern. Generalmajor Truchin hielt sich unter diesen Umständen jedenfalls nicht für berechtigt, die Kapitulation ohne weiteres zu vollziehen. Noch am 5. Mai 1945 war Generalmajor Šapovalov aus dem Bereich der 1. Division, bei der sich auch Vlasov befand, mit der hier unverständlichen Weisung eingetroffen, Generalmajor Bunjačenko sei im Begriff, in den Prager Aufstand einzugreifen und man erwarte das Aufschließen auch der Südgruppe der ROA nach Prag[585]. Generalmajor Truchin, der der Meinung war, daß sich die Nordgruppe (1. Division) mit der Südgruppe im Raum um Budweis vereinen werde, sah sich veranlaßt, seinen Stellvertreter, Generalmajor Bojarskij, zu Vlasov zu entsenden, um das Mißverständnis zu klären und nähere Instruktionen in der Kapitulationsfrage einzuholen.

Als am 7. Mai 1945 von Bojarskij noch keine Nachricht eingetroffen war, entschloß Truchin sich allen Warnungen zum Trotz, selbst nach Prag zu fahren, um die Lage mit Vlasov zu besprechen. Zuvor hatte er auf Veranlassung von Oberst Nerjanin ein Exemplar der Kapitulationsurkunde unterzeichnet und Oberst Pozdnjakov befohlen, das Exemplar den Amerikanern zu überbringen, falls er bis zum Abend nicht zurückgekehrt sein sollte. Im Armeestab begann sich Nervosität bemerkbar zu machen, denn am 8. Mai, um 6.00 Uhr, lief das Ultimatum ab, und auch von Truchin wurde nichts mehr gehört. Als Generalmajor Meandrov am Abend des 7. Mai 1945 im Armeestab von der Kapitulation der deutschen Wehrmacht in Reims erfuhr, fiel der Entschluß, die Parlamentäre unverzüglich auf den Weg zu senden[586]. Die Delegation wurde von Oberst Pozdnjakov geleitet, es gehörten ihr ferner an das Mitglied des KONR, Major Muzyčenko, Major Tarchov, Major Čikalov, Hauptmann Agafonov, Hauptmann Ivanov, Hauptmann Zinčenko und die Dolmetscherin Smirnova. Die Offiziergruppe, die den Armeestab am 7. Mai, um 18.00 Uhr, in zwei Kraftwagen verlassen hatte, gelangte erst am 8. Mai, um 5.30 Uhr, in den Stab der 11. Armored Division, zu einem Zeitpunkt, als die deutsche Gesamtkapitulation bereits jede Einzelkapitulation hinfällig machte[587]. Dennoch ließ sich Oberstleutnant Slayden auf die dringende Bitte Pozdnjakovs hin und nach Rücksprache mit Brigadegeneral Dager dazu herbei, die vorher festgelegten Bedingungen noch einmal zu bestätigen, so daß die Übergabe als noch vor dem Kriegsende erfolgt galt[588]. Dies war insofern wichtig, als die russischen Soldaten aus amerikanischer Sicht jetzt den Status von Kriegsgefangenen beanspruchen konnten und nicht unter den vagen Begriff des Surrendered Enemy Personal fielen. Oberstleutnant Slayden dachte zuerst daran, amerikanische Offiziere zwecks Einweisung zu den russischen Verbänden zu entsenden, ließ die Delegation dann aber allein die Linien passieren und gab ihr sicheres Geleit. Am 8. Mai 1945, um 14.00 Uhr, kehrte Oberst Pozdnjakov in den Armeestab zurück.

Da bis zum Abend dieses Tages keine Nachricht von den Generalen Truchin und Bojarskij eingetroffen war, forderte Generalmajor Sevast'janov als Dienstältester den Generalmajor Meandrov, der allseitiges Vertrauen besaß, in einer Offizierberatung dazu auf, die Führung der Südgruppe der ROA zu übernehmen. Zugleich wurde beschlossen, bereits am folgenden Tage auf amerikanisch besetztes Gebiet überzutreten. Die Kolonnen des Armeestabes, der Offizierreserve, der Offizierschule und anderer Armeeteile erreichten im Morgengrauen des 9. Mai 1945 Kaplitz (Kaplice) und wurden, nachdem sie die amerikanische Linie im Abschnitt der 26. Infanteriedivision bei Krumau (Č. Krumlov) mit allen Waffen unbeanstandet passiert hatten, im Schloßpark am westlichen Stadtrand versammelt. Die Lage hier war allerdings durchaus unbehaglich. Wenn nämlich, wie befürchtet, sowjetische Truppen die nur aus einer Kompanie bestehende amerikanische Sicherung bei Krumau durchstießen, befänden sich die Russen in dem erhöht gelegenen Schloßpark in der Falle. Generalmajor Meandrov war es daher um die Genehmigung zu einem unverzüglichen Weitermarsch nach Westen im Sinne der mit Brigadegeneral Dager getroffenen Vereinbarung zu tun. Zu diesem Zweck entsandte er abermals Generalmajor Assberg und Oberst Pozdnjakov in den nächsthöheren amerikanischen Stab. Der Delegation schloß sich auf dem Wege zu General der Kavallerie Köstring auch Oberst i. G. Herre an, den Meandrov von seinen Verpflichtungen der ROA gegenüber entbunden hatte[589]. Das Zeugnis Köstrings, der so hohes Ansehen genoß, so meinte man, würde nützlich sein, wenn es galt, den Amerikanern verständlich zu machen, daß es sich bei der ROA um eine unabhängige Streitmacht handelte, die auch versorgungsmäßig nur noch auf Kredit der Deutschen lebte. Die Emissäre wurden jedoch schon bald nach der Abfahrt von Oberst Hendford, dem Kommandeur des amerikanischen Infanterieregimentes 101 (oder 104), aufgehalten, der sie nach einer Bewirtung in den Stab des Generals der Panzertruppe Nehring dirigieren wollte, dem alle kriegsgefangenen deutschen Einheiten in diesem Raum unterstellt worden waren. In dem Quartier dieses Regimentskommandeurs, nach anderen Angaben in dem eines Divisionskommandeurs, der sich jedenfalls sehr korrekt verhielt, gab es noch einen unliebsamen Zwischenfall[590]. Ein sowjetischer Verbindungsoffizier richtete an Oberst Pozdnjakov die Frage: »Was machen Sie hier, Adjutant des Generals Vlasov?«, woraufhin dieser kurz erwiderte: »Unsere Verbände retten.« Der Sowjetoffizier wandte sich dann an Generalmajor Assberg mit den Worten: »Aber wir kennen uns doch, General!« (A my vas znaem, general!), wobei er ihm auf die Uniform spuckte. Über diese unter »gentlemen« unübliche Handlungsweise war der amerikanische Kommandeur, wie Oberst Herre schreibt, »aufs Äußerste empört und verwies den Sowjet umgehend des Raumes«. Er ging des weiteren auch nicht auf dessen Verlangen ein, die ROA-Delegierten für 2 bis 3 Tage zurückzuhalten. Generalmajor Assberg und Oberst Pozdnjakov gelangten in den Stab des Generals Nehring und kehrten am Morgen des 11. Mai 1945 in den russischen Armeestab zurück, der sich jetzt in Kladenské Rovné, 5 Kilometer südwestlich von Krumau, befand. Die Zusammenziehung der übergetretenen Teile der Südgruppe der ROA in einem etwas weiter westlich gelegenen Lager war das einzige Zugeständnis, zu dem die Amerikaner sich herbeigelassen hatten. Nach einigen Tagen wurde den Einheiten bedeutet, die Waffen niederzulegen und sich als Kriegsgefangene zu betrachten.

Der Armeestab, die Offizierreserve, die Offizierschule und sonstige Teile der ROA hatten ihren Übertritt auf amerikanisches Gebiet immerhin reibungslos vollziehen können. Wie aber verhielt es sich mit der Reservebrigade und der 2. Division der ROA, die etwas abgesetzt nordöstlich von Krumau standen? Rätselhaft in diesem Zusammenhang bleibt das Verhalten des Stabes der 2. Division, der sich noch am Morgen des 9. Mai 1945 untätig in seinem Quartier in Suchenthal a. d. Lainsitz (Suchdol n. Lužnice) verhielt. Generalmajor Truchin hatte dem Divisionskommandeur an sich bereits am 6. Mai 1945 den am folgenden Tage vom Chef der Operationsabteilung, Oberst Nerjanin, noch wiederholten Befehl erteilt, seine Division näher an die übrigen Armeeteile heranzuführen. Generalmajor Zverev war am 8. Mai 1945 auch Teilnehmer an der Beratung des Armeestabes gewesen, so daß er über den dort gefaßten Entschluß Kenntnis gehabt haben muß[591]. Noch bevor der Armeestab und die übrigen Teile am 9. Mai auf amerikanisches Gebiet übertraten, um 4.00 Uhr, war Major Šejko zur 2. Division entsandt worden, um zum sofortigen Aufbruch zu mahnen. Als jedoch der Chef des DVK, Major Keiling, der ebenfalls den Verlegungsbefehl erhalten hatte, sich am Morgen des 9. Mai bei Generalmajor Zverev abmelden wollte, traf er diesen in einer undurchsichtigen Stimmung an[592]. Ordonnanzen kamen und gingen. Zverev lud Keiling zum Frühstück ein und bat ihn schließlich um Waffen: »Waffen, soviel Sie auftreiben können. [...] Wir werden uns schlagen (my budem drat'sja).« Was er hiermit meinte, ob er nur den Abmarsch seiner Verbände überwachen und gegen Handstreiche sichern wollte, oder ob er beabsichtigte, einen letzten Verzweiflungskampf durchzufechten, muß notwendigerweise offen bleiben. Auf jeden Fall gelang es dem Divisionsstab nicht mehr, sich rechtzeitig nach Westen abzusetzen, obwohl er gut motorisiert war und über ausreichende Benzinvorräte verfügte. Der Divisionsstab wurde in der Nacht vom 9. zum 10. Mai 1945 von einer Einheit der sowjetischen 297. Schützendivision (46. Armee, 3. Ukrainische Front) überrumpelt. Bei dem entstehenden Feuergefecht ist Generalmajor Zverev, wie der Chef der Abwehrabteilung des Divisionsstabes, Hauptmann Tvardievič, später berichtete, verwundet in die Hand des Gegners gefallen. Anscheinend hatte der Chef des Stabes, Oberst Bogdanov, die Rückwärtsbewegung der 2. Division der ROA inzwischen aber bereits von sich aus einleiten lassen[593]. Denn im Unterschied zu Teilen des Versorgungsregimentes, des 2. Regimentes und anderer Einheiten gelang es doch einigen Verbänden, wie dem Artillerieregiment und einer großen Anzahl von Soldaten, bei Krumau noch rechtzeitig auf amerikanisches Gebiet überzutreten[594].

Demgegenüber vermochte die Reservebrigade, die sich unter der Führung von Oberst Kojda rechtzeitig in Kaplitz versammelt hatte, geschlossen zu den Amerikanern überzugehen. Der Brigadekommandeur hatte, als ein vom Armeestab in Aussicht gestellter Verlegungsbefehl ausblieb und auch ausgesandte Kradmelder nicht zurückkehrten, seine Einheiten bereits am 8. Mai 1945 selbständig nach Westen in Bewegung gesetzt[595]. Die Kolonne passierte auf Nebenwegen unbehelligt die Demarkationslinie, erhielt von einem amerikanischen Obersten hier aber bald den Befehl, die Waffen niederzulegen und die Straße zu räumen. Oberst Kojda ließ sich hierdurch allerdings nicht beirren. Er führte seine Brigade in der folgenden Nacht abseits der Straßen bis in die Gegend der Stadt Friedberg (Frymburk), wo sie haltmachte und zunächst sich selbst überlassen blieb. Der Tross unter Oberstleutnant Trofimov kam auf der Straße mit Verspätung heran, so daß man zwecks Sicherstellung der Verpflegung gezwungen war, auf einen Teil der 750 Pferde der Brigade zurückzugreifen. Kojda stellte im übrigen zu dem Kommandanten der Stadt Friedberg, einem sehr entgegenkommenden, auch russischsprechenden amerikanischen Major, Beziehungen her, die sich, wie noch zu zeigen sein wird, für viele Brigadeangehörige als überaus segensreich erweisen sollten.

In der Zwischenzeit waren Generalmajor Truchin und die anderen Generale auf dem Wege nach Prag in ihr Verderben gefahren. Als erster der Abgefahrenen hatte Generalmajor Bojarskij am 5. Mai 1945 bei Příbram das Zentrum eines Gebietes berührt, in dem seit dem 3. Mai 1945 kommunistische Partisanen die Kontrolle ausübten. Er wurde angehalten und vor den Anführer der Gruppe »Smrt fašismu« (Tod dem Faschismus), einen Hauptmann der Roten Armee namens Olesinskij (alias Smirnov), geschleppt, der anfing, ihn in pöbelhafter Weise zu beschimpfen. Bojarskij war ein charaktervoller, aber auch entflammbarer Mann, der sich eine derartige Behandlung nicht gefallen ließ. Er verabreichte dem Sowjetoffizier eine Ohrfeige, woraufhin dieser, außer sich vor Wut, befahl, den in seiner Hand befindlichen General zu erhängen[596]. Auch Truchin, der zusammen mit Generalmajor Šapovalov und dem deutschen Verbindungsoffizier, Major Ottendorf, denselben Weg gewählt hatte, geriet am Morgen des 8. Mai 1945 bei Příbram in einen Hinterhalt. Sein Adjutant, Oberleutnant Romaškin, der später befreit werden konnte, schilderte die näheren Umstände[597]. Truchin wurde vor dem Gebäude, in dem sich der Partisanenstab befand, mit vorgehaltener Maschinenpistole zum Aussteigen gezwungen. Šapovalov, der im ersten Wagen saß, war bereits vorher weggeführt und bald darauf erschossen worden. Ein volluniformierter Hauptmann der Roten Armee, anscheinend wiederum Olesinskij, nahm Truchin und seiner Begleitung Waffen und Papiere ab und stellte sie getrennt unter Bewachung. Generalmajor Truchin wurde dann am Morgen des 9. Mai 1945 den sowjetischen Militärbehörden zugeführt, die ihn von Dresden aus im Flugzeug nach Moskau schafften. Allem Anschein nach sind auch die Generalmajore Blagoveščenskij und Bogdanov bei Příbram den kommunistischen Partisanen in die Hände gefallen. Daß in diesen kritischen Tagen in kurzen Abständen eine Reihe führender Offiziere der ROA bei dem Versuch, die Verbindung mit dem Oberkommandierenden aufzunehmen, spurlos verschwanden, ist bemerkenswert. Oberst Pozdnjakov warf später die Frage auf, ob nicht angesichts des Aufstandes in Böhmen eine größere Vorsicht angezeigt gewesen wäre[598]. Selbst wenn man berücksichtigt, daß die aufständischen Tschechen die ROA im allgemeinen als Verbündete respektierten, hätte Generalmajor Truchin seine Fahrt, wie er meinte, nicht ohne bewaffneten Geleitschutz antreten dürfen. Im übrigen drückt Pozdnjakov seine Verwunderung darüber aus, daß der Chef der nachrichtentechnischen Abteilung des Armeestabes, Oberstleutnant Korbukov, nicht in der Lage gewesen war, eine direkte Funkverbindung zum Oberkommandierenden und zur 1. Division herzustellen, obwohl die 2. Division über entsprechende Nachrichtenanlagen verfügte und die Entfernung nach Prag kaum mehr als 150 Kilometer betrug.

Anmerkungen

565 Keiling, Die Wlassow-Armee, S. 14 ff., Archiv des Vf.
566 Herre, Aufstellung der Wlassow-Divisionen, S. 27 ff., IfZ; ders., Ergänzungen, S. 15 ff., IfZ.
567 Keiling, General Swerew und das Standgericht in Hausen, Archiv des Vf.
568 Buchardt, Manuskript 1946, S. 15, BA-MA Sammlung Steenberg; Kroeger an Steenberg, o. D., ebd.
569 Žerebkov, Popytki KONRa vojti v kontakt s anglo-amerikancami, BA-MA Sammlung Steenberg; ders., Popytki KONRa, S. 16 ff., auch für das Weitere.
570 Behandlung der Freiwilligen in englischer und amerikanischer Kriegsgefangenschaft, Mitteilungen für die Kommandeure der Osttruppen z.b.V. und Stabsoffiziere für landeseigene Hilfskräfte, Nr. 18, OKH/GenStdH/GendFreiwVerb, Nr. 14630/44geh, 15. 10. 1944, Archiv des Vf.; siehe auch Herwarth, Zwischen Hitler und Stalin, S. 341 f.
571 Komitet Osvoboždenija Narodov Rossii an Präsidium des Internationalen Roten Kreuzes, 26. 2. 1945, in: Žerebkov, Popytki KONRa, S. 21 f.
572 Certificat, Comité de Libération des Peuples de Russie/Komitet Osvoboždenija Narodov Rossii, Grand Quartier General, 27 Avril 1945, Lieutenant General A. Wlassow, ebd., S. 22.
573 Pozdnjakov, Andrej Andreevič Vlasov, S. 181 f.
574 Pljuščev-Vlasenko, Kryl'ja svobody, S. 74 ff., Archiv des Vf.
575 Strik-Strikfeldt, Gegen Stalin und Hitler, S. 233 ff.
576 Buchardt, 27. 2. 1966, S. 4, BA-MA Sammlung Steenberg; Steenberg, Wlassow, S. 204 f.
577 Kapitan V. Denisov, Istorija prebyvanija v plenu u amerikancev generalov Vasilija Fedoroviča Malyškina, Georgija Nikolaeviča Žilenkova i gruppy oficerov štaba VS KONR, BA-MA MSg 149/52.
578 Herre, Aufstellung der Wlassow-Divisionen, S. 30 f., IfZ.
579 Auský, Vojska generála Vlasova, S. 164 ff.; Auski, Predatel'stvo, S. 210 ff.
580 Comité de la Libération des Peuples de la Russe, »4« Mai 1945, No. 4/75/45, Membre Présidentiel du Comité … et Chef de l'Etat-Major des Forces Armees de l'Armee libératrice russe (P.O.A.), Généralmajor Trouchine, Membres du Comité …, Archiv des Vf.
581 Pozdnjakov, Poslednie dni.
582 Die Darstellungen von Pozdnjakov, Andrej Andreevič Vlasov, S. 377 ff., und Poslednie dni, stimmen überein mit der von Steward, Thunderbolt, S. 139 ff. Siehe auch polkovnik Nerjanin, Vedomost' boevogo sostava ROA, 1945, BA-MA MSg 149/5.
583 Uslovija perechoda častej VS KONR na položenie voennoplennych 3-ej amerikanskoj Armii, Komandir 11-j tankovoj divizii, general-major Deger, 6. 5. 1945, BA-MA MSg 149/5; Steward, Thunderbolt, S. 139.
584 Kap. P.N.B., Poslednie dni ROA, in: Naša Strana, BA-MA MSg 149/8.
585 Bitenbinder, »Armija obrečennych«, in: Novo Russkoe Slovo, 9. 2. 1970.

586 Pozdnjakov, Andrej Andreevič Vlasov, S. 380 ff., auch für das Folgende.

587 Stab Vooružennych Sil Komiteta Osvoboždenija Narodov Rossii, »7« Maja, 1945g., No. 12/95/45, Zamestitel' Načal'nika Štaba, Polkovnik Nerjanin, BA-MA MSg 149/5; Dyer, XII Corps, S. 434; Steward, Thunderbolt, S. 139 f.

588 Headquarters 11th Armored Division, Office of AC of G-2, APO 261, c/o Post Master New York, N.Y., William M. Slayden, Lt. Col., GSC, AC of s, G-2, 8. 5. 1945. Für die Amerikaner sollten sich im Verhältnis zur Roten Armee hieraus noch einige Schwierigkeiten ergeben. Siehe Dyer, XII Corps, S. 450: »Another prisoner problem, more fraught with danger at the time, but not of lasting duration, was the Russian (d.h. sowjetische) demand for custody of a group of seven thousand White Russians who had been fighting with the Germans. Corps referred the question to higher headquarters, and was told to refuse to give up prisoners, as they had surrendered prior to VE-Day. The Russians (d.h. die Sowjets) were quite insistent at first, but the situation gradually cooled after a few tense days.«

589 Herre, Aufstellung der Wlassow-Divisionen, S. 32 f., IfZ; ders., Ergänzungen, S. 18, IfZ.

590 Pozdnjakov, Poslednie dni.

591 Ders., Andrej Andreevič Vlasov, S. 386.

592 Keiling, Abschied von General Swerew, Archiv des Vf.; ders., Die Wlassow-Armee, S. 18, ebd.

593 Auský, Vojska generála Vlasova, S. 175 f.; Auski, Predatel'stvo, S. 223.

594 Bitenbinder, »Armija obrečennych«, in: Novoe Russkoe Slovo, 9. 2. 1970.

595 Kojda, Zapasnaja brigada, Archiv des Vf.

596 Kap. P.N.B., Poslednie dni ROA, in: Naša Strana, BA-MA MSg 149/8; Auský, Vojska generála Vlasova, S. 168 f.; Auski, Predatel'stvo, S. 215.

597 Pokazanija A. Romaškina o gen. Truchine, BA-MA MSg 149/52.

598 Pozdnjakov, Andrej Andreevič Vlasov, S. 380.

_____ 11 _____
Das Ende der Nordgruppe der ROA

Während dieser Ereignisse befand sich die Nordgruppe der ROA, das heißt der Oberkommandierende und die 1. Division, die doch soeben noch einen bedeutenden Teil der Stadt Prag kontrolliert hatte, auf dem Rückzug wie nach einer verlorenen Schlacht. Noch immer aber war das Vertrauen der Soldaten in General Vlasov unerschüttert. »Andrej Andreevič«, so hörte man sagen, »wird es schon schaffen[599]«. Generalmajor Bunjačenko hatte Major i.G. Schwenninger und den Resten des DVK inzwischen die Waffen zurückgeben lassen und den Befehl zur Einstellung aller feindlichen Akte gegenüber deutschen Truppen erteilt. Die Bewegung der Division mit dem 4. Regiment als Nachhut verlief in der allgemeinen Richtung Suchomastý–Příbram–Rožmitál auf die amerikanische Demarkationslinie südlich von Pilsen zu. Am Morgen jenes Tages, an dem die Südgruppe der ROA großenteils auf amerikanisches Gebiet übertrat, am 9. Mai 1945, passierten die Kolonnen das von Partisanen beherrschte Gebiet um Příbram. Der Kommandeur des 1. Regimentes, Oberstleutnant Archipov, hatte durch seine Aufklärung die Gefangennahme der Generale Truchin, Bojarskij und Šapovalov in Erfahrung gebracht und fuhr daraufhin mit einigen Panzerfahrzeugen persönlich beim Stab der tschechischen Partisanen vor, um die sofortige Freilassung der Verschwundenen zu verlangen[600]. Doch er kam zu spät. Truchin war bereits weggeführt, Bojarskij und Šapovalov waren ermordet worden. Es geschah am Nachmittag desselben Tages, die Masse der Division hatte das Stadtgebiet von Příbram bereits durcheilt, als Hauptmann Buderackij vom 3. Regiment auf der Suche nach Benzin aus dem am Stadtrand gelegenen Gefängnis Hilferufe in russischer Sprache vernahm[601]. Buderackij holte Verstärkung heran und ließ das Gebäude umstellen. Unter Androhung von Waffengewalt vermochte er Oberleutnant Romaškin sowie die übrigen gefangengesetzten Adjutanten und Kraftfahrer aus der Gewalt der Tschechen zu befreien. Der Versuch, den angrenzenden Wald nach den vermißten Generalen zu durchsuchen, mußte allerdings aufgegeben werden, da sich sowjetische Truppen angeblich bereits Příbram näherten und Hauptmann Buderackij mit seiner Einheit den Anschluß nicht verlieren durfte.

In den Nachmittagsstunden des 10. Mai 1945 traf die Vorausabteilung an der Spitze der Division in der Linie Rožmitál-Bělčice auf amerikanische Kontrollposten der 4. Armored Division am Rande eines Gebietes, das von den Amerikanern wohl dünn besetzt war, sich aber östlich der vorläufigen Demarkationslinie befand. Auch an dieser Stelle vermochte sich der befehlsführende amerikanische Offizier das Erscheinen einer kriegsstarken »russischen Division« vor seinem Abschnitt nicht anders zu erklären, als daß es sich um eine vorgeprellte Division der Roten Armee handele[602]. Warum dieselbe nach der Beendigung der Feindseligkeiten weiter nach Westen strebte, blieb ihm unerfindlich, und erst nach einigem Hin und Her gab er ihr den Weg in den vorgesehenen Unterkunftsraum 10 Kilometer südwestlich hiervon frei. Es war ein bloßes Mißverständnis, das die 1. Division der ROA somit in amerikanisch kontrolliertes Gebiet geführt hatte. Immerhin war sie von den Amerikanern zunächst als kriegsgefangen oder – wie der von ihnen in einseitiger Abänderung der Genfer Konvention neugeprägte Begriff lautete – als Surrendered Enemy Personal – in Gewahrsam genommen und interniert worden. Am 10./11. Mai 1945 erteilten amerikanische Offiziere den Befehl, die Waffen niederzulegen, doch durften, wie in der Südgruppe der ROA, die Offiziere ihre Pistolen und 10 Mann in jeder Kompanie auch ihre Gewehre behalten[603]. Über Panzer, Jagdpanzer und über die Panzerjägerabteilung wurde anscheinend noch keine Verfügung getroffen und überhaupt die Entwaffnung nur lax gehandhabt.

Die Soldaten der 1. Division der ROA hatten eine vorübergehende Ruhepause gewonnen, doch war es eine trügerische Sicherheit, in der sie sich am Abend des 10. Mai 1945 wiegten. Ihre Lage ist vor dem Hintergrund der in Böhmen geübten amerikanischen Praxis zu sehen, alle deutschen Truppenteile und Soldaten, die sich am 9. Mai 1945 östlich der Stop Line befanden, das heißt vor allem solche der Heeresgruppe Mitte, die gegen die Rote Armee gekämpft hatten – und die ROA, nach amerikanischem Sprachgebrauch »White Russians«, fiel unter diese Kategorie – der Roten Armee zu übergeben[604]. Schon die Verhandlungen, die Vlasov nach dem Abbruch der Prager Operation mit der amerikanischen 3. Armee führte, ließen keine guten Aussichten erkennen. Als die 1. Division aus Prag abzog, hatte Vlasov, der sich außerhalb der Stadt befand, seinen Adjutanten, Hauptmann Antonov, zur Herstellung des Kontaktes nach Pilsen vorausgesandt. Was derselbe zurückbrachte, war die übliche Forderung nach einer bedingungslosen Kapitulation, politische Fragen würden von der Regierung in Washington entschieden werden. Von dieser Haltung sind die amerikanischen Kommandobehörden im Prinzip auch nicht mehr abgewichen. Vlasov entschloß sich nach einer Beratung, an der auch Generalmajor Bunjačenko teilnahm, selbst zu den Amerikanern zu fahren, um das Gewicht seiner Persönlichkeit in die Waagschale zu werfen und zu versuchen, den besonderen Charakter seiner Truppen und die politischen Ziele ihres Befreiungskampfes zu erläutern[605]. Auch Vlasov, der von dem Chef der Sicherheitsverwaltung des KONR,

Oberstleutnant Tenzorov, einigen weiteren Offizieren und seiner Leibwache begleitet war, mußte die Erfahrung machen, daß der amerikanische Oberst, den er als ersten sprach, nicht geringe Schwierigkeiten hatte, »russische« von sowjetischen Truppen zu unterscheiden. Die Atmosphäre wurde dann in gewissem Sinne durch die tschechische Bevölkerung aufgelockert, die dem »Befreier von Prag« Ovationen darbrachte. Der Stadtkommandant von Pilsen lud Vlasov und seine Begleitung zu einem Frühstück ein und mußte doch erkennen, einen Fauxpas begangen zu haben, als Vlasov vom Sinn des Befreiungskampfes gegen den Bolschewismus zu sprechen begann. Wie überall ließen Aufnahme und Unterbringung durch die Amerikaner nichts zu wünschen übrig, allein in dem eigentlichen Anliegen kam man keinen Schritt weiter.

Am Morgen des 10. Mai 1945 wurde Vlasov von dem im Abschnitt Pilsen kommandierenden General empfangen, der jedoch nur noch einmal wiederholen konnte, was Antonov schon eröffnet worden war: bedingungslose Waffenniederlegung ohne jede Garantie für eine Nichtauslieferung. Der im ganzen negative Eindruck wurde noch dadurch verstärkt, daß amerikanische Offiziere, wenn auch verhüllt, wiederholt die Flucht anrieten und durchblicken ließen, sie würden zu diesem Zweck Zivilkleidung und Benzin zur Verfügung stellen. Einige Begleiter Vlasovs und anscheinend auch Tenzorov waren geneigt, dem Wink zu folgen. Doch Vlasov selbst lehnte ab, da er, wie er Oberleutnant Resler erklärte, seine Soldaten nicht schutzlos der Willkür des Schicksals überlassen könne. Er entsandte die Oberleutnante Levčuk und Pekarskij und später auch seinen Adjutanten Antonov mit dem Bescheid zur 1. Division, daß es keinen anderen Ausweg gebe als eine Waffenniederlegung entsprechend den amerikanischen Forderungen. Am Abend des 10. Mai 1945 begab Vlasov sich unter amerikanischer Bedeckung über Straßen, auf denen sich teilweise auch sowjetische Einheiten bewegten, in das 50 Kilometer südöstlich von Pilsen gelegene Schloß Schlüsselburg (Lnáře), in dessen Nähe auch die 1. Division der ROA zusammengezogen worden war.

Die Amerikaner hatten die Waffenstreckung angenommen und doch, wie sich erweisen sollte, waren sie nicht geneigt, die Vlasovsoldaten als Kriegsgefangene zu behandeln. So waren die beiden nächsten Tage ausgefüllt mit dem verzweifelten Bemühen, endgültig in den Gewahrsam der 3. Armee übernommen zu werden – und dies angesichts der heranrückenden sowjetischen Verbände, die schließlich einen Halbkreis um den Bereich der 1. Division bildeten, die Wege nach Westen unter Beobachtung hielten und letztlich alle Fluchtmöglichkeiten abzuschneiden drohten. Am 10. Mai 1945 hatte die Aufklärung des an Prag vorbei rasch nach Süden vordringenden sowjetischen 25. Panzerkorps den Vlasovverband im Raum westlich von Březnice entdeckt. Der Korpskommandeur, Generalmajor Fominych, stattete dem

Kommandierenden General des XII. Korps, Generalmajor Le Roy Irwin, in den Nachmittagsstunden des 11. Mai einen Besuch ab[606]. Bei dieser Gelegenheit ersuchte er Le Roy Irwin darum, die in den Wäldern befindlichen »Vlasovbanditen« zu »entwaffnen«. Seinen Angaben zufolge erhielt er aber eine ausweichende Antwort. Allem Anschein nach erklärte der amerikanische General, daß die Frage einer Auslieferung seine Kompetenzen überschreite und von übergeordneten Instanzen entschieden werden müsse. Wollte Fominych die Vlasovsoldaten also in seine Gewalt bekommen, so war er genötigt, selbständig zu handeln. Er beauftragte daher den Kommandeur der 162. Panzerbrigade, Oberst Miščenko, den »Gegner zu fassen«[607]. Die Aufgabe wurde als kompliziert angesehen, denn der Haltung des amerikanischen Verbündeten war man sich nicht ganz sicher, und zum anderen, wie Armeegeneral Štemenko dies in seinen Erinnerungen später aussprach, hatte man »eine ganze Division zu allem fähiger Verbrecher vor sich, denen die Nähe der amerikanischen Linien zusätzlich Kräfte verleihen würde«. Um die Division aufzuhalten, ihre Handlungen zu desorganisieren und sich dann mit der ganzen Masse der Panzer auf sie zu stürzen, beschloß man, zum Mittel der Täuschung zu greifen. »Hier halfen gesunder Menschenverstand und psychologisches Verständnis«, so die Version von Armeegeneral Štemenko.

In Verfolgung der Taktik, einen Keil zwischen Offiziere und Soldaten zu treiben, sickerten im Laufe des 11. Mai 1945 sowjetische Agitatoren in den Divisionsbereich ein[608]. Den einfachen Soldaten, den »russischen Menschen«, »lieben Freunden« und »Brüdern« wurde das großmütige Verzeihen der Sowjetregierung für ihre Verirrung in Aussicht gestellt. Die Heimat, das mütterliche Rußland, erwarte sie alle zurück. General Vlasov und die Offiziere dagegen belegten sie mit »schändlichen Ausdrücken«. Allerdings hatte das Unterfangen, die Soldaten gegen ihre Offiziere aufzuwiegeln, nicht das gewünschte Ergebnis. Die Stimmung in den Truppenteilen an diesem Tage, an dem man mit der Gefangennahme durch die Amerikaner rechnete, war noch »verhältnismäßig zuversichtlich. Es herrschte Ordnung und Disziplin. Aufbegehren und Zersetzungserscheinungen [...] wurden nicht beobachtet[609].« So hörten sich die Soldaten die Reden der ausgeschickten Sowjetoffiziere zwar an, dachten aber nicht daran, gegen ihre Vorgesetzten Partei zu ergreifen, zumal sie den Versprechungen auch wenig Glauben schenkten. Als die Begleiter eines sowjetischen Leutnants die Waffe gegen einen hinzutretenden Regimentskommandeur erhoben, sahen diese unverhofft die Maschinenpistolen der Vlasovsoldaten auf sich gerichtet[610]. Zu Zwischenfällen kam es freilich nicht. Mehrmals wurden mit sowjetischen Offizieren, wenn diese sich von ihren Leuten unbeobachtet fühlten, sogar verständnisvolle Gespräche angeknüpft.

In den Abendstunden des 11. Mai 1945 begann die Stimmung jedoch gespannter zu werden. Die aufgestellten Sicherungen meldeten das Herannahen sowjetischer Panzer, deren Aufgabe nur darin bestehen konnte, ein Entweichen nach Westen zu verhindern. Generalmajor Bunjačenko verlegte den Divisionsstab überraschend von Hvoždany in die Nähe von Schlüsselburg und befahl zugleich, alle Teile der Division beschleunigt an das Gebiet nordwestlich der Stadt heranzuziehen. In dieser bedrängten Situation nahm Bunjačenko auch Verbindung mit dem amerikanischen Kommandanten von Schlüsselburg, Hauptmann Donajue (auch Donohue), auf, der eine Entscheidung über den Durchlaß aber erst für den folgenden 12. Mai 1945, 10.00 Uhr, in Aussicht stellte. Von sich aus leistete Donajue der Division aber einen großen Dienst. Er selbst fuhr mit der Dolmetscherin Roždestvenskaja zum Stab der 162. Panzerbrigade und verlangte zwecks Vermeidung von Zwischenfällen und offenbar in kategorischem Ton den sofortigen Rückzug der praktisch in seinen Bereich eingedrungenen Sowjetpanzer. Diese Intervention hat Oberst Miščenko, der die Vlasovtruppen noch für bewaffnet und kampfbereit hielt, zweifellos zur Zurückhaltung veranlaßt. Um so bereitwilliger ergriff er eine sich zufällig bietende Gelegenheit, der Division vielleicht doch noch habhaft zu werden.

Am Abend des 11. Mai 1945 geriet Oberstleutnant Artem'ev, der Kommandeur des 2. Regimentes, der den Divisionsstab irrtümlich noch in Hvoždany wähnte, unvermutet in den Stab der hier bereits eingezogenen sowjetischen Panzerbrigade. Artem'ev gab sich geistesgegenwärtig als Parlamentär aus, der im Auftrage seines Generals Verbindung mit den Sowjettruppen wegen eines freiwilligen Übergehens auf ihre Seite aufzunehmen habe. Dem sowjetischen Brigadekommandeur kam er damit gerade zurecht. Miščenko zeigte sich überaus interessiert und war auch sofort bereit, Maßnahmen zu ergreifen, um einen Zusammenstoß mit der Vlasovdivision zu diesem Zeitpunkt zu verhindern. In der Nacht erschien Artem'ev mit zwei sowjetischen Offizieren – allem Anschein nach den Aufklärern Major Vinogradov und Oberleutnant Ignaškin – im Divisionsstab, wo Generalmajor Bunjačenko den Faden aufnahm und die Verhandlungen zum Scheine weiterführte. Um Zeit bis zum folgenden Vormittag zu gewinnen, an dem die Entscheidung der Amerikaner fallen sollte, entsandte er Artem'ev nach Hvoždany zurück unter dem Vorwand, eine schriftliche Garantie zu benötigen und Einzelheiten des Übertretens festlegen zu müssen. Miščenko nahm wirklich auch keinen Anstand, eigenhändig eine Erklärung über Amnestie und Straffreiheit auszustellen, auch versprach er, nichts gegen die Division zu unternehmen, wenn diese bis 11.00 Uhr am Vormittag des 12. Mai 1945 mit allen Waffen übertrete. Schließlich, in vorgerückter Stunde, nach einer Bewirtung, in angeheiterter Stimmung, ersuchte er Artem'ev, sein Regiment

schon jetzt herüberzuführen, ohne erst die Entscheidung des Divisionskommandeurs abzuwarten.

Dieses Zwischenspiel direkter Verhandlungen zwischen Offizieren der
ROA und der Roten Armee war viele Jahre später Anlaß zu einer heftigen
Kontroverse. Oberst Pozdnjakov bezweifelte die Version Artem'evs und
nannte das Manöver einen »Schandfleck« (grjaznoe pjatno) auf dem Andenken der 1. Division der ROA[611], rief hiermit aber den Widerspruch von
Oberst Kromiadi, Oberstleutnant Archipov-Gordeev und von Hauptmann
Šatov, dem Verwalter des Archives der ROA, hervor[612]. Von ihrer Seite wurde
geltend gemacht, daß, ob nun Oberstleutnant Artem'ev eine Vollmacht hatte
oder nicht, die von ihm in Gang gesetzten Verhandlungen der Division auf
jeden Fall eine dringend notwendige Atempause verschafften. Denn die Vereinbarung mit Miščenko bot den Vlasovsoldaten in der kritischen Nacht bis
in den Vormittag des 12. Mai 1945 hinein, an dem, wie man hoffte, die Amerikaner den Weg freigeben würden, doch eine gewisse Gewähr, von den sowjetischen Panzern nicht unvermutet überrollt zu werden. Rückblickend
läßt sich auch feststellen, daß Generalmajor Bunjačenko schließlich den sowjetischen Brigadekommandeur überlistet hat und nicht etwa dieser den
russischen Divisionskommandeur. Die Entwicklung nahm dessen ungeachtet seit den Morgenstunden des 12. Mai 1945 eine Wendung zum Schlechten.

In der Nacht war dem amerikanischen Kommandanten von Schlüsselburg
ein Memorandum aus der Hand Vlasovs – oder wahrscheinlicher aus der des
Chefs der Propagandaabteilung der 1. Division, Major Boženko, – zugestellt
worden, in welchem noch einmal auf den besonderen Charakter der ROA als
einer eigenständigen und keineswegs in deutschen Diensten stehenden russischen Freiheitsarmee hingewiesen und die Bitte um Internierung und
Gewährung politischen Asyls ausgesprochen wurde[613]. Die Führer der Befreiungsbewegung erklärten ihre Bereitschaft, vor einem beliebig zusammengesetzten internationalen Gericht zu erscheinen und ihre Handlungen
zu verantworten. Allein auf amerikanischer Seite war die Entscheidung inzwischen schon gefallen. Noch am 6. Mai 1945, als die Südgruppe der ROA
die Kapitulation anbot, hatte der Oberbefehlshaber der 3. Armee, General
Patton, auf die »beklagenswerte Lage« dieser »Weißrussen« hingewiesen[614].
Seinem Tagebuch hatte er anvertraut, daß, »um sie zu retten« (to save them),
sie aus der Tschechei beschleunigt herausgeführt und als Displaced Persons
eingestuft werden sollten. Inzwischen waren aus dem Hauptquartier des Generals Eisenhower (SHAEF, Supreme Headquarters Allied Expeditionary
Force) jedoch bestimmte Weisungen an die 12. Armeegruppe des Generals
Bradley ergangen, den deutschen Truppen in der Tschechei – und dies bedeutete auch den Vlasovtruppen – vom 9. Mai, 00 Uhr an, den Übertritt auf

amerikanisch besetztes Territorium zu verwehren und Übergetretene der
Roten Armee zu übergeben. Eine Weisung der amerikanischen 3. Armee an
das XII. Korps über die Modalitäten der Übergabe wurde zwischen dem 11.
und 13. Mai von den unterstellten Divisionen im einzelnen bearbeitet[615].
Wie schließlich verfahren werden sollte, geht aus einem Vorschlag der 26. Infanteriedivision unter Generalmajor Paul hervor, den deren Verbindungsoffizier am 12. Mai 1945 dem XII. Korps unterbreitete. »Was die Vlasov-Leute
betrifft«, so heißt es darin, »so glaubt die Division, daß der beste Weg zur
Übergabe der sein wird, die Russen hereinzulassen, den Raum mit den Vlasov-Truppen einzuschließen und dann die amerikanischen Einheiten abzuziehen.« Die amerikanischen Kommandobehörden waren sich übrigens
durchaus darüber im klaren, welchem Schicksal sie diese Menschen über-
antworteten. Denn der Kommandierende General des XII. Korps, Generalmajor Le Roy Irwin, machte den Chef des Stabes der 3. Armee, Generalmajor Gay, in einem Ferngespräch darauf aufmerksam, »daß die Russen
(das heißt die Sowjets) alle Weißrussen (das heißt die ROA-Angehörigen)
und SS-Leute erschießen«. So war die trostlose Lage, als Generalmajor
Bunjačenko und der Chef des Stabes der 1. Division, Oberstleutnant Nikolaev, sich am 12. Mai 1945, um 10.00 Uhr, in den amerikanischen Stab begeben wollten. Durch einen Hauptmann, offensichtlich war es Donajue, wurde
ihnen schon vorher im Auftrage des Generals bedeutet, dieser sehe sich zu
seinem Bedauern außerstande, die russische Division passieren zu lassen.
Der amerikanische Offizer machte aber von sich aus darauf aufmerksam,
daß seine Einheit die Stadt Schlüsselburg um 14.00 Uhr räumen werde, aus
welchem Grunde er persönlich den guten Rat gebe, die Vlasovdivision solle
versuchen, aufgelöst in kleinen Gruppen die amerikanische Zone zu erreichen. Zugleich verschaffte er Generalmajor Bunjačenko die Gelegenheit, im
Schloß Schlüsselburg mit Vlasov zusammenzutreffen, der ihm die völlige
Hoffnungslosigkeit der Lage nur bestätigen konnte und, um die Einzelflucht
der Soldaten zu ermöglichen, jetzt die sofortige Auflösung der Division befahl.

Um die Mittagsstunde des 12. Mai 1945 wurde der Befehl des Oberkommandierenden in die Tat umgesetzt. Generalmajor Bunjačenko hatte die Re-
giments- und selbständigen Kommandeure durch Funkspruch ein letztes
Mal in den Divisionsstab am nordwestlichen Stadtrand von Schlüsselburg
beordert. In den schwierigen Situationen der zurückliegenden Monate war
Bunjačenko oft die letzte Hoffnung seiner Leute gewesen. Immer noch hatte
er einen Ausweg gewußt. Nun aber vermochte auch er nur noch mühsam die
Fassung zu bewahren[616]. Umgeben von einigen Offizieren des Divisionsstabes, darunter Oberstleutnant Nikolaev, fast alle von ihnen bereits ohne
Rangabzeichen, entband er die Kommandeure, so wie sie eintrafen, im Na-

men Vlasovs ihres Eides und ersuchte sie, ihre Leute so schnell wie möglich in kleinen Gruppen unter Vermeidung von Hauptstraßen und Ortschaften in Richtung auf die deutsche Grenze auf den Weg zu senden: »Dort treffen wir uns wieder.« Noch eine kurze Verabschiedung, dann bestiegen er und seine Begleiter die Wagen und fuhren nach Schlüsselburg ins Schloß zurück.

In einem Taleinschnitt westlich der Stadt nahmen die angetretenen Regimenter den letzten Befehl entgegen: »Geht auseinander!« (razojdis'!). Bis zu diesem Augenblick war die Ordnung in den Einheiten aufrechterhalten geblieben. Nun aber hörte die militärische Organisation mit einem Schlage zu bestehen auf, und es brach das Chaos aus. Nicht daß die Soldaten die Sache, der sie anhingen, verwünscht hätten. Einzeln oder in Gruppen kamen sie zu ihren Vorgesetzten, um sich zu verabschieden oder einen letzten Rat einzuholen. Aber es war die schiere Verzweiflung, die sich der meisten bemächtigte. Manche von ihnen konnten die Auswegslosigkeit nicht ertragen und machten ihrem Leben ein Ende. Schüsse hallten durch den Wald. Tausende blieben apathisch auf dem Boden liegen, dort, wo der letzte Befehl sie erreicht hatte, und erwarteten ihr Schicksal. Die Masse der Divisionsangehörigen aber wandte sich zur Flucht und strebte nach Süden und Südwesten, um auf amerikanisches Gebiet zu gelangen. Ob sie dieses Ziel erreichten, hing meist von der Einstellung der betreffenden amerikanischen Einheiten ab. Die amerikanischen Linien der 1. Division der ROA gegenüber wurden am 12. Mai 1945 von den Infanterieregimentern 357, 358, 359 der 90. Infanteriedivision gesichert. In den Nachmittagsstunden dieses Tages, von 13.30 Uhr an, meldeten die Regimenter, daß die »White Russians« an die eigenen Postierungen herandrängten und vor der Roten Armee »wie die Tiere« flohen. Der Kommandeur der 90. Infanteriedivision, Generalmajor Earnest, hatte daraufhin Befehl erteilt, die Flüchtenden aufzuhalten und hierbei jedes Mittel anzuwenden[617]. Obwohl sein Befehl im Einklang stand mit einem kurz danach empfangenen Befehl des XII. Korps, herrschte auf amerikanischer Seite doch keine Einmütigkeit darüber, wie in dieser besonderen Situation zu verfahren sei. Der Verbindungsoffizier des XII. Korps beispielsweise, der sich in den Abschnitt Schlüsselburg begab, wollte zugunsten der fliehenden Russen bis an die Grenze seiner Befugnis gehen. Der Kommandeur des Infanterieregimentes 359 gab den Vlasovleuten zeitweise die Passage frei, während sie an anderer Stelle sogar mit Waffengewalt abgewiesen wurden. Nicht selten wurden Einzelgänger und kleine Gruppen von verständnisvollen amerikanischen Soldaten und Offizieren durch die Linien hindurchgelassen. In Sicherheit befanden sie sich damit aber keineswegs, denn wer hindurchkam, mußte immer noch damit rechnen, von anderen Amerikanern zu Sammelplätzen geführt und im Einklang mit den bestehenden Befehlen den sowjetischen Behörden übergeben zu werden. Unzäh-

lige andere wurden von bewaffneten Tschechen und von Einheiten der Roten Armee, die den abziehenden Amerikanern auf dem Fuße folgten, »wie
wilde Tiere« gejagt und an Ort und Stelle erschlagen oder gefangengenommen. Unter den Angehörigen der 1. Division der ROA gab es auch solche,
die, wie der Kommandeur der Aufklärungsabteilung, Major Kostenko, und
seine Gruppe, die Waffen wieder aufnahmen, um sich in die Wälder zu schlagen und dort kämpfend unterzugehen. Und schließlich gab es eine große Anzahl von Soldaten, die lieber heute freiwillig zu den Sowjettruppen gingen
als morgen ausgeliefert zu werden. Nicht alle würden umgebracht werden,
so meinten sie, »wir kommen in Straflager und werden einmal wieder freigelassen«. Zu denen, die so dachten, gehörte der Regimentskommandeur der
Artillerie, Oberstleutnant Žukovskij, an dessen Äußerung sich der erst in
dieser Stunde ebenfalls die Flucht ergreifende Chef des DVK, Major i. G.
Schwenninger, erinnerte: »Was wollt Ihr, dort ist die Heimat. Ich kann nicht
in der Fremde leben[618].« Zwischen freiwillig übergetretenen und ergriffenen
ROA-Angehörigen wurde auf sowjetischer Seite jedoch in keiner Weise unterschieden. Ein in der Nacht vom 11. zum 12. Mai 1945 mit seiner Einheit
übergetretener Offizier fand schon am folgenden Morgen vor den Augen seiner angetretenen Soldaten den Tod[619]. Die in Panik Flüchtenden wurden mit
Maschinengewehren niedergemäht. Die Gefangenen der 1. Division der
ROA befanden sich seit dem 12. Mai 1945 auf einem Areal unweit von
Schlüsselburg und wurden hier in die drei Gruppen der Offiziere, Unteroffiziere und Mannschaften eingeteilt. Es erschien ein sowjetischer General,
anscheinend ein Angehöriger des Justizdienstes, der alle Offiziere summa-
risch als zum Tode, alle übrigen als zu 25 Jahren Zwangsarbeit verurteilt erklärte. »Einige zehn Offiziere« (neskol'ko desjatkov oficerov) wurden am
Morgen des folgenden Tages vor den Augen der aufgestellten Untergebenen
erschossen. Einer jäh aufbrechenden »unrussischen atavistischen Grausamkeit« fielen wahllos aber auch unzählige einfache Soldaten zum Opfer. Nicht
viel anders erging es den Insassen und dem Pflegepersonal des Divisionsla-
zarettes. Die Verwundeten wurden ohne Rücksichtnahme auf ihren Zustand
aus den Sanitätsautos zu den übrigen Soldaten gezerrt. Ärzte, Krankenschwestern und Sanitätssoldaten waren wie die übrigen Gefangenen Gegenstand der Beleidigung und Gewalt. Sie alle zusammen wurden nach einigen
Tagen, ohne daß sie in dieser Zeit etwas zu essen erhalten hätten, nach Osten
einer düsteren Zukunft entgegengeführt.

Am 12. Mai 1945 hatte sich auch das Schicksal Vlasovs erfüllt, der seit einer Reihe von Tagen resigniert hatte, krank und nur noch ein Schatten seiner selbst war[620]. Vlasov war am Abend des 10. Mai 1945 bei seiner Ankunft
in Schlüsselburg von Hauptmann Donajue korrekt empfangen worden. Dieser amerikanische Offizier, der ihn aufmerksam anhörte, hatte ihm Gele-

genheit gegeben, noch einmal die Beweggründe und Ziele des Kampfes der Russischen Befreiungsbewegung ausführlich darzulegen. Anscheinend wurde auch die Frage der Evakuierung der 1. Division in das Hinterland besprochen, und es wurden einige Vorkehrungen in dieser Hinsicht getroffen. Dem gutgemeinten Vorschlag Donajues, sich bereits vorher im Gefolge freigelassener britischer Kriegsgefangener oder von Zivilpersonen auf deutsches Gebiet zu begeben, lehnte Vlasov wiederum unter Hinweis auf das ungewisse Schicksal seiner Soldaten ab. Als am Morgen des 12. Mai 1945 die Entscheidung fiel, die der russischen Division den Weg nach Westen verschloß, wurde ihm bedeutet, er werde im Stab des amerikanischen Generals erwartet. Die Berichte einiger ROA-Offiziere, die Zeuge der nun folgenden Geschehnisse waren, geben Aufschluß darüber, was sich auf der Fahrt nach Westen abspielte. Zieht man zugleich die Sowjetdarstellung heran, so irreführend sie in einigen Punkten nachweislich ist, so läßt sich der Umstand der Gefangennahme Vlasovs mit einiger Sicherheit rekonstruieren. Nach der sowjetischen Version, die auf die Fassung des Generals Fominych zurückgeht, soll Vlasov einem Handstreich zum Opfer gefallen sein[621]. Der Kommandeur des motorisierten Schützenbataillons der Vorausabteilung der 162. Panzerbrigade, Hauptmann Jakušev, habe einen Bataillonskommandeur der 1. Division, Hauptmann Kučinskij, der seinen Kopf retten, oder, wie Armeegeneral Štemenko schreibt, »in letzter Stunde seine Schuld abtragen« wollte, auf seine Seite ziehen können. Im Wagen Kučinskijs habe Jakušev die Schlüsselburg verlassende Stabskolonne überholt und angehalten. Während mit Maschinenpistolen bewaffnete sowjetische Soldaten herankamen, sei es ihm mit Hilfe Kučinskijs und eines Fahrers gelungen, Vlasov zu identifizieren und mit vorgehaltener Waffe zum Einsteigen in seinen Wagen zu zwingen.

In der Sicht der ROA-Offiziere Pekarskij, Resler, Antonov und Donorov hat sich die Gefangennahme Vlasovs allerdings ein wenig anders abgespielt. Untersucht man ihre nicht in allen Teilen übereinstimmenden Berichte, so ergibt sich ungefähr folgender Ablauf des Geschehens: Am 12. Mai 1945, um 14.00 Uhr, verließ eine Wagenkolonne das Schloß Schlüsselburg, an der Spitze ein amerikanischer Jeep, dahinter zwei Wagen des Divisionsstabes, im vorderen Generalmajor Bunjačenko, Oberstleutnant Nikolaev (dieser am Steuer), Oberleutnant Pekarskij und ein weiterer Offizier. Es folgten zwei Wagen des Oberkommandierenden, den Abschluß bildeten ein oder zwei amerikanische Panzerfahrzeuge. Vlasov selbst befand sich mit seinem Adjutanten, Hauptmann Antonov, und Oberleutnant Resler als Dolmetscher im vorderen, von dem Soldaten Luk'janenko gesteuerten Wagen des Armeestabes, einem Auto vom Typ »Wanderer«. Unterwegs sei Nikolaev von dem Fahrer eines am Wege haltenden Wagens, einem ihm offensichtlich bekannten Unteroffizier, mit den Worten angesprochen worden: »Wohin fahren Sie,

Herr Oberstleutnant?« Er habe demselben daraufhin zugerufen, sich anzuschließen: »Fahr mit uns, Miša!« Dieser Wagen, offenbar der Kučinskijs, in
dem sich auch Jakušev befand, habe die Kolonne einige Kilometer südlich
von Schlüsselburg, am Übergang über das Flüßchen Kopřivnice, überholt
und zum Halten gebracht, indem er sich querstellte. Jakušev sei zunächst an
den Wagen des Generalmajors Bunjačenko herangetreten, der der Aufforderung zum Aussteigen aber nicht Folge leistete, da er sich als Gefangener der
amerikanischen Armee betrachtete. Kurz darauf seien die Insassen des Au-
tos, in dem sich Vlasov befand, von Jakušev und sowjetischen Soldaten veranlaßt worden, ihren Wagen zu verlassen. Oberleutnant Resler sei daraufhin
zu dem amerikanischen Offizier gegangen, der den Konvoi leitete, um ihn
zum Einschreiten zu bewegen, doch hätten die Amerikaner nicht reagiert,
sondern nur stumm die Szene betrachtet. Luk'janenko und Antonov hätten
einen entstandenen Wortwechsel ausgenutzt, um ihren Wagen herumzu-
werfen und nach Schlüsselburg zum Schloß zurückzufahren. Vlasov, dem
sich aus freien Stücken auch Resler anschloß, sei endlich mit vorgehaltener
Waffe zum Einsteigen in den Wagen Kučinskijs gezwungen und in schneller
Fahrt zum Stab des 25. Panzerkorps gebracht worden. Davon daß Vlasov, wie
von sowjetischer Seite behauptet, noch einen kläglichen Fluchtversuch unternahm, könne jedenfalls keine Rede sein. Der Empfang im Stabsquartier
des 25. Panzerkorps sei übrigens noch einigermaßen korrekt gewesen. Sowjetische Offiziere und Soldaten hätten sich sogar mit Interesse und einem
gewissen Wohlwollen Resler zugewandt. Allerdings will General Fominych
unter der Androhung der sofortigen Vernichtung seiner »Bande« von Vlasov
einen Befehl an die Soldaten der 1. Division der ROA erzwungen haben, sich
der Roten Armee zu ergeben. Vlasov, Bunjačenko und andere Offiziere seien
nach ersten Verhören durch die Spionageabwehr »SMERŠ« in den Stab der
13. Armee gebracht und auf Befehl des Marschalls Konev anschließend von
Dresden aus nach Moskau geflogen worden.

Die Umstände der Gefangennahme Vlasovs, die Tatsache, daß ihm wie
auch seinen Begleitern vorher die Waffen abgenommen und sie aus einem
von US-Soldaten geleiteten Konvoi gewaltsam entführt worden waren, ohne
daß diese einschritten, legen den Schluß nahe, sie seien den Sowjets absichtlich in die Hände gespielt worden. In den russischen Berichten ist von einem
amerikanischen Obersten namens Martin die Rede, angeblich Kommandant
eines Gefangenenlagers bei Horažďovice, wahrscheinlicher aber einem Offizier aus dem Stabe des XII. Korps, dessen dienstliche Aufträge ihn jedenfalls irgendwie in Verbindung mit der Roten Armee brachten[622]. Dieser
Oberst Martin soll plötzlich auf dem Schauplatz des Geschehens erschienen
sein und die amerikanischen Soldaten angewiesen haben, sich in diese »russischen Angelegenheiten« (russkie dela) nicht einzumischen. Es spricht ei-

niges für diese von Kromiadi und anderen vertretene Hypothese. Nur, dies eine läßt sich mit Gewißheit feststellen, der Kommandant von Schlüsselburg, Hauptmann Donajue, hatte mit diesen Machenschaften nichts zu tun. Die Berichte aller Augenzeugen stimmen darin überein, daß Donajue nichts unversucht gelassen hat, um der 1. Division einen Durchlaß durch die amerikanischen Linien zu erwirken und Vlasov selbst die Flucht zu ermöglichen. Noch in der Nacht nach der Gefangennahme Vlasovs brachte er persönlich die im Schloß befindlichen Russen – Oberstleutnant Tenzorov, Major Savel'ev, Hauptmann Antonov, Leutnant Donorov, den Fahrer Luk'janenko und einige weitere Personen – tief in das amerikanische Hinterland, händigte ihnen Papiere aus und entließ sie. Amerikanische Offiziere und Soldaten haben auch an anderer Stelle Leben oder Freiheit von Vlasovsoldaten durch ihre verständnisvolle Haltung gerettet. Erwähnt in diesem Zusammenhang sei der Kommandant von Friedberg, der sich auf Bitten des Kommandeurs der Reservebrigade der ROA, Oberst Kojda, sofort bereit erklärt hatte, Entlassungsscheine für die Brigadeangehörigen auszustellen[623]. Innerhalb von 10 Tagen konnten auf diese Weise 15 Offiziere und 600 Mann nach Bayern gelangen, wo sie untertauchten. Die Entlassungsaktion wurde erst auf Veranlassung von Generalmajor Meandrov hin eingestellt, der seine ganze Hoffnung zu dieser Zeit schon auf die Amerikaner gesetzt hatte und als jetziger Vertreter Vlasovs Wert darauf legte, die Masse der Soldaten der ROA für die Zukunft zusammenzuhalten. Er sollte sich grausam getäuscht sehen.

Anmerkungen

599 Auský, Vojska generála Vlasova, S. 179 f.; Auski, Predatel'stvo, S. 227.
600 Archipov, Vospominanija, S. 26, Archiv des Vf.
601 Buderackij-Redaktoru gazety »Golos Naroda«, 3. 12. 1951, BA-MA MSg 149/8.
602 Schwenninger, Bericht, S. 23 f., IfZ.
603 Šatov, Otvet na voprosy učastnikov Osvoboditel'nogo Dviženija, in: Novoe Russkoe Slovo, 4. 2. 1962; Archipov, O peregovorach Pervoj Divizii ROA, ebd., 20. 5. 1962.
604 Dyer, XII Corps, S. 434; Steward, Thunderbolt, S. 140, 142; Pogue, The Supreme Command, S. 505.
605 Antonov, Poslednie dni generala Vlasova, BA-MA MSg 149/48; Vospominanija o Vlasove, ebd.; Antonov (po zapisi B. Jakovleva, 1946), Praga–Pil'zen–Šljusselburg, in: S Narodom za Narod, Dezember 1965, H. 5; Zapis' oprosa kap. Antonova sdelana polkovnikom Pozdnjakovym, 1946, in: Pozdnjakov, Andrej Andreevič Vlasov, S. 431 ff.; Pekarskij, Kak byl zachvačen general Vlasov, ebd., S. 416 ff.; Resler, Vot čto sochranilos' v pamjati, in: S Narodom za Narod, Dezember 1965, H. 5; Pozdnjakov, Poslednie dni, in: Golos Naroda, 1951, Nr. 33, Nr. 34.
606 Fominych, Kak byl pojman predatel' Vlasov, in: Izvestija, Nr. 239, 7. 10. 1962; Kromiadi, Istoričeskaja pravda po sovetski – General Fominych i ego vospominanija, BA-MA MSg 149/48; Auski, Predatel'stvo, S. 235, zitiert eine Angabe der 90. InfDiv über die Begegnung des amerikanischen und des sowjetischen Korpskommandeurs.
607 Istorija, Bd 5, S. 328 f.; Schtemenko, Im Generalstab, Bd 2, S. 500.

608 Pozdnjakov, Pervaja Pechotnaja Divizija, fol. 24, BA-MA MSg 149/49.

609 Pekarskij, Kak byl zachvačen general Vlasov, in: Pozdnjakov, Andrej Andreevič Vlasov, S. 416 ff.

610 Vyderžki iz vospominanija polkovnika Artem'eva, S. 15 f., BA-MA MSg 149/49.

611 Pozdnjakov, O peregovorach 1-oj divizii ROA s sovetčikami, in: Novoe Russkoe Slovo, 9. 6. 1962; ders., Andrej Andreevič Vlasov, S. 395 ff.

612 Siehe Anm. 603.

613 Steenberg, Wlassow, S. 222; Pozdnjakov, Andrej Andreevič Vlasov, S. 440, 446.

614 Blumenson, The Patton Papers, Bd 2, S. 696.

615 Ebd., S. 701; vgl. Anm. 604; Auský, Vojska generála Vlasova, S. 170 ff.; Auski, Predatel'stvo, S. 216 ff.

616 Archipov, Vospominanija, S. 26 ff., Archiv des Vf.; Pozdnjakov, Poslednie dni, in: Golos Naroda, 1951, S. 34.

617 Auský, Vojska generála Vlasova, S. 193 ff., sowie Auski, Predatel'stvo, S. 235 ff., 247 f., auf-grund amerikanischer Unterlagen.

618 Schwenninger, Bericht, S. 26, IfZ.

619 Auský, Vojska generála Vlasova, S. 206 ff., 195; Auski, Predatel'stvo, S. 263, 249, 264.

620 Siehe Anm. 605; Pozdnjakov, Kak sovetčiki zachvatili generala A. Vlasova, in: Novoe Rus-skoe Slovo, 16. 10. 1962.

621 Siehe Anm. 606; Istorija, Bd 5, S. 328 f.; Konev, Sorok pjatyj, S. 259; Matronov, Za zlatu Pragu, S. 95 f.; Pern, V vichre voennych let, S. 110; Schtemenko, Im Generalstab, Bd 2, S. 499.

622 Auský, Vojska generála Vlasova, S. 244, 198; Auski, Predatel'stvo, S. 253, 310. Ein Oberst Paul M. Martin war Stellvertreter des Chefs des Stabes des XII. Korps, siehe Dyer, XII Corps, S. 534. Souvarine, Stalin, S. 624, schreibt, »durch nichts« werde »die Tat der ver-antwortlichen Amerikaner entschuldigt«, die Vlasov, »der vor ein unparteiisches Gericht im Westen hätte gestellt werden müssen, an Stalin, das heißt an seinen Henker, ausgelie-fert haben«.

623 Kojda, Zapasnaja brigada, Archiv des Vf.; Kap. B.N.P., Poslednie dni ROA, in: Naša Strana, BA-MA MSg 149/8.

_____ 12 _____
Die Auslieferung

Während die rund 20 000 Mann der Nordgruppe der ROA (Oberkommandierender und 1. Division) sich in ihrer Mehrheit bereits in sowjetischer Hand befanden, waren Teile der 25 000 Mann zählenden Südgruppe (Armeestab, Offizierreserve, Offizierschule, 2. Division, Reservebrigade, Wachbataillon, Baubataillon und andere Einheiten) von den Amerikanern in Kladenské Rovné-Friedberg und nach dem 26. Mai 1945 in Landau in Bayern konzentriert worden. Die Soldaten selbst fühlten sich als Kriegsgefangene oder, da eine Bewachung in den ersten Wochen fast völlig fehlte und die Offiziere sogar im Besitz ihrer Handfeuerwaffen blieben, als Militärinternierte der amerikanischen Armee. Die im ganzen großzügige Behandlung durch die Gewahrsamsmacht, dazu wohlwollende, wenn auch nicht autorisierte Erklärungen amerikanischer Offiziere, alle Militärpersonen der ROA würden demobilisiert und in den zivilen Status überführt werden, ließen anfangs eine zuversichtliche Stimmung aufkommen und gaben der Hoffnung Auftrieb, die Idee der Befreiungsbewegung auch unter den veränderten Bedingungen wachhalten zu können[624]. Bereits in den ersten Tagen der Gefangenschaft in Kladenské Rovné hatten sich Offiziere des Armeestabes mit einigen anwesenden Mitgliedern des KONR zusammengefunden, um in Fortsetzung des Befreiungskomitees auch ein politisches Führungsorgan zu schaffen[625]. Den Vorsitz in dem neugebildeten Gremium, bei dem es sich selbstredend nur um eine aus der Situation heraus geborene Improvisation handelte, übernahm der bisherige Chef der Offizierschule der ROA, Generalmajor Meandrov, der bereits während der Abwesenheit Truchins das Kommando innehatte. Sein Stellvertreter wurde der bisherige Chef der Operationsabteilung des Armeestabes, Oberst Nerjanin, weitere Mitglieder waren Oberst Bogdanov (bisher Chef des Stabes der 2. Division), Oberst Bogun, Major Čikalov (bisher Chef der Spionageabwehr des Armeestabes), Major Conev, Oberst Denisov (bisher Chef der Organisationsabteilung des Armeestabes), Oberstleutnant Gračev (bisher Chef der Aufklärungsabteilung des Armeestabes), Hauptmann Professor Grečko, Oberstleutnant Korbukov (bisher Chef der nachrichtentechnischen Abteilung des Armeestabes), Oberst Professor Novikov (bisher Chef der Sanitätsabteilung des Armeestabes), Major Muzyčenko und Major Tarchov.

Eingaben an die Amerikaner ließen in der ersten Phase der Gefangenschaft noch weitgehende Erwartungen hinsichtlich einer Wiederaufnahme der politischen Tätigkeit erkennen. Ein Memorandum des Generalmajors Meandrov aus diesen Tagen und der von ihm erlassene Befehl Nr. 15 liegen im Wortlaut nicht mehr vor, dürften aber dem Inhalt eines Schreibens entsprochen haben, das Generalmajor Borodin, ein Altemigrant, Kommandeur eines Donkosakenregimentes der Gruppe Turkul', am 20. Mai 1945 aus dem Gefangenenlager Bischofshofen an das »Hauptquartier der anglo-amerikanischen Streitkräfte in Deutschland« gerichtet hatte[626]. Dieses ist, wie eine Reihe ähnlicher Dokumente, durch zwei Momente gekennzeichnet. Einmal durch die unvermindert fortdauernde Gegnerschaft zu der Diktatur des Bolschewismus in Rußland und zum anderen durch das jetzt nur allzuverständliche Bemühen, den Gegensatz zwischen der Russischen Befreiungsbewegung und dem nationalsozialistischen Deutschland hervortreten zu lassen und erstere in die Ideenwelt demokratischer Bestrebungen einzuordnen. Es wird in diesem Sinne ausgeführt, daß die in Wirklichkeit längst bestehende russische Widerstandsbewegung die Gelegenheit zu einem »offenen ideellen und bewaffneten Kampf« gegen das Sowjetsystem erst durch den deutsch-sowjetischen Konflikt erhalten habe. Ein Bündnis mit Deutschland sei unter den gegebenen Umständen »historisch und logisch unausweichlich« gewesen, da nur dieses die erforderliche materielle und organisatorische Hilfestellung habe geben können. Deutschland habe der Befreiungsbewegung im Grunde jedoch immer mit Mißtrauen gegenübergestanden und daher die Ausprägung politischer Organisationsformen behindert und es auch unterlassen, Waffen in erforderlichem Umfange bereitzustellen. Ungeachtet dieser wenig günstigen Bedingungen sei es dem Oberkommandierenden, Generalleutnant Vlasov, und dem KONR jedoch gelungen, das »ungeheure Potential der antibolschewistischen Befreiungsbewegung« sichtbar zu machen und auch unzählige russische Menschen aus der deutschen Gefangenschaft zu befreien. Für die Offiziere und Soldaten der ROA, die sich selbst als Freiheitskämpfer für ein neues Rußland verstanden, sei es jetzt nach dem Kriege unmöglich, in die Heimat zurückzukehren, weil das ihren »physischen oder bürgerlichen Tod« bedeuten würde. Generalmajor Borodin sprach daher die Bitte um Gewährleistung der persönlichen Sicherheit und eines menschenwürdigen Daseins außerhalb der deutschen Vormundschaft aus, auch bat er darum, sobald wie möglich mit dem Oberkommandierenden und mit dem, wie man meinte, noch bestehenden Befreiungskomitee in Verbindung treten zu können.

Die jetzt so stark Ausdruck findende Abwendung von dem früheren deutschen Verbündeten, dazu die Betonung des Anliegens, in Rußland Bedingungen herstellen zu wollen, wie sie auch in den demokratischen Ländern herrschten, »Gerechtigkeit und sozialen Frieden«, ferner das Bemühen um

13 u. 14
Berlin, 18. 11. 1944:
Kundgebung des KONR im
Europahaus.
Ovationen für General Vlasov
(oben).
Vlasov mit Generalleutnant
Malenkov und Generalmajor
Truchin (unten)

15, 16 u. 17
Berlin, 18. 11. 1944: Kundgebung des KONR im
Europahaus
Oben: Generalmajor Truchin, Generalleutnant
Žilenkov, Generalleutnant Vlasov, Generalmajo
Malyškin, Präsidialmitglieder. Stehend: Oberst
Pozdnjakov und Oberst Sacharov.
Mitte: Metropolit Anastasij und Metropolit
Serafim (v. r.).
Unten: Transparent: »Nieder mit der stalinisti-
schen Tyrannei! Es leben die freien Völker
Rußlands!«

Dabendorf, Ende 1944:
Oberst Pozdnjakov, General-
major Truchin, Generalmajor
Bgdanov, Generalleutnant
Vlasov (v. r.)

Münsingen, 10. 2. 1945:
Übernahme des Oberbefehls
durch Generalleutnant Vlasov

20 u. 21
Münsingen,
10. 2. 1945:
Generalleutnant
Vlasov übernimmt
den Oberbefehl.
Oben: Generalleut-
nant Vlasov und Ge-
neral der Kavallerie
Köstring, hinten
Generalmajor
Bunjačenko.
Unten: Die Offiziere
wenden die in der
Wehrmacht nach
dem 20. Juli 1944 ein
geführte militärische
Grußform an, die
auch in der ROA bis
Februar 1945 galt.

eine »brüderliche Zusammenarbeit mit anderen Völkern der alten und neuen Welt«, war eine geschickte Anpassung an die Erfordernisse der beginnenden Nachkriegszeit. Freilich konnten sich die Russen mit gutem Recht darauf berufen, daß derartige Ziele bereits im Prager Manifest vom 14. November 1944 proklamiert worden waren. Wenn Borodin und andere im gleichen Atemzuge allerdings die Bereitschaft erklärten, sofort wieder die Waffen in die Hand zu nehmen zur »Verteidigung der Kultur der ganzen Menschheit gegen die schreckliche und ununterbrochene Bedrohung durch den Bolschewismus«, so übersahen sie das entscheidende Moment. Daß nämlich das Kriegsbündnis mit der Sowjetunion zu dieser Zeit noch unerschüttert war und die Westmächte einen jeden auch als ihren Feind ansahen, der sich gegen das Regime Stalins auflehnte.

Alle Versuche, die politischen Sympathien der USA und Großbritanniens auf dieser Grundlage für die Russische Befreiungsbewegung zu gewinnen, waren daher von vornherein zum Scheitern verurteilt. Spätestens am 6. Juli 1945 hielt auch General Meandrov den Versuch einer Fortsetzung der politischen Arbeit im bisherigen Sinne für nutzlos. Von nun an konnte es nur noch um Leben und Freiheit der ROA-Soldaten gehen. In dem Bestreben, die ihnen unmittelbar drohenden Gefahren abzuwenden, legten Meandrov wie auch die Generalmajore Assberg und Sevast'janov vom Armeestab größten Wert darauf, die militärische Organisation und die innere Ordnung in der jetzigen »Gruppe der Truppen der ROA unter General Meandrov« in vollem Umfange aufrechtzuerhalten[627]. Nach wie vor trugen die Offiziere beispielsweise ihre Rangabzeichen, jetzt möglichst nach russischem Muster. Die Grußpflicht wurde streng geübt. »Organisiertheit, Disziplin, innere Ordnung [...] darüber hinaus Arbeitsliebe und Initiative und Ehrenhaftigkeit«, so erklärte Meandrov am 4. Juli 1945 vor einer Versammlung von Offizieren und Soldaten, seien die Mittel, um zu erreichen, von den Amerikanern als ein für die Besatzungstruppen nützlicher Faktor anerkannt zu werden[628]. Zunächst mochte es auch den Anschein haben, als würden die Erwartungen erfüllt. Generalmajor Borodin, der am 30. Juni 1945 in das Lager Landau übersiedelte, hob das gute und disziplinierte Erscheinungsbild der ROA-Soldaten im Gegensatz zu seinen eigenen, schon etwas derangierten Leuten lobend hervor. Auch die Amerikaner blieben offenbar nicht unbeeindruckt. Im Juli 1945, wahrscheinlicher aber bereits im Mai, hatte Oberst Hendford an Meandrov die vertrauliche Frage gerichtet, wie dieser sich zu einer Entsendung des ROA-Truppenkörpers in den Fernen Osten zum Zwecke einer Beteiligung an dem Krieg gegen Japan verhalten würde. Hier schien sich ein Ausweg zu eröffnen. Die Frage war Gegenstand einer ausgiebigen Beratung der führenden Offiziere, in der schließlich der einstimmige Beschluß gefaßt wurde, ein derartiges Angebot anzunehmen, zugleich aber darauf zu dringen, daß ein eigener russischer Truppenverband unter nationalem Kommando gebildet werde. Auch gegen die wohl gleichzeitig ventilierte Frage einer Verwendung der Vlasoveinheiten in den rückwärtigen Diensten der amerikanischen Besatzungsarmee erhoben sich keine Einwendungen.

Die in Kladenské Rovné und Landau internierten Teile der Südgruppe der ROA fühlten sich in diesen Wochen tatsächlich noch immer als eine Art Verhandlungspartner mit einer gewissen Entscheidungsfreiheit. Dieser Eindruck wurde noch verstärkt durch das auffällige Bemühen sowjetischer Militärinstanzen um die Herstellung eines Kontaktes zu der Führung der ihnen bisher entkommenen ROA-Soldaten. Der Befehlshaber der Roten Armee im Abschnitt Krumau hatte Generalmajor Meandrov am 24. Mai 1945 zu einer Besprechung in seinen Stab gebeten und schließlich einen Major mit dem Angebot entsandt, er möge mit seiner Truppe doch in die sowjetisch besetzte Zone übertreten[629]. In Krumau ist es auf amerikanischen Wunsch hin tatsächlich zu einer unmittelbaren Berührung von Offizieren der ROA mit Offizieren der Roten Armee gekommen. So trafen hier der Kommandeur der Reservebrigade, Oberst Kojda, sowie die ihm unterstehenden Offiziere im Oberstenrang Baryšev, Kobzev, Trofimov und Sadovnikov mit einer Delegation höherer sowjetischer Offiziere zusammen[630]. Auch bei dieser Verhandlung ging es um das Problem einer freiwilligen Rückkehr der Brigadeangehörigen, auf die die Sowjetdelegation mit allen Mitteln hinzuwirken suchte. Kojda erklärte den sowjetischen Offizieren jedoch unverblümt, er und seine Kameraden, kriegsgefangene oder übergelaufene Offiziere und Soldaten der Roten Armee, seien nicht »eines Stückes Brot« wegen in die Armee des Generals Vlasov eingetreten, sondern bewußt und freiwillig als Kämpfer für eine politische Idee. Sie alle dächten nicht daran, in die Heimat zurückzukehren, solange die gegenwärtigen Verhältnisse dort andauerten. Die Konferenz, an der auch ein US-General teilnahm, der sich wichtige Passagen übersetzen ließ, dürfte für die anwesenden Amerikaner recht instruktiv gewesen sein, zumal da der sowjetische Wortführer vielsagend an das Schicksal der in der Sowjetunion befindlichen Familienangehörigen der ROA-Soldaten erinnerte.

Die politische Taktik Meandrovs, die darauf hinauslief, das Vertrauen der Amerikaner zu gewinnen, hatte zur Folge, daß nur eine Minderheit seiner Leute, an einer Stelle wird von 1400 Mann gesprochen, die in Kladenské Rovné und Landau noch reichlich gegebene Möglichkeit zu einer individuellen Flucht ausnutzte. Die Mehrheit folgte bereitwillig der Weisung ihres Generals, die weitere Entwicklung in Ruhe abzuwarten. Doch schon zu Anfang August 1945 begannen sich die Verhältnisse in Landau merklich zu verschlechtern. Sowjetische Kommissionen, die wiederholt das Lager besuchten, hatten erkannt, daß alle Bemühungen, die russischen Soldaten zur

Rückkehr in die Sowjetunion zu bewegen, fruchtlos bleiben mußten, solange sie nicht dem Einfluß ihrer Führer entzogen wurden und die militärische Organisation der ROA endgültig zerschlagen war. Auf sowjetisches Betreiben hin wurden am 7. August 1945 zunächst die sechs Generale – die ehemaligen Sowjetbürger Meandrov, Assberg, Sevast'janov und die Altemigranten Angeleev, Belogorcev, Borodin – nach Regensburg in ein umzäuntes und bewachtes Kriegsgefangenenlager überführt. Um die Monatsmitte erfolgte die Trennung der Offiziere von den Mannschaften, die Offiziere kamen ebenfalls nach Regensburg, die Soldaten nach Passau[631]. Am 29. Oktober 1945 wurden beide Kategorien in Plattling versammelt, die Generale am 4. November 1945 aber nach Landshut verlegt. Es begann ein strengeres Regime. Am 17. November 1945 nahm eine amerikanisch-sowjetische Kommission zur Erfassung ehemaliger Sowjetbürger ihre Tätigkeit auf. Die Auslieferung begann ihre Schatten zu werfen.

Die Rückführung aller im anglo-amerikanischen Gebiet befindlichen Personen sowjetischer Staatsangehörigkeit am Stichdatum des 1. September 1939, insbesondere der in »deutscher Uniform« gefangengenommenen Angehörigen der Freiwilligenverbände einschließlich der ROA, war am 11. Februar 1945 in Jalta vereinbart worden und sollte ohne Ausnahme und ohne Rücksichtnahme auf die persönlichen Wünsche der Betroffenen notfalls mit Gewalt erfolgen. Über Vorgeschichte und Ablauf dieser unter dem Begriff der »Repatriierung« zusammengefaßten Auslieferungsaktionen ist durch die Forschungen vor allem von Naumenko, Epstein, Bethell und Tolstoy hinreichend Klarheit geschaffen worden[632]. Es sollte in diesem Zusammenhang aber betont werden, daß die Auslieferungen bereits am 31. Oktober 1944, Monate vor der Vereinbarung von Jalta, eingesetzt hatten[633]. Im Jahre 1930 noch hatte der jetzige britische Premierminister, Churchill, von der Notwendigkeit eines Kampfes gegen »diese niederträchtige Affenschande von Bolschewismus« gesprochen, durch den »die Grenzen Asiens und die Zustände der finstersten Zeitalter [...] vom Ural bis zu den Pripjetsümpfen vorgeschoben« und Rußland »in einem endlosen Winter inhumaner Doktrinen und übermenschlicher Barbarei« erstarrt sei[634]. »Wenn Rußland gerettet werden soll, wie ich bete, daß es gerettet werden möge«, so hatte er geschrieben, »muß es durch Russen gerettet werden. Nur durch russische Tapferkeit und russische Tugend kann die Erlösung und die Wiedergeburt dieser einst mächtigen Nation und dieses vortrefflichen Zweiges der europäischen Familie vollbracht werden.« Und eben diese Russen, auf die Churchill einst gerechnet hatte, wurden 1944/45 auf Betreiben der Regierung Churchill und des Foreign Office den Bolschewiki ausgeliefert, weil es der Londoner Politik jetzt darauf ankam, das Wohlwollen der Sowjetunion für Großbritannien zu erwerben. Wie Außenminister Eden schrieb, wollte die britische Regierung bewußt darauf verzichten, »sentimental zu sein«. Der Politik der Zwangsrepatriierung fielen in der ersten Phase vor allem die uniformierten Angehörigen der an der Invasionsfront eingesetzten Freiwilligenverbände zum Opfer, die sich in britische Kriegsgefangenschaft begeben hatten, dies teilweise im Vertrauen auf Zusicherungen der alliierten Frontpropaganda, eine Auslieferung werde nicht stattfinden[635]. Von britischem Boden aus wurden zwischen 1944 und 1946 insgesamt 32 259 Kriegsgefangene dieser Kategorie in die Sowjetunion verschifft[636]. Schon wenige Wochen nach Kriegsende fand die in Jalta vereinbarte Repatriierungsklausel erstmals auch Anwendung auf eine umfangreiche Personengruppe, die formal inzwischen mit der Befreiungsarmee des Generals Vlasov verschmolzen war. Es handelte sich hierbei um die in Kärnten versammelten Kosakenverbände auf deutscher Seite, und zwar um die Kazačij stan des Generalmajors Domanov, rund 24 000 Uniformierte und Zivilpersonen umfassend, im Raum Lienz, um die 4800 Köpfe zählende Kaukasiergruppe unter General Sultan-Girej Klyč bei Oberdrauburg sowie vor allem um das 30 000 bis 35 000 Mann starke XV. Kosakenkavalleriekorps unter dem deutschen Generalleutnant v. Pannwitz im Raum Feldkirchen–Althofen–Klein St. Paul. Die Auslieferung dieses Personenkreises fiel in die Zuständigkeit des Obersten Alliierten Befehlshabers im Mittelmeerraum (SACMED), des britischen Feldmarschalls Alexander, der einst während des Interventionskrieges 1919/20 als Oberstleutnant zeitweise die Baltische Landeswehr im Kampf gegen die Bolschewiki befehligt hatte. Feldmarschall Alexander scheint tatsächlich zunächst auch gezögert, dann aber strikte Weisungen von höchster Stelle, vermutlich von Premierminister Churchill persönlich, erhalten zu haben, die ihm keine andere Wahl ließen und die er – auch unter dem bestimmenden Einfluß seines politischen Beraters, MacMillan, des späteren Premierministers – widerstrebend befolgte[637]. Über die Konsequenzen seiner Handlungsweise war er sich jedenfalls im klaren, sprach er doch schon am 17. Mai 1945 in einem Telegramm an die Combined Chiefs of Staff davon, eine Auslieferung der Kosaken »might be fatal to their health«[638]. Sein Chef des Stabes, General Morgan, nannte die Dinge beim Namen, als er am 28. August 1945 im Hinblick auf die zur Frage stehende Deportation einer Restgruppe erklärte, »that those unfortunate individuals are being sent to an almost certain death«.

Die in britischen Armeeakten als eine militärische »Operation« erscheinende Zwangsauslieferung von 50 000 bis 60 000 Kriegsgefangenen und Flüchtlingen war vom Stabe des britischen 5. Korps unter der Führung von Generalleutnant Keightley und den beteiligten Truppenverbänden (36. Infanteriebrigade, 78. Infanteriedivision, 7. Panzerbrigade, 6. Panzerdivision, 46. Infanteriedivision) sorgfältig vorbereitet worden[639]. Zur Anwendung sollten zunächst Täuschungsmanöver gelangen, doch sah man sich bald genötigt, brutale Methoden anzuwenden. Diese Deportation,»in ihrer heimtückischen Art«, entsprach, wie Solženicyn später urteilte,»ganz dem Stil der traditionellen britischen Diplomatie«[640]. Der Vorgang spielte sich in der Weise ab, daß am 28. Mai 1945 die 2756 Offiziere des Generalmajors Domanov unter der Vorspiegelung einer Zusammenkunft mit Feldmarschall Alexander von ihren Untergebenen und Familienangehörigen getrennt und in ein scharf bewachtes Lager nach Spittal verbracht wurden[641]. Es handelte sich um 35 Generale, unter ihnen der als Schriftsteller weltbekannte General der Kavallerie P. N. Krasnov, ferner S. Krasnov, Domanov, Vasil'ev, Solomachin, Bedakov, Tarasenko, Silkin, Golovko, Tichockij, Tichoreckij, Zadochlin, Skljarov, Bednjagin, Besedin, Tolstov, Esaulov, Golubov, A. S. Škuro, Luk'janenko, Šelest', Černogorcev. Generalleutnant A. G. Škuro war bereits am 25. Mai 1945 von den Briten verhaftet worden. Zu den 167 Obersten gehörten Šornikov, Bondarenko, Medynskij, Maslov, Zimin, Časovnikov, Čebunjaev, Kočkonogij, Jakucevič, Belyj, Michajlov, Kolpakov, Zotov, Korol'kov, Tjunin, Bereznevij, Černov, Luk'janenko, Domanov, Kuzub, Egorov, Poluchin, Chrenijkov, Kopotkov, Kisjancev. In die Kategorie dieser Offiziere fielen ferner 283 Vojskovye staršiny (Oberstleutnante), 375 Esauly (Majore), 460 Podesauly (Kapitäne), 526 Sotniki (Oberleutnante), 756 Chorunžii (Leutnante), 124 Militärbeamte, 15 Sanitätsoffiziere, 2 Militärfotografen, 2 Feldgeistliche, 2 Musikmeister, 2 Dolmetscher, 5 Verbindungsoffiziere der ROA. Einige der Festgenommenen vermochten sich der Auslieferung am folgenden Tage durch die Flucht zu entziehen. Andere, wie General Silkin, begingen Selbstmord, und andere wiederum wurden von den Briten auf der Flucht erschossen. Die überwiegende Mehrheit der Kosakenoffiziere, unter ihnen 125 kaukasische Offiziere des Generals Sultan-Girej Klyč, wurde am 29. Mai 1945 nach Judenburg transportiert und dort den Organen des »SMERŠ« übergeben[642].

Bei 1430 der ausgelieferten Offiziere handelte es sich um Altemigranten, die niemals Sowjetbürger gewesen waren. Nicht wenige von ihnen, so der General der Kavallerie Krasnov, hatten als Verbündete Großbritanniens an der Seite britischer Interventionstruppen gegen die Bolschewiken gekämpft. Generalleutnant Škuro war vom König mit dem Order of the Bath ausgezeichnet worden. Doch alle Versuche Krasnovs, den Feldmarschall Alexander an die alte Waffenbrüderschaft zu erinnern, waren ohne Widerhall geblieben. Daß auch diese, selbst nach der Vereinbarung von Jalta einer Repatriierung nicht unterliegenden kosakischen Offiziere, dazu 3000 weitere Altemigranten der Gruppe Domanov, den Sowjetbehörden übergeben wurden, war auch nicht etwa auf einen Zufall zurückzuführen, sondern war ein fester Bestandteil des britischen Auslieferungsplanes[643]. Wenn das Foreign Office allerdings gemeint haben sollte, hierdurch die besondere Anerkennung der Sowjetbehörden zu erwerben, so sah es sich getäuscht. Die Handlungsweise der britischen Regierung rief auf sowjetischer Seite erst Verblüffung, dann aber unverhohlene Verachtung hervor, wurde sie doch richtig als das gedeutet, was sie in Wirklichkeit auch war, ein politisch-moralisches Verfallssymptom[644]. »Die Briten übergaben die für sie jetzt wertlosen weiß-gardistischen Generale und ihre Soldateska den sowjetischen Behörden«, vermerkte noch Armeegeneral Štemenko hohnvoll in seinen Erinnerungen. Von Oberleutnant N. N. Krasnov, dem Enkel des legendären Generals und Schriftstellers, sind die Worte überliefert, die der General des MVD Merkulov den Krasnovs gegenüber während eines Verhörs in der Lubjanka gebrauchte: »Die Tatsache, daß Sie den Engländern vertrauten, war eine wirkliche Dummheit, denn diese sind große Kaufleute, die alles und jeden verkaufen, ohne mit der Wimper zu zucken. [...] Wir lassen sie jetzt wie pawns nach unserer Pfeife tanzen [...], aber es wird für unsere schweifwedelnden grunzenden Alliierten keine Gnade geben[645].«

Die Beseitigung des Führungspersonals bildete den Auftakt der auf den 31. Mai und 1. Juni 1945 angesetzten Deportation der Masse der Kosaken und Kaukasier im Raum Lienz-Oberdrauburg. Am 31. Mai und an dem folgenden Tag wurden die Kaukasier aus Oberdrauburg, unter ihnen Angehörige der Bergvölker der Karačajer, Kabardiner, Balkaren, Čečenen und Ingušen, die 1943 einem sowjetischen Genozid zum Opfer gefallen waren, den Sowjetbehörden in Judenburg überstellt. Mit dem 1. Juni 1945 zog auch jener Tag herauf, der, wie es heißt, »mit blutigen Buchstaben in die Geschichte des Kosakentums eingetragen ist. Ein Tag, der für alle Zeiten im Gedächtnis bleiben wird, als Tag unglaublicher Grausamkeit und Unmenschlichkeit, die die westlichen Verbündeten ingestalt der Engländer an der wehrlosen Bevölkerung der Kazačij stan an den Ufern der Drau begingen[646].« Im Lager Peggetz hatten sich mehrere Tausend Menschen um einen improvisierten Altar versammelt. Die jüngeren Männer und Kosakenjunker bildeten einen schützenden Kreis um die Älteren, um Frauen, Kinder und die Geistlichkeit, die die Sterbeliturgie betete. Britische Soldaten, die die Befehle der Regierung Churchill-Eden auszuführen hatten, suchten die Menge zunächst aufzuspalten, begannen aber, als diese Taktik erfolglos blieb, wahllos mit Knüppeln, Gewehrkolben und Bajonetten auf die Widerstrebenden einzuschlagen und einzustechen, um sie auf die bereitstehenden Lastkraftwagen zerren zu können. Bezeugt ist die Methode, den Müttern die Kinder wegzureißen, um erstere gefügig zu machen. Auf Flüchtende wurde das Feuer eröffnet, Panzerfahrzeuge und selbst Flugzeuge nahmen die Verfolgung auf[647]. Viele der Kosaken stürzten sich absichtlich in die Drau und ertranken. In allen Lagern der Kazačij stan im Drautal spielten sich in diesen Tagen ähnliche Szenen ab:

Hier waren es die Argyll and Sutherland Highlanders und Inniskilling Fusiliers, an anderer Stelle die Royal West Kents, das Recce Regiment und andere Einheiten, die mit Brachialgewalt gegen die völlig verzweifelte und von Panik erfüllte Menschenmenge vorgingen, sie auf die Lastwagen trieben und nach Judenburg transportierten. Britische Truppen machten in den folgenden Wochen regelrecht Jagd auf die in die Berge Entkommenen, teilweise in Begleitung von Sowjetoffizieren der Organisation »SMERŠ«. In der näheren und weiteren Umgebung des Geschehens wurden Hunderte von Toten gefunden, Kosaken jeden Alters und Geschlechtes, die während der britischen Operation erschossen worden waren oder ihrem Leben selbst ein Ende gemacht hatten[648].

In denselben Tagen, in denen die Kosaken der Gruppe Domanov den Sowjetbehörden übergeben wurden, erfüllte sich 100 Kilometer weiter östlich davon das Schicksal des XV. Kosakenkavalleriekorps. Am Beginn stand am 28. Mai 1945 die Auslieferung von Generalleutnant v. Pannwitz und einer großen Anzahl kriegsgefangener deutscher Offiziere und Soldaten aus dem Personalbestand des Korps. Dabei entbehrt es nicht einer besonderen Note, wenn sich unter den Ausgelieferten auch Oberst v. Renteln befand, ein Kampfgefährte des Feldmarschalls Alexander aus der Baltischen Landeswehr, der zwischen den Kriegen gesellschaftliche Beziehungen mit diesem unterhalten hatte. Wie vor ihm Vlasov, so hatte auch Generalleutnant v. Pannwitz den Ratschlag wohlmeinender britischer Offiziere, die Gelegenheit zur Flucht zu nutzen, in den Wind geschlagen, weil er, wie er erklärte, die ihm anvertrauten Kosaken in dieser Situation nicht ihrem Schicksal überlassen wollte. Auch die Deportation der bei Feldkirchen, Althofen und Klein St. Paul untergebrachten einzelnen Teile des Kosakenkorps vollzog sich nach dem an anderen Stellen befolgten Schema. Es hieß dies zuvorderst Trennung der Offiziere von ihren Untergebenen unter Verschleierung der wahren Absichten[649]. Noch am 24. Mai 1945 hatte ein britischer Oberst in einer Kosakenversammlung eine Auslieferung öffentlich als unvereinbar mit der Ehre Großbritanniens hingestellt. Den Kosaken waren eine Verlegung nach Italien und in weiterer Perspektive Auswanderungsmöglichkeiten nach Kanada und Australien vorgegaukelt worden. Dort, wo derartige Täuschungsmanöver mißlangen oder wo man – wie im Bereich der 6. Panzerdivision – auf sie bewußt verzichtet hatte, wurde rücksichtslose Gewalt angewendet. Durch ostentative Erschießungsvorbereitungen und durch die Demonstration der Wirksamkeit eines Whasp-Flammenwerferpanzers wurde die moralische Widerstandskraft auch der Letzten schließlich gebrochen, so daß die Verladung und der Abtransport nach Judenburg wie vorgesehen bewerkstelligt werden konnten.

Was sich in Kärnten zwischen dem 28. Mai und dem 2. Juni 1945 abspielte, wiederholte sich gleichzeitig und danach in verschiedenen Varianten in allen anderen von den westalliierten Truppen besetzten Gebieten Deutschlands und Österreichs, dazu in Frankreich, Italien, Nordafrika, Dänemark, Norwegen und in anderen Ländern. Selbst das neutrale Schweden führte rigorose Deportationen von deutschen Militärinternierten und baltischen Flüchtlingen durch. Die Schweiz wandte immerhin noch psychologischen Druck an, um die Russen loszuwerden. Allein das Fürstentum Liechtenstein widerstand allen Pressionen der Sowjetregierung und der im Lande befindlichen sowjetischen Repatriierungskommission. Eine Verletzung der geschriebenen Gesetze des Landes und der ungeschriebenen Gesetze christlicher Nächstenliebe wurde hier nicht zugelassen[650]. Insgesamt haben die Westmächte nach einer Mitteilung des Bevollmächtigten des Rates der Volkskommissare für Angelegenheiten der Repatriierung, Generaloberst Golikov, vom 7. September 1945 bis zu diesem Zeitpunkt den Sowjetbehörden 2 229 552 Menschen überstellt[651]. Und zwar einmal Zivilpersonen, das heißt zwangsrekrutierte Ostarbeiter oder Flüchtlinge aus dem Gebiet der UdSSR, zum anderen »befreite« Kriegsgefangene, in sowjetischer Terminologie »Eidbrüchige und Verräter«, und zum dritten die Angehörigen der Freiwilligenverbände im Rahmen der deutschen Wehrmacht sowie die Soldaten der ROA, die unterschiedslos alle als »Verbrecher« und »Banditen« eingestuft wurden[652].

Welches Schicksal hatten nun diese Menschen nach ihrer Auslieferung zu erwarten? Diese Frage stellt sich besonders im Hinblick auf die letztgenannte Kategorie aktiver Freiheitskämpfer gegen das stalinistische Regime. Auf seiten der britischen Regierung bestand von vornherein nicht der geringste Zweifel daran, daß die Ausgelieferten »dem sicheren Tode, der Folterung oder unerträglichen Leiden« in der »Eishölle des 70. Parallelkreises« entgegengingen[653]. Fast überall waren die deportierten Soldaten nach ihrer Überstellung denn auch ersten summarischen Vergeltungsaktionen ausgesetzt. In Murmansk, Odessa, Judenburg und bei Lübeck erfolgten Massenerschießungen noch im Bereich der Wahrnehmung des britischen Militärpersonals. Es gehörte im übrigen zu den festen Regeln der Organe des »SMERŠ«, Familien sofort auseinanderzureißen. Von den bei Judenburg ausgelieferten Kosaken erfuhr die Gruppe prominenter Altemigranten um die Generale Krasnov-Škuro-Sultan-Girej Klyč anfänglich eine relativ noch korrekte Behandlung durch reguläre Offiziere der Roten Armee, die sich aber unter der Regie des »SMERŠ« bald zum Schlechten wandelte. Eine große Gruppe überlebender Kosakenoffiziere wurde nach Lemberg und von dort als besonders gefährliche Elemente in die Gefängnisse des europäischen Rußland überführt, so in das Lefortovogefängnis oder in die Butyrskaja nach Moskau, wohin die Krasnovs kamen, ferner nach Sverdlovsk, Novočerkassk, Vladimir,

Molotov und so weiter[654]. Es traten Militärtribunale in Aktion, die Todesur-
teile oder Urteile über 10 oder meist 25 Jahre Katorga in Vorkuta, Inta, As-
best, Noril'sk, Tajšet, Karaganda, Tapurbaj-Nora und anderen Konzentrationslagern aussprachen. Die Masse der Kosaken landete in den Lagern des
Kemerovskaja oblast', wo die meisten von ihnen früher oder später an den
unerträglichen Lebensbedingungen zugrunde gingen. Oberleutnant Nikolaj
Krasnov, Enkel des Generals, Verfasser des Buches »Ne Zabyvaemoe« (Unvergeßliches), hat während seines zehnjährigen Lageraufenthaltes auch
Näheres über das Schicksal der Angehörigen der eigentlichen ROA in Erfahrung gebracht, das für viele beispielhaft gewesen sein dürfte[655]. Demnach
wurden Überlebende, nachdem man zunächst die Offiziere aus der Umgebung Vlasovs und den höheren Stäben ausgesondert hatte, unterschiedslos
in die Speziallager bei Kemerovo abtransportiert, wo die Organe des
»SMERŠ«, beziehungsweise des Volkskommissariates des Innern oder des
für Staatssicherheit (Ministerium des Innern/Ministerium für Staatssicherheit, 3. Abteilung der Lagerverwaltung) die Offiziere und Propagandisten,
die Regiments- und Bataillonskommandeure, Kompanie-, Batterie- und
Schwadronschefs und die Offiziere der Stäbe ausfindig machten. Militärtribunale des Ostsibirischen Militärbezirkes traten in Aktion und verurteilten
den größten Teil von ihnen zum Tode, die übrigen zu dem üblichen Straf-
maß von meist 25 Jahren Arbeitsbesserungslager. Bis 1944 hatte die Spionageabwehr »SMERŠ« noch grundsätzlich einen jeden Freiwilligen allein seiner Zugehörigkeit zur »ROA« wegen erschießen lassen[656], doch wurden auch
1945 in ihren Lagern noch schätzungsweise 30 Prozent der Insassen zum
Tode durch Erschießen verurteilt. Später erhielten anscheinend alle Angehörigen der Vlasov-Armee ein Urteil über 25 Jahre Zwangsarbeit. Die
ehemaligen Offiziere und Soldaten Vlasovs befanden sich vielfach in Son-
derlagern, so etwa in dem »Spec-Lager' No. 7« an der Eisenbahnlinie
Tajšet–Bratsk, waren im übrigen aber in allen Konzentrationslagern des GU-
LAG (Glavnoe Upravlenie Ispravitel'no-Trudovych Lagerej, Hauptverwaltung der Arbeitsbesserungslager) anzutreffen, in Vorkuta und Kolyma
ebenso wie in Džaskaučana, Kamyšlag und anderswo.

Das grausame Schicksal der deportierten Angehörigen der ROA und der
Freiwilligenverbände – Kombattanten regulärer Streitkräfte – führt noch
einmal auf ein Grundproblem im Zusammenhang mit den Zwangsauslieferungen zurück. Auf den Umstand nämlich, daß sich die völkerrechtliche
Stellung dieser vom Oberkommando der Wehrmacht nach Kriegsende immerhin noch auf 700 000 Köpfe bezifferten Personengruppe einzig und allein nach einem äußerlichen Merkmal, der zum Zeitpunkt ihrer Gefangennahme getragenen Militäruniform, nicht aber nach ihrer Nationalität
richtete. Dadurch, daß diese Soldaten Militäruniformen trugen, die auch

von den alliierten Truppen als »deutsch« angesehen worden waren, besaßen
sie unterschiedslos den Status von Kriegsgefangenen mit allen sich hieraus
ergebenden Konsequenzen[657]. An diesen in der Internationalen Konvention
über die Behandlung Kriegsgefangener vom 27. Juli 1929 festgelegten
Grundsatz hatten sich anfangs auch die Westmächte als Mitunterzeichner
gebunden gefühlt. Noch am 1. Februar 1945 sah sich beispielsweise der amerikanische amtierende Staatssekretär Grew veranlaßt, dem sowjetischen Geschäftsträger in Washington, Novikov, in einer Note unter Hinweis auf die
»sorgfältigste Prüfung« des Sachverhaltes durch die zuständigen Behörden
auseinanderzusetzen: »Es ist die klare Absicht der Konvention, daß Kriegsgefangene auf der Basis der Uniform behandelt werden müssen, die sie
während der Gefangennahme trugen, und daß die Gewahrsamsmacht nicht
hinter die Uniformen sehen darf, um letzte Fragen der Staatsbürgerschaft
und Nationalität zu klären[658].« Großbritannien und die USA, in deren Streitkräften sich zahllose Angehörige fremder Staaten, einschließlich solcher der
Achsenmächte wie deutsche und österreichische Emigranten, insbesondere
Juden, befanden, die keiner Gefährdung ausgesetzt werden sollten, hatten in
einem früheren Stadium des Krieges durch ihre jeweiligen Schutzmächte in
Berlin unmißverständlich notifizieren lassen, jeder in Kriegsgefangenschaft
gefallene britische oder amerikanische Soldat stehe kraft seiner Militäruniform unter dem uneingeschränkten Schutz der Genfer Konvention[659]. Solange die Gefahr deutscher Repressalien gegenüber alliierten Kriegsgefangenen bestand, sind die Westmächte, wenigstens nach außen hin, von diesem
Prinzip auch nicht abgewichen. Dies gilt insbesondere für die USA, nachdem
die Reichsregierung durch die Schweizer Schutzmacht derartige Repressalien hatte androhen lassen, falls aus dem Gebiet der Sowjetunion stammende
Wehrmachtangehörige der Regierung dieses Staates überantwortet werden
sollten[660]. Je geringer mit dem herannahenden Kriegsende aber die Gefahr
von Gegenmaßnahmen wurde, desto weniger Neigung bestand auf alliierter
Seite, diese nunmehr lästig werdende Genfer Bestimmung weiterhin zu respektieren[661]. Die britische Regierung ist auch in dieser Beziehung vorange-
gangen, hatte sie doch eine offizielle Anfrage der Delegation des Internationalen Roten Kreuzes in London nach der Behandlung kriegsgefangener
Wehrmachtangehöriger russischer Abstammung bewußt vier Monate lang
unbeantwortet gelassen, um endlich im April 1944, wenige Wochen vor
Kriegsende, eine ebenso nichtssagende wie unheilverkündende Antwort zu
erteilen. Offenkundig sollte die Tatsache verschleiert werden, daß das Foreign Office längst begonnen hatte, diese Personenkategorie nicht mehr als
Kriegsgefangene, sondern als Verräter an einem Verbündeten anzusehen und
mit ihr entsprechend zu verfahren[662].
Die Auslieferung kriegsgefangener Angehöriger der Freiwilligenverbände,

die als uniformierte Wehrmachtsoldaten unter dem Schutz der Genfer Konvention standen, so läßt sich zusammenfassen, bedeutete einen eindeutigen Verstoß gegen das herrschende Kriegsvölkerrecht. Wie aber verhielt es sich mit den Soldaten der ROA, die sich selbst ja als Angehörige einer eigenen nationalen Streitmacht verstanden und, wenngleich den alliierten Truppen vielleicht nicht sofort ersichtlich, durch russische Kokarden anstelle des deutschen Hoheitszeichens sowie durch das Insignum der ROA auch abweichend uniformiert waren? Konnte man vielleicht dieser kleineren Gruppe mit dem Vorwurf des Verrates beikommen? Auch von daher würde dieser Vorwurf wenig stichhaltig erscheinen. Denn allgemein ist zu sagen, daß der Begriff des Landesverrates immer nur an Einzelpersonen oder kleine Minderheiten gebunden sein kann. Wenn hingegen, wie geschehen, eine Million der eigenen Soldaten in einem Konflikt, der als »Großer Vaterländischer Krieg« bezeichnet wird, aktive Kriegsdienste auf seiten des Gegners leistet, dann handelt es sich eindeutig nicht mehr um einen Verrat, sondern um einen politisch-historischen Vorgang, der sich mit elementarer Gewalt Bahn brach[663]. Die Defektion in der Roten Armee hatte in der Tat Dimensionen angenommen, die Verratsvorwürfe einfach ausschließen. Es gibt aus der jüngeren Vergangenheit im übrigen ein geschichtliches Beispiel dafür, daß kriegsgefangene Soldaten sich im Lager des Feindes zum Kampf für die Freiheit ihrer Heimat militärisch organisieren und sie die völkerrechtliche Anerkennung als kriegführende Partei erlangen konnten: die Tschechoslowakischen Legionen in den alliierten Heeren des Ersten Weltkrieges, Truppenkörper von unterschiedlicher Größe und Bedeutung, die, sich ausschließlich aus Kriegsgefangenen und Überläufern österreichischer Staatsangehörigkeit zusammensetzend, den Charakter einer eigenständigen Nationalarmee annahmen. Einwände von seiten der Mittelmächte, die diese Soldaten selbstredend als Eidbrüchige und Verräter ansahen, haben die Ententemächte nicht daran gehindert, den Tschechoslowakischen Nationalrat in Paris 1918 als selbständige kriegführende Regierung und die Legionen als »einheitliche, verbündete und kriegführende Armee« mit allen Rechtsfolgen anzuerkennen[664]. Der Tschechoslowakische Nationalrat des Ersten Weltkrieges unterschied sich nach Entstehen und Zielsetzung aber in nichts von dem Komitee zur Befreiung der Völker Rußlands des Zweiten Weltkrieges, die Tschechoslowakische Armee entsprach annähernd auch ihrem Umfange nach der Russischen Befreiungsarmee. Sicherlich wußten die ROA-Soldaten nichts von der Erklärung Großbritanniens vom 9. August 1918 und von derjenigen der USA vom 2. September 1918, die neue und allerseits respektierte Begriffe einführten und gleichsam einen Präzedenzfall des Völkerrechtes schufen, auf den sie sich hätten berufen können. Dem Foreign Office und dem State Department hingegen, deren Rechtsexperten die Auslieferung technisch begründeten, dürfte bekannt gewesen sein, daß die Soldaten Vlasovs 1945 keinen anderen Status hatten als die Soldaten Masarkys im Jahre 1918. Auch wenn man die Soldaten der ROA nicht als Angehörige der deutschen Wehrmacht, sondern als Angehörige eigener nationaler Streitkräfte ansah, stellten die Zwangsauslieferungen somit eine flagrante Verletzung des herrschenden Völkerrechtes dar[665].

Großbritannien war die treibende Kraft der Auslieferungspolitik gewesen, die Vereinigten Staaten folgten nach, wenngleich zögernd und, was die unmittelbare Gewaltanwendung angeht, in einem geringeren Ausmaß. Als die Frage im Januar 1945 akut wurde, hatte der Provost Marshal General des SHAEF, Generalmajor Gullion, darauf aufmerksam gemacht, daß die Vereinigten Staaten unter der Genfer Konvention nicht das Recht hätten, kriegsgefangene Russen in deutscher Uniform in die Gewalt der Sowjetunion zu verbringen[666]. Die amerikanische Regierung hatte diese Völkerrechtslage, wie erwähnt, zwar anerkennen müssen, inzwischen aber längst einen Weg gefunden, die Genfer Klausel zu umgehen und praktisch außer Kraft zu setzen. Sie war stillschweigend und eigenmächtig dazu übergegangen, all jenen ehemaligen Sowjetbürgern in der Wehrmacht den Kriegsgefangenenstatus abzuerkennen, die nicht von sich aus darauf bestanden, deutsche Offiziere und Soldaten zu sein[667]. Wer, wie die überwältigende Mehrheit der in den USA befindlichen Angehörigen der Freiwilligenverbände, die Rechte als Kriegsgefangener aus Unkenntnis nicht ausdrücklich in Anspruch nahm, war in Konsequenz dieser Neuregelung – als nicht mehr unter dem Schutz der Genfer Konvention stehend – beginnend mit dem 29. Dezember 1944 in die Sowjetunion deportiert worden. Nur eine kleine Gruppe, 154 von 3950 Soldaten, die die inhaltsschwere Erklärung abgegeben hatten, waren einer Zwangsauslieferung einstweilen entgangen, allerdings auch nur so lange, wie sich amerikanische Soldaten noch in deutscher Hand befanden. Denn mit der Kapitulation der deutschen Wehrmacht entfielen letzte Hemmungen.

Unter Berufung auf die Vereinbarung von Jalta, die aber, wie sofort zu ergänzen ist, einen klaren Verstoß gegen Buchstaben und Geist der Genfer Konvention darstellte, ging jetzt auch die amerikanische Regierung offen dazu über, ehemalige Wehrmachtangehörige russischer Abstammung ohne Rücksichtnahme auf deren persönliche Wünsche den Sowjetbehörden zu übergeben[668]. Am 29. Juni 1945 wurde in den USA Gewalt gegen die kleine in Fort Dix zurückgehaltene Gruppe von Kriegsgefangenen angewendet[669]. Am 12. August 1945 fielen in Kempten, erstmals auf deutschem Boden, Hunderte von Kosaken und ROA-Soldaten, die sich in einer behelfsmäßigen Kirche versammelt hatten, den amerikanischen Zwangsmaßnahmen zum Opfer[670]. Damit begann auch für die in Regensburg, beziehungsweise in Plattling-Landshut internierten Reste der ROA ein Kampf gegen die drohende Auslieferung, der schließlich in völlige Verzweiflung überging. Es sind verschiedene Schreiben an offizielle Stellen oder prominente Privatpersonen wie Mrs. Roosevelt, die Gattin des verstorbenen Präsidenten, überliefert[671], in denen Generalmajor Meandrov sowie seine Untergebenen einzeln oder kollektiv den jetzt auch von amerikanischer Seite erhobenen Vorwurf des Verrates und der kriminell gemeinten Zusammenarbeit mit den Deutschen durch Bloßlegung der Motive ihres Handelns zu entkräften suchten. Faßt man den Inhalt dieser Dokumente zusammen, so ergibt sich eine überzeugende politische Rechtfertigung der mit »elementarer Wucht« entstandenen Russischen Befreiungsbewegung, der alle diese Menschen angehörten. Diese Zeugnisse sind auch ganz dazu angetan, den in eine so tragische Lage geratenen Freiheitskämpfern das Verständnis des historischen Betrachters zu sichern.

Generalmajor Meandrov geht, Solženicyn[672] vorwegnehmend, von der Frage aus, wie es wohl komme, daß nur Sowjetsoldaten aller Grade und nicht die Kriegsgefangenen anderer Nationalitäten sich zum Kampf gegen ihre eigene Regierung organisierten, und zwar in einer Größenordnung von Hunderttausenden oder, wie wir heute genauer wissen, von rund einer Million Mann. Wann in der Geschichte habe es je einen solchen »Massenverrat« gegeben? Immer wieder erklärt er seine Bereitschaft, vor den Schranken eines unabhängigen Gerichtes zu beweisen, daß sie »keine Banditen, Räuber, Mörder, keine Verräter, Abtrünnige oder Mietlinge der Nazisten«, sondern »Teilnehmer an einer politischen Bewegung für eine bessere Zukunft unseres Volkes« gewesen sind. Nicht einen Augenblick zweifelt er an der »moralischethischen Rechtfertigung« dieses Strebens[673]. Da diese Grundfrage durch bloßes Totschweigen nicht aus der Welt zu schaffen sei, bemühten er wie auch andere Autoren sich selbst um eine Antwort, indem sie von der grausamen Praxis der bolschewistischen Machthaber seit der Oktoberrevolution berichteten. Es wird in diesem Zusammenhang daran erinnert, daß der organisierte Terror eine feststehende Einrichtung des sowjetischen Staatswesens bildet. Seit 1917 in immer neuen Wellen über das Land gehend, habe er Hekatomben von Opfern gefordert. Allein die Zwangskollektivierung der Landwirtschaft, die Verfolgung und Vernichtung der als »Kulaken« diffamierten Landwirte und in Verbindung hiermit absichtlich hervorgerufene Hungersnöte hätten selbst in den fruchtbaren Schwarzerdegebieten der Ukraine und des Kuban'- und Wolgagebietes Millionen von Menschenleben dahingerafft.

In dem Brief an Mrs. Roosevelt wird von 20 Millionen Erschossenen oder in den Konzentrationslagern Umgekommenen gesprochen, eine Anzahl, die sich ungefähr mit den auf wissenschaftlichen Analysen gegründeten Forschungsergebnissen Conquests deckt, der die Opfer des Stalinterrors zwischen 1930 und 1950 auf mindestens 20 Millionen veranschlagt, 10 Millionen weitere Tote aber für wahrscheinlich hält[674]. Es gebe, so wird ausgeführt, in der Sowjetunion kaum eine Familie, in der nicht mindestens ein Mitglied durch Repressionen seines Lebens oder zumindest elementarer Menschenrechte beraubt worden sei. In dieser Hinsicht beispielhaft ist ein offener Brief »Dreier Vlasovleute«, deren Angehörige fast alle in den Konzentrationslagern der Tajga, Tundren und Sümpfe oder durch Hunger zugrunde gegangen waren und die fragen, wie man es fertigbringen solle, ein »Vaterland« zu lieben, das ihnen wie Millionen anderen Russen ein solches Leid zufüge[675]. An die Adresse der Amerikaner gerichtet ist besonders der Hinweis auf den wahren Gehalt der mit einem riesigen Propagandaaufwand verherrlichten Stalinschen Verfassung von 1936, die nichts anderes darstelle als »Lüge und Betrug am eigenen und an anderen Völkern«. Keines der dort verkündeten Rechte sei verwirklicht worden, so daß sich die Sowjetmenschen in einem Zustand der Unfreiheit und Rechtlosigkeit befänden wie in keinem anderen Land der Erde. Was in der Sowjetunion wirklich vor sich gehe, zeige sich deutlich in der jahrzehntelangen und während des Krieges nur aus taktischen Gründen eingestellten Unterdrückung der christlichen und anderen Religionen und in der Verfolgung und Diskriminierung der Gläubigen durch den militanten Bund der Gottlosen. Die Geistlichen, Meandrovs Vater eingeschlossen, seien fast alle erschossen oder in die Konzentrationslager deportiert, die Kirchen und Klöster überall im Lande zerstört oder durch Umwandlung in Clubs, Kinos, Viehställe oder Lagerhäuser entweiht worden.

Meandrov nimmt Bezug auf die Politik der Sowjetregierung zur »Vorbereitung eines großen Krieges[676]«. Zugleich macht er das dann völlige Versagen der Führung durch Stalin dafür verantwortlich, daß Millionen von Rotarmisten, die nach russischer Soldatenart teilweise tapfer gekämpft hätten, in eine hoffnungslose Lage, in die Umzingelung und schließlich in die deutsche Kriegsgefangenschaft geraten seien. Dies habe bei unzähligen Sowjetsoldaten den Entschluß zum endgültigen Bruch mit dem Sowjetregime herbeigeführt. Ausschlaggebend sei keinesfalls der Wunsch gewesen, den unerträglichen Lebensbedingungen in den deutschen Gefangenenlagern zu entgehen. Dieser Beweggrund war tatsächlich bereits weitgehend entfallen, da sich die Verhältnisse zum Besseren gewandt hatten, als es auch Russen gestattet wurde, in die von den Deutschen aufgestellten Freiwilligenverbände einzutreten. Das eigentliche Motiv leitet sich vielmehr aus einer von bolschewistischer Propaganda nunmehr unbeeinflußten Einschätzung des sowjetischen Staatswesens her. Denn die Kriegsgefangenschaft habe ihnen neben den niederdrückenden Erlebnissen auch die Gelegenheit vermittelt, »Vergangenheit und Gegenwart frei miteinander zu erörtern«, so daß sich die vielfach negativen Einzelerfahrungen mit dem Sowjetregime bei ihnen zu einem negativen Gesamtbild der Zustände in ihrer Heimat verdichteten. Den letzten Ausschlag habe die Haltung gegeben, die die Sowjetregierung der Millionenmasse ihrer ins Verderben geführten Soldaten gegenüber einnahm.

Bezeichnenderweise wurde für die unmenschlichen Bedingungen, denen die Sowjetsoldaten zumindest bis zum Frühjahr 1942 in deutschen Händen ausgesetzt gewesen waren, primär nicht die deutsche, sondern vor allem die sowjetische Regierung verantwortlich gemacht, da sie durch Nichtunterzeichnung der Genfer Konvention und Nichtanerkennung der Haager Landkriegsordnung ihre Gefangenen absichtlich jeden völkerrechtlichen Schutzes beraubt und ganz bewußt dem Verderben ausgeliefert hatte[677]. Es wird an das Wort Molotovs erinnert: »Die Sowjetunion kennt keine Kriegsgefangenen, sondern nur Deserteure der Roten Armee« und ebenso an den Befehl Nr. 270 des Hauptquartiers des Obersten Befehlshabers vom 16. August 1941, der allen Sowjetsoldaten, die sich gefangengaben, die Vernichtung und die Haftbarmachung ihrer Familienangehörigen androhte. »Jeder Staat der Welt außer der UdSSR«, so heißt es in dem Schreiben an die Kommission der amerikanischen 3. Armee und ähnlich in dem Brief an Mrs. Roosevelt in fast wörtlicher Übereinstimmung mit der späteren Formulierung Solženicyns[678], »bekundet höchste moralische und materielle Fürsorge für seine dem Feind in die Hände gefallenen Soldaten, sorgt sich für ihre Ernährung und organisiert den Postverkehr mit den Angehörigen durch das Internationale Rote Kreuz. Nur die Russen, durch die Willkür Stalins jeder Hilfe beraubt, werden zum Massentod in den Kriegsgefangenenlagern verdammt und erfahren mit Schrecken, daß ihre Familien in der Heimat Repressalien unterworfen werden und die Sowjetregierung über sie die Vergeltung vorbereitet.« Schon die aus finnischer Kriegsgefangenschaft einst zurückgekehrten Sowjetsoldaten seien erschossen oder zu einem langsamen Tod in den Konzentrationslagern verurteilt worden. Für die von der Sowjetregierung verratenen und verlassenen Rotarmisten in deutscher Hand habe es daher keinen anderen Weg zur Rückkehr in die Heimat mehr gegeben als den »Weg des bewaffneten Kampfes« gegen das sowjetische Herrschaftssystem.

In der historischen Auslegung erscheint die Befreiungsbewegung des Generals Vlasov als eine Fortsetzung des seit 1917 geführten Widerstandskampfes, der sich in den Aufständen in der Ukraine, in Weißrußland, im Kuban'gebiet, in Kaukasien, im Altaj, in Mittelasien und anderswo immer aufs Neue manifestiert habe. Daß sie sich auf deutscher Seite, gewissermaßen im Lager des Feindes, organisierte, wird mit der völligen Aussichtslosigkeit eines bewaffneten Kampfes von innen her angesichts des perfektionierten Systems von Überwachung und Terror und vor allem mit der Tatsache begründet, daß allein das Deutsche Reich, als im Kriege mit der Sowjetunion befindlich, in der Lage gewesen sei, die unumgängliche Unterstützung zu leisten. Die Russische Befreiungsbewegung sei damit aber keine Schöpfung der Deutschen geworden. Meandrov räumt zwar ein, daß zur Sicherung des Hauptzweckes einige taktische Kompromisse hätten geschlossen werden müssen. Aber er wendet sich mit Nachdruck gegen den Vorwurf, ein durch die Ungunst der historischen Lage erzwungenes Bündnis mit den Deutschen habe zu einer Kompromittierung der Bewegung als solcher geführt. »Wir bereiteten uns zum Kampf als Dritte Kraft«, so heißt es in den »Aufzeichnungen eines zu Tode verzweifelten Menschen«[679], »Den Deutschen halfen wir nicht! Ihnen konnte zur Zeit, in der wir unsere Kräfte sammelten, weder Gott noch Teufel helfen! Unsere Kampfbedingungen waren unglaublich schwer und kompliziert.« Wie im übrigen schon das Prager Manifest erweise, sei das politische Programm der Russischen Befreiungsbewegung von dem des nationalsozialistischen Deutschland grundsätzlich verschieden gewesen. »General Vlasov«, so heißt es, »verfolgte keine deutschen nazistischen Interessen, sondern allein die Interessen des russischen Volkes.« Es entspricht nicht ganz der historischen Wirklichkeit, wenn Meandrov den Eindruck zu erwecken versucht, als habe man die Gründung des KONR und der ROA im November 1944 bewußt erst zu einem Zeitpunkt vorgenommen, als die Niederlage Deutschlands bereits absolut feststand und man alle Erwartungen auf die Westalliierten richtete. Daß aber Hitler und die politische Führung Deutschlands das Entstehen einer russischen Nationalbewegung jahrelang verhindert hatten, daß sie ihr auch nach dem Prager Manifest mit Mißtrauen gegenüberstanden und mit allen Mitteln versuchten, sie ausschließlich den eigenen Zwecken nutzbar zu machen, dafür bedurfte es keines Beweises. Meandrov und die anderen Autoren konnten sich mit Recht darauf berufen, daß es schließlich die Armee des Generals Vlasov gewesen war, die, von den Tschechen wie selbstverständlich in höchster Not zu Hilfe gerufen, in Prag gegen die Deutschen gekämpft hatte. Was diese Handlungsweise dem deutschen Verbündeten gegenüber bedeutete, brauchte in diesem Zusammenhang nicht unbedingt erwähnt zu werden.

Vom Standpunkt der amerikanischen Kommandobehörden aus war es anfangs nicht unerheblich gewesen, daß sich die Vlasovsoldaten bereits vor dem Zeitpunkt der deutschen Kapitulation in ihren Gewahrsam begeben hatten. Man fühlte sich auf amerikanischer Seite aus diesem Grunde verpflichtet, ihnen den Kriegsgefangenenstatus einzuräumen, »because they had surrendered before V-E Day«[680]. Vertreter der amerikanischen Armee, für die die Einhaltung völkerrechtlicher Normen noch eine Selbstverständlichkeit darstellte, haben denn auch wiederholt – wie es in russischen Zeugnissen heißt »neodnokratno« – und sicherlich in gutem Glauben erklärt,

»daß wir uns unter dem Schutz der amerikanischen Armee befänden und uns nicht zu beunruhigen brauchten«. Die anfängliche Gelassenheit Meandrovs mochte von solchen Erklärungen herrühren und vielleicht auch daher, daß er kaum einen Zweifel daran hegte, die für Freiheit und Demokratie eintretenden Vereinigten Staaten würden in der Lage sein, »Banditen von politischen Kämpfern zu unterscheiden und letztere unter ihren Schutz zu nehmen«. Ließen sich gegen eine Auslieferung nicht auch manche politisch-historischen Argumente anführen, etwa jenes, daß ja auch die USA ihr Entstehen einem Hochverrat, dem Abfall von der britischen Krone, verdankten? Und hatten nicht auch Marx und Engels oder später Lenin, Trockij (Trotzki) und andere bolschewistische Führer einst politisches Asyl im Ausland und dort sogar die Möglichkeit erhalten, den revolutionären Umsturz politisch vorzubereiten? Warum, so ließe sich im übrigen fragen, zeigte die Sowjetregierung, die 1941 Millionen ihrer in Feindeshand gefallenen Soldaten als Verräter beschimpft und sie jahrelang ihrem Schicksal überlassen hatte, nach Jahren mit einem Male ein so auffälliges Interesse an ihnen? Warum Erklärungen wie diese des Bevollmächtigten des Ministerrates für die Repatriierung, Generaloberst Golikov, deren Unrichtigkeit jedermann durchschaute: »Die Sowjetregierung, die Partei Lenins und Stalins, vergaß nicht eine Minute ihre Bürger, die in der Fremde leiden«, und »Das Vaterland begegnet den vielgeprüften Söhnen und Töchtern, die aus der faschistischen Gewalt zurückkehren, mit Achtung und Fürsorge[681].« Daß man andererseits die Vlasovbewegung als Banditentum einordnete, entbehrte auch nicht einer gewissen Logik, denn als Banditen waren bisher alle wirklichen oder vermeintlichen Gegner bezeichnet worden, Denikin, Vrangel', Kolčak, Judenič ebenso wie die Mitarbeiter Lenins Trockij, Rykov, Sinov'ev, Bucharin, wie Tuchačevskij und alle anderen, die Stalin vernichtete. Die Vlasovleute mußten als Verräter und Banditen erscheinen – diese Antwort findet sich in dem Schreiben an Mrs. Roosevelt –, um ihre Auslieferung zu erreichen. Die Auslieferung aber sei vom Standpunkt der Sowjetregierung aus unbedingt erforderlich, da diese nicht Menschen außerhalb ihres Machtbereiches dulden könne, die in der Lage seien, aus eigenem Erleben Zeugnis für die wahre Natur des Stalinregimes abzulegen. Die Argumentation klang immer mehr in einen verzweifelten Appell an das menschliche Verantwortungsgefühl der Amerikaner für das Heil derer aus, die sich ihnen freiwillig ausgeliefert hatten und die nun um nichts anderes mehr baten als um »Gerechtigkeit, Menschenliebe, Humanität«. So erklärten sich die Vlasovsoldaten bereit, an jedem ihnen zugewiesenen Ort zu arbeiten, »unfruchtbare Wüsten und unbestellte Ländereien« in »fruchtbare Felder und Gärten« zu verwandeln, »Kanäle zu ziehen« und »das Land zu bebauen« – alles zu tun, um einer Auslieferung zu entgehen[682]. Meandrov hatte anfangs seinen ganzen Einfluß aufgeboten, die Reste der ROA zusammenzuhalten, um ein individuelles Entweichen, das wie ein Schuldbekenntnis wirken mußte, zu verhindern. Seiner Überzeugung nach war es notwendig, den begonnenen Kampf »mit Ehren zu bestehen, wahrhaftig, wie es unsere Ideen« waren. Acht Monate waren seitdem ins Land gegangen und nach allem, was hinter den Stacheldraht gedrungen war, blieb nur noch eine schwache Hoffnung auf ein Einlenken der Gewahrsamsmacht. Die moralische Widerstandskraft der Gefangenen, die seit Monaten zwischen Hoffen und Bangen schwebten, war zu Beginn des Jahres 1946 erschöpft. In den Verlautbarungen der letzten Phase ist denn auch immer wieder von Selbstmord und Tod als letztem Ausweg die Rede. Man müsse bereit sein zu sterben, wenn es keine gesetzliche Freiheit mehr gebe, hatte Meandrov geschrieben, »würdig und ruhig zu sterben mit dem festen Glauben, daß unsere Wahrheit am Ende siegen und das russische Volk [...] frei sein wird.« Das waren keine leeren Worte. Einer von denen, die so dachten, der Arzt Bystroletov, seit Monaten fest entschlossen, sein Leben zu beenden, sich die Pulsadern zu öffnen oder notfalls zu Tode zu hungern, beging trotz amerikanischer Überwachung wie viele andere Selbstmord vor der Auslieferung, nachdem er seine Motive in erschütternder Weise seinem Tagebuch anvertraut hatte[683]. Den Russen war die Lage unbegreiflich. »In dem Gebiet, in dem das Sternenbanner der Freiheit weht«, so heißt es in einem unmittelbar vor der Auslieferung im Februar 1946 aufgesetzten Schreiben »Rettet unsere Seelen«, »müssen wir mit Glasscherben unsere Frauen und Kinder umbringen, uns die Venen durchtrennen, um nicht in das rote Moskau zurückzukehren.« In welcher Gemütsverfassung sich die russischen Gefangenen zu Anfang 1946 befanden, geht aus den Worten Meandrovs an den Vladyka Nikolaj hervor. »Wenn Du Dich schlafen legst«, so hatte er mit zutiefst bewegter Stimme erklärt, »prüfst Du zuerst, wo ist die Brieftasche, damit Du im Tod durch das Rasiermesser Rettung davor findest, lebend den Händen der Sowjets ausgeliefert zu werden[684].« Angst vor den physischen und psychischen Qualen, die, wie sie alle meinten, dem Tod in der Sowjetunion vorausgehen würden, war der Grund, den Selbstmord einer Deportation vorzuziehen. »Auslieferung ist gleichbedeutend mit Tod«, so heißt es, »aber einem Foltertod und mit Hohn«. Für Meandrov als ehrliebenden Mann war zudem der Gedanke unerträglich, zuvor noch gezwungen zu werden, »die eigenen Ideale zu verraten und zu besudeln«.

Die amerikanischen Militärbehörden sind nicht unbeeindruckt geblieben von der Not der Kriegsgefangenen, die immer wieder versicherten, ihr Los in sowjetischer Hand »würde schlimmer sein als der Tod«, aus welchem Grunde sie sich ihm »mit allen Mitteln, einschließlich Selbstmord« widersetzen wollten[685]. Schon die blutigen Geschehnisse in Kempten im August 1945 hatten bei General Eisenhower, der auch für die Stimmung seiner Truppen fürchtete, sowie bei seinem Chef des Stabes, Generalleutnant Bedell Smith, ausgesprochenes Unbehagen hervorgerufen. Der politische Berater des Hauptquartiers, Botschafter Murphy, der das State Department um nähere Erklärungen bat, hatte auf eine »beträchtliche Anzahl von Selbstmorden« als Folge des Vorgehens der US-Truppen hingewiesen[686]. Gewaltanwendung war auf Befehl Eisenhowers, der die Angelegenheit in Washington abermals zur Sprache brachte, einstweilen unterbrochen worden[687]. Die Frage blieb in der Schwebe, bis am 20. Dezember 1945 eine Direktive aus Washington an den Nachfolger als Militärgouverneur, General McNarney, noch einmal den Grundsatz bestätigte, der praktisch alle Angehörigen der ROA einer notfalls zwangsweisen Repatriierung unterwarf[688]. In Übereinstimmung mit dieser Direktive, die einen Schlußstrich ziehen sollte, erfolgte am 19. Januar 1946 auf dem Gelände des ehemaligen Konzentrationslagers Dachau die Deportation einer Einheit der ROA unter Hauptmann Protodiakonov und weiterer kriegsgefangener Russen, insgesamt rund 400 Mann[689]. Die Kriegsgefangenen waren in den Hungerstreik getreten, hatten im übrigen aber nur passiven Widerstand geleistet, indem sie sich weigerten, ihre Quartiere zu verlassen, indem sie die Kleidungsstücke von sich rissen und »darum baten, erschossen zu werden«. Vierzehn von ihnen begingen während der Aktion Selbstmord, teilweise, wie überliefert wird, in der Absicht, ein Zeichen zu setzen und die Amerikaner zur Einsicht zu bringen, 21 weitere brachten sich so schwere Verletzungen bei, daß sie stationärer Lazarettbehandlung bedurften. Alle übrigen, darunter hundert leichter Verletzte, konnten, nachdem Militärpolizei jede Abwehrregung brutal unterdrückt hatte, verladen und den sowjetischen Behörden in Hof übergeben werden. Unter den Ausgelieferten befanden sich auch Altemigranten aus dem Russischen Schutzkorps, so Oberst Kolesnikov, Oberst Bolov, Hauptmann Malyšev, Hauptmann Boginskij, der Dolmetscher Leutnant Graf Šeremet'ev und andere. Mochten die Armeezeitung »Stars and Stripes« und die amerikanisch lizenzierte deutsche Presse auch zynische Kommentare abgeben, höhere Offiziere und Beamte der Armee und der Militärregierung waren bestürzt, empfanden sie doch deutlich genug den Widersinn, »daß die amerikanische Demokratie die Freiheit des Menschen in einem nazistischen Konzentrationslager beerdigt«[690]. So entbehrte es nicht einer makabren Note, daß ausgerechnet gerade an einer Stätte wie Dachau selbst Gas gegen völlig verzweifelte und vielfach schon verletzte Kriegsgefangene angewendet worden ist. »The incident was shocking«, berichtete Mr. Buhrman vom Stabe des politischen Beraters für Deutschland an Botschafter Murphy am 28. Januar 1946 in einem von diesem dem State Department vorgelegten Memorandum, »there is considerable dissatisfaction on the part of the American officers and men that they are being required by the American Government to

repatriate these Russians. The incident was further aggravated by the atti-
tude of the Russian authorities on the arrival of the train in the Russian
Zone. None of the American guards were permitted to leave the train; they
were threatened with shooting by Russian guards[691].«

Auf seiten der amerikanischen Militärbehörden ist fortan das Bemühen
wahrnehmbar, der Direktive der Joint Chiefs of Staff vom 20. Dezember
1944 wenigstens einen Teil ihrer Schärfe zu nehmen. In dieser Hinsicht begann sich auch der Einfluß von Kreisen der russischen Altemigranten und
vor allem der Rechtgläubigen Auslandskirche auf führende Offiziere der
amerikanischen Armee bemerkbar zu machen. Vertreter der russisch-orthodoxen Geistlichkeit, so der Sekretär des Sinod, Protoierej Graf Grabbe,
ebenso wie der Archiepiskop Avtonomov als vom Papst Beauftragter für die
Katholiken des östlichen Ritus und andere gewannen Zugang zum Hauptquartier der US Forces in the European Theater (USFET) in Frankfurt und
zum Hauptquartier der 3. Armee in München und konnten hier für ihre bedrohten Landsleute eintreten[692]. Bereits am 25. August 1945, bald nach den
Geschehnissen in Kempten, hatte Metropolit Anastasij bei General Eisenhower protestiert und damit sicherlich zu der Entscheidung beigetragen, die
Auslieferungen einstweilen zu unterbrechen. Nach der Deportation der Einheit des Hauptmanns Protodiakonov am 19. Januar 1946 aus Dachau hatte
Vladyka Nikolaj den zuständigen Oberbefehlshaber der 3. Armee und Chef
der Militärregierung in Bayern, Generalleutnant Truscott, aufgesucht. Dieser machte auch keinen Hehl aus seiner Abneigung gegen Gewaltmaßnah-
men und wollte die Erklärungen Nikolajs zum Anlaß erneuter Vorstellungen
nehmen. Am 31. Januar 1946 wurde zudem der bereits auf freiem Fuß befindliche Oberst Kromiadi zusammen mit Archiepiskop Avtonomov von
Truscott empfangen, der auf diese Weise noch einmal näheren Aufschluß
über Vlasov und die Russische Befreiungsbewegung erhielt[693]. In seinen Ausführungen sprach Kromiadi der Sowjetregierung das moralische Recht ab,
eine Auslieferung der ROA-Soldaten zu verlangen, und zwar, weil, wie er betonte, die Sowjetunion im Bunde mit Deutschland über Polen hergefallen
sei, weil sie für die Ermordung von vielen Millionen unschuldiger Russen
verantwortlich sei und weil sie 10 Millionen weitere in Konzentrationslagern
gefangenhalte und weil sie 1941 Millionen ihrer Kriegsgefangenen offiziell
verstoßen und sie ihrem Schicksal überlassen habe. Die Ereignisse von
Dachau, die Auslieferung von Kriegsgefangenen, die den Amerikanern vertrauten und bereit gewesen waren, Befehle selbst für schwerste Arbeiten zu
befolgen, vermochte sich Kromiadi unter diesen Umständen nur als ein be-
dauerliches Mißverständnis zu erklären.

Generalleutnant Truscott, der aufmerksam und mit Sympathie zugehört
hatte, erklärte rundheraus, daß, wenn es nach ihm ginge, er noch am selben

Tage Weisung zur Freilassung aller russischen Kriegsgefangenen in Plattling und in den anderen Lagern erteilen würde. Unglücklicherweise habe er selbst aber den Befehl, sie den Sowjetbehörden zu übergeben. Die Art und Weise, wie er die Durchführung dieses Befehls jetzt in Angriff nahm, läßt freilich erkennen, daß er wenigstens einen Teil der ROA-Soldaten vor der Auslieferung zu bewahren suchte. So erklärte er sich einverstanden mit einem zeitlichen Aufschub, um der russisch-orthodoxen Geistlichkeit Gelegenheit zu geben, an Papst Pius XII. und Präsident Truman zu appellieren[694]. Von größerer Tragweite noch war die Einsetzung von Untersuchungskommissionen, sogenannten Repatriation Boards, deren Aufgabe darin bestehen sollte, diejenigen auszusondern, denen unter dem Sowjetregime wichtige Rechte vorenthalten worden waren und die infolgedessen nicht als vollgültige Sowjetbürger galten. Daß Generalleutnant Truscott Avtonomov und Kromiadi gegenüber offen davon sprach, politisch Verfolgte nicht ausliefern zu wollen und daß er seinen Gesprächspartnern zugleich die Genehmigung zum Besuch der Kriegsgefangenenlager im Bereich der 3. Armee erteilte, ist als deutlicher Fingerzeig aufzufassen. Kromiadi, der hierdurch Gelegenheit erhielt, Meandrov und die anderen Generale in Landshut und auch seine Landsleute in Plattling aufzusuchen, bemühte sich, Verhaltensmaßregeln im Sinne der unter der Hand erhaltenen Zusicherungen zu geben, mußte allerdings erleben, daß die Soldaten sich skeptisch verhielten. Diese Unsicherheit sollte vielen von ihnen zum Verhängnis werden. Denn die 3. Armee hatte eine Reihe von Fragen ausgearbeitet, die nach amerikanischem Verständnis und auf der Grundlage des amerikanischen Gesetzes als Test dafür dienten, ob es sich bei dem Befragten um einen vollberechtigten Bürger oder um einen Angehörigen verfolgter und von der Auslieferung somit auszunehmender Gruppen handelte[695]. Solche Fragen betrafen das »Recht Waffen zu tragen«, das Recht an »freien Wahlen« teilzunehmen, das »Recht ein öffentliches Amt zu bekleiden«. Von den amerikanischen Kommissionen wurden Angehörige der Gruppen der »Kulaken«, der »Weißrussen« und politischen »Dissidenten« schließlich als nicht voll im Besitz der »Bürgerrechte« befindlich angesehen und infolgedessen auch nicht als Sowjetbürger eingestuft. Viele Kriegsgefangene vermochten indessen das »Schlupfloch zur Rettung« (lazejka k spaseniju), das sich hier auftat, nicht zu erkennen. Als die Untersuchungskommissionen der 3. Armee ihre Tätigkeit in Plattling aufnahmen, wagten sie es nicht zuzugeben, in ihrer Heimat Repressionen ausgesetzt gewesen zu sein. Wer aber behauptete, unter Zwang und nicht etwa freiwillig in die ROA eingetreten zu sein, lief Gefahr, sich unter den 1590 von 3220 Kriegsgefangenen zu befinden, die den Sowjetbehörden als erste ausgeliefert werden sollten.

Im Februar 1946 hatte Papst Pius XII. auf die Hilferufe der Rechtgläubigen Auslandskirche hin gegen die »Repatriierung von Menschen gegen ihren Willen und die Verweigerung des Asylrechtes« protestiert[696]. Am Vortage der Auslieferung, dem 23. Februar 1946, weilten Protoierej Graf Grabbe und Oberst Kromiadi im Auftrag des Sinods im Hauptquartier in Frankfurt, in dem aussichtslosen Unterfangen, eine Aufhebung des Befehls zu erwirken. Sie wurden an die Regierung in Washington verwiesen, die jedoch ein entsprechendes Schreiben des Sinods erst am 25. Mai 1946 beantwortete. Die Entwicklung war nun nicht mehr aufzuhalten. Am 21. und 22. Februar 1946 hatten die Familien in Plattling noch einmal zusammenkommen dürfen; der Lagerinsassen begann sich anschließend eine tiefe Niedergeschlagenheit zu bemächtigen.

Am 23. Februar wurde selbst dem Priester Sergej der Zutritt verwehrt. Plattling, das Prisoner of War Enclosure 431, war um diese Zeit in einem Umkreis von 15 Kilometern von einem starken Truppenaufgebot – zwei Regimentern mit allen Waffen – umstellt. In den frühen Morgenstunden des 24. Februar 1946 drangen mehrere Bataillone amerikanischer Soldaten – etwa 3000 Mann – geräuschlos in den Lagerbereich ein[697]. Die noch schlafenden Kriegsgefangenen wurden auf ein Signal hin überfallartig aus den Baracken getrieben, eine Vorsichtsmaßregel, die Selbstmorde und Selbstmordversuche zwar nicht völlig verhindern, aber doch auf wenige Fälle reduzieren konnte. Die Kriegsgefangenen wurden durch Namensaufruf in zwei Gruppen eingeteilt, 1590 von ihnen auf Lastwagen gezerrt, auf dem Bahnhof Plattling in vorbereitete Gefangenenzüge verladen und bald darauf den sowjetischen Behörden in Hof übergeben. Doch auch von den zunächst noch verschont gebliebenen 1630 Vlasovsoldaten, die erklärt hatten, ihrer Bürgerrechte beraubt gewesen und deshalb freiwillig in die ROA eingetreten zu sein, entging ein großer Teil seinem Schicksal nicht. Die Untersuchungskommissionen hatten diese Kategorie als nicht der Auslieferung unterliegend erklärt. Amerikanische Offiziere gaben in gutem Glauben beruhigende Versicherungen ab. Auch der US-Militärgouverneur in Deutschland und Kommandierende General der US-Streitkräfte in Europa, General McNarney, war der Auffassung, daß diese Gefangenen in Übereinstimmung mit einer strikt amerikanischen Definition von Staatsbürgerschaft freigelassen werden sollten, und ersuchte das War Department am 19. April und 27. April noch einmal um eine Bestätigung seiner Auslegung[698]. Folge hiervon war eine erneute Direktive der Joint Chiefs of Staff vom 7. Juni 1946, die die von der 3. Armee eingeführte Praxis der Untersuchungskommissionen verwarf und noch einmal konstatierte, es falle ausschließlich in die Kompetenz sowjetischer Behörden zu entscheiden, wer Sowjetbürger sei und wer nicht[699]. Mehrere Monate lang waren die Auslieferungen unterbrochen worden. Aufgrund der neuen Lage fanden sie jetzt ihren Abschluß. Aus den Lagern Deggendorf und Bad Aibling wurden abermals zwischen 600 und 900 der inzwischen hierher verlegten Kriegsgefangenen in mehreren Schüben in die sowjetische Besatzungszone abtransportiert. So waren es schließlich nur wenige hundert ehemalige ROA-Soldaten, die den verdeckten Bemühungen der amerikanischen Armee ihre Rettung verdankten. Auch dies war nur möglich gewesen, weil Generalleutnant Truscott, offenbar mit einer gewissen Rückendeckung durch General McNarney, seine Kompetenz sehr weitherzig ausgelegt hatte.

Unmittelbar vor der Deportation der Restteile des Armeestabes, der 2. Division der ROA und sonstiger Einheiten aus Plattling hatten die Amerikaner auch die in Landshut gefangengehaltenen Generale Meandrov, Assberg und Sevast'janov den sowjetischen Behörden übergeben. Alle drei hatten einer sowjetischen Kommission unter Oberst Fromenkov gegenüber im Beisein amerikanischer Offiziere am 5. Februar 1946 eine freiwillige Rückkehr in die Sowjetunion noch einmal strikt verweigert. Obwohl sie anschließend in strenge Einzelhaft überführt worden waren, versuchte Generalmajor Meandrov doch, seine Worte in die Tat umsetzend, sich am 6. Februar 1946 das Leben zu nehmen, indem er sich tiefe Schnitte am Halse mit einer Glasscherbe beibrachte[700]. Amerikanische Wachen verhinderten die Vollendung und auch eine anschließende Wiederholung des Versuches im Lazarett. Am 14. Februar 1946 erschienen sowjetische Offiziere in Landshut, um Meandrov, Assberg und Sevast'janov fortzuführen. Die Altemigranten Borodin, Angeleev und Belogorcev blieben verschont. Andere hohe Offiziere, so der Chef der Hauptorganisationsverwaltung des KONR, Generalmajor Mal'skin, der Chef der Hauptpropagandaverwaltung, Generalleutnant Žilenkov, die Obersten Kabanov-Ril' und Kardakov vom Armeestab, befanden sich in dieser Zeit zusammen mit prominenten deutschen Kriegsgefangenen und Zivilinternierten im Lager Mannheim-Seckenheim[701]. Das Oberste Hauptquartier hatte im Falle Žilenkov, der in Tirol mit anderen Mitgliedern des KONR und der ROA unter Hausarrest gestellt worden war, in Washington um Verhaltensmaßregeln nachgesucht, durch den amtierenden Staatssekretär Grew am 11. Juli 1945 aber den Bescheid erhalten, »General Schilenkow and General Vlasoff or any of their lieutenants« würden, wie er sich ausdrückte, als »Verräter an einem unserer Alliierten« und »Kriegsverbrecher« angesehen und infolgedessen den sowjetischen Behörden übergeben werden[702]. Nicht anders als Meandrov in Landau hatten auch Mal'skin und Žilenkov in Mannheim die Zwischenzeit zu dem Versuch genutzt, den Amerikanern das Entstehen und die politischen Ziele der Russischen Befreiungsbewegung verständlich zu machen. Die von ihnen ausgearbeiteten Denkschriften wurden, wie der Lagerkommandant versicherte, durch das Hauptquartier nach Washington weitergeleitet und sollten von dort aus beantwortet werden. Ob es nun auf diese Dokumente oder die Prominenz ihrer Verfasser zurückzuführen war – die kriegsgefangenen Russen wurden im Oktober 1945 jedenfalls in das Vernehmungslager Oberursel überführt, wo ein Vertreter des War Departments (oder CIC), Mr. Sanders, ihnen Gelegenheit gab, ihre Kenntnisse über die Sowjetunion schriftlich niederzulegen. Generalleutnant Žilenkov konnte somit ausarbeiten, was er über Partei und Regierung wußte, Generalmajor Malyškin und die Obersten schrieben über die Landstreitkräfte, Hauptmann Lapin über die Inneren Truppen, Hauptmann Denisov über die Seekriegsflotte. Zugleich wurden detaillierte Auskünfte über die Befreiungsbewegung erteilt. Allein ihr Schicksal war besiegelt. Auf entschiedenes Verlangen der Sowjetbehörden hin wurden am 1. Mai 1946 Žilenkov und anschließend Malyškin ausgeliefert[703]. Oberst Ril' und andere folgten ihnen kurze Zeit später.

Es verdient erwähnt zu werden, daß, wie aus den Unterlagen hervorgeht, die Deutschen in dieser kritischen Zeit im Rahmen ihrer beschränkten Möglichkeiten überall für ihre in Bedrängnis geratenen bisherigen Bundesgenossen eingetreten sind. So beispielsweise hatten sie in Kurland, wo sich doch fast alle der eigenen Soldaten den sowjetischen Truppen ergeben mußten, dem russischen Major Vasil'ev und anderen Angehörigen der Freiwilligenverbände gestattet, sich an Bord des letzten, den Hafen Windau am 8. Mai 1945 verlassenden Tankers in Sicherheit zu bringen. »Die Deutschen«, so heißt es, »führten uns heraus, sie überließen uns nicht der Willkür des Schicksals[704].« Als sich britische Truppen am 1. Mai 1945 Itzehoe näherten, wo sich ein großes Versehrtenlager der Freiwilligen, unter ihnen allein 400 Amputierte, befand, ließ der Chef der Inspektion für landeseigene Soldaten und Freiwilligenverbände im OKH (OKH In 15), Oberstleutnant Hansen, an die Insassen Ausweise für Ostarbeiter ausgeben in der erklärten Absicht, »diese Männer, die für uns geblutet haben, vor Tod und Verfolgung zu bewahren«[705]. Beispielhaft war die Haltung des Kommandierenden Generals des XV. Kosakenkavalleriekorps, Generalleutnant v. Pannwitz, der eine ihm angebotene Fluchtmöglichkeit ausschlug, weil er die Kosaken, die ihm vertrauten, nicht im Stich lassen wollte. Im österreichischen Lienz hatten die Kirchenglocken zum Zeichen des Protestes gegen die Auslieferungen geläutet, im bayerischen Plattling waren Zivilpersonen, meist Frauen, auf dem Bahnhof erschienen, um den bei der Auslieferungsaktion verletzten Opfern Erste Hilfe zu leisten. Im Lager Landshut hatten sich Oberst Heckel, Major i.G. Schwenninger und Major Krüger bei dem amerikanischen Kommandanten für die gefährdeten ROA-Generale verwandt[706]. Und als die russische Offiziergruppe aus Mannheim abtransportiert werden sollte, waren es die kriegsgefangenen deutschen Feldmarschälle und Generaloberst Guderian, die gegen die Auslieferung ihrer »russischen Kameraden« protestierten[707].

Zu denen, die jetzt so bezeichnet wurden, gehörte auch Žilenkov, ein ehemaliger »Besprizornyj«, einst hoher Funktionär der Partei der Bol'ševiki in Moskau, Armeekommissar der Roten Armee, ein Mann also, der aufgrund der berüchtigten Kommissarrichtlinien bei seiner Gefangennahme 1941 von den Deutschen eigentlich hätte erschossen werden sollen.

Anmerkungen

624 Darov, Ne vse byli obrečennye, 1969, BA-MA MSg 149/8; S.L.V., A. G. Aldan, genštaba polkovnik, »Armija obrečennych«, in: Naša Strana, l. 4. 1969; Bitenbinder, »Armija obrečennych«, in: Novoe Russkoe Slovo, 9. 2. 1970.
625 Pozdnjakov, Andrej Andreevič Vlasov, S. 391 f.
626 General Borodin-Glavnomu Komandovaniju Amerikanskich i Anglijskich Vooruženrych Sil v Germanii, BA-MA MSg 149/14; Vypiski iz dnevnika general-majora Borodina, 30. 6. und 23. 7. 1945, BA-MA MSg 149/46; Lebenslauf des Generalmajors des Generalstabes S.K. Borodin, Archiv des Vf.
627 Siehe Anm. 624; Nerjanin, Russkoe Osvoboditel'noe Dviženie i Russkaja Osvoboditel'naja Armija, S. 3 f., BA-MA MSg 149/60.
628 Vypiski iz dnevnika general-majora Borodina, 30. 6. 1945, 4. 7. 1945, 9. 7. 1945, BA-MA MSg 149/46.
629 Pis'mo gen. M. A. Meandrova, Mitte Januar 1946, BA-MA MSg 149/14.
630 Kojda, Zapasnaja brigada, Archiv des Vf.
631 Vypiski iz dnevnika general-majora Borodina, 6. 7. 1945, 4. 8. 1945, 6. 8. 1945, BA-MA MSg 149/46.
632 Naumenko, Velikoe predatel'stvo; Epstein, Operation Keelhaul; Bethell, The Last Secret; Tolstoy, Victims of Yalta.
633 Vejnbaum, »Operacija Kilevanija«, 11. 3. 1970, BA-MA MSg 149/8.
634 Churchill, Nach dem Kriege, S. 157, 261, 265.
635 Hansen, Dienstliche Notizen, 2. 7. 1944, S. 122, Archiv des Vf.; Tolstoy, Victims of Yalta, S. 443.
636 Tolstoy, Victims of Yalta, S. 149.
637 Ebd., S. 178, 276.
638 Ebd., S. 272. » It was an honour«, so hatte übrigens Feldmarschall Alexander einst über die aus Baltendeutschen und Deutschen zusammengesetzte Baltische Landeswehr geurteilt, »to command a force consisting of nothing but gentlemen«. »And in later life he remarked that they were the best troops whom he had ever had under his orders«, Nicolson, Alex, S. 52.
639 Siehe auch Tolstoy, Victims of Yalta, S. 24.
640 Solschenizyn, Der Archipel GULAG, S. 251.
641 Žertvy Špital'-Lienca, BA-MA MSg 149/14; General I. Poljakov, Pravda o Lience, ebd.; Vasjuta Serdjukova, Tragedija kazač'ej sily, in: Časovoj, ebd.
642 Eine Aufnahme vom Augenblick der Auslieferung des Generalleutnants Škuro in: Pograničnye vojska, S. 539.
643 Tolstoy, Victims of Yalta, S. 255, 269, 276 f.
644 Ebd., S. 189, 195, 250; Schtemenko, Im Generalstab, Bd 2, S. 502; Titov, Kljatvoprestupniki, S. 145.
645 Nach Tolstoy, Victims of Yalta, S. 193.
646 Naumenko, K devjatoj godovščine kazač'ej tragedii, in: Naši Vesti, Nr. 56 (2193), 1. 6. 1954; K 12-oj godovščine liencevskoj tragedii, Vortrag des Generalmajors des Generalstabes V. G. Naumenko am 1. 6. 1957 in New York, in: Rossija, 12. 6. 1957; Raspjatoe kazač'estvo. Otryvok iz Vospominanij o kazač'ej tragedii v gor. Lience na Drave, BA-MA MSg 149/14; B. Ulanov, Lienc. Kazač'ja Golgofa, ebd.

647 Tolstoy, Victims of Yalta, S. 208 ff.
648 General I. Poljakov, Žutkoe desjatiletie tragedii v Lience, in: Časovoj, BA-MA MSg 149/14.
649 Poljakov, K godovščine tragedii kazač'ej sily. Vydača russkich oficerov sovetam, in: Časovoj, BA-MA MSg 149/14; Tolstoy, Victims of Yalta, S. 235 ff.
650 Vogelsang, Nach Liechtenstein – in die Freiheit, S. 46 ff.
651 Repatriacija sovetskich graždan, S. 30, 50.
652 Solschenizyn, Der Archipel GULAG, S. 230 ff., 247.
653 Altajskij, Moi vpečatlenija, BA-MA MSg 149/14; Krjukov, Sud'ba ostovcev, ebd.; Tolstoy, Victims of Yalta, S. 24, 130 ff., 186 ff., 200, 205, 220, 315, 337, 402 ff., 408 f., 427 f.
654 Sodružestvo Lienca, Čto proizošlo posle Lienca? Kratkaja svodka soobščenij vozvrativšichsja, in: Časovoj, BA-MA MSg 149/14.
655 Krasnov, Nezabyvaemoe; Pozdnjakov, Vlasovcy v SSSR (Pis'ma N. N. Krasnova), in: Novoe Russkoe Slovo, 22. und 23. 12. 1964; siehe auch Heller/Nekrich, Geschichte der Sowjetunion, Bd 2, S. 178 ff. (Das Lagerimperium).
656 Einberufung Unzuverlässiger und Bestrafter/Zahlenmäßiger Umfang, AbtFrH Ost (IIa), 5. 3. 1945, BA-MA RH 2/v. 2623; Kartaš, Tragedija osvoboždennych i vernuvšichsja, in: Svobodnyj Kavkaz, Nr. 11 (14), o.J.
657 Rapport du Comité international de la Croix-Rouge, S. 562 f.
658 Acting Secretary of State an Novikov, 1. 2. 1945, FRUS, 1945, Bd 5, S. 1067 ff.
659 Tolstoy, Victims of Yalta, S. 412, 414.
660 Acting Secretary of State an Novikov, 3. 5. 1945, FRUS, 1945, Bd 5, S. 1093 f.
661 Acting Secretary of State an Gromyko, 23. 3. 1945; ders. an Novikov, 5. 5. 1945, ebd., S. 1083 f., 1094 f.
662 Tolstoy, Victims of Yalta, S. 414, 417.
663 Solschenizyn, Der Archipel GULAG, S. 253 f.; Hoffmann, Die Ostlegionen, S. 77 ff.; Tolstoy, Victims of Yalta, S. 415; Nikolaev, Tak ėto bylo, S. 266.
664 Thunig-Nittner, Die Tschechoslowakische Legion, S. 73, 174 f.
665 Julius Epstein, Die alliierten Zwangsauslieferungen sind unvergessen, Zuschrift in: Frankfurter Allgemeine Zeitung, 13. 2. 1969; Tolstoy, Victims of Yalta, S. 149, 232 ff., 416.
666 Ziemke, The U.S. Army in the Occupation of Germany, S. 204.
667 Memorandum des State-War-Navy Coordinating Committee an Secretary of State, 9. 3. 1945, FRUS, 1945, Bd 5, S. 1075 ff.; Ziemke, The U.S. Army in the Occupation of Germany, S. 415; Tolstoy, Victims of Yalta, S. 88.
668 Acting Secretary of State an Forrestal, 12. 5. 1945; ders. an Murphy, 11. 7. 1945, FRUS, 1945, Bd 5, S. 1095 f., 1098 f.
669 Acting Secretary of State an Kennan, 27. 7. 1945; Secretary of State an Kirk, 9. 8. 1945, ebd., S. 1100 ff., 1104; Tolstoy, Victims of Yalta, S. 327.
670 Kemptenskaja Istorija 12. 8. 1945g., BA-MA MSg 149/14; Tolstoy, Victims of Yalta, S. 337.
671 Kollektivnoe pis'mo 223 čelovek oficerov byvšej Russkoj Osvoboditel'noj Armii gen. Vlasova, September 1945, BA-MA MSg 149/14, MSg 149/46; Sekretnoe pis'mo, napisannoe gruppoj oficerov v lagere Plattling, Anfang Dezember 1945, ebd.; Pis'mo gen. Meandrova Komandiru brigady amer. armii polk. Frenč, Anfang 1946, ebd.; Meandrov, Aufzeichnungen eines zu Tode verzweifelten Menschen, 5. 1. 1946, ebd.; Pis'mo gen. M. A. Meandrova (»Warum ich nicht aus dem amerikanischen Kriegsgefangenenlager entfloh«), Januar 1946, ebd.; »V komissiju 3-j armii po razboru dela o russkich internirovannych lagerja Plattling«, ebd.; »Mistris Eleonore Ruzvel't«: Spasite naši duši!«, Januar 1946, ebd.; »Rettet unsere Seelen«, Februar 1946, ebd.
672 Solschenizyn, Der Archipel GULAG, S. 233 f.
673 Nerjanin-Aldan, Russkoe Osvoboditel'noe Dviženie i Russkaja Osvoboditel'naja Armija, S. 4 ff., BA-MA MSg 149/60.
674 Conquest, The Great Terror, S. 525 ff.; Hoffmann, Die Sowjetunion bis zum Vorabend des deutschen Angriffs, S. 51 ff.
675 Pis'mo »trech vlasovcev«, in: Svobodnoe Slovo, Nr. 1 (4), 1946.
676 Wenn Meandrov die angeblichen Verteidigungsmaßnahmen der Sowjetführung als »lange vorbereiteten und sorgfältig maskierten Aggressionsplan« bezeichnete, so befand er sich

im Einklang mit den Aussagen kriegsgefangener höherer sowjetischer Offiziere. Auf mögliche Angriffsabsichten der Sowjetunion deutet unter anderem die Rede Stalins vor den Absolventen der sowjetischen Militärakademien am 5. 5. 1941 hin, über die sowohl der deutsche Botschaftsrat Hilger als auch der britische Korrespondent in Moskau Alexander Werth nach dem Kriege nähere Einzelheiten mitteilten (Hilger, Wir und der Kreml, S. 307 f.; Werth, Russia at War, S. 122 f.; siehe hierzu Hoffmann, Die Sowjetunion bis zum Vorabend des deutschen Angriffs, S. 72 ff.). Einen ersten Aktenhinweis auf die Stalinrede bildet ein Schreiben des Chefs der Abteilung Fremde Heere Ost im Generalstab des Heeres über die »von einander unabhängig verfaßten Berichte« dreier kriegsgefangener sowjetischer Offiziere, die »übereinstimmend« folgendes zum Ausdruck brachten: »1.) Aufruf, sich zum Krieg gegen Deutschland bereit zu halten. 2.) Ausführungen über Kriegsvorbereitungen der Roten Armee. 3.) Die Aera der Friedenspolitik der Sowjetunion ist vorüber. Ausdehnung der Sowjetunion mit Waffengewalt nach Westen ist nunmehr notwendig. Es lebe die aktive Angriffspolitik des Sowjetstaates! 4.) Der Kriegsbeginn steht in nicht allzuferner Zeit bevor. 5.) Ausführungen über die großen Siegesaussichten der Sowjetunion im Krieg gegen Deutschland. Einer der drei Berichte enthält die bemerkenswerte Äußerung, daß der mit Deutschland bestehende Friedensvertrag ›nur eine Täuschung und ein Vorhang sei, hinter dem man offen arbeiten könne‹«, Ansprache Stalins am 5. 5. 1941, Oberst i.G. Gehlen an Rittmeister v. Etzdorf, OKH/GenStdH/AbtFrH Ost, II Nr. 4880/42 geh, 18. 10. 1942, PA AA Bonn, Handakten Etzdorf, Bd 24; Ansprache Stalins am 5. Mai 1941, VAA beim OKH v. Etzdorf an AA, Nr. 2279/42 g, 22. 10. 1942, ebd. Botschaftsrat Hilger berichtete in demselben Sinne am 22. 7. 1943 über seine Unterredung mit Generalleutnant Masanov folgendes: »Masanov zeigte sich über die Rede Stalins auf dem Bankett im Kreml am 5. 5. 1941 genau unterrichtet. Obwohl er selbst bei der Veranstaltung nicht anwesend war, zitierte er den Ausspruch Stalins über die Notwendigkeit, sich auf einen Angriffskrieg vorzubereiten, fast wörtlich und brachte anschließend die eigene Überzeugung zum Ausdruck, daß Stalin den Krieg gegen Deutschland noch im Herbst 1941 entfesselt hätte«, siehe Anm. 732. Was den letzten Punkt angeht, so hatte allerdings Generalleutnant Eršakov im November 1941 ausgesagt, »daß noch im Frühjahr 1941 im Generalstab eine Besprechung stattfand, in der Shukow ausdrücklich darauf hinwies, daß ein Krieg unter allen Umständen im Jahre 1941 vermieden werden müßte«, Vernehmungsergebnisse (Protokoll des VAA beim AOK 4, Generalkonsul Schattenfroh, November 1941), PA AA Bonn, Pol. XIII, Bd 16.

677 Übereinstimmend hiermit der Bericht des Botschafters der USA in der Sowjetunion Harriman an Secretary of State: »Soviet Govt ist not signatory of Geneva Convention and during entire course of war refused all overtures from enemy powers for agreement regarding treatment of prisoners which might have improved lot of Soviet prisoners in Germany«, 11. 6. 1945, FRUS, 1945, Bd 5, S. 1097. Siehe Solschenizyn, Der Archipel GULAG, S. 213, sowie Anm. 274 und 290.

678 Solschenizyn, Der Archipel GULAG, S. 234 f.

679 Siehe Anm. 671.

680 Ziemke, The U.S. Army in the Occupation of Germany, S. 288.

681 Repatriacija sovetskich graždan, S. 38, 42.

682 Vypiski iz dnevnika general-majora Borodina, 2. 2. 1946, BA-MA MSg 149/46.

683 Russkij vrač Bystroletov, »Raby«, Februar-Mai 1946, BA-MA MSg 149/14.

684 Vypiski iz dnevnika general-majora Borodina, 2. 2. 1946, BA-MA MSg 149/46.

685 »Question of use of force in repatriating Soviet citizens, both civilian and military, has been raised by USFET and SACMED indicating reluctance of commanders to use force in repatriation«, Acting Secretary (Acheson) an Secretary of State (Byrnes), 29. 9. 1945, FRUS, 1945, Bd 5, S. 1106 f.; Ziemke, The U.S. Army in the Occupation of Germany, S. 288; Tolstoy, Victims of Yalta, S. 352 ff.

686 Botschafter Murphy an Secretary of State, 27. B. 1945, FRUS, 1945, Bd 5, S. 1104 f. Eine negative Haltung den Zwangsauslieferungen gegenüber ließ auch der US-Botschafter in Moskau durchblicken. Harriman berichtete am 11. 6. 1945, sowjetische Kriegsgefangene würden als Deserteure, Angehörige der Freiwilligenverbände als Staatsfeinde behandelt.

»It is quite possible that persons considered guilty of deliberate desertion or anti-state-activity are being shot, while some few ...«, Harriman an Secretary of State, ebd., S. 1097 f.

687 Acting Secretary an Secretary of State, 29. 9. 1945, ebd., S. 1106 f.

688 Memorandum des State-War-Navy Coordinating Committee an Secretary of State, 21. 12. 1945, ebd., S. 1108 f.

689 Iz istorii R.O.D., »Sobytija v Dachau«, BA-MA MSg 149/14; Pol'skij dokument o nasil'stvennoj repatriacii russkich antikommunistov, ebd.; Tragedija v Dachau, in: Časovoj, ebd.

690 Zeitungsartikel: Das schlechte Gewissen. Selbstmord russischer Kriegsgefangener, 21. 1. 1946, BA-MA MSg 149/14; Kratkaja spravka po istorii Russkogo Osvoboditel'nogo Dviženija, nazyvaemogo teper' »Vlasovskim Dviženiem«, 1. 9. 1951, S. 31 f., BA-MA MSg 149/26.

691 Memorandum Buhrman an Murphy, 28. 1. 1946; Murphy an Secretary of State, 14. 2. 1946, FRUS, 1946, Bd 5, S. 141 f. Die gemessen an dem britischen Außenminister Bevin wesentlich zurückhaltendere Haltung des amerikanischen Außenministers Byrnes in der Auslieferungsfrage geht aus einem Schreiben desselben an den Acting Secretary of State vom 28. 9. 1945 hervor: »Bevin indicates that repatriation of this particular group (d.h. 500 Cossacks formerly of Vlasov's Army) might involve the use of force. I would of course hesitate about the use of force«, ebd., S. 1106. Siehe auch die von dem Chef der Osteuropaabteilung des State Department, Durbrow, zurückgewiesenen Insinuationen der britischen Botschaft in Washington, Memorandum of Conversation, 27. 12. 1945, ebd., S. 1110 f. Ganz in diesem Sinne Nikolaev, Tak éto bylo, S. 275 f.

692 Kromiadi, Za zemlju, za volju, S. 253; Kuznecov, Pis'mo v redakciju, in: Novoe Russkoe Slovo, 4. 10. 1961. Avtonomov wurde in einem »Offenen Brief« aus der Nachkriegszeit als Agent des NKVD hingestellt, Otkrytoe Pis'mo brat'jam kazakam, S. 13, BA-MA MSg 149/7.

693 Tekst moego vystuplenija pered generalom Truskottom, 31. 1. 1946, in: Kromiadi, Za zemlju, za volju, S. 283 f.

694 Ziemke, The U.S. Army in the Occupation of Germany, S. 420 f.

695 Vypiski iz dnevnika general-majora Borodina, 3. 3. 1946, BA-MA MSg 149/46; siehe auch die Aufzeichnungen, BA-MA MSg 149/14.

696 Tolstoy, Victims of Yalta, S. 356.

697 Osvoboditel'noe Dviženie Narodov Rossii, S. 32 f., BA-MA MSg 149/26; Az., Plattling (24 fevralja 1946 goda), in: Snajper; Kuznecov, K 13-j godovščine »Platlinga i Dachau«, BA-MA MSg 149/14.

698 The Commanding General McNarney an War Department, 19. 4. 1946, 27. 4. 1946, FRUS, 1946, Bd 5, S. 154 ff.

699 The Joint Chiefs of Staff an Commanding General McNarney (USFET), 7. 6. 1946, ebd., S. 170.

700 Vypiski iz dnevnika general-majora Borodina, 5. 2., 6. 2., 10. 2., 12. 2., 18. 2. 1946, BA-MA MSg 149/46.

701 Siehe Anm. 577.

702 Acting Secretary of State an Murphy, 11. 7. 1945, FRUS, 1945, Bd 5, S. 1098 f. Hon. Joseph C. Grew gehörte später zu den Kritikern des Nürnberger Prozesses, indem er seine Freude über die Entlassung des Großadmirals Dönitz aus dem Spandauer Militärgefängnis aussprach, vgl. Doenitz at Nuremberg, S. 46.

703 Siehe auch Titov, Kljatvoprestupniki, S. 228, 233.

704 L'vov, Psolednie dni ROA v Kurljandii, BA-MA MSg 149/8.

705 Hansen, Dienstliche Notizen, 1. 5. 1945, S. 217, Archiv des Vf.; ders., Aufzeichnungen, S. 8, ebd. Die Behauptung des stellvertretenden Leiters der Zentralen Stelle der Landesjustizverwaltungen zur Aufklärung von NS-Verbrechen, Oberstaatsanwalt Streim, Die Behandlung sowjetischer Kriegsgefangener, S. 187, Angehörige »landeseigener Verbände« und »Hilfswillige« seien von den Deutschen getötet worden, wenn sie infolge einer Verletzung nicht mehr kriegsverwendungsfähig waren, ist unhaltbar. Die Freiwilligen waren vielmehr, wenn auch nicht in vollem Umfange, bereits durch die unter wesentlicher Mitwirkung des Oberstleutnants i. G. Graf v. Stauffenberg im August 1942 herausgegebene

Verfügung OKH/GenStdH/OrgAbt (II), Nr. 8000/42geh, in das System der Heilfürsorge und Hinterbliebenenversorgung eingeschlossen worden, siehe Hoffmann, Die Ostlegionen, S. 54 ff. (ebd., S. 146 ff., auch zur Behandlung straffälliger Freiwilliger). Die Fürsorge- und Versorgungsbestimmungen wurden durch Erlaß über die »Abfindung von Angehörigen landeseigener Verbände«, OKH/GenStdH/ GenQu/IV a (III,3), Az. 985 d, Nr. I/14124/43 vom 29. 5. 1943, Archiv des Vf., noch präzisiert. Freiwillige in »landeseigenen« Verbänden oder deutschen Einheiten der Wehrmacht sowie deren Hinterbliebene hatten bei einer Wehrdienstbeschädigung schließlich den gleichen Anspruch auf Fürsorge und Versorgung wie deutsche Soldaten und deren Hinterbliebene, siehe Vorläufiger Erlaß über die Versorgung der im Großdeutschen Reich wohnenden fremdvölkischen Freiwilligen, die im Rahmen der deutschen Wehrmacht eingesetzt waren, und ihrer Hinterbliebenen, Der Reichsarbeitsminister VIII a, Nr. 1980/44, 10. 11. 1944, Archiv des Vf.; ders., Nr. 2018/44, 22. 11. 1944, ebd.; Abfindungs- und Versorgungsbestimmungen für Freiwillige aus dem Osten, in: Heeres-Verordnungsblatt, 17. 7. 1944, Teil B, Blatt 15, S. 169–184; Neue Versorgungsbestimmungen, Mitteilungen für die Kommandeure der Osttruppen z.b.V. und Stabsoffiziere für landeseigene Hilfskräfte, Nr. 20, GendFreiwVerbiOKH, Nr. 20660/44geh, 1. 1. 1945, Archiv des Vf. Die Freiwilligenverbände verfügten im übrigen über ein wohlausgebildetes Sanitätswesen. Es gab ein »landeseigenes« Sanitätsoffizierkorps, »landeseigene« Lazarette und Versehrtenheime sowie seit Frühjahr 1943 in Mogilev (später in Jüterbog) ein Medizinisch-wissenschaftliches Institut mit angegliedertem Kriegslazarett zur Heranbildung von Militärärzten, ebd., Zusammenfassung der Nrn. 1–16, GendFreiwVerbiOKH, Nr. 3/500/45geh, 25. 3. 1945. Zum Sanitätswesen der Freiwilligenverbände siehe auch Herwarth, Zwischen Hitler und Stalin, S. 309.

706 Vypiski iz dnevnika general-majora Borodina, 5. 1., 13. 2. 1946, BA-MA MSg 149/46; Schwenninger, Ergänzungen, S. 13, IfZ.

707 Strik-Strikfeldt, Gegen Stalin und Hitler, S. 248; Generalfeldmarschall Wilhelm Ritter von Leeb, S. 82.

13
Die sowjetische Reaktion auf Wlassow

Die Konsequenz, mit der die Sowjetregierung selbst die letzten zerschlagenen und verzweifelten Reste der Russischen Befreiungsarmee nach Kriegsende in die Hand zu bekommen versuchte, vermittelt eine Vorstellung davon, was deren Existenz für sie bedeutet haben muß. Der Blick wird notwendigerweise noch einmal auf die Anfänge zurückgelenkt. Denn wer eine Erklärung sucht für die unerbittliche Haltung der Sowjetunion, wird sich zu vergegenwärtigen haben, daß das hohe Selbstgefühl der Sowjetarmee bei Beginn des deutsch-sowjetischen Krieges allein schon durch das Bestehen einer ROA schwer erschüttert worden ist. »Der Personalbestand der Roten Armee und Seekriegsflotte«, so heißt es in einem Jubiläumswerk anläßlich des fünfzigsten Jahrestages der sowjetischen Streitkräfte, »war in moralisch-politischer Hinsicht gestählt und seiner sozialistischen Heimat grenzenlos ergeben[708].« Ohne jede Einschränkung galt und gilt in der Sowjetunion das Dogma von der moralisch-politischen Einmütigkeit der Gesellschaft der Sowjetunion, von der unverbrüchlichen Freundschaft der Völker der Sowjetunion und von dem opferbereiten Patriotismus des »Sowjetvolkes«, das sich in grenzenloser Ergebenheit um die Kommunistische Partei schart. Bereits der Umstand, daß sich allen politischen Beeinflussungsversuchen und allen Propagandabeteuerungen zum Trotz in den ersten Monaten des Krieges 3,8 Millionen und im weiteren Kriegsverlauf rund 5,24 Millionen Sowjetsoldaten aller Grade einschließlich der Politarbeiter den deutschen und verbündeten Truppen gefangengaben, hatte der sowjetischen Führung einen schweren Schlag versetzt. Angesichts der Politik der Deutschen in den besetzten Gebieten und der sich festfahrenden Offensive konnte dieses Fiasko im Wege verstärkter Abschreckungs- und Propagandamaßnahmen noch einigermaßen ausgeglichen werden. Meldungen über eine militärische Organisierung der kriegsgefangenen Sowjetsoldaten zum Kampf gegen die Moskauer Regierung auf deutscher Seite seit Herbst 1941 wurden mit gesteigerter Aufmerksamkeit registriert, bedeuteten aber noch keine unmittelbare Gefahr, da die Anwerbungen dezentralisiert unter enger deutscher Kontrolle erfolgten und verhältnismäßig langsam vonstatten gingen. Immerhin stellte das Auftreten von rund 25 aus Angehörigen der Minderheitenvölker der Sowjetunion zusammengesetzten Feldbataillonen der Ostlegionen an vorderster Front und im rückwärtigen Gebiet der nach Kaukasien vordringenden Heeresgruppe A die sowjetische Transkaukasusfront bereits 1942 vor schwierige politisch-ideologische Probleme. Ebenso unangenehm dürften zur selben Zeit die Vorformen nationalrussischer Streitkräfte unter eigenem Kommando gewesen sein, die von Buss[709] sogenannten »Experimental Armies«, die sich an verschiedenen Stellen des deutschen Hinterlandes im Osten während des Jahres 1942 herausgebildet hatten. Es waren dies:

1. Die vollständig in russische Uniformen mit nationalen Rangabzeichen eingekleidete, rund 10 000 Mann starke, in sechs Infanteriebataillone, ein Pionierbataillon, eine Artillerieabteilung gegliederte RNNA in Osintorf unter Oberst Kromiadi-Sanin als militärischem, Ivanov als politischem Führer, ab August 1942 in selber Funktion unter Oberst Bojarskij und General Žilenkov[710].

2. Das etwa 3000 Mann starke Donkosakenregiment 120 (ab Ende 1942 Donkosakenabteilung 600) in Mogilev unter Oberstleutnant Kononov[711].

3. Das in die Infanteriebataillone Berezina, Desna, Dnepr, Pripjat', Volga und mehrere Artilleriebatterien gegliederte Vostočnyj Zapasnyj Polk (Ost-Ersatz-Regiment, später Ost-Ausbildungs-Regiment) Mitte in Bobrujsk unter Oberstleutnant Janenko[712].

4. Die 20 000 Mann starke, in fünf Infanterieregimenter, ein Pionierbataillon, eine Panzerabteilung, eine Flakabteilung gegliederte RONA in dem Selbstverwaltungsbezirk Lokot' unter »Brigadegeneral« Kaminskij[713].

5. Die in gewissem Sinne einen Sonderfall darstellende, 1943 unter den Auspizien des SD gebildete, de facto aber völlig selbständige, schließlich 8000 Mann starke und in mehrere Regimenter und Spezialeinheiten gegliederte Brigade »Družina« unter Oberstleutnant Gil'-Rodionov[714], aus der sich das »Gvardejskij batal'on ROA« (Gardebataillon der ROA) in Pskov, ein erster in unmittelbarem Kontakt mit dem Kreis um Vlasov stehender Verband unter der Führung von Ivanov (Stellvertreter Oberst Sacharov, Chef des Stabes Oberst Kromiadi) abspaltete [715].

Von allen diesen Verbänden ging unverkennbar bereits eine starke Werbekraft auf die Bevölkerung der besetzten Gebiete und teilweise auch auf sowjetische Truppen aus. Verschiedentlich nahmen diese Kräfte auch an Unternehmungen gegen Partisanen im deutschen Hinterland teil. Die RNNA beispielsweise meldete als größten Erfolg die moralische Zersetzung des eingeschlossenen sowjetischen 1. Gardekavalleriekorps unter Generalmajor Belov bei Dorogobuž, dessen Aufklärungsabteilung unter dem Helden der Sowjetunion Oberleutnant Knjazev vollzählig auf ihre Seite übertrat und in ihren Reihen aufging[716]. Die »Experimental Armies« bestanden noch jede für sich. Es gab keine erkennbare Oberleitung, so daß die sowjetische Führung ihnen propagandistisch mit lokalen Abwehrmaßnahmen zu begegnen vermochte[717]. Erst die zu Anfang 1943 überraschend verbreitete Kunde, ein Russisches Komitee, das so gefürchtete politische Zentrum auf deutscher Seite, sei ins Leben getreten, machte eine Auseinandersetzung grundsätzlicher Art unumgänglich.

Was die sowjetische Führung alarmieren mußte, war der Umstand, daß anscheinend der Stellvertretende Oberkommandierende der Volchovfront und Oberbefehlshaber der 2. Stoßarmee, der von den Kämpfen um Moskau her auch der breiten Öffentlichkeit bekannte und gerühmte Generalleutnant Vlasov, die Führung der Gegenbewegung in die Hand genommen hatte. Im September 1942 war sein erster Aufruf an die »Genossen Kommandeure« und die »sowjetische Intelligenz« über den Truppen der Roten Armee abgeworfen worden[718]. Im Januar 1943 folgte der Smolensker »Aufruf des Russischen Komitees an die Kämpfer und Kommandeure der Roten Armee, an das ganze russische Volk und an andere Völker der Sowjetunion«, das politische Programm der 13 Punkte, für die Vlasov als Vorsitzender und Generalmajor Malyškin als Sekretär dieses Gremiums verantwortlich zeichneten[719]. Im März 1943 setzte Vlasov in einem »Offenen Brief« die politischen Gründe auseinander, die ihn dazu bewogen hatten, den »Kampf gegen den Bolschewismus« aufzunehmen[720]. Im April 1943 bekannte sich die »Antibolschewistische Konferenz ehemaliger Kommandeure und Kämpfer der Roten Armee« in aller Öffentlichkeit zu General Vlasov als Führer (vožd') der Russischen Befreiungsbewegung[721]. Dem Vorstand dieser Konferenz gehörten Generalmajor Malyškin, Žilenkov, Major Fedorov, Oberstleutnant Pozdnjakov, Major Pšeničnyj, Leutnant Krylov, Soldat Kolomackij und andere an. Daß es sich bei solchen Verlautbarungen nicht mehr allein um Propaganda handeln konnte, sondern mehr dahinter stecken mußte, wurde durch das gleichzeitige Erscheinen Vlasovs in den rückwärtigen Gebieten der Heeresgruppen Mitte und Nord zwischen März und Mai 1943 noch unterstrichen[722]. Sein Auftreten und seine selbstbewußten, an das russische Nationalgefühl appellierenden Ansprachen vor den »landeseigenen« Verbänden, den sogenannten Osttruppen, und vor der Zivilbevölkerung der besetzten Gebiete waren, wie auch russische Beobachter übereinstimmend vermerkten, »ein großer Erfolg« (imela ogromnjy uspech). Es mußte Zustimmung, ja, wie es an einer Stelle heißt, »begeisterte Ovationen«[723] hervorrufen, wenn er etwa in Sol'cy am 5. Mai 1943 erklärte, Deutschland könne den Krieg nicht ohne Rußland gewinnen, die Russen, seine Landsleute, seien aber nicht käuflich: »Wir wollen keinen Kommunismus, aber wir wollen auch keine deutsche Kolonie sein.« Rußland werde im »neuen Europa« aus diesem Grunde einen »gebührenden Platz« einnehmen. Die Kampagne wurde fortgesetzt durch die mit dem Begriff »Silberstreif« umschriebene und von den Deutschen bestrittene zweite Phase der Vlasovpropaganda. Der in großen Massen über der Front abgeworfene Grundsätzliche Befehl des Oberkommandos des Heeres Nr. 13, der alle Militärangehörigen der Roten Armee zum Übertritt auf die deutsche Seite aufrief, enthielt einen wichtigen Passus, indem er ihnen eine Frist einräumte, um in freier Wahl zu entscheiden, ob sie einer friedlichen Beschäftigung in den »befreiten Gebieten« nachgehen oder aber in die »Russische Befreiungsarmee« eintreten wollten. Dieser OKH-Befehl in Verbindung mit Folgeflugbättern eines »Kommandos der Russischen Befreiungsarmee«[724] schien die Existenz einer nationalen Streitmacht zu bestätigen, zumal da bei allen Divisionen des deutschen Ostheeres jetzt die »Russischen Betreuungsstaffeln« der ROA in Erscheinung traten. Für Außenstehende war zunächst nicht ohne weiteres zu erkennen, daß es sich bei dem »Russischen Komitee« um eine reine Propagandafiktion handelte und die Russische Befreiungsarmee 1943 nichts anderes darstellte als eine Sammelbezeichnung für alle auf deutscher Seite in irgendeiner Form organisierten Soldaten russischer Nationalität, einerlei, ob es sich um Angehörige der Kampf- und Sicherungsverbände oder um die in deutsche Einheiten integrierten, jetzt Freiwillige genannten Hilfswilligen handelte[725]. Generalmajor Malyškin gab den Stand der Dinge genau wieder, als er in seiner großen Rede in der Salle Wagram während der »Russischen Tage« in Paris am 24. Juli 1943 ebenso offen wie bedauernd erklärte, daß eine ROA bisher nicht existiere, »die beschleunigte Organisierung einer wirklich bestehenden Russischen Befreiungsarmee« aber unumgänglich sei[726].

Ebenso äußerte sich Oberst Bojarskij vor Freiwilligen am 16. Juni 1943: »Augenblicklich haben wir noch keine Russische Befreiungsarmee, denn wir haben keine Regierung, der wir unterstellt werden können.« Es werde bis dahin, wie er meinte, »noch 2 bis 3 Monate dauern«[727]. Eine ROA gab es nicht, doch die mit dem Namen Vlasov betriebene Propaganda hatte, wie Generalfeldmarschall v. Kluge in einem Schreiben an den Chef des Generalstabes des Heeres ausführte, »beiderseits der Front« »stärksten Eindruck« gemacht, auch wenn die an sich wohl erwarteten Überläuferzahlen, schon der rigorosen Überwachungsmaßnahmen wegen nicht erreicht werden konnten. Es lagen Meldungen anderer Heeresgruppen- bzw. Armeeführer vor, so eine des Oberbefehlshabers der 18. Armee, Generaloberst Lindemann, er habe es allein »den Parolen des Generals Wlassow zu danken«, wenn »er in seinem Gebiet nicht einen Partisanen mehr habe« und »überhaupt keine Fälle von Sabotage mehr vorgekommen« seien[728]. Auf sowjetischer Seite war verständlicherweise die Befürchtung entstanden, die Deutschen hätten das Steuer herumgeworfen und seien zu der schon längst mit Sorge erwarteten politischen Kriegführung übergegangen. Spätestens seit dem Erscheinen Vlasovs im Operationsgebiet des deutschen Ostheeres mußte die anfangs befolgte Methode des Totschweigens aufgegeben werden.

Um die sowjetische Reaktion auf Vlasov richtig abzuschätzen, bedarf es eines Streiflichtes darauf, für wie bedenklich man die Situation hielt. Es klingt dies noch in der Memoirenliteratur der Nachkriegszeit an, wenn Generalleutnant Popel', ehemals Mitglied des Kriegsrates der 1. Gardepanzerarmee, Vlasovflugblätter gefährlicher als deutsche Flugblätter[729] oder wenn Marschall der Sowjetunion Čujkov einen einzigen Vlasovagenten rückblickend »gefährlicher denn eine ganze Panzerkompanie des Gegners« nannte[730]. Die ängstliche Strenge, mit der jede Unterrichtung über die Vlasovfrage unterbunden wurde, erlaubt im übrigen die Schlußfolgerung, daß die Moral der sowjetischen Soldaten selbst nach der Schlacht bei Stalingrad noch überaus labil gewesen sein muß. So war schon allein das Aufheben und Aufbewahren der Flugblätter Vlasovs unter schwere Strafe gestellt[731]. Bereits im Januar 1943 wurden Rotarmisten der 48. Gardeschützendivision für die Weitergabe der Aufrufe vor das Militärtribunal gestellt und zum Tode verurteilt. Obwohl auch jede mündliche Erwähnung der ROA untersagt worden war, konnte indessen nicht verhindert werden, daß sich die Kunde ihrer Existenz in den Truppenteilen der Roten Armee verbreitete und hier »starken Eindruck« (sil'noe vpečatlenie) machte. Wie der kriegsgefangene Generalleutnant Masanov am 22. Juli 1943 erklärte, war insbesondere der Kommandobestand der Roten Armee über den Inhalt der von Vlasov unterzeichneten Flugblätter und die Existenz einer Befreiungsarmee genau unterrichtet, auch wenn ein Meinungsaustausch hierüber aus Furcht vor »Denunziationen und nachfolgenden Repressalien« kaum stattfand. Das »Wlassowprogramm« hatte den Worten des Generals Masanov zufolge »für einen jeden Russen sehr viel Bestechendes« und kam »den Wünschen des russischen Volkes entgegen«, so daß, wie er meinte, eine Resonanz bei weiterer Verbreitung »nicht ausbleiben könne«[732]. Schon im Februar/März 1943 waren die Aufrufe Vlasovs nicht ohne Einfluß auf den Stimmungsverfall der bei Char'kov und Lozovaja eingeschlossenen sowjetischen Truppen der Voronežfront und der Südwestfront geblieben. Ein Offizier berichtete später, viele seiner Kameraden hätten verborgen Vlasovflugblätter bei sich geführt[733]. Hauptgesprächsthema unter den im Frühjahr 1943 gefangengenommenen sowjetischen Offizieren seien General Vlasov, das »Russische Komitee« und die ROA gewesen. Im Kriegsgefangenenlager Vladimir-Volynsk waren es 570 sowjetische Offiziere aller Ränge, vom grauhaarigen Stabsoffizier bis zum jungen Reserveoffizier, »die aus eigenem Antrieb die Anmeldung in die ›Vlasov-Armee‹ unterzeichneten und sich mit einem ›Offenen Brief‹ an den General wandten«.

Die sowjetische Führung, die jede eigenmächtige Beschäftigung mit der Vlasovfrage rigoros unterband, sah sich zugleich genötigt, den Truppen der Roten Armee, die der massiven Einwirkung dieser Propaganda ausgesetzt

waren, irgendeine Erklärung, die amtliche Leseart der Angelegenheit, zukommen zu lassen. Da alles vermieden werden mußte, was ungewollt zu einer Popularisierung Vlasovs und seiner Sache beitragen konnte, bereitete
dies allerdings keine geringen Schwierigkeiten. So waren es anfangs allein die
an einen begrenzten Leserkreis gerichteten Front- und Partisanenzeitungen,
die es wagten, das Thema aufzugreifen. Die großen sowjetischen Publika-
tionsorgane bewahrten eisernes Stillschweigen. Die Überwachungsmaßnahmen wurden zugleich verstärkt, auch setzte unter den Truppen an der
sowjetisch-deutschen Front seit Frühjahr 1943 eine intensive Aufkärungs-
kampagne ein. Das Oberkommando der Finnischen Armee stellte als Reaktion auf die deutschen Propagandabemühungen selbst an der Svir-Front agi-
tatorische Gegenmaßnahmen des Gegners gegen Vlasov und die ROA fest[734].
Am 5. April 1943 erschien in der Zeitung »Leningradskij Partizan« (Leningrader Partisan) ein Artikel von Aleksandrov »Händler mit dem Vaterland«,
am 29. April 1943 verbreitete sich Kokotov in »Za Sovetskuju Rodinu« (Für
das sowjetische Vaterland) über das »Pseudorussische Komitee«, am
15. Mai 1943 schrieb Pavlov in derselben Zeitung den Beitrag »Judas Vlasov«[735]. Es dauerte bis zum 4. Juli 1943, bis die Politische Hauptverwaltung
der Roten Armee unter der Überschrift »Tod dem verächtlichen Verräter Vlasov, dem gemeinen Spion und Agenten des Menschenfressers Hitler« endlich eine offizielle Stellungnahme in einer Reihe von Frontzeitungen, so in
»Za Pravoe Delo« (Für eine gerechte Sache), »Za Čest' Rodiny« (Für die Ehre
des Vaterlandes), »Na Razgrom Vraga« (Für die Vernichtung des Feindes) ab-
druckte[736].

Schon diese ersten Verlautbarungen ließen deutlich werden, daß es der sowjetischen Gegenpropaganda an echten Argumenten gebrach. Die Verlegenheit der sowjetischen Führung tritt dabei nicht so sehr in der – in einem gewissen Sinne noch verständlichen – Anhäufung von Kraftausdrücken und
verbalen Injurien als vielmehr darin zutage, daß sie fast in allen Punkten Zuflucht zu groben Verzerrungen oder leicht erkennbaren Unwahrheiten nehmen mußte. Zentrales Anliegen der Sowjetpropaganda war es, Vlasov moralisch zu vernichten, weil, wie man offenbar meinte, dann auch die von ihm
verkörperte politische Idee in sich zusammenfallen werde. Allerdings war
dies keine leichte Aufgabe. Denn Vlasov, der im Verlauf des Krieges sowjetische Truppen an wichtigen Frontabschnitten, jeweils an den Brennpunkten
des Geschehens, befehligt hatte, als Kommandeur des 4. mechanisierten
Korps bei Lemberg, als Oberbefehlshaber der 37. Armee bei Kiev, als Stellvertretender Oberbefehlshaber der Westrichtung, als Oberbefehlshaber der
20. Armee bei Moskau und der 2. Stoßarmee bei Ljuban', in Personalunion
zugleich als Stellvertretender Oberbefehlshaber der Volchovfront, war als
Polkovodec in der Sowjetpresse ausgiebig gefeiert worden. Um einen derart

herausgehobenen Heerführer zu diskreditieren, bedurfte es schon einleuch-
tender Argumente. Also mußten noch einmal dieselben Vorwürfe herhalten,
die während der »Großen Säuberung« 1937/38 dazu gedient hatten, die
Führung der Roten Armee, nicht nur die Marschälle der Sowjetunion Blju-
cher, Egorov und Tuchačevskij, sondern 35 000 Offiziere, die Hälfte des gesamten Offizierbestandes, sowie 20 000, zwei Drittel aller Politarbeiter der
Roten Armee und Seekriegsflotte, zu liquidieren[737]: die Vorwürfe »konterre-
volutionärer, trockistischer Verschwörertätigkeit«.

Die Erklärung der Politischen Hauptverwaltung der Roten Armee vom
4. Juli 1943 bezeichnet Vlasov denn auch als »aktives Mitglied« einer volks-
feindlichen Organisation, die seinerzeit in »heimlichen Unterhandlungen«
über den Verkauf der »Sowjet-Ukraine und Weißrußlands« an die Deutschen und des »sowjetischen Küstengebietes im Fernen Osten und Sibiriens«
an die Japaner gestanden habe. Es erhebt sich die Frage, wie es kam, daß Vlasov nach Aufdeckung dieser »Verschwörertätigkeit« dem Schicksal aller seiner Kameraden entgehen konnte. Nur weil er »vorgab zu bereuen und um
Vergebung bettelte«, soll die »Sowjetjustiz« ausgerechnet gerade ihm nicht
nur verziehen, sondern obendrein noch die Möglichkeit gegeben haben,
seine angeblichen Verbrechen »durch Arbeit in der Roten Armee« – und dies
in der Stellung eines hohen Truppenführers – zu sühnen? Dies erscheint
ziemlich unwahrscheinlich. Und wer seine Urteilsfähigkeit bewahrt hatte,
konnte der amtlichen Erklärung unschwer die ganze Haltlosigkeit der gegen
Vlasov erhobenen Anschuldigungen entnehmen. Vlasov, so wird weiter behauptet, habe das in ihn gesetzte Vertrauen mißbraucht und bei Kiev die erste beste Gelegenheit dazu benutzt, um sich von den »deutschen Faschisten«
gefangennehmen und als »Spion und Provokateur« anwerben zu lassen. Als
Beweis für dieses »zweite noch schwerere Verbrechen« wird allein angeführt,
er sei ja aus der deutschen Einkreisung zurückgekehrt. Nun bedeutete die
Tatsache Eingekreister (okruženec) gewesen zu sein in der Roten Armee jener Tage ein militärisches Verbrechen, das Unzählige der hiervon Betroffenen mit dem Tode durch Erschießen bezahlen mußten[738]. Im vorliegenden
Fall und bezogen auf die Person Vlasovs stellte diese Argumentation die
Dinge aber in drastischer Weise auf den Kopf. Denn die Hauptstadt der
Ukraine hatte ja auf den ausdrücklichen Befehl der STAVKA (Hauptquartier) und gegen den Rat der Truppenführer hin bis zu dem Zeitpunkt der völligen Einschließung der Stadt durch die Deutschen verteidigt werden müssen. Erst am 18. September 1941, als es für einen geordneten Rückzug längst
zu spät war, hatte Vlasov die Genehmigung erhalten, Kiev aufzugeben und
sich vom Feinde zu lösen[739]. Das standhafte Ausharren in Kiev, das in der Mi-
litärgeschichtsschreibung der Sowjetunion heute als besonderes Ruhmes-
blatt gefeiert wird, war der Grund dafür, warum es ihm und Teilen der von

ihm geführten Armee nur noch unter Schwierigkeiten gelang, den schon dichten Einschließungsring zu durchbrechen. Wie konnte ihm hieraus jetzt ein Vorwurf erwachsen? Vergeblich sucht man im übrigen nach einer Erklärung dafür, wie es geschehen konnte, daß ein, wie man meinte, im Dienst der feindlichen Aufklärung stehender Armeeführer »von neuem« hohe Truppenkommandos erhielt, und zwar nicht erst 1942 am Volchov, sondern bereits 1941 während der kritischen Phase der Schlacht um Moskau im entscheidenden Abschnitt der sowjetischen Gegenoffensive. Daß Vlasov und nicht etwa Stalin und das Hauptquartier des Obersten Befehlshabers in weiterer Folge auch die Verantwortung für den Untergang der 2. Stoßarmee tragen soll, erscheint bei der Gedankenführung der Politischen Hauptverwaltung schon nicht mehr weiter verwunderlich. Vlasov, so wird entgegen den eindeutig feststehenden Tatsachen behauptet, habe die ihm anvertraute Armee absichtlich in die Einkesselung und ins Verderben geführt und sei dann zu seinen deutschen Herren und Auftraggebern übergelaufen: »Seit dieser Zeit hat er sich vollständig als Hitlerspion, Verräter und Mörder von Sowjetmenschen demaskiert.«

In dem Charakterbild der Sowjetpropaganda erscheint Vlasov nur als Erfüllungsgehilfe, als »Lakai« der Deutschen, der vor ihnen »auf allen vieren kroch« und den »Feinden des Vaterlandes dabei half, das russische Volk zu quälen, unsere heimatlichen Dörfer anzuzünden, russische Frauen zu vergewaltigen, unsere Kinder zu töten und unsere nationale Ehre zu schänden«. Ein ungeschickter Passus in dem »Offenen Brief« Vlasovs, er werde seine Vorstellungen über das neue Rußland »zu gegebener Zeit« entwickeln, wird zum Beweis dafür, daß er keine aufbauenden Ziele verfolgte. »Zu gegebener Zeit«, höhnt Pavlov, »aber warum nicht gleich jetzt, Herr General? Seit wann verstecken ehrliche Politiker ihre Anschauungen vor dem Volk? Daran liegt es auch gerade, Vlasov ist kein Politiker, er ist ein unehrlicher Spieler, der Angst hat, seine gezinkten Karten aufzudecken.« Dabei zeigt schon ein Blick auf die 13 Punkte des Smolensker Aufrufes, auf welchen Grundlagen sich die Neugestaltung des Lebens in Rußland vollziehen sollte. Auf den Grundlagen nämlich der Unantastbarkeit der Person und der Wohnung, der Gewissens-, Meinungs-, Religions-, Versammlungs- und Pressefreiheit, auf der Grundlage einer freien Wirtschaft und sozialer Gerechtigkeit. Den Völkern Rußlands sollte die nationale Freiheit garantiert werden. Und was wäre im übrigen wohl geeigneter, den Vorwurf der Unterwerfung unter den Willen der deutschen Eroberer zu entkräften als die im Gegensatz zu der deutschen Politik erhobene Forderung nach einem »ehrenvollen Frieden mit Deutschland« (početnyj mir s germaniej) und der Anerkennung des »russischen Volkes als eines gleichberechtigten Mitgliedes in der Familie des neuen Europa«. Zwar konnte Aleksandrov das »Russische Komitee« mit einigem

Recht noch als »Schwindelfirma« bezeichnen; Oberst Bojarskij drückte sich in einem Schreiben an Vlasov übrigens ganz ähnlich aus[740]. In den 13 Punkten aber erschienen zum ersten Male jene Forderungen, die in erweiterter Form als Programm der Russischen Befreiungsbewegung schließlich ihren Niederschlag in dem Prager Manifest vom 14. November 1944 gefunden haben.

Die in dem Smolensker Aufruf verkündeten politischen Thesen waren tatsächlich von solcher Brisanz, daß die sowjetische Führung nicht einmal eine propagandistische Polemik glaubte riskieren zu dürfen. Doch nicht allein das Stalinregime war interessiert daran, ihre Kenntnis zu unterdrücken. Dasselbe traf auf die deutsche politische Führung zu, die eine Verbreitung des Smolensker Aufrufes diesseits der Front aus ganz ähnlichen Gründen ausdrücklich untersagt hatte. Es hatte zu dem Mittel eines »versehentlichen« Abwurfes gegriffen werden müssen, um seinen Inhalt auch der Bevölkerung der besetzten Gebiete bekanntzumachen. Hitler äußerte am 8. Juni 1943 seinen Unwillen über die politische Aktivität Vlasovs und wandte sich kategorisch gegen geringste Zugeständnisse im Sinne der Thesen des »Russischen Komitees« sowie gegen den Aufbau einer russischen Armee, weil, wie er es formulierte, er damit »von vornherein die Kriegsziele völlig aus der Hand geben« würde[741]. Die Kompromißlosigkeit, mit der er aus diesem Grunde die Wirksamkeit Vlasovs unterbinden ließ, bildet eine überzeugende Widerlegung der sowjetischen Propagandaformel, dieser sei ein »Mietknecht«, ein »niedriger Speichellecker« der Faschisten gewesen. Die Einschätzung und Behandlung Vlasovs durch Hitler läßt im übrigen klar erkennen, daß Vlasov eben gerade nicht dessen Interessen gedient haben kann, er vielmehr im Begriff stand, zwischen Hitler und Stalin eine eigenständige national-russische »Dritte Kraft« (Tret'ja Sila) zu entfalten.

Das zentrale Führungsorgan der Politischen Hauptverwaltung, das die Truppen der Roten Armee im unklaren ließ über die eigentlichen Absichten Vlasovs, mußte notgedrungen auch von den Soldaten der Russischen Befreiungsarmee ein Zerrbild zeichnen. Es wurde die Devise ausgegeben, Vlasov bemühe sich mit Hilfe der Deutschen, »einige Abteilungen aus ähnlichen Halunken wie er zusammenzuzimmern« und in dieselben »mit Gewalt und durch Betrug [...] einige wenige Kriegsgefangene hineinzupressen« – eine fragwürdige Behauptung, der in einem als Flugblatt verbreiteten »Offenen Brief« »der Freiwilligen der Russischen Befreiungsarmee« sofort mit dem Argument begegnet wurde, daß es wohl nicht gut möglich sei, »scharfgeladene Waffen mit Gewalt einer vieltausendköpfigen Armee in die Hand zu drücken«. Genauer gesagt waren es bereits Hunderttausende, die sich gegen das Stalinregime bewaffnet hatten. So gab es außer den »Experimental Armies« und einigen größeren geschlossenen Verbänden unter deutschem

Kommando wie der 1. Kosakendivision, den drei selbständigen Kosakenregimentern »Platow«, »Jungschultz« und »5 (Kuban)« unter dem Stichtag des 5. Mai 1943 rund 90 russische »Ost-« oder »Freijäger-« Bataillone sowie 140 kleinere russische Einheiten, 90 Feldbataillone sowie unzählige selbständige Einheiten der Ostlegionen, das Kalmykische Kavalleriekorps, mindestens 400 000 Freiwillige auf Planstellen in deutschen Einheiten sowie 60 000 bis 70 000 Angehörige des Ordnungsdienstes, das heißt einer bodenständigen Hilfspolizei der Militärverwaltung[742]. Alle diese rußländischen Soldaten erstrebten eine Änderung der politischen Verhältnisse in ihrer Heimat, was unter den obwaltenden Umständen nur im Wege der Gewalt durch einen Bürgerkrieg denkbar war. Es mutet seltsam an, wenn ausgerechnet gerade die Bolschewiken, die, solange es um die Erringung der eigenen Machtstellung ging, einen Bürgerkrieg als den einzigen gerechten Krieg deklariert hatten, sich jetzt mit einem Male entrüstet darüber zeigten, daß Vlasov, wie sie sich ausdrückten, »einen Teil des russischen Volkes auf den anderen hetzen und einen Brudermord« anstiften wolle. Im übrigen darf man nicht vergessen: Das »Russische Komitee« hatte wohl alle Russen zum Kampf »gegen den verhaßten Bolschewismus« aufgerufen, aber mit Ausnahme derer, die freiwillig in den Dienst der Terrororgane (karatel'nye organy) des NKVD getreten waren, grundsätzlich alle Landsleute, unabhängig von ihrer politischen Stellung im Sowjetstaat, in den Reihen der Befreiungsbewegung willkommen geheißen.

Die sowjetische Anti-Vlasov-Propaganda ist durch das bemerkenswerte Moment gekennzeichnet, daß sie sich nicht etwa zum Fürsprecher des Bolschewismus, der Sowjetunion, der »Errungenschaften des Oktober«, aufzuwerfen wagte, sondern ausschließlich zur Verteidigung des Vaterlandes, Rußlands, der »heiligen und gerechten russischen Sache« aufrief. Bolschewiken, das waren in ihrer Sicht nur noch die »treuesten und ergebensten Freunde« und Verteidiger Rußlands und des russischen Volkes. Auch hierin mag ein Eingeständnis der Verlegenheit erblickt werden, in die die sowjetische Führung durch das Auftreten Vlasovs gestürzt worden ist. In der Auseinandersetzung, die auf sowjetischer Seite mit den patriotischen Argumenten der russischen Vergangenheit bestritten wurde, kam auch die orthodoxe Kirche zu Wort, nachdem die gegen sie gerichtete Verfolgung aus taktischen Gründen eingestellt worden war. Am 12./25. April 1943 richtete der Metropolit von Leningrad, Aleksij, eine Osterbotschaft an die Priester und Gläubigen »der von den feindlichen Armeen zur Zeit noch besetzten Städte und Dörfer«, in der er den Krieg mit dem uralten Kampf zwischen Gut und Böse verglich[743]. Auf der einen Seite standen für ihn wie zur Zeit des »heiligen Fürsten Aleksandr Nevskij«, in Gestalt »derselben Deutschen« finstere und teuflische Mächte, ausgezogen, das russische Volk und sein geistiges Leben

zu knechten und zu unterdrücken, auf der anderen Seite die Kräfte des Vaterlandes und als »heldenmütige Verteidiger die Krieger unserer Roten Armee«. Metropolit Aleksij rief auf zu einem »heiligen Kampf«, Männer und
Frauen sollten in die Reihen der Partisanen treten, um »für den Glauben, für
die Freiheit, für die Ehre der Heimat« zu streiten. Das Unterfangen, an Stelle
der bisherigen Unterdrückung des Christentums in der Sowjetunion das Bild
eines »friedlichen und freudigen Lebens im Lichte des heiligen rechten Glau-
bens« vorzugaukeln, mußte freilich Widerspruch in den Kreisen der Ortho-
doxie selbst hervorrufen.

Es war der Klerus außerhalb des sowjetischen Machtbereiches, der, gerade
seiner oppositionellen Haltung gegenüber der Besatzungspolitik der Deutschen wegen, unverhohlene Sympathie für Vlasov zur Schau trug und den
patriotischen Thesen Aleksijs damit den Boden streitig machte. Daß Metropolit Anastasij, das Haupt der durch die Carlowitzer Bischofssynode vom Pa-
triarchat abgespaltenen »Russischen Rechtgläubigen Auslandskirche« und
mit ihm der Metropolit von Deutschland, Serafim, der Befreiungsbewegung
nahestanden, erscheint dabei als so natürlich, daß es kaum einer Erwähnung
bedarf. Aus eigenem Antrieb hatte Anastasij sich Vlasov angenähert und ihm
die Unterstützung des Archiepejskogo Sinod zugesichert[744]. Nach der Prager
Manifestation rief er die Gläubigen in einem feierlichen Bittgottesdienst in
der Berliner russisch-orthodoxen Kirche am 19. November 1944 im Namen
»Tausender und Abertausender von Märtyrern« dazu auf, sich um »diese unsere nationale Befreiungsbewegung zu vereinen« und zu der »großen Sache
der Befreiung unseres Vaterlandes« von dem »schrecklichen Übel des Bolschewismus« beizutragen[745]. In Konkurrenz zur Auslandskirche wurde im
Frühjahr 1943 frühzeitig auch ein maßgeblicher Kleriker der Patriarchenkirche, der Ekzarch im Baltikum, Metropolit Sergij, auf den Plan gerufen,
nachdem ihm zu Ohren gekommen war, Archimandrit Germogen, ehemals
Sekretär Serafims, und demnach Mitglied der als schismatisch betrachteten
Auslandskirche, sei von General Vlasov angeblich zum Feldbischof (Proto-
presbyter) der ROA bestellt worden.

In einer Denkschrift über die »religiöse Betreuung der Wlassoff-Trup-
pen«[746] führte Metropolit Sergij im einzelnen aus, daß ebensowenig wie die
»russische Freiheitsarmee« von einem »Emigranten-General« befehligt werden, an die Spitze des »Klerus dieser Armee ein Emigranten-Bischof« gestellt
werden könne, solle dieselbe nicht ihre Anziehungskraft diesseits und jenseits der Front einbüßen. Sergij, der die Schaffung einer kirchlichen Zen-
tralstelle für die besetzten Gebiete in Vorschlag brachte, forderte auch das
Amt des Feldbischofs für die Mutterkirche mit der Begründung, nur dadurch
werde die sowjetische Ausstreuung widerlegt, die Deutschen wollten die rus-
sisch-orthodoxe Kirche von Berlin aus leiten, um diesen »Grundpfeiler des

russischen Nationalbewußtseins zu brechen«. Nur bei grundsätzlicher Anerkennung der legalen Hierarchie des Moskauer Patriarchenstuhles, dem
nach kanonischem Recht ohnedies eine Autorität nur in Glaubensdingen,
nicht aber in politischen Fragen zukomme, sei die »Bekämpfung der bolschewistischen Propaganda auf dem kirchlichen Sektor« wirklich möglich.
Da sich die Patriarchenkirche für Metropolit Sergij im Zustande der Gefangenschaft befand, betrachtete er politische Aussagen der Metropoliten von
Moskau oder Leningrad ohnehin als von den »Bolschewisten aufgezwun-
gen« oder von den »Bolschewisten gefälscht« und für die Gläubigen daher
nicht verbindlich. Der Kampf für die »Befreiung ihrer Kirche« vom Bolschewismus wurde für die Orthodoxen auf diese Weise zu einer »heiligen
Pflicht«. Daß neben der Auslandskirche und parallel zu ihr auch prominente
Kleriker der Patriarchenkirche diesseits der Front, außer Sergij etwa auch der
Ekzarch von Weißrußland, Metropolit Pantelejmon[747], offen Partei für Vlasov und die Russische Befreiungsarmee ergriffen, bereitete der sowjetischen
Führung erhebliche Verlegenheiten. Vielleicht bietet dies eine Erklärung
dafür, warum Metropolit Sergij am 23. April 1944 auf der Fahrt von Wilna
nach Riga unter seltsamen Umständen einem Mordanschlag von Partisanen
zum Opfer fiel. In den Jahren nach dem Kriege wurde von sowjetischer Seite
verbreitet, der Ekzarch habe »seine Stellung für eine im Wesen prosowjeti-
sche Propaganda« ausgenutzt und sei deshalb im Auftrage der Deutschen beseitigt worden[748]. Die sowjetische Agitation suchte – ganz zu Unrecht –
Oberst Pozdnjakov, zur fraglichen Zeit Bevollmächtigter des Generals
Vlasov und der ROA bei der Heeresgruppe Nord, mit dieser Untat in
Verbindung zu bringen. Doch die Dokumente erweisen gerade den Metropoliten Sergij als einen erklärten Gegner des Bolschewismus und einen
aktiven Fürsprecher einer Zusammenarbeit der Patriarchenkirche mit der
Vlasovbewegung[749]. Mit General Vlasov hatte er im Frühjahr 1943 in Pskov
auf vertrautem Fuß gestanden. So war es gewiß auch kein Zufall, daß sein
Sekretär, Professor Grimm, ehemals Hauptmann des Pavlovsker Leibgarde-
Regimentes, ein Staatsrechtler an der Universität Dorpat, später eine
führende Rolle in der juristischen Abteilung des Komitees zur Befreiung der
Völker Rußlands spielte und dessen Sohn als Propagandist der ROA an-
gehörte.

Seit Mai 1943 begann sich allmählich auch in den von den Deutschen besetzten Gebieten eine zielgerichtete Propaganda gegen Vlasov bemerkbar zu
machen. Unter Beachtung gewisser Vorsichtsmaßregeln wurden Flugblätter
verbreitet, die allgemein an die Bevölkerung, vor dem Hintergrund der von
deutscher Seite im Juni 1943 deklarierten »Einführung bäuerlichen Grund-
eigentums« speziell aber auch an die Bauernschaft adressiert waren. In diese
Kategorie lassen sich einordnen[750]:

1. Ein »Offener Brief der Arbeiter und Bauern der Bezirke Pskov und Ostrov an den Verräter-General Vlasov« unter der Überschrift »Antworte, Verräter Vlasov!«

2. Ein Flugblatt »Vlasov – Agent der deutschen Faschisten.«

3. Ein Flugblatt »Wie Vlasov die Bauern an die Deutschen verkaufte? (sic)«.

4. Ein Flugblatt »Ein Russe wird kein Brudermörder!«

5. Ein Flugblatt »Tod dem faschistischen Mietling Vlasov!«

6. Ein Flugblatt »Tötet den Verräter Wlassow!« (in deutscher Übersetzung).

7. Ein an die »Bevölkerung der vorübergehend besetzten Bezirke des Oblast' Leningrad« gerichtetes Flugblatt der Politischen Verwaltung der Nordwestfront »Wer ist Vlasov?«

Wie schon die zuvor behandelte Serie von Zeitungsartikeln zielten auch diese Flugschriften ihrem Inhalt nach darauf ab, Vlasov sozusagen seiner russischen Nationalität zu entkleiden und von dem russischen Volk als einen Aussätzigen zu isolieren. Dadurch, daß man ihn zu einem willenlosen Werkzeug der deutschen Unterdrücker degradierte, sollte der bereits deutlich wahrnehmbaren Erscheinung begegnet werden, daß er in den besetzten Gebieten zu einem Kristallisationspunkt der Hoffnungen der von der deutschen Besatzungspolitik zutiefst enttäuschten Bevölkerung wurde. In der Methode brauchte man wenig wählerisch zu sein. So verzichtete man auch jetzt bewußt auf eine Auseinandersetzung mit den politisch-sozialen Programmpunkten des Smolensker Aufrufes, die nur an einer Stelle undeutlich in polemischer Verzerrung behandelt werden. Die sowjetische Propaganda bediente sich wiederum vor allem des Mittels persönlicher Verunglimpfung, und zwar in einer Form, daß sich jede weitere Frage von selbst verbot. Vlasov wurde als Judas, als ausgekochter Halunke, Speichellecker der Faschisten, Vogelscheuche in Generalsuniform, faschistischer Papagei, Mörder, Verbrecher, Schurke, Schuft, Gauner, Lump, Halsabschneider, Scheusal, Mißgeburt, Dreck bezeichnet. Zugleich wurde er durch »Tiervergleiche entmenschlicht«. Schimpfworte wie Hundesohn, räudiger Köter, Reptil, Insekt waren Ausdruck der ohnmächtigen Wut auf einen gefährlichen politischen Gegner und sollten die Notwendigkeit seiner Ausrottung nahelegen. In dem »Offenen Brief der Arbeiter und Bauern der Bezirke Pskov und Ostrov« liest sich das folgendermaßen: »Aber Du, Hund, wirst schon früher krepieren. Zeige Dich nur noch einmal in Pskov – wir werden Dich schon fortzuschaffen wissen, Du Reptil.« Abermals wird Vlasov so geschildert, als habe er alle seine Kräfte darauf gerichtet, den Deutschen »bei der Versklavung des russischen Volkes zu helfen«, insbesondere die Bauern zu betrügen und sie zu »Sklaven der deutschen Großagrarier und Kapitalisten zu machen«. Bei der Er-

klärung, wie es dazu kam, daß sich unter den »ruhmvollen Sowjetgeneralen«
ein solcher »Schurke« befand, unterlief den Propagandisten zugleich ein er-
wähnenswerter Kunstfehler. Die Politische Hauptverwaltung der Roten Armee hatte Vlasov als »trockistischen Verschwörer« ausgegeben, schon lange
vor seinem Übertritt von den Deutschen als »Spion« angeworben. Nun heißt
es mit einem Male mehrfach, er habe sich »lange« im »Konzentrationslager«
befunden, »eine fast zweijährige blutige Arbeit in den Gestapokellern ist notwendig gewesen, um ein kleines Häuflein Verräter zu finden: Vlasov, Malyškin und Compagnie«. Natürlich mußte es, wenn nicht Bestechung, so Gewaltanwendung sein, um sowjetische Generale in das Lager des Gegners zu
führen. Die Möglichkeit, daß in der politisch-historischen Konstellation des
deutsch-sowjetischen Krieges der aufgestaute Widerstand gegen den Bolschewismus von selbst in Bewegung kommen würde, war in der sowjetischen
Lehre nicht vorgesehen.

Seit Juni 1943 erwiesenermaßen wurden dann auch die »Soldaten und Offiziere« der »Russischen Befreiungsarmee«, der »Freiwilligenarmee« oder
»Vlasov-Armee« unmittelbar angesprochen[751]. Wie die deutsche Gegenpropaganda sofort hervorhob, war Stalin somit gezwungen, »über den deutschen Schützengräben Flugblätter in russischer Sprache abzuwerfen« und
die Existenz einer ROA auf diese Weise anzuerkennen. Allein gerade die gegen die Moral der Osttruppen gerichtete Agitation sollte in der Entwicklung
der folgenden Monate nicht ohne Wirkung bleiben. An Verlautbarungen
dieser dritten Propagandaserie liegen vor[752]:

1. Ein Flugblatt des Stabes der Partisanenbewegung »Wen betrügt der Verräter General Wlassow.«

2. Ein »An die Soldaten der sogenannten ›Russischen Befreiungsarmee‹
und an die Polizisten« gerichtetes Flugblatt des »Rayonkomitees Nawlja der
WKP(b)«.

3. Ein Flugblatt »Euch gilt unser Wort, Soldaten Vlasovs!«

4. Ein Flugblatt »Was bedeutet die R.O.A.?«

5. Ein Aufruf der Politischen Verwaltung der Nordwestfront »Russen,
Ukrainer, alle ehemaligen Rotarmisten, die sich in faschistischer Gefangenschaft befinden und zum Dienst in der deutschen Armee angeworben wurden!«

6. Ein Flugblatt »Die entscheidende Stunde naht! Auf wessen Seite steht
Ihr? Allen Sowjetbürgern, die zum Dienst in den deutschen Truppen und in
den Verräterbanden Wlassow's geworben worden sind.«

7. Ein Befehl des Kriegsrates der Nordwestfront vom 15. August 1943 »An
alle ehemaligen Kriegsgefangenen, Russen, Ukrainer, Weißrussen und
andere Bürger, die zum Dienst in der deutschen Armee angeworben wurden.«

(Die Flugblätter 1, 2, 4 und 6 sind nur in deutscher Übersetzung in dieser Akte enthalten.)

Stärkstes Argument, um in der Situation des Jahres 1943 bei den Freiwilligen Gehör zu finden, war die rapide Verschlechterung der militärischen Lage Deutschlands, die Verschiebung des Kräfteverhältnisses zu seinen Ungunsten, zugunsten der Sowjetunion und ihrer Verbündeten. In diesem Sinne wurde dargetan, Deutschland, die »Hitlerische Kriegsmaschine«, sei unter den Schlägen der Roten Armee »ins Wanken geraten und kracht in allen Fugen«. Deutschland habe ungeheuere Verluste erlitten, und das Erfordernis, die Löcher in den Reihen seines Heeres mit Kanonenfutter (pušečnoe mjaso) zu stopfen, sei die alleinige Erklärung dafür, warum erst jetzt, 1943, und nicht schon 1941 damit begonnen wurde, »eine Armee aus Russen« aufzustellen. Was die Deutschen also »nicht mit eigenen Kräften erreichen konnten, wollen sie durch Betrug erreichen«, wobei sie sich Vlasovs als ihres Werkzeuges bedienten. Indessen, wie hinzugefügt wurde, auch wenn Vlasov sich mit »hochtrabenden« Phrasen von einem »neuen Rußland« umgebe, damit sein Betrug »nicht zu grob aussieht«, könne doch nichts darüber hinwegtäuschen, daß es sich bei der ROA um eine »Hilfstruppe der deutsch-faschistischen Räuber«, um eine »Banditenarmee« handle. Indem der ROA eine Existenzberechtigung auf diese Weise von vornherein abgesprochen wurde, sollten ihre Angehörigen in die Rolle von Söldnern gedrängt werden, die das Blut ihrer russischen Brüder und Väter »für den grausamsten und gehässigsten Feind des russischen Volkes [...] den Menschenfresser Hitler« vergießen. »Tag und Nacht tönt es aus allen faschistischen Öffnungen und unaufhörlich bellen die Hundegesichter aller möglichen Wlassows, Oktans und Kaminskis«, so wurde den Soldaten der ROA abschließend noch einmal vor Augen gehalten, aber »Die Sowjetheimat hat diese Lumpen schon längst von sich gestoßen, sie haben ihren passenden Platz in der faschistischen Schaubude gefunden. Dort wird jeder Dreck in Dienst genommen, wenn er nur ohne zu stottern nach dem Wunsch des Faschismus kläfft.« Mit psychologischem Geschick verstand es die Sowjetpropaganda, die bei vielen Freiwilligen als Folge der veränderten Kriegslage latent bereits vorhandene Sorge um ihr künftiges Schicksal zu schüren. So wurde die Frage gestellt, was sie denn selbst nach der mit Sicherheit vorausgesagten Niederlage Deutschlands zu erwarten hätten. Man zögerte nicht, allen, die es aus »Niedertracht oder Feigheit« versäumten, den Deutschen oder, was in dem Propagandaklischee gleichbedeutend war, Vlasov den Dienst aufzusagen, einen »schmachvollen Tod« anzukündigen. Es werde keine »Gnade«, kein »Erbarmen« für sie geben: »Hunden einen Hundetod!« Diese durch einen Hinweis auf den allen Sowjetbürgern wohlvertrauten Brauch der Sippenhaftung und Familienvergeltung noch verstärkten Drohungen sollten den Anstoß dazu geben, einen zugleich anscheinend gebotenen Ausweg zu wählen. So wurde behauptet, man wisse sehr wohl, sie seien durch die »deutschen Henker zur Verzweiflung« gebracht und in »ihrer Mehrheit«, zu einem »bedeutenden Teil«, nur durch »Drohung, Gewalt und Betrug« zum Eintritt in die »Vlasov-Armee« gezwungen worden. Zwar schon indem sie den »Mut und den Glauben an den Sieg der Roten Armee« verloren, hätten sie eine »Schuld« auf sich geladen, doch, so wurde versichert, die »Heimat« werde ihnen »verzeihen« und ihnen Gelegenheit geben, ihre »Schuld« zu »sühnen«. Was also war zu tun? Genügte es, wie die Politische Verwaltung der Nordwestfront mehrfach glauben machen wollte, einzeln oder in Gruppen auf die Seite der Roten Armee oder Partisanen überzutreten, um der »angeblich unausweichlichen Rache der Sowjetmacht«, den »angeblich unausweichlichen Erschießungen« zu entgehen? Der Befehl des aus dem Oberbefehlshaber, Generalleutnant Kuročkin, dem Chef des Stabes, Generalleutnant Vatutin, und dem politischen Mitglied, Generalleutnant Bogatkin, zusammengesetzten Kriegsrates der Nordwestfront vom 15. August 1943 strafte alle beruhigenden Versicherungen Lügen[753]. Denn in diesem Dokument wurde allen »Offizieren, Unteroffizieren und einfachen Soldaten« in den »Banden der sogenannten ›russischen Befreiungsarmee‹« ein höchst seltsamer Auftrag zuteil. In kategorischem Ton war ihnen aufgegeben, das gesamte Gebiet zwischen Pskov–Dno–Nasva, einen Abschnitt von 200 Kilometern Ausdehnung und mit entsprechender Tiefe, vom Peipus-See bis fast nach Velikie Luki reichend, durch einen bewaffneten Aufstand unter ihre Kontrolle zu bringen. Der Kriegsrat der Nordwestfront verlangte nichts Geringeres von ihnen, als alle deutschen Garnisonen in Pskov, Dno, Porchov, Dedoviči, Nasva, Loknja und anderen Orten zu vernichten, die Bahnhöfe, Brücken und sonstigen Transporteinrichtungen zu sprengen, den deutschen Truppen- und Nachschubverkehr somit zu unterbrechen, dazu alle in irgendeiner Weise für die Deutschen arbeitenden oder sie unterstützenden Landeseinwohner zu ermorden und sich nach Erfüllung dieses Auftrages mit den Partisanen zum gemeinsamen Kampf zu vereinen. Einheiten der ROA, die, wie man meinte, sich bereits an der Front befanden, war die Aufgabe gestellt, die gegnerischen Truppen von den rückwärtigen Verbindungen abzuschneiden, ihre Verteidigungsanlagen, Depots, die Brücken, Eisenbahnlinien und so weiter zu zerstören und nach vorheriger Kontaktaufnahme die Front zu durchbrechen und sich mit den Truppen der Roten Armee zu vereinen. Der Umstand, daß nur denjenigen, die diesen ganz und gar irrealen »Befehl« ausführten, die »Verschonung des Lebens« und eine »Vergebung durch das Vaterland«, allen anderen aber die Vernichtung als »Vaterlandsfeinden« in Aussicht gestellt wurde, läßt deutlich werden, daß es für die Soldaten der ROA in Wirklichkeit einen Rückweg nicht mehr gab.

Die sowjetische Propaganda, die, wie die Flugblätter an die Vlasovsoldaten verraten, von der Existenz der ROA als einer Gegebenheit ausging, suchte teilweise auch wiederum den Eindruck zu erwecken, als würde es Vlasov niemals gelingen, eine wirkliche Armee aufzustellen. Die »Banden Vlasovs«, »einige Kompanien«, ein durch Gewalt und Betrug »zusammengewürfeltes Häuflein Menschen«, so hieß es verschiedentlich, seien nicht eine »Armee« zu nennen und schon gar nicht eine »russische«. Sie würden »beim ersten Zusammentreffen mit unseren Truppen auseinanderfallen«. Hinter dieser äußeren Zuversicht verbarg sich jedoch eine tiefgehende Besorgnis. Stalin selbst konnte nicht umhin, in Gegenwart von Molotov dem polnischen Botschafter Romer gegenüber in einer Unterredung am 26./27. Februar 1943 im Kreml auf dessen Vorhaltung hin, daß doch »Einheiten ehemaliger Kriegsgefangener ukrainischer, russischer, georgischer, azerbajdžanischer usw. Abstammung« bereit seien, »gegen die Rote Armee zu kämpfen«, folgendes zuzugeben: »There are also Russians who advisedly serve the Germans and side with them. There are outcasts in every family[754].« Bereits am 26. Dezember 1942 hatte die Politische Hauptverwaltung der Roten Armee durch den Befehl Nr. 001445 vor dem Auftreten der Befreiungsarmee gewarnt und verlangt, entsprechende Abwehrmaßnahmen vorzubereiten[755]. Im Bereich der RNNA wurde festgestellt, wie Oberstleutnant Bočarov am 17. Februar 1943 General Vlasov berichtete, daß deren Verbände zunächst als »verkleidete deutsche Truppen« ausgegeben wurden. Es bestanden zudem Befehle, die Bewegungen dieser Truppen nicht zu stören, die Straßen nicht zu verminen, ihren Nachschub nicht anzugreifen und überhaupt alle ernsthaften Kampfhandlungen mit ihnen zu vermeiden. Offenbar sollte alles unterlassen werden, was geeignet gewesen wäre, »Erbitterung in die Reihen der Russischen Befreiungsarmee hineinzutragen«.

Das Ausmaß der mit Vlasov heraufziehenden Bedrohung geht zudem aus den frühzeitig feststellbaren Versuchen hervor, den einst gefeierten, abtrünnigen Heerführer »unter allen Umständen«, »mit beliebigen Mitteln«, »es mag kosten, was es wolle« unschädlich zu machen, ihn »lebend oder tot auf sowjetisches Gebiet zu schaffen«. Im März 1943 waren die Partisanengruppen Grigor'ev und Novošilov auf ihn angesetzt worden. Im Mai hatte der Leiter des Leningrader Stabes der Partisanenbewegung, Nikitin, über die operative Gruppe beim Stabe der Nordwestfront durch Funkspruch den dringenden Auftrag übermitteln lassen, Vlasov, dessen Aufenthalt bekannt geworden war, in Dedoviči, Porchov oder Pašereviči zu ermorden[756]. Der im Dienste des Nationalkomitees Freies Deutschland stehende Leutnant Augustin hatte ein Attentat auf Vlasov in Berlin durchzuführen und wurde zu diesem Zweck mit dem Fallschirm abgesetzt[757]. Er konnte festgenommen werden. Am 24. Mai 1943 meldete sich bei den deutschen Vorposten in der Nähe von Jarcevo als angeblicher Überläufer der sowjetische Major Kapustin[758]. Er vermochte das Vertrauen der militärischen Stellen zu gewinnen und nach Berlin zu gelangen, wo er den Versuch unternahm, bis zu Vlasov vorzudringen, der es jedoch ablehnte, ihn zu empfangen. Generalmajor Malyškin hatte in einer kurzen Unterredung sofort Verdacht geschöpft. Major Kapustin, im Sonderlager Inselgelände bei Lötzen als sowjetischer Agent entlarvt, legte ein umfassendes Geständnis ab. Es stellte sich heraus, daß er nicht nur eingehende Erkundungsaufträge gegen die ROA durchzuführen, sondern mit größter Sorgfalt daneben auch ein Unternehmen vorzubereiten hatte, um die Generale Vlasov, Malyškin und andere Persönlichkeiten der Befreiungsarmee bis Oktober 1943 zu liquidieren. Die detaillierten Instruktionen Kapustins lassen erkennen, daß die sowjetische Führung allen Propagandabehauptungen zum Trotz fest mit dem Bestehen eines Russischen Komitees und mit dem baldigen Auftreten einer Russischen Befreiungsarmee rechnete, die doch in Wirklichkeit erst zu Ende 1944 und dazu in einem begrenzten Umfange ins Leben traten. Im Sommer 1943 schaltete sich auch der sowjetische militärische Nachrichtendienst ein. Die in Moskau noch als operierend vorausgesetzte, in Wahrheit aber bereits zerschlagene Spionageorganisation »Rote Kapelle« wurde über Funk angewiesen, »das Wesen der Armee Wlassow, die Zahl ihrer Einheiten und den Gesamtbestand, ihren geographischen Standort, die Namen der Offiziere und die Art ihrer Bewaffnung, ihre Verwendung, die Art ihrer politischen Beeinflussung« auszukundschaften. Wie Leopold Trepper berichtet, verlangte die Zentrale »genaueste Informationen und wollte, um möglichst viele Einzelheiten zu erfahren, überprüfen, was sie bereits an Information besaß«[759].

Und womit glaubte man in Moskau rechnen zu müssen? In sowjetischer Sicht würde es sich bei der ROA um eine festgefügte, in Armeen, Armeekorps, Divisionen gegliederte, alle Waffengattungen umfassende Streitmacht handeln. Sie würde über das notwendige Führungsorgan in Gestalt eines Generalstabes (glavnyj štab), über entsprechende Ausbildungseinrichtungen, so eine zentrale Kriegsschule und weitere Offizierschulen sowie über eine Ersatzorganisation verfügen. Der sowjetischen Führung war überaus gelegen daran zu erfahren, wann und in welchem Frontabschnitt mit einem Angriff der ROA zu rechnen sei und ob die russischen Verbände allein für sich oder gemeinsam mit deutschen Verbänden angreifen würden. Dem auffälligen Interesse, das sie im übrigen für die Propaganda- und Agitationsorgane der ROA sowie für deren Nachrichtendienst bekundete, läßt sich entnehmen, wie hoch sie die von ihr ausgehende Werbewirkung und wie niedrig andererseits sie die Möglichkeiten einer Gegenwirkung veranschlagt haben muß. Die sowjetischen Besorgnisse reichten aber noch weiter, denn es wurde das Entstehen einer bewaffneten Widerstandsbewegung auch in der Tiefe der

UdSSR vorausgesetzt. Der Agent Kapustin hatte in Erfahrung zu bringen, welche Abteilung des Russischen Komitees die antisowjetische Partisanenbewegung in der Sowjetunion leite, wie die Verbindungswege zu ihr verliefen, auf welche Weise die Partisanenbewegung mit Waffen und Munition versorgt werde und welcher Methoden sich die »Untergrundsgruppen und antisowjetischen Partisanenabteilungen« im einzelnen bedienten. Ebenso rechnete man mit dem Aufleben einer von dem Komitee gesteuerten breiten antisowjetischen Bewegung »in den Städten, Werken und Fabriken« des tiefen Hinterlandes. Dem neuen Phänomen eines Bürgerkrieges stand man zunächst anscheinend ratlos gegenüber. Denn zu erwarten, es würde Kapustin und dem gemeinsam mit ihm angesetzten Larionov, einem wegen Bestechung verurteilten Leutnant der Staatssicherheit, neben der Durchführung umfangreicher Spionageaufträge auch noch gelingen, ein zuverlässiges Agentennetz aus ROA-Offizieren und überdies »terroristische Gruppen« in allen wichtigen Einrichtungen, im Komitee ebenso wie im Generalstab, mit dem Ziel einer völligen Zersetzung der ROA zu schaffen und ihr Überlaufen vorzubereiten, ist nur als Ausdruck einer völligen Ohnmacht und Hilflosigkeit zu werten. Die empfindsame Reaktion der sowjetischen Führung auf das Erscheinen Vlasovs, auf die vermeintliche Gründung eines Russischen Komitees und einer Russischen Befreiungsarmee, fordert einige Betrachtungen allgemeiner Art heraus. Zum ersten Male im Verlauf des Krieges war es gelungen, die Sowjetunion politisch-propagandistisch in die Defensive zu drängen. Wie, so läßt sich fragen, wenn die Befreiungsbewegung sich tatsächlich hätte organisieren dürfen und alle technischen Hilfsmittel in den Dienst dieser Sache gestellt worden wären? Etwa durch die von dem Chef der Abteilung Fremde Heere Ost im Generalstab des Heeres, Oberst i. G. Gehlen, am 13. Juni 1943 in Vorschlag gebrachte Fortführung der »Wlassow-Propaganda [...] mit verstärkter Intensität«, »in stetiger hartnäckiger Form«, durch den »Massenabwurf von etwa 100 000 000 Wlassow- und ROA-Kleinflugblättern« über den großen Bevölkerungszentren Moskau, Leningrad, Gor'kij, Kujbyšev, Saratov-Engel's, Penza, Voronež, Rostov, Astrachan', Kalinin, Kaluga, Tula, Rjazan' und so weiter[760]. Die Sowjetregierung, so meinte Gehlen, würde hierdurch allmählich einfach gezwungen werden, sich in aller Öffentlichkeit mit der Vlasovfrage auseinanderzusetzen und somit selbst zu ihrer Verbreitung beizutragen. Es ist bereits ausgeführt worden, wie zuversichtlich sich auch Vlasov über die Aussichten der von ihm geführten Bewegung gab. Er würde sich der Idee der Russischen Befreiungsarmee nicht verschrieben haben, so erklärte er am 17. Februar 1943 bei einer Zusammenkunft im Berliner Hotel »Excelsior«, an der auch die Generale Žilenkov, Malyškin, Blagoveščenskij sowie Oberst Ril' und Oberstleutnant Bočarov von der RNNA teilnahmen, »wenn er nur die geringsten Zweifel in dieser Richtung hätte«. Oberst Bojarskij wollte kurze Zeit später so weit gehen zu behaupten, die Befreiungsbewegung sei imstande, »den Krieg in Rußland in drei Monaten erfolgreich zu beenden. Wir haben größte Verbindungen mit den führenden Persönlichkeiten der Roten Armee und Politik. Ganze Divisionen werden zu uns überlaufen oder werden uns in die Hände gespielt[761].« Unabdingbare Voraussetzung aber für einen jeden politisch-militärischen Erfolg war und blieb die Bildung »einer russischen Nationalregierung und einer russischen Befreiungsarmee mit vollkommen russischer Führung«, die »tatsächliche Anerkennung einer russischen Nationalregierung« und einer »eigenen Nationalarmee«.

Die hierauf abzielenden Bestrebungen der Russen trafen sich mit denen ihrer deutschen Förderer in der Wehrmacht und in den Reichsbehörden, die gleicherweise die positiven Auswirkungen der »Wlassow-Aktion« zu spüren bekommen hatten. Daß ein sowjetischer Heerführer öffentlich zum Kampf gegen das Regime Stalins aufrief, hatte in den Monaten April und Mai 1943 nämlich nicht nur an der Front im Osten, sondern auch im verbündeten, neutralen und feindlichen Ausland »großes Aufsehen« erregt. Wie ein sachkundiger Beobachter, der frühere Botschafter in Moskau, Graf v. der Schulenburg, bekräftigte, scheint dort »tatsächlich« die Meinung verbreitet gewesen zu sein, aus der Aktion könne »bei entsprechend geschickter Weiterführung von deutscher Seite die kriegsentscheidende Wendung zu Gunsten Deutschlands entstehen«[762]. Es seien einige Beispiele dafür gebracht, mit welchem Interesse die schwedische Presse etwa das Vlasovproblem im Mai 1943 kommentierte[763].

Schon am 8. Mai hatte »Aftonbladet« in einer außenpolitischen Übersicht gemeldet, General Vlasov sei bei verschiedenen Gelegenheiten mit Hitler zusammengetroffen. Am 25. und 26. Mai verbreiteten Stockholmer Zeitungen »in guter Aufmachung und teilweise als politische Hauptmeldung des Tages« die Nachricht von der Aufstellung der Vlasov-Armee. »Dagsposten« und »Nya Dagligt Allehanda« sprachen am 25. Mai davon, daß in der Sowjetunion möglicherweise ein Bürgerkrieg bevorstehe. »Aftonbladet« veröffentlichte am 30. Mai ein Interview seines Berliner Korrespondenten »mit dem Adjutanten des General Wlassow über dessen Programm der nationalen Wiederaufrichtung des russischen Volkes«. »Social Demokraten« referierte am 1. Juni aus der Kriegsgefangenenzeitung »Zarja« »über den Lebenslauf und die politischen Ziele Wlassows«. Und »Stockholms Tidningen« schließlich bezifferte die »Wlassow-Armee« am selben Tage mit bereits 560 000 Mann.

Am 17. Juni berichtete der deutsche Gesandte in Stockholm, Thomsen, über eine Unterredung mit König Gustaf V. anläßlich der Überreichung eines »Führerhandschreibens«[764]. Der schwedische König habe sich, wie

Thomsen schrieb, sehr interessiert gezeigt »für die nationalrussische Organisation unter dem General Wlassow. Er war sehr erfreut, als ich ihm berichten konnte, daß diese Bewegung in kürzester Zeit großen Umfang angenommen habe.« Nach der Aufstellung einer Vlasov-Armee auf deutscher Seite und nach der Bildung eines Nationalkomitees Freies Deutschland auf sowjetischer Seite waren sich einem Bericht des Botschafters v. Papen aus Ankara zufolge die Engländer offenbar der wachsenden Gefahr einer »deutsch-russischen Verständigung« bewußt geworden[765].

Maßgebende Offiziere des Generalstabes und des Ostheeres suchten Hitler jetzt endlich für die Führung eines politischen Krieges im Osten zu gewinnen, das heißt sie wünschten den deutsch-sowjetischen Krieg in die Form eines antisowjetischen Bürgerkrieges einmünden zu lassen. In verschiedenen Eingaben[766] wurde argumentiert, die »zunächst als Propagandatrick« begonnene »Wlassow-Aktion« habe »eine Bewegung« ausgelöst, eine Eigengesetzlichkeit und mittlerweile solche Ausmaße angenommen, daß sie ohne schweren Schaden für die deutsche Sache nicht mehr abgebrochen werden könne. Jeder Versuch in dieser Richtung würde der deutschen Kriegspropaganda nicht allein gegenüber der Sowjetunion, sondern überall in der Welt jede Glaubwürdigkeit nehmen. Der nationalrussische Gedanke aber würde sich mit voller Wucht nun gegen die Deutschen selbst als die ausländischen Unterdrücker des russischen Volkes kehren. Aus diesem Grunde wurde es als unumgänglich hingestellt, der Vlasovbewegung von deutscher Seite nunmehr einen offiziellen Charakter zuzuerkennen. Führende Persönlichkeiten sowohl des Generalstabes als auch des Auswärtigen Amtes gaben den dringenden Rat, Vlasov den Vorsitz eines echten russischen Komitees zu übertragen und ihm die Stellung einer Art Generalinspekteur der Osttruppen einzuräumen. Das eigentliche Ziel, das alle in Opposition zur Ostpolitik Hitlers stehenden Kreise verfolgten, die Anerkennung einer russischen Regierung und die Aufstellung einer russischen Armee, war hiermit freilich nur vorsichtig umschrieben, zumal da auch nur von einer Mitbeteiligung Vlasovs an der Verwaltung der besetzten Gebiete und an der Führung der »landeseigenen Verbände« gesprochen wurde. Hitler aber, den derartige Vorschläge auf verschiedenen Wegen erreichten, war hellhörig genug, um sein sofortiges Veto einzulegen.

Am 8. Juni 1943 erklärte er sich in einer Besprechung mit dem Chef des Oberkommandos der Wehrmacht, Generalfeldmarschall Keitel, und dem Chef des Generalstabes des Heeres, General Zeitzler, und am 1. Juli 1943 in einer eigens zusammengerufenen Versammlung der Oberbefehlshaber des Ostheeres strikt und für die Dauer eines Jahres auch »endgültig« gegen die Aktivierung der russischen Befreiungsbewegung und die Bildung einer russischen Armee[767]. Die Geschichte, so seine Behauptung in diesem Zusammenhang, habe bewiesen, »daß solche nationalen Bewegungen in Krisenzeiten sich immer gegen die besetzende Macht gerichtet hätten«. Sein Hinweis auf den Fehlschlag des 1916 unternommenen Versuches, eine polnische Armee der deutsch-österreichischen Kriegführung nutzbar zu machen, übersah jedoch das wesentliche Moment, daß nämlich die nationalen Polen die Erfüllung ihrer politischen Hoffnungen im Ersten Weltkrieg nicht von einem Bündnis mit den Mittelmächten, sondern allein von einem solchen mit den Ententemächten zu erwarten hatten. Im Zweiten Weltkrieg aber war es gerade umgekehrt, die nationalen Russen konnten den Sturz des Stalinregimes, wenn überhaupt, dann nur im Bunde mit Deutschland erreichen. Für Vlasov gab es kein Zurück mehr. Tatsächlich handelte es sich hier auch nur um einen Vorwand. Das eigentliche Motiv wurde von Hitler ausgesprochen, indem er den Aufbau einer russischen Armee zugleich einen »Wahnsinn« nannte, und zwar, wie er zugab, allein deswegen, weil er seine Kriegsziele im Osten damit von vornherein völlig aus der Hand geben würde. Der Name Vlasovs sollte künftig ausschließlich noch zu Propaganda- und Täuschungszwecken verwendet werden dürfen.

Vlasov selbst war auf Befehl des Feldmarschalls Keitel seiner angeblich »unqualifizierten unverschämten Äußerungen« wegen bereits vorher unter Hausarrest gestellt worden. Im Wiederholungsfall sollte nach Keitel dafür Sorge getragen werden, ihn durch die Geheime Staatspolizei »unschädlich« zu machen. Das künstlich bewirkte »Erlahmen der Wlassow-Aktion« und das »Stillwerden um die Wlassow-Armee« ließ die hochgespannten Erwartungen in die von russischer wie auch von deutscher Seite vorausgesagte tiefe Enttäuschung umschlagen[768] und hatte verhängnisvolle Folgen. Von der Entmutigung, die jetzt, wenn auch vielleicht nur vorübergehend, um sich griff, blieben auch Parteigänger Vlasovs nicht verschont, wie das Beispiel des Generalmajors Budycho zeigt, eines langjährigen Divisionskommandeurs der Roten Armee, in der deutschen 16. Armee »Stabsoffizier für Ausbildung und Betreuung der Osttruppen« als Nachfolger des abgelösten Oberst Bojarskij. Budycho, der die Abzeichen eines Generalmajors der ROA trug, hatte allem Anschein nach einen Ausweg aus der persönlichen Verstrickung gesucht, indem er, den Aufforderungen der Sowjetpropaganda folgend, mit seiner Ordonnanz in der Nacht vom 12. zum 13. Oktober 1943 zu den Partisanen übertrat. Sein überraschendes Verschwinden setzte eine eingehende Untersuchung in Gang und zog einen verärgerten Schriftwechsel zwischen den Oberbefehlshabern der Heeresgruppe Nord, Generalfeldmarschall v. Küchler, und der 16. Armee, Generalfeldmarschall Busch, nach sich[769]. Allerdings ist Budycho seinem Schicksal nicht entgangen. Durch einen gefangengenommenen Fallschirmagenten-Offizier konnte bald in Erfahrung gebracht werden, daß er der Partisanengerichtsbarkeit zum Opfer gefallen ist, die »Soldaten der ROA …« grundsätzlich ums Leben brachte[770]. Zusammenfassend läßt sich feststellen: Hitler allein hat die Vlasovaktion 1943 um ihren Erfolg gebracht. Es war also nicht etwa so, wie die Sowjetpropaganda im Sommer 1943 triumphierte, daß es Vlasov trotz aller seiner Bemühungen nicht »gelungen« sei, eine Armee zu schaffen, sondern sehr zum Leidwesen des Generals, seiner russischen Mitarbeiter und deutschen Förderer, hatte das so aussichtsreiche Unterfangen gar nicht wirklich in Angriff genommen werden dürfen. Erst das Verdikt Hitlers schuf jenes politische Vakuum oder, mit anderen Worten, bereitete jenen Boden vor, auf dem die Sowjetpropaganda Fuß zu fassen vermochte. Dies in Verbindung mit der Verschlechterung der Kriegslage erklärt die in der zweiten Jahreshälfte um sich greifenden Zersetzungserscheinungen[771], die die Verlegung einer großen Anzahl von Freiwilligenverbänden auf den west- und südeuropäischen Kriegsschauplatz zur Folge hatten. Führende Persönlichkeiten, so der damalige Oberst Bunjačenko, haben entgegen der in der Literatur verbreiteten Meinung diese Verlegung ausdrücklich begrüßt, ja geradezu gefordert, da sie hofften, die Verbände fern der sowjetischen Beeinflussung für die Zeit der mit Sicherheit erwarteten Sanktionierung der Befreiungsbewegung erhalten und reorganisieren zu können. »Die Ereignisse«, so erklärte Oberst Bojarskij schon im Juni 1943, »werden Deutschland zwingen, die russische Nationalregierung anzuerkennen«. Wie er allerdings richtig voraussah, wurden die Aussichten niemals wieder so günstig.

Anmerkungen

708 50 let, S. 246; Istorija, Bd 1, S. 465 f.; Grigorenkos Entgegnung, S. 244 f. Wie unsinnig derartige Redensarten sind, zeigt allein schon die sprunghafte Zunahme von Selbstverstümmelungen in der Roten Armee insbesondere vor Kampfhandlungen. So lag deren Anzahl im Mai 1942 fast doppelt so hoch wie im Juli 1941. Die Nordwestfront hatte im Mai 1942 fast neunmal so viele Selbstverstümmelungen zu verzeichnen wie im Januar 1942. Der leitende Militärstaatsanwalt der Roten Armee, Korpsjurist Nosov, sah sich infolgedessen veranlaßt, die Militärstaatsanwaltschaften der Fronten und Selbständigen Armeen aufzufordern, gegen Selbstverstümmeler möglichst ausnahmslos die Todesstrafe zu fordern, Befehl Nr. 0110, 18. 7. 1942, BA-MA H 20/290.
709 Buss, The Non-Germans in the German Armed Forces, S. 124 f.
710 Hansen, Dienstliche Notizen, 9. 1. 1943, S. 8 f., Archiv des Vf.; Rodina. Gazeta soedinenija vojsk Russkoj Narodnoj Armii, No. 18, 1. 10. 1942; Kapitan P. Kaštanov, RNNA-Russkaja narodnaja nacional'naja armija, BA-MA MSg 149/3; Daškevič an Pozdnjakov, 2. 5. 1961, ebd., Kalinin, Učastie sovetskich voinov, S. 32 ff.; Salomonovskij, Dva otklika, in: Rossija, 1. und 3. 7. 1970; Steenberg, Wlassow, S. 61 ff.; Kromiadi, Za zemlju, za volju, S. 51–103.
711 Hansen, Dienstliche Notizen, 12. 12. 1942, S. 1 ff., Archiv des Vf.; Steenberg, Wlassow, S. 79.
712 Hansen, Dienstliche Notizen, 13. 12.-16. 12. 1942, S. 3-8, Archiv des Vf.; Schematische Gliederung der landeseigenen Verbände, OKH/GenStdH/GendOsttr, Nr. 402/43gKdos, Stand 5. 5. 1943, BA-MA RH 2/v. 1435; Podpolkovnik D., Naše Načalo, BA-MA MSg 149/48.

713 Siehe Anm. 128; Steenberg, Wlassow, S. 84 f.
714 Kap. Klimenko, Formirovanie Gil'-Rodionova i ego konec. Pravda o »Družine«, BA-MA MSg 149/3; Domorad, Tak li dolžny pisat'sja voennye memuary?
715 Kromiadi, Za zemlju, za volju, S. 90 ff.; Maljavin, Pskov, BA-MA MSg 149/3.
716 Bericht über Zusammentreffen Generalleutnant Wlassoff, Generalleutnant Shilenkoff, General Malyschkin und General Blagowjeschtschenskij mit Oberst Riehl (Ril') und Oberstleutnant Botscharoff im Hotel »Excelsior« Berlin, 17. 2. 1943 (von der AbtFrH Ost dem ChefdGenStdH vorgelegt), Gehlen-Akte 6, Besetzte Gebiete und Ostpolitik, H. 3, Oktober 1942 – März 1943, Archiv des Vf.; Pskov, kak odin iz centrov ROD, S. 20, BA-MA MSg 149/39; »Rodina«, BA-MA MSg 149/3.
717 Kalinin, Učastie sovetskich voinov, S. 33, 35.
718 Tovarišči komandiry!, Sovetskaja intelligencija!, in: Buchbender, Das tönende Erz, S. 222 f., Byvšij Komandujuščij 2-j Udarnoj armii RKKA general-lejtenant A. A. Vlasov, in: Rodina, Nr. 26, 29. 10. 1942.
719 Obraščenie Russkogo Komiteta bojcam i komandiram Krasnoj armii, ko vsemu Russkomu narodu i drugim narodam Sovetskogo Sojuza, in: Buchbender, Das tönende Erz, S. 226 f., Pozdnjakov, Andrej Andreevič Vlasov, S. 47 ff.; Kitaev, Russkoe Osvoboditel'noe Dviženie, S. 42 f., BA-MA MSg 149/8.
720 Počemu ja stal na put' bor'by s bol'ševizmom? Otkrytoe pis'mo general-lejtenanta A. A. Vlasova, in: Zarja, Nr. 17, 3. 3. 1943.
721 Siehe Anm. 9.
722 Besuch des Generals Wlassow im Bereich der 16. Armee, AOK 16, Abt Ic/ AO, 9. 5. 1943, BA-MA RH 58/67; KdrdOsttr zbV 710, Ia/Nr. 105/43geh, an OKH/GenStdH/GendOsttr, 15. 5. 1943, ebd.; General A. A. Vlasov v batalione »Volga«, BA-MA MSg 149/48; Pskov, kak odin iz centrov ROD, S. 16 ff., BA-MA MSg 149/39; S. V., Vlasov vo Pskove, in: Golos Naroda, Nr. 31 (81), 2. 8. 1952.
723 Poezdka A. A. Vlasova v severo-zapadnye rajony okkupirovannoj časti SSSR, BA-MA MSg 149/48; Michajlov, Priezžaet Vlasov, 15. 1. 1948, BA-MA MSg 149/3; Pozdnjakov, Andrej Andreevič Vlasov, S. 66 ff.; Gehlen, Der Dienst, S. 110. Ebenso wie Vlasov ließ sich Generalmajor Malyškin in der weiter unten erwähnten Rede in Paris vernehmen: »Dem deutschen Oberkommando ist es nicht gelungen, die Russen davon zu überzeugen, daß die deutsche Armee nur gegen den Bolschewismus und nicht gegen das russische Volk kämpft. [...] Rußland war niemals ein Sklavenland, es war niemals eine Kolonie und wird es auch niemals sein«, siehe unten, Anm. 726.
724 An alle Angehörigen der Roten Armee, Kommando der Russischen Befreiungsarmee, Flugblatt Nr. 689/IV.43, BA R 6/38; Bojcy, Komandiry i Politrabotniki Krasnoj Armii! Komandovanie Russkoj Osvoboditel'noj Armii, Flugblatt Nr. 691/IV.43, ebd.; Čto tebe izvestno o smolenskom obraščenii »Russkogo Komiteta«?, Dobrovol'cy Russkoj Osvoboditel'noj Armii, Flugblatt Nr. 692/IV.43, ebd.; Offener Brief der Freiwilligen der Russischen Befreiungsarmee an die Rotarmisten und sowjetischen Offiziere, Flugblatt Nr. 751/VI.43, ebd.; Illjustrirovannyj Boevoj Put', Nr. 5, Mai 1943; Novyj Put', Nr. 10 (30), 1943.
725 OKH/GenStdH/GendOsttr, OrgAbt II, Nr. 5000/43geh, 29. 4. 1943, BA-MA 44065/5; Zusatzbestimmungen der Heeresgruppe, OKHGr A, Ia, Nr. .. /43geh, 14. 5. 1943, BA-MA 65993/4.
726 Reč' generala Malyškina v Pariže 24 ijulja 1943 (V vyderžkach), BA-MA MSg 149/52; Žerebkov, »Russkie dni« v Pariže, ebd.
727 Siehe Anm. 60, Ansprache des russischen Oberst Bojarski an die Freiwilligen der Ost-Bataillone.
728 Hitlers Lagebesprechungen, S. 268; Hewel an Reichsaußenminister, 9. 6. 1943, ADAP, Serie E, Bd VI, Nr. 92, S. 157 f. (Zur Präzisierung vgl. Hitlers Lagebesprechungen, S. 263 f.). Über die tiefgreifende Wirkung der im Namen Vlasovs betriebenen Propaganda auf die Bevölkerung der besetzten Gebiete, auf die Angehörigen der Osttruppen und auf die Kriegsgefangenen siehe die Aufzeichnung des Generalstabs des Heeres »Entwicklung und Lage der militärischen Propaganda im Osten seit Herbst 1942 (Wlassow-Aktion)«, ADAP, Serie E, Bd VI, Nr. 85, S. 145 ff.; siehe auch Herwarth, Zwischen Hitler und Stalin, S. 332.

729 Popel' (Popjel), Panzer greifen an, S. 110.
730 Čujkov, Gvardejcy, S. 71 f.
731 Družinin, Pervaja listovka A. Vlasova, BA-MA MSg 149/8; Buchbender, Das tönende Erz, S. 243, 331 f.
732 Unterredung mit dem kriegsgefangenen Generalleutnant Masanow am 22. 7. 1943 in der Feste Boyen bei Lötzen, Aufzeichnung Botschaftsrat Hilger, 22. 7. 1943, PA AA Bonn, Handakten Etzdorf, Bd 24.
733 Ivanov, O listovkach Vlasova, BA-MA MSg 149/3.
734 Deutscher General in Helsinki, Abt Ic, Nr. 1731/43geh, an OKH/ GenStdH/AbtFrH Ost II, 28. 7. 1943, BA-MA RH 2/v. 2727.
735 Aleksandrov, Torgovcy Rodinoj, in: Leningradskij Partizan, 5. 4. 1943, BA-MA RH 2/v. 2727; Kokotov, Lžerusskij Komitet, in: Za Sovetskuju Rodinu, 29. 4. 1943, ebd.; Pavlov, Iu-dužka Vlasov, ebd., 5. 5. 1943, ebd.; Sowjetische Frontzeitungen zur Wlassow-Aktion (Presseauswertung), II z-a/4, Az. 55 Nr. 42/43, 10. 6. 1943, ebd.
736 Glavnoe Političeskoe Upravlenie Krasnoj Armii, Smert' prezrennomu predatelju Vlasovu, podlomu špionu i agentu ljudoeda Gitlera, in: Za Pravoe Delo, Nr. 76, 4. 7. 1943, ebd.; Sowjetpropaganda zur Wlassow-Aktion (Presseauswertung), III d, Az. 55 Nr. 100/43, 18. 7. 1943, ebd.
737 Hoffmann, Die Sowjetunion bis zum Vorabend des deutschen Angriffs, S. 50 f.
738 Ders., Die Kriegführung aus der Sicht der Sowjetunion, S. 725.
739 Ebd., S. 750.
740 Oberst Bojarskij an General Vlasov, Juli 1943, Gehlen-Akte 6, Besetzte Gebiete und Ost-politik, H. 2, Juni 1943 – Februar 1944, Archiv des Vf.
741 Besprechung des Führers mit Feldmarschall Keitel und General Zeitzler am 8. Juni 1943, in: Hitlers Lagebesprechungen, S. 256 f., 260, 264.
742 Hauptmann Dosch, Vortrags-Notiz!, 2. 2. 1943, BA-MA RH 2/v. 2728; Schematische Glie-derung der landeseigenen Verbände, OKH/GenStdH/ GendOsttr, Nr. 402/43gKdos, Stand 5. 5. 1943, BA-MA RH 2/v. 1435. Nach einem Bericht des Chefs der Ordnungspolizei, Daluege, war die Gesamtstärke der dem RFSS unterstehenden Schutzmannschaften im Jahre 1942 von 33 000 auf 300 000 Mann angewachsen, siehe Krausnick/Wilhelm, Die Truppe des Weltanschauungskrieges, S. 170.
743 Smirennyj Aleksij, Mitropolit Leningradskij, Archipastyrskoe poslanie k pastyrjam i pastve v gorodach i selach oblasti poka ešče zanjatych vraželskimi vojskami, 12./25. 4. 1943, BA-MA RH 2/v. 2727.
744 Kromiadi, Za zemlju, za volju, S. 133 f.
745 Slovo Mitropolita Anastasija (Radio-zapis'), in: Volja Naroda, Nr. 3 (4), 22. 11. 1944; Iz ar-chipastyrskich poslanij, Mitropolit Anastasij, ebd., Nr. 3 (16), 7. 1. 1945; Kromiadi, K isto-kam Osvoboditel'nogo Dviženija, BA-MA MSg 149/8; Kružin, Chronika KONRa, 19. 11. 1944, BA-MA MSg 149/27.
746 Exarch Metropolit Sergius, Kanzleichef I. Grimm, Religiöse Betreuung der Wlassow-Truppen, BA NS 30/152.
747 Predsedatel' Sobora Episkopov Belorussii, Mitropolit Pantelejmon, – Komitetu Osvo-boždenija Narodov Rossii, in: Volja Naroda, Nr. 3 (16), 7. 1. 1945.
748 Chmyrov (Dolgorukij), Strašnoe zlodejanie, in: Golos Rodiny, BA-MA MSg 149/56.
749 Kromiadi, Za zemlju, za volju, S. 100; Sergej Fröhlich, Manuskript, S. 11, Archiv des Vf.; Umer Kap. I.D. Grimm, BA-MA MSg 149/48.
750 Otvečaj, izmennik Vlasov! Vlasov-agent nemeckich fašistov, BA-MA RH 2/v. 2727; Kak Vlasov prodal krest'jan nemcam?, ebd.; Russkij ne budet bratoubijcej!, ebd.; Smert' fašist-komu najmitu Vlasovu!, ebd.; Töte den Verräter Wlassow!, ebd.; Političeskoe Upravlenie Severo-Zapadnogo Fronta, Kto takoj Vlasov?, ebd.
751 »Do ětogo my zanimalis' razloženčeskoj rabotoj v ROA«, Sergunin, S. 351.
752 Wen betrügt der Verräter-General Wlassow, BA-MA RH 2/v. 2727; An die Soldaten der so-genannten »Russischen Befreiungsarmee« und an die Polizisten, ebd.; K vam naše slovo soldaty Vlasova!, ebd.; Was bedeutet die R.O.A.?, ebd.; Politupravlenie Severo-Zapadnogo Fronta, Russkie, Ukraincy, vse byvšie krasnoarmejcy, nachodjaščiesja v fašistskom plenu i

zaverbovannye na službu v nemeckuju armiju!, ebd.; Die entscheidende Stunde naht! Auf wessen Seite steht Ihr?, ebd.; Voennyj Sovet Severo-Zapadnogo Fronta, Ko vsem byvšim voennoplennym, russkim, ukraincam, belorussam i drugim graždanam, zaverbovannym na službu v germanskuju armiju, 15. 8. 1943, ebd.

753 Na Severo-Zapadnom fronte, S. 5.

754 Minutes of Ambassador Romer's conversation with President Stalin and M. Molotov, 26./27. 2. 1943, Documents on Polish-Soviet Relations, Bd 1, Nr. 295, S. 490.

755 Nach »Rodina«, BA-MA MSg 149/3.

756 Bandenauftrag gegen General Wlassow, Aussagen des am 27. 4. 1943 übergelaufenen Banditen Petrow, AmtAusl/Abw, Dienstst. Walli III, Nr. D 4704/43g (B/Ausw 196), 20. 6. 1943, BA-MA RH 2/v. 2727; Aufträge des sowj. Agentendienstes gegen Wlassow, IIbprop, 31. 5. 1943 (darin Funksprüche Nr. 18 und Nr. 22 des Leiters der operativen Gruppe beim Stabe der Nordwestfront), ebd.; siehe auch Oborona Leningrada, S. 778.

757 Frieser, Krieg hinter Stacheldraht, S. 92.

758 Gesamtergebnis der Vernehmungen des Spions Semjon Nikolajewitsch Kapustin, AbtFrH Ost (III f), Übers., Nr. 23/43, 22. 7. 1943, BA-MA RH 2/v. 2727; Vernehmung des Spions Kapustin, der unter anderem mit dem Auftrag herüberkam, terroristische Gruppen zum Zwecke der Ermordung von Wlassow zu bilden, Aufzeichnung Botschaftsrat Hilger, 27. 7. 1943, PA AA Bonn, Handakten Etzdorf, Bd 24. Vlasov setzte sich, wie Kromiadi, Za zemlju, za volju, S. 130, überliefert, für eine Begnadigung Kapustins ein.

759 Trepper, Die Wahrheit, S. 218 f.

760 Prop.-Angriffe auf Wlassow, Vortragsnotiz, Ia (prop), 13. 6. 1943, BA-MA RH 2/v. 2727.

761 Siehe Anm. 60, Bericht über die Besichtigungsreise; ebd. Notiz über Äußerungen und entwickelte Ideen; Äußerungen des russ. Obersten Bojarski über die politische Lage und die politischen Absichten, die ich in privaten Unterhaltungen festgestellt habe, Sonderführer Treugut, BA-MA RH 58/67; Stimmung in den russischen Freiwilligen-Bataillonen (meine persönlichen Feststellungen), ebd.; siehe S. 25.

762 »Entwicklung und Lage der militärischen Propaganda im Osten seit Herbst 1942 (Wlassow-Aktion)«, ADAP, Serie E, Bd VI, Nr. 85, S. 145 ff.

763 Schwedische Presse zur Aufstellung der russischen Befreiungsarmee unter General Wlassow, Deutsche Gesandtschaft in Stockholm, Nr. P 1369, 2. 6. 1943, PA AA Bonn, VAA RKUkraine, Bd 4; auch Bericht der Deutschen Gesandtschaft in Helsinki, Nr. 1261, 10. 6. 1943, ebd.

764 Thomsen an AA, 17. 6. 1943, ADAP, Serie E, Bd VI, Nr. 100, S. 182 f.

765 Papen an AA, 12. 8. 1943, ebd., Nr. 222, S. 391 f.

766 Siehe Anm. 762; Aktion Wlassow, Aufzeichnung des Botschaftsrats Hilger, 29. 6. 1943, ADAP, Serie E, Bd VI, Nr. 122, S. 212 ff.; auch nach Hitlers Lagebesprechungen, S. 254, 256, 260, 268.

767 Siehe Anm. 741 und 938.

768 »Kurz gesagt, ich bitte Sie noch einmal, entscheidende Schritte in Berlin zu unternehmen, sonst geht alles zum Teufel«, Oberst Bojarskij an General Vlasov, vgl. Anm. 740; Korück 580, Ia, Nr. 2840/43geh, an AOK 2/Chef, 6. 8. 1943, BA-MA RH 20-2/636.

769 Personalfragebogen Generalmajor Budycho, BA-MA RH 19 III/251; Generalfeldmarschall v. Küchler an Generalfeldmarschall Busch, 15. 10. 1943, ebd.; Busch an Küchler, 18. 10. 1943, 25. 10. 1943, ebd.; KdrdOsttr zbV 710, Oberst v. Henning, Bericht, 19. 10. 1943, ebd.

770 Sergunin, S. 355.

771 Als Beispiele seien erwähnt: AOK 2, Ia, Nr. 2749/43geh, an KdrdOsttr zbV 720, 9. 8. 1943, BA-MA RH 20-2/636; OKHGr Mitte, Ia, Nr. 9058/43geh, an AOK 2, 19. 8. 1943, ebd.; Generalfeldmarschall Keitel (AzJu), Nr. 1050/ 43geh, an OKHGr Nord, 26. 9. 1943, BA-MA RH 19 III/251.

──────── **14** ────────

Wlassow als sowjetisches Problem

Der sowjetischen Führung ist es während des Krieges erspart geblieben, sich mit der Russischen Befreiungsbewegung ernsthaft auseinandersetzen zu müssen. Propagandistische Gegenmaßnahmen konnten im taktischen Rahmen gehalten und nach dem Verebben der ersten Phase der Vlasovbewegung im Spätherbst 1943 schließlich eingestellt werden. Zu dem Zeitpunkt, als das Komitee zur Befreiung der Völker Rußlands und die Russische Befreiungsarmee im November 1944 ins Leben traten, war in der Roten Armee die Behauptung verbreitet, die »Wlassow-Armee wäre gefangengenommen, Wlassow selbst habe sich erschossen«[772]. Daß die sowjetische Seite von dem Phänomen Vlasov nicht stärker berührt wurde, war jedoch nicht etwa auf ihre politisch-moralische Überlegenheit und auf eine mangelnde Ausstrahlungskraft der Befreiungsideen, sondern einzig und allein auf den Umstand zurückzuführen gewesen, daß Hitler deren Entfaltung Einhalt geboten hatte. Die nach der Konstituierung des KONR und nach der Bildung der Streitkräfte des KONR 1944 an sich in großem Umfange geplante Propagierung der Punkte des Prager Manifestes ließ sich, wenige Monate vor Kriegsende, nicht mehr verwirklichen, so daß die sowjetische Führung endgültig der Verlegenheit enthoben wurde, auf die Vlasovfrage öffentlich noch einmal eingehen zu müssen. Nur intern spielte dieselbe nach wie vor offenbar eine große Rolle. So ist auch zu verstehen, daß der Chef der sowjetischen Überwachungskommission beim OKW, Generalmajor Truskov, am 20. Mai 1945 in Flensburg mit Dringlichkeit eine sofortige und umfassende Unterrichtung über die seit Kriegsbeginn gefangengenommenen sowjetischen Soldaten (Generale und ältere Stabsoffiziere unter Namensnennung) sowie eine detaillierte Aufstellung über die Russische Befreiungsarmee sowie über Freiwilligenverbände unter deutschem Kommando anforderte (siehe Anm. 772). Nach außen hin aber glaubte man einen Schlußstrich ziehen zu können, indem das Parteiorgan »Pravda« am 1. August 1946 eine Bekanntmachung des Militärkollegiums des Obersten Gerichtes der UdSSR veröffentlichte[773]. A. A. Vlasov, F. V. Malyškin, G. N. Žilenkov, F. I. Truchin, D. E. Zakutnyj, I. A. Blagoveščenskij, M. A. Meandrov, V. I. Mal'cev, S. K. Bunjačenko, G. A. Zverev, V. D. Korbukov und N. S. Šatov waren, wie man jetzt erfuhr, »wegen Verrats an der Heimat und wegen ihrer als Agenten der deutschen Abwehr gegen die UdSSR gerichteten aktiven Spionage-, Diversions- und Terrortätigkeit« zum Tode verurteilt und hingerichtet worden. Von den Genannten war Vlasov noch einer breiteren Öffentlichkeit bekannt. Wer aber waren die anderen? Warum wurde über ihn und über die Mitverurteilten nichts weiter ausgesagt, nicht einmal andeutungsweise, wie dies im Hinblick auf die Gruppe der Kosakengenerale in der ähnlich gearteten Bekanntmachung des Militärkollegiums des Obersten Gerichtes der UdSSR in der »Pravda« vom 17. Januar 1947[774] immerhin noch der Fall sein sollte? Die »Anführer bewaffneter weißgardistischer Truppenteile in der Periode des Bürgerkrieges«, so hieß es hier, nämlich der Ataman P. N. Krasnov, Generalleutnant der Weißen Armee und Kommandeur der »Wilden Division« A. G. Škuro, Generalmajor der Weißen Armee Fürst Sultan-Girej Klyč, die Generalmajore der Weißen Armee S. N. Krasnov und T. I. Domanov (letzterer, ein »repressierter« Sowjetbürger, in der Bürgerkriegsarmee in Wirklichkeit nur Subalternoffizier) sowie schließlich der Generalleutnant des deutschen Heeres v. Pannwitz seien zum Tode verurteilt worden, weil sie »mit den von ihnen gebildeten weißgardistischen Abteilungen einen bewaffneten Kampf gegen die Sowjetunion führten und gegen sie Spionage-, Diversions- und Terroraktivitäten richteten«.

Der Grund dafür, warum diese Gruppe der Kosakengenerale der Sowjetöffentlichkeit anders präsentiert wurde als die Gruppe der ROA-Generale, ist unschwer zu erkennen. Denn die alten Kosakengenerale und mit ihnen Generalleutnant v. Pannwitz waren in politischer Hinsicht vom sowjetischen Standpunkt aus längst ungefährlich geworden. Daß sie auch im Zweiten Weltkrieg »einen bewaffneten Kampf« gegen die Sowjetmacht geführt hatten, konnte somit unbedenklich zugegeben, ihre militärischen Ränge brauchten nicht verschwiegen zu werden[775]. Anders verhielt es sich mit der aus ehemaligen hohen Sowjetoffizieren zusammengesetzten Personengruppe um General Vlasov, wie schon ein Blick auf Rang und Dienststellung derselben in der Roten Arbeiter- und Bauernarmee verdeutlicht. So war Malyškin Generalmajor und Chef des Stabes der 19. Armee gewesen, Žilenkov hoher Funktionär des Moskauer Parteiapparates und als Armeekommissar Mitglied des Kriegsrates der 32. Armee[776], Truchin Professor an der Akademie des Generalstabes und dann als Generalmajor Chef der Operationsabteilung des Stabes des Baltischen Besonderen Militärbezirkes (Nordwestfront), Zakutnyj Professor an der Akademie des Generalstabes und zuletzt als Generalmajor Kommandeur des 21. Schützenkorps, Blagoveščenskij Generalmajor und Brigadekommandeur, Meandrov Oberst und Chef der Operationsabteilung der 6. Armee, Mal'cev Oberst und Befehlshaber der Luftstreitkräfte des Sibirischen Militärbezirkes, Bunjačenko Oberst und Kommandeur der 389. Schützendivision, Zverev Divisionskommandeur und als Oberst Militärkommandant der Stadt Char'kov, Korbukov und Šatov ebenfalls Stabsoffiziere der Roten Armee. Sie alle zusammen bildeten somit einen repräsentativen Querschnitt durch das sowjetische Offizierkorps. »Vlasov war aus ihrem [das heißt der Sowjetmacht] Fleisch und Blut«, schrieb Generalmajor Chol'mston-Smyslovskij, »und ebenso waren es die zu ihm gestoßenen Generale, Offiziere und Soldaten[777].« Wie sollte man öffentlich eingestehen, daß sich außer dem als bedauerlichen Einzelfall hingestellten »Verräter Vlasov« noch andere von der Partei und Regierung in ihre Führerstellen eingesetzte sowjetische Generale und Oberste während des »Großen Vaterländischen Krieges« gegen die Sowjetmacht erhoben und eine offenbar weitreichende Militärverschwörung gebildet hatten? Schon eine bloße Andeutung mußte Anlaß zu unliebsamen Mutmaßungen geben – also ließ man die peinliche Angelegenheit auf sich beruhen[778]. So sucht man den Namen selbst Vlasovs in der Sovetskaja Voennaja Ènciklopedija heute vergebens. Die Bekanntmachung in der »Pravda« vom 1. August 1946 war gewissermaßen als letztes Wort in der Sache gedacht – indessen, wie sich bald erweisen sollte, ließen sich historische Tatsachen durch Verschweigen nicht aus der Welt schaffen. Die Vlasovbewegung begann politisch fortzuwirken, nicht zuletzt auch in den Reihen der Roten Armee.

Generalmajor Grigorenko vermittelt in seinen Erinnerungen eine Vorstellung davon, wie schwer es für viele gewesen sein mag zu begreifen, daß »der berühmte General« Vlasov, »nicht irgendein Emporkömmling, sondern ein Offizier mit glänzender Laufbahn«, mit Hilfe der Deutschen eine Russische Befreiungsarmee zusammenstellte[779]. »Warum bloß?«, fragte er sich: »Es wollte mir nicht in den Kopf, daß dieser Mann ein Verräter sein sollte! [...] Wlassows Verrat war ein Punkt gewesen, den ich nie verdaut hätte.« Später erfuhr er, daß Generalmajor Truchin, sein Lehrer für die »Taktik großer Truppenverbände« an der Akademie des Generalstabes, neben Divisionskommandeur Isserson der einzige Professor »von Format an der Akademie«, Chef des Stabes der ROA geworden war und dessen Vertreter (in Wirklichkeit Chef der Operationsabteilung) Oberst Nerjanin, ein Offizier rein proletarischer Herkunft, Mithörer an der Generalstabsakademie, den der Chef des Generalstabes der Roten Armee, Marschall der Sowjetunion Šapošnikov, einst »einen unserer brillantesten Armeeoffiziere« genannt hatte. »Das schockierte mich vollends«, bekannte Grigorenko, denn für ihn gab es keinen Zweifel daran, daß Nerjanin sich aus »ehrenhaften Motiven« der Vlasovbewegung angeschlossen hatte: »Nichts hätte mich bei Nerjanin vom Gegenteil überzeugen können.« Daß Vlasov und die anderen in einem Geheimprozeß »hinter verschlossenen Türen abgeurteilt« wurden, ließ meine »Unruhe auf den Siedepunkt steigen«, bekannte Grigorenko: »Irgend etwas an der Sache muß hier faul sein, suggerierte mein Bewußtsein.« Er und seine Kameraden sollten noch lange auf eine Antwort warten müssen.

Nachdem das Vlasovproblem, abgesehen von gelegentlichen Hinweisen in der Partisanenliteratur, lange Zeit mit Stillschweigen übergangen worden war, bahnte sich Mitte der fünfziger Jahre ein Wandel an. Am 17. September 1955 verkündete das Präsidium des Obersten Sowjet eine Amnestie für alle Sowjetbürger, die sich zwischen 1941 und 1945 hatten gefangennehmen lassen oder die freiwillig in den Dienst der bewaffneten Kräfte auf deutscher Seite getreten waren[780]. Der sowjetische Propagandaapparat begann in Verbindung hiermit unter den ins Ausland entkommenen ehemaligen Sowjetbürgern eine intensive Meinungskampagne zu entfalten[781], wobei er sich vor allem einzelner Rückkehrer bediente und in deren Verlauf auch das allgemeine Wissen der Emigranten um die Vlasov-Armee in Rechnung gestellt werden mußte. Eine gewichtige Rolle im Verlauf der nun einsetzenden Aktionen spielte das in Ostberlin etablierte »Komitet za vozvraščenie na Rodinu« (Komitee für die Rückkehr in die Heimat), das spätere »Sovetskij Komitet po kul'turnym svjazjam s sootečestvennikami za rubežom« (Sowjetisches Komitee für kulturelle Beziehungen mit den Landsleuten im Auslande), das unter der Leitung des in deutscher Kriegsgefangenschaft befindlich gewesenen Generalmajors Michajlov stand[782], nach Meinung der Emigration aber vom KGB gesteuert wurde. Was in der innersowjetischen Literatur noch fast unerwähnt geblieben war, das wurde in den nach außen gerichteten Verlautbarungen, etwa in dem Publikationsorgan des Komitees »Za Vozvraščenie na Rodinu«, später »Golos Rodiny« (Stimme der Heimat), oder in den Rundfunksendungen, wenn auch in polemisch-verzerrter Form, bereits mit einer gewissen Selbstverständlichkeit zugegeben: die Existenz einer »unserem Lande feindlichen militärischen Organisation von der Art der ruhmlosen ROA oder den nationalen Bataillonen«. Gerüchte um »Vlasov« und die »Vlasovcy« hatten sich mittlerweile aber auch in der Sowjetunion selbst verbreitet, und zwar bald in einem Umfange, daß man, um etwaigen Mißdeutungen und einer politisch schädlichen Entwicklung vorzubeugen, sich endlich genötigt sah, die bisherige Methode des Verschweigens aufzugeben und in eine Art geistiger Auseinandersetzung einzutreten. Den eigentlichen Anstoß hierzu gab eine an sich gutgemeinte Erzählung »V rodnych mestach« (An heimatlichen Stätten), die Voronin 1959 in der Leningrader Literaturzeitschrift »Neva« veröffentlicht hatte[783]. Zwei Kriegsveteranen, von denen der eine, bevor er zu den Partisanen überging, vorübergehend in der ROA, genauer gesagt in den deutschem Kommando unterstehenden Osttruppen gedient hatte, treffen sich in ihrem väterlichen Dorf. Der Held der Erzählung bringt die Vergangenheit seines ehemaligen Freundes in Erfahrung, nimmt aber, wenngleich er dessen Handlungsweise verurteilt, davon Abstand, ihn bei den Behörden zu denunzieren, weil er sieht, wie das schlechte Gewissen ihn quält. Diese in behutsamer Weise auch in anderen Veröffentlichungen gezogene Schlußfolgerung, das »großmütige sowjetische Volk« habe diesen Leuten verziehen und verurteile sie nur noch moralisch, rief einen wahren Sturm der Entrüstung hervor. Eine Sondersitzung der Parteiorganisation der Leningrader Sektion des Bundes der Schriftsteller verurteilte die Erzählung und damit auch den Autor mit einer nicht mehr zu überbietenden Schärfe als »schädlich«. Gegen die Redaktion der Zeitschrift »Neva«, der auch Voronin angehörte, wurde eine Untersuchung eingeleitet. Woran man Anstoß nahm, das war der »Versuch Voronins, öffentlich und jedermann hörbar, das verlogene Prinzip christlicher Nächstenliebe zu predigen«, »der Versuch, sentimentalen Speichel um einen ›überlebenden Vlasovmann‹ zu verbreiten«, »Tränen über das unglückliche Los der Vlasovleute zu vergießen«. Hier galt es einzuschreiten. Den Schriftstellern mußten klare Begriffe vermittelt, mußte beigebracht werden, wie man sich dem Problem der »Vlasovščina« gegenüber zu verhalten habe.

Wie in wichtigen politischen Fragen üblich, wurde der Weg über die »Literaturnaja Gazeta« eingeschlagen, um die sowjetischen Schriftsteller mit den Direktiven der Kommunistischen Partei bekannt zu machen. Smirnov, Chefredakteur dieses literarischen Zentralorganes, legte das parteiamtliche Programm am 27. Oktober 1959 in einem Artikel unter der Überschrift »Imenem soldat« (Im Namen der Soldaten) dar[784]. Seine Definition entsprach noch ganz dem herkömmlichen Klischee, »Vlasovcy«, das waren die »Soldaten der sogenannten ›Russischen Befreiungsarmee‹ (ROA), der von dem Verrätergeneral Vlasov aus Vaterlandsverrätern formierten Banden«, »Entartete, ohne Ehre und Gewissen, moralischer Auswurf der Gesellschaft«. Und dann plötzlich ein unfreiwilliges Eingeständnis. »Aber wir wissen«, so erklärt Smirnov, »daß die ›Vlasovcy‹ in ihrer überwältigenden Mehrheit unversöhnliche Feinde unserer Ordnung, unseres Staates«, daß sie also mit anderen Worten politische Gegner gewesen sind. Ein ganz neuer Ton, der verständlich macht, aus welchen Gründen man von den sowjetischen Schriftstellern Unversöhnlichkeit forderte. Zum ersten Male wurde zugegeben, daß es sich bei Vlasov um ein primär politisches Problem handelte. Der »ideologischen Diversion« mußte begegnet werden, und in welcher Weise dies zu geschehen hatte, darüber wurde kein Zweifel gelassen. Smirnov leitete seinen richtungweisenden Artikel mit der Schilderung einer Episode aus dem Jahre 1944 ein, als ein Hauptmann der Roten Armee mehrere kriegsgefangene »ROA«-Angehörige unter allerseitiger Zustimmung der Rotarmisten kurzerhand erschießen ließ. »Die Vergeltung des Volkes war gerecht«, so wird dieser Mord an Kriegsgefangenen umschrieben. Der Artikel Smirnovs schließt ab mit der Versicherung, »unser Volk«, das heißt die Kommunistische Partei der Sowjetunion, werde »eines niemals und niemandem verzeihen«, einen »Vaterlandsverrat« nämlich, wie ihn angeblich Vlasov beging. Im

Namen von »Millionen ehemaliger Frontkämpfer« wurden die sowjetischen Schriftsteller aufgerufen, geistig-literarisch keine Nachsicht zu üben, sondern jeden der übriggebliebenen »Vlasovcy« zu entlarven.

Um in der Auseinandersetzung sachlich überzeugend zu wirken, ging man jetzt dazu über, in der Sowjetunion verfügbare ehemalige Anhänger der Vlasovbewegung einzuspannen und von ihrem Spezialwissen einen sorgfältig redigierten Gebrauch zu machen. Einer von ihnen war Brunst, ein Vertreter des NTS, der bis zu seiner Festnahme durch die Organe der Staatssicherheit auch nach dem Kriege in der UdSSR noch antisowjetische Untergrundarbeit geleistet hatte[785]. In längeren Ausführungen enthüllte Brunst im Jahre 1961 die vormaligen Versuche des NTS, durch prominente Mitglieder wie Generalmajor Truchin und Oberstleutnant Tenzorov politischen Einfluß auf die ROA zu gewinnen. Daß er den NTS so stark ins Spiel brachte, hatte guten Grund, kam es doch zugleich darauf an, diese in der Emigration des Westens eine aktive Rolle spielende Organisation politisch zu kompromittieren. Brunst, der sich in den kritischen Tagen des Mai 1945 in der Begleitung Tenzorovs und damit in unmittelbarer Nähe Vlasovs in Böhmen befunden hatte, bemüht sich darzutun, wie unerträglich für ihn schon damals die »Offenheit einer schamlosen und verächtlichen Flucht« des Generals und seiner Leute vor den »vorrückenden sowjetischen Armeen« gewesen sei. In bemerkenswert gemäßigtem Ton über Vlasov und andere Persönlichkeiten der Befreiungsbewegung äußerte sich eigenartigerweise ein anderer Wissensträger, das 1955 freiwillig in die UdSSR zurückgekehrte ehemalige Mitglied der nationalukrainischen Organisation »Prosvite« und später des KONR, Professor Vasilakij, unter der Überschrift »Put' k pravde« (Weg zur Wahrheit) in der »Izvestija« am 2. September 1962[786]. Eine aus welchen Gründen auch immer objektiv scheinende Beschäftigung mit dem Thema wurde aber nicht zugelassen. Generalleutnant Fominych hatte die Dinge wieder zurechtzurücken, als er in der »Izvestija« am 7. Oktober 1962 über die Umstände der Gefangennahme Vlasovs in einer Weise berichtete (»Kak byl' pojman predatel' Vlasov«), die in dem Maße, wie sie von der Wahrheit abwich, angeblich negative Charakterzüge des Generals hervortreten ließ.

Im Rahmen der Bemühungen, dem Leserpublikum gegenüber überzeugend zu argumentieren, verdient der im Septemberheft 1967 der Literaturzeitung »Moskva« erschienene 1. Teil des historischen Romans »V čas dnja, vaše Prevoschoditel'stvo« (Um ein Uhr mittags, Euer Hochwohlgeboren) von Vasil'ev besondere Beachtung[787]. Es war zum ersten Male, daß eine Publikation über die »Vlasovščina« zur Erhöhung der Beweiskraft sich ausdrücklich auf ihre dokumentarische Grundlage berief. Sie fußte auf den Erinnerungen eines angeblichen sowjetischen Agenten im Stabe Vlasovs, Martynov, der, sich auch als »Bevollmächtigter des KONR in Kurland« ausgebend, bereits 1965 im »Golos Rodiny« einen psychologisch interessanten Artikel »Pravda o Vlasovcach« (Die Wahrheit über die Vlasovleute) veröffentlicht hatte[788]. Neben einer maßlosen Beschimpfung Vlasovs, den Martynov mit einem bloßen »Leierkasten« der Deutschen vergleicht, ihrem »Mannequin-Automat« und dem er sogar vorwarf, Hitler methodische Beihilfe bei der Ausführung eines Planes zur »Entvölkerung« Rußlands geleistet zu haben, traten in diesem Beitrag immerhin auch die äußeren Konturen der Befreiungsbewegung hervor. Dem Tatsachenroman Vasil'evs kam für die ideologische Klarstellung des Vlasovproblems eine jetzt noch gesteigerte Bedeutung zu. Es geht dies auch daraus hervor, daß Krivickij dessen historische Zuverlässigkeit der sowjetischen Leserschaft gegenüber in einem weiteren Artikel in der »Literaturnaja Gazeta« (»Otgoloski prošlogo«, Echo der Vergangenheit) besonders betonte[789], in diesem Zusammenhang das Leninwort zitierend: »Es ist lächerlich, die Militärgeschichte nicht zu kennen.« Die Glaubwürdigkeit Vasil'evs erscheint jedoch von vornherein in Frage gestellt, weil es einen »Oberstleutnant Pavel Nikandrov« – das Pseudonym Martynovs – im Stabe Vlasovs gar nicht gegeben hat und die Anrede »Euer Hochwohlgeboren« in der ROA unbekannt gewesen war. Oberst Pozdnjakov, der den Roman Vasil'evs einer gründlichen Analyse unterzog, gelangt aufgrund der groben und unverzeihlichen Fehler des angeblichen Gewährsmannes denn auch zu dem Schluß, die Authentizität des Autors könne allein in frisierten Erkenntnissen des KGB bestehen.

Nicht so sehr die mehr oder minder fragwürdige Dokumentengrundlage von »V čas dnja, vaše Prevoschoditel'stvo« zieht jedoch das eigentliche Interesse des Betrachters auf sich als vielmehr der Umstand, daß sowjetische Schriftsteller als berufene »Ingenieure der Seele« nunmehr anfingen, die Vlasovbewegung in ihrem historischen Zusammenhang zu sehen. Die sowjetischen Veröffentlichungen hatten anfangs, die grobe Linie der Kriegspropaganda fortsetzend, Vlasov und die »Vlasovcy« als ideen- und überzeugungslose Feiglinge, Egoisten, Schurken und Mietlinge der Faschisten ausgegeben – ein nicht mehr befriedigendes Verfahren. Wenn es nur Feiglinge und Egoisten waren, wie kam es dann, so läßt sich fragen, daß sie überall »mit Wut und Verzweiflung buchstäblich bis zur letzten Patrone« kämpften? Selbst Smirnov hatte dies 1959 zugeben müssen, ebenso beispielsweise Generalmajor Teremov, ein sowjetischer Divisionskommandeur, in seinen 1965 erschienenen Erinnerungen »Pylajuščie berega« (Flammende Ufer)[790]. Auf die verzweifelte Tapferkeit der Vlasovleute sollte dann in sehr eindringlicher Weise auch Solženicyn aufmerksam machen[791]. Es nimmt unter diesen Umständen nicht wunder, daß aus den bisherigen Feiglingen und Egoisten bei Vasil'ev mit einem Male Konterrevolutionäre, ideelle Gegner des Kommunismus, geworden waren. Ebenso wurde nicht verhehlt, daß Vlasov eine Art politisches Programm besessen habe, eine Mischung »esero-menschewistischer« Ideen. Indem man die Vlasovbewegung jetzt als Erscheinung des Bürgerkrieges erklärte und sie in den Zusammenhang von Klassenkampf und Konterrevolution rückte, ergab sich allerdings insofern eine gewisses Dilemma, als ja verschwiegen werden mußte, daß die angeblichen Konterrevolutionäre und Klassenfeinde den eigenen Reihen entstammten.

Bei den Generalen der ROA Truchin, Blagoveščenskij, Bojarskij, die adliger Abkunft und ebenso wie die Generale Malyškin, Sevast'janov, Bogdanov und Meandrov Offiziere der kaiserlich-russischen Armee gewesen waren, ließen sich soziale Wurzeln des Klassenfeindes noch bloßlegen, vorausgesetzt, daß man ihre späteren hohen Ränge in der Roten Armee verschwieg. Wie aber verhielt es sich mit den Offizieren rein proletarischer Herkunft in der ROA, so mit den Generalmajoren Bunjačenko, Zverev, Šapovalov und Mal'cev, die in der Roten Armee von unten auf emporgestiegen waren, oder gar mit ehemaligen Politarbeitern wie den Regimentskommissaren Šatov und Spiridonov, dem Korpskommissar Zykov und vielen anderen Repräsentanten des Arbeiter- und Bauernstaates, die im bolschewistischen Parteiapparat wie der einstige Moskauer Parteisekretär und Armeekommissar Žilenkov sogar eine politische Rolle gespielt hatten? Ihre Lebensdaten sucht man vergebens, weil in keiner Weise ja die Fiktion einer monolithischen Einheit der Sowjetgesellschaft angetastet werden durfte[792].

Von besonderem Interesse ist das Bild von General Vlasov, Sohn eines Bauern und Zögling eines Priesterseminars, der, um die Linie zu wahren, bei Vasil'ev kurzerhand als Sprößling eines Gutsherrn und Fabrikbesitzers erscheint. Die wirkliche Stellung Vlasovs in der Roten Armee läßt sich aus der sowjetischen Literatur, besonders aus der Memoirenliteratur, in der Tat nur mit Mühe rekonstruieren. General Kaljagin etwa erwähnt in seinen Erinnerungen »Po neznakomym dorogam« (Auf unbekannten Wegen) wohl kurz die Tätigkeit Vlasovs in China im Jahre 1938, verschweigt aber die einflußreiche Stellung desselben als Chef des Stabes des sowjetischen Militärberaters, Divisionskommandeur Čerepanov[793]. Im Jahre 1940 hatte sich das Sprachrohr der Roten Armee »Krasnaja Zvezda« (Roter Stern) überaus lobend über die Erfolge Vlasovs bei der Ausbildung der 99. Division ausgelassen. Ein umfangreicher Artikel von Ogin war dem »Komandir peredovoj divizii« (Kommandeur einer fortschrittlichen Division) gewidmet[794]. Am 3. Oktober 1940 hatte ein Beitrag mit Porträt unter der Überschrift »Neue Methoden des militärischen Lernens« den Divisionskommandeur Vlasov als für die ganze Rote Armee geradezu beispielhaft hingestellt. Und am 9. Dezember 1940 heißt es in einem weiteren Artikel unverblümt: »Die 99. Division hat den ersten Platz in der Roten Armee gewonnen. General Vlasov wird mit Komplimenten überhäuft[795].« »Ich erinnere mich«, so schreibt Generalmajor Grigorenko, »wie 1940 kein Tag verging, an dem nicht die Armee-Zeitung Krasnaja Swesda voll des Lobes für die 99. Infanteriedivision war, die Wlassow kommandierte. Das waren nicht etwa Erfindungen oder Übertreibungen der Journalisten. Denn die Offiziere strömten förmlich in Massen zu Wlassow, um mit eigenen Augen zu sehen, wie er's machte, und von ihm zu lernen. Und alle, selbst die größten Infanteriespezialisten, staunten über die Resultate, die er erzielte. Diese ›Wunder‹, von denen mir einige Offiziere berichteten, waren sicherlich das Ergebnis jahrelanger systematischer Arbeit[796].« Die sowjetische Öffentlichkeit erfuhr schließlich am 23. Februar 1941 aus der »Izvestija« von der Verleihung des Leninordens an Generalmajor A. A. Vlasov durch das Präsidium des Obersten Sowjet[797]. Doch in der Nachkriegszeit gibt es keinen Hinweis mehr auf den einst so gefeierten Truppenausbilder.

Welcher Methoden man sich bediente, zeigt Strižkov, der in seiner 1969 erschienenen Divisionsgeschichte »Geroj Peremyšlja« (Helden von Peremyšl') den Namen des einst ausgezeichneten, hervorragenden Divisionskommandeurs einfach gegen den eines völlig unbekannten Obersten Dement'ev auswechselt[798]. General Vlasov wird in militärgeschichtlichen Veröffentlichungen weder in Verbindung mit dem unter schwierigen Bedingungen geführten Gegenangriff des 4. mechanisierten Korps bei Berdičev im Juli 1941 genannt, noch mit der standhaften Verteidigung der »Heldenstadt« (gorod-geroj) Kiev durch die von ihm befehligte 37. Armee im September 1941, noch mit dem Raumgewinn der 20. Armee während der Gegenoffensive bei Moskau im Januar 1942 [799]. Die Irreführung geht so weit, daß in dem 1967 veröffentlichten »Verzeichnis des Führerbestandes der Fronten, Armeen und Korps, die an der Schlacht bei Moskau teilgenommen haben«, der Vertreter Vlasovs, Generalmajor Lizjukov, als Oberbefehlshaber der 20. Armee vorgestellt wird ebenso wie anstelle des gleichfalls zur »Unperson« gewordenen Generalmajors Malyškin ein Oberst Maslov als Chef des Stabes der 19. Armee[800]. Anscheinend ist dem Bearbeiter aber verborgen geblieben, daß auch das Mitglied des Kriegsrates der 32. Armee, Armeekommissar Žilenkov, und der Chef des Stabes dieser Armee, Oberst Bušmanov, sich der Vlasovbewegung angeschlossen hatten, nimmt er doch keinen Anstand, deren Namen in der Stellenbesetzung offen zu erwähnen.

Die Methode, die großen Verdienste Vlasovs als Heerführer zu verschweigen, sollte sich, was die Schlacht bei Moskau angeht, jedoch nicht bewähren. Denn, wie Generalmajor Grigorenko schreibt, war sein »Ruhm« noch gestiegen, »als er an der Spitze der 20. Armee Solnetschnogorsk zurückeroberte, eine Stadt im Gebiet von Moskau«. Kein Geringerer als der führende Propagandist und Schriftsteller Ėrenburg hatte den Namen des Generals literarisch längst unlöslich mit dem Kampf um die Hauptstadt in Verbindung gebracht. Bereits am 11. März 1942, nach Beendigung der sowjetischen Gegenoffensive, hatte Èrenburg in der »Krasnaja Zvezda« einen Frontbesuch bei dem Oberbefehlshaber der 20. Armee im Abschnitt von Volokolamsk in lebendigen Worten geschildert[801]: »Die Soldaten«, so konnte man in seinem Artikel lesen, »schauen mit Liebe und Vertrauen auf ihren Kommandeur: Der Name Vlasovs ist verbunden mit der Offensive von Krasnaja Poljana nach Ludinaja Gora [...] der General ist 1 Meter 90 groß und spricht die gute Sprache Suvorovs.« Èrenburg widmet der Begegnung und einer langen nächtlichen Unterredung mit Vlasov auch in seinen 1963 veröffentlichten Erinnerungen »Ljudy, Gody, Žizn'« (Menschen, Jahre, das Leben) mehrere Seiten[802], die ungeachtet ihrer Tendenziosität in mancher Hinsicht überaus aufschlußreich sind. Denn er wiederholt hier, wenngleich in anderer Betonung, noch einmal, was er schon 1942 über Vlasov geschrieben hatte, den von ihm empfangenen Eindruck eines »interessanten Menschen, ehrliebend und kühn«. Und so gibt er abermals die Meinung der Soldaten über ihren General wieder: »Schlicht«, »tapfer«, »Ein Staršina wurde verwundet, er hüllte ihn mit seinem Mantel ein«, »Meister des Schimpfens«. Daß ein so hervorragender Kriegsmann sich später gegen die Sowjetmacht erhob, konnte natürlich nur persönliche und nicht etwa politische Beweggründe haben. Vlasov, so erklärt Èrenburg, sei kein Brutus und kein Fürst Kurbskij, sondern einfach nur von Ehrgeiz erfüllt gewesen, Überzeugungen habe er nicht besessen. Hinter dem Gerede von einer »Befreiung Rußlands von den Bolschewiken« habe sich denn auch nur der Wunsch verborgen, »Oberkommandierender oder Kriegsminister« selbst eines von Hitler verstümmelten Rußland zu werden. Immerhin erfährt der sowjetische Leser, Vlasov habe es verstanden, »einige Divisionen« aus Kriegsgefangenen anzuwerben und aufzustellen. Wenn Èrenburg ihm auch jede politische Wirksamkeit absprechen will, dies noch unterstreichend mit der aus der Luft gegriffenen Behauptung, selbst seine früheren Anhänger im Westen hätten ihn längst vergessen, so ist sein Urteil über die militärischen Führereigenschaften des Generals doch bemerkenswert positiv. Èrenburg nimmt damit eine Sonderstellung ein, denn die sowjetische Literatur wendet in der Regel jeden Kunstgriff an, um Vlasov in einem ungünstigen Licht erscheinen zu lassen und seine militärischen Verdienste in Abrede zu stellen.

Dies wird vor allem dadurch versucht, daß man ihm die Hauptverantwortung für das Scheitern der Entsatzoffensive vor Leningrad im ersten Halbjahr 1942 aufbürdet. Hohe Militärs, Marschall der Sowjetunion Mereckov, seinerzeit Oberbefehlshaber der Volchovfront und als solcher direkter Vorgesetzter Vlasovs, und Marschall der Sowjetunion Vasilevskij, seinerzeit Bevollmächtigter der STAVKA im Volchovabschnitt, beide zu ihrer Zeit übrigens in der Stellung von Chefs des Generalstabes der Roten Armee, mel-

deten sich zu Wort, um das vernichtende Verdikt mit der Autorität ihres
Namens zu erhärten. »Wer hat nicht von den Vlasovleuten gehört, diesen
Landesverrätern und verachteten Mietlingen unserer Feinde«, fragt Mereckov[803], ein im ersten Satzteil immerhin bemerkenswertes Eingeständnis.
Was beide Sowjetmarschälle über ihren ehemaligen Generalsgenossen zu sagen wußten, entsprach insgesamt freilich so wenig der Wirklichkeit, daß es
geraten erscheint, ihre Behauptungen durch einen Rückblick auf den
tatsächlichen Gang der Ereignisse zu widerlegen. Vlasov, so lautete schon die
These der »Istorija Velikoj Otečestvennoj vojny« (Geschichte des Großen Vaterländischen Krieges), habe sich als Vaterlandsverräter erwiesen und durch
Feigheit sowie Untätigkeit wesentlich den ungünstigen Ausgang der Operation von Ljuban' und damit den Untergang der von ihm befehligten 2.
Stoßarmee, der Hauptstoßkraft der Volchovfront, verursacht[804]. Dabei ist
selbst den Erinnerungsschriften Mereckovs »Na službe narodu« (Im Dienste
des Volkes)[805] und Vasilevskijs »Delo vsej žizni« (Eine Sache des ganzen Lebens)[806] zu entnehmen, daß die Offensivbewegung der Volchovfront längst
zum Stillstand gekommen war, als Generalleutnant Vlasov im März 1942
zum Oberbefehlshaber der 2. Stoßarmee ernannt wurde. Der wachsende Widerstand der nunmehr ihrerseits zu Gegenangriffen übergehenden Deutschen hatte eine Entsetzung Leningrads zu diesem Zeitpunkt bereits illusorisch gemacht. Armeegeneral Mereckov sah sich denn auch am 24. April 1942
gezwungen, die STAVKA auf den »völlig erschöpften« Zustand der nun selber von einer Einschließung bedrohten und weder zu Angriffs- noch zu Ver-
teidigungskämpfen mehr befähigten 2. Stoßarmee hinzuweisen und die sofortige Rücknahme der Verbände zu verlangen, sollte nicht eine Katastrophe
eintreten. Das Hauptquartier des Obersten Befehlshabers, immer noch
überzeugt, einen großen Sieg vor Leningrad zu erringen, hatte jedoch nicht
nur diesem Antrag nicht stattgegeben, sondern im Gegenteil die rücksichtslose Weiterführung des Offensivstoßes auf Ljuban' befohlen. Erst Wochen
später, am 21. Mai 1942, als es hierzu längst zu spät war, wurde der Befehl
zum Abbruch der Kampfhandlungen und zum Rückzug der Truppen gegeben, am 8. Juni ging es der STAVKA schon nur noch um die Rettung der Verbände aus der inzwischen vollendeten Einschließung, selbst wenn das Material hierbei in Verlust geriet. Die Ursache für die nun unabwendbare
Katastrophe liegt somit klar zutage. Denn wie Generalmajor Antjufeev bezeugt, der Kommandeur der 327. Schützendivision, der sich im übrigen gegen den Vorwurf des Verrats verteidigen mußte, weil er in deutsche Kriegsgefangenschaft geraten war, hatte die Erschöpfung der Soldaten inzwischen
solche Ausmaße angenommen, daß an eine geregelte Kampfführung nicht
mehr zu denken war[807]. Nicht das angebliche Versagen des in einer schon
verfahrenen Situation als Oberbefehlshaber eingesetzten Generalleutnants

Vlasov, dem überdies die Hände gebunden waren, sondern die operativen Fehlentscheidungen der STAVKA, der auch Marschall Vasilevskij angehörte, haben den Untergang der 2. Stoßarmee heraufbeschworen. Es waren denn auch nur kleinere Teile der Armee, die über einen kurzfristig von außen her geschlagenen schmalen Korridor zu entweichen vermochten. Unzählige Sowjetsoldaten bezahlten die Uneinsichtigkeit der STAVKA mit dem Leben, 32 756 von ihnen gerieten bis zum 29. Juni in deutsche Kriegsgefangenschaft. Der Oberbefehlshaber aber teilte das Schicksal seiner Soldaten. Fast zwei Wochen lang vermochte Vlasov sich zu verbergen, ehe sein Versteck verraten wurde und er am 12. Juli 1942 einer deutschen Streife in die Hände fiel, womit sich übrigens der Vorwurf erledigt, er sei freiwillig auf die Seite des Gegners übergetreten[808].

In der Sowjetunion hatte man seit Ende der sechziger Jahre mit zunehmendem Unbehagen die so erfolgreichen Bemühungen der ausländischen Publizistik verfolgt, aus Vlasov einen »nationalen Helden«, eine Art Vorkämpfer »für die Idee für die Befreiung des russischen Volkes« zu machen. Ausdrücklich wurde in diesem Zusammenhang auf die in mehrere Sprachen übersetzten Bücher von Strik-Strikfeldt und Steenberg über Vlasov sowie auf die Veröffentlichungen des »Archives der Russischen Befreiungsarmee« (Archive of the Russian Liberation Army, Archiv Osvoboditel'nogo Dviženija Narodov Rossii) in New York und auf die Sammlungen der Columbia University in Washington hingewiesen[809]. In dieser kritischen Situation, während die Bewältigung des Vlasovproblems in der Sowjetunion nur unbefriedigende Fortschritte machte, erschien zu allem Überfluß der »Archipel GULAG« von Solženicyn, dieses »zynische antisowjetische Erzeugnis«, das sofort das Interesse der Weltöffentlichkeit auf sich zog und auch im sowjetischen Machtbereich nicht unbekannt blieb. Dadurch daß Solženicyn – obwohl zum Zeitpunkt des Entstehens seines Werkes noch ohne zutreffende Kenntnis ihres politischen Programmes und durchaus in skeptischer Haltung – das Thema der Russischen Befreiungsbewegung in künstlerisch-eindringlicher Weise popularisierte, drohte das Vlasovproblem einigermaßen außer Kontrolle zu geraten. Konnte man es beispielsweise hinnehmen, wenn er auf die in der »Weltgeschichte ungewöhnliche Erscheinung« aufmerksam machte, daß »einige Hunderttausend (in Wirklichkeit etwa eine Million) junge Männer im Alter von zwanzig bis dreißig Jahren im Bunde mit dem ärgsten Feind die Waffen gegen ihr Vaterland erhoben«[810]?

In Solženicyn hatte Vlasov unversehens einen wortgewaltigen Anwalt gefunden – nun mußte man sich auch noch mit diesem Fürsprecher auseinandersetzen. So enthielten denn bereits die 1973 erschienenen Erinnerungen des Marschalls Vasilevskij einen scharfen Angriff auf Solženicyn, dem sie, der Darstellung des Unterganges der 2. Stoßarmee wegen, »lügnerische und un-

verantwortliche« Behauptungen, »Lüge und Verleumdung gegen die Sowjetunion« vorwarfen[811]. Dies nahm der Chef des Instituts für Militärgeschichte des Verteidigungsministeriums der UdSSR, das korrespondierende
Mitglied der Akademie der Wissenschaften der UdSSR, Generalleutnant
Žilin, zum Anlaß einer maßlosen Polemik gegen Solženicyn. Žilin, der einst
über die Gegenoffensive Kutuzovs im Jahre 1812, über die Vernichtung der
türkischen Armee im Jahre 1811 und über die Gegenoffensive der russischen
Armee im Jahre 1812 gearbeitet hatte[812], veröffentlichte am 29. Januar 1974
in der »Izvestija« einen ganzseitigen Artikel unter der Überschrift »Kak
A. Solženicyn vospel predatel'stvo Vlasovcev« (Wie A. Solženicyn den Verrat
der Vlasovleute besang), in welchem er den mißliebigen Autor vom Wis-
sensstand der Militärgeschichte aus gleichsam zu vernichten suchte[813]. Es
ging nun nicht mehr allein um Vlasov selbst, der Artikel Žilins sollte vielmehr dazu dienen, die Glaubwürdigkeit des ganzen Buches von Solženicyn
anhand seiner Darstellung über Vlasov und die »Vlasovcy« zu erschüttern.
Doch waren es seltsame Methoden, deren sich der leitende Historiker der Sowjetarmee bediente, um die Öffentlichkeit von der moralischen und fachlichen Minderwertigkeit Vlasovs zu überzeugen und das Bestehen einer
politisch-militärischen Widerstandsorganisation gegen die Sowjetmacht
unter seiner Führung in Abrede zu stellen. Was beispielsweise, so läßt sich
fragen, veranlaßte ihn zu der Behauptung, auch in der ausländischen Literatur stehe ein negatives Urteil über Vlasov »längst und unumstößlich« fest,
wo doch selbst Marschall Vasilevkij nur von der sogenannten »fortschrittlichen« ausländischen Literatur gesprochen hatte? Warum unternimmt er es,
Vlasov die militärischen Fähigkeiten abzusprechen, wo doch allein schon die
Tatsache, daß die STAVKA ihn jeweils an den gefährdeten Frontabschnitten
– in Kiev, bei Moskau und am Volchov – einsetzte, das Gegenteil beweist und
selbst Marschall Mereckov die »professional'nye sposobnosti« (professio-
nellen Fähigkeiten) seines ehemaligen Vertreters in der Stellung eines Oberbefehlshabers der Volchovfront indirekt zugesteht[814]? Und was berechtigt
ihn schließlich, Vlasov als eine »ordinäre Marionette Hitlers und der Hitleristen, ihren treuergebenen Knecht« hinzustellen und zu behaupten, als
Agent der deutschen Aufklärung habe er nicht etwa einen politischen und
militärischen Befreiungskampf geführt, sondern aktive Spionage und
Diversion gegen die Sowjetunion, seine Heimat, getrieben? Die Auslassun-
gen Žilins, der Solženicyn schon seiner Darstellung über Vlasov wegen der
»Verachtung aller ehrlichen Menschen« preisgeben möchte, sind, bringt
man sie auf einen Nenner, nur dazu angetan, den Chef des Instituts für Mi-
litärgeschichte der sowjetischen Streitkräfte selbst in einem ungünstigen
Licht erscheinen zu lassen und seine wissenschaftliche Glaubwürdigkeit in
Frage zu stellen.

Nach dem Mißerfolg der Bemühungen, das Vlasovproblem mit literarischen Mitteln zu bewältigen, kehrte man in der Sowjetunion zum Ausgangspunkt des Jahres 1946 zurück. Abermals erhielt die Justiz das Wort. 27 Jahre nach der Hinrichtung Vlasovs und seiner Mitstreiter fühlte man sich bemüßigt, der Öffentlichkeit erstmals authentische Einzelheiten des 1946 durchgeführten Geheimprozesses zu unterbreiten, um das »wahre Gesicht des Verräters« auf diese Weise zu enthüllen. Einiges Material über das Verfahren gegen General Vlasov und seine Mitangeklagten war bereits in dem von Generalleutnant der Justiz Čistjakov 1968 herausgegebenen Band »Na straže socialisti českoj zakonnosti« (Auf Wacht für die sozialistische Gesetzlichkeit) unterbreitet worden, einer Jubiläumsschrift anläßlich des fünfzigjährigen Bestehens der sowjetischen Militärtribunale, die jedoch bemerkenswerterweise weder an Ausländer ausgeliehen noch verfilmt werden darf [815]. Den eigentlichen Bericht über den Prozeß vor dem Militärkollegium des Obersten Gerichtes der UdSSR am 30. Juli 1946 schrieb dann der Jurist Tiškov im Februarheft 1973 der vom Institut für Staat und Recht der Akademie der Wissenschaften herausgegebenen Zeitschrift »Sovetskoe Gosudarstvo i Pravo«, dem führenden Organ der Disziplin unter der Überschrift »Predatel' pered sovetskim sudom« (Verräter vor sowjetischem Gericht). Zum Zwecke der moralisch-politischen Erziehung der Soldaten wurde den »Kommandeuren und Politarbeitern, Propagandisten und Agitatoren« der sowjetischen Streitkräfte im selben Jahr zudem ein mehr populäres Buch, »Neotvratimoe vozmezdie« (Unabwendbare Vergeltung), in die Hand gegeben. In demselben verbreitete sich Oberst der Justiz Samojlov unter der Überschrift »Ot beloj gvardii k fašizmu« (Von der Weißen Garde zum Faschismus) über den Prozeß gegen General Krasnov und die Kosakengenerale. Generalmajor der Justiz Titov, der ehemalige Chef der Rechtsabteilung der Sowjetischen Militäradministration beziehungsweise der Sowjetischen Kontrollkommission in Deutschland, gab unter dem Motto »Kljatvoprestupniki« (Eidverbrecher) zugleich einen allgemeinen Überblick über den Prozeß gegen General Vlasov und die anderen ROA-Führer, der in dem folgenden Kapitel einer kritischen Betrachtung unterzogen wird.

Die neuerliche Hervorkehrung des vom sowjetischen Standpunkt aus kriminellen Charakters der Befreiungsbewegung war nicht zuletzt auch als Antwort auf die historische Würdigung gedacht, die Vlasov und die Russische Befreiungsbewegung im westlichen Ausland inzwischen erfahren hatten. Daß die den Nachstellungen der Organe des »SMERŠ« 1945/1946 entgangenen »früheren Vlasov-Anführer« ihre Kenntnisse und Ideen in zahlreichen Veröffentlichungen im westlichen Ausland, etwa im »Novoe Russkoe Slovo« (Das Neue Russische Wort), der führenden russischen Zeitung in den USA, systematisch verbreiten konnten, wurde in der Sowjetunion als eine politische Herausforderung empfunden, der man nun auch jenseits der sowjetischen Grenzen massiv entgegentrat. Bereits Ende der sechziger Jahre war eine Propagandakampagne in Gang gesetzt worden, die das Ziel verfolgte, die überlebenden Anhänger der Russischen Befreiungsbewegung, die sich in Organisationen wie SBONR (Sojuz Bor'by za Osvoboždenie Narodov Rossii, Kampfbund zur Befreiung der Völker Rußlands), »Komitet Ob'edinennych Vlasovcev« (Komitee der Vereinigten Vlasovleute), im NTS und dergleichen mehr zusammengeschlossen hatten, endgültig mundtot zu machen. Die Methode, derer man sich hierzu bediente, war ebenso einfach wie probat. In Anpassung an eine im westlichen Ausland spürbare Geisteshaltung ging man dazu über, die ehemaligen Vlasovleute mit der einprägsamen Bezeichnung sogenannter »Kriegsverbrecher« zu belegen und ihnen von daher jede politische Überzeugung und das Recht eines angeblich ideellen »Kampfes gegen die Bolschewiken« abzusprechen. Diese neue Linie der Kriminalisierung fügte sich ein in die geschichtliche Rolle, die die Sowjetunion für sich jetzt ungeniert in Anspruch nahm. Denn man war hier inzwischen auf den Gedanken gekommen, die Eroberungen und Annexionen seit 1939, die Ausdehnung des sowjetischen Machtbereiches auf die Länder Ost- und Mitteleuropas nach dem Zweiten Weltkrieg, unter dem Schlagwort der »Befreiungsmission« (osvoboditel'naja missija) zusammenzufassen und von dem »Befreiungskrieg« (osvoboditel'naja vojna), dem »Befreiungsfeldzug« (osvoboditel'nyj pochod) der Sowjetunion zu sprechen. Daß sich hieran bald gewagte Kombinationen knüpften, zeigt der prominente sowjetische Rechtsgelehrte Minasjan[816]. Die Sowjetunion, so behauptete derselbe in einer rational schon nicht mehr begreifbaren Weise, habe im Namen der ganzen Menschheit eine »große historische Mission« erfüllt, indem sie nämlich nicht nur die Völker Europas, sondern die der ganzen Welt, die gesamte Menschheit, ihre Kultur und Zivilisation, vor dem sicheren Untergang durch Faschismus und Imperialismus errettete. Da die Sowjetunion in diesem »Befreiungskrieg« die größten Opfer gebracht habe, so folgerte man, falle ihr auch das Hauptverdienst an der Errettung der Menschheit zu. Es wurde daraus ein ganz bestimmtes Recht abgeleitet, das Recht nämlich, eine unnachsichtige Bestrafung der entkommenen »nazistischen Kriegsverbrecher« und – im selben Atemzuge – ihrer Helfershelfer aus den Reihen der »Landesverräter« zu fordern[817], weil, wie man einfach angab, deren Straflosigkeit eine »Bedrohung des Friedens und der Sicherheit der Völker« darstelle[818]. Wer wollte unter diesen Umständen noch ein Wort zugunsten der Vlasovleute einlegen? Nikolaev stellte derartige Versuche im »Golos Rodiny« in einem Artikel »Čto kroetsja za ›formuloj samoopravdanie‹?« (Was verbirgt sich hinter der Formel der Selbstrechtfertigung?) geradezu als eine Ungehörigkeit hin[819].

Die Sowjetunion begann, sich den Westmächten gegenüber jetzt auf die UNO-Resolutionen vom 13. Februar 1946 und 31. Oktober 1947 zu berufen, um die völlige Identität von Kriegsverbrechern und Vlasovleuten darzutun, das heißt von »Personen, die Verrat geübt oder aktiv mit dem Feinde in der Kriegszeit zusammengearbeitet« haben[820]. Wenn sie von den Mächten jetzt eine Bestrafung oder Auslieferung dieser sogenannten Kriegs- und Humanitätsverbrecher forderte, unter welchen Begriff die Vlasovleute fielen, so wollte sie auch selbst mit gutem Beispiel vorangehen. Dies allerdings setzte eine Angleichung des in der Sowjetunion herrschenden Rechtszustandes an die neuen politischen Gegebenheiten voraus. Denn erst ein Jahrzehnt zuvor, am 17. September 1955, waren Sowjetbürger, die während des Krieges »mit den Okkupanten zusammengearbeitet haben«, amnestiert worden. Diese »Amnestie« wurde nun rückgängig gemacht, indem ein neuerlicher Erlaß des Präsidiums des Obersten Sowjet vom 3. September 1965 alle Sowjetbürger, die während des Krieges »die Interessen des Vaterlandes verrieten«, einer unbegrenzten Strafverfolgung aussetzte[821]. Um keinen Zweifel daran zu lassen, daß die Vlasovleute, die es mundtot zu machen galt, in die Kategorie der Kriegs- und Humanitätsverbrecher fielen, begann die Sowjetpropaganda, sie jetzt gezielt schwerster Verbrechen zu bezichtigen. Wie dies gedacht war, zeigte schon im Jahre 1966 ein rüder Angriff, den Korniec gegen den ehemaligen operativen Adjutanten Vlasovs und Chef der Kommandoabteilung des Armeestabes der ROA richtete[822], den als »Hüter der Vlasovarchive« (chranitel' vlasovskich archivov) apostrophierten[823] und seiner publizistischen Wirksamkeit im »Novoe Russkoe Slovo« wegen besonders verhaßten Oberst Pozdnjakov. Vernichtend sollten auch angebliche Enthüllungen wirken, die Karcov am 29. September 1968 in der »Izvestija« unter der Überschrift »Porträt eines Verräters ohne Retusche« über Dr. Chait (Hayit) veröffentlichte[824], einen ehemaligen Offizier der Turkestanischen Legion und Angehörigen des Nationalturkestanischen Einheitskomitees, der nach dem Kriege mehrere grundlegende Werke zur Geschichte Turkestans verfaßt hatte.

In den Erinnerungen des Armeegenerals Štemenko »General'nyj štab« (Generalstab) erscheinen die politisch-militärischen Widerstandshandlungen der Vlasovleute bereits rundheraus als ein an der ganzen »Menschheit begangenes Verbrechen«[825]. Und im Einklang hiermit hatte der »Verlag für kulturelle Beziehungen mit den Landsleuten im Ausland« unter dem Titel »Oni sredi vas« (Sie sind unter Euch) einen Sammelband herausgebracht, der den Zweck verfolgte, die angeblich verbrecherische Tätigkeit der »ehemaligen deutschfaschistischen Helfershelfer aufzudecken«, die sich »im Westen vor der verdienten Abrechnung verstecken«. Zu den »moralisch Degradierten, prinzipienlosen Minderwertigen«, die mit enthüllenden Beiträgen bedacht werden, gehören unter anderen der ehemalige Chef der persönlichen Kanzlei Vlasovs, Oberst Kromiadi, jetzt Personalchef des amerikanischen Rundfunksenders »Liberty« (Krokodilstränen Kromiadis)[826], der ehemalige Adjutant Vlasovs und Regimentskommandeur in der 1. Division, Oberst Sacharov (Das Geschäft Sacharovs: Verbrechen)[827], der ehemaligen Gruppenleiter in der Kommandoabeilung des Armeestabes, Major Demskij (Daškevič), der sich als Mitglied des Gründungskomitees zur Errichtung eines Vlasovdenkmals den besonderen Unwillen zugezogen hatte (Der Diener des Oberverräters)[828] und schließlich wiederum Oberst Pozdnjakov (Fünf Minuten fehlten zum Hitlergeneral)[829]. In die Schar dieser »Verbrecher« wurde in einem zusammenfassenden Artikel von Nikolaev im »Golos Rodiny« 1970 auch der ehemalige Hauptmann der ROA Graf Lamsdorf eingereiht (Verräter und ihre Beschützer)[830]. Und welche Untaten wurden den somit Angegriffenen zur Last gelegt? Chait, der angeblich in der Bundesrepublik Deutschland nach dem Kriege »für seine früheren Verdienste den Titel Doktor der Wissenschaften auf dem Gebiete der Geschichte des Orients« erwarb, sei, so wurde behauptet, der Mörder Tausender von Muselmanen gewesen. Kromiadi sei als »Kommandant eines hitlerischen Todeslagers« im Blut seiner Opfer buchstäblich gewatet und habe persönlichen Anteil an der physischen Vernichtung Tausender. Sacharov habe an »Bestialitäten und Gemetzel« sogar noch seinen Vater, den »weißgardistischen« Generalleutnant Sacharov, übertroffen. Demskij habe als Gestapoagent und Kommandeur eines »karatel'nyj batal'on« (Terrorbataillons, gemeint ist das reguläre russische Ostbataillon 605) ebenfalls das Blut in Strömen vergossen. Und Pozdnjakov schließlich, ein »Gestapooberst« und »Organisator von Massenmorden«, sei für seine Verdienste um die »Endlösung des Rassenproblems im Dritten Reich«[831] beinahe hitlerischer General geworden. Man glaubte, dick auftragen zu müssen, um in den demokratischen Rechtsstaaten irgendwie Gehör zu finden.

Die von der Sowjetpropaganda den Vlasovleuten gegenüber jetzt angewandte Methode war im Grunde genommen dieselbe, mit der sie einst versucht hatte, integre, aber durch ihre amtliche Stellung im Dienst der Bundesrepublik Deutschland mißliebige Persönlichkeiten aus dem Bereich der früheren Freiwilligenverbände zu Fall zu bringen. Zu ihnen gehörte der Bundesminister Professor Dr. Dr. Oberländer, im Kriege Hauptmann und Kommandeur des der Abwehr und Admiral Canaris unterstehenden kaukasischen Sonderverbandes Bergmann, der als encouragierter Kritiker der nationalsozialistischen Ostpolitik aus der Wehrmacht entlassen worden war, sowie der Botschafter, Staatssekretär und Chef des Bundespräsidialamtes, Herwarth v. Bittenfeld, vor dem Kriege Legationsrat an der Botschaft in Moskau und dann als Rittmeister und Adjutant der ständige Begleiter des Generals der Freiwilligenverbände im OKH, General der Kavallerie Köstring. Die völlige Unschuld Oberländers ist gerichtlich festgestellt worden[832], und was den »Notarius der Vlasov-Armee« genannten, einst dem engsten Widerstandskreis um Oberst i. G. Graf Stauffenberg angehörenden Herwarth v. Bittenfeld angeht, so hätte er schon deshalb überhaupt keine Gelegenheit gehabt, »blutige Verbrechen in den besetzten Gebieten« zu begehen, weil er ausschließlich der Adjutant eines im übrigen international angesehenen alten Generals in nur beratender Funktion gewesen war[833]. Es lohnt sich denn auch nicht, die Haltlosigkeit der gegen die Vlasovleute geschleuderten Beschuldigungen an den tatsächlich von ihnen innegehabten Dienststellungen aufzeigen oder aus sonstigen Unterlagen nachweisen zu wollen. Chait hat für seine Person der »Izvestija« jedenfalls unter der Überschrift »Die Kunst der Verleumdung aus Moskau« eine Antwort in bissiger Ironie erteilt[834]. Nur ein Moment bedarf entschiedener Hervorhebung. 1930 hatte Churchill geschrieben, daß die bolschewistischen »Diktatoren« allein bis 1924 »folgende Personen ermordet haben: 28 Bischöfe, 1219 Geistliche, 6000 Professoren und Lehrer, 9000 Doktoren, 12 950 Grundbesitzer, 54 000 Offiziere, 70 000 Polizisten, 193 290 Arbeiter, 260 000 Soldaten, 355 250 Intellektuelle und Gewerbetreibende, 815 000 Bauern. Diese Zahlen«, wie Churchill hinzufügt, »werden von Mr. Hearnshaw, Kings College, London, in seiner glänzenden Einleitung zu ›A survey of Socialism‹ bestätigt. Sie enthalten natürlich nicht die ungeheure Einbuße der russischen Bevölkerung an Menschenleben, die infolge von Hungersnot zugrunde gingen.« »Kein asiatischer Eroberer, kein Tamerlan und Dschingis Khan«, so Churchill, könne es »in bezug auf Lebensvernichtung von Männern und Frauen« mit dem von ihm auch mit einem »Pestbazillus« verglichenen Lenin aufnehmen[835]. Und was Stalin angeht, so sind den vorsichtigsten Berechnungen zufolge in seiner Ära zwischen 1930 und 1950 mindestens 20 Millionen Menschen aus politisch-ideologischen Gründen umgebracht worden[836]. Und ausgerechnet gerade die Fürsprecher dieses Regimes operierten nun mit dem Argument angeblicher Greueltaten denjenigen gegenüber, die sich gegen dieses Regime erhoben hatten. Indessen, so grobschlächtig die gegen die Vlasovleute geschleuderten Beschuldigungen auch sein mochten, angesichts der Mentalität und Unkenntnis in den demokratischen Ländern war das sowjetische Vokabular gut gewählt. Und wenn es auch einige Zeit dauerte, so sollte die Kampagne doch nicht ohne Wirkung bleiben.

Im Jahre 1979 begann die Administration des Präsidenten der Vereinigten Staaten von Amerika, Carter, auf sowjetische Insinuation hin juristische Maßnahmen gegen amerikanische Bürger zu ergreifen, die aus dem Gebiet der Sowjetunion stammten und in der Nachkriegszeit in die USA eingewandert waren[837]. Die sowjetische Regierung hatte Belastungsmaterial des KGB bereitwillig zur Verfügung gestellt. Auf dieser Grundlage leitete das Department of Justice bis 1980 in mindestens 260 Fällen Voruntersuchungen wegen möglicher Beteiligung an Kriegsverbrechen (»possible participation in war crimes«)[838] ein. Beabsichtigten nun auch die USA über 35 Jahre nach Beendigung des Krieges, Prozesse gegen »nazistische Kriegsverbrecher« zu inszenieren? Ganz allgemein gilt es festzuhalten, daß die neue Politik der US-Regierung durchaus nicht überall auf Verständnis stieß. Es soll innerhalb des Department of Justice sogar »eine Art ›Revolution‹«, das heißt deutliche Regungen des Unmutes gegeben haben[839]. Gar zu grotesk ist ja auch die Vorstellung, daß die Behörden der Vereinigten Staaten jetzt mit dem KGB zusammenarbeiteten, um Fälle aufzuklären, bei denen es sich um die »persecution of any person because of race, religion, national origin, or political opinion« handelte. Anders als in der UdSSR – und übrigens auch in Westdeutschland – geht es in den USA aber nicht um die Verhängung von Kriminalstrafen. »These proceedings are civil, not criminal in nature«, schrieb Director Ryan vom Office of Special Investigations[840]. In den Prozessen vor dem Obersten Gerichtshof wird allein über die Frage entschieden, ob den Beschuldigten die US-Staatsbürgerschaft wegen möglicher Täuschung der Einwanderungsbehörden abgesprochen werden soll. Das Department of Justice bemüht sich im übrigen intensiv um eine Aufhellung der historischen Hintergründe[841].

So ersuchte die Botschaft der Vereinigten Staaten von Amerika das Auswärtige Amt in Bonn durch Verbalnote Nr. 126 am 28. März 1980 um die Anfertigung und Überlassung von Kopien einer großen Anzahl von Akten, Dokumenten und Manuskripten, die der Verfasser in dem Quellen- und Unterlagenverzeichnis seines Bandes »Die Ostlegionen« aufgeführt hat. Eine weitere Verbalnote Nr. 31 der Botschaft der USA vom 17. März 1983 bat nun auch um die Überlassung von Kopien bestimmter Unterlagen aus dem Verzeichnis seines Buches »Deutsche und Kalmyken«. Diese offiziellen Schritte der US-Regierung[842] sind zunächst einmal als Hinweis darauf zu werten, daß das OSI (Office of Special Investigations) mit einiger Sorgfalt zu Werke geht. Freilich läßt insbesondere die Verbalnote Nr. 31 zugleich gewisse Zweifel daran entstehen, ob der KGB nicht beinahe zwangsläufig Einfluß auf Denken und Handeln dieser Sonderbehörde des Department of Justice gewinnen muß. Der angeführten Verbalnote ist nämlich zu entnehmen, daß die amerikanische Justiz nunmehr dazu übergegangen ist, Ermittlungsverfahren auch gegen Angehörige der Freiwilligenverbände und der ROA wegen angeblich begangener Kriegsverbrechen einzuleiten. Welche Methoden hierbei angewandt werden, zeigt der Fall des ehemaligen Hauptmannes der deutschen Wehrmacht und Abteilungskommandeurs im Kalmykischen Kavalleriekorps, Boldyrev, einer der wenigen den Nachstellungen und Auslieferungen entgangenen kalmykischen Offiziere, gegen den die Sowjetpropaganda schon im Jahre 1963, nachdem von »Kalmyken« in der Sowjetunion wieder gesprochen werden durfte, finstere Drohungen ausgestoßen hatte. Boldyrev wird in der Verbalnote Nr. 31 verdächtigt, »zu Anfang des Jahres 1943 an Ausschreitungen in der Stadt Elista« beteiligt gewesen zu sein. Eine solche Beschuldigung in einem »formellen Rechtshilfeersuchen« mag als Beispiel dafür dienen, in welchem Maße amerikanische Behörden für durchsichtige politische Zwecke mißbraucht werden können. Denn die Stadt Elista, wo Boldyrev, ein kalmykischer Offizier der deutschen Wehrmacht, »zu Anfang des Jahres 1943« an Ausschreitungen beteiligt gewesen sein soll, ist bereits in den Nachmittagsstunden des 31. Dezember 1942 von den deutschen Truppen geräumt und von sowjetischen Truppen eingenommen worden. Die deutschen Nachhuten standen am frühen Morgen des 1. Januar 1943 50 Kilometer südwestlich der Stadt. Ausschreitungen haben in Elista »zu Anfang des Jahres 1943« in der Tat stattgefunden. Doch handelte es sich hierbei um ein »Blutbad« der Sowjets »unter den Kalmyken nach der Wiedereroberung«, von dem auch General der Panzertruppe a. D. Graf v. Schwerin, der frühere Sicherheitsbeauftragte des Bundeskanzlers Dr. Adenauer, dem Verfasser am 14. September 1971 zu berichten wußte.

Es bleibt nur zu hoffen, daß die amerikanischen Untersuchungsbehörden zum einen in der Lage sein werden, sowjetische Verbrechen von deutschen Verbrechen und zum anderen die politisch-militärischen Widerstandshandlungen der Teilnehmer der Russischen Befreiungsbewegung von möglichen Untaten zu unterscheiden, in die eine kleine Minderheit unter den Emigranten durch die deutschen Sicherheitsorgane, in deren Dienst sie während des Krieges standen, verstrickt worden ist. Die Behörden der USA fänden sich andernfalls in Fortsetzung gleichsam der völkerrechtswidrigen Auslieferungspolitik in der Rolle bloßer Vollstreckungsgehilfen der Sowjetunion bei der Bekämpfung und Ausschaltung der politischen Gegner des Regimes wieder. Die sowjetische Führung, die sich, wie deutlich geworden, vergeblich darum bemüht hatte, das Vlasovproblem mit geistigen Mitteln zu bewältigen, würde – auf dem Umweg über die Justiz – damit einen nicht zu unterschätzenden Propagandaerfolg errungen haben. Denn sie würde demonstrieren können, daß der rächende Arm der Sowjetmacht weit genug reicht, um die alten, nunmehr fast greisen Widersacher nach vier Jahrzehnten noch selbst im fernen, freien Amerika zu belangen und unschädlich zu machen.

Wenn man sich abschließend noch einmal die einzelnen Stadien der Auseinandersetzung mit Vlasov in der Sowjetunion vergegenwärtigt, so springt dies eine besonders in die Augen: daß diese Auseinandersetzung durchweg mit unwahrhaftigen Argumenten geführt wurde, mit Argumenten, die im

Widerspruch zu den beweisbaren historischen Tatsachen stehen. Wie aber, diese Frage drängt sich auf, muß es um eine Sache bestellt sein, wenn man gezwungen ist, zu derartigen Methoden Zuflucht zu nehmen?

Anmerkungen

772 Leitstelle I Ost für Frontaufklärung, Nr. 30396/44off, an OKH/GenStdH/AbtFrH Ost, 16. 1. 1945, BA-MA RH 2/v. 2623; siehe aber weiter unten Besprechung Gen.Maj. Dethleffsen bei Gen.Maj. Truskow (Russ. Überwachungskommission), Stellv. Chef WFSt, 20. 5. 1945, BA-MA OKW/15.

773 Soobščenie Voennoj Kollegii Verchovnogo Suda SSSR, in: Izvestija, Nr. 181 (9097), 2. 8. 1946; Zeitungsausschnitt Pozdnjakov, BA-MA MSg 149/48.

774 Pravda, 17. 1. 1947.

775 Artikel über Krasnov, in: Sovetskaja Voennaja Ènciklopedija, Bd 4, S. 424 f., und über Škuro, ebd., Bd 8, S. 521 f.

776 Koršunov/Chabarov, Organizacija, S. 22; Kazancev, General Žilenkov, BA-MA MSg 149/52; General Žilenkov G.N., ebd.

777 Siehe Anm. 5.

778 Pozdnjakov, General-major Fedor Ivanovič Truchin, S. 255. Darüber, daß man auch in westlichen Ländern, insbesondere in Frankreich, das Vlasovproblem möglichst zu verschweigen suchte siehe Souvarine, Stalin, S. 621, 624.

779 Grigorenko, Erinnerungen, S. 170 ff.

780 Ukaz Prezidiuma Verchovnogo Soveta SSSR ob amnistii sovetskich graždan, sotrudničavšich s okkupantami v period Velikoj Otečestvennoj vojny 1941–1945g.g., Predsedatel' K. Vorošilov, Sekretar' N. Pegov, Moskva, Kreml', 17. 9. 1955, BA-MA MSg 149/12.

781 Beispiele hierfür: Za Vozvraščenie na Rodinu, Nr. 12, Oktober 1955, Nr. 44, September 1956, Nr. 65, November 1956, BA-MA MSg 149/12; Schreiben des Predsedatel' Komiteta N. Michajlov, No. 70/56/3/, 17. 1. 1956, ebd.; Radiostancija Za Vozvraščenie na Rodinu, 5. 1. 1957, 14 Uhr, ebd.; Obraščenie Komiteta Za Vozvraščenie na Rodinu, ebd.

782 Amnistija.

783 Gimn nenavisti, in: Naše Obščee Delo, Nr. 23, BA-MA MSg 149/12; Šum vokrug rasskaza Sergeja Voronina o Vlasovce, in: Novoe Russkoe Slovo, 13. 11. 1959; Pozdnjakov, Počemu? Vlasovcy v Sovetskom Sojuze, ebd., 16. 2. 1967.

784 Smirnov, Imenem soldat, in: Literaturnaja Gazeta, Nr. 132, 27. 10. 1959. Über die Rolle des Literaturfunktionärs S. S. Smirnov in der Verleumdungskampagne gegen den Nobelpreisträger Boris Pasternak im Jahre 1958 siehe Heller/Nekrich, Geschichte der Sowjetunion, Bd 2, S. 270.

785 Delo Brunsta, in: Posev, Nr. 50 (813), 10. 12. 1961.

786 Vasilakij, Put' k pravde, in: Izvestija, Nr. 209, 2. 9. 1962; S. N., Ljubopytnaja pereklička, in: Novoe Russkoe Slovo, 19. 10. 1962.

787 Vasil'ev, V čas dnja, vaše Prevoschoditel'stvo, in: Moskva, September 1967; Pozdnjakov, Novoe zadanie […] (O Vlasovcach v sovetskoj literature), in: Novoe Russkoe Slovo, 30. 11. 1967; ders., Čekistskaja »dostovernost'«, ebd., 14. 2. 1970.

788 Martynov, Pravda o Vlasovcach, in: Golos Rodiny, Nr. 89 (938), November 1965.

789 Krivickij, Otgoloski prošlogo, in: Literaturnaja Gazeta, 1970, Nr. 1.

790 Teremov, Pylajuščie berega, S. 273 ff.

791 Solschenizyn, Der Archipel GULAG, S. 252.

792 Žilin, Problemy voennoj istorii, S. 291, 289, 325.

793 Kaljagin, Po neznakomym dorogam, S. 270 f.

794 Ogin, Komandir Peredovoj Divizii, in: Pravda, 1940, Nr. 237; dass., in: Russkoe Osvoboditel'noe Dviženie. Komitet Osvoboždenija Narodov Rossii, S. 3–9.

795 Novye metody boevoj učeby, in: Krasnaja Zvezda, 3. 10. 1940; General Vlasov – po novym sovetskim materialam, in: Novoe Russkoe Slovo, 6. 7. 1970.
796 Grigorenko, Erinnerungen, S. 172.
797 Nagraždenie načal'stvujuščego i rjadovogo sostava Krasnoj Armii, in: Izvestija, 23. 2. 1941. Zur Biographie Vlasovs siehe: Andrej Andreevič Vlasov (Kratkaja biografija), 1944, BA-MA MSg 149/1; A. R., Kto takoj general Vlasov?, 19. 5. 1948, ebd.; Pamjati Voždej Osvoboditel'nogo Dviženija. 2 Avgusta 1946g.- 2 Avgusta 1949g. Sbornik Statej, ebd.; Šatov, Materialy i dokumenty.
798 Strižkov, Geroj Peremyšlja, S. 18 f.
799 Istorija, Bd 2, S. 42; Bagramjan, Geroičeskaja oborona, S. 64 ff.
800 Moskovskaja bitva v cifrach, S. 99 f.
801 Ėrenburg, Pered vesnoj, in: Krasnaja Zvezda, 11. 3. 1942; Ehrenburg, Waiting for Spring, S. 262 ff.; ders., March Winds, S. 264 ff.
802 Ėrenburg, Ljudi, Gody, Žizn', S. 89 ff.; Samarin, Ėrenburg o Vlasove, in: Novoe Russkoe Slovo, 3. 5. 1963.
803 Mereckov, Na službe narodu, S. 275.
804 Istorija, Bd 2, S. 470. Gegen die Behauptung der sowjetischen Historiographie, der Untergang der 2. Stoßarmee sei durch den angeblichen Verrat oder durch angebliche Führungsmängel Vlasovs herbeigeführt worden, wandte sich schon mit Entschiedenheit Salisbury, 900 Tage, S. 516 ff., 522 f., der diese Frage »in das düstere Licht einer fragwürdigen sowjetischen Innenpolitik« rückte. Siehe auch die unsachliche Kritik an Salisbury bei Ščelokov/Komarov, Oborona Leningrada.
805 Mereckov, Na volchovskich rubežach, S. 55 ff.; ders., in: Oborona Leningrada, S. 188 ff.; ders., Na službe narodu, S. 282 ff.
806 Vasilevskij, Delo vsej žizni, S. 184 ff.
807 General-major Ivan Michajlovič Antjufeev, Vragi prosčitalis', BA MA MSg 149/12.
808 KTB/OKW, Bd II/1, S. 77, 29. 6. 1942, S. 460.
809 Tiškov, Predatel', S. 89.
810 Solschenizyn, Der Archipel GULAG, S. 259 f.
811 Vasilevskij, Delo vsej žizni, S. 186.
812 Žilin, Kontrnastuplenie Kutuzova; ders., Razgrom tureckoj armii; ders., Kontrnastuplenie russkoj armii; ders., Gibel' napoleonskoj armii.
813 Žilin, Kak A. Solženicyn vospel predatel'stvo Vlasovcev.
814 Mereckov, Na službe narodu, S. 297.
815 Čistjakov, Na straže socialističeskoj zakonnosti; Cvetkov, Poleveka; Mitteilung Gosudarstvennaja Biblioteka SSSR Imeni V. I. Lenina (N. G. Samochina), No. M 108, 10. 12. 1980, Archiv des Vf.
816 Minasjan, Meždunarodnye prestuplenija, S. 371.
817 Michajlov, Vozmezdie, S. 349.
818 Minasjan, Meždunarodnye prestuplenija, S. 376.
819 Nikolaev, Čto kroetsja za »formuloj samoopravdanija«, in: Golos Rodiny, Nr. 8, Januar 1970.
820 Minasjan, Meždunarodnye prestuplenija, S. 382.
821 Ebd., S. 379.
822 Korniec, Ego professija – provokator, in: Golos Rodiny, Dezember 1966.
823 Die wertvolle Materialsammlung des Obersten Pozdnjakov über die Russische Befreiungsbewegung ist durch Vermittlung des Verfassers an das Bundesarchiv-Militärarchiv in Freiburg gelangt.
824 Karcov, Portret predatelja bez retuši.
825 Schtemenko, Im Generalstab, Bd 2, S. 499.
826 Zorin, Krokodilovy slezy Kromiadi.
827 Kov., Biznes Sacharova.
828 S., Prislužnik ober-predatelja.
829 Korniec, Bez pjati minut gitlerovskij general.
830 Nikolaev, Predateli i ich radeteli, in: Golos Rodiny, Juni 1970.

831 In Wirklichkeit war Oberst Pozdnjakov auch während seiner Tätigkeit in Riga ein Anwalt für die Lebensrechte seiner Landsleute, siehe Poručik Baltinš – Polkovniku Pozdnjakovu, predstavitelju Russkoj Osvoboditel'noj Armii v gorode Rige, 26. 5. 1944, BA-MA MSg 149/26.

832 Der Leitende Oberstaatsanwalt bei dem Landgericht Bonn, Einstellungsbeschluß vom 30. 3. 1961, Archiv des Vf.; Raschhofer, Der Fall Oberländer; Korrespondenzen des Verfassers mit Professor Oberländer von 1968 bis 1979; Aussprachen am 13./14. 9. 1969, 8./9. 7. 1970, 18. 12. 1970, 24. 1. 1971, 23. 10. 1976.

833 Der Diplomat Hans v. Herwarth; Herwarth, Zwischen Hitler und Stalin (insbesondere: Die Entstehung und der Aufbau der Freiwilligenverbände – Schulenburg, Stauffenberg und Köstring, S. 241–261, Im Kaukasus, S. 262–277, Im militärischen Widerstand, S. 286–304, Freiwillige, Generäle und Verschwörer, S. 305–331, Wlassow und das Ende der Freiwilligen, S. 332–344); Korrespondenzen des Verfassers mit Hans v. Herwarth von 1970 bis 1982; Aussprachen am 11./12./13. 5. 1977, 10./11. 6. 1980.

834 Die Kunst der Verleumdungen aus Moskau. Antwort an die »Iswestia« von Dr. Baymirza Hayit, Archiv des Vf. In diesen Zusammenhang gehört auch der Fall des ehemaligen Abteilungskommandeurs im Kalmykischen Kavalleriekorps Luk'janov, der nach dem Zweiten Weltkrieg die belgische Staatsbürgerschaft erworben hatte, im Jahre 1968 mit legalem Touristenvisum in die UdSSR eingereist und dort festgenommen worden war. Luk'janov wurde 15 Jahre lang in sowjetischen psychiatrischen Kliniken festgehalten, alsdann für zurechnungsfähig erklärt und in einem groß aufgezogenen Prozeß vor dem Militärtribunal des Nordkaukasischen Militärbezirkes im Sommer 1983 zum Tode durch Erschießen verurteilt. In einer Erklärung der amtlichen Nachrichtenagentur TASS vom 16. August 1983 wurden angebliche Kriegsverbrechen als Grund für die Verurteilung angegeben. Das Todesurteil erging in Wahrheit jedoch aufgrund des Artikels 64, Punkt a, des Ugolovnyj Kodeks der RSFSR von 1978 ausschließlich wegen politischer Vergehen (Izmena Rodine). Diese Verurteilung steht in einem eklatanten Widerspruch zu dem von dem Staatsoberhaupt Vorošilov am 17. September 1955 herausgegebenen Erlaß des Präsidiums des Obersten Sowjet der UdSSR über eine »Amnestie von Sowjetbürgern, die während des Großen Vaterländischen Krieges 1941–1945 mit den Okkupanten zusammengearbeitet haben«. Sie hat in der belgischen und westlichen Presse große Beachtung gefunden. Das Europäische Parlament in Straßburg protestierte in einer Entschließung gegen das in Elista ergangene Todesurteil und forderte – ebenso wie 260 Abgeordnete der belgischen Kammer – die sofortige Freilassung Luk'janovs. Über das politische Verfahren in Elista hat der Verfasser in belgischem Auftrag ein Gutachten erstattet (siehe unten). – Luk'janov wurde Mitte Mai 1984 erschossen.

835 Churchill, Nach dem Kriege, S. 157, 261, 265.

836 Conquest, The Great Terror, S. 525 ff.; Hoffmann, Die Sowjetunion bis zum Vorabend des deutschen Angriffs, S. 51 ff.

837 Transfer of Functions of the Special Litigation Unit within the Immigration and Naturalization Service of the Department of Justice to the Criminal Division of the Department of Justice, Attorney General Benjamin R. Civiletti, Order No. 851-79, 4. 9. 1979, Archiv des Vf.

838 Digest of Cases in Litigation, Office of Special Investigations U.S. Department of Justice, 24. 12. 1981, Archiv des Vf.

839 Buss an Verfasser, 7. 12. 1980. Die Dissertation von Buss, The Non-Germans in the German Armed Forces, ist dem Verfasser durch das Office of Special Investigations zugeleitet worden, Deputy Director Arthur Sinai an Verfasser, 22. 1. 1980.

840 Director Office of Special Investigations Allan A. Ryan Jr. an Verfasser, 10. 2. 1982; siehe auch Anm. 837.

841 So hatte der Verfasser dieser Zeilen am 17. September 1979 in Freiburg auch Gelegenheit, einem Vertreter des Office of Special Investigations des Department of Justice, Spencer, einem ruhig urteilenden Historiker, das Problem der Freiwilligenverbände und der Russischen Befreiungsarmee aus seiner Sicht ausführlich darzulegen und ihm auch einige Unterlagen über die Methoden der sowjetischen Propaganda in dieser Frage zu

übergeben, Aussprache mit Donald E. Spencer, 17. 9. 1979; derselbe an Verfasser, 1. 12. 1979.

842 (Verbalnote) No. 126, Embassy of the United States of America, Bonn-Bad Godesberg, March 28, 1980, Archiv des Vf.; Verbalnote (Nr. 31), Die Botschaft der Vereinigten Staaten von Amerika, Bonn-Bad Godesberg, den 17. Januar 1983, ebd. Der Verfasser hat die seiner Verfügungsgewalt unterliegenden Unterlagen nicht herausgegeben.

___ 15 ___
Die historische Stellung der Befreiungsbewegung

Die sowjetische Führung war nach einigen Schwankungen endgültig dazu übergegangen, das Vlasovproblem als eine ausschließlich die Justiz angehende Angelegenheit zu betrachten. Verständlich von daher, daß die Sowjetöffentlichkeit im Jahre 1973 auch nur im Stile eines Kriminalberichtes über die Russische Befreiungsbewegung unterrichtet werden konnte. Die beiden Berichterstatter, Tiškov und Titov, bemühen sich unter diesem Aspekt, jeden Zweifel an der Rechtmäßigkeit des Verfahrens gegen General Vlasov und seine 11 Mitangeklagten vor dem Militärkollegium des Obersten Gerichtes der UdSSR im Jahre 1946 zu zerstreuen. Jeder Punkt der Anklage, jede Episode der »verbrecherischen Tätigkeit der Angeklagten«, so behaupten sie, sei in Übereinstimmung mit der Strafprozeßordnung der RSFSR »peinlich genau untersucht und durch Zeugenaussagen und andere Beweismittel« erhärtet worden. 16 Monate allein habe die Voruntersuchung gedauert, 28 Hauptzeugen seien vernommen, die Aussagen 83 weiterer Personen berücksichtigt und sogar ein graphologisches Gutachten zur Feststellung der Echtheit der Unterschriften angefertigt worden. Das Beweismaterial habe drei voluminöse Bände umfaßt[843]. Ein anscheinend einwandfreies Verfahren demnach, nur, diese Frage drängt sich auf, warum erfährt man erst nach 27 Jahren die näheren Einzelheiten? Und wenn der Sachverhalt so eindeutig war, warum wurde die Verhandlung dann als Geheimverfahren abgewickelt, nicht einmal in dem bescheidenen Rahmen kontrollierter Öffentlichkeit und Information, wie dies in dem in mancher Hinsicht ähnlich gelagerten Prozeß gegen Generalfeldmarschall v. Witzleben vor dem Volksgerichtshof des Großdeutschen Reiches am 7. und 8. August 1944 immerhin noch der Fall gewesen ist? Warum muß man selbst heute noch darüber rätseln, ob der von den Schauprozessen der dreißiger Jahre her berüchtigte damalige Generaloberst der Justiz Ul'rich die Verhandlung leitete[844], wer die Beisitzer und wer die Verteidiger gewesen sind, wenn es überhaupt welche gab, und was sie zu sagen hatten? Wie Generalmajor Grigorenko in seinen Erinnerungen zu berichten weiß, hat ursprünglich anscheinend die Absicht bestanden, ein öffentliches Verfahren im Stil der Schauprozesse zu veranstalten. Die Vlasovleute hätten den Organen der Staatssicherheit jedoch »einen Strich durch die Rechnung« gemacht[845]. Denn sowohl Vlasov als auch Generalmajor Truchin und der »größte Teil von ihnen« habe sich weder im

Guten noch im Bösen dazu verleiten lassen, das von ihnen geforderte Geständnis des Landesverrates abzulegen. »Alle erklärten sie«, wie Grigorenko überliefert, »sie hätten lediglich gegen das Stalinsche Terrorregime gekämpft; sie hätten Rußland von diesem Regime befreien wollen, und deshalb seien sie keine Verräter, sondern Patrioten«. Auf die Androhung furchtbarster Folterqualen habe Vlasov und fast in denselben Worten auch Truchin folgendes geantwortet: »Ich weiß, was sie mit uns vorhaben. Das ist schrecklich. Doch das Schlimmste ist, sich selbst zu verleumden. Ich bin kein Verräter und werde mich nie dazu bekennen. Ich hasse Stalin. Ich halte ihn für einen Tyrannen und werde das auch im Prozeß sagen. Vor der Folter habe ich Angst, aber wir werden sie nicht vergeblich erleiden. Es wird eine Zeit kommen, wo das Volk unser Andenken ehrt.« Die auch von anderer Seite verbürgte standhafte Haltung Vlasovs und der übrigen Führer der ROA[846] mag eine Erklärung abgeben für die Heimlichkeit und auffällige Eile des Verfahrens vor dem Militärkollegium des Obersten Gerichtes der UdSSR, das am 30. Juli 1946 hinter verschlossenen Türen begann und schon am 1. August mit Todesurteilen gegen alle 12 Angeklagten endete. Noch am selben Tage wurden General Vlasov und seine Gefährten im Innenhof des Tagansker Gefängnisses in Moskau erhängt[847].

Tiškov und Titov, die keine Erklärung hierfür finden, lassen auf jeden Fall erkennen, daß sie mit der Veröffentlichung von Einzelheiten des vor fast drei Jahrzehnten geführten Prozesses zutiefst politische Absichten verfolgen[848]. Mit Nachdruck betonen sie mehrfach, »der Gerichtsprozeß habe die Masken von ›Ideenkämpfern‹ vom Gesicht der Verräter gerissen und die wahren Ursachen und Motive ihrer Verbrechen enthüllt«. Bisher noch stets und sorgfältig verheimlichte angebliche Tatsachen werden angeführt, um die Sowjetöffentlichkeit endgültig von der kriminellen Natur der Vlasovbewegung zu überzeugen. Doch welch ein Dilemma, wenn man gleichzeitig genötigt ist darzulegen, Vlasov habe »besonders gefährliche staatliche und militärische Verbrechen gegen die UdSSR« begangen. Der Berichterstattung Tiškovs und Titovs läßt sich entnehmen, was man Vlasov in Wirklichkeit ankreidete: eine intensive konterrevolutionäre und antisowjetische Aktivität durch das von ihm geleitete KONR und die Tatsache, daß zum Zwecke der bewaffneten Auseinandersetzung mit der Sowjetmacht eine Armee aufgestellt worden war, die, wenn auch nur kurz, immerhin doch in den Kampf mit Einheiten der Roten Armee trat. Vlasov werden kriminelle Handlungen vorgeworfen und doch verbreiten Tiškov und Titov sich allein über seine politisch-militärische Wirksamkeit. Diese Widersprüchlichkeit macht deutlich, wie notwendig es ist, die sowjetischen Beschuldigungen noch einmal an dem zu messen, was die Russische Befreiungsbewegung in Wirklichkeit darstellte.

Von erstrangiger Bedeutung in diesem Zusammenhang ist die Frage, für welche Ziele die Vlasovbewegung eigentlich eintrat, und auf welchen Grundlagen das neue Rußland errichtet werden sollte. Die Antwort hierauf findet sich in dem politischen Programm des Prager Manifestes. Es ist bezeichnend, daß die offizielle Version auf den Inhalt dieser Deklaration vom 14. November 1944 in keiner Weise eingeht, sich vielmehr mit einigen abwertenden Sentenzen allgemeiner Art zufriedengibt. So wird dem Leser suggeriert, daß hier ein »abscheuliches Hybrid« aus der Gedankenwelt der Vlasovleute und der Emigration vorliege, ein »seltsames Gemisch«, das die Ideen des »Nationalsozialismus« mit den »erzreaktionären Losungen des Bundes Erzengel Michail« und dem Programm des NTS in sich vereinige. Es fällt das Wort von einem »hitlerischen Dokument« (gitlerovskij dokument), einem »niederträchtigen Dokument«, einfach schon deshalb, weil es »für ein neues Rußland ohne Bolschewiken und Kapitalisten« eintrat[849]. Was den besonderen Unwillen erregte, wird an einer Stelle zumindest angedeutet: die Forderung nach Wiederherstellung des Privateigentumes, besonders an Grund und Boden, sowie die Forderung nach Beendigung des marxistischen Klassenkampfes. Dies freilich waren nur einige wahllos herausgegriffene Einzelheiten eines umfassenden 14-Punkte-Programmes, das im Falle seiner Verwirklichung die tragfähige Grundlage eines neuzeitlich geprägten sozialen Rechtsstaates abgegeben haben würde[850].

Schon ein Blick auf die im Prager Manifest verkündeten politischen Ziele der Vlasovbewegung läßt erkennen, warum es vom sowjetischen Standpunkt aus praktisch unmöglich war, dieselben zum Gegenstand einer öffentlichen Erörterung zu machen. Da war die Rede vom Sturz der »Tyrannei Stalins« und des »bolschewistischen Systems« als Voraussetzung dafür, daß die Völker Rußlands jene Freiheiten zurückerhielten, »die sie sich mit der Volksrevolution des Jahres 1917 erkämpft hatten«. Es war also, wie hieraus hervorgeht, durchaus nicht an eine Rückkehr zu den vorrevolutionären Zuständen des Zarenreiches, sondern an eine Anknüpfung an die Errungenschaften der liberalen Februarrevolution gedacht. Neben allgemeinen Formulierungen, wie sie gemeinhin wohl zum Bestandteil derartiger Proklamationen gehören, enthält das Prager Manifest Forderungen, die eine eindeutige Festlegung bedeuten. So wird gefordert, an die Stelle des »Systems der Vergewaltigung und des Terrors«, von »Zwangsumsiedlungen und Massenverschleppungen« eine Gesellschaftsordnung treten zu lassen, die »den einzelnen vor jeder Willkür schützt und die Aneignung der Früchte seiner Arbeit durch andere, auch durch den Staat selbst, nicht zuläßt«. Mit geradezu »klassischer Klarheit« werden die bürgerlichen Grundrechte proklamiert[851], als da sind die Religions-, Gewissens-, Rede-, Versammlungs- und Pressefreiheit ebenso

wie die Unantastbarkeit der Person, des Heimes und des »durch Arbeit erworbenen Privateigentumes«.

Eine unabhängige richterliche Gewalt sollte geschaffen und – anders als
das beispielsweise in dem Prozeß gerade gegen die Führer der Befreiungsbewegung der Fall war – das Prinzip der Öffentlichkeit von Gerichtsverhand-
lungen in jedem Falle strikt gewahrt werden. Im wirtschaftlich-sozialen Bereich wurde die Auflösung des Kolchozsystems und die Überführung des
gesamten landwirtschaftlich genutzten Bodens in den Privatbesitz der Bauern gefordert, überdies die Wiederherstellung der Handels- und Gewerbe-
freiheit. Das auf diese Weise geschaffene freie Spiel der wirtschaftlichen
Kräfte unterlag jedoch einer wichtigen Einschränkung. Denn ausdrücklich
wurde der Grundsatz der »sozialen Gerechtigkeit« postuliert, das heißt der
Schutz aller Berufstätigen vor jeder Art von Ausbeutung. In sozialer Hinsicht
sollte das Familienleben gefördert werden. Garantiert wurden die Gleichberechtigung der Frau, die Festsetzung von Mindestlöhnen in einer für einen
menschenwürdigen Lebensstandard ausreichenden Höhe, das Recht auf un-
entgeltliche Bildung, Erholung, Altersversorgung und Fürsorge für alle Bürger, unabhängig von Herkunft und früherer Tätigkeit. Auch die Vertreter des
überwundenen Systems waren in diese Bestimmungen eingeschlossen. Das
Prager Manifest sicherte überdies allen denjenigen, die auf seiten Stalins für
den Bolschewismus kämpften, einerlei ob aus Überzeugung oder gezwungen, den Schutz vor Vergeltungs- und Racheakten ausdrücklich zu.

Um die ganze Tragweite des Prager Manifestes zu ermessen, bedarf es noch
einmal eines Seitenblickes auf die politischen Grundlagen des russisch-deutschen Zusammengehens, gerade weil die sowjetischen Autoren nicht müde
werden zu betonen, Vlasov habe sich den »deutschen Faschisten« verkauft,
Hitler »hoch und heilig« seine Ergebenheit versichert und mit seinem Namen »eine der gemeinsten und schwärzesten Taten in der Geschichte des
Großen Vaterländischen Krieges verbunden[852]«. Wie stand es nun in Wirklichkeit um das Verhältnis Vlasovs zu den Deutschen und insbesondere um
seine Einstellung zum Nationalsozialismus? Die Führer der Befreiungsbewegung haben von Anfang an niemals einen Hehl daraus gemacht, daß eine
Zusammenarbeit mit Deutschland für sie immer nur auf der Basis absoluter
Gleichberechtigung »Kak ravnye s ravnymi« in Frage komme. Entsprechende Äußerungen aus dem gesamten Zeitraum der Befreiungsbewegung
sind so zahlreich, daß man sich auf einige Beispiele hierfür beschränken
kann. So etwa hatte Vlasov jede Gelegenheit wahrgenommen, um sich kritisch über die deutsche Ostpolitik auszulassen. Bereits im Frühjahr 1943
hatte er in öffentlicher Versammlung in Pskov seinen Landsleuten gegenüber
mit aller Schärfe die Gewohnheit vieler Deutscher angeprangert, in den Russen Menschen zweiter Klasse zu sehen. Wie es in einem deutschen Bericht

heißt, sprach er »unter anderem auch das Wort ›Untermensch‹ in deutsch aus und stellte dabei für seine Person fest, daß er sich nicht als Untermensch fühle, und richtete an die Männer und Frauen die Frage, ob sie sich denn als Untermenschen fühlen würden«[853]. Nach allem was geschehen war, gab Vlasov in einer Rede vor Angehörigen der ROA-Luftwaffe am 18. Februar 1945 offen auch Deutschland einen »Schuldanteil« an dem zwischen den beiden »großen Völkern« bestehenden Haß[854]. Einer seiner nächsten Mitarbeiter, der damalige Oberst und spätere Generalmajor Bojarskij, erklärte schon im Juni 1943 seinen deutschen Zuhörern kurz und bündig, Russen und Deutsche könnten »die besten Freunde, aber auch die größten Feinde werden«. Nachdrücklich hatte er die Deutschen vor einem »Verrat« an den Prinzipien eines gleichberechtigten Bundes gewarnt und allein ihre Handlungsweise für die Entwicklung der beiderseitigen Beziehungen verantwortlich gemacht. Selbstverständliche Voraussetzung für ein Zusammengehen war ihm bezeichnenderweise die Respektierung der nationalen Integrität Rußlands. »Als territoriale Kompensationen« kamen für ihn schon damals nur Polen und das Baltikum in Betracht. »Die Ukraine und Weißrußland«, so verkündete er, »müssen an Nationalrußland abgegeben werden«[855].

Bemerkenswerte Forderungen, von denen die Russen niemals abgewichen sind. Dies prägte sich auch in den Worten aus, die der Chef der persönlichen Kanzlei Vlasovs, Oberst Kromiadi, in einer Rede vor Ostarbeitern in Sosnowiec am 23. Dezember 1944 gebrauchte. »Wir reichen Deutschland ehrlich unsere Hand, aber wir fordern gleichzeitig als Antwort ehrliche Beziehungen zu uns[856].« Das in Prag geschlossene Bündnis wurde unter den gegebenen Umständen als ein reines Zweckbündnis, als eine aus der Not heraus geborene »Waffenbrüderschaft« (voennoe sodružestvo) definiert. Das KONR, so heißt es im Prager Manifest geradezu entschuldigend, »begrüßt die Hilfe Deutschlands unter Bedingungen, die weder die Ehre noch die Unabhängigkeit unserer Heimat verletzen. Diese Hilfe stellt gegenwärtig die einzige reale Möglichkeit dar, den bewaffneten Kampf gegen die Stalinsche Clique zu organisieren.« »Konnten Leute wie Nerjanin«, so fragt Generalmajor Grigorenko in seinen Erinnerungen, »denen es um den Sturz des Stalinschen Regimes ging, eine solche Möglichkeit, die ihnen die Deutschen boten, ausschlagen[857]?« Gegen die an das Bündnis mit Deutschland geknüpften Verdächtigungen hatte sich schon Oberleutnant Dmitriev in seiner Rede auf der großen Kundgebung im Berliner Europahaus am 18. November 1944 mit deutlichen Worten gewandt[858]. »Die Agenten des NKVD und die ganze bolschewistische Propaganda werden sich erheben«, so hatte er ausgerufen, »um uns zu verleumden und uns als ideenlose Mietlinge der deutschen Armee darzustellen. Aber wir sind ruhig [...], wir sind keine Mietlinge Deutschlands, und wir haben nicht die Absicht, welche zu werden. Wir sind Verbündete Deutschlands, die in den Kampf ziehen zur Erfüllung eigener nationaler Aufgaben, zur Verwirklichung unserer völkischen Ideen, um ein freies unabhängiges Vaterland zu schaffen.« Die innere Freiheit der Russen fand auch in den Forderungen des Prager Manifestes nach Abschluß eines »ehrenvollen Friedens mit dem Deutschen Reich« Ausdruck und fernerhin, in einer schon an eine künftige Ära gemahnenden Sprache, in der nach der »Aufnahme freundschaftlicher Beziehungen« auch zu anderen Ländern »unter größtmöglicher Förderung zwischenstaatlicher Zusammenarbeit«.

Daß das Prager Manifest praktisch nichts mit den politischen Anschauungen des Nationalsozialismus zu tun hatte, zeigte sich in einer aus der Sicht des letzteren gewichtigen Frage. Der Reichsführer SS Himmler, der, gedrängt durch die verschlechterte Kriegslage, der Befreiungsbewegung den Weg freigab, hatte einen Passus in das Manifest einfügen wollen, der auch die Russen auf den ihm am Herzen liegenden »Kampf gegen das Judentum« festlegen und damit kompromittieren sollte[859]. Gerade dieses Ansinnen aber war von Vlasov mit aller Entschiedenheit zurückgewiesen worden, indem er sich auf den zugleich proklamierten Grundsatz der »Gleichberechtigung aller Völker unserer Heimat«, also auch der Angehörigen des jüdischen Volkes berief. Tatsächlich ist das Prager Manifest frei von antisemitischen Tendenzen[860]. Die »Neue Zürcher Zeitung«, die sich am 6. Dezember 1944 ausführlich mit der ersten Nummer des Publikationsorganes des KONR »Volja Naroda« beschäftigte, stellte es als bemerkenswert hin, daß schon der Name dieser Zeitung an die in der russischen Revolutionsgeschichte bekannte Organisation »Narodnaja Volja« anknüpfte, aus der später die größte Partei Rußlands, die der bauernfreundlichen Sozialrevolutionäre, hervorgegangen sei. Die »Neue Zürcher Zeitung« hegte im übrigen keinen Zweifel daran, daß »Wlassow es mit seinem demokratischen Programm ernst meint«, und sie stellte die Frage, wie »ein solches Programm vom nationalsozialistischen Deutschland genehmigt werden konnte«[861]. »His programme«, so urteilt der britische Historiker Conquest im Hinblick auf Vlasov, »shows that he was entirely out of sympathy with nazism and only concerned with a democratic Russia[862].« Auch der Amerikaner Schapiro hebt als auffallendste Erscheinung die völlige Unabhängigkeit Vlasovs hervor, der frei von der »Nazi-Ideologie« und ein aufrichtiger russischer Patriot gewesen sei[863].

Der Wiener Philosoph, Professor Eibl, Verfasser einer »Magna Charta Eurasiatica«, hatte sich Vlasov angenähert, weil er in dem Prager Manifest eine ganze Reihe von Momenten zu entdecken glaubte, die seiner Meinung nach darauf hindeuteten, »daß in der Geschichte der Menschheit ein neuer Aufstieg zu erkennen sei, wobei Wlassow als Urheber betrachtet werden müsse«[864].

In welcher Weise die politischen Bestrebungen der Befreiungsbewegung denen des nationalsozialistischen Reiches zuwiderliefen, läßt sich nicht zuletzt auch an gewissen Vorwürfen ablesen, die schon 1944/45 gegen Vlasov erhoben wurden. So wurden die Vlasovleute dem Ostministerium gegenüber als kompromißlose Verfechter des Prinzips eines »einheitlichen unteilbaren Rußland« hingestellt[865], mit anderen Worten, man kreidete ihnen gerade das an, was für jeden vaterlandsliebenden Menschen eigentlich selbstverständlich ist, nämlich für die Unversehrtheit des eigenen Staatsgebietes einzutreten. Viele von ihnen, so wurde behauptet, »seien keine wahrhaftigen und treuen Freunde Deutschlands« und im Grunde »gegen alles, was deutsch ist, negativ eingestellt«. Der Leiter der dem Propagandaministerium unterstehenden Organisation »Vineta«, Dr. Taubert, vermerkte am 31. Dezember 1944, die Vlasovbewegung sei nicht nationalsozialistisch, ja sie »verspotte« geradezu die »nationalsozialistische Weltanschauung«, ebenso kämpfe sie nicht gegen das Judentum und überhaupt erkenne sie die jüdische Frage nicht an[866]. Daß die von ihm freigegebene russische Befreiungsbewegung bald eine Eigengesetzlichkeit gewann, mußte schließlich auch Himmler erfahren. An demselben Tage, an dem das Mitglied des Präsidiums des KONR, der Chef der Hauptpropagandaverwaltung, Generalleutnant Žilenkov, zu einem Staatsbesuch in der Slowakei weilte und hier von dem Präsidenten der Slowakischen Republik, Monsignore Dr. Tiso, empfangen wurde, am 8. Januar 1945, äußerte Himmler seine Besorgnis, Vlasov werde »panslawistischen Gedankengängen« folgen und besonders im Hinblick auf die slavischen Völker des Balkans eine eigene Politik betreiben[867]. Bezeichnenderweise wagte er es jedoch nicht, offen hiergegen vorzugehen. Wie zum Hohn brachte die russische Presse, etwa das Militärorgan »Za Rodinu«, am 18. Januar 1945 in großer Aufmachung die Mitteilung des Informationsbüros des KONR über den Ablauf des Staatsbesuches von Generalleutnant Žilenkov und in vollem Wortlaut seine in Preßburg gehaltene Rede über die Ziele der Russischen Befreiungsbewegung, die mit folgenden Worten endete: »Wir glauben, daß wir in diesem Kampf die Unterstützung aller freiheitsliebenden Völker der Welt und in erster Linie die Unterstützung der slavischen Völker finden werden[868].« Alle Indizien bestätigen somit, was der Vlasov gegenüber nicht gerade besonders aufgeschlossene General der Freiwilligenverbände, General der Kavallerie Köstring, im Jahre 1946 in die Worte faßte, die »eindrucksvolle Persönlichkeit« des Generals Vlasov »wäre kein ergebener Satellit« geworden, »nur die Interessen seines Landes hätten seine Handlungen bestimmt«[869].

Die von sowjetischer Seite gegen die Vlasovleute erhobenen Verratsvorwürfe sind aber nicht nur von der Sache her unbegründet. Sie nehmen sich aus dem Munde der politischen Erben Lenins auch noch in anderem Sinne einigermaßen seltsam aus. So ist mit Recht darauf hingewiesen worden, daß der Führer der Oktoberrevolution und Gründer des Sowjetstaates, dem selbst, wie er im Jahre 1917 erklärte, an dem »Kampf gegen Deutschland nichts«, an der »offenen Niederlage Rußlands« aber alles gelegen war, sich seinerzeit nicht gescheut hatte, wenn auch verdeckt, die Hilfe und die Gelder des Landesfeindes entgegenzunehmen[870], um aus der »verfluchten Schweiz« an den Schauplatz des Geschehens nach Rußland zu gelangen, dort die demokratische Provisorische Regierung zu Fall, die russische Verteidigungsfront gegen die Deutschen zum Einsturz zu bringen und selber die Herrschaft anzutreten[871]. »Mein Unbewußtes flüsterte mir die Lenin-Losungen zu: ›Krieg dem Kriege!‹ und ›Es lebe die Niederlage!‹«, erinnerte sich auch Generalmajor Grigorenko. »Ja, Wladimir Iljitsch, da hat mir Ihre Logik aber keinen guten Dienst erwiesen! Ich hätte nicht schlecht Lust gehabt, laut zu sagen: Heute heben wir die Bolschewiki in den Himmel, die sich, um den Zarismus zu stürzen, bis zur Niederlage ihres eigenen Landes dafür schlugen; warum soll denen, die die bolschewistische, kommunistische Regierung abschaffen wollen, nicht das gleiche Recht eingeräumt werden[872]?« Wie Oberst Kromiadi schreibt, geht den Leninisten schon unter diesem Aspekt die moralische Berechtigung ab, gegen General Vlasov mit dem Begriff des Landesverrates zu operieren[873].

War es noch möglich gewesen, die politischen Ziele der Befreiungsbewegung der Sowjetöffentlichkeit gegenüber zu verschleiern, so kostete es die sowjetischen Autoren ungleich größere Mühe, die »antisowjetischen Organisationen« KONR und ROA als bloße Werkzeuge in der Hand der Deutschen erscheinen zu lassen. Die sowjetische Berichterstattung verharrt in dieser Hinsicht geradezu in einem unaufgeklärten Widerspruch. Denn einmal wird behauptet, Himmler sei es gewesen, der Vlasov durch seinen Beauftragten, Obergruppenführer Berger, den Chef des SS-Hauptamtes, nähere Weisungen für die Schaffung des KONR und der ROA habe zukommen und die Ausführung dieser Weisungen durch seinen ständigen Vertreter bei dem General, Oberführer Dr. Kroeger, habe kontrollieren lassen[874]. Eine maßgebende, wenngleich verborgene Rolle wird daneben der Geheimen Staatspolizei zugeschrieben, die alle Mitgliedschaften im Befreiungskomitee vorher überprüft und genehmigt und überhaupt das KONR fest in den Klauen gehalten und jeden seiner Schritte durch Agenten überwacht haben soll. Dank der vereinten Anstrengungen Himmlers und der Gestapo allein sei das KONR aus der Taufe gehoben worden. Ja, Tiškov versteigt sich zur der Behauptung, der Begriff KONR sei überhaupt nur das Firmenschild zur Täuschung der Außenwelt gewesen, im inneren Schriftverkehr sei es von dem »Hitleristen« in Wahrheit »Sonderkommando V, SS-Hauptamt« genannt worden – das gründliche Mißverstehen einer tatsächlich bestehenden Einrichtung, die jedoch ganz andere Funktionen hatte. Denn bei dem hier gemeinten »Sonderkommando Ost« handelte es sich um einen großenteils aus baltendeutschen Sympathisanten der Vlasovbewegung zusammengesetzten Arbeitsstab des Reichssicherheitshauptamtes, der seine Aufgabe vor allem darin erblickte, die »Vlasovaktion« unter Ausnutzung der sogenannten »Reichsroutine« zu unterstützen und nicht zuletzt gegen feindliche Bestrebungen von seiten der Partei und der Gestapo abzuschirmen[875]. Der Leiter des Sonderkommandos, Dr. Buchardt, wollte sich denn auch eher als Vertreter der russischen Interessen den Deutschen gegenüber als umgekehrt verstanden wissen.

Tiškov gerät zum anderen offen mit sich selber in Konflikt, indem er gleichzeitig genötigt ist zuzugestehen, der »Verräter« Vlasov habe von seiner Gefangennahme im Jahre 1942 an bei den Deutschen unaufhörlich auf die Schaffung eines politischen Zentrums als unabdingbarer Voraussetzung für seine Beteiligung am Kampf gegen den Bolschewismus hingedrängt[876]. Tatsächlich habe Vlasov, wie er schreibt, nach der Konstituierung des KONR aufgehört, eine bloße Marionette der Deutschen zu sein. Der Verrat sei nunmehr gleichsam auf eine höhere Ebene gehoben worden. Die deutsche Regierung, so urteilte Tiškov, habe Vlasov jetzt als »Führer der Russischen Befreiungsbewegung« anerkannt, bestimmte Rechte an das KONR abgetreten und mit ihm auch politische und militärische Vereinbarungen geschlossen. In diesem Zusammenhang nehmen sowohl Tiškov als auch Titov auf die Finanzvereinbarung vom 18. Januar 1945 Bezug, auf jenes Abkommen, durch welches das Reich sich bereit erklärte, dem KONR alle für seine politische Arbeit und für die Aufstellung der Armee erforderlichen Geldmittel in Form eines Kredites mit Rückzahlungsverpflichtung zur Verfügung zu stellen[877]. Dieser zwischen der »Regierung des Großdeutschen Reiches«, vertreten durch den Staatssekretär des Auswärtigen Amtes, Baron Steengracht v. Moyland, und dem »Präsidenten des Komitees zur Befreiung der Völker Rußlands, Generalleutnant A. A. Wlassow« in feierlicher Form und bei Anwesenheit prominenter Vertreter abgeschlossene grundlegende Vertrag – von deutscher Seite nahmen teil der Chef des Protokolls, Gesandter v. Dörnberg, Gesandter v. Tippelskirch, Botschaftsrat Hilger, Geheimrat Tannenberg sowie der Statssekretär des Reichsfinanzministeriums, Reinhardt, von russischer Seite der Bevollmächtigte des KONR beim Auswärtigen Amt, Žerebkov, der Chef der Finanzabteilung des KONR, Professor Andreev, und sein Vertreter fon Šlippe sowie der Chef der Hauptorganisationsverwaltung des KONR, Generalmajor Malyškin, – bedeutete in der Tat nichts anderes als eine völkerrechtliche Anerkennung des Befreiungskomitees durch Deutschland. Auch Tiškov und Titov sehen sich infolgedessen veranlaßt, von der »Unabhängigkeit« des KONR zu sprechen, wenn sie dieselbe einschränkend auch sofort wieder als reine Fiktion bezeichnen[878]. Ebenso ist den Ausführungen der beiden Autoren zu entnehmen, daß die ROA wenigstens de jure die Stellung einer unabhängigen Streitmacht gehabt haben muß. Denn im Zuge einer eigenen Beweisführung wird die Tatsache betont, die ROA habe gewissermaßen als Attribute ihrer Selbständigkeit über eine eigene Gerichtsbarkeit und zudem über eigene, von der »Gestapo« abgehobene Sicherheits- und Abwehrorgane verfügt. Tiškov legt im übrigen Wert auf die Feststellung, daß Vlasov als anerkannter Führer (vožd') der Russischen Befreiungsbewegung auch Oberkommandierender der Streitkräfte und als solcher der oberste Gerichtsherr der Offiziere und Soldaten der ROA gewesen sei.

Das widerspruchsvolle Bild der Sowjethistoriographie über das Komitee zur Befreiung der Völker Rußlands macht es unumgänglich, die wirklichen Konturen desselben, seine Gestalt und Funktion, noch einmal hervortreten zu lassen. Denn erst der regierungsähnliche Charakter dieser Institution macht verständlich, warum das deutsche Auswärtige Amt, im Einklang übrigens mit den anfänglichen Vorstellungen Hitlers, die Übereinkunft mit General Vlasov als einen »außenpolitischen Akt« betrachtete[879]. Die Vlasovbewegung hatte sich, wie Dr. Buchardt schrieb, »ohne die Deutschen und sogar gegen sie entwickelt«, »ihr politisches Eigengewicht« hatte »aus eigener Dynamik« beständig zugenommen, bis sie im deutschen Machtbereich faktisch einen »Staat im Staate« bildete[880]. Politisches Führungsorgan war unter dem Vorsitz Vlasovs das Präsidium des KONR, dem Generalmajor Truchin, Generalleutnant Žilenkov, Generalmajor Malyškin, Generalmajor Professor Zakutnyj, Generalleutnant Balabin, Professor Bogatyrčuk, Professor Budzilovič, Professor Rudnev und als Kandidaten Professor Ivanov und Muzyčenko angehörten[881]. Das aus 50 Mitgliedern und 12 Kandidaten zusammengesetzte Befreiungskomitee[882] selbst spielte praktisch die Rolle einer Generalversammlung, zumal da ihm auch die nationalen Zusammenschlüsse der einzelnen Völker Rußlands – soweit sie sich zu Vlasov bekannten – angegliedert wurden. Es waren dies im einzelnen ein Russischer Nationalrat (Russkij Nacional'nyj Sovet), ein Ukrainischer Nationalrat (Ukrainskij Nacional'nyj Sovet, Rada), ein Weißrussischer Nationalrat (Belorusskij Nacional'nyj Sovet, Rada), ein Nationalrat der Völker des Kaukasus (Nacional'nyj Sovet Narodov Kavkaza), ein Nationalrat der Völker Turkestans (Nacional'nyj Maslachat Narodov Turkestana, Turkistan Mili Malahati), die Hauptverwaltung der Kosakenheere (Glavnoe Upravlenie Kazač'ich Vojsk) und das Kalmykische Nationalkomitee. Aus diesen nationalen Gremien traten als Mitglieder in das KONR unter anderen Majkovskij, Grečko, Komar, Demčenko, Žuk, Chachutov, Sižažev, General Krejter und Balinov, ferner als Kandidaten Medvedjuk und Pugačev[883].

Vorbedingung für die Aufnahme der eigentlich praktischen Arbeit war die Einrichtung von mehreren Oberbehörden, gleichsam Ministerien, und einigen weiteren zentralen Ämtern. Dazu rechneten[884]:

1. Der Stab der Streitkräfte des KONR (Štab Vooružennych Sil KONR) unter Generalmajor Truchin, der, wie ausführlich dargelegt, alle Fragen im Zusammenhang mit der Aufstellung, Ausrüstung und Ausbildung der ROA bearbeitete. Zugeordnet war dem Stab der Streitkräfte auch die Hauptverwaltung der Kosakenheere unter Generalleutnant Tatarkin.

2. Die Hauptorganisationsverwaltung (Glavnoe Organizacionnoe Upravlenie) unter Generalmajor Malyškin, die nicht nur die Lösung der organisatorischen Probleme der Befreiungsbewegung, sondern auch die Erörterung von Grundsatzfragen beim Aufbau des neuen Rußland vorzunehmen hatte, einerlei ob politischer, nationaler, rechtlicher, sozialer, wirtschaftlicher oder kultureller Natur. Das zentrale Sekretariat wurde von Levickij geleitet. Entsprechend der weiten Aufgabenstellung gab es im Rahmen der Hauptorganisationsverwaltung spezielle Fachabteilungen, so die juristische Abteilung (juridičeskij otdel) unter Professor Ivanov, die Finanzverwaltung (finansovoe upravlenie) unter Professor Andreev und einen Wissenschaftlichen Rat (naučnyj sovet) unter Professor Moskvitinov[885].

3. Die Hauptzivilverwaltung (Glavnoe Graždanskoe Upravlenie) unter Generalmajor Zakutnyj, deren Zuständigkeitsbereich sich auf alle Fragen im Zusammenhang mit den Lebens- und Arbeitsbedingungen, der Rechtslage und sozialen Stellung der Millionen diesseits der Front befindlichen Landsleute erstreckte, der Ostarbeiter, Flüchtlinge und Kriegsgefangenen[886]. Der Hauptzivilverwaltung unterstand eine Schulabteilung (škol'nyj otdel) und zumindest in materieller Hinsicht auch der Jugendbund der Völker Rußlands (SMNR, Sojuz Molodeži Narodov Rossii) unter der Leitung von D'jačkov und Hauptmann Lazarev[887]. Ferner bediente sie sich bei der Erfüllung ihrer Aufgaben der Medizinalverwaltung (medicinskoe upravlenie)[888] sowie zweier verwandter Einrichtungen von großer sozialer Bedeutung: der Gesellschaft vom Roten Kreuz (Obščestvo Krasnogo Kresta) mit Professor Bogatyrčuk an der Spitze[889] sowie der Organisation Volkshilfe (Narodnaja Pomošč') unter der Leitung von Ingenieur Alekseev[890].

4. Die Hauptpropagandaverwaltung (Glavnoe Upravlenie Propagandy) unter Generalleutnant Žilenkov, der die Verbreitung der politischen Ideen der Befreiungsbewegung, im weiteren Sinne aber auch die Sorge für das geistige Wohl der russischen Landsleute oblag[891]. Unmittelbares Sprachrohr war das Informationsbüro des KONR (Informacionnoe bjuro, Informbjuro KONR) unter der Leitung von Koval'čuk. In der Hauptpropagandaverwaltung waren mehrere Fachabteilungen zusammengefaßt:

a) die Abteilung für Grundsatzfragen (organizacionno-metodičeskij otdel)[892],

b) die Presseabteilung (otdel pressa) unter Burkin, die die Herausgabe der Zeitungen der Befreiungsbewegung in einer Gesamtauflage von 250 000 Exemplaren besorgte: das amtliche Organ des KONR »Volja Naroda« (Volkswille), redigiert von Žilenkov und Kazancev, das Militärorgan des KONR »Za Rodinu« (Für das Vaterland), redigiert von Oberst Pjatnickj, und die Zeitung der Luftwaffe »Naši Kryl'ja« (Unsere Flügel)[893],

c) die Rundfunkabteilung (radio-otdel) unter Dubrovskij und Dudin, angeschlossen eine Radiostation, die täglich sechs Sendungen des KONR in russischer Sprache ausstrahlte[894],

d) die Abteilung für Propaganda unter den Kriegsgefangenen (otdel propagandy sredi voennoplennych) unter Oberst Spiridonov,

e) die Kultur- und Kunstabteilung (otdel kultury i iskusstv) unter Novosil'cev[895].

Beim KONR war zudem ein Rat für Glaubensfragen (sovet po delam veroispovedanij) unter Professor Budzilovič eingerichtet worden mit der Aufgabe, die Angelegenheiten aller Kirchen und Glaubensbekenntnisse wahrzunehmen und das Ziel einer vollständigen Religionsfreiheit und einer religiös-sittlichen Erziehung entsprechend den historischen Überlieferungen der Völker Rußlands zu verwirklichen. Zunächst galt es, Möglichkeiten für eine Religionsausübung in den Truppenteilen der ROA sowie in den Kriegsgefangenen- und Ostarbeiterlagern zu schaffen. Zu diesem Zweck erging am 18. Januar 1945 ein Aufruf an Geistliche, nicht nur der Rechtgläubigen Kirche, sondern auch anderer Glaubensrichtungen, ihre Arbeit in den Dienst »der großen Sache der Befreiung der Völker Rußlands vom bolschewistischen Joch« zu stellen[896].

Im Behördenapparat des KONR spielte eine wichtige, wenngleich naturgemäß verdeckte Rolle überdies

5. Die Sicherheitsverwaltung (Upravlenie Bezopasnosti) unter Oberstleutnant Tenzorov.

Schon ein Blick auf die äußere Organisation des Befreiungskomitees vermittelt eine Vorstellung davon, daß seine Wirksamkeit sich in anderen Bahnen bewegt haben muß als in denen »der Spionage, der Diversion und des Terrors«, wie sowjetische Darstellungen suggerieren. Vlasov, so insbesondere die These von Tiškov, habe sein Aufgabe in erster Linie darin gesehen, den Faschisten eine noch größere Ausbeutung der im deutschen Machtbereich befindlichen russischen Arbeiter und noch wirksamere Maßnahmen zur Erhöhung ihrer Produktivität anzuraten, und zwar durch Kürzung der Lebensmittelrationen und durch eine verschlechterte Unterbringung aller derjenigen, die ihre Normen nicht erfüllten[897]. Nicht zuletzt in dieser Handlungsweise offenbare sich der Verrat Vlasovs an den Interessen des »sowjetischen« Volkes. Ebenso wie die Ostarbeiter seien aber auch die Kriegsgefangenen durch ihn neuen Drangsalierungen ausgesetzt worden. Mitglieder der Kommunistischen Partei, Politarbeiter, Angehörige der Besonderen Abteilungen und überhaupt alle antifaschistisch eingestellten Kriegsgefangenen seien von den Propagandisten der ROA der Gestapo denunziert worden. Überdies habe man die schwierige Lage der Kriegsgefangenen dazu ausgenutzt, um sie durch Betrug, Drohung oder Anwendung von Gewalt »zum Übergang auf die Seite des Feindes« zu verleiten. Natürlich fehlt nicht der Hinweis, die »überwiegende Mehrheit der in Kriegsgefangenschaft befindlichen Sowjetmenschen« sei »ihrem Vaterland treu geblieben« und habe eher »Mißhandlungen, Folterungen und selbst den Tod hingenommen«, als von der Sowjetmacht abzufallen[898].

Tiškov und Titov, die sich auch sonst dauernd widersprechen, stellen die Dinge damit auf den Kopf. Denn die Sowjetunion (Japan kann außer Betracht bleiben) war der einzige Staat der Erde, der schon eine bloße Kriegsgefangenschaft seiner Soldaten zu einem Schwerverbrechen deklariert hatte. Kriegsgefangene brauchten also zu einem Abfall überhaupt nicht mehr verleitet zu werden, da sie schon durch die Tatsache ihrer Gefangengabe als auf die Seite des Feindes übergetreten und damit als Verräter an der Sowjetmacht galten. Es bedarf an dieser Stelle auch keiner Erinnerung mehr daran, wie sie nach dem Kriege behandelt wurden[899]. Nicht viel anders verhielt es sich mit den Ostarbeitern, die, obwohl größtenteils unter Anwendung rigoroser, ja brutaler Methoden zur Arbeitsleistung in Deutschland gezwungen, von der Sowjetregierung doch der »Zusammenarbeit mit den Okkupanten« bezichtigt und als »Helfer des Faschisten« entsprechend drangsaliert wurden[900]. Ein instruktives Beispiel für die Einstellung diesen Menschen gegenüber ist der Fall des an der Ostgrenze Oberschlesiens an der Malapane gelegenen Ostarbeiterlagers Kruppamühle[901]. Am 20. Januar 1945 hatten sowjetische Panzer das Gebiet dieses von Russen und Ukrainern bewohnten Lagers erreicht. Was anschließend geschah, wird in der russischen Presse folgendermaßen geschildert: »Die sowjetischen Tankisten, die die herauslaufenden Landsleute erblickten, unterbrachen ihre Bewegung. In einem der Panzer öffnete sich die Luke. In ihr erschien der Kommandant. Ohne den Panzer zu verlassen, befahl er allen, die im Lager waren, sich auf dem Lagerplatz zu versammeln. Als die Mehrheit der im Lager Lebenden, meist Mädchen und Frauen, aber auch alte Leute und evakuierte Kinder, versammelt war, eröffneten die Panzer auf sie plötzlich das Feuer aus Maschinengewehren. Diejenigen, die zu entkommen versuchten, wurden von den Panzern verfolgt und mit den Raupenketten zermalmt. Im Verlauf weniger Minuten waren einige hundert Menschen vernichtet.« Daß es sich hierbei offenbar nicht um einen

– wenn auch besonders krassen – Einzelfall handelte, geht aus der Lagebesprechung im Führerhauptquartier am 27. Januar 1945 hervor. Hitler wurde nämlich gemeldet, die Sowjets würden außer den gefangengenommenen Freiwilligen »auch die russischen Arbeiter umbringen, die bei uns gearbeitet haben. Die Nachweise haben wir schon. Die schlagen sie alle tot[902].« Von den nach dem Kriege den Sowjetbehörden in die Hände gefallenen Ostarbeitern dürfte es auch nur einer Minderheit, geschätzt werden 15 bis 20 Prozent, gestattet worden sein, in die heimatlichen Gebiete zurückzukehren. Die meisten von ihnen wurden deportiert oder sonst in irgendeiner Weise bestraft[903].

Schon die grundsätzliche Haltung der Sowjetregierung den rund 6 bis 7 Millionen Ostarbeitern und 1,5 Millionen Kriegsgefangenen gegenüber läßt Klagen von sowjetischer Seite über eine angebliche Mißhandlung dieser Menschen durch General Vlasov als Heuchelei erscheinen. Das von Tiškov und Titov gezeigte Mitgefühl mit dem Schicksal der Sowjetbürger in deutscher Hand erweist sich jedoch nicht nur von daher als unbegründet, es ist auch sachlich in keiner Weise berechtigt, da Vlasov den russischen Landsleuten in Wahrheit von Anfang an seine ganze Aufmerksamkeit und Fürsorge zugewendet hatte. Das KONR durfte es sich geradezu als Verdienst anrechnen, nichts unversucht gelassen zu haben, das Los dieser von der eigenen Regierung als feindliche Elemente bezeichneten, von aller Welt verlassenen und meist in kümmerlichen Verhältnissen lebenden Menschen zu wenden. Was im einzelnen in dieser Hinsicht unternommen worden ist, soll Gegenstand wenigstens einer kurzen Betrachtung sein.

Daß die Vlasovleute die Sache der Ostarbeiter in der Tat zu ihrer eigenen machten, zeigen Beispiele bereits aus der Frühzeit der Befreiungsbewegung. So etwa protestierte Oberst Bojarskij im Juni 1943 dagegen, daß »drei Millionen russische Arbeiter in Deutschland« gezwungen seien, den, wie er es nannte, »Judenstern« (das heißt das »Ost«-Abzeichen«) zu tragen. So behandele man keine Verbündeten[904]. Oberst Mal'cev, der im März 1944 gemeinsam mit Hauptmann Byčkov und Oberleutnant Antilevskij eine Reihe von Ostarbeiterlagern in der Nähe von Berlin besichtigt hatte, legte bei den deutschen Stellen Beschwerde ein über die hier vorgefundenen Zustände und erreichte durch seine Intervention eine zumindest örtliche Verbesserung[905]. Oberst Kromiadi, der zusammen mit dem Chef der Leibwache Vlasovs, Hauptmann Kaštanov, und Leutnant Mel'nikov von der Zeitung »Volja Naroda«, im Dezember 1944 mehrere Großkundgebungen in Städten des oberschlesischen Industrierreviers – so in Kattowitz, Sosnowiec, Gleiwitz und Laband – abgehalten hatte, war bei dieser Gelegenheit mit den zum Teil horrenden Lebensbedingungen der Ostarbeiter in dieser Region bekannt gemacht worden[906]. Versehen mit den Vollmachten Vlasovs und des KONR besaß er zu dieser Zeit bereits Gewicht genug, um bei den deutschen Instanzen – und zwar mit durchschlagendem Erfolg – eine umgehende und gründliche Behebung der zutage getretenen Übelstände zu verlangen. Das KONR wollte die Lage der Ostarbeiter verständlicherweise aber nicht von dem mehr oder minder großen und zudem rein zufälligen Entgegenkommen irgendwelcher deutscher Stellen abhängig sein lassen. Schon bald nach seiner Konstituierung waren infolgedessen Schritte eingeleitet worden, um deren Lebensbedingungen auf die Grundlage fester Vereinbarungen zu stellen. Diesbezügliche Vorstellungen der zuständigen Hauptzivilverwaltung des KONR wurden der Öffentlichkeit und damit auch den Deutschen in Form eines Interviews unterbreitet, das Generalmajor Zakutnyj einem Vertreter der Zeitung »Volja Naroda« am 6. Dezember 1944 gewährte[907].

An erster Stelle der russischen Forderungen stand die nach Beseitigung gewisser Einschränkungen, denen im Unterschied zu den dienstverpflichteten Arbeitern aus Westeuropa allein die aus Rußland stammenden Arbeiter in Deutschland unterworfen waren und die infolgedessen als ausgesprochen diskriminierend galten. So wurde jetzt die Angleichung der Rechte der Ostarbeiter an die der übrigen Ausländer aus den »befreundeten und verbündeten Ländern« gefordert, die Gewährung voller Bewegungsfreiheit auch in der arbeitsfreien Zeit einschließlich des Rechtes auf Benutzung öffentlicher Verkehrsmittel und Einrichtungen wie Restaurants und Kinos. Nicht geringerer Nachdruck wurde auf die Abschaffung des als entwürdigend empfundenen »Ost«-Abzeichens beziehungsweise auf seine Ersetzung durch ein echtes Nationalitätsabzeichen gelegt. Hand in Hand damit gingen die auf eine Erleichterung der materiellen Lage der Ostarbeiter abzielenden Bestrebungen. Es zählten hierzu eine erhöhte Lebensmittelzuteilung, eine verbesserte Versorgung mit Kleidungs- und Gebrauchsgegenständen, insbesondere für Kinder, die Einrichtung von Reparatur- und Schneiderwerkstätten und nicht zuletzt auch die Einführung eines familiengerechten Steuersystems. Die Medizinalabteilung der Hauptzivilverwaltung bereitete ein ganzes System von Maßnahmen vor, die den Mutter- und Säuglingsschutz, die Betreuung von Waisen, Arbeitsinvaliden sowie der Familienangehörigen der Soldaten der ROA betrafen[908]. Im Mittelpunkt besonderer Überlegungen stand auch die bisher praktisch sich selbst überlassene Jugend. Es war vorgesehen, Kindergärten einzurichten und für Kinder im schulpflichtigen Alter einen geregelten Schulunterricht einzuführen.

Am 25. November 1944 hatte in Troppau ein Kongreß zur Vereinheitlichung der Jugendarbeit auf dem Boden des Prager Manifestes und unter der Führung des KONR stattgefunden[909]. Mit großem Enthusiasmus und mit dem Ziel, die russischen Jungen und Mädchen der verschiedenen Altersstufen für die Ideen der Befreiungsbewegung zu erwärmen und ihnen auch eine ganz unmittelbare geistige und materielle Hilfe zu bringen, nahm das Organisationskomitee des Jugendbundes der Völker Rußlands (SMNR) seine Tätigkeit auf. Nicht nur die Jugendlichen entsprechenden Alters in den Ostarbeiterlagern, sondern auch die in den Streitkräften und in den Kriegsgefangenenlagern sollten in die Arbeit des Bundes einbezogen werden. Etwa sollten Möglichkeiten für eine sportliche Betätigung geschaffen sowie belehrende und unterhaltende Veranstaltungen wie Kino- und Konzertbesuche, gesellige Abende, Lektionen und Exkursionen organisiert werden, nicht zuletzt in der Absicht, Erscheinungen der Verwahrlosung unter der Jugend zu begegnen. Noch vor März 1945 war die Eröffnung von Lehrgängen zur Heranbildung von Jugendführern in Eisenerz (Steiermark), Wien und Karlsbad vorgesehen.

Ein zentrales Anliegen der Hauptzivilverwaltung des KONR bildete überdies eine Reorganisation der Verwaltung der Ostarbeiterlager vor allem durch Heranziehung von Vertrauensleuten aus den Reihen der russischen Arbeiter für die Lagerfunktionen. Es stand dahinter die Absicht, die Ostarbeiter der Willkür deutscher Stellen endgültig zu entziehen. Mit Nachdruck wurde gefordert, bevollmächtigte Vertreter des KONR zum Schutz der Interessen der Ostarbeiter in die Organisationen der Deutschen Arbeitsfront und des Reichsnährstandes einzugliedern und das Institut der Bevollmächtigten des KONR auch auf die einzelnen Lager sowie die industriellen und landwirtschaftlichen Unternehmungen auszudehnen[910]. Diesen Vertretern sollten auf der oberen Ebene auch die Funktionen von Standesbeamten übertragen und es sollte ihnen somit das Recht zuerkannt werden, Eheschließungen, Scheidungen, Geburten und Todesfälle zu beurkunden und Vormundschaftsfragen zu regeln.

Die überaus gedrückte soziale und rechtliche Stellung der russischen Arbeiter in Deutschland brachte es mit sich, daß vor allem Wohlfahrtsfragen im Vordergrund der Bemühungen der Hauptzivilverwaltung standen. Einer Förderung der sozialen Belange hatte sich darüber hinaus auch die dem KONR angegliederte Gesellschaft vom Roten Kreuz verschrieben. Wenngleich das Rote Kreuz sich an erster Stelle naturgemäß nur der Fürsorge für die Soldaten der Befreiungsarmee widmete und in Zusammenarbeit mit der Militärsanitätsorganisation der ROA beispielsweise die Schaffung eines Lazarettes, eines Lazarettzuges und beweglicher Sanitätsabteilungen vorbereitete, so wurden doch ebenfalls auch Maßnahmen zur Betreuung der zivilen Flüchtlinge aus dem Gebiet der Sowjetunion, der Invaliden und Kranken, der Kinder und nicht zuletzt auch der von Stalin zu Deserteuren und Verrätern deklarierten und des völkerrechtlichen Schutzes beraubten Kriegsgefangenen in die Wege geleitet. Überaus segensreich versprach daneben die Schaffung eines zentralen Suchdienstes mit einem entsprechenden Presse-

organ zu werden, bestand hier doch die Aussicht, vielleicht einen Teil der unzähligen getrennten Familienangehörigen zusammenzuführen. Vom 18. November 1944 an erschien in der Zeitung »Volja Naroda« regelmäßig eine relativ umfangreiche Rubrik mit Suchanzeigen. Im Zentralen Auskunftsbüro
(central'noe spravočnoe bjuro) wurden Hunderttausende von Adressen ge-
sammelt[911].

Die Verkündung des Prager Manifestes und die bald überall spürbare Aus-
prägung der Organe des KONR blieben nicht ohne Widerhall unter den Millionen von Russen im deutschen Machtbereich. Dies fand nicht nur in einer
Fülle individueller oder kollektiver schriftlicher Zustimmungserklärungen
Ausdruck, sondern vor allem auch darin, daß unzählige Russen in Deutschland ihre persönliche Hilfe zum Wohl der gemeinsamen Sache anboten[912].
Offiziere und Soldaten der ROA spendeten ihren Wehrsold, die von den
Deutschen ausgebeuteten Ostarbeiter gaben ihre kärglichen Ersparnisse,
und selbst viele Kriegsgefangene suchten ihr Scherflein beizutragen. Die von
überallher einlaufenden Geld- und Sachspenden nahmen bald einen solchen
Umfang an, daß auf ihrer Grundlage eine gemeinnützige Einrichtung ins Leben gerufen wurde, die bereits genannte Narodnaja Pomošč', die ihre alleinige Aufgabe darin erblickte, den Landsleuten, etwa den Verwundeten, eine
außerplanmäßige Freude zu bereiten oder ihnen in Notfällen beizuspringen.
Wie die Narodnaja Pomošč' ihre Tätigkeit begriff, zeigt das Beispiel einer
großen Bescherung für die Kinder der Ostarbeiter in den Lagern um Berlin
am 7. Januar 1945, an der außer Vlasov auch die Generalität der ROA, die
Mitglieder des KONR und deutsche Freunde der Befreiungsbewegung teilnahmen[913]. Die mit einem Gottesdienst von Vater Aleksandr Kiselev einge-
leitete Kinderbescherung brachte ein buntes Programm von Darbietungen
russischer Künstler zum Vortrag. Und es gelangten außer Naschwerk und
kleinen Geschenken schließlich auch Spielzeuge zur Verteilung, die von sowjetischen Kriegsgefangenen in den Lagern angefertigt worden waren.

Generalmajor Zakutnyj war sich von vornherein darüber im klaren gewesen, daß das Programm der Hauptzivilverwaltung des KONR nicht ohne Beihilfe der Deutschen zu realisieren war. Es selbst und seine Beauftragten traten umgehend in Verbindung mit den zuständigen deutschen Instanzen
(SS-Hauptamt, Reichssicherheitshauptamt, Geheime Staatspolizei, Deutsche Arbeitsfront, Reichsnährstand), um denselben in meist schwierigen
Verhandlungen wenigstens eine Reihe von Zugeständnissen abzutrotzen.
Mit welcher Konsequenz sich das KONR für die Landsleute in Deutschland
einsetzte, geht daraus hervor, daß bereits am 23. November 1944 der Reichsminister Rosenberg, der der »Vlasovaktion« zwar nicht grundsätzlich entge-
genstand, sie aber seinen Dekompositionsvorstellungen unterordnen wollte,
Klage über drei grundlegende politische Forderungen Vlasovs führte, näm-

2, 23 u. 24
Münsingen, 10. 2. 1945: Übernahme des Oberbefehls durch Generalleutnant Vlasov

25 Münsingen, 10. 2. 1945: Generalleutnant Vlasov bei der Übernahme des Oberbefehls

26 u. 27
Eger, 1945:
1. Fliegerregiment der Luftwaffe der ROA.
Oben: General-major Mal'cev, Leutnant Škol'nyj, Major Tarnovskij, Held der Sowjet-union, Major Byčkov.

Unten: Besichti-gung des 1. Flie-gerregiments am 4. 2. 1945 durch Generalleutnant Aschenbrenner, Generalleutnant Vlasov, General-major Mal'cev, Oberst Bajdak, hinter Vlasov Hauptmann Antonov (v. r.).

lich über die nach Gleichstellung der Ostarbeiter, nach freier Bewegungs-
möglichkeit und nach Beseitigung des »Ost«-Abzeichens, Forderungen, die,
wie er schrieb, »selbstverständlich« abgelehnt worden seien[914]. Allein, so
selbstverständlich, wie Rosenberg wohl meinte, war die Ablehnung keineswegs. Am 8. Januar 1945 hatte Oberführer Dr. Kroeger eine Besprechung mit
dem Reichsführer SS, in der dieser »volles Verständnis für den Wunsch General Wlassow's« zeigte[915], alle die Ostarbeiter diskriminierenden Anordnungen »mit der Zeit abzubauen«. Himmler stimmte einer Gleichstellung
der Russen mit sonstigen ausländischen Arbeitern (Franzosen, Belgiern,
Holländern) »in bezug auf Verpflegung und Arbeitsentgelt usw.« grundsätzlich zu, wenn nötig, wie er erklärte, sogar durch »Senkung der Bezüge der
übrigen Ausländer«. Zwar wollte er, weil die Gestapo dies wünschte, von einer äußerlichen Kennzeichnung der Russen nicht abgehen, doch sollte dieselbe »jeden diskriminierenden Charakter« verlieren. So sprach er von einer
»Anstecknadel oder etwas Ähnlichem als nationalem Kampfabzeichen gegen
den Bolschewismus«. Die Muster politisch und künstlerisch einwandfreier
Nationalabzeichen für Russen, Ukrainer und Weißrussen waren bereits am
20. November 1944 in der Zeitung »Volja Naroda« veröffentlicht worden.
Ähnlich wie Himmler zeigte sich auch Reichsmarschall Göring, mit dem
Vlasov am 2. Februar 1945 in Karinhall eine ausgedehnte Aussprache führte,
sehr entgegenkommend[916]. Mit geradezu entwaffnender Naivität bekannte
Göring, daß den Russen gegenüber »aus Unkenntnis kapitale Fehler begangen worden seien«. Er selber sei zum Beispiel der Meinung gewesen, »daß jeder Russe die Behandlung mit der Nagaika [Lederpeitsche] sozusagen als
›normal‹ empfinde, sie diesem Volkstum angemessen sei und ohne solche
Behandlung Arbeitsleistungen überhaupt nicht zu erwarten seien«. Göring,
der zugestand, seine Auffassung korrigiert zu haben, erklärte sich auf die
ernsten Vorstellungen Vlasovs hin jetzt anstandslos bereit, sich für eine
Gleichstellung der Russen in bezug auf »Lohn, Verpflegung und allgemeine
Behandlung« mit den übrigen Ausländern einsetzen zu wollen und in seiner
Eigenschaft als Beauftragter für den Vierjahresplan entsprechende Weisungen zu geben.
   Es erhebt sich die Frage nach den Ergebnissen der vielfältigen Bemühungen, auch wenn ihnen so dicht vor Kriegsende eher eine nur symbolische,
denn eine wirklich praktische Bedeutung zugekommen sein dürfte. Das, was
das KONR zu Nutz und Frommen der russischen Landsleute in Deutschland
durchzusetzen vermochte, ist vor allem insofern von Interesse, als es zugleich
einen Maßstab für eine politisch-historische Bewertung der gesamten Befreiungsbewegung bildet. Manche der russischen Forderungen waren in der
Tat so stichhaltig, daß sie auch von den Deutschen anerkannt wurden und
daher, wenn auch teilweise mit einigem Widerstreben, in die Realität umge-

setzt werden konnten. Dazu gehörte die Angleichung der Lebensmittelrationen der Ostarbeiter an die der Arbeiter aus den westeuropäischen Ländern,
die Erhöhung der pekuniären Bezüge, eine verbesserte Belieferung mit Klei-
dungsstücken und Gebrauchsgegenständen, eine verbesserte medizinische
Versorgung und dergleichen mehr[917]. Auch die Notwendigkeit einer Änderung der allgemeinen Behandlungsmethoden der Russen wurde durchweg
eingesehen. Die Geheime Staatspolizei erließ eine geharnischte Rundverfü-
gung, die den Lagerführern und anderen Deutschen für den Fall einer ehr-
verletzenden Behandlung der ihnen unterstehenden Ostarbeiter oder irgendwelcher Kompetenzüberschreitungen, etwa durch Veruntreuung von
Lebensmitteln, die sofortige Absetzung und in schweren Fällen die Einweisung in ein Konzentrationslager androhte. Versuchsweise wurde eine fliegende Kommission eingesetzt, bestehend aus je einem Vertreter des KONR
und des SS-Hauptamtes sowie einem Angehörigen der Deutschen Arbeitsfront mit nur beratender Stimme, die eine Reihe von Ostarbeiterlagern im
Raum um Berlin inspizierte und in zwei Fällen Anzeigen gegen deutsche Lagerführer erstattete. Wie auch Generalmajor Zakutnyj in seinem Interview
am 6. Dezember 1944 mitteilte, scheinen schon in der ersten Zeit nicht wenige Lagerführer von ihren Posten entfernt oder sonst zur Rechenschaft gezogen worden zu sein. Der Erfolg in dieser Frage kann jedoch nicht verdecken, daß die Russen mit anderen Forderungen nicht oder nur unter
großen Schwierigkeiten durchdrangen. So etwa rief der Vorsitzende des Organisationskomitees des Jugendbundes, D'jačkov, im Rahmen eines Vortra-
ges am 22. März 1945 die Hilfe des Präsidiums des KONR an, weil deutsche
Stellen allen Bemühungen zum Trotz seit drei Monaten eine Entscheidung
in der Frage des Jugendbundes hinauszögerten[918]. Seiner Auffassung nach
hing dies mit der – gemessen an anderen Jugendbünden im deutschen
Machtbereich – prinzipiell anderen Organisationsform des geplanten
SMNR zusammen, der sich unter Betonung des Wahlprinzips von unten her
anstatt aufgrund des »Führerprinzips« von oben her aufbauen und das
Schwergewicht seiner Erziehungsarbeit in die Grundeinheit der Zelle
(jačejka) verlegen sollte. Vertreter des Organisationskomitees hatten, ohne
die deutsche Genehmigung abzuwarten, in einer Anzahl von Gauen des Reiches inzwischen jedoch einfach von sich aus die Arbeit in den Lagern aufgenommen.

Überaus kompliziert gestalteten sich die vornehmlich von Majer, einem
fließend deutsch sprechenden Kenner der Verhältnisse, geführten Verhandlungen mit der DAF (Deutschen Arbeitsfront) über die Einsetzung bevollmächtigter Vertreter des KONR[919]. Die DAF, deren Leiter Dr. Ley sich der
Vlasovbewegung gegenüber ausgesprochen verständnislos verhielt, wollte
nur von der eigenen Organisation ernannte und damit von ihr abhängige,

nicht aber vom KONR bevollmächtigte Vertreter akzeptieren. In dieser Angelegenheit verweigerten die Russen jedoch jedes Zugeständnis. General Vlasov, dem es um die Einsetzung wirklicher Verteidiger der Rechte der Ostarbeiter zu tun war, instruierte seine Verhandlungsführer, auf der völligen Unabhängigkeit der Bevollmächtigten des KONR zu bestehen – oder die Verhandlungen scheitern zu lassen. Es bedurfte noch großer Anstrengungen, ehe die Russen ihre Forderungen durchzusetzen vermochten. Auf einer russisch-deutschen Konferenz am 4. März 1945, an der auch Vertreter des SS-Hauptamtes und des Auswärtigen Amtes teilnahmen, erklärte sich der Sprecher der DAF, Reichsamtsleiter Mende, endlich dazu bereit, die Instruktionen des KONR für die Bevollmächtigten anzuerkennen, dieselben in seinen Apparat einzugliedern und ihnen auch den ungehinderten Zutritt zu den Ostarbeiterlagern zu gestatten. Zufriedenstellend begann das System jedoch nur in wenigen Reichsgauen, so in Tirol-Vorarlberg, Halle-Merseburg und im Sudetenland, zu funktionieren. Denn von der Liste der 114 ursprünglich designierten KONR-Bevollmächtigten waren es nur 16, die im März 1945 das Agrément erhielten, unter ihnen Ripulenko, Baratov, Chromov, Lichtenbergskij, Rugtešel', Kovalovskij, Basnin, Volkonskij, Eščikovskij, Ogloblev, Fogt. Im Gegensatz zur Deutschen Arbeitsfront zeigte die Organisation des Reichsnährstandes, die zuständig war für die in der Landwirtschaft tätigen Ostarbeiter, von vornherein ein großes Entgegenkommen. Beschlüsse über die Einsetzung von Bevollmächtigten des KONR konnten ohne Schwierigkeiten im beiderseitigen Einvernehmen gefaßt werden. Allerdings wurde ihre Realisierung durch das herannahende Kriegsende verhindert.

Die fünfmonatigen Bemühungen der Hauptzivilverwaltung des KONR, so läßt sich zusammenfassen, hatten zwar nicht durchweg zum Erfolg geführt, aber sie sind doch auch nicht vergebens gewesen. Das Ergebnis fand auch einen, wenngleich, was die Russen sehr bemängelten, nicht formgerechten schriftlichen Niederschlag[920], indem der ständige Vertreter Himmlers bei Vlasov, Oberführer Dr. Kroeger, dem General in einem Schreiben die volle Unterstützung des SS-Hauptamtes bei der Verwirklichung der Wünsche des KONR hinsichtlich einer Verbesserung der Lage der Ostarbeiter zusicherte. In einem analogen Schreiben, das Dr. Staden an Generalmajor Zakutnyj richtete, wurde das Ergebnis der bisherigen Verhandlungen zusammengefaßt und zugleich die Hoffnung des SS-Hauptamtes ausgesprochen, daß es gelingen werde, den Widerstand der Gestapo auch in der Frage der Beseitigung des »Ost«-Abzeichens zu überwinden und ebenso auch das Problem der Bewegungsfreiheit der Ostarbeiter einer befriedigenden Lösung zuzuführen. Zu den Russen im deutschen Machtbereich gehörten außer den Angehörigen der Streitkräfte (ROA und Freiwilligenverbände) und den 6 Mil-

lionen Ostarbeitern auch die auf 1,5 Millionen veranschlagten sowjetischen
Kriegsgefangenen. Wenngleich diese Personengruppe nicht aufhörte, deutschem Militärgewahrsam (seit Juli 1944 in Verantwortung des SS-Hauptamtes) zu unterstehen, direkte Einwirkungsmöglichkeiten also beschränkt blieben, so hat doch das KONR auch ihnen seine Aufmerksamkeit zugewandt.
Auf die Bemühungen des KONR etwa war es zurückzuführen, daß am 14. Januar 1945 eine erste große Gruppe kriegsgefangener Offiziere und Soldaten
der Roten Armee »in feierlichem Akt« durch den Chef des SS-Hauptamtes,
Obergruppenführer Berger, und General Vlasov aus der Kriegsgefangenschaft entlassen und in das zivile Arbeitsverhältnis überführt wurde[921]. Das
KONR hatte in den Kriegsgefangenenlagern überdies zumindest eine echte
Befugnis erhalten. Es war ihm gestattet worden, die Ideen des Prager Manifestes unter den kriegsgefangenen Landsleuten zu verbreiten, was die Sowjetliteratur zum Anlaß nahm zu behaupten, Vlasov habe die Kriegsgefangenen neuen Belastungen ausgesetzt, indem etwa die Propagandisten der
ROA Mißliebige unter ihnen der »Gestapo« denunzierten. Der ganze Abstand zwischen der historischen Wirklichkeit und dem in der sowjetischen
Literatur entworfenen Bild wird deutlich, wenn man die tatsächliche Wirksamkeit der Propagandisten der ROA mit den sowjetischen Behauptungen
vergleicht. So läßt sich schon den Richtlinien, die der Leiter der Abteilung
für Propaganda unter den Kriegsgefangenen, Oberst Spiridonov, unter der
Überschrift »Formy i metody ustnoj Propagandy« (Formen und Methoden
der mündlichen Propaganda) veröffentlichte, entnehmen, daß den Propagandisten in keiner Weise irgendwelche Befugnisse gegenüber den Kriegsgefangenen zukamen[922]. »Der Propagandist«, so lautet der Punkt 1 dieser
Richtlinien, »ist kein Politruk der Roten Armee«, das heißt, er hat nicht das
Recht, sich in militärische oder zivile Belange einzumischen. »Der Propagandist ist kein Denunziant«, so lautet Punkt 2, das heißt, wie Oberst Spiridonov erklärte, »er hat die Aufträge des Geheimdienstes abzulehnen und
darf den entsprechenden Organen seine Dienste auch nicht freiwillig anbie-
ten. [...] In seiner Arbeit hat er nicht mit der Methode geheimer Denunzia-
tion, sondern mit der Methode der Überzeugung zu wirken.« Nur im Falle
direkter Gefahr sollte er berechtigt sein – und auch dann nur seinen unmittelbaren Vorgesetzten – Meldung zu machen, wie aber ausdrücklich festgestellt wird, allein über »feindlich Handelnde, nicht über feindlich Den-
kende«. Die Führer der Befreiungsbewegung glaubten im übrigen, auf die im
Propagandametier üblichen Machenschaften weitgehend verzichten zu können. Eine Verbreitung der Prager Ideen sollte daher unbedingt auf dem
Grundsatz der Wahrheit beruhen. »Besser eine kleine Wahrheit als eine Lüge
im planetarischen Ausmaß«, forderte Spiridonov. Und: »Es ist nicht nötig,
unerfüllbare Versprechungen zu machen. Die Ideen der Befreiungsbewe-

gung spiegeln so sehr die Interessen der Völker Rußlands wider, daß man sie nicht auszuschmücken braucht. Notwendig ist nur ihre weite Verbreitung und genaue Erklärung.« So konnte nur sprechen, wer seiner Sache sicher war.

In der Praxis sind die Propagandisten der ROA, die ja Offizierrang und somit auch dem deutschen Personal gegenüber einige Autorität besaßen, geradezu eine Instanz zur Entgegennahme der Wünsche und Beschwerden der Kriegsgefangenen geworden[923]. Da diese Propagandisten zum Beispiel das Fehlen jeder geistigen Anregung in den Kriegsgefangenenlagern in Erfahrung gebracht hatten, bemühte sich das KONR um eine vermehrte Verteilung von Zeitungen, um die Schaffung der Möglichkeit zum Rundfunkempfang und um die Einrichtung von Lagerbibliotheken. Am 10. Januar 1945 veröffentlichte die Zeitung »Volja Naroda« einen dringenden Aufruf, zu diesem Zweck jede Art von »Büchern, Journalen, Lehrbüchern, Almanachen« in allen Sprachen der Völker Rußlands zur Verfügung zu stellen[924]. Im allgemeinen war es so, daß die Propagandisten der ROA vor Aufnahme ihrer eigentlichen Arbeit sich mit den Zuständen des jeweiligen Kriegsgefangenenlagers vertraut machten. Liefen Beschwerden der Kriegsgefangenen ein oder wurden sonst Mängel in bezug auf die Unterbringung, die sanitären Einrichtungen, die Verpflegung, Bekleidung, Besoldung oder die Behandlung durch das deutsche Personal festgestellt, so fand dies einen entsprechenden Niederschlag in den von ihnen eingereichten Erfahrungsberichten. Da dieselben aber den Wehrmachtdienststellen zugeleitet wurden, dürften die Propagandisten auf diesem Wege auch zu einer Verbesserung der Verhältnisse beigetragen haben. Insgesamt hat das KONR den Kriegsgefangenen gegenüber jedenfalls eine positive Rolle gespielt. Dafür gibt es eine indirekte Bestätigung auch aus sowjetischem Munde. Ein Offizier der Roten Armee, der im Lager Landau im Sommer 1945 für eine freiwillige Rückkehr in die UdSSR warb, suchte unter den kriegsgefangenen Angehörigen der Vlasov-Armee Vertrauen zu gewinnen, indem er wörtlich folgendes erklärte:»Das Befreiungskomitee hatte großen Nutzen, weil es der deutschen Kriegsgefangenschaft Tausende von Soldaten entriß. Darin liegt zweifellos sein Verdienst und dafür sind wir ihm dankbar[925].«

Es läßt sich somit zusammenfassen: Die Behörden und Einrichtungen des KONR, die sich rasch entwickelt hatten, waren in der kurzen Zeit ihres Bestehens zu einem respektierten und nicht mehr zu ignorierenden Verhandlungspartner geworden. Die Deutschen, bisher gewohnt, mit der Millionenmasse der Russen unter ihrer Herrschaft nach Belieben umzuspringen, sahen sich mit einem Male einer Instanz gegenüber, die ihre eigene Macht begrenzte und auf die sie Rücksicht zu nehmen hatten. Den bisher so gut wie rechtlosen, ausgebeuteten Russen aber war unversehens ein einflußreicher

Verteidiger und Anwalt ihrer Lebensinteressen erwachsen. Damit zeichneten sich völlig neue Verhältnisse ab. Zwar ist es dem KONR in den über fünf Monaten seines Bestehens nicht möglich gewesen, seine Kompetenz in jeder Hinsicht auf die diesseits der Front befindlichen Landsleute auszudehnen. Aber unverkennbar bewegte sich die Entwicklung doch in einer derartigen Richtung. Dabei ist auch immer zu bedenken, daß eine Regulierung der Verhältnisse der russischen Landsleute in Deutschland gleichsam nur eine Nebenaufgabe der Befreiungsbewegung darstellte, deren eigentliches Ziel ja darin bestand, eine Änderung der politischen Verhältnisse in Rußland selbst herbeizuführen. Allein schon unter diesem Gesichtswinkel, durch ihre auf eine Verbesserung des Loses der Millionen Ostarbeiter und Kriegsgefangenen gerichteten Bestrebungen und die hierbei erzielten Erfolge, würde die Russische Befreiungsbewegung politisch-moralisch vor der Geschichte voll gerechtfertigt dastehen.

Anmerkungen

843 Tiškov, Predatel', S. 90.
844 Nach einem am 21. 6. 1945 in Moskau ergangenen Urteil gegen Mitglieder der polnischen Exilregierung, Führer demokratischer polnischer Parteien und den letzten Befehlshaber der polnischen Heimatarmee war Generaloberst des Justizdienstes V. Ul'rich auch nach dem Kriege noch Vorsitzender des Militärkollegiums des Obersten Gerichtes der UdSSR, vgl. Documents an Polish-Soviet Relations, Bd 2, S. 614. So leitete Ul'rich vom 26.-30. August 1946, wenige Wochen nach dem Prozeß gegen General Vlasov, auch die Verhandlung gegen den Generalleutnant der Weißen Armee Semenov und andere, die ebenfalls mit Todesurteilen endeten, Vypiska iz prigovora po delu atamana Semenova i dr., BA-MA MSg 149/14.
845 Grigorenko, Erinnerungen, S. 171 ff.
846 Trepper, Die Wahrheit, S. 319 f.; auch Heller/Nekrich, Geschichte der Sowjetunion, Bd 2, S. 125.
847 Pozdnjakov, Sud nad generalom Vlasovym, S. 482.
848 Tiškov, Predatel', S. 89 f.; Titov, Kljatvoprestupniki, S. 214; Die letzten Stunden des General Vlasov, 20. 3. 1973, Archiv des Vf.
849 Tiškov, Predatel', S. 98.
850 Manifest Komiteta Osvoboždenija Narodov Rossii, in: Volja Naroda, Nr. 1, 15. 11. 1944.
851 Kitaev, Russkoe Osvoboditel'noe Dviženie, S. 48 f., BA-MA MSg 149/8.
852 Tiškov, Predatel', S. 89, 95; Titov, Kljatvoprestupniki, S. 214.
853 Besuch General Wlassow, Hauptmann Knoth, Führer der Propagandaabteilung Ostland, BA-MA RL 2/v. 3058a. Die berüchtigte Propagandaschrift »Der Untermensch« ist wohl antisemitisch, entgegen der Behauptung von Krausnick/Wilhelm, Die Truppe des Weltanschauungskrieges, S. 123, aber nicht antirussisch. Als sogenannte »Untermenschen« gelten beispielsweise auch Churchill, Roosevelt und La Guardia. Was die Russen angeht, so werden auch sie als Opfer eines im Bolschewismus verkörperten nebulösen »Untermenschentums« geschildert. Es findet sich etwa eine Bildunterschrift »So wie diese russischen Frauen müßtet Ihr Frauen Europas weinen!«
854 Volja Naroda, Nr. 12 (85), 18. 2. 1945.
855 Äußerungen des russ. Oberst Bojarski über die politische Lage und die politischen Absichten, BA-MA RH 58/67.

856 V edinenii naša sila. Na sobranijach našich sootečestvennikov-rabočich v Germanii, in: Volja Naroda, Nr. 12 (13), 23. 12. 1944.

857 Grigorenko, Erinnerungen, S. 174; ebenso Nikolaev, Tak ėto bylo, S. 270.

858 Poručik ROA Dmitriev, »U nas est' idejnyj i boevoj centr«, in: Volja Naroda, Nr. 3 (4), 22. 11. 1944.

859 Buchardt, Manuskript 1946, S. 9, BA-MA Sammlung Steenberg; Kromiadi, Za zemlju, za volju, S. 173; Heller/Nekrich, Geschichte der Sowjetunion, Bd 2, S. 122.

860 Ausk'y, Vojska generála Vlasova, S. 28, 31; Auski, Predatel'stvo, S. 35 f., 266 f.; Elliott, Andrei Vlasov, S. 87.

861 APB, aus Bern 11.00 h: »NZZ« kommentiert das Erscheinen der »Wolja Naroda«, Presseabteilung Auswärtiges Amt, PXII b Auslands-Presse-Bericht (APB), 6. 12. 1944, PA AA Bonn, Handakten Megerle, Bd 7/4; Kitaev, Russkoe Osvoboditel'noe Dviženie, S. 50, BA-MA MSg 149/8.

862 Conquest, The Great Terror, S. 491; siehe auch Souvarine, Stalin, S. 621 f.

863 Schapiro, Der politische Hintergrund, S. 104 ff.

864 Fröhlich, Manuskript, S. 22, Archiv des Vf.; Auski, Predatel'stvo, S. 294 f.

865 Siehe Anm. 104.

866 Pozdnjakov, Andrej Andreevič Vlasov, S. 258, 274; ders., K stat'e g-ži N. Logunovoj »Pravda v amerikanskom žurnale o Vlasove«, BA-MA MSg 149/56.

867 Siehe Anm. 29.

868 General-lejtenant Žilenkov v Bratislave, Informacionnoe Bjuro Komiteta Osvobožđenija Narodov Rossii; Naša cel'-svoboda narodov, Rede des Generalleutnants G. N. Žilenkov vor Vertretern des slowakischen Volkes in Bratislava am 8. Januar 1945, in: Za Rodinu, Nr. 5 (19), 18. 1. 1945; siehe auch die ausführliche Darstellung bei Auski, Predatel'stvo, S. 73 ff.

869 Köstring, Wlassow, 31. 1. 1946, S. 9, BA-MA MSg 149/8. Zur Haltung des Generals Köstring Vlasov gegenüber siehe auch Herwarth, Zwischen Hitler und Stalin, S. 333 ff.

870 Katkow, German Foreign Office Documents.

871 Hahlweg, »Lenins Reise durch Deutschland«.

872 Grigorenko, Erinnerungen, S. 174.

873 Kromiadi, Sud ili rasprava?, in: Novoe Russkoe Slovo, 28. 5. 1973.

874 Tiškov, Predatel', S. 94 f.

875 Buchardt, Manuskript 1946, S. 1, 4, 14, BA-MA Sammlung Steenberg; ders., 27. 2. 1966, S. 4, ebd.; Brief Dr. Friedrich Buchardt, o.D., ebd.

876 Tiškov, Predatel', S. 91 ff.; siehe früherer Befehlshaber der 2. Armee, General-Leutnant Wlassoff, früherer Kommandeur der 41. Schützendivision, Oberst Bajerskij an Oberstleutnant i. G. v. Roenne, Winniza, 3. 8. 1942, PA AA Bonn, Handakten Etzdorf, Bd 24.

877 Vereinbarung zwischen der Regierung des Großdeutschen Reiches und dem Präsidenten des Komitees zur Befreiung der Völker Rußlands, 18. 1. 1945, ADAP, Serie E, Bd VIII, Nr. 341 (siehe Anlage); Kreditnoe soglašenie, in: Volja Naroda, Nr. 8 (21), 24. 1. 1945; Orlov, Na č'i den'gi sozdavalos' Russkoe Osvoboditel'noe Dviženie?, in: Kromiadi, Za zemlju, za volju, S. 279 ff.

878 Tiškov, Predatel', S. 96 ff.; Titov, Kljatvoprestupniki, S. 225 f.

879 Reichsminister von Ribbentrop an Gesandten v. Sonnleithner, 21. 10. 1944, ADAP, Serie E, Bd VIII, Nr. 297; Dokladčik Vil'gel'mštrasse ob Osvoboditel'nom Dviženii generala A. A. Vlasova, 14. 11. 1944, in: Russkoe Osvoboditel'noe Dviženie, S. 29 f.

880 Buchardt, Manuskript 1946, S. 11, BA-MA Sammlung Steenberg; Kitaev, Russkoe Osvoboditel'noe Dviženie, S. 63, BA-MA MSg 149/8.

881 Narody Rossii ob'edinjajutsja dlja bor'by s bol'ševizmom, Informacionnoe Bjuro Komiteta Osvobožđenija Narodov Rossii, in: Volja Naroda, Nr. 1, 15. 11. 1944.

882 Kromiadi, Za zemlju, za volju, S. 175.

883 Informacionnoe soobščenie, Informacionnoe Bjuro Komiteta Osvbožđeniia Narodov Rossii, in: Volja Naroda, Nr. 11, 20. 12. 1944; Hoffmann, Deutsche und Kalmyken, S. 154 ff., 198 f.

884 Kromiadi, Za zemlju, za volju, S. 182 ff., auch für das Weitere.

885 Pozdnjakov, Andrej Andreevič Vlasov, S. 325 ff.; »O Juridičeskom otdele«, BA-MA MSg 149/8; Predsedatel' Naučnogo Soveta Prof. Dr. Moskvitinov, K svedeniju naučnych rabotnikov, in: Volja Naroda, Nr. 9 (22), 27. 1. 1945; ders., Zadači Naučnogo Soveta, ebd., 31. 1. 1945.

886 K svedeniju rabotnikov prosveščenija, in: Volja Naroda, Nr. 8, 9. 12. 1944.

887 Doklad predsedatelja Organizacionnogo Komiteta SMNR, 22. 3. 1945, BA-MA MSg 149/6; Instrukcija No. 1 Central'nogo Organizacionnogo Komiteta Sojuza Molodeži Narodov Rossii, Befreiungskomitee der Völker Rußlands, SMNR, Predsedatel' (D'jačkov), 24. 3. 1945, ebd.; Vremennoe položenie so Sojuze Molodeži Narodov Rossii, ebd.; Molodež' Narodov Rossii!, Obraščenie Organizacionnogo Komiteta Sojuza Molodeži Narodov Rossii, ebd.

888 Medicinskoe Upravlenie ... ob'javljaet registraciju vsech medicinskich rabotnikov, in: Volja Naroda, Nr. 5, 29. 11. 1944.

889 F. B., Krasnyj Krest pri Komitete Osvoboždenija Narodov Rossii, ebd.

890 Narodnaja Pomošč', ebd., Nr. 4 (17), 10. 1. 1945; Reč' G. Alekseeva o Narodnoj Pomošči, in: Za Rodinu, Nr. 3 (17), 11. 1. 1945; Soziales Hilfswerk des Komitees zur Befreiung der Völker Rußlands, Mitteilungen für die Kommandeure der Osttruppen z.b.V. und Stabsoffiziere für landeseigene Hilfskräfte, Nr. 21, GendFreiwVerbiOKH, Nr. 3/201/45geh, 1. 3. 1945, Archiv des Vf.

891 Kazancev, Tret'ja sila, S. 257.

892 Ob'javlenie, Organizacionno-metodičeskij otdel GUP, in: Za Rodinu, Nr. 2 (16), 7. 1. 1945.

893 Kazancev, Tret'ja sila, S. 293 ff.

894 Radio-stancija Komiteta Osvoboždenija Narodov Rossii, in: Volja Naroda, Nr. 1, 15. 11. 1944; Avtobiografija Dudina L'va Vladimiroviča, BA-MA MSg 149/29.

895 KONR, BA-MA MSg 149/27.

896 Sovet po Delam Veroispovedanij pri Komitete Osvoboždenija Narodov Rossii, in: Za Rodinu, Nr. 5 (19), 18. 1. 1945.

897 Tiškov, Predatel', S. 95 ff.

898 Titov, Kljatvoprestupniki, S. 233.

899 Botschafter Harriman an Secretary of State, 11. 6. 1945, FRUS, 1945, Bd 5, S. 1097 f.; Tolstoy, Victims of Yalta, S. 408.

900 Galay, Political Groups, S. 228.

901 Terechov, Čudoviščnoe prestuplenie bol'ševikov v Kruppe-Mjule, in: Volja Naroda, Nr. 8 (21), 24. 1. 1945; Zlodejskij rasstrel russkich i ukrainskich rabočich sovetskimi tankistami, in: Za Rodinu, Nr. 8 (22), 28. 1. 1945.

902 Mittagslage vom 27. Januar 1945 in Berlin, in: Hitlers Lagebesprechungen, S. 844.

903 Tolstoy, Victims of Yalta, S. 316, 409.

904 Siehe Anm. 855.

905 Ehemalige Sowjet-Offiziere vor Ostarbeitern, 21. 3. 1944, Archiv des Vf.; Pljuščev-Vlasenko, Kryl'ja svobody, S. 40, ebd.

906 Kromiadi, Za zemlju, za volju, S. 196 ff.; Kaštanov, Poezdka v Verchnjuju Sileziju, BA-MA MSg 149/8.

907 V Graždanskom Upravlenii Komiteta Osvoboždenija Narodov Rossii, Interview mit dem Chef der Verwaltung, Generalmajor Zakutnyj, in: Volja Naroda, Nr. 7, 6. 12. 1944.

908 Novyj pod'em Osvoboditel'nogo Dviženija, Ansprache des Vorsitzenden des Komitees zur Befreiung der Völker Rußlands A. A. Vlasov auf der Sitzung des Komitees am 17. Dezember 1944, ebd., Nr. 11, 20. 12. 1944.

909 Kongress russkoj molodeži, in: Volja Naroda, Nr. 7, 6. 12. 1944; Položenie o značke Sojuza Molodeži Narodov Rossii (S.M.N.R.), BA-MA MSg 149/6.

910 Siehe Anm. 907.

911 Vladimir B. ..., Fel'dpost 19000. Central'noe Spravočnoe Bjuro, in: Za Rodinu, Nr. 6 (20), 21. 1. 1945; siehe die Rozyski, in: Volja Naroda, Nr. 2, 18. 11. 1944 ff.

912 Bogatyrčuk, Lepta rabočego, in: Volja Naroda, Nr. 6, 3. 12. 1944; siehe die Mitteilungen der Narodnaja Pomošč', ebd., Nr. 1 (14), 1. 1. 1945, Nr. 8 (21), 24. 1. 1945, Nr. 9 (22), 27. 1. 1945 und andere.

913 Detskaja elka.» Ruč'i tekut iz kapel' doždevych«, in: Za Rodinu, Nr. 3 (17), 11. 1. 1945; siehe auch Anm. 890.
914 Rosenberg an Berger, 23. 11. 1944, BA R 6/38; Doktor N., Po povodu, S. 110.
915 Siehe Anm. 29. Den Bemühungen des KONR um eine Besserstellung der Ostarbeiter war bereits durch den General der Freiwilligenverbände vorgearbeitet worden. Nach der Verlegung der Freiwilligen in das Heimatkriegsgebiet hatten diese bei der Berührung mit Ostarbeitern nämlich vielfache Mißstände feststellen müssen.»Auf Grund der Feststellungen und Meldungen der Truppe« erhob der General der Freiwilligenverbände umgehend dringende Vorstellungen bei den »zuständigen Reichsministerien«. Als Ergebnis seiner Bemühungen konnte das OKH/GenStdH/GendFreiwVerb am 24. 10. 1944 in einer auch in russischer Sprache herausgegebenen Propaganda-Weisung (Archiv des Vf.) u. a. folgende Anordnungen bekanntgeben:
1.»Als Anerkennung für ihre bisherige Haltung und Leistung ist das bisherige Ostarbeiterabzeichen in Wegfall gekommen.«
2.»Durch eine Verfügung des Reichsernährungsministeriums an die Landesernährungsämter vom 26. 7. 44 ist die Verpflegung der Ostarbeiter im Rahmen der allgemeinen Ernährungslage gebessert worden.«
3.»Die Ostarbeiter sind jetzt in den Lohn- und Gehaltsbedingungen den sonstigen ausländischen Arbeitskräften gleichgestellt.« In der Praxis sollten»Ostarbeiter ... die gleichen Lohn- und Gehaltssätze wie die in derselben Weise beschäftigten deutschen Gefolgschaftsmitglieder« erhalten.
4.»Auf Bitte des Gen.d.Freiw.-Verbände hat jedoch Reichsminister Dr. Goebbels in seiner Eigenschaft als Reichsbevollmächtigter für den totalen Kriegseinsatz mit Schreiben vom 22. 9. 44 entschieden, daß die Betreuung der Freiwilligen durch landeseigene Künstlergruppen ebenso wie die der Ostarbeiter fortgesetzt wird. Es ist der gemeinsame Wunsch von Reichsminister Dr. Goebbels und Gen.d.Freiw.-Verb., General der Kav. Köstring, daß den Freiwilligen ebenso wie den Ostarbeitern auf diese Weise ein Stück Heimat geboten wird.« Wie am 24. 10. 1944 aber ausdrücklich betont wurde, waren diese Maßnahmen »zum Teil [...] noch in der Durchführung begriffen«.
916 Vermerk über die Besprechung des Generals Vlasov mit Reichsmarschall Göring, SS-Oberführer Dr. Kroeger, 4. 2. 1945, Archiv des Vf.; Pljuščev-Vlasenko, Kryl'ja svobody, S. 61 f., ebd.
917 Doktor N., Po povodu, S. 109.
918 Siehe Anm. 887, Doklad, sowie Anm. 909, Položenie.
919 Glavnoe Graždanskoe Upravlenie KONR'a, BA-MA MSg 149/6; Bor'ba za prava »ostovskich« rabočich, in: Bor'ba, BA-MA MSg 149/27.
920 Nach Pljuščev-Vlasenko, Kryl'ja svobody, S. 103, Archiv des Vf.
921 Dneprovskij, Osvoboždenie sovetskich voennoplennych, in: Za Rodinu, Nr. 5 (19), 18. 1. 1945.
922 Spiridonov, Formy i metody, S. 4, 39. Zur Persönlichkeit des Obersten Spiridonov: Avtobiografičeskie dannye polkovnika Spiridonova, Svodka Nr. 678, 9. 6. 1947, BA-MA MSg 149/29; Umer polkovnik ROA Aleksej Ivanovič Spiridonov, ebd.; Dr. K., Polkovnik Aleksej Ivanovič Spiridonov-Nekrolog, ebd.
923 »Die Vorträge, die Leutnant Ageenkow vor dem russischen Behelfspersonal abhält, werden von diesem begrüßt [...] und schließlich, weil eine Gelegenheit gegeben ist, Beschwerden und Wünsche an einer Stelle anzubringen, bei der man sich in der eigenen Sprache entsprechend ausdrücken kann und von der vermutet wird, daß sie in der Lage ist, die geäußerten Wünsche leichter einer Erfüllung zuführen zu können«, Major Lammerer an Flakgruppe Schweinfurt, 30. 1. 1945, BA-MA RL 12/77; siehe auch Anm. 348–350.
924 Obraščenie, in: Volja Naroda, Nr. 4 (17), 10. 1. 1945.
925 Vypiski iz dnevnika general-majora Borodina, 23. 7. 1945, BA-MA MSg 149/46.

Schlußbetrachtung

In der 1943 in Großbritannien erschienenen Artikelsammlung »Russia at War« findet sich in einem Aufsatz vom 4. November 1941 unter der Überschrift »Es gibt keine Furcht« (There is no Fear) folgende geradezu verblüffende Behauptung des in der Sowjetpropaganda wortführenden Schriftstellers Ilja Ėrenburg: »Dieser Krieg ist kein Bürgerkrieg. Es ist ein vaterländischer Krieg für Rußland (das heißt für die Sowjetunion). Es gibt keinen einzigen Russen, der gegen uns ist. Es gibt keinen einzigen Russen, der die Deutschen unterstützen würde[926].« Diese Auslassung ist nicht nur bezeichnend für die Art und Weise, mit der die sowjetische Propaganda der bestürzenden Tatsache zu steuern versuchte, daß sich bis zu diesem Zeitpunkt bereits Millionen von Rotarmisten den Deutschen gefangengegeben hatten und nach sowjetischer Auffassung damit zu Deserteuren und Verrätern an der Sowjetmacht geworden waren. Es findet sich hier in einprägsamen Worten erstmals auch jener zum Dogma erhobene Satz, die Sowjetsoldaten seien »ihrem sozialistischen Vaterland«, »ihrer Partei« treu geblieben, »höchster Sowjetpatriotismus« und »tiefste Ergebenheit der Kommunistischen Partei« seien die Ursache für den »Massenheroismus« im Kriege gewesen. Noch unlängst hat der für die ideologische Ausrichtung der Sowjetsoldaten an der ruhmvollen Vergangenheit des »Großen Vaterländischen Krieges« mitverantwortliche Chef des Instituts für Militärgeschichte des Verteidigungsministeriums der UdSSR, Generalleutnant Professor Dr. Žilin, diese Glaubensartikel in pathetischen, um nicht zu sagen hymnischen Worten bekräftigt und besiegelt[927].

Allein die Kenntnis darüber, daß sich Millionen sowjetischer Soldaten in die Kriegsgefangenschaft der deutschen Okkupanten begaben, daß in einem als »groß« und »vaterländisch« apostrophierten Krieg »Hunderttausende« oder wie wir heute wissen »eine Million« (die Schätzungen belaufen sich sogar auf zwei Millionen[928]) von ihnen sich auf seiten des »ärgsten Feindes« gegen eben dieses »sozialistische Vaterland« bewaffneten, ist auch in der östlichen Welt nicht unbekannt geblieben. Dieser Vorgang ist so ungeheuerlich und einmalig in der Kriegsgeschichte, daß selbst Solženicyn, der nicht wenig zu seiner Verbreitung beigetragen hat, ihn sich anfangs nur mit der physischen Notlage der von der Sowjetregierung verratenen Rotarmisten in deutscher Kriegsgefangenschaft zu erklären vermochte. Allerdings gelangt auch er dann schon zu dem Schluß, diesem Phänomen müßten doch wohl tiefere und das heißt nichts anderes als politisch-soziale Ursachen zugrunde gelegen haben[929]. Der immer wieder vorgebrachte Hinweis auf die Notlage der sowjetischen Kriegsgefangenen als Motiv für ihren Eintritt in die bewaffneten Kräfte auf deutscher Seite erweist sich in der Tat als wenig stichhaltig. Denn als neben den Angehörigen der turkestanischen und kaukasischen Völker sowie den Kosaken auch den Russen der Weg in die von den Deutschen organisierten Freiwilligenverbände geöffnet wurde, hatten sich die Verhältnisse in den Kriegsgefangenenlagern bereits fühlbar zum Besseren gewandelt. Die Kriegsgefangenen brauchten also nicht etwa in die Osttruppen einzutreten, weil sie sonst befürchten mußten, Hungers zu sterben, ganz abgesehen davon, daß ein solches Motiv vom Sowjetstandpunkt aus nicht die geringste Berechtigung hätte und somit auch keinen Entschuldigungsgrund darstellte. Und im übrigen legten die Deutschen auch größten Wert auf eine strikte Beachtung des Freiwilligkeitsprinzips. Was sich auf breiter Front spontan vielmehr Bahn brach, war eine Bewegung, die, wenn sie nicht überhaupt von einer aktiven Gegnerschaft gegen das Regime Stalins getragen war, dann zumindest doch – und nach der Sowjetdoktrin nicht minder verwerflich – von einer völligen Gleichgültigkeit und Indifferenz dem kommunistischen Herrschaftssystem gegenüber. Die Gründe für den Frontwechsel mochten im einzelnen unterschiedlicher Natur sein, aber sie rührten doch immer her aus den negativen Erfahrungen eines jeden Rotarmisten mit dem »sowjetischen sozialistischen Gesellschaftssystem«, bei dem es sich nach sachverständigem Urteil um das »antihumanste System handelt, das in der Geschichte der Menschheit je existiert hat«[930].

Die Russische Befreiungsbewegung ist nicht durch General Vlasov ins Leben gerufen worden und nicht erst im Zweiten Weltkrieg entstanden. Bewaffneten Widerstand gegen die Bol'ševiki hatte es von ihrem gewaltsamen Machtantritt im Jahre 1917 an gegeben[931]. Es sei nur erinnert an die großen Bauernkriege, an die Unruhen der Industriearbeiter, vor allem in Petrograd, an den Aufstand der Matrosen von Kronstadt, einst »Pracht und Stolz« der bolschewistischen Revolution, an die Erhebung des Kosakentums, an die nationalen Abwehrkämpfe in Kaukasien und Turkestan. Alle diese Aufstände sind grausam unterdrückt worden, ohne daß der Widerstandsgeist des Volkes damit jedoch gebrochen worden wäre. Die gewaltigen Erschütterungen der Zwangskollektivierung, die allgemeinen Entbehrungen durch die rücksichtslos (und mit maßgeblicher Beteiligung durch ausländische Techniker) durchgeführte Industrialisierung, der »erbarmungslose Massenterror«[932] der Bolschewisten insbesonders während des Fieberwahnes der Stalinschen Säuberungen, alles dies hatte sich unauslöschlich in das Bewußtsein aller Völker der Sowjetunion eingegraben. Kein Wunder also, wenn in der

Konstellation des deutsch-sowjetischen Krieges in den Gebieten, in denen der Überwachungs- und Terrorapparat des NKVD aufgehört hatte zu bestehen, der aufgestaute Unmut der Bevölkerung sich Luft zu machen begann und sich hier auch neue Formen des Widerstandes herausbildeten. Allerdings, wirkliche Eigenbestrebungen des russischen Volkes hatten angesichts der Ausbeutungs- und Kolonialpolitik Hitlers im Osten so gut wie keine Entfaltungsmöglichkeiten. Es dauerte auch noch bis Ende 1942, bis die nationalrussischen Kräfte in der Persönlichkeit des Generals Vlasov einen Kristallisationspunkt gewonnen hatten. Welche Schwierigkeiten die Befreiungsbewegung selbst unter der Führung Vlasovs noch zu überwinden hatte, braucht an dieser Stelle nicht wiederholt zu werden. Festzuhalten nur bleibt, daß sie ungeachtet aller Widrigkeiten in der Endphase des Krieges in Gestalt des KONR und der ROA (VS KONR) schließlich doch noch einen organisatorisch festgefügten Ausdruck fand.

Der vorliegende Band, der das Kernstück der Befreiungsbewegung, die Geschichte der Befreiungsarmee, zum Inhalt hat, ohne dabei den politischen Rahmen und die Wirksamkeit des Befreiungskomitees außer acht zu lassen, geht bewußt neue Wege. Im Gegensatz zu den üblichen Interpretationsversuchen, die auch die Vlasovbewegung ausschließlich nur mit deutschen Augen, als eine von deutschen Kreisen (»Reichsleitung, SS und Wehrmacht«) unternommene Aktion zur Abwendung der dem Reich drohenden Niederlage begreifen können[933], versteht die vorliegende Arbeit Befreiungsarmee und Befreiungskomitee ganz bewußt aus sich selbst heraus. Die nationalrussische Bewegung, der Vlasov seinen Namen gab, wird somit der russischen Geschichte zugeordnet, was natürlich nicht auszuschließen braucht, daß sie auch mit der Geschichte Deutschlands und der Westmächte im Zweiten Weltkrieg verbunden ist. Ein besonderes Anliegen bestand zudem darin, auch die positiven Momente im Verhältnis von Deutschen und Russen zueinander hervortreten zu lassen.

Wenn man den Blick noch einmal auf die Grundlagen des deutsch-russischen Bündnisses von 1944 richtet, so läßt sich kaum in Frage stellen, daß, abgesehen von dem ohnehin unwilligen Hitler, selbst Himmler, der der Befreiungsbewegung den Weg aus opportunistischen Gründen freigab, niemals an einen echten Ausgleich mit Rußland gedacht hat. Dies wird deutlich, wenn er es noch im August 1944, als die Begegnung mit Vlasov längst beschlossene Sache war, in einer Rede für »unverrückbar« erklärte, »daß wir die Volkstumsgrenzen um 500 Kilometer nach Osten herausschieben«[934], oder wenn er am 8. Januar 1945 noch einmal bekräftigte, der »Bereich Moskau« werde westlicher Grenzbereich eines künftigen Rußland sein und auf dieser Grundlage könne er sich auch eine Freundschaft mit Rußland durchaus vorstellen[935]. Vlasov andererseits war es von Anfang an um ein ehrliches und ehrenhaftes Bündnis mit Deutschland zu tun. Als russischer Patriot ist er nachweislich zu keinem Augenblick bereit gewesen, eine Schädigung der nationalen Integrität oder der Interessen Rußlands hinzunehmen. In diesem Zusammenhang sollte man folgendes berücksichtigen: Allein das Dritte Reich stand in einem Kampf auf Leben und Tod mit der Sowjetunion. Die Westmächte arbeiteten mit dem Stalinregime in weitestem Umfange zusammen und unterstützten es durch ungeheure Waffen- und Materiallieferungen. Die gegen die Tyrannei Stalins gerichtete Befreiungsbewegung hatte unter diesen Umständen überhaupt nicht die Freiheit, sich einen Verbündeten auszuwählen, nur im deutschen Lager und mit Hilfe der Deutschen erhielt sie Gelegenheit, sich für den bevorstehenden Befreiungskrieg zu bewaffnen. Dieser Umstand berechtigt indessen nicht dazu, Vlasov und seine Mitstreiter in irgendeiner Form mit dem Nationalsozialismus in Verbindung zu bringen. Das Komitee zur Befreiung der Völker Rußlands ist auch fundamental unterschieden von dem auf sowjetischer Seite organisierten Nationalkomitee Freies Deutschland, bei dem es sich lediglich um ein »außenpolitisches Hilfsinstrument der Sowjets« und ein »prokommunistisches Tarnunternehmen« handelte[936]. Daß Vlasov mit dem Hitlerismus nichts zu tun hatte, läßt sich unzweideutig dem Prager Manifest entnehmen und wird durch die Ergebnisse der vorliegenden Darstellung auch bestätigt. Wer aus dem Bündnis Vlasovs mit dem hitlerischen Deutschland eine moralische Kompromittierung der Russischen Befreiungsbewegung als solcher herauszulesen vermeint, der sollte daran erinnert werden, daß sich dann auch die Westmächte durch ihr Bündnis mit der Stalinschen Sowjetunion in ungleich stärkerem Maße moralisch kompromittiert und bloßgestellt haben. Überdies läßt sich nicht übersehen, daß Deutschland im Unterschied zur gleichgeschalteten Sowjetunion im Zweiten Weltkrieg kein politisch homogenes Gebilde war, sondern daß hinter dem Rücken Hitlers und wohl auch mit seiner berechnenden Duldung hier die verschiedensten Richtungen miteinander um Macht und Einfluß konkurrierten. Vlasov und andere russische Persönlichkeiten haben wiederholt ihre grenzenlose Verwunderung darüber ausgesprochen, daß es in einem autoritären Führerstaat wie Deutschland so unterschiedliche Gruppierungen und relativ weitgespannte Möglichkeiten geben könne, der offiziellen Politik entgegenzuarbeiten. Aufgrund ihrer Berührung mit maßgeblichen Kreisen der Wehrmacht, des Staates und selbst der SS, für die Rußland noch immer eine feste Größe auf der europäischen Landkarte darzustellen schien, gaben sie sich denn auch der Erwartung hin, die Vernunft werde obsiegen und es werde, und zumal unter dem Eindruck des erschöpfenden Krieges, doch noch gelingen, einen ehrlichen Ausgleich zwischen Deutschland und Rußland auf den herkömmlichen Grundlagen internationaler Beziehungen herbeizuführen.

In der historischen Beurteilung Vlasovs spielt der Hinweis auf das Mißlingen der von ihm geführten Befreiungsbewegung eine wesentliche Rolle. Als diese Ende 1944 organisatorische Gestalt anzunehmen vermochte, zeichnete sich die endgültige Niederlage Deutschlands in der Tat bereits mit solcher Deutlichkeit ab, daß selbst gewichtige Wortführer einer russisch-deutschen Verständigung wie General Köstring und General Gehlen, Offiziere also, die Vlasov alle Sympathien entgegenbrachten und ihren ganzen Einfluß aufgeboten hatten, um eine russische Nationalarmee zu schaffen, das Unterfangen nunmehr für aussichtslos hielten[937]. Neben dem Hinweis auf die inzwischen verpaßte historische Chance ist mitunter noch ein weiteres Argument zu verzeichnen, daß nämlich ein Bündnis mit dem nationalsozialistischen Deutschland angesichts der bekannten Pläne Hitlers im Osten von vornherein zwecklos gewesen wäre. Was diesen Einwand angeht, so sei allerdings daran erinnert, daß es Hitler selbst war, der noch 1943 kategorisch erklärt hatte, niemals eine russische Armee aufzubauen, weil er damit von vornherein seine Kriegsziele im Osten völlig aus der Hand geben würde[938]. Und eben eine solche Armee, die im Falle einer günstigen Entwicklung die von Hitler so sehr gefürchteten politischen Forderungen präsentieren und seinen Handlungsspielraum im Osten in Gefahr bringen konnte, war nun Wirklichkeit geworden. Die Frage hat gewiß nur eine hypothetische Bedeutung. Aber man kann nicht umhin zu erkennen, daß selbst aus der Sicht Hitlers die Gründung eines russischen politischen Zentrums und die Aufstellung einer russischen nationalen Armee niemals zweck- und bedeutungslos, sondern immer ein ernst zu nehmender, seinen eigenen Ambitionen entgegengesetzter Faktor gewesen ist. Im übrigen darf man auch fragen, ob die Westmächte, die schon ein kommunistisches Rußland gegen Hitler unterstützt hatten, nicht erst recht ein nichtkommunistisches Rußland gegen Hitler unterstützt haben würden. Doch die Macht Hitlers war inzwischen unaufhaltsam im Schwinden begriffen. Nicht auf ihn hatte Vlasov seine Hoffnungen gesetzt, sondern auf ausgleichsbereite Kräfte in der deutschen Wehrmacht- und Staatsführung. Vor allem aber war es ihm – und dies im Einverständnis mit seinen deutschen Freunden – darum zu tun gewesen, sich militärisch so stark wie möglich zu machen, um nach dem von ihm erst für Ende 1945 erwarteten Zusammenbruch Deutschlands in einem, wie er meinte, unumgänglichen Konflikt der Westmächte mit der Sowjetunion als »Dritte Kraft« (Tret'ja Sila) auf den Plan zu treten und zu versuchen, seine politischen Ziele nunmehr mit Unterstützung durch Großbritannien und die USA zu verfolgen, eine zeitlich gesehen zwar verfrühte, von der Sache her aber durchaus nicht so ganz abwegige Spekulation[939].

Der Einwand, die Russische Befreiungsbewegung sei schließlich gescheitert und es hätte dazu keiner Prophetie bedurft, übersieht schließlich ein

Moment von entscheidender Wichtigkeit. Daß nämlich die historische Bedeutung nationaler Befreiungskämpfe in keiner Weise allein von ihrem Erfolg oder Mißerfolg abhängig ist. Nicht selten in der neueren Geschichte haben ja gerade mißlungene Erhebungen eine besondere Ausstrahlungskraft gewonnen. Erinnert sei nur an den Aufstand des Tadeusz Kościuszko im Jahre 1794, an die Revolutionen in Deutschland und Ungarn im Jahre 1848/49 und, nicht zuletzt, an das Attentat auf Hitler am 20. Juli 1944. So unterschiedlich diese Befreiungsversuche nach Motiv und Zielsetzung auch gewesen sind, dieses eine haben sie dennoch gemeinsam, daß sie nämlich trotz ihres Scheiterns einen legendären Nimbus in der Nachwelt erlangten. Und welch ein Mythos ist aus dem »revolutionären Wahnsinn« der Pariser Kommune von 1871 erwachsen, jenem Aufstand nach dem so treffsicheren Urteil des Sozialisten Franz Mehring, »wie er dümmer und zweckloser vielleicht niemals in der ganzen Weltgeschichte dagewesen ist«[940]! Anders die Russische Befreiungsbewegung des Generals Vlasov. Sie war die gefährlichste »Herausforderung an das Regime« und erfüllte damit alle Voraussetzungen, um einen ehrenvollen Platz in der Geschichte Rußlands einzunehmen. Ein untrügliches Zeichen dafür, daß der Befreiungsarmee und dem Befreiungskomitee eine über den unmittelbaren Nutzen hinausgehende tiefe politische Bedeutung innewohnten, ist das vergebliche Bemühen auf sowjetischer Seite, das Vlasovproblem zu bewältigen, erst durch ein völliges Verschweigen dieses einzigartigen Phänomens, dann durch ein Hin- und Herschwanken, durch eine unsichere Auseinandersetzung mit unwahrhaftigen Argumenten. Aleksandr Nekrič, den man sicherlich als einen guten Kenner der geistigen Strömungen in der Sowjetunion ansehen darf, hat der Vlasovbewegung in seiner Geschichte der Sowjetunion denn auch mit gutem Grund ein ganzes Kapitel gewidmet. Aber auch er, wie vor ihm schon Aleksandr Solženicyn, vermochte Vlasov noch nicht eigentlich gerecht zu werden. Wie Nekrič schreibt, ist der Streit der Intellektuellen in der Sowjetunion über die historische Bewertung Vlasovs bis heute nicht abgeschlossen[941]. In diesen Zusammenhang ordnet sich der vorliegende Band ein, der auf der Grundlage aller erreichbaren Unterlagen erstmals einen vollständigen Überblick über die kurze Geschichte der Russischen Befreiungsarmee des Generals Vlasov bietet. Er enthält gewichtige Argumente, die die Diskussion anzuregen und zur geschichtlichen Wahrheitsfindung beizutragen vermögen.

Anmerkungen

926 Ehrenburg, Russia at War, S. 228.
927 Žilin, Problemy voennoj istorii, S. 291, 289, 325.
928 Münter, Die Ostfreiwilligen, S. 214, 220.

929 Solschenizyn, Der Archipel GULAG, S. 247, 253.
930 Heller/Nekrich, Geschichte der Sowjetunion, Bd 2, S. 218. Souvarine, der ehemalige Vertraute Lenins und Trockijs, schreibt in seinem grundlegenden Werk über Stalin, S. 621, daß das »Regime Stalin« »von den unterworfenen Völkern als eine Art Sklavenhalterregime verabscheut wurde«. Nikolaev, dessen Vater, ein Geistlicher, im Jahre 1937 von Organen des NKVD erschossen worden war, nennt die »kommunistische Tyrannei« in seinem Buch Tak ėto bylo, S. 276, 267, »rohestes Banditentum in staatlichem Maßstab«.
931 Heller/Nekrich, Geschichte der Sowjetunion, Bd 1, S. 90, 99.
932 Ebd., S. 57.
933 Volkmann, Das Vlasov-Unternehmen.
934 Die Rede Himmlers, S. 393 f.
935 Siehe Anm. 29.
936 Frieser, Krieg hinter Stacheldraht, S. 9, 12.
937 Herwarth, Zwischen Hitler und Stalin, S. 333 ff.; Gehlen, Der Dienst, S. 114.
938 Siehe auch H. Kr., Zu Hitlers Ostpolitik, S. 308 ff.
939 Thorwald, Die Illusion, S. 14 f.
940 Mehring, Die Pariser Commune, S. 647.
941 Heller/Nekrich, Geschichte der Sowjetunion, Bd 2, S. 123.

ANHANG

Abkürzungen

A	Armee
AA	Auswärtiges Amt
Abt	Abteilung
AbtFrH Ost	Abteilung Fremde Heere Ost
AbtKriegsverw	Abteilung Kriegsverwaltung
ADAP	Akten zur Deutschen Auswärtigen Politik
AGr	Amtsgruppe
AHA	Allgemeines Heeresamt
AOK	Armeeoberkommando
APB	Auslands-Presse-Bericht
APO	Army Post Office
Ausl/Abw	Ausland/Abwehr
AWPr	Amt für Wehrmachtpropaganda
AWS	Werfer?
AZ	Aktenzeichen
BA	Bundesarchiv, Koblenz
BA-MA	Bundesarchiv-Militärarchiv, Freiburg
BBC	British Broadcasting Corporation
BefhdrückwHGeb	Befehlshaber des rückwärtigen Heeresgebietes
Bf	Bayerische Flugzeugwerke
B-Stellen	Beobachtungsstellen (der Artillerie)
ChefdGenStdLw	Chef des Generalstabes der Luftwaffe
Chef d.Lw.d.S.V.R.	Chef der Luftwaffe der Streitkräfte der Völker Rußlands
ChefGendFreiwVerb	Chef beim General der Freiwilligenverbände
ChefGenSt	Chef des Generalstabes
ChefHRüstuBdE	Chef der Heeresrüstung und Befehlshaber des Ersatzheeres
ChefIng	Chefingenieur
Chefs	Chefsache
CIC	Counter-Intelligence Corps
ČNR	Česká Narodní Rada (Tschechischer Nationalrat)
ČSSR	Československá Socialistická Republika (Tschechoslowakische Sozialistische Republik)
DAF	Deutsche Arbeitsfront
Dienstst.	Dienststelle

Div	Division
Do	Dornier
d.R.	der Reserve
DVK	Deutsches Verbindungskommando
Fi	Fieseler
fol.	folium, Blatt
Freiw.-Div.	Freiwilligendivision
FRUS	Foreign Relations of the United States
FüAbt	Führungsabteilung
G2	Military Intelligence Division
Geb.Sch.Div.	Gebirgsschützendivision
geh, g	geheim
Gen	General
GendFreiwVerbiOKH	General der Freiwilligenverbände im OKH
GenMaj	Generalmajor
GendOsttr	General der Osttruppen
GenNachFüdLw	Generalnachrichtenführer der Luftwaffe
GenQu	Generalquartiermeister
GenStdH	Generalstab des Heeres
GenStGenQu	Generalstab Generalquartiermeiser
Ges.	Gesandter
Gestapo	Geheime Staatspolizei
gKdos	geheime Kommandosache
GPU	Gosudarstvennoe Političeskoe Upravlenie (Staatliche Politische Verwaltung)
Gren.Rgt.	Grenadierregiment
GSC	General Staff Corps
GULAG	Glavnoe Upravlenie Ispravitel'no-Trudovych Lagereij (Hauptverwaltung der Arbeitsbesserungslager)
GUP	Glavnoe Upravlenie Propagandy (Hauptverwaltung für Propaganda)
He	Heinkel
HGr	Heeresgruppe
Hiwi	Hilfswilliger
HLKO	Haager Landkriegsordnung
Hs	Henschel
ID, InfDiv	Infanteriedivision
IfZ	Institut für Zeitgeschichte, München
i. G.	im Generalstab
Inf	Infanterie
InspdostvölkPersdLw	Inspekteur des ostvölkischen Personals der Luftwaffe

InspizfausländPersdLw	Inspizient für ausländisches Personal der Luftwaffe
IRK	Internationales Rotes Kreuz
Ju	Junkers
Kap.	Kapitan
kauk.	kaukasisch
Kdo	Kommando
Kdr	Kommandeur
KdrdOsttr	Kommandeur der Osttruppen
KdrGendSichTru-BefhHGeb	Kommandierender General der Sicherungstruppen und Befehlshaber des Heeresgebietes
KdrKgf	Kommandeur der Kriegsgefangenen
KGB	Komitet Gosudarstvennoj Bezopasnosti (Komitee für Staatssicherheit)
Kgf	Kriegsgefangener
Kom.General	Kommandierender General
Komsomol	Kommunističeskij Sojuz Molodež (Kommunistischer Jugendverband)
KONR, KONRa	Komitet Osvoboždenija Narodov Rosii (Komitee zur Befreiung der Völker Rußlands)
Korück	Kommandant des rückwärtigen Armeegebietes
KosDiv	Kosakendivision
KPC	Kommunističeskaja Partija Čechoslovakii (Kommunistische Partei der Tschechoslowakei, Komunistická Strana Československá)
Kr.-Gef.	Kriegsgefangener
Kriegsgef.Org.	Kriegsgefangenenorganisation
KTB	Kriegstagebuch
K.u.K.	Kaiserlich und Königlich
LnTelegrBau-Regt	Luftnachrichten-Telegraphenbauregiment
Lt.	Leutnant
Lt.Col.	Lieutenant Colonel
LtrdRussLst	Leiter der Russischen Leitstelle
LuftflKdo	Luftflottenkommando
LwFüSt	Luftwaffenführungsstab
LwOrgSt	Luftwaffenorganisationsstab
LwPersA	Luftwaffenpersonalamt
Me	Messerschmitt
MGB	Ministerstvo Gosudarstvennoj Bezopasnosti (Ministerium für Staatssicherheit)
MGFA	Militärgeschichtliches Forschungsamt, Freiburg
mot	motorisiert

| MVD | Ministerstvo Vnutrennich Del |
| | (Ministerium des Innern) |

NKGB	Narodnyj Komissariat Gosudarstvennoj Bezopasnosti
	(Volkskommissariat für Staatssicherheit)
NKVD	Narodnyj Komissariat Vnutrennich Del
	(Volkskommissariat des Innern)
NTS	Nacional'no-Trudovoj Sojuz
	(Nationaler Arbeitsbund)
NZZ	Neue Zürcher Zeitung

OBdH	Oberbefehlshaber des Heeres
OBdHGr	Oberbefehlshaber der Heeresgruppe
o.D.	ohne Datum
ODNR	Osvoboditel'noe Dviženie Narodov Rossii
	(Befreiungsbewegung der Völker Rußlands)
off	offen
Oflag	Offizierlager
OGruF	Obergruppenführer
o.J.	ohne Jahr
OKH	Oberkommando des Heeres
OKHGr	Oberkommando der Heeresgruppe
OKL	Oberkommando der Luftwaffe
OKW	Oberkommando der Wehrmacht
o.O.	ohne Ort
OQu	Oberquartiermeister, Oberquartiermeisterabteilung
OrgAbt	Organisationsabteilung
OSI	Office of Special Investigations
OSS	Office of Strategic Services
Osttr	Osttruppen

PA AA	Politisches Archiv des Auswärtigen Amtes, Bonn
POA	siehe ROA
Prop	Propaganda
Pz	Panzer
PzAOK	Panzerarmeeoberkommando
Pz.Jgd.Div.	Panzerjagddivision

| Qu | Quartiermeister, Quartiermeisterabteilung |

RBA	Russische Befreiungsarmee
RF SS	Reichsführer SS
RKKA	Raboče-Krestjanskaja Krasnaja Armija
	(Rote Arbeiter- und Bauernarmee)
RKUkraine	Reichskommissar für die Ukraine

RNA	Russkaja Narodnaja Armija (Russische Volksarmee), Russkaja Nacional'naja Armija (Russische Nationalarmee)
RNNA	Russkaja Nacional'naja Narodnaja Armija (Russische Nationale Volksarmee)
ROA, P.O.A.	Russkaja Osvoboditel'naja Armija (Russische Befreiungsarmee)
ROD	Russkoe Osvoboditel'noe Dviženie (Russische Befreiungsbewegung)
RONA	Russkaja Osvoboditel'naja Narodnaja Armija (Russische Volksbefreiungsarmee)
RSFSR	Rossijskaja Sovetskaja Federativnaja Socialističeskaja Respublika (Russische Föderative Sozialistische Sowjetrepublik)
SACMED	Supreme Allied Commander Mediterranean Theater
SBONR	Sojuz Bor'by za Osvoboždenie Narodov Rossii (Kampfbund zur Befreiung der Völker Rußlands)
Sch.Korps	Schützenkorps
SD	Schützendivision
SD	Sicherheitsdienst
SHAEF	Supreme Headquarters Allied Expeditionary Force
SMERŠ	»Smert' Špionam!« (Tod den Spionen, Spionageabwehr)
SMNR	Sojuz Molodeži Narodov Rossii (Jugendbund der Völker Rußlands)
SS	Schutzstaffel
SS-HA-AGr	SS-Hauptamt-Amtsgruppe
SS OFü	SS-Oberführer
SS OGruF	SS-Obergruppenführer
SSSR	Sojuz Sovetskich Socialističeskich Respublik (Union Sozialistischer Sowjetrepubliken)
Stalag	Stammlager
STAVKA	Hauptquartier (altrussische Bezeichnung für den Kommandostand des Feldherrn)
SVOD	Sojuz Voinov Osvoboditel'nogo Dviženija (Bund der Krieger der Befreiungsbewegung)
SVR	Streitkräfte der Völker Rußlands
UdSSR	Union der Sozialistischen Sowjetrepubliken
UNO	United Nations Organization
UPA	Ukraïns'ka Povstans'ka Armija (Ukrainische Aufstandsarmee)
US	United States
USFET	United States Forces European Theater
UVV	Ukraïns'ke Vizvol'ne Vijs'ko (Ukrainisches Befreiungsheer)

VAA	Vertreter des Auswärtigen Amtes
V-E Day	Victory in Europe Day
Vfg.	Verfügung
VS KONR	Vooružennye Sily (Streitkräfte des) KONR
VSNR	Vooružennye Sily Narodov Rossii (Streitkräfte der Völker Rußlands)
VVS	Voenno-Vozdušnye Sily (Luftstreitkräfte)
Wehrkr	Wehrkreis
WFSt	Wehrmachtführungsstab
WKP(b), VKP(b)	Vsesojuznaja Kommunističeskaja Partija (bol'ševikov) (Allunions-Kommunistische Partei [der Bolschewiken])
WPr	Wehrmachtpropaganda
z.b.V.	zur besonderen Verwendung
Ia	1. Generalstabsoffizier (Führungsabteilung)
Ib	2. Generalstabsoffizier (Versorgungsabteilung)
Ic	3. Generalstabsoffizier (Abteilung für Feindnachrichten und Abwehr)
Ic/AO	3. Generalstabsoffizier/Abwehroffizier
IIa	Adjutant, Personalreferent

Quellen und Literatur

I. Archivalien

1. Bundesarchiv-Militärarchiv Freiburg

Oberkommando der Wehrmacht
RW 6/v. 276, Allgemeines Wehrmachtamt, Abteilung Kriegsgefangenenwesen, Chef
    Kriegsgef., Sowjetische Kriegsgefangene, Behandlung 1941–1944 RW 2/v. 158 =
    OKW 1263, Wehrmachtuntersuchungsstelle für Verletzungen des Völkerrechts
OKW/15, Wehrmachtführungsstab

Oberkommando des Heeres/Generalstab des Heeres
H 1/356, Organisationsabteilung II, Wlassow-Armee
H 1/598, Organisationsabteilung II, Aufstellung russischer Divisionen
RH 2/v. 831 = H 1/230, Organisationsabteilung II, Anlagen zum Kriegstagebuch vom
    31. 8. 1943 bis 15. 9. 1943
RH 2/v. 903, Organisationsabteilung II, Kriegstagebuch vom 30. 10. 1944 bis 30. 11.
    1944 mit Anlagen.
RH 2/v. 911 = H 1/227, H 1/421, Organisationsabteilung II, Anlagen zum Kriegsta-
    gebuch vom 4. 1. 1945 bis 30. 1. 1945
RH 2/v. 921 = H 1/203, H 1/420, H 1/423, Organisationsabteilung II, Kriegstagebuch
    vom 1. 2. 1945 bis 29. 4. 1945 mit Anlagen
H 3/ 491 = RH 2/v. 2538, Organisationsabteilung II, Gesammelte Unterlagen für die
    Beurteilung der Lage in den besetzten Ostgebieten und der damit zusammen-
    hängenden Fragen
RH 2/v. 2623 = H 3/765, Abteilung Fremde Heere Ost, Anlagenband vom 2. 11. 1944
    bis 26. 3. 1945
RH 2/v. 2727 = H 3/853, Abteilung Fremde Heere Ost, Anti-Wlassow-Propaganda
H 3/105 = RH 2/v. 1926, Abteilung Fremde Heere Ost, Handakte
H 3/152 = RH 2/v. 2425, Abteilung Fremde Heere Ost, Führerstellenbesetzung der
    Roten Armee

Oberkommando des Heeres/General der Freiwilligenverbände
RH 2/v. 1435 = H 1/153, Schematische Gliederung der landeseigenen Verbände
RH 2/v. 2728 = H 3/1794, Freiwilligenverbände, Wlassow-Armee

Oberkommando des Heeres/Heeressanitätsinspekteur
H 20/290, Beratender Gerichtsmediziner beim Heeressanitätsinspekteur

Oberkommando der Heeresgruppe A
65993/3, Ia/F, Anlagenband vom 30. 3. 1943 bis 30. 5. 1943
65993/4, Ia/F, Anlagenband von September 1942 bis Mai 1943

Oberkommando der Heeresgruppe Nord
RH 19III/251 = 75129/29, Einsatz von landeseigenen Verbänden von September 1943 bis November 1943

Oberkommando der Heeresgruppe Weichsel
RH 19XV/1, Chefsachen vom 13. 3. 1945 bis 15. 3. 1945
RH 19XV/3, Ia, KTB-Anlagen vom 1. 2. 1945 bis 14. 2. 1945, Bd 2
RH 19XV/4, Ia, KTB-Anlagen vom 1. 2. 1945 bis 14. 2. 1945, Bd 3
RH 19XV/6, Ia, KTB-Anlagen vom 15. 2. 1945 bis 28. 2. 1945, Bd 5
RH 19XV/7, Ia, KTB-Anlagen vom 1. 3. 1945 bis 14. 3. 1945
RH 19XV/8, Ia, KTB-Anlagen vom 15. 3. 1945 bis 31. 3. 1945
RH 19XV/9, Ia, KTB-Anlagen vom 1. 4. 1945 bis 19. 4. 1945
RH 19XV/16 K, Lagekarten
RH 19XV/19, Lagekarten vom 15. 2. 1945 bis 24. 4. 1945

Kommandierender General der Sicherungstruppen und Befehlshaber des Heeresgebietes Don
RH 22/218 = 29160/3, Ia, Anlagen zum Kriegstagebuch Nr. 1 vom 4. 10. 1942 bis 30. 11. 1942

Kommandierender General der Sicherungstruppen und Befehlshaber des Heeresgebietes Nord
RH 22/271, Anlagen zum Kriegstagebuch Nr. 1 vom 21. 3. 1941 bis 19. 10. 1941 (Geheime Kommandosachen und Geheimsachen der Abteilung Ic)

Kommandierender General der Sicherungstruppen und Befehlshaber des Heeresgebietes Mitte
RH 22/251, Qu, Kriegstagebuch Nr. 1 vom 15. 5. 1941 bis 31. 12. 1941

Kommandierender General der Sicherungstruppen und Befehlshaber des Heeresgebietes Süd
RH 22/135 = 39502/33, Ia, Kriegstagebuch vom 20. 4. 1943 bis 19. 9. 1943 (Sondermappe landeseigene Hilfskräfte, Osttruppen, Kosaken, Turkestaner)

Oberkommando der 2. Armee
41181/99 = RH 20-2/636, Ia, Anlagenband 99 vom 23. 3. 1943 bis 10. 9. 1943 (Landeseigene Verbände, Hiwi)

Oberkommando der 17. Armee
25 354/36, Ia, Anlagen zum Kriegstagebuch von August 1942 bis September 1942

Oberkommando der 18. Armee
64 847, Ic/AO, Nachreichungen der Abteilungen Ic/AO von 1942 bis 1945

Oberkommando der 2. Panzerarmee
RH 21-2/v. 508 = 37075/81, Ia, Anlagenband 68 vom 27. 3. 1942 bis 18. 3. 1943

Oberkommando der 4. Panzerarmee
RH 21-4/408 = 44065/5, OQu, Anlage 4 (Qu 2), Befehle, Gliederungen, Berichte auf dem Qu 2-Gebiet

Kommandeur der Osttruppen z.b.V 710
RH 58/67 = 40109, Tätigkeitsbericht vom 24. 4. 1943 bis 13. 1. 1944

Ost- und Fremdländische Verbände
RH 58/47, N. Rebikoff, Dienst im Ost Btl. 628, 1942–1945

Generalkommando XXXX. Panzerkorps
27759/14, Ic, Anlagen zum Tätigkeitsbericht vom 19. 6. 1942 bis 31. 10. 1942

Generalkommando XXXXIV. Armeekorps
24232/6, Ic, Anlagenband Nr. 3 zum Tätigkeitsbericht Nr. 7 vom 1. 9. 1942 bis 16. 9. 1942

Kommando der 1. Kosakendivision
RH 58/v. 3 = 43243/2, Ia, Anlagen zum Kriegstagebuch vom 17. 9. 1943 bis 31. 12.
1943 (Befehle, Gliederungen, Meldungen)
RH 58/7 = 43243/6, IIa, Tagebuch mit Anlage Stellenbesetzungen vom 1. 9. 1943 bis
31. 12. 1943

Oberkommando der Luftwaffe/Generalstab der Luftwaffe
RL 785 6
RL 2/v. 3058 a, 8. (Kriegswissenschaftliche) Abteilung, KTB-Unterlagen vom 19. 5.
1943 bis 9. 4. 1945

*Oberkommando der Luftwaffe/Inspekteur des ostvölkischen Personals der Luftwaffe/
Inspizient für ausländisches Personal der Luftwaffe Ost (Deutscher General beim
Komitee zur Befreiung der Völker Rußlands)*
RL 2 III/459
RL 2 III/460
RL 5/1234

Luftwaffe – diversa
RL 12/77, Flakgruppe Schweinfurt, Flakregiment 179
RL 12/549, Flakgruppe Stuttgart, Flakregiment 139
RL 10/564, Bericht Hogeback (Kampfgeschwader 6) über den Aufstand in Prag

Nachlässe
N 22/10, Nachlaß des Generalfeldmarschalls v. Bock
N 457/v. 17, Nachlaß des Generalobersten Rüdel

Militärgeschichtliche Sammlungen (MSg)

Sammlung Vladimir Pozdnjakoff
MSg 149/1, General Vlasov
MSg 149/2, Persönlichkeiten der Vlasov-Bewegung
MSg 149/3, Deutsche Besatzung in der Sowjetunion, Osttruppen, Frühzeit der Vla-
sov-Bewegung
MSg 149/5, Verlautbarungen des Komitees zur Befreiung der Völker Rußlands und
der Streitkräfte der Völker Rußlands
MSg 149/6, Streitkräfte des Komitees zur Befreiung der Völker Rußlands (VS KONR)
MSg 149/7, Kosaken und Nationalitäten
MSg 149/8, Einzelbeiträge zur Vlasov-Bewegung
MSg 149/9, Auseinandersetzungen um die Vlasov-Bewegung und kleine Beiträge
MSg 149/11, Korrespondenzen
MSg 149/12, Sowjetische Äußerungen zur Vlasov-Frage

MSg 149/13, Deutsche Kriegsgefangenschaft
MSg 149/14, Zwangsrepatriierung
MSg 149/15, Auseinandersetzungen um die Vlasov-Bewegung
MSg 149/16, Nationalitätenfrage, Kommunismus
MSg 149/17, Aufstände und Widerstand
MSg 149/18, Zustand der Roten Armee
MSg 149/19, Sowjetische Äußerungen
MSg 149/25, Streitkräfte des Komitees zur Befreiung der Völker Rußlands (VS KONR)
MSg 149/26, Riga
MSg 149/27, Komitee zur Befreiung der Völker Rußlands (KONR)
MSg 149/28, Propaganda an der Ostfront
MSg 149/29, Korrespondenzen über die Befreiungsbewegung der Völker Rußlands (ODNR)
MSg 149/30, Kosakenverbände
MSg 149/31, Jugendbund der Völker Rußlands
MSg 149/32, Osintorf
MSg 149/34, Manuskripte, Einzelmaterial
MSg 149/39, Pskov als eines der Zentren der Russischen Befreiungsbewegung (ROD)
MSg 149/40, M. Desmet, Weibliche Propaganda-Kompanie der ROA
MSg 149/41, Briefe und Aufzeichnungen
MSg 149/46, Vypiski iz dnevnika general-majora Borodina S. K. (Auszüge aus dem Tagebuch des Generalmajors S. K. Borodin)
MSg 149/48, A. A. Vlasov
MSg 149/49, Die 1. Division der ROA
MSg 149/51, Allgemeine Fragen
MSg 149/52, Generale der ROA
MSg 149/53, Ostbataillone
MSg 149/54, Der Fall Zykov
MSg 149/56, Unterlagen
MSg 149/57, Zwangsrepatriierung
MSg 149/58, Das Entstehen der ROA
MSg 149/60, Polkovnik Nerjanin, Russkoe Osvoboditel'noe Dviženie i Russkaja Osvoboditel'naja Armija (Oberst Nerjanin, Die Russische Befreiungsbewegung und die Russische Befreiungsarmee)

Sammlung Steenberg

2. Bundesarchiv Koblenz

SS-Hauptamt
NS 31/28
NS 31/33
NS 31/35
NS 31/41

Reichsministerium für die besetzten Ostgebiete
NS 30/152, Einsatzstab Reichsleiter Rosenberg
R 6/38
R 6/77
R 6/158

3. Politisches Archiv des Auswärtigen Amtes Bonn

Politische Abteilung betr. Allgemeine Akten vom 16. Aug. 1941 bis 29. Aug. 1941,
   Pol. XIII, Bd 10
Politische Abteilung betr. Allgemeine Akten von Aug. 1941 bis September 1941,
   Pol. XIII, Bd 12, Teil I
Politische Abteilung betr. Allgemeine Akten, Pol. XIII, Bd 12, Teil II
Politische Abteilung betr. Allgemeine Akten 1941, Pol. XIII, Bd 13
Politische Abteilung betr. Allgemeine Akten betr. Lage in den besetzten Ostgebieten
   von Sep. 1941 bis Jan. 1942, Pol. XIII, Bd 15
Politische Abteilung betr. Allgemeine Akten betr. Lage in den besetzten Ostgebieten
   von Aug. 1941 bis Jan. 1942, Pol. XIII, Bd 16
Handelspolitische Abteilung betr. Ostland-Generalia/Finanzvereinbarung mit Ge-
   neralleutnant Wlassow, HAPol., Bd 21/7
Handakten Etzdorf betr. Rußland von 1940 bis 1944, Bd 24
Handakten Megerle betr. Wlassow von 1943 bis 1945, Bd 7/4
Handakten Ritter betr. Rußland von 1941 bis 1944, Bd 29
Handakten Ritter betr. Dienststelle Gesandter Altenburg und Freiwillige, Bd 55
Vertreter des Auswärtigen Amtes beim Reichskommissar für die Ukraine, Bd 4

II. Einzelakten und Manuskripte

1. Archiv des Verfassers

Abfindung von Angehörigen landeseigener Verbände, OKH/GenStdH/GenQu/IV a
   (III, 3), Az. 985 d, Nr. I/14 124/43, 29. 5. 1943
Archipov, A., podpolkovnik, Vospominanija Komandira P-go polka 1-j divizii VS
   KONR (Oberstleutnant Archipov, Erinnerungen des Kommandeurs des ersten
   Regimentes der 1. Division der VS KONR), 28 S., 2 Karten
Artem'ev, V., podpolkovnik, Istorija Pervoj Russkoj Divizii Vooružennych Sil Nar-
   odov Rossii (Russkoj Osvoboditel'noj Armii »ROA«) (Oberstleutnant Artem'ev,
   Die Geschichte der Ersten Russischen Division der Streitkräfte der Völker Ruß-
   lands), 1947, 62 S.
Aufruf der deutschen Regierung (Generalfeldmarschall Keitel, Reichsminister Rosenberg) an die Kosaken vom 10. November 1943 (in deutscher Rückübersetzung), veröffentlicht in der deutschen und in der Kosakenpresse am 15. November 1943

Bericht betr. Kononow, Iwan Nikitjitsch, ehem. Generalmajor, 23. 10. 1958, 2 S.

Bericht über Zusammentreffen Generalleutnant Wlassoff, Generalleutnant Shilenkoff, General Malyschkin und General Blagowjeschtschenskij mit Oberst Riehl (Ril') und Oberstleutnant Botscharoff im Hotel »Excelsior« Berlin, 17. 2. 1943 (von der AbtFrH Ost dem ChefdGenStdH vorgelegt), Gehlen-Akte 6, Besetzte Gebiete und Ostpolitik, H. 3, Oktober 1942–März 1943

Chef der Haupt-Kosaken-Kolonne in Bayern, Oberst Choruschenko an (General der Flieger a. D.) Koller, 20. 10. 1950

Comité de la Libération des Peuples de la Russie, »4« Mai 1945, No. 4/75/45, Membre Présidentiel du Comité ... et Chef de l'Etat-Major des Forces Armées de l'Armée libératrice russe (P.O.A.), Généralmajor Trouchine, Membres du Comité: Généralmajor Boiarski, Généralmajor Méandroff, Major Mouzitschenko, Professeur et Docteur en Histoire Grétschko

Digest of Cases in Litigation, Office of Special Investigations U.S. Department of Justice, 24. 12. 1982, 17 S.

Dopolnitel'nyj spisok ličnogo sostava Štaba VS KONR – na 23. 2. 1945g. (Ergänzungsliste des Personalbestandes des Stabes der VS KONR zum 23. 2. 1945), 2 S.

Ehemalige Sowjet-Offiziere vor Ostarbeitern, 21. 3. 1944 (Zeitungsausschnitt)

Fröhlich, Sergej, Manuskript, 27 S.

Gaj, B., poručik, Organizacija organov razvedki i kontrrazvedki v ROA (Oberleutnant Gaj, Die Organisation der Organe der Aufklärung und der Abwehr der ROA), 6 S.

Gefangenenaussagen, 16. InfDiv (mot), Ic, 14. 8. 1942

Gehlen-Akte 6, Besetzte Gebiete und Ostpolitik, H. 3, Oktober 1942–März 1943, H. 5, Juli 1943–August 1943

General der Kavallerie a. D. Ernst Köstring, Wlassow, 31. Januar 1946, 9 S.

General der Kavallerie a. D. Ernst Köstring, Zahlenmäßige Stärke der Freiwilligen, 1 S.

Generalmajor Ivan Nikitovič Kononov, 29. 4. 1949, 4 S.

Hansen, Walther, Oberstleutnant a. D., Dienstliche Notizen vom 11. Dezember 1942–8. Oktober 1945, »Freiwilligen-Verbände«, 246 S.

Hansen, Walther, Aufzeichnungen

Herwarth, Hans v., Deutschland und die ukrainische Frage 1941–1945, 21 S.

Herwarth, Hans v., Russian Volunteers in the German Army, 22 S.

Hoffmann, Joachim, Dr., Gutachten über das Verfahren gegen den belgischen Staatsbürger und ehemaligen Oberleutnant der deutschen Wehrmacht und Abteilungskommandeur im Kalmykischen Kavalleriekorps Ermak Luk'janov vor dem Militärtribunal des Nordkaukasischen Militärbezirkes in Elista im Juni/Juli 1983 (Vorsitzender Oberstleutnant der Justiz V. V. Glazkov, Ankläger Oberst der Justiz N. A. Sil'čenko), 23. Januar 1984, 12 S., Nachtrag zum Gutachten (vom 23. Januar 1984), 3. Februar 1984, 5 S. (Rapport d'expertise ...)

Imennoj spisok ličnogo sostava Štaba VS KONR po sostojaniju na 22. 2. 1945g. (Namensliste des Personalbestandes des Stabes der VS KONR nach dem Stande des 22. 2. 1945), 5 S.

Kazaki i Vlasovskoe dviženie (Die Kosaken und die Vlasovbewegung) (o. D., 1945), protokollarische Aufzeichnungen

Keiling, Siegfried (d. i. Maximilian Preuss), Abschied von General Swerew, 22. 10. 1952, 4 S.

Keiling, Siegfried, Besprechung bei Gauleiter Holz, 16. 12. 1944, 1 S.

Keiling, Siegfried, Besprechung beim Wehrkreis XIII in Nürnberg, 15. 12. 1944, 1 S.

Keiling, Siegfried, Die Generale Swerew und Veiel, 24. 10. 1952, 3 S.

Keiling, Siegfried, Die Wlassow-Armee. Aufstellung der 600. und 650. I.D. (russ), 16. 1. 1951, 19 S.

Keiling, Siegfried, General Swerew und das Standgericht in Hausen, 26. 10. 1952, 5 S.

Keiling, Siegfried, Oberst Swerew wird Generalmajor, 1 S.

Kirill Aleksandrovič N. an Pozdnjakov, 8. 1. 1973

Kojda, polkovnik, Oficerskaja škola ROA (Oberst Kojda, Die Offizierschule der ROA), 1946, 4 S.

Kojda, S.T., polkovnik, Zapasnaja brigada (Oberst Kojda, Die Reservebrigade), 1946, 8 S.

Kommandeur der Aufstellungsstäbe (russ.), Oberst i. G. Herre an Chef des Heerespersonalamtes, 23. 1. 1945

Kratkaja biografičeskaja spravka o general-majore Kononove, Ivane Nikitiče (Kurze biographische Auskunft über Generalmajor Ivan Nikitič Kononov), 1 S.

Kr. svedenija o Russkom Korpuse (Kurzer Aufschluß über das Russische Korps), 1 S.

Die Kunst der Verleumdungen aus Moskau. Antwort an die »Iswestija« von Dr. Baymirza Hayit, 10 S.

Lebenslauf des Generalmajors des Generalstabes S. K. Borodin, 1 S.

Der Leitende Oberstaatsanwalt bei dem Landgericht Bonn, Einstellungsbeschluß vom 30. 3. 1961

Die letzten Stunden des General Vlasov, 20. 3. 1973, 5 S.

Mitteilung Gosudarstvennaja Biblioteka SSSR Imeni V. I. Lenina (N. G. Samochina), No. M 108, 10. 12. 1980

Mitteilungen für die Kommandeure der Osttruppen z.b.V. und Stabsoffiziere für landeseigene Hilfskräfte, Nr. 15, OKH/GenStdH/GendFreiwVerb, Nr. 8280/44geh, 23. 6. 1944; Nr. 18, OKH/GenStdH/GendFreiwVerb, Nr. 14630/44geh, 15. 10. 1944; Nr. 20, GendFreiwVerbiOKH, Nr. 20660/44geh, 1. 1. 1945; Nr. 21, GendFreiwVerbiOKH, Nr. 3/201/45geh, 1. 3. 1945; Zusammenfassung der Nrn. 1-16, GendFreiwVerbiOKH, Nr. 3/500/45geh, 25. 3. 1945

Načalo formirovanija Russkago Korpusa sostojalos' v gorode Belgrad 12 sentjabrja 1941 goda (Die Aufstellung des Russischen Korps begann in der Stadt Belgrad am 12. September 1941), 1 S.

Notz, Friedrich-Wilhelm v., Bericht über den Angriff der 1. Wlassoff-Division am 13. 4. 1945 im Abschnitt der deutschen 391. Sicherungsdivision (Kriegsschulregiment Potsdam) gegen den sowjetischen Brückenkopf »Erlenhof« 30 Kilometer südlich Frankfurt/Oder, 3 S.

Oberst a. D. v. Notz an Auský, 3. 3. 1977

Oberst Bojarskij an General Vlasov, Juli 1943, Gehlen-Akte 6, Besetzte Gebiete und Ostpolitik, H. 2, Juni 1943–Februar 1944

Pljuščev-Vlasenko, Boris, poručik, byvš. ad'jutant komandujuščego VVS ROA, general-majora aviacii V. I. Mal'ceva, Kryl'ja svobody. Istorija Voenno-Vozdušnych Sil Russkoj Osvoboditel'noj Armii (Oberleutnant Pljuščev-Vlasenko, ehemaliger Adjutant des Befehlshabers der Luftstreitkräfte der ROA, Generalmajor der Luftwaffe V. I. Mal'cev, Flügel der Freiheit. Die Geschichte der Luftstreitkräfte der Russischen Befreiungsarmee), 137 S.

Po ličnomu sostavu Štaba VS KONR, zam. glavnokomandujuščego, generalmajor Truchin, načal'nik komandnogo otdela, polkovnik Pozdnjakov, Prikaz No. 032-K Vooružennym Silam Komiteta Osvoboždenija Narodov Rossii, sekretno »8« marta 1945 g. (Zum Personalbestand des Stabes der VS KONR, Der Vertreter des Oberkommandierenden, Generalmajor Truchin, Der Chef der Kommandoabteilung, Oberst Pozdnjakov, Befehl Nr. 032-K der Streitkräfte des Komitees zur Befreiung der Völker Rußlands, geheim, 8. März 1945)

Položenie ob Upravlenii Kazač'imi vojskami pri KONR (Bestimmung über ein Kommando der Kosakenheere beim KONR) (Ataman des Donheeres, Generalleutnant Tatarkin, Ataman des Kuban'heeres, Generalleutnant Naumenko, Chef des Stabes des Rates der Kosakenheere, Oberst Karpov), »Utverždaju«, Glavnokomandujuščij VS KONR, General-lejtenant Vlasov, »25« marta 1945 goda (»Genehmigt«, Der Oberkommandierende der VS KONR, Generalleutnant Vlasov, 25. März 1945), 4 S.

Propaganda-Weisung, OKH/GenStdH/GendFreiwVerb, 24. 10. 1944; GendFreiwVerbiOKH, IV 1/434/45, 13. 1. 1945

Der Reichsarbeitsminister, VIII a, Nr. 2018/44, 22. 11. 1944

Stepanek-Štemr, Michael, Dr., Russen kommen nach Prag, 12 S.

Transfer of Functions of the Special Litigation Unit within the Immigration and Naturalization Service of the Department of Justice to the Criminal Division of the Department of Justice, Attorney General Benjamin R. Civiletti, Order No. 851-79, 4. 9. 1979, 4 S.

(Verbalnote) No. 126, Embassy of the United States of America, Bonn–Bad Godesberg, March 28, 1980

Verbalnote (Nr. 31), Die Botschaft der Vereinigten Staaten von Amerika, Bonn-Bad Godesberg, den 17. Januar 1983

Vermerk über die Besprechung des Generals Vlasov mit Reichsmarschall Göring, SS-Oberführer Dr. Kroeger, 4. 2. 1945

Vlasov an einen ungenannten deutschen Wirtschafts-Präsidenten, 16. 8. 1943, Gehlen-Akte 6, Besetzte Gebiete und Ostpolitik, H. 5, Juli 1943–August 1943

Vorläufiger Erlaß über die Versorgung der im Großdeutschen Reich wohnenden fremdvölkischen Freiwilligen, die im Rahmen der deutschen Wehrmacht eingesetzt waren, und ihrer Hinterbliebenen, Der Reichsarbeitsminister, VIII a, Nr. 1980/44, 10. 11. 1944

Vysockij, poručik, Boj na Odere. Po vospominaniem odnogo iz učastnikov, (Oberleutnant Vysockij, Kampf an der Oder. Nach den Erinnerungen eines der Teilnehmer), 1946, 8 S.

Zusätzliche Vernehmung des Oberst Michael Schapowalow, Kdr des I. Kauk. Sch. Korps, PzAOK 1, Ic, 18. 8. 1942

2. Militärgeschichtliches Forschungsamt Freiburg

Bosse, Alexander v., Das Kosaken-Korps, Historical Division, H.Qu. US-Army, Europe, Foreign Military Studies, P-064

Posdnjakoff, W., German Counterintelligence Activities in Occupied Russia (1941–1944), Office of the Chief of Military History, Department of the Army, P-122

Pozdnjakov, V. V., Central'naja Škola MGB SSSR (ČS MGB SSSR) (Die Zentralschule des MGB der SSSR), 3 Bde, Historical Division, H.Qu. US-Army, Europe, Foreign Military Studies Branch, P-131

Volžanin, V. (Pozdnjakov, V.), Respublika Zueva, Historical Division European Command, Foreign Military Studies Branch, P-124

3. Institut für Zeitgeschichte München

Herre, Heinz Danko, Aufstellung der Wlassow-Divisionen im Winter 1944/45, 33 S., 1307/54

Herre, Heinz Danko, Ergänzungen, 18 S., 1307/54

Schwenninger, Helmut, Bericht über die Ereignisse um die 600. Inf.Div. (russ.) in der Zeit vom 6. 3.-14. 5. 1945, 27 S., 1307/54

Schwenninger, Helmut, Ergänzungen, 18 S., 1307/54

Ungermann, Siegfried, Offz. Schulen der Wlassow-Armee auf dem Truppenübungsplatz Münsingen, 1 S., 1307/54

III. Gedruckte Quellen und Literatur

Akten zur Deutschen Auswärtigen Politik 1918–1945, Serie D: 1937–1941,
    Bd 6, 1. Halbbd, 23. Juni bis 14. September 1941, Göttingen 1970;
    Bd 6, 2. Halbbd, 15. September bis 11. Dezember 1941, Göttingen 1970; Serie E: 1941–1945,
    Bd I, 12. Dezember 1941 bis 28. Februar 1942, Göttingen 1969;
    Bd VI, 1. Mai bis 30. September 1943, Göttingen 1979;
    Bd VIII, 1. Mai 1944 bis 8. Mai 1945, Göttingen 1979

Amnistija 1955 goda – očerednaja fal'šivka »kollektivnogo rukovodstva«. Pokazanija vozvrativšichsja vozvraščencev na sobranii 8 oktjabrja 1955 goda (Die Amnestie von 1955 – eine weitere Fälschung der »kollektiven Führung«), München o. J.

Antosjak, A. und L. Saratovskij, Slavnaja stranica boevogo sodružestva. K 30-letiju rumynskoj dobrovol'českoj divizii imeni Tudora Vladimiresku (Eine ruhmvolle Seite der Waffenbrüderschaft. Zum 30. Jahrestag der rumänischen Freiwilligendivision Tudor Vladimiresku), in: Voenno-istoričeskij žurnal 1973, H. 10, S. 124–127

Artem'ev, Vjačeslav P., Istorija Pervoj Divizii ROA (Die Geschichte der Ersten Division der ROA), o.O. 1962

Auski, Stanislav, Predatel'stvo i Izmena. Vojska generala Vlasova v Čechii (Abtrünnigkeit und Verrat. Die Truppen des Generals Vlasov in der Tschechei), San Francisco 1982

Auský, Stanislav A., Vojska generála Vlasova v Čechách. Kniha o nepochopení a zradě (Die Truppen des Generals Vlasov in der Tschechei), Toronto/ Ontario 1980

Auský, Stanislav A., Vojska Generála Vlasova v Čechách (Die Truppen des Generals Wlassow in der Tschechei), Prag 1996

Bagramjan, I., Geroičeskaja oborona stolicy Sovetskoj Ukrainy (K 20-letiju osvoboždenija Kieva) (Die heldenhafte Verteidigung der Hauptstadt der Sowjetukraine [Zum 20. Jahrestag der Befreiung Kievs]), in: Voenno-istoričeskij žurnal 1963, H. 10, S. 53–66

Bartošek, Karel, Pražské povstání 1945. Naše vojsko svaz protifašistických bojovníků (Der Prager Aufstand 1945), Prag 1960

Die Befreiungsmission der Sowjetstreitkräfte im Zweiten Weltkrieg. Unter der Redaktion und mit einem Vorwort von Marschall der Sowjetunion A. A. Gretschko, Berlin (Ost) 1973

Bethell, Nicholas, The Last Secret. Forcible Repatriation to Russia 1944–47, London 1974

Biblioteka Propagandista (Bibliothek des Propagandisten), H. 5: Gosudarstvennoe ustrojstvo Germanii (Der staatliche Aufbau Deutschlands), Dabendorf 1944; H. 15: Ideologičeskij gnet v SSSR (Das ideologische Joch in der UdSSR), Dabendorf 1944; H. 16: Sem'ja, vospitanie i obrazovanie v SSSR (Die Familie, Erziehung und Bildung in der UdSSR), Dabendorf 1943 (dasselbe in erweiterter Form: H. 19, Dabendorf 1944); H. 17: Plan doklada po teme »Rabočij vopros i stachanovščina« (Vortragsplan zum Thema »Arbeiterfrage und Stachanovtum«), Dabendorf 1944; H. 18: Sovetskaja intelligencija i kul'tura (Sowjetische Intelligenz und Kultur), Dabendorf 1944

Blanckenhagen, Herbert v., Verspätete Chancen 1941–1943, o.J., o.O.

Blumenson, Martin, The Patton Papers, Bd 2: 1940–1945, Boston 1974

Boog, Horst, Die deutsche Luftwaffenführung 1935–1945. Führungsprobleme – Spitzengliederung – Generalstabsausbildung, Stuttgart 1982 (= Beiträge zur Militär- und Kriegsgeschichte. Hrsg. vom Militärgeschichtlichen Forschungsamt, Bd 21)

Brandes, Detlef, Die Tschechen unter deutschem Protektorat, Teil 2: Besatzungspolitik, Kollaboration und Widerstand im Protektorat Böhmen und Mähren von Heydrichs Tod bis zum Prager Aufstand (1942–1945), München, Wien 1975

Buchbender, Ortwin, Das tönende Erz. Deutsche Propaganda gegen die Rote Armee im Zweiten Weltkrieg, Stuttgart 1978 (= Militärpolitische Schriftenreihe, Bd 13)

Buss, Philip H., The Non-Germans in the German Armed Forces 1939–1945, Phil. Diss., Thesis University of Kent at Canterbury, 1974

Byčkov, L. N., Partizanskoe dviženie v gody Velikoj Otečestvennoj vojny 1941–1945. Kratkij očerk (Die Partisanenbewegung im Großen Vaterländischen Krieg 1941–1945. Kurzer Abriß), Moskau 1965

Československý vojenský atlas (Tschechoslowakischer Militäratlas), Prag 1965

Churchill, Winston S., Nach dem Kriege, Zürich, Leipzig, Wien 1930

Čistjakov, N. F., Na straže socialističeskoj zakonnosti. 50 let voennym tribunalam (Auf Wacht für die sozialistische Gesetzlichkeit. 50 Jahre Militärtribunale), Moskau 1968

Conquest, Robert, The Great Terror. Stalin's Purge in the Thirties, London 1969

Čujkov, V.I., Gvardejcy Stalingrada idut na zapad (Die Gardisten Stalingrads marschieren nach Westen), Moskau 1972

Cvetkov, A., Poleveka na straže socialističeskoj zakonnosti (Ein halbes Jahrhundert auf Wacht für die sozialistische Gesetzlichkeit), in: Voenno-istoričeskij žurnal 1969, H. 8, S. 109–113

Dallin, Alexander, Deutsche Herrschaft in Rußland 1941–1945. Eine Studie über Besatzungspolitik, Düsseldorf 1958

Dellingschauzen, Éduard fon, Poezdka A. A. Vlasova v Severozapadnye rajony okkupirovannoj časti S.S.S.R. (Die Reise A. A. Vlasovs in die nordwestlichen Bezirke des besetzten Teiles der UdSSR), in: Pozdnjakov, Andrej Andreevič Vlasov, S. 85–94.

Das Deutsche Reich und der Zweite Weltkrieg, Bd 4: Horst Boog, Jürgen Förster, Joachim Hoffmann, Ernst Klink, Rolf-Dieter Müller und Gerd R. Ueberschär, Der Angriff auf die Sowjetunion, Stuttgart 1983

Deutschlands Rüstung im Zweiten Weltkrieg. Hitlers Konferenzen mit Albert Speer 1942–1945. Hrsg. und eingeleitet von Willi A. Boelcke, Frankfurt 1969

Der Diplomat. Eine Festschrift zum 70. Geburtstag von Hans von Herwarth. Hrsg. von Dr. Wilhelm Reissmueller, Ingolstadt 1974

Documents on Polish-Soviet Relations 1939–1945, hrsg. vom General Sikorski Historical Institute, London, Bd 1: 1939–1943, London, Melbourne, Toronto 1961; Bd 2: 1943–1945, London 1967

Doenitz at Nuremberg: A Reappraisal. War Crimes and the Military Professional, H. K. Thompson, Jr., Henry Strutz, co-editors, New York 1976

Doktor N., Po povodu tak naz. »Vlasovskago Dviženija« (Im Hinblick auf die sogenannte »Vlasovbewegung«), in: Vozroždenie, H. 7, Januar–Februar 1950, S. 105–113

Domorad, K., Tak li dolžny pisat'sja voennye memuary? (Müssen Kriegserinnerungen so geschrieben werden?), in: Voenno-istoričeskij žurnal 1966, H. 11, S. 82–93

Dyer, George, XII Corps. Spearhead of Patton's Third Army, o.O. 1947

Ehrenburg, Ilja, Menschen, Jahre, Leben. Autobiographie. Aus dem Russischen übertragen von Alexander Kaempfe, Bd 3, München 1965

Ehrenburg, Ilya, March Winds, 13. 3. 1942, in: Ehrenburg, Russia at War, S. 264–267

Ehrenburg, Ilya, Russia at War. With an Introduction by J. B. Priestley, London 1943

Ehrenburg, Ilya, Waiting for Spring, 11. 3. 1942, in: Ehrenburg, Russia at War, S. 262–264

Ehrman, John, Grand Strategy, Bd 6: October 1944 – August 1945, London 1956 (= History of the Second World War. United Kingdom Military Series)

Elliott, Mark, Andrei Vlasov. Red Army General in Hitler's Service, in: Military Affairs. The journal of military history, including theory and technology, Bd XLVI, 1982, H. 2, S. 84–87

Epstein, Julius, Operation Keelhaul. The Story of Forced Repatriation from 1944 to the Present, Old Greenwich/Connecticut 1973

Ėrenburg, I., Ljudy, Gody, Žizn' (Menschen, Jahre, das Leben), in: Novyj Mir, Januar 1963, S. 89–92

Fedorov, A. G., Aviacija v bitve pod Moskvoj (Die Luftwaffe in der Schlacht um Moskau), Moskau 1971

Fischer, George, Soviet Opposition to Stalin. A Case Study in World War II, Cambridge/Mass. 1952

Fominych, E., Kak byl pojman predatel' Vlasov (Wie der Verräter Vlasov gefangen wurde), in: Izvestija, 7. 10. 1962, S. 2

Foreign Relations of the United States. Diplomatic Papers, 1945, Bd 5: Europe, Washington 1967; 1946, Bd 5: The British Commonwealth, Western and Central Europe, Washington 1969

Fricke, Karl Wilhelm, Politik und Justiz in der »DDR«. Zur Geschichte der politischen Verfolgung 1945–1968. Bericht und Dokumentation, Köln 1979

Frieser, Karl-Heinz, Krieg hinter Stacheldraht. Die deutschen Kriegsgefangenen in der Sowjetunion und das Nationalkomitee »Freies Deutschland«, Mainz 1981

Galay, Nikolai, Political Groups (Attempted Destruction of Political and Social Groups and the Cossacks as a Group), in: Genocide in the USSR. Studies in Group Destruction, München, New York 1958, S. 217–229 (= Institute for the Study of the USSR, Munich, Series I, No. 40)

Gehlen, Reinhard, Der Dienst. Erinnerungen 1942–1971, Mainz, Wiesbaden 1971

General Chol'mston-Smyslovskij, Ličnye vospominanija o generale Vlasove (Persönliche Erinnerungen an General Vlasov), in: Izbrannye stat'i i reči, Buenos Aires 1953, S. 16–39

Generalfeldmarschall Wilhelm Ritter von Leeb. Tagebuchaufzeichnungen und Lagebeurteilungen aus zwei Weltkriegen. Aus dem Nachlaß hrsg. und mit einem Lebensabriß versehen von Georg Meyer, Stuttgart 1976 (= Beiträge zur Militär- und Kriegsgeschichte, Bd 16)

Geschichte des Großen Vaterländischen Krieges der Sowjetunion. Hrsg.: Institut für Marxismus-Leninismus beim Zentralkomitee der Kommunistischen Partei der Sowjetunion, Bd 1: Die Vorbereitung und Entfesselung des Zweiten Weltkrieges durch die imperialistischen Mächte, Berlin (Ost) 1962; Bd 5: Die siegreiche Beendigung des Krieges mit dem faschistischen Deutschland. Die Niederlage des imperialistischen Japans, Berlin (Ost) 1967; Kartenband, Berlin (Ost) 1964

Goebbels, Joseph, Tagebücher 1945. Die letzten Aufzeichnungen. Einführung Rolf Hochhuth, Hamburg 1977

Golovin, in: Bol'šaja Sovetskaja Ėnciklopedija (Große Sowjetenzyklopädie), Bd 7, Moskau 1972, Sp. 54 f.

Grečko A. A., Bitva za Kavkaz (Die Schlacht um den Kaukasus), Moskau 1969

Grigorenko, Pjotr, Erinnerungen, München 1981

Grigorenkos Entgegnung, in: Alexander Nekritsch/Pjotr Grigorenko, Genickschuß. Die Rote Armee am 22. Juni 1941, hrsg. und eingeleitet von Georges Haupt, Wien, Frankfurt, Zürich 1969, S. 233–296

Grimm, Claus, Internierte Russen in Liechtenstein, in: Jahrbuch des Historischen Vereins für das Fürstentum Liechtenstein, Bd 71, S. 43–100

Hahlweg, Werner, »Lenins Reise durch Deutschland im April 1917«, in: Vierteljahrshefte für Zeitgeschichte, 1957, H. 4, S. 307–333

Heeres-Verordnungsblatt. Hrsg. vom Oberkommando des Heeres, Berlin, 17. 7. 1944, Teil B, Bl. 15, S. 169–184

Heller, Michail und Alexander Nekrich, Geschichte der Sowjetunion, Bd 1: 1914–1939. Aus dem Russischen von Barbara und Boris Inoy, Königstein/Ts. 1981; Bd 2: 1940–1980. Aus dem Russischen von Willi Eichhorn und Karl Huber, Königstein/Ts. 1982

Herwarth, Hans v., Zwischen Hitler und Stalin. Erlebte Zeitgeschichte 1931 bis 1945, Frankfurt am Main, Berlin, Wien 1982

Heumos, Peter, Geschichtswissenschaft und Politik in der Tschechoslowakei. Entwicklungstrends der zeitgeschichtlichen Forschung nach 1945, in: Jahrbücher für Geschichte Osteuropas, NF, Bd 26, 1978, H. 4, S. 481–576

Hilger, Gustav, Wir und der Kreml. Deutsch-sowjetische Beziehungen 1918–1941. Erinnerungen eines deutschen Diplomaten, Frankfurt am Main, Berlin[2] 1956

Hitlers Lagebesprechungen. Die Protokollfragmente seiner militärischen Konferenzen 1942–1945, hrsg. von Helmut Heiber, Stuttgart 1962 (= Quellen und Darstellungen zur Zeitgeschichte, Bd 10)

Hitlers Weisungen für die Kriegführung 1939–1945. Dokumente des Oberkommandos der Wehrmacht, hrsg. von Walther Hubatsch, Frankfurt am Main 1962

Hoffmann, Joachim, Deutsche und Kalmyken 1942 bis 1945, Freiburg[3] 1977 (= Einzelschriften zur militärischen Geschichte des Zweiten Weltkrieges, Bd 14)

Hoffmann, Joachim, Die Ostlegionen 1941–1943. Turkotataren, Kaukasier und Wolgafinnen im deutschen Heer, Freiburg[2] 1981 (= Einzelschriften zur militärischen Geschichte des Zweiten Weltkrieges, Bd 19)

Hoffmann, Joachim, Die Sowjetunion bis zum Vorabend des deutschen Angriffs, in: Das Deutsche Reich und der Zweite Weltkrieg, Bd 4, S. 38–97

Hoffmann, Joachim, Die Kriegführung aus der Sicht der Sowjetunion, ebd., S. 713–809

Istorija Velikoj Otečestvennoj vojny Sovetskogo Sojuza 1941–1945 (Geschichte des Großen Vaterländischen Krieges der Sowjetunion 1941–1945),

Bd 1: Podgotovka i razvjazyvanie vojny imperialističeskimi deržavami (Die Vorbereitung und Entfesselung des Krieges durch die imperialistischen Mächte), Moskau 1960;

Bd 2: Otraženie sovetskim narodom verolomnogo napadenija fašistskoj Germanii na SSSR. Sozdanie uslovij dlja korennogo pereloma v vojne (ijun' 1941g. – nojabr' 1942g.) (Die Abwehr des treulosen Angriffs des faschistischen Deutschland auf die Sowjetunion durch das sowjetische Volk. Die Schaffung der Bedingungen für einen grundsätzlichen Umschwung im Kriege), Moskau 1961;

Bd 5: Pobedonosnoe okončanie vojny s fašistskoj Germaniej. Poraženie imperialističeskoj Japonii (1945g.) (Die siegreiche Beendigung des Krieges mit dem faschistischen Deutschland. Die Niederlage des imperialistischen Japan), Moskau 1963

Jacobsen, Hans-Adolf, Kommissarbefehl und Massenexekutionen sowjetischer

Kriegsgefangener, in: Buchheim u. a., Anatomie des SS-Staates, Bd 2, Olten, Freiburg 1965, S. 161–278

Kalben, Heinrich-Detloff v., Zur Geschichte des XV. Kosaken-Kavallerie-Korps, in: Deutsches Soldatenjahrbuch 1970, S. 106–111

Kalinin, P., Učastie sovetskich voinov v partizanskom dviženii Belorussii (Die Teilnahme sowjetischer Krieger an der Partisanenbewegung Weißrußlands), in: Voenno-istoričeskij žurnal 1962, H. 10, S. 24–40

Kaljagin, A. Ja., Po neznakomym dorogam. Vospominanija voennogo sovetnika (Auf unbekannten Wegen. Die Erinnerungen eines Militärberaters), Moskau 1969

Karcov, V., Portret predatelja bez retuši (Porträt eines Verräters ohne Retusche), in: Izvestija, 29. 9. 1968

Katkow, G., German Foreign Office Documents an financial support to the Bolsheviks in 1917, in: International Affairs, Bd 32, Nr. 2, April 1956, S. 181–189

Kazancev, A., Tret'ja sila. Istorija odnoj popytki (Die dritte Kraft. Die Geschichte eines Versuches), Frankfurt am Main ² 1974

Keilig, Wolf, Das Deutsche Heer 1939–1945. Gliederung, Einsatz, Stellenbesetzung, Bd 1, Bad Nauheim 1956

Köhler, Karl, Der Einsatz der Luftwaffe im Bereich der Heeresgruppe Nord von Ende Juni bis Mitte Oktober 1944, in: Abwehrkämpfe am Nordflügel der Ostfront 1944–1945, Stuttgart 1963, S. 17–98 (= Beiträge zur Militär- und Kriegsgeschichte, Bd 5)

Konev, I. S., Sorok pjatyj (Fünfundvierzig), Moskau 1966

Korniec, G., Bez pjati minut gitlerovskij general (Fünf Minuten fehlten zum Hitlergeneral), in: Oni sredi vas, S. 17 f.

Koršunov, V. und B. Chabarov, Organizacija i osuščestvlenie upravlenija vojskami v armejskich oboronitel'nych operacijach (Organisation und Ausübung der Truppenführung in Verteidigungsoperationen der Armeen), in: Voenno-istoričeskij žurnal 1977, H. 8, S. 20–27

Kov., V., Biznes Sacharova – prestuplenija (Das Geschäft Sacharovs – Verbrechen), in: Oni sredi vas, S. 12 f.

Koževnikov, M. N., Komandovanie i štab VVS Sovetskoj Armii v Velikoj Otečestvennoj vojne 1941–1945 gg. (Führung und Stab der Luftstreitkräfte der sowjetischen Armee im Großen Vaterländischen Krieg 1941–1945), Moskau 1978

Kr., H., Zu Hitlers Ostpolitik im Sommer 1943, in: Vierteljahrshefte für Zeitgeschichte, 1954, H. 3, S. 305–312

Krasnov, Nikolaj Nicolaevič, Nezabyvaemoe 1945–1956 (Unvergeßliches), San Francisco 1957

Krausnick, Helmut/Hans-Heinrich Wilhelm, Die Truppe des Weltanschauungskrieges. Die Einsatzgruppen der Sicherheitspolizei und des SD 1938–1942, Teil 1: Die Einsatzgruppen vom Anschluß Österreichs bis zum Feldzug gegen die Sowjetunion. Entwicklung und Verhältnis zur Wehrmacht; Teil 2: Die Einsatzgruppe A der Sicherheitspolizei und des SD 1941/42. Eine exemplarische Studie, Stuttgart 1981 (= Quellen und Darstellungen zur Zeitgeschichte, Bd 22)

Kriegstagebuch des Oberkommandos der Wehrmacht (Wehrmachtführungsstab), 1940–1945. Geführt von Helmut Greiner und Percy Ernst Schramm,

Bd II: 1. Januar 1942–31. Dezember 1942. Zusammengestellt und erläutert von Andreas Hillgruber, Erster Halbband, Frankfurt am Main 1963;
Bd III: 1. Januar 1943–31. Dezember 1943. Zusammengestellt und erläutert von Walther Hubatsch, Zweiter Halbband, Frankfurt am Main 1963;
Bd IV: 1. Januar 1944–22. Mai 1945. Eingeleitet und erläutert von Percy Ernst Schramm, Zweiter Halbband, Frankfurt am Main 1961

Krivickij, Otgoloski prošlogo (Echo der Vergangenheit), in: Literaturnaja Gazeta, Nr. 1, Januar 1970

Kromiadi, K., Za zemlju, za volju ... Na putjach russkoj osvoboditel'noj bor'by 1941–1947 gg. (Für Land und Freiheit ... Auf Wegen des russischen Befreiungskampfes), San Francisco 1980

Kurenev, Maksim, Kak èto bylo? (Wie war es?), in: Pozdnjakov, Roždenie ROA, S. 14–21

Laun, Rudolf, Die Haager Landkriegsordnung. Das Übereinkommen über die Gesetze und Gebräuche des Landkrieges, Wolfenbüttel, Hannover[3] 1947

Leljušenko, D. D., Moskva – Stalingrad – Berlin – Praga. Zapiski komandarma (Moskau – Stalingrad – Berlin – Prag. Erinnerungen eines Armee-Oberbefehlshabers), Moskau [2] 1973

Litopis Ukraïns'koï Povstans'koï Armii (Chronik der Ukrainischen Aufstandsarmee),
Bd 2: Volin' i Polissja. Nimec'ka okupacija (Volin und Polissja. Die deutsche Okkupation), Toronto 1977;
Bd 8: Ukraïns'ka Golovna Vizvol'na Rada. Dokumenti, oficijni publikaciï, materijali (Die Ukrainische Golovna Vizvol'na Rada. Dokumente, offizielle Veröffentlichungen, Materialien), Toronto 1980

M., P., Ja byl propagandistom ROA (Ich war Propagandist der ROA), in: Pozdnjakov, Roždenie ROA, S. 164–174

MacDonald, Charles B., The Last Offensive, Washington 1973 (= United States Army in World War II. The European Theater of Operations)

Machotka, O., Pražské povstání 1945 (Der Prager Aufstand 1945), Washington 1965

Mastny, Vojtěch, The Beneš-Stalin-Molotov Conversations in December' 1943: New Documents, in: Jahrbücher für Geschichte Osteuropas, NF, Bd 20, 1972, H. 3, S. 367–402

Matronov, P. S., Za zlatu Pragu (Für das goldene Prag), Moskau 1965

Mehring, Franz, Die Pariser Commune 1871, in: Preußische Jahrbücher, Bd 43 (1879), S. 275–308, 608–648

Mel'nikov, S. J., Maršal Rybalko. Vospominanija byvšego člena Voennogo soveta 3-j gvardejskoj tankovoj armii (Marschall Rybalko. Die Erinnerungen des ehemaligen Mitgliedes des Kriegsrates der 3. Gardepanzerarmee), Kiev 1980

Mereckov, Kirill Afanas'evič, in: Oborona Leningrada, S. 186–198

Mereckov, K., Na službe narodu. Stranicy vospominanij (Im Dienst des Volkes. Seiten der Erinnerung), Moskau 1970

Mereckov, K., Na volchovskich rubežach (Am Volchov), in: Voenno-istoričeskij žurnal 1965, H. 1, S. 54–70

Messerschmidt, Manfred, Die Wehrmacht im NS-Staat. Zeit der Indoktrination, Hamburg 1969 (= Truppe und Verwaltung, Bd 16)

Michajlov, Viktor, Vozmezdie (Vergeltung), in: Neotvratimoe vozmezdie, S. 346–351

Minasjan, N. M., Meždunarodnye prestuplenija tret'ego rejcha (Internationale Verbrechen des Dritten Reiches), Saratov 1977

Moskovskaja bitva v cifrach (Period kontrnastuplenija) (Die Schlacht bei Moskau in Zahlen [Die Periode der Gegenoffensive]), in: Voenno-istoričeskij žurnal 1967, H. 1, S. 89–101

Müller, Norbert, Wehrmacht und Okkupation 1941–1944. Zur Rolle der Wehrmacht und ihrer Führungsorgane im Okkupationsregime des faschistischen deutschen Imperialismus auf sowjetischem Territorium, Berlin (Ost) 1971

Münter, Otto, Die Ostfreiwilligen. Der vergebliche Kampf der Stalin-Gegner im 2. Weltkrieg, in: Damals. Zeitschrift für Geschichtliches Wissen, 1979, H. 3, S. 207–226

Na Severo-Zapadnom fronte 1941–1943. Pod redakciej i s predisloviem general-lejtenanta P. A. Žilina (An der Nordwestfront 1941–1943), Moskau 1969

Naudé, Horst, Erlebnisse und Erkenntnisse. Als politischer Beamter im Protektorat Böhmen und Mähren 1939–1945. Mit einem Vorwort von Professor Dr. Gotthold Rhode, München 1975

Naumenko, Vjačeslav, Velikoe predatel'stvo. Vydača Kazakov v Lience i drugich mestach 1945–1947 (Der große Verrat. Die Auslieferung der Kosaken in Lienz und an anderen Orten 1945–1947), New York 1962

Neotvratimoe vozmezdie. Po materialam sudebnych processov nad izmennikami Rodiny, fašistskimi palačami i agentami imperialističeskich razvedok (Unabwendbare Vergeltung. Nach Unterlagen der Gerichtsverfahren gegen Vaterlandsverräter, faschistische Henkersknechte und Agenten imperialistischer Geheimdienste), Moskau 1973

Nicolson, Nigel, Alex. The Life of Field Marshal Earl Alexander of Tunis, London (1973)

Nikolaev, Aleksandr, Tak ėto bylo (So war es), Livry-Gargan 1982

Nikolaev, S., Čto kroetsja za »formuloj samoopravdanija« (Was verbirgt sich hinter der Formel der Selbstrechtfertigung), in: Golos Rodiny, Nr. 8, Januar 1970

Notz, Friedrich-Wilhelm v., Einbringen von Gefangenen aus Fluß-Brückenköpfen, in: Truppenpraxis 1959, H. 1, S. 108–112

Oborona Leningrada 1941–1944. Vospominanija i dnevniki učastnikov. Predislovie Maršala Sovetskogo Sojuza M. V. Zacharova (Die Verteidigung von Leningrad 1941–1944. Erinnerungen und Tagebücher von Teilnehmern), Leningrad 1968

Oni sredi vas. Sbornik statej o predateljach i izmennikach rodiny (Sie sind unter Euch. Aufsatzsammlung über Abtrünnige und Vaterlandsverräter), Moskau 1969

Orlov, S., Na č'i den'gi sozdavalos' Russkoe Osvoboditel'noe Dviženie? (Auf welchem Geld fußte die Russische Befreiungsbewegung?), in: Kromiadi, Za zemlju, za volju, S. 279–281

Pekarskij, Igor', Kak byl zachvačen general Vlasov (Wie General Vlasov gefangen wurde), in: Pozdnjakov, Andrej Andreevič Vlasov, S. 416–418

Pern, L., V vichre voennych let (Im Sturm der Kriegsjahre), Tallin 1969

Petuchov, K., Ob izdevatel'stvach gitlerovcev nad sovetskimi voennoplennymi (Über die Mißhandlungen der sowjetischen Kriegsgefangenen durch die Hitleristen), in: Voenno-istoričeskij žurnal 1978, H. 10, S. 82–85

50 [Pjat'desjat'] let vooru_žennych sil SSSR (50 Jahre Streitkräfte der UdSSR), Moskau 1968

Pograničnye vojska v gody Velikoj Otečestvennoj vojny 1941–1945. Sbornik dokumentov (Die Grenztruppen während des Großen Vaterländischen Krieges 1941–1945. Dokumentenband), Moskau 1968

Pogue, Forrest C., The Supreme Command, Washington 1954 (= United States Army in World War II. The European Theater of Operations)

Popel', N. K., Tanki povernuli na zapad, Moskau 1960 (Popjel, Nikolai Kirillowitsch, Panzer greifen an), Berlin (Ost) 1964

Posdnjakow, W., Die chemische Waffe, in: Die Rote Armee, S. 408–417

Pozdnjakov, V. V., Andrej Adreevič Vlasov, Buenos Aires, Syracuse/USA 1973

Pozdnjakov, V., General-major Fedor Ivanovič Truchin, in: Pozdnjakov Roždenie ROA, S. 246–255

Pozdnjakov, V., Iz opyta raboty propagandista ROA (Aus der Erfahrung der Arbeit eines Propagandisten der ROA), in: Pozdnjakov, Roždenie ROA, S. 175–188

Pozdnjakov, V., Kursy propagandistov ROA v Dabendorfe (Kurse für Propagandisten der ROA in Dabendorf), in: Pozdnjakov, Roždenie ROA, S. 99–109

Pozdnjakov, V., Podgotovitel'nye kursy ROA (Vorbereitungskurse der ROA), in: Pozdnjakov, Roždenie ROA, S. 31–38

Pozdnjakov, V., Poslednie dni ... (Die letzten Tage), in: Golos Naroda 1951, Nr. 25 f., 30–34 (38)

Pozdnjakov, V., Rižskie kursy propagandistov ROA (Die Rigaer Kurse der Propagandisten der ROA), in: Pozdnjakov, Roždenie ROA, S. 192–204

Pozdnjakov, V. V., Roždenie ROA. Propagandisty Vul'chajde – Ljukenval'de – Dabendorfa – Rigi (Die Entstehung der ROA. Propagandisten in Wuhlheide, Luckenwalde, Dabendorf und Riga), Buenos Aires, Syracuse/ USA 1972

Pozdnjakov, V., Sovetskaja agentura v KONR (Sowjetische Agenten im KONR), in: Novoe Russkoe Slovo 1973

Pozdnjakov, V., Sovetskaja agentura v lagerjach voennoplennych v Germanii (1941–1945 gg.) (Sowjetische Agenten in den Kriegsgefangenenlagern in Deutschland), in: Novyj Žurnal, Nr. 101, Dezember 1970, S. 156–171

Pozdnjakov, V., Sud nad generalom Vlasovym (Gericht über General Vlasov), in: Pozdnjakov, Andrej Andreevič Vlasov S. 481–486

Der Prozeß gegen die Hauptkriegsverbrecher vor dem Internationalen Militärgerichtshof, Nürnberg 14. November 1945 – 1. Oktober 1946,

Bd VII: Verhandlungsniederschriften, 5. Februar 1946 – 19. Februar 1946, Nürnberg 1947;

Bd X: Verhandlungsniederschriften, 25. März 1949 – 6. April 1946, Nürnberg 1947;

Bd XXV: Urkunden und anderes Beweismaterial, Nürnberg 1947;

Bd XXXVI: Urkunden und anderes Beweismaterial, Nürnberg 1949

Pšeničnyj, G., Dabendorf, in: Pozdnjakov, Roždenie ROA, S. 44–87

Pšeničnyj, G., Sovetskaja agentura v lagerjach voennoplennych i propagandisty ROA (Sowjetische Agenten in den Lagern der Kriegsgefangenen und Propagandisten der ROA), in: Pozdnjakov, Roždenie ROA, S. 156–163

Rapport du Comité international de la Croix-Rouge sur son activité pendant la seconde guerre mondiale (1er septembre 1939 – 30 juin 1947), Vol. 1: Activités de caractère général, Genève 1948 (= XVIIe Conference Internationale de la Croix-Rouge Stockholm, août 1948)

Raschhofer, Hermann, Der Fall Oberländer. Eine vergleichende Rechtsanalyse der Verfahren in Pankow und Bonn, Tübingen 1962

Die Rede Himmlers vor den Gauleitern am 3. August 1944, in: Vierteljahrshefte für Zeitgeschichte, 1953, H. 4, S. 357–394

Reinhardt, Klaus, Die Wende vor Moskau. Das Scheitern der Strategie Hitlers im Winter 1941/42, Stuttgart 1972 (= Beiträge zur Militär- und Kriegsgeschichte, Bd 13)

Repatriacija sovetskich graždan. Upravlenie upolnomočennogo soveta ministrov SSR po delam repatriacii sovetskich graždan (Die Repatriierung sowjetischer Bürger. Das Amt des Bevollmächtigten des Ministerrates der SSR für Angelegenheiten der Repatriierung von Sowjetbürgern), Moskau 1947

Rittberg, Karl G.H.B. Graf v., Ein Beitrag zu 1813. Die Belagerung der Festung Spandau und damit in Zusammenhang stehende kriegerische Ereignisse im Königreich Preussen, vornehmlich in der Kurmark bis gegen Ende 1813, Graudenz 1891

Rokossovskij, K. K., Soldatskij dolg (Soldatenpflicht), Moskau 1968

Romaškin, A., Dabendorf, in: Pozdnjakov, Roždenie ROA, S. 88–96

Roschmann, Hans, Gutachten zur Behandlung und zu den Verlusten sowjetischer Kriegsgefangener in deutscher Hand von 1941–1945 und zur Bewertung der Beweiskraft des sogenannten »Dokuments NOKW 2125« (Nachweisung des Verbleibs der sowjetischen Kriegsgefangenen nach dem Stande vom 1. 5. 1944), Ingolstadt 1982 (= Veröffentlichung der Zeitgeschichtlichen Forschungsstelle Ingolstadt, Bd 1)

Die Rote Armee. Zusammengestellt und bearbeitet von Captain Basil H. Liddell Hart, Bonn [1956]

Russkoe Osvoboditel'noe Dviženie. Komitet Osvoboždenija Narodov Rossii (Die Russische Befreiungsbewegung. Das Komitee zur Befreiung der Völker Rußlands), Shanghai 1944/45

S., Valerij, Prislužnik ober-predatelja (Der Diener des Oberverräters), in: Oni sredi vas, S. 14–16

Sakharow, Konstantin W., Die verratene Armee, Berlin [1938]

Salisbury, Harrison E., 900 Tage. Die Belagerung von Leningrad, Frankfurt a. M. 1970

Samojlov, E., Ot beloj gvardii – k fašizmu (Von der Weißen Garde zum Faschismus), in: Neotvratimoe vozmezdie, S. 122–146

Šatov, M. V., Materialy i dokumenty Osvoboditel'nogo Dviženija Naradov Rossii v gody Vtoroj mirovoj vojny (Unterlagen und Dokumente der Befreiungsbewegung der Völker Rußlands im Zweiten Weltkrieg), New York 1966

Sauvage, Roger, Un du normandie – niémen, Givers 1950

Ščelokov, A. und N. Komarov, Oborona Leningrada v ložnom svete mistera Solsberi (Die Verteidigung Leningrads im lügnerischen Licht des Mister Salisbury), in: Voenno-istoričeskij žurnal 1970, H. 6, S. 85–91

Schapiro, L., Der politische Hintergrund des deutsch-russischen Krieges, in: Die Rote Armee, S. 101–107

Schtemenko, Sergej Matwejewitsch, Im Generalstab, Bd 2, Berlin (Ost) 1973

Sergunin, Ivan Ivanovič, in: Oborona Leningrada, S. 346–358

Silgailis, Arturs, Latviešu Legions. Dibināšana, formēšana un kauju gaitas otrā pasaules kara (Die Lettische Legion), Kopenhagen 1962

Šimanov, N., »V nebesach my letali odnich ...« (Am Himmel flogen wir allein), in: Voenno-istoričeskij žurnal 1971, H. 4, S. 81–86

Smirnov, S. S., Imenem soldat (Im Namen der Soldaten), in: Literaturnaja Gazeta, Nr. 132, 27. 10. 1959

Solschenizyn, Alexander, Der Archipel GULAG 1918–1956. Versuch einer künstlerischen Bewältigung, 2 Bde, Bern 1974–1976

Souvarine, Boris, Stalin. Anmerkungen zur Geschichte des Bolschewismus, München 1980

Sovetskaja Voennaja Ėnciklopedija. Glavnaja Redakcionnaja Komissija. Maršal Sovetskogo Sojuza N. V. Ogarkov-predsedatel' (Sowjetische Militärenzyklopädie), Bd 2, Moskau 1976, Bd 4, Moskau 1977, Bd 8, Moskau 1980

Spiegelbild einer Verschwörung. Die Kaltenbrunner-Berichte an Bormann und Hitler über das Attentat vom 20. Juli 1944. Geheime Dokumente aus dem ehemaligen Reichssicherheitshauptamt. Hrsg. vom Archiv Peter für historische und zeitgeschichtliche Dokumentation, Stuttgart 1961

Spiridonov, A. I., Formy i metody ustnoj propagandy (Formen und Methoden der mündlichen Propaganda), (Dabendorf) 1945

Steenberg, Sven, Wlassow. Verräter oder Patriot?, Köln 1968

Steward, Hal D., Thunderbolt. The History of the Eleventh Armored Division, Washington 1948

St'ovíček, Ivan, Zápis o zasedání ČNR ve dnech 4. až 9. května 1945 (Aufzeichnungen über die Sitzungen der ČNR vom 4. bis 9. Mai 1945), in: Historie a vojenství 1967, Nr. 6, S. 979–1019

Streim, Alfred, Die Behandlung sowjetischer Kriegsgefangener im »Fall Barbarossa«. Eine Dokumentation. Unter Berücksichtigung der Unterlagen deutscher Strafverfolgungsbehörden und der Materialien der Zentralen Stelle der Landesjustizverwaltungen zur Aufklärung von NS-Verbrechen, Heidelberg, Karlsruhe 1981 (= Motive – Texte – Materialien, Bd 13)

Streit, Christian, Keine Kameraden. Die Wehrmacht und die sowjetischen Kriegsgefangenen 1941–1945 [Phil. Diss.], Stuttgart 1978 (= Studien zur Zeitgeschichte, Bd 13)

Strik-Strikfeldt, Wilfried, Gegen Stalin und Hitler. General Wlassow und die russische Freiheitsbewegung, Mainz 1970

Strižkov, J. K., Geroj Peremyšlja (Helden von Peremyšl'), Moskau 1969

Svoboda, L[udvik], Ot Buzuluka do Pragi (Von Buzuluk nach Prag), Moskau 1969

Teremov, Petr Alekseevič, Pylajuščie berega (Flammende Ufer), Moskau 1965

Ternovskij, Ju. und T. Bezdetnyj, Lager' nadežd i razdumij (Lager der Hoffnung und des Nachdenkens), in: Pozdnjakov, Roždenie ROA, S. 28–30

Tessin, Georg, Verbände und Truppen der deutschen Wehrmacht und Waffen-SS im Zweiten Weltkrieg 1939–1945,
Bd 3: Die Landstreitkräfte 6-14, Osnabrück 1974;
Bd 4: Die Landstreitkräfte 15–30, Frankfurt 1970;
Bd 11: Die Landstreitkräfte 501–630, Osnabrück 1975;
Bd 12: Die Landstreitkräfte 631–800, Osnabrück 1975;
Bd 13: Die Landstreitkräfte 801–13400, Osnabrück 1976

Thorwald, Jürgen, Die Illusion. Rotarmisten in Hitlers Heeren, München 1974

Thunig-Nittner, Gerburg, Die Tschechoslowakische Legion in Rußland. Ihre Geschichte und Bedeutung bei der Entstehung der 1. Tschechoslowakischen Republik, Wiesbaden 1970 (= Marburger Ostforschungen im Auftrag des Johann Gottfried Herder-Forschungsrates e.V. hrsg. von Richard Breyer, Bd 30)

Tiškov, A. V., Predatel' pered sovetskim sudom (Verräter vor sowjetischem Gericht), in: Sovetskoe Gosudarstvo i Pravo, 1973, H. 2, S. 89–98 (= Akademija Nauk SSSR. Institut Gosudarstva i Prava)

Titov, F., Kljatvoprestupniki (Eidbrüchige), in: Neotvratimoe vozmezdie, S. 214–234

Tolstoy, Nikolai, Victims of Yalta, London, Sydney, Auckland, Toronto 1977

Trepper, Leopold, Die Wahrheit. Autobiographie, München 1975

Ueberschär, Gerd R., Kriegführung und Politik in Nordeuropa, in: Das Deutsche Reich und der Zweite Weltkrieg, Bd 4, S. 810–882

Der Untermensch. Herausgeber: Der Reichsführer-SS, SS-Hauptamt, Bearbeiter: SS-Hauptamt-Schulungsamt, Berlin [1942]

Vasilevskij, A., Delo vsej žizni (Eine Sache des ganzen Lebens), Moskau² 1975

Vetlugin (Tenzorov), N., Pravda o ROA. Voiny rossijskoj emigracii (Die Wahrheit über die ROA), in: Naše Vremja, Nr. 15, o.J.

Vogelsang, Henning Frhr. v., Nach Liechtenstein – in die Freiheit. Der abenteuerliche Weg der »1. Russischen Nationalarmee der Deutschen Wehrmacht« ins Asyl im Fürstentum Liechtenstein. Hrsg. von der Gemeinde Schellenberg aus Anlaß des 35. Jahrestages des Übertritts der Truppe General Holmstons nach Liechtenstein, Triesen 1980

Voin ROA. Ėtika, oblik, povedenie (Der Soldat der ROA. Ethik, Erscheinungsbild, Verhalten), Dabendorf 1944/45

Vojna v tylu vraga. O nekotorych problemach istorii sovetskogo partizanskogo dviženija v gody Velikoj Otečestvennoj vojny (Krieg im Hinterland des Feindes. Über einige Probleme der Geschichte der sowjetischen Partisanenbewegung während des Großen Vaterländischen Krieges), Moskau 1974

Volkmann, Hans-Erich, Das Vlasov-Unternehmen zwischen Ideologie und Pragmatismus, in: Militärgeschichtliche Mitteilungen 2/1972, S. 117–155

Wagner, Constantin, Zur Geschichte des XV. Kosaken-Kavallerie-Korps, Teil X, in: Deutsches Soldatenjahrbuch 1972, München, S. 117–127

Werth, Alexander, Russia at War 1941–1945, London 1964

Zapis' oprosa kap. Antonova sdelana polkovnikom Pozdnjakovym v konce 1946 goda (Aufzeichnung über die Befragung des Hauptmannes Antonov durch Oberst Pozdnjakov zu Ende 1946), in: Pozdnjakov, Andrej Andreevič Vlasov, S. 431–437

Zayas, Alfred Maurice de, Die Wehrmacht-Untersuchungsstelle. Deutsche Ermittlungen über alliierte Völkerrechtsverletzungen im Zweiten Weltkrieg. Unter Mitarbeit von Walter Rabus, München[2] 1980

Žerebkov, Jurij, Popytki KONRa ustanovit' kontakt s zapadnymi sojuznikami (Versuche des KONR einen Kontakt zu den westlichen Verbündeten herzustellen), in: Zarubež'e, Februar–April–Juni 1979, S. 16–22

Ziemke, Earl F., The U.S. Army in the Occupation of Germany 1944–1946, Washington 1975 (= Army Historical Series)

Žilin, P. A., Gibel' napoleonskoj armii v Rossii (Der Untergang der napoleonischen Armee in Rußland), Moskau[2] 1974

Žilin, P. A., Kak A. Solženicyn vospel predatel'stvo Vlasovcev (Wie A. Solženicyn den Verrat der Vlasov-Anhänger besang), in: Izvestija, Nr. 24 (17562), 29. 1. 1974

Žilin, P. A., Kontrnastuplenie Kutuzova v 1812 g. (Die Gegenoffensive Kutuzovs 1812), Moskau 1950

Žilin, P. A., Kontrnastuplenie russkoj armii v 1812 godu (Die Gegenoffensive der russischen Armee 1812), Moskau 1953

Žilin, P. A., Problemy voennoj istorii (Probleme der Militärgeschichte), Moskau 1975

Žilin, P. A., Razgrom tureckoj armii v 1811 godu (Die Vernichtung der türkischen Armee 1811), Moskau 1952

Zorin, S., Krokodilovy slezy Kromiadi (Krokodilstränen Kromiadis), in: Oni sredi vas, S. 9–11

Žukov, G. K., Vospominanija i razmyšlenija (Erinnerungen und Gedanken), Moskau 1969

IV. Zeitungen (siehe auch III)

Badische Zeitung

Bjulleten' Archiva Osvoboditel'nogo Dviženija Narodov Rossii (Bulletin of the Archive of the Russian Liberation Army)

Bor'ba

Časovoj

Dobrovolec. Gazeta Vojsk Osvoboditel'nogo Dviženija

Frankfurter Allgemeine Zeitung

Golos Naroda

Golos Rodiny. Izdanie Sovetskogo Komiteta po Kul'turnym Svjazjam s Sootečestvennikami za Rubežom

Illjustrirovannyj Boevoj Put'

Izvestija Sovetov Narodnych Deputatov SSSR

Kazač'ja Zemlja

Klič. Eženedel'naja Gazeta dlja Voennoplennych

Krasnaja Zvezda. Central'nyj Organ Ministerstva Oborony SSSR

Leningradskij Partizan
Literaturnaja Gazeta
Moskva
Naša Strana
Naše Obščee Delo
Naše Vremja
Naši Kryl'ja
Naši Vesti
Neva
Novoe Russkoe Slovo
Novoe Slovo
Novyj Mir
Novyj Put'
Novyj Žurnal
Posev
Pravda
Put' na Rodinu
Rodina. Gazeta Soedinenija Vojsk Russkoj Narodnoj Armii
Rossija
Snajper
S Narodom za Narod
Suvorovec. Organ Russkogo Voenny-Nacional'nogo Dviženija
Svobodnoe Slovo
Svobodnyi Kavkaz
Volja Naroda. Organ Komiteta Osvoboždenija Narodov Rossii
Vozroždenie. Literaturno-političeskija tetradi
Za Pravoe Delo
Zarja
Za Rodinu. Voennyj Organ Komiteta Osvoboždenija Narodov Rossii
Zarubež'e
Za Sovetskuju Rodinu
Za Vozvraščenie na Rodinu. Izdanie Komiteta »Za Vozvraščenie na Rodinu«

Dokumente

V e r e i n b a r u n g

zwischen der Regierung des Grossdeutschen Reiches und
dem Präsidenten des Komitees zur Befreiung der Völker
Russlands Generalleutnant A.A. W l a s s o w .

Die Regierung des Grossdeutschen Reiches, vertreten durch
das Auswärtige Amt, schliesst mit dem Präsidenten des Komitees
zur Befreiung der Völker Russlands, General leutnant Wlassow,
nachstehende Vereinbarung:

1.) Die Regierung des Grossdeutschen Reiches stellt dem
Komitee zur Befreiung der Völker Russlands die für den Frei-
heitskampf gegen den gemeinsamen Feind, den Bolschewismus,
erforderlichen Geldmittel kreditweise zur Verfügung.

2.) Zu diesem Zweck wird dem Komitee zur Befreiung der
Völker Russlands bei der Reichshauptkasse ein Konto eröffnet.

Zu Lasten dieses Kontos werden die für den unmittelbaren
Finanzbedarf des Komitees zur Befreiung der Völker Russlands
jeweils erforderlichen Beträge aus Reichsmitteln bereitgestellt.

Ferner werden auf dem Konto die für den Bedarf des Komitees
zur Befreiung der Völker Russlands von deutschen Dienststellen
gemachten Aufwendungen, soweit sie im Rahmen der Aufgaben des
Komitees zur Befreiung der Völker Russlands liegen, in Rechnung
gestellt.

Über die Abgrenzung der Kredithöhe behält sich die
Regierung des Grossdeutschen Reiches ihre Entscheidung vor.

3.) Der Präsident des Komitees zur Befreiung der Völker
Russlands ernennt einen zeichnungsberechtigten Finanzbevoll-
mächtigten, der über die jeweils zur Verfügung gestellten Mittel
verfügt und für das Finanzgebaren des Komitees zur Befreiung
der Völker Russlands verantwortlich ist.

E424135

4.) Das Komitee zur Befreiung der Völker Russlands verpflichtet sich zur Rückzahlung des Kredits aus russischen
Werten und Guthaben, sobald es in der Lage sein wird, darüber
zu verfügen. Im übrigen bleiben über Tilgung und Verzinsung
entsprechende Vereinbarungen vorbehalten.

5.) Diese Vereinbarung tritt rückwirkend mit dem
1.Dezember 1944 in Kraft.

Geschehen in doppelter Urschrift in deutscher und
russischer Sprache in Berlin am 18.Januar 1945.

Für das Auswärtige Amt: Für das Komitee zur Befreiung
                                               der Völker Russlands:

E424136

СОГЛАШЕНИЕ

между Правительством Великогермании и
Председателем Комитета Освобождения Народов
России, генерал-лейтенантом А.А.В л а с о в ы м.

Правительство Великогермании, в лице Министерства
Иностранных Дел, заключает с Председателем Комитета
Освобождения Народов России, генерал-лейтенантом
В л а с о в ы м нижеследующее соглашение:

1.) Правительство Великогермании предоставляет в распо-
ряжение Комитета Освобождения Народов России необходимые
для освободительной борьбы против совместного врага,
большевизма, денежные средства в форме кредита.

2.) Для этой цели в Главной Государственной Кассе откры-
вается счет на имя Комитета Освобождения Народов России.

В дебет этого счета предоставляются необходимые суммы
из государственных средств для непосредственных финансо-
вых нужд Комитета Освобождения Народов России.

Кроме того, в дебет этого счета ставятся расходы,
произведенные для нужд Комитета Освобождения Народов
России германскими государственными организациями, пос-
кольку эти расходы входят в рамки задач Комитета Освобождения Народов России.

Решение об определении размера кредита Правительство
Великогермании оставляет за собой.

3.) Председатель Комитета Освобождения Народов России
назначает финансового уполномоченного с правом подписи,
который распоряжается предоставляемыми денежными сред-
ствами и является ответственным за финансовое хозяйство

E424137

Комитета Освобождения Народов России.

4.) Комитет Освобождения Народов России обязуется возместить предоставленный ему кредит из русских ценностей и активов, как только он будет в состоянии располагать таковыми. Впрочем, в отношении погашения кредита и нарастания процентов предположено впоследствии заключить соответствующие соглашения.

5.) Это соглашение вступает в силу 1-го декабря 1944 года с обратным действием.

Изготовлено в двух подлинниках, на немецком и русском языках, в Берлине, 18-го января 1945 года.

За Министерство Иностранных Дел: За Комитет Освобождения
                                        Народов России:

18.1.45.

Quelle: Politisches Archiv des Auswärtigen Amtes Bonn, Handelspolitische Abteilung betr. Ostland-Generalia, HAPol., Bd 21/7.

E424138

Offener Brief

An die Redaktion des „Voenno-istoriceskij zurnal"

Moskau

Dr. Joachim Hoffmann

Wissenschaftlicher Direktor

Grünwälderstr. 10-14

7800 Freiburg

24. Juli 1990

Deutschland

Herrn (Hauptmilitärstaatsanwalt der Sowjetarmee)

Generalleutnant der Justiz A.F. Katusev

Herrn

Kapitän 1. Ranges V.G. Oppokov

103 160 Moskau, K-160

Voenno–istoriceskij zurnal

UdSSR

Sehr geehrte Herren General Katusev und Kapitän Oppokov !

Als die „Voenno-istoriceskij zurnal" für die Juni-Ausgabe eine Veröffentlichung über „Vlasov und die Vlasovleute" ankändigte, meinten manche Leser, es werde jetzt vielleicht ein erster Versuch unternommen, der Russischen Befreiungsbewegung im Zweiten Weltkrieg in irgendeiner Weise historisch gerecht zu werden. Der jetzt vorliegende Artikel „Vlasovcy na sluzbe u fasizma", unwahrhaftig schon vom Titel her, ist nicht nur einfach enttäuschend, er ist geradezu niederschmetternd, weil man keine Begriffe mehr dafür hat, daß die Geheimprotokolle eines stalinistischen Schandprozesses hinter verschlossenen Türen im Jahre 1946 heute, im Jahre 1990, dazu dienen sollen, ein einzigartiges historisches Phänomen zu erklären. Warum, meine Herren, verschweigen Sie so verschämt den Namen des von Ihnen doch mehrfach zitierten Vorsitzenden des Verfahrens gegen General Vlasov? Sie wissen doch, daß es Generaloberst der Justiz V.V. Ul'rich war, der als Vorsitzender des Militärkollegiums des Obersten Gerichtes der UdSSR in der Ära Stalin-Ezov-Berija den eigenen Angaben zufolge allein zwischen dem 1. Oktober 1936 und dem 30. September

1

1938 die Oberaufsicht führte über die Verurteilung und Erschießung von 30514 Offizieren und Politarbeitern der Roten Armee und sonstiger unschuldiger Personen. Für die rechtliche Einordnung des Prozesses gegen General Vlasov wäre diese Angabe doch nicht unwichtig gewesen.

Offensichtlich besteht der Zweck Ihres Beitrages darin, General Vlasov und seine Mitstreiter menschlich und moralisch zu disqualifizieren, um auf diese Weise zugleich das Urteil über die Russische Befreiungsbewegung zu sprechen. Doch Ihr Bemühen ist nur die Wiederholung einer alten Methode. Es ist auch zum Scheitern verurteilt, weil sich die historische Wahrheit heutzutage nicht mehr verheimlichen läßt und sie auch längst Eingang in der Sowjetunion und in der Sowjetarmee gefunden hat. Vielleicht ist aber gerade dies eine Erklärung dafür, warum anstelle einer geistigen Auseinandersetzung hier das Mittel der persönlichen Verunglimpfung angewendet wird und warum Sie den von Ihnen sogenannten „Judassen" im „Voenno-istoričeskij žurnal" nicht weniger als 14 Seiten widmen. Weil Sie keine Argumente haben, müssen Sie zu Injurien greifen, und zu solchen Geschmacklosigkeiten wie den Abbildungen aus dem „Verbrecheralbum" des NKVD. Meinen Sie etwa, es sei nicht ein Leichtes, von jedem beliebigen Menschen derartige Fotos zu produzieren? Und dies doch erst recht in den Verhör- und Folterkellern der Berija, Vyšinskij, Ul`rich und wie sie sonst alle heißen mögen! Seien Sie versichert, solche Fotos machen hierzulande einen abstoßenden Eindruck. Nicht die Abgebildeten werden dadurch entwürdigt, sondern diejenigen, die derartige Bilder präsentieren.

Wieder und wieder nennen Sie General Vlasow und seine Mitstreiter „Judy", „Vaterlandsverräter", eine „Bande von Judassen", die gegen ihr eigenes Volk kämpften. Ist in der Sowjetunion eigentlich der Unterschied zwischen einem Hochverräter und einem Landesverräter nicht bekannt? Denn wenn Sie von „Verrätern" sprechen, - Verräter waren diese Offiziere nur in dem ehrenhaften Sinne von Hochverrätern an dem Stalinregime, so wie in Deutschland die militärische Widerstandsbewegung des 20. Juli 1944 um Generalfeldmarschall von Witzleben und Oberst Graf Stauffenberg Hochverräter an dem Hitlerregime waren. Und was ist dann über Lenin zu sagen, der 1917 unverblümt erklärte, an dem Kampf gegen Deutschland sei ihm „nichts", an der offenen Niederlage Rußlands aber „alles" gelegen und der sich nicht scheute, das Geld und die Hilfe des Landesfeindes für seine konspirativen Machenschaften entgegenzunehmen? Vlasov und seine Mitstreiter waren unter schwierigen Bedingungen zu erfolgreichen Vertretern der Interessen Rußlands und der Russen im deutschen Machtbereich geworden. Sie standen im Gegensatz zu den Plänen Hitlers, der durch eine Russische Befreiungsarmee seine Kriegsziele im Osten gefährdet sah und die Existenz einer ROA überhaupt nur widerwillig hingenommen hat, aus einer zunehmenden Schwächeposition heraus.

Wie konnten die Vlasovleute das russische Volk verraten haben, wo sie doch die russischen Zwangsarbeiter in Deutschland unter ihren Schutz nahmen, jene von allen verlassenen Menschen, die das Stalinregime „Helfer der Faschisten" nannte, und ebenso die sowjetischen Kriegsgefangenen, die die Sowjetregierung als Landesverräter und Deserteure diffamiert und bewußt dem Verderben

2

preisgegeben hatte, wo sie sie nicht vernichten konnte (Stalin-Befehl Nr. 270, 16. 8. 1941). Die Russische Befreiungsbewegung des Generals Vlasov ist in Wirklichkeit zu einer Dritten Kraft zwischen Stalin und Hitler geworden und mußte als solche auch von den Deutschen respektiert werden. Mit dem „Faschismus" hatte sie nachweislich nichts zu tun. Im übrigen, Verräter können immer nur Einzelpersonen oder kleine Gruppen sein. In die „deutsch-faschistischen" Streitkräfte aber war nicht weniger als eine Million ehemaliger sowjetischer Soldaten und Offiziere integriert. Solche Größenordnungen alleine schon sind ein Beweis dafür, daß es sich hier nicht um einen wie auch immer gearteten Verrat, sondern um eine politische Erscheinung gehandelt haben muß. Und wie hätte sich denn Ihrer Meinung nach der Widerstand gegen das verhaßte, fluchwürdige Stalinregime unter den Bedingungen des Zweiten Weltkrieges auch anders äußern sollen ? Und ist Ihnen eigentlich bekannt, daß außer Generalleutnant Vlasov und den Generalen der ROA auch andere kriegsgefangene sowjetische Generale bereit gewesen wären, zusammen mit den Deutschen gegen Stalin für ein neues Rußland zu kämpfen, wenn die Deutschen eine russische Regierung sanktioniert hätten, ein nationales politische Zentrum ? Unter ihnen die kriegsgefangenen Armeeoberbefehlshaber Eršakov, Krupennikov, Lukin, Ponedelin und sicherlich auch Potapov und Muzyčenko. General Vlasov und seine Mitstreiter hatten den Versuch gewagt, ohne daß ihnen anfangs irgendwelche Garantien zuteil geworden wären. Und wofür sie kämpften, zeigen die Forderungen des Prager Manifestes 1944: Für ein freies Rußland auf sozialer und demokratischer Grundlage.

Lassen Sie sich bitte von einem der von Ihnen so titulierten „Pseudohistoriker", von einem Historiker, der sich im amtlichen Auftrage des Militärgeschichtlichen Forschungsamtes der Bundeswehr immerhin seit über zwanzig Jahren dienstlich mit der Geschichte des deutsch-sowjetischen Krieges befaßt und die Vlasov-Bewegung aus den Akten heraus eingehend studiert hat, folgendes sagen: Alle, aber auch alle Behauptungen und Interpretationen Ihres Artikels sind unbegründet und mit Leichtigkeit zu widerlegen. Um nur ein Beispiel anzuführen: Das Komitee zur Befreiung der Völker Rußlands (KONR) wurde niemals, weder offiziell noch intern, in Deutschland „Sonderkommando V Hauptamt SS" genannt. Es war in seinen Handlungen vollständig selbständig und autonom und niemandem Rechenschaft schuldig. Die erforderlichen Geldmittel für seine Arbeit waren ihm auch nur kreditweise, aufgrund einer Finanzvereinbarung mit der deutschen Reichsregierung mit Rückzahlungsverpflichtung zur Verfügung gestellt worden. Was Sie offenbar mit Ihrer Darstellung meinen, war ein aus baltendeutschen Sympathisanten Vlasovs gebildeter Arbeitsstab des Hauptamtes, der seine Aufgabe darin erblickte, das KONR gegen vlasovfeindliche Bestrebungen, so von seiten der Gestapo, abzuschirmen. Und erlauben Sie mir bitte auch die Frage, warum Sie den Nationalaufstand der Tschechen in Prag in einem Nebensatz als Legende abtun ? Denn es ist doch einwandfrei erwiesen, daß es die 1. Division der ROA (und nicht etwa die Rote Armee) war, die Prag im Mai 1945 von den Deutschen befreite.

Stalin und Berija hatten allen Grund, die historische Wahrheit über General Vlasov zu verheimlichen, denn es war ihnen um die Aufrechterhaltung ihres Herrschaftssystems zu tun. Von Ihnen, Herr Generalleutnant der Justiz, aber hätte die Öffentlichkeit einen wahrheitsgetreuen Bericht über die Russische Befreiungsbewegung erwarten dürfen. So aber stehen Sie bedauerlicherweise, nicht anders als Ihre Kollegen Tiškov und Titov, in den unheilvollen Traditionen Stalins und seines Henkers Ul'rich, die Sie bis in das Jahr 1990 hinein fortführten. Damit allerdings dürfte das Repertoire der sowjetischen Militärjustiz über General Vlasov endgültig erschöpft sein.

Das Wort hat nunmehr die Geschichtsschreibung, und zwar eine Geschichtsschreibung, die der historischen Wahrheit und nicht der kommunistischen Partei verpflichtet ist. An der moralisch-ethischen Rechtfertigung des Generals Vlasov und seiner Mitstreiter braucht man nicht zu zweifeln. Wer den wirklichen Verlauf der russischen militärischen Widerstandsbewegung gegen Stalin kennt, der wird ihr denselben ehrenvollen Platz in der Geschichte des russischen Volkes einräumen, den die deutsche militärische Widerstandsbewegung gegen Hitler längst und unbestritten in der Geschichte des deutschen Volkes eingenommen hat.

Mit vorzüglicher Hochachtung
Dr. phil. Joachim Hoffmann
Wissenschaftlicher Direktor

4

Rangabzeichen der russischen Befreiungsarmee

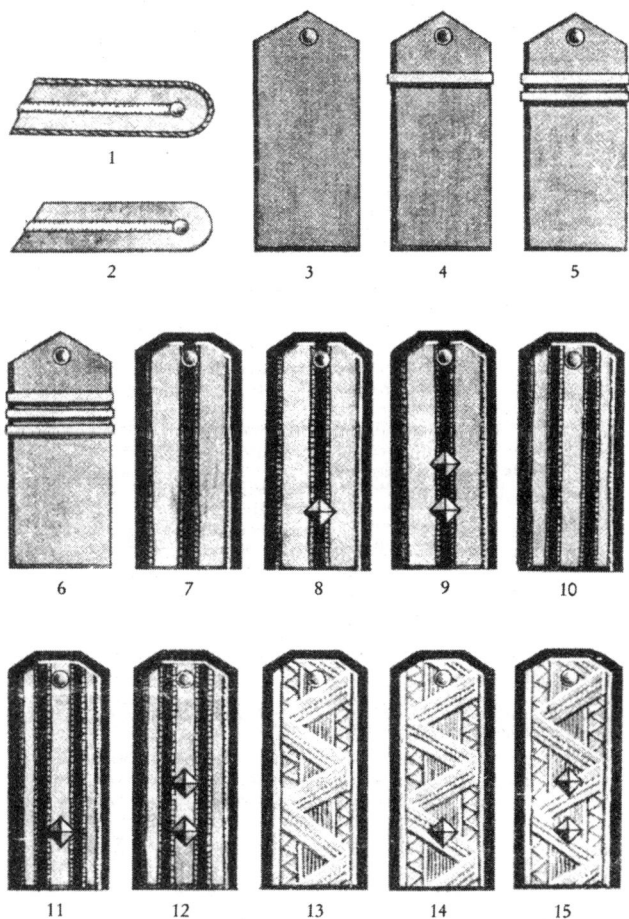

1. Kragenpatten für Offiziere; 2. Kragenpatten für Mannschaften; 3. Soldat; 4. Gefreiter; 5. Unteroffizier; 6. Feldwebel; 7. Leutnant; 8. Oberleutnant; 9. Hauptmann; 10. Major; 11. Oberstleutnant; 12. Oberst; 13. Generalmajor; 14. Generalleutnant; 15. General

Quelle: Bundesarchiv – Militärarchiv MSg 149/28

Personenregister